郭英德　过常宝　主编

庆祝聂石樵先生九十寿辰文集

北京师范大学出版集团
BEIJING NORMAL UNIVERSITY PUBLISHING GROUP
北京师范大学出版社

聂石樵先生在书房

聂石樵、邓魁英教授在三通居（左页）

聂石樵夫妇与聂鸿音、聂鸿飞合影于
三通居（右页上）

聂石樵夫妇与长孙聂大昕、外孙女王
海若合影于北京某餐厅（右页下）

聂石樵先生与启功先生、研究生及日本、韩国留学生合影（左页）

2006 年 2 月"聂石樵教授中国古代文学史教学与研究学术研讨会"合影（右页上）

2015 年 10 月"庆祝聂石樵先生九十寿辰学术研讨会"合影（右页下）

聂石樵教授中国古代文学史教学与研究学术研讨会

庆祝聂石樵先生九十寿辰学术研讨会
北京师范大学文学院 2015年10月17日

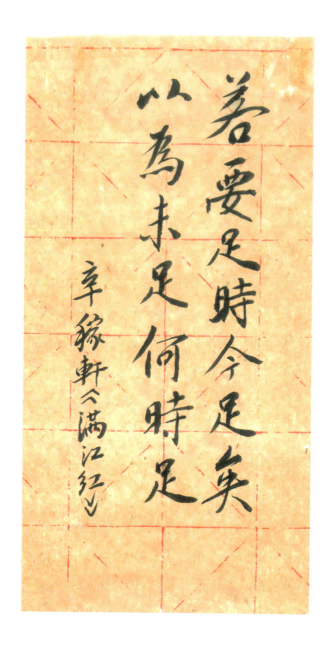

若要足時今足矣
以為未足何時足

辛稼軒《滿江紅》

聶石樵先生墨宝

目　录

辑　一

辑　二

附　录

辑　一

祝贺《聂石樵文集》出版

中华书局　徐俊

尊敬的聂先生、邓先生，各位领导，各位先生：

大家上午好！

首先，我谨代表中华书局，代表今天与会的书局的同人，对聂石樵先生九十寿辰表示真诚的祝福，聂先生生日快乐！其次，聂先生出于信任，将文集出版任务交由中华书局，我们深感荣幸，也祝贺凝聚了聂先生毕生研究精华的《聂石樵文集》正式出版。

北京师范大学是中国著名学府，更是中国文史学科的重镇，与中华书局有着长期密切的合作，在不同历史时期，都给予中华书局特别多的支持。尤其是古代文学、历史两个学科，以陈垣、钟敬文、白寿彝、启功、何兹全等为主的老一辈先生，与中华书局结下了深厚的情谊。自1958年起，中华书局成为古籍整理与学术著作出版的专业出版社之后，中华书局与北师大的文史学科合作更为密切。在学术成果出版方面，除了陈垣、钟敬文、白寿彝、启功等先生的重要著作在中华书局出版外，还有老一代学者如沈兼士、余嘉锡先生的著作。近年北师大文科的中坚学者的著作，由中华书局承担出版的，就更多了，不再一一列举。

北京师范大学在古典文学、古典文献研究领域，一直以来都是国内重要的领先学科，最近十几年，我们与北京师范大学民俗典籍文字研究中心的合作日益深入。其中"典籍"方面，实际就是以启先生、聂先生为代表的北京师范大学古典文学文献研究。

聂先生也是中华书局的老作者，更早的情况我不太了解。30年前，1985年，我所在的文学编辑室就出版了聂先生与邓先生合著的《古代小说戏曲论丛》，记得是赵伯匋责编，启功先生题签，印象很深刻。

2007年，我们出版了聂先生的文学史代表作：《先秦两汉文学史》《魏晋南北朝文学史》《唐代文学史》；2008年，出版了《玉谿生诗醇》；2010年，出版了《屈原论稿》《司马迁论稿》；2012年，出版了《古代戏曲小说史略》。

2014年年初，我们与聂先生达成出版文集的共识，除已经出版的七种专著之外，再收录《楚辞新注》《杜甫选集》《宋代诗文选注》三种诗文注释，其他论文则分编为《古代诗文论集》《古代小说戏曲论集》。文集共计12卷，13册。

中华书局和中国出版集团公司对编辑出版聂先生文集非常重视，文集获得了集团文化发展基金的支持。书局组织了精干的编校力量，因为要赶在聂先生九十寿辰之前出版，排版、校对、编辑、印制的时间非常紧张。在编辑出版过程中，得到文学院过常宝院长的大力支持，由文学院的在读研究生承担了《楚辞新注》《杜甫选集》《宋代诗文选注》《古代诗文论集》《古代小说戏曲论集》的两个校次，加快了进度。聂先生文集的全套样书，是前天才样书送审，今天会议用书也是过院长安排，直接到印刷厂，将150套文集运到了学校。所以，要借此机会，对文学院和文学院老师、同学对我们工作的支持表示感谢。

聂先生文集皇皇12卷，就我肤浅的认识，我觉得聂先生的学术研究，有着他们那一代学人的鲜明特点。简单说就是"贯通"，是贯通之学，不受时代、作家、题材、体裁的局限，面对的是完整的古代文学史、文学作品、文学现象。这是我们这一代人不具备的地方。通过聂先生的文集，我们可以明显感觉得到这个特点。聂先生的治学领域，以中国古代文学史撰述、古代作家研究、作品笺注为主要方向，包括从先秦到清代，从诗歌、散文到戏曲、小说等各种体裁。聂先生对中国古代文学史的研究，不仅从宏观的角度对文学的发生、发展、演变做综合考察，同时是建立在文献、文体、文本及史识等学术基础之上，对重要作家和代表作品，都做了大量具体细致的考证和辨析。聂先生对《楚辞》、杜诗、李商隐诗等的注释，以古人旧注为基础，并加以补充、校正、钩沉、索隐，引证丰富、论断准确、讲解清晰，体现了很高的学术水准，绝非普通的诗文选注本可比。

我们可以说，聂先生在学术传承中，向上是继承了清末民国以来学者传统国学根基深厚、由博返约的学术传统，向下则又为当代学术界培养出了众多的优秀学者，门生弟子，遍及天下。聂先生笔耕不辍，著作丰富，在同辈学者中也是不多见的。聂先生将文集交由中华书局出版，续写了中华书局与北京师范大学长期友好合作的优良传统，我们感到非常荣幸。

最后，再次恭祝聂先生、邓先生，身体健康，幸福美满。感谢北京师范大学文学院和在座的学者一如既往地对中华书局的关注和支持，谢谢大家！

聂石樵先生的文学史观与文学史撰述

海南师范大学　阮忠

我认识聂石樵先生，说来已是 30 年前的事了。记得 1985 年端午节，第四次屈原学术研讨会在湖北江陵召开，同时宣布中国屈原学会成立。我那时在咸宁师范专科学校中文系任教，跟随业师曹善春先生边学习边讲授先秦文学。也是在这期间，我被录取为华中师范大学文学院温洪隆先生先秦两汉文学方向的硕士生，所以那年很积极地去江陵参会。聂先生也去了，很巧，他和温先生同住一个房间，这使我很自然地就认识了聂先生。我那时从鄂南的小城走出来，怯生生的；聂先生话语不多，我则心怀深深的敬畏感。说实在的，聂先生让我印象深刻的并不是当时彼此拉的家常，而是他的《楚辞新注》。因为要给学生讲授楚辞，《楚辞新注》便是我案头的常用书。同时，我也读到了先生的《屈原论稿》，以助楚辞的教学。稍晚，我手头又有了聂先生的《司马迁论稿》，常和李长之先生的《司马迁的人格与风格》一同参看。而这都是很久远的事了。

今年四月，幸运地收到北京师范大学文学院寄来的由中华书局 2015 年出版的《聂石樵文集》，使我更全面了解了聂先生的学术成就。聂先生的学术成就诚如广西桂林的王德明兄 2004 年曾在清华大学学报撰文所说，主要有三：一为笺注之作，二为作家专论，三为文学史撰写。三者中，德明兄特别提到了聂先生的《先秦两汉魏晋南北朝文学史》和《唐代文学史》，认为文学史撰写是聂先生一生最为辉煌之举。时隔 12 年，现在通观皇皇 12 卷 13 册的《聂石樵文集》，聂先生文学史撰写的成就的确最为耀眼，出现在文集中的有《先秦两汉文学史》（上、下），《魏晋南北朝文学史》和《唐代文学史》，和德明兄说的相一致。除此，文集中还有《古代戏曲小说史略》，论及元明清三代的戏曲和小说，名为"史略"，终究是史，与先生的宋前文学史一脉相承。聂先生称自己完成的是上中古文学史，虽说少了宋代文学史，却有《宋代诗文选注》对不同流派、不同风格作品的选注以及对于一些宋代作家作品的解析，可见他对宋代文学的认知。就这些来说，已足以让人感受到聂先生"用志不分，乃凝于神"的治学精神，或者说先生数十年来的"全副精神意向"，并让读者借此认识聂先生的文学史观与文学史撰写方法。

一、重具体考析的文学史撰述

聂先生的学术深受其师刘盼遂先生的影响。他在《怀念刘盼遂先生》《古文献学家刘盼遂》等文中谈到刘盼遂先生对学术的看法，其中刘盼遂先生说："要学业上有成就，必须具备三个条件。第一，要专心致志；第二，要书多；第三，要生活安定。"聂先生的人生之路就是这样过来的，不畏辛苦，自甘清贫。他曾说："流光易逝，回首往事，少年鄙钝，于世事都不通晓，及长负笈游学于京师，家贫不足以自给，恒于假期同学皆游乐或回家省亲之时，自己则为学校图书馆钞写目录卡片，以求豁免一学期之学费，困厄凄苦之状难以言表。毕业之后，得执教于高等学校，低薪薄俸，生活仍极清贫，然所教授者为古代文学，乃生平志向所在，因此有条件和机会探求经传史记百家之说，沉潜乎训义，反复乎句读，究研乎事理，而奋发乎文章，数十年如一日，未曾废辍，以迄于今。已出版之著作若干种，皆在此情况下写成者。"[①]这些话说得很沉重，但人生于学术一途，有这样的沉潜方能有所成就也是不庸讳言的。所以聂先生在这条路上得到了其夫人邓魁英先生对他一生只做三件事的评价：教

---

① 聂石樵：《唐代文学史·自序》，《聂石樵文集》第 3 卷，1 页，北京，中华书局，2015。

书、读书、写书。《聂石樵文集》便成为这三件事的结晶。

不过，这样说还不够。聂先生受刘盼遂先生影响的不仅是人生之路，还有学问的途径和方法。聂先生《怀念刘盼遂先生》一文中有这样一段文字："关于学习什么，读些什么书，刘先生说：'第一是经书，第二是史书，第三是小学。这是文史工作者的学问的根，是基础。清代许多大学者没有不治经史的。此外，才是子书百家和其他诗文集子。'先生一直主张文史不分家，认为学文学不学历史是不行的。在学习方法上，先生不赞成我们只搞文学史的一个阶段，主张上下贯通；反对'白首穷一经'，主张广泛涉猎。"这是刘盼遂先生很重要的学问思想，古来学人治经史没有不治小学的，今来学人治文史也没有不以经史为根本的。而学问之道向来有博、专之说，皓首穷经是为专，广泛涉猎是为博，聂先生遵循刘盼遂先生的教导，走着刘盼遂先生的广博学问之路。

聂先生也这样教育自己的学生："我认为学习古典文学首先要有坚实的基础，即扎实的根底。所谓'坚实的基础'和'扎实的根底'，即要重点地阅读和掌握一些儒家的经书和史书。……怎样才能读懂古书呢？我认为可以通过两个途径。其一，必须具备文字学、训诂学、音韵学的知识。……其二，必须多读、熟读古代的诗文，这是最重要的。……为什么学习古典文学还要以掌握历史知识作为根基呢？这是因为历史是各个朝代政治、经济、典章制度、文化思想的实录，而文学作品的内容总是与一定历史时期政治、经济制度和文化思想紧密联系着，如果不了解那个特定时期的历史，便不可能真正读懂那一时期的文学作品。"[①]这些和刘盼遂先生的学问之道相照应，教育与学术的一脉相承都在其中了。当然，聂先生是转益多师的，他也常提及谭丕谟、李长之、王汝弼、启功等老师对自己的影响。这些为他的学养奠定了基础，也为他的文学史撰写奠定了基础。

聂先生曾提到文学史撰写的两种方法，这是由两种撰写者决定的，一是偏重于具体分析的教学工作者；二是偏重于综合论述的文学评论者。

---

① 聂石樵：《漫谈学习古典文学的门径》，《聂石樵文集》第 11 卷，368～369 页，北京，中华书局，2015。

前者重以史带论，后者重以论带史，聂先生自认为属于前者。他说："我撰写文学史与专门从事文学评论者撰写文学史不同，文学评论家撰写文学史，对文学史现象偏重在综合论述，不多作具体分析。我则由于长期教学工作形成之习惯，多着眼于学生的接受能力和效果，对作家、作品及文学史之史实、现象重视从具体分析出发，再加以综合论述，得出恰当的评价，使学生在具有感性知识的基础上，达到理性之认识，以免形成概念化倾向，影响学生对知识牢固掌握，其间自然渗透有自己的治学经验和心路历程。"虽然自古以来就有"六经皆史"的说法，但我一向以为，这史和被誉为"实录"之史的《史记》大有不同。任何人的撰述都不能离开所处的时代，历史或历史感会自然而然地渗入。但"六经皆史"是非自觉为史，实录之史是自觉为史，从而有不同的视角和笔法。史论的落点是论而不是史，重在作者的感受和思想阐述，不宜简单地等同于历史。实录之史落点是史，重在历史的记叙和事件重现。但文学史不同于一般的社会史，它是对历史上作家、作品及文学史史实的再现。这一再现的过程免不了作者对文学过往的重新解读，从而使史中有作者自己的感悟和情怀。这就是聂先生说的"具体分析"，以及撰写文学史时渗透了自己的"心路历程"。聂先生曾在《怀念李长之先生》一文中提到李长之先生的《司马迁之人格与风格》饱含情感，并说李先生"达到情与理融汇无间的境界"。他很欣赏这种境界，从而在自己的文学史撰写中，"心路历程"或者说情感的渗透都很自然。

　　聂石樵先生是作为教育工作者来撰写文学史的，他的文学史显然是在践行自己的主张多有具体分析。这在他的《唐代文学史》《魏晋南北朝文学史》中最为突出。如前者说陈子昂的《感遇诗》其三"苍苍丁零塞"，聂先生对全诗都有解说，我这里取前四句的解说以见一斑。这首诗的前四句写道："苍苍丁零塞，今古缅荒途。亭堠何摧兀，暴骨无全躯。"聂先生写道："首二句，丁零，种族名，居住于今俄罗斯西伯利亚叶尼塞河上游至贝加尔湖以南地带。丁零塞，即丁零人所居之边塞。苍苍，深青色，《庄子》卷一上《逍遥游》：'天之苍苍，其正色邪？'缅，邈远。意谓丁零塞古来即为荒远之地。次二句，亭堠，戍边士兵伺望敌人之所。摧兀，崩颓不堪。横尸暴骨，皆战争遗留之残败景象。"这样的例子甚多，又如聂先生讲杜甫《江汉》"古来存老马，不必取长途"。"存，收养。老马，杜甫自喻。《韩非子》卷七《说林上》：'管仲、隰朋于桓公伐孤竹，春往冬返，迷惑失道，管仲曰："老马之智可用也。"乃放老马而随之，遂得道。'意谓应取老马识途之智，不必取长途奔驰之力。张远曰：'全首是"老骥伏枥，志在千里。烈士暮年，壮心不已"意。'杜甫虽有政治抱负，终不能实现，只有怀恨老死江潭。"这样的逐句解说与分析是先生作为教育工作者撰写文学史的自然流露，却又是他自我理论上的自觉。

聂先生曾说："长期以来人们不太重视对文学史料进行考证，甚而卑视之为烦琐。其实这是编写文学史的一项重要工作，因为我们面对的是史料，对众多史料必须辨伪存真，使我们论述的问题建立在可靠的基础之上。所以，我撰写文学史收集尽可能多的历史文献资料，无论对时代背景、文体渊源，或作家生平、作品真伪，都加以考析，对每一条史料的出处、异文，都进行核证，力图做到无证不信。这些考析不作为注释附于每章之后，而置于正文之中，以便于学生和读者了解怎样得出这一结论来。"①这番话涉及的问题甚多，就上述两则例子来看，"考析不作为注释附于每章之后，而置于正文之中"，这正是聂先生撰写文学史的基本方法之一。文学史的撰写并无定法，"考析"总是不可少的，但考析怎样在文学史中呈现则有不同的方式，随文呈现给了读者新的历史面貌。过常宝兄的《建立在模式之外的陈述方式——评聂石樵教授著〈先秦两汉魏晋南北朝文学史〉》就说得很好，聂先生对前人评论的援引，营建了另一个层面的历史存在和体验方法。

二、重文学兴衰之迹的文学史撰述

其实，聂石樵先生在这里谈到的文学史写作的"历史文献资料"问题

---

①　聂石樵：《我与中国文学史》，《聂石樵文集》第 11 卷，381 页，北京，中华书局，2015。

有更深刻的含义。因为他觉得："研治中国文学史，最重要的是尊重历
史，尊重文学史之客观发展过程。重史实，重证据，在对历史史实综合
分析中，不囿于成说，不囿于传统的看法，作出新的概括。"①这是文学
史撰写的两个面，一面是在尊重历史中继承，另一面是在尊重历史中创
新。在人们的心目中，聂先生是朴实的人，他的学问和他为人一样，撰
写的文学史同样有朴实的风格。这来自于他把文学史建立在"历史文献资
料"之上，走向求实的史学之路。聂先生在 1978 年对自己过往的古代文
学教学与研究有些反思，他说："重新认识到评述古代文学只能实事求
是，一切从文学史的客观实际出发，重史实，重证据，用事实说明问题，
尊重文学史辩证的发展过程，不能从主观愿望、理论模式出发，更不能
从现实斗争需要出发，经验证明，那样做只能歪曲文学史，并非'古为今
用'，不能达到述古鉴今的目的。"②聂先生这番话很有意味，历史不应当
任人打扮，文学史亦然。一旦任人打扮，"史"就走样变形了，何能称
"史"呢？

　　在文学史撰写上，"实事求是"是聂先生的执着追求。"重史实，重证
据"，是要摒弃空谈理论，运用唯物史观对历史事实或者说过往的文学、
文学现象做客观的评价。聂先生在《先秦两汉文学史自序》里还说了一句
话："搜览资料务求翔实，铨评史实务求确当，祛臧否偏私之见，存文学
史实之真。"这句话包括了史料、史实和史识三个方面的内容。这样说来，
聂先生其实树立了相当高的文学史撰写原则，均不易做到却又不妨碍他
这样去做。类似的话聂先生在为他的学生、湖南郭建勋兄写的《汉魏六朝
骚体文学研究序》里也说过："一部好的文学史，必须建立在占有丰富资
料的基础上，建立在对丰富资料认真审理的基础之上。缺乏对丰富资料
的综合分析、论证，不但文学史思想体系构建不起来，而且对作家作品
也不能作出正确的评价。要言之，资料是历史科学的基础。"这就能够解

---

　　①　聂石樵：《关于中国文学史中之若干问题》，《聂石樵文集》第 11 卷，346 页，北京，
中华书局，2015。
　　②　聂石樵：《先秦两汉文学史·自序》，《聂石樵文集》第 1 卷，1 页，北京，中华书局，
2015。

释聂先生为什么在文学史撰写中尤其重视"历史文献"了，他要以此建构
自己的文学史思想体系。

聂先生的文学史思想体系大体上是建立在"朝代"基础上的，他认为
不以朝代为框架会影响年代上的混乱。尽管也有特例，这就是他把秦置
于战国之后，把隋置于南朝之后。因为聂先生认为秦文学是战国文学的
附庸，隋文学是南朝文学的因袭，二者均无创造。这一点聂先生在《我与
中国文学史》一文中也说过。然而，以朝代为文学史构架是历史的自然，
20 世纪以来的中国文学史，无论是通史还是分体史，多以朝代为发展阶
段。这样的划分虽然与社会发展阶段相一致，但文学的发展与社会的发
展并不平衡，所以这种一致性不一定与文学发展的水平相吻合。不过，
聂先生的文学史框架还有他自觉的选择，这就是从文体切入，从而在文
学史撰写上构成两条纵线或说经线：时代的与文体的。这也许是北京师
范大学人文学史撰述的传统。别的不说，先于聂先生文学史的有郭预衡
先生的《中国散文史》，在时代的框架之下，也以不同的文体来贯穿；其
后郭预衡先生和郭英德兄联袂主编的《中国散文通史》亦然。郭预衡先生
曾说不希望把中国散文史写成"文学史资料长编"，这大概是重历史文献
的文学史撰写者应该高度重视的。聂先生的文学史并没有给我们"文学史
资料长编"的感觉，但他以丰富的历史文献作为文学史撰写的基础也是很
有必要的。

和一般文学史把起点置于有史以来的夏朝不一样，聂先生把文学的
起点放在上古伏羲时代，《先秦两汉文学史》第一章"上古传疑之文学"就
以伏羲开篇，然后及神农、黄帝、尧、舜。聂先生在这里的撰述，意在
"辨伪存真，探赜索隐，以见文学萌生之路"。这无疑是把文学发生的时
间前移了，也成为本书的亮点之一。自夏朝之后，聂先生的文学史就遵
循朝代与文体的双线撰写，于是我们可以看到夏代文学中的散文、韵文，
商代文学中的散文、韵文等。春秋战国之际，聂先生又注意到不同的思
想流派，从而打破了一般文学史诸子散文、历史散文的套路。例如，在
东周文学里，第二节"儒家经传中之散文与韵文"，涉及《周易》《礼》《乐》
《春秋》《论语》《左传》《国语》《公羊传》和《穀梁传》。虽说儒家经典的形成

得力于汉以后朝野的认同，但在文学史的撰写中，这未尝不是一种可行的编排方式。它们彼此各有风格须当别论，但思想家的议论之文与历史家的记叙之文终究同属于散文，文体没有削弱而同时兼顾了思想流派。聂先生这种编排方式其后仍在延续，如西汉文学，同一章中有辞赋、散文（新诸子之文、历史散文）、诗歌。到了魏晋南北朝，不像西汉有前期、承前启后及后期之分，诗歌、乐府（乐府因文体的特殊性独立于诗歌之外了）、赋、骈文都依各体贯穿始终。唐代文学史亦然。

聂先生曾说："一部好的文学史，应当厘清各个历史时期的文学发展过程，厘清各个历史时期的文学演变趋向，以见文学兴衰之迹。"①从朝代和文体的角度总领文学史撰写，只是一个基本的构架，聂先生是要从中看到文学兴衰之迹的。他说："我按照不同的文学体裁分别探讨其发生、发展和演变的过程，如对五言、七言诗产生之考稽，对汉赋、骈文、律诗的形成及其演变的论述等。在不同文体范畴之内再分别说明某作家之文风源于何人，形成何种流派，如对玄言诗、对偶诗、山水诗之论述，以显现其发展线索、脉络之清晰。"②聂先生在这里言及的内容很丰富，如他说的"对五言、七言诗产生之考稽"，见于《先秦两汉文学史》第七章"西汉之文学"中的"五言、七言诗之起源"，其中七言诗之起源尤其值得关注。聂先生先引顾炎武、沈德潜说以见七言诗之产生始于《三百篇》《神女赋》《灵枢经》中的七言句，但又认为，七言单句的出现对七言诗的产生有影响，但不是七言诗的起源。他说："作为一种诗体，我们考察它之起源，必须以通篇七言为准。"从而从三个方面做了探讨：一是西汉的七言镜铭，二是西汉的七言字书，三是西汉的七言谚谣。这些都起于民间，而且有通俗、浅显的文风。到了东汉才有了文人七言诗的出现，如张衡的《四愁诗》等。最后聂先生的结论是："七言诗萌生于西汉，形成于东汉。"其作者先是下层百姓，后方为文人学子。这样的考稽文字，我们常

----

①　聂石樵：《汉魏六朝骚体文学研究序》，《聂石樵文集》第11卷，509页，北京，中华书局，2015。

②　聂石樵：《我与中国文学史》，《聂石樵文集》第11卷，381页，北京，中华书局，2015。

在聂先生的文学史中看到。

不仅如此，又如聂先生在《魏晋南北朝文学史》里说的："汉末华丽、对偶之文与优厚、丰实之学风相融汇，形成了建安文学之新风貌，即由汉诗之质胜于文之旧文风转变为文质相称、情采并茂之新文风。"这是建安文学，稍后，聂先生说正始文学在司马氏剪除曹魏、排除异己的"黑暗恐怖之政治环境中，一般文士都畏祸忧生，敢怒不敢言，忍气吞声而幽伤痛苦。为了寻求解脱，便产生了一种超脱现实之念头，思想上逐渐趋向老庄，所写之诗歌，多带玄言意味，所谓'诗杂仙心'，玄言诗因之发展起来"。再往后的西晋太康时期，"一般文人士子之生活也比较安逸、富裕，内心无任何隐痛与创伤。这影响于文学创作，则大变建安之风骨与正始之清峻，而产生'采缛于正始，力柔于建安，或析文以为妙，或流靡以自妍'之多藻饰之功，而乏深邃之意的太康文学"。聂先生这些文字都很简洁，不多的话语透出的果真是"文学兴衰之迹"。而在这样的过程中，先生更关注的是相应的作家作品有怎样的表现，以印证文学怎样"兴"和怎样"衰"，无不贯穿着聂先生特别在意的"史识"。这一点，在聂先生的文学史中俯拾皆是，不必一一列举。他曾说："一部好的文学史，不仅要具有丰富的史料和对文学的历史叙述，更重要的应当有史的观念，有史的论断，即有史识。"①可见史识比史料更可贵。他自己在努力这样做，让人感受到他对文学发展的兴衰有诸多独特见解。

三、重以史证诗及文学流派的文学史撰述

聂石樵先生还说过："我在讲授或撰写文学史时，重视对一个时代社会环境的论述，从社会、政治、思想、文学诸方面说明此期某一种文学体裁、文学风格、文学流派和文人集团之形成、发展和衰落的原因，并将这些论述与当时的文学现象紧密地联系起来，有力地说明某些文学现

---

① 聂石樵：《汉魏六朝骚体文学研究序》，《聂石樵文集》第 11 卷，509 页，北京，中华书局，2015。

象的产生，乃历史发展之必然。"①这是他重文学发展兴衰之迹的表述。
而这里要说的是，文学或文学现象与社会诸多方面的关联是难以割裂的，
怎样把握始终是摆在文学史撰写者面前的问题。聂先生在文学史撰写中，
依循旧例首章通常是说社会环境，如他在《魏晋南北朝文学史》的首章写
"汉末魏晋南北朝文学形成之社会环境"，《唐代文学史》首章是"唐代文学
之社会环境"。前者四节分别为士族制度之确立、学术思想之冲突、声律
之产生和文、笔、言之区分；后者四节分别是经济之恢复与发展、扩边
战争与东西文化交流、科举制度之影响、宗教与哲学。聂先生的论述通
常要言不烦，他所考虑的社会环境对文学的影响，并非社会环境的方方
面面，而是与文学最相关联的文化因素。这当然只是聂先生重以史证诗
的一个方面，更多地还是体现在他的作家作品论当中。

　　所以聂先生会在叙及作家作品时，很自然叙及作家的人生经历，这
一点，是一般文学史也常做的事。但聂先生随后不再像一般文学史那样
说某某作家作品的思想内容、艺术特色和影响，而是直接进入该作家的
作品中，从而彰显其文学史的作品中心，这一点过常宝兄在《建立在模式
之外的陈述方式——评聂石樵教授著〈先秦两汉魏晋南北朝文学史〉》一文
中有较详细的论说，无须赘言。具体来说聂先生的作品论析，如论唐代
诗人高适，先后言及的诗是《封丘作》《燕歌行》《人日寄杜拾遗》《塞上听吹
笛》等。有人说，聂先生学术的突出成就在考辨上，这些考辨在聂先生的
《楚辞新注》《玉谿生诗醇》《杜甫选集》等作中有集中的体现，而文学史中
的考辨通常是在作家作品的论析中。例如，在《燕歌行》中，他说"张公"
即张守珪，引述了《旧唐书》的《玄宗本纪》《张守珪传》中所载；说"男儿本
自重横行"的"横行"，引述了《史记》卷一百《季布传》的"横行匈奴中"；说
"校尉羽书飞瀚海"中的"校尉"，引述了《汉书》卷十九上《百官公卿表》中
的"校尉"诸说。而这些涉及聂先生文学史的两点：一是以史证诗，二是
重文学流派。

---

①　聂石樵：《我与中国文学史》，《聂石樵文集》第 11 卷，379～380 页，北京，中华
书局，2015。

　　关于以史证诗，聂先生是这样说的，我撰写文学史采取以史证诗的方法，以求对作品的内容更深一层的理解。又如讲授文学史以作家作品为主，还是以考稽文学源流为主？我采用的是前者，一部文学史好像一部作家作品论。实则这是一种偏颇。我国传统的修史原则是"辨章学术，考镜源流"，这才是我们应当遵循的。① "以史证诗"，具体说来是诗的解读方法，当然也可以成为辞赋、古文、戏曲等的解读方法。但限于不同文体的特征，在聂先生的文学史撰述中主要还是体现在诗歌上。聂先生说他倾向于传统的"知人论世"和"以意逆志"的方法，要让所解读的作品回到所处的历史环境中。这有两个意义，一个是通过史料揭示作品的内涵，另一个是揭示其在文学史上的意义。前者的方法在文学批评史上，自孟子提出来之后，两千多年来可谓是经典的批评方法，固然传统、老套，却至今少有文学批评者能脱其路数。后者的意义其实是在于文学史上的位置和由此产生的历史关联性。这与我随后要说的聂先生重文学流派有关。

　　2010 年，聂先生在答过常宝兄关于"以史证诗"问时说："这种编写文学史的方法要花些笨工夫，要大量阅读材料，不然只能人云亦云，或者随意编造。"他还引了对曹植《名都篇》的解读为例，说明是在怎样追求做到"无征不信"的。常宝兄就此问了一个有意思的问题：怎么看待文学史中存在的这么多考证？这么多的考证不置于文外以注释或附录的形式出现，而在随文成为正文的一部分，有可能会导致行文的烦琐和滞碍。但这正是聂先生文学史由"推敲、琢磨"形成的特色之一，是与他数十年的教学习惯和风格相联系的，需要读者正确地面对：文学史撰写虽有规律可循，但它也应属于有法而无定法之列，不同的撰写方式呈现出来的不同风格，完全是可以兼包并蓄的。所以聂先生在文学史中不惮其烦地解读杜甫的《楼上》《诸将》等，解读李商隐的《隋宫》《齐宫词》等，并说李诗是对杜律的继承和开拓。同时，聂先生说李商隐的古诗多是拟杜之作，

---

　　① 　参见聂石樵：《我与中国文学史》，《聂石樵文集》第 11 卷，381 页，北京，中华书局，2015。

也是看到了杜诗对李诗的深远影响。当然，以史证诗，诗亦为史，它们构成文学史环环相扣的链条，又体现在生生不息的文学流派中。

关于文学流派。聂先生很想把文学史的演变过程讲清楚，所以他特别重视文学的兴衰之迹。文学史研究关乎作家作品，对作家作品的考辨与分析，我们不仅希望还原到当时的历史环境中，还希望放在作家所有的作品中、放在当时的文学氛围中、放在作家的生平中，甚至是放在后人所有的评述中进行审视，这样也许能够对该作品有更贴近本色的评价。这方面又涉及对作家作品的考辨，不拟多述。我想再略说一下文学流派与风格，以见聂先生的文学整体观。例如，聂先生认为盛唐诗歌有四派，李白源于陈子昂，属怀古咏怀派。他在考辨分析了李白的《古风》其一"大雅久不作"，其十四"胡关饶风沙"，其十九"西上莲花山"，其二十四"大车扬飞尘"和《梦游天姥吟留别》《庐山谣寄卢侍御虚舟》等之后说道："李白之咏怀古诗在体裁上与阮籍之《咏怀》、陈子昂之《感遇》一脉相承。但在风格上又与《楚辞》相似，如其驰骋想象，神游天界，总览四海，囊括古今等景象，都有《离骚》《远游》诸作之影迹在。"随之聂先生先后考辨了李白的《蜀道难》、《长干行二首》其一、《战城南》等，评价李白的乐府有一部分在体格、声调上有楚人诗风；另一部分乐府则出自汉乐府，在体裁、题材、语言等方面有汉民间乐府的韵味。从而让人们深切地感受到李白的诗因其流派而在文学史上不是孤立的存在。

又如他说中唐诗歌都是在杜甫影响下发展的，有韩愈等人的重锤炼而追求诗歌的"奇险冷僻"，有白居易等人的不泥古调，就现实题材的即事名篇，各为一派。他们的诗歌在流传中，虽然发生了变异，但流派的自觉仍然存在。例如，韩派的孟郊没有韩诗的豪放，而表现为韩愈所说的"横空盘硬语，妥帖力排奡"；韩派的李贺有韩孟的险怪，却又有古乐府的朴华和齐梁宫体诗的秾艳。而从中唐诗说到晚唐，有李商隐承韩派，他所造就的形式精美、情感真挚的诗却又成为北宋西昆体的先驱。聂先生重文学流派当然不只在诗歌领域，他说文、说赋、说小说、说戏曲亦然。例如，他说唐代散文，是在四六文走向僵化的时候兴起，初唐有傅奕、吕才和陈子昂的散文，成为"唐代古文运动之先导"；继之有萧颖士、李华、元结、独孤及等人之文倡导文体复古；步其后尘，韩、柳的古文运动兴起，文从字顺的古文渐盛。凡此，不再一一述及。在聂先生的文学史里，因为他重文学流派与他重文学的兴衰之迹相表里，读来仿佛使我们始终感觉到文学的流动，文学的绚丽花朵不断在不同时代、不同作家的笔下绽放。

1990 年，聂先生曾很动情地说："回顾近四十年所走过的历程，案头生涯则冷淡如僧，笔墨耕耘则萧条似钵，在严峻的生活条件下，常存'鄙没世而文采不表于后世'之想。然而，在漫长的岁月中，我们究竟做了什么呢？取得了哪些成绩？空虚、渺茫之感油然而生。昔日的遐想，如今徒寄梦寐。几卷残稿，又算得什么，岂足称道？只是为我们过去的教学、研究工作和精神生活留下一点影迹而已。"①聂先生这话在自谦中有些感伤，尽管如此，聂先生以撰述造就的生活影迹总还是在的，能够借此"述往事，思来者"，或者是完成"鄙没世而文采不表于后世"的愿景，或者是"给自己留下一点当时的思想意念和精神境界，可资爱摩和回味"②，都是人生的幸福。

如今，又过了 26 年，聂先生还会说什么呢？邓魁英先生说，当聂先生看到小朋友送来的《聂石樵文集》的样书时，一夜抚摸，有"一桩心事实现了"的快慰，这也令我等后学欣欣然。

---

① 聂石樵：《古代诗文论丛·自序》，《聂石樵文集》第 11 卷，473 页，北京，中华书局，2015。

② 聂石樵：《古代戏曲小说史略·自序》，《聂石樵文集》第 4 卷，2 页，北京，中华书局，2015。

聂石樵先生的魏晋南北朝文学史观
——敬贺聂先生九十华诞

北京大学　葛晓音

　　聂石樵先生的《先秦两汉文学史》《魏晋南北朝文学史》以及《唐代文学史》系列，是近十几年来所出现的众多文学史著作中罕见的以一人之力完成的通段文学史。20 世纪 50 年代以后，个人独著而较有影响力的文学通史只有刘大杰的《中国文学发展史》、林庚先生的《中国文学简史》等少数几部。20 世纪五六十年代以来直到新时期以后，集体编著文学史成为主要的潮流，虽然间或有个人所著的分体断代史，或两三人合著的断代文学史，但其容量和难度与通段的综合性文学史是不能相比的。独著的文学史虽然要顾及全面，但是可以更自由地表达个人的文学史观，也比较容易写出自己的特色。因而不同于集体的编著。限于学力，本文仅就聂先生这一系列中的《魏晋南北朝文学史》谈谈自己的学习体会。

　　这部文学史的新意首先体现为其体例的设计。它和先秦两汉及隋唐文学史的体例一致，都是根据文体分类。像这样以文体发展作为主线贯穿全书的体例，以前只有刘大杰先生的同类著作能给人留下深刻印象。聂先生的《魏晋南北朝文学史》仅在第一章论述了"汉末魏晋南北朝文学形成之社会环境"，先用两小节概论影响该段文学史发展的两个最重要的外部原因："士族制度之确立"和"学术思想之冲突"。继而用两小节的篇幅概括了"声律之产生"和"文、笔、言之区分"，这两节抓住了促使本段文学史发展的最重要的两个内部原因。由此可见，聂先生对于与文学史发展相关的诸多因素，也是紧紧扣住文学本身来思考的。第二章以下，分出诗歌、乐府、赋、骈文、散文这五种文类，并且将重点置于诗歌和乐府，这就清晰地凸显了魏晋南北朝文学的主要成就在诗歌和乐府，其次是赋和骈文。诗歌和乐府分成两类诗体，也是令人耳目一新的，虽然《文心雕龙》和历代诗论都把乐府和诗歌分开论述。但20世纪以来的文学史，大都是将二者合为一体来阐述的，这样就比较容易模糊古诗和乐府的体式区别，以致我们在文学史教学中，常常遇到学生搞不清乐府的问题。聂先生的分体设计，体现了他特别重视文学本体研究的文学史观。

这种文学史观在体例上的表现，除了章节设计以外，还凸显在作家作品的选择上。我们现在所见到的大多数文学史所选的作家作品，都积累了20世纪初以来文学史编写几十年的经验和共识。这固然有利于统一大家的文学史观，但是也导致许多文学史论著的面目和观念大同小异，缺乏鲜明特色。因为作家和作品的选目最能反映著者的文学史观念。聂先生的《魏晋南北朝文学史》每一章每一节都选入了一般文学史极少关注的若干作家，综合起来数量相当可观。例如，在诗歌部分，建安七子中的应玚常常被遗忘，正始时期的何晏从来不被视为诗人；东晋的庾阐、李颙、殷仲文、谢混，虽然有的文学史提到，但一般也不引用他们的作品。聂先生为这些作家列出小节，并不仅仅是为顾及内容全面，而是为了说明由这些作家串联起玄言诗从萌生到转向山水诗的过程。这条线索，以前文学史都不提，这就等于抹掉了从魏末到两晋诗坛发展的主流现象。特别值得注意的是，聂先生将郭璞和陶渊明都列为"玄言诗及其重要作家"，将其纳入了这条主线。郭璞实际是东晋玄言诗的开端，史有明文，不难接受。而陶渊明，一般文学史论著都只视其为田园诗开创者，将他与当时的玄言诗主流区别开来。但实际上，陶渊明不但玄学造诣很深，其田园诗也是在玄学自然观和审美观的影响下产生的。这样来看陶渊明，我们才会理解陶渊明不是东晋诗坛的一个孤岛，他的成就是来自时代又更高于其时代的。此外如齐梁诗人选入了沈约、范云、江淹、吴均，陈隋时期选入了张正见、江总、陈后主，北朝诗人单列了温子升、邢邵、魏收为一节，且都给以不小的篇幅，使齐梁陈隋诗坛的面貌得到多方面的展现，而不是只见谢朓、何逊和阴铿几个山水诗人。乐府部分，谢尚、孙绰、王献之、沈充等作为东晋文人拟乐府作者的代表，萧赜、释宝月、吴迈远作为萧齐时代的文人拟乐府作者，可能即使是这段诗歌史的某些专家都未曾注意到。这些作家的选择和分期，与聂先生对乐府各时段的细分有关。一般文学史谈南朝民间乐府，是不分时段的，也没有耐心细细考察哪些乐府题目是什么时期的。但聂先生根据《乐府诗集》中所引《古今乐录》及《宋书》等史料的记载，将南朝乐府民歌分出东晋时期、刘宋时期、萧齐时期、梁陈时期四个时段，并且在每个时段下都有对应的文人拟乐府。一个时段为一章，这样就能清晰地看出民间乐府的发展，特别是文人拟乐府从模仿到创新的过程。几乎用不着太多的理论阐述，仅仅通过每一章中民间乐府和文人拟乐府作品的比较，聂先生就证明了乐府民歌对文人诗的重大影响。以前文学史总是单独把南朝乐府拎出来，对它的思想内容做一番批判，再说一些它的表现特点。聂先生把南朝乐府视为整个南朝诗史的有机组成部分，这就大大超越了以前孤立地看待南朝乐府的文学史观。文人诗创作的源头活水来自民歌，这是众所周知的文学史的基本理论，但如何以最有说服力的方式论证出来？聂先生以他独到的章节编排为我们展示了一个范例。

在作家选择以外，聂先生对作品的选择也独具眼光。这部文学史所选作品在名篇之外，还选了很多不是人们耳熟能详的佳作，反映了聂先生对不同作家创作多样性的认识。如曹丕的《杂诗》其一、《于清河见挽船士新婚与妻别》、《清河作》，一般文学史很少提及，但这些诗正可见出曹丕风格清婉动人，受古诗十九首影响的特色。又如嵇康的《幽愤诗》虽然一般文学史会带到，但不会像聂先生这样全篇录入并详加解释。至于其《答二郭》更少有人关注，聂先生则录入其一、其三，通过对这两首诗的解析，展示出嵇康的激烈性格和内心孤愤，以及诗中多杂玄理的特色。潘岳的《关中诗》是应诏诗，历来无人重视，但聂先生通过解析此诗背景和内容，指出了此诗反映元康四年（294）到元康九年（299）戎狄叛乱、晋军大败给黎民百姓带来的灾难，让读者看到了潘岳在性好阿谀之外的另一面。又如刘琨诗，几乎所有文学史都只选五言《扶风歌》，而他的《答卢谌》八章为四言，解析难度较大，聂先生选其三章详解，与《重答卢谌》相配合，揭示了刘琨诗反映社会丧乱和家国覆亡的深度和广度，及其复杂痛苦的内心世界。此外，如选沈约的《伤谢朓》、范云的《赠张徐州谡》，表现两位诗人对故交的深情。江淹诗，选《效阮公诗》见其不仅擅长模拟，而且善于借古讽今，选《望荆山》可见出其情景交融的特色，使读者在赋体以外，对江淹的诗歌特点也有了认识。吴均诗在著名的《赠王桂阳》以外，还选了《答柳恽》《赠周散骑兴嗣》，以见其内心的愤慨不平及苍凉有古风的特点。阴铿诗，一般只谈他的山水诗，但聂先生还选了《秋闺怨》《侯司空宅咏妓》说明他明显受到宫体诗风的影响。陈代诗风因其淫靡，向来为文学史家所忽略。聂先生在批判其总体倾向的基础上，也选择了几篇艺术表现有特色的佳作，如张正见的《赋得秋河曙耿耿》《秋日别庾正员》《赋得佳期竟不归》，以显示其在声律、风格上对唐律和七言诗的影响；选江总的《遇长安使寄裴尚书》《南还寻草市宅》，指出其晚期所作不乏感慨、哀怨之情。北朝三才，因大多模拟南朝，多数文学史只提一笔温子升，从不选魏收、邢邵的诗，但聂先生既选了温子升的《咏花蝶》《春日临池》诗以具体展示其如何受南朝诗风影响，又选了邢邵的《冬日伤志篇》《七夕》和魏收的《庭柏》《喜雨》，说明他们在学习南朝写作手法的同时，也有言志伤怀、颇多感慨的佳作。

　　细观聂先生选诗的用意，首先是在认同历代诗论基本评价的同时，以作品的具体分析，使读者对这些评价得到感性的认识；其次是在突出诗人主要创作倾向的同时，尽可能展示其思想感情和创作风格的多面性，尽量避免因只选名作而导致对作家的片面认识；最后是发掘某些作家被忽略的特点，无论其创作倾向如何，只要在文学史上有某种意义，就给予应有的评价。他对赋、骈文、散文作品的选择也持同样的标准。例如，赋和骈文，以前在魏晋南北朝文学史中所占比例不大，因此一般只选某些名篇和美文，甚至因篇幅所限，连不少名篇都舍弃了。聂先生此书则加选了王粲的《登楼赋》《神女赋》，潘岳的《西征赋》，张华的《归田赋》，孙绰的《游天台山赋》，郭璞的《登百尺楼赋》，陶渊明的《闲情赋》，谢惠连的《雪赋》，谢庄的《月赋》，沈约的《山居赋》《桐赋》，萧绎的《荡妇秋思赋》《采莲赋》，吴均的《八公山赋》，颜之推的《观我生赋》，庾信的《灯赋》

《三月三日华林园射马赋》。这些名作虽然因篇幅太长不能全文征引，但是聂先生择其精要加以分析，弥补了读者对这些名篇只闻其名而不知其详的缺憾，读后觉得美不胜收。至于骈文的选篇，以前一般只提几篇齐梁时期最著名的文章。聂先生则从汉末建安时期说起，勾勒出骈文发展的简史，诸葛亮的《出师表》，孔融的《荐祢衡表》《论盛孝章书》，曹丕的《与吴质书》，曹植的《与杨德祖书》，嵇康的《与山巨源绝交书》《养生论》，阮籍的《大人先生传》，陆机的《豪士赋序》《吊魏武帝文》《辩亡论》，潘岳的《马汧督诔》《哀永逝文》，王羲之的《与会稽王笺》《报殷浩书》《兰亭集序》，孙绰的《丞相王导碑》等，成为这一简史链条上的珠子，填补了人们对晋宋以前骈文发展认识的空白。齐梁北朝时期，除了众所周知的那几篇名作以外，聂先生也加上了颜延之的《祭屈原文》《陶征士诔》《庭诰》，鲍照的《石帆铭》，王融的《永明九年策秀才文》，任昉的《奏弹曹景宗》《王文宪集序》，沈炯的《经通天台奏武帝表》，王褒的《寄梁处士周弘让书》。同时，范晔的《后汉书》、沈约的《宋书》中某些篇章、刘勰的《文心雕龙》、徐陵的《玉台新咏序》等著述，凡是用骈体所写的佳作，也都被视为创作一一论及，这就更清晰地展示了骈文发展的全貌。而且由于将赋和骈文分为两个文类分别给予史的观照，也可以使两种文类的特点通过作品精选得到明确的区分，解决了本科教学中学生常常分不清赋和骈文的问题。

除了通过体例和选目体现重视文学本体的文学史观以外，大量作品的解析以翔实的史料为证，力求透彻地发明作者的深意，是聂先生《魏晋南北朝文学史》的又一鲜明特色。正如他在自序中所说："采取以史证诗之方法。用历史事实和文化背景阐释各代诗歌和其他类型作品之内容。文学是社会生活和历史时代之反映，用历史事实、文化背景才能揭示出诗歌深刻之内涵。"[①]虽然一般的文学史也都多少采用了此法，但聂先生此书旁征博引的史学功力，是令人叹为观止的。

由于他非常熟悉先秦两汉文学史，先秦和两汉的史书和典籍都烂熟

---

① 聂石樵：《魏晋南北朝文学史·自序》，《聂石樵文集》第 1 卷，1 页，北京，中华书局，2015。

于心，因此对诗歌内涵的解释远比一般文学史详细深入，同时也考证了不少疑点。仅以曹魏为例，如曹操《步出夏门行》四解，一般只引第一解和第四解。聂先生将四解视为一篇完整的诗歌，据《三国志·魏志·武帝纪》关于建安十二年（207）曹操征乌丸的季节、月份，及所到之处、所经战事的记载，指出四解内容的侧重及曹操思想感情的变化，认为第四解是全篇的诗旨所归。这样，一件史实的征引实际上也指出了四解之间的内在联系。王粲的《从军行》五首，以前都被视为主旨是表达希望追随曹操建功立业的大志。聂先生引证了《汉书·张鲁传》等相关史料，论述了曹操西征张鲁的背景，再用其他史料解释诗里典故词语的意思，指出第一首表面是歌颂曹操，但言辞间多含讽刺挖苦之意；第二首以下四篇都是从征伐吴之作，并考释了诗中的地名及其征吴的路线，最后根据《三国志·魏志·武帝纪》印证了第五首中所写谯郡的生产发展和繁荣景象并非王粲之虚美。这就把王粲在五首诗中的复杂观感客观地呈现出来了。

又如，曹植《赠白马王彪》诗序说作于黄初四年（223），而《三国志·魏志》中《楚王彪传》记曹彪徙封白马王在黄初七年（226），二者不一致。聂先生用裴注《魏氏春秋》的较详细的叙述，推测四年曹彪确有徙白马王之事，而魏志失载。关于诗中描写伊洛大水的情景，也引《三国志·魏志·文帝纪》的相关记载加以证实，并以曹植当时封地在雍丘、曹彪封地在白马，两地俱当洛阳之东，说明为什么说"怨彼东路长"。又引《史记》中的《屈原列传》《伯夷列传》解释曹诗中前后出现的"天命与我违"和"天命信可疑"的感情层次。这些都是以前常被释诗者忽略的问题。又如曹植《杂诗》六首其五"仆夫早严驾"，一般只看作曹植后期希望建功立业而不能冲出牢笼的想象之词，但聂先生引《三国志·吴志·孙权传》《朱桓传》和《资治通鉴·魏纪三》的记载，指出太和二年（228），曹休攻吴惨败、淮泗告急，因此诗里有"江介多悲风""淮泗驰急流"等句，并联系曹植《求自试表》证明其当时确实"抚剑东顾"，"心已驰于吴会"，故有"吴会为我仇"句。由此揭示出曹植写作此诗的现实背景，对曹植虽形同囚徒而热切关注时事的精神有了更深入的阐发。

再如，析阮籍《咏怀》其十二"昔日繁华子"一首，有关诗注虽然据"安陵与龙阳"句所用典故指出此诗刺皇帝好男宠，但不明其详。聂先生据《三国志·魏志·曹芳传》裴注所引《魏书》，再引《汉书·佞幸传》加以阐发，指出此诗刺曹芳与其小优郭怀、袁信等史实；第二十首"杨朱泣路岐"中"赵女媚中山，谦柔愈见欺"两句，引述了《三国志·魏志》裴注中《魏略》《世语》等记载，指出"赵女"指魏文帝甄皇后，是中山人，再据《史记》之《赵世家》《魏世家》，说明中山先后灭于魏和赵，对照《魏志》所记黄初元年（220）甄皇后因失宠被赐死事，说明诗人之意在感叹政治形势之险恶。阮籍诗多用比兴，其旨隐晦难解，以致有学者认为用不着考证其诗意的史实背景。但聂先生这些解释所引史料证据充分，丝毫没有附会之感，可使读者更切实地了解咏怀诗的现实针对性。类似的例子还有刘琨的《答卢谌》和陶渊明的《赠羊长史》、鲍照的《咏史》等，可以说不胜枚举。细读作品是研究文学史的基础，而通过聂先生如此深入地以史证诗，又可看出，虽然聂先生在全书中只用两个小节论述魏晋南北朝文学史发展的外部原因，但他不但没有无视社会现实和文化背景，而是将其有机地融化在对每首诗的解析之中了。

综上所述，我们得到两点重要启发。一是如何处理文学史的所谓原生态和当代眼光的问题。一方面，展示历史事实和文学史的原貌，固然是写文学史的基础，但是原生态并非自然主义地把所有史实不分主次地呈现出来，甚至以一时的地位和影响来判断其历史价值；另一方面，所有的历史都经过时间和写作者眼光的过滤，如果只强调被历史沉淀下来的作家作品的价值，忽略了在某一时期有一定影响力的事件和人物，历史的呈现也是不充分不客观的。如何把握好这两者的辩证关系，聂先生为我们提供了一种样板。他对历史沉淀下来的共识有充分的尊重，并且尽可能凸显文学史的主流。他所补充的许多作家和作品，只是丰富和深化了我们对历史全面性的认识，而没有颠覆其基本的价值判断。例如，齐梁陈部分虽然补充了大量篇幅，但是他并未因此而产生任何偏激的认识，其总体评价仍然与历来的共识是一致的。

二是如何通过细读文学文本来创新。聂先生的《魏晋南北朝文学史》没有刻意追求石破天惊的新见，他所运用的材料，都是这段历史和文学的常见材料。引证近人的文学史观点，仅限于刘师培的《中古文学史》等极少数几家。他对各重要作家的评论，则列举了许多历代诗论中的常见论断。但是他结合细致深入的诗例分析，对这些论断的印证和阐发，本身就是一种创新。为体例所决定，全书较少拿出长段的篇幅来论证某个新观点，但细读之下，却能看出聂先生对很多问题有独到的见解。例如，他指出"言"是一种文体，认为散文就是言，这看法和有些学者把言看成文、笔之辨形成前期的概念完全不同。又如，他在论述建安风力时，指出风力的形成与当时学风的深厚有关，这些都是前人很少想到的。即使是论述佛教的传入、声律的形成这些前人论述很多的大问题，他也都是根据自己读书所见选择材料，所以读起来仍有新鲜感。由此可以看出对于很多有结论的问题和观点，聂先生都要通过读书去验证其能否成立。这方面的治学态度，最鲜明地体现在他以史证诗的做法上。许多名作虽然已有前人汗牛充栋的注释，但他仍能通过更加细致的阅读，找出一般人没有注意的材料，使诗意得到透彻地阐发。这样的发微索隐，其实是我国最传统的治学方法，但聂先生以他的实践充分证明了这种方法的行之有效，并为当今学者树立了耐心细读文本的榜样。

擘肌分理，笔尽丽辞

中国传媒大学　　钟涛

　　恩师聂石樵教授九十寿诞将至，回忆列于先生门墙下二十多年所历种种，学生感佩于怀。20世纪后期我任教于青海师范大学，1992年我报考了先生的博士研究生，先生不嫌我愚钝将我收录，我从西北高原来到京城。杏坛春风的吹拂，木铎金声的召唤，开启了我新的人生。在选择博士论文题目时，鉴于我硕士阶段曾追随四川师范大学屈守元教授学习过《昭明文选》，先生同意我仍以汉魏六朝文学为研究方向，并最终确定以"六朝骈文形式论"为博士论文选题。该选题成为大陆首部以骈文为研究对象的博士论文，而我也因此奠定了治学生涯的第一块基石。在我以后的学术研究中，骈文也成为一个重要内容。在博士论文写作中，先生关于骈文研究的学术思想，对我启迪良多。与先生讨论涉及的一些问题，现在骈文研究界仍在反复探讨，先生的许多见解，今天看来仍具有深刻性与前沿性。但目前关于当代骈文学术史的研究梳理，先生的观点还未得到普遍的认识。最近，我回忆起当年学习中聆听到的先生的教诲，又重读了先生"中国文学史系列"中与骈文研究相关的内容，再次为先生的远见卓识所折服。这里仅选择两三个问题，略谈一下我的感想。

　　近年来骈文研究有渐成学术热点之势，开始受到各层级研究项目立项的重视，研究成果也日益丰富。但是，骈文是什么这个最基本的问题，仍然被不时拿出来讨论。骈文虽然创作源远流长，但名称却始于清代。与诗歌、小说、戏曲等不同，"骈文"的内涵和外延始终存在争议。关于骈文的文体定位，首先面临的就是"骈文"是一种文章体裁还是一种艺术表现形式？有的学者提出，骈文只是语言表达形式，而非独立文体；也有人认为骈文是文类，而非文体。承认骈文独立文体地位的学术观点中，对骈文与散文的关系，骈文是否包括辞赋等问题又存在意见分歧。如在骈文与赋的关系上，或认为骈文包括赋，或认为不包括赋，或以为包括骈赋而不包括其他赋体文学，更有人认为辞赋包括骈文。凡此种种，议论旁出，争议不断。我在写作博士论文"六朝骈文形式论"时曾为此困惑不已，与聂先生有过反复讨论，最后我们的结论是，骈文与辞赋是各自独立的两种形式，所以未将辞赋纳入骈文中。先生的"中国文学史系列"涉及上古、中古两个历史阶段，中古的魏晋南北朝隋唐时期正是骈文的兴盛期，先生在《魏晋南北朝文学史》和《唐代文学史》中，均将骈文单独设章，与"诗歌""赋""散文"等并列。而在具体作家作品论述中，赋与骈文的区别意识亦很明显。例如，《魏晋南北朝文学史》第六章"赋"专门讨论了庾信《哀江南赋》正文，而第七章"骈文"又专门讨论了《哀江南赋》序文，同一个作品分在两章讨论，正是先生"赋与骈文是两种不同文体"观念的体现。但先生对文体之间关系的认识又是全面而辩证的，既明确区分骈文和辞赋，又敏锐地注意到二者之间的相互渗透与影响，认为赋"这一特殊文体，从楚辞以至西汉武帝时期发展到了极点，其影响所及，使当时的散文辞赋化。这种辞赋化的散文进一步发展，便形成了骈体文。至魏晋宋齐时期，骈体文最为发达，反过来又影响到赋，使原来的古赋演变为俳赋。齐梁时声律说兴起，骈文（包括四六文）继续影响俳赋，于是唐代完成了律赋。迨至两宋，纯散文之古文最为发达，影响到四六文，于是完成了宋四六，又影响到赋，完成了文赋。这便是赋与文在形式上互相影响、互相促进之发展关系。"①短短数语，将辞赋、散文、骈文三者之间漫长发展历史过程中相互间的不断影响，以及在互动影响之下，各自体式的不断新变，描述得透彻明了，给后学的研究提供了新颖的视

---

① 聂石樵：《魏晋南北朝文学史》，"聂石樵中国文学史系列"，394 页，北京，中华书局，2007。

角和思路。

由于先生深刻认识到了骈文与其他文体之间存在密切关系，所以在众说纷纭的骈文起源问题上，先生也有自己独到的看法。"骈文与散文是对称的一种文体，也称骈俪文或俪体。骈文之产生，其远因源于俪辞偶语，其近因源于辞赋与散文之汇合。"①骈文是散文与辞赋汇合而产生的一种新文体，基于这样的认识，先生明确提出："真正完整体制骈文之产生，一般认为是东汉，我却认为是西汉武帝时代。我认为骈文之产生，与辞赋、散文的发展有极其密切之关系。西汉是辞赋大发展之时代，也是散文大发展之时代，辞赋与散文的高度发展，必然互相影响，促成其汇合，当时许多赋家兼写散文，他们以赋笔写散文，则遂将赋之写作方法融入散文之中，骈文便因此产生。"②关于骈文产生于何时，学界有先秦说、两汉说、魏晋说、宋齐说等。这些说法中，还有各种细分，如两汉说又有西汉说、东汉说，魏晋说又有人具体为西晋说，而这些说法大多以俪辞偶语的使用率为依据，从而确定骈文产生的时间节点。偶对本质上是一种修辞手法，对这种手法的使用而形成一种独立文章体裁。文章中使用数量的增多，固然是一种量化标志，但量变引起质变，还需要更有力的催化剂。先生在论述中特别强调有了散文和赋体的交融汇合，才有了骈文的产生。在《先秦两汉文学史》第七章"西汉之文学"中，先生专设"辞赋与散文融合，骈文之产生"一节。先生非常重视司马相如、东方朔、王褒、扬雄等赋家之文，强调这些人虽以赋名家，但却同时是骈体大家，他们的部分文章"有意作俪句，字数均一，长短整齐，完全是骈文体制"③。先生认为司马相如《喻巴蜀檄》《难蜀父老》这类文章"是典型

---

① 聂石樵：《先秦两汉文学史》，"聂石樵中国文学史系列"，823 页，北京，中华书局，2007。

② 聂石樵：《先秦两汉文学史》，"聂石樵中国文学史系列"，825 页，北京，中华书局，2007。

③ 聂石樵：《先秦两汉文学史》，"聂石樵中国文学史系列"，830 页，北京，中华书局，2007。

的骈文，是骈文真正形成标志"①。这将骈文形成期明确在西汉。从萧统《文选》开始，历代涉及骈体文的文章选本，大多揽入部分西汉文。在骈文发生诸说中，西汉说虽不是主流的观点，但早在孙梅《四六丛话》就认为终军的《白鳞奇木对》"俪形已具"，近些年也有学者认为西汉武帝元朔三年(前126)的《封公孙弘为平津侯诏》，就已经是通篇排偶的骈体文，明确地说明整篇文章都用骈句大约始于西汉中期。然而持骈文产生西汉说者，多主张辞赋骈文一体，往往以西汉部分辞赋的排偶化来佐证骈文的产生，或是以西汉文少数篇目的骈俪化说明西汉时期已有骈文。聂先生勾勒了从汉武帝时期"文赋之散体撰文，使文章日趋骈俪化"到西汉后期"辞赋与散文进一步融合"，"骈体文达到更臻成熟的阶段"②的整个历史发展过程。论述中虽然也重视赋家身份和辞赋表现方法对骈文写作的影响，但始终强调骈文文体的独立性。先生论魏晋六朝文体，分为文、笔、言三类，他将诗、乐府、辞赋等归入"文类"，而认为骈文属于"笔"类，散文则属于"言"类，骈文有别于辞赋、散文的观念十分清楚。正是基于对骈文文体性质严格的界定，先生在溯源骈文产生时既注意辞赋、散文的繁荣和交流对促成骈文这一新文体的重要意义，又正本清源，抽丝剥茧地发掘出了骈文自身独立的源起发生体系。先生这些振叶以寻根，观澜而索源的科学考察，在骈文发生学研究中具有重要价值。

先生在梳理汉唐骈文史的演化过程中，基于对这一时期骈文书写的深刻认识，"变"的观念贯穿论述始终，"自西汉以来，骈文体制屡变，最终形成四六文"③。骈文形成时期的争议，原因之一就是对骈文体制特征的认识不同。先生基于自己的学术思想，认为骈文发生于西汉时期，但同时他也观察到从西汉到魏晋，骈文书写方法和体制上的巨大变化。持

---

① 聂石樵：《先秦两汉文学史》，"聂石樵中国文学史系列"，831页，北京，中华书局，2007。

② 聂石樵：《先秦两汉文学史》，"聂石樵中国文学史系列"，843页，北京，中华书局，2007。

③ 聂石樵：《魏晋南北朝文学史》，"聂石樵中国文学史系列"，395页，北京，中华书局，2007。

骈文产生于魏晋说者，强调骈文体制到此时期才具有完备性和稳定性，而先生则认为，骈文体制是一个不断完善和变化的过程，并不因之前文体因素的不完备否定骈文的成立，而骈文文体诸因素的具备过程，只不过是骈文体制的变化过程。魏晋以后骈文体式大备，先生除重视由言必偶对到句趋四六这种体制上明显的外在变化外，更重视骈文审美风格的不断新变，并将这种变化，与社会时代的变化紧密结合。例如，论唐代骈文，先生以骈文发展的历史阶段为线索，对各家创作进行细致绵密的分析后，总结道："纵观唐代骈文演变之迹，初唐承六朝余风，雕章琢句，纤丽而流利；盛唐文治武功达到极致，文风趋向儒雅典重，气象雄浑；中唐创为新逸，熔铸声偶之间，色色当行；晚唐英才挺出，以博丽为宗，形成唐文之极轨。"①寥寥数语，道尽唐代骈文史发展历程。

先生关于骈文的卓越观点远不止以上所论，他的"中国文学史系列"中关于骈文的内容，抽绎出来，就是一部观点独到、线索清晰、体系完备的宋前骈文史。但这些成果淹没于"中国文学史系列"宏大叙述之中，为众多其他研究所掩，有待研究骈文学术史者进一步发掘。

光阴荏苒，岁月如梭。学生德业无成，未能光大先生之学，多生愧疚。所幸来日方长，学生自当敬慎自省，黾勉向学，以不坠先生之教。唯愿先生亦稍释弦诵之负，怡然逍遥，康宁寿考，相期于茶。

---

① 聂石樵：《唐代文学史》，"聂石樵中国文学史系列"，446 页，北京，中华书局，2007。

聂石樵先生《司马迁论稿》的价值及意义

陕西师范大学　张新科

聂石樵先生是蜚声海内外的著名古典文学研究大家，其学术著作涉及中国古典文学的诸多领域，时间跨度从先秦到明清，文体方面从诗歌、散文到小说、戏曲等，显示出宽广的学术视野和严谨求实的学术态度。其《司马迁论稿》是他研究司马迁与《史记》的重要代表著作(以下简称《论稿》)。这部著作于 1987 年由北京师范大学出版社出版，最近又列入《聂石樵文集》(以下简称《文集》)第六卷，由中华书局于 2015 年再版。再版时作者对《论稿》进行了一定的修改，并新增加了两个附录。本文的论述以 1987 年版《论稿》为主要依据，以显示《论稿》在当时的价值和意义。

一

司马迁是世界文化名人，他的巨著《史记》是中国文化史上的一座丰碑。从汉代开始，人们对司马迁及其《史记》就有许多评论，但以历史评论为主。到了唐代，由于《史记》"三家注"的形成、史学理论的发展、古文运动的兴盛等原因，《史记》的史学地位和文学地位得以提高。宋代以后，一直到近现代，司马迁与《史记》研究更上一层楼，取得了多方面成就，尤以史学、文学最为突出。新中国的成立，标志着中国社会跨入了新的时代。社会的巨变给学术研究带来全新的思想观念，《史记》研究发生了质的变化，走上了新的发展道路。20 世纪 50 年代是新中国成立后

《史记》研究的初见成效期，广大文史工作者开始运用马克思主义的立场、观点和方法研究历史，使《史记》研究面目焕然一新。这是《史记》研究史上的一次巨大飞跃。人们不仅从《史记》本身出发来研究《史记》，而且把《史记》放在西汉政治、经济、文化的具体环境中去分析，放在整个史学的历史长河中进行考察，乃至于放在整个世界历史的背景中去认识，对司马迁史学的伟大功绩和《史记》的杰出价值，做出了高度评价。研究工作全面展开，而且重点向思想性、人民性、艺术性等方面倾斜，这是20世纪《史记》研究的一大新变。20世纪60年代前期，在深入研究司马迁思想的同时，也出现一些误区，学术研究中阶级分析法流于形式，许多人机械地给司马迁及《史记》人物贴上标签。有些文章的观点存在着明显的武断缺陷，以今人的思想苛求司马迁，从而贬低甚至否定司马迁及其创作的《史记》。这种唯阶级论的方法违背了历史唯物主义的基本原则。20世纪60年代后期至70年代前半期，《史记》研究基本处于停顿沉寂状态。

1977年以后，中国社会进入了新的时期，学术研究重新步入正轨，《史记》研究也日益焕发出勃勃生机。这个时期，学术界对司马迁及其《史记》的研究出现了热潮，人们运用历史唯物主义的观点、方法，以实事求是的态度，重新审视、评价司马迁和《史记》，研究领域不断扩大，研究问题不断深入，研究队伍不断壮大，一门新的学科——"史记学"逐渐形成。聂石樵先生的《论稿》正是在这样的历史背景下完成并出版的。我们注意到，《论稿》序言的落款时间是1984年5月，正式出版是1987年1月，同年9月第二次印刷。这正是新时期学术研究步入正轨的开始，《论稿》就是此期《史记》研究的代表作之一，体现了那一时代的学术风尚。

二

聂石樵先生的《论稿》，以司马迁的生平和《史记》为主线，全面系统地介绍了司马迁悲剧的一生和《史记》著作的史学、文学价值。全书结构安排如下。

自序：对司马迁的人生经历以及《史记》的独特思想和艺术成就进行了全面介绍，具有全书总纲的作用。

第一章：司马迁的生平。分九节，家世渊源，诞生龙门，少年生活，二十岁漫游，侍从和奉使，从巡封禅、负薪塞河，为太史令、开始著述，为李陵受辱，对司马迁之死的推断。

第二章：司马迁的思想。分六节，经学思想渊源，政治思想，哲学思想，历史观点，文学观点，学术思想上对其父司马谈的继承和发展。

第三章：伟大著述的内容。分十节，写作态度和目的，讥刺汉朝最高统治者，揭露汉武帝时代的社会矛盾，批判汉儒，谴责诸侯王叛乱，惋惜对匈奴用兵"建功不深"，歌颂陈胜、吴广起义，赞扬"游侠"，崇尚"货殖"，推许"刺客"。《文集》版增加"体例的渊源"一节，共十一节。

第四章：司马迁笔下的主要人物。孔子，商鞅，信陵君和平原君，廉颇和蔺相如，屈原和贾生，李斯，项羽，刘邦，韩信，萧何和曹参，张良和陈平，李广，共十二节，十七人。

第五章：司马迁的文笔。分八节，善序事理、辨而不华、质而不俚，其文直、其事核，不虚美、不隐恶，原始察终、见盛观衰、承敝通变，于序事中寓论断，以人物为本位，择其言尤雅者，结束语。《文集》版把结束语调整为独立一部分，其余七节不变。

这是1987年版《论稿》的基本框架结构。《文集》版又新增了两个附录：司马迁"究天人之际"的哲学观点在其文学著述中的体现，对《李将军列传》的几点认识。

总体来看，我认为《论稿》有三个最突出的特点，值得我们重视。

第一，实事求是的学术精神。作者在自序中说："我的心意在采取实事求是、'不虚美，不隐恶'的精神，对司马迁进行的论述，既要说明他在当时历史条件下提出了哪些新思想、新问题，又看到他的不足；既要陈述他对史学和文学等各方面的贡献，又指出他的阶级和历史的局限。即通过这些论述，能给司马迁以比较完整、准确的评价，给司马迁以科学的历史地位。"这是作者的立足点和出发点。司马迁是伟大的史学家，许多思想具有进步性、超前性，所以鲁迅先生予以高度评价，认为是"史家之绝唱"。但司马迁毕竟是古人，对于历史的认识、对于历史人物的评价有时难免有时代的、个人的局限性。这就需要评论者对司马迁既不要美化、拔高，也不要苛求、贬低，做到尺度合适，实事求是。从《史记》研究的历史来看，对于司马迁及其《史记》的评价，无论古人还是今人，或多或少都出现过偏颇。《论稿》的可贵之处在于能够把司马迁放到汉代当时的历史环境中，以《史记》文本为基础，用科学的态度分析问题，解决问题。这是对以往研究偏颇的有力纠正，树立了一种严谨求实的研究风气。而这在新时期刚刚开始阶段，具有引领学术风气的作用，对司马迁和《史记》研究产生了重要影响。例如，第二章论述司马迁的哲学思想，作者在肯定其价值的同时又指出："司马迁是反对天命的，但他并不是一个彻底的唯物主义者，当他对复杂的历史兴亡成败现象得不到正确答案时，又不得不用天命进行解释。"对于司马迁的历史观，《论稿》指出："司马迁的历史观是进步的唯物主义的，对历史的变化、发展，作了许多精辟的论述和分析，具有真知灼见。但是和历史上许多进步的作家一样，他最终不能摆脱唯心主义英雄史观的影响。在整部《史记》里，他主要是写帝王将相在历史上的活动，通过对他们兴亡成败的描写，说明古今历史的变化。""司马迁对历史的看法，虽然认为是变化的，重视历史的发展，社会的前进，从而能揭露出历史的某些规律。但是他看不见历史的真正主人，不知道历史发展的真正动力，因而也看不出历史发展的方向，以致最终不得不回到董仲舒三统循环论的轨道上来。"这些观点，都建立在对《史记》文本的细致解读基础之上，体现了实事求是的态度。第三章论述司马迁笔下的主要人物，也都注意到司马迁写历史人物的积极性和局限性。例如，《论稿》通过对信陵君的分析以及司马迁的评价，认为司马迁对信陵君评价的矛盾"反映了他的唯心与唯物两种历史观的矛盾"。李斯在秦朝历史上是非常重要的人物，《论稿》写道："司马迁评价了李斯在秦朝历史上的功与过，认为其过大于功。他肯定了李斯辅佐秦始皇完成帝业方面的重要作用，但主要是批判了李斯的缺点和错误。他不同意一般人的看法，说李斯为尽忠而受酷刑，而认为李斯是咎由自取。但最后又把李斯的功劳与周公、召公相比，未免悖谬。"由此指出司马迁对李斯评价出现的偏颇。项羽是反秦的英雄，但最终以失败而告终。对于项羽的失败，司马迁在《项羽本纪》论赞中予以批评，作者认为"司马迁对项羽失败的原因的认识虽不全面，但他从人事的角度批评项羽的天命观却是十分中肯的"，指出司马迁对项羽评价的合理性和存在的不足。商鞅在历史上也是颇有争议的人物，《论稿》指出："司马迁写商鞅的一生都在致力于地主阶级的变法活动，并为推翻奴隶制，建立封建制献出了自己的生命。但他在《商君列传》的评语中却尖锐地批评了商鞅。"其原因在于："司马迁在政治思想上是反对法治的，他在很多篇章中对法家人物都有不少批评。但是，作为一个伟大的历史家，司马迁不以个人的好恶来写历史，而是根据历史的本来面貌来写历史；作为一个伟大的文学家，司马迁不是根据主观思想进行写作，而是突破主观思想的限制全面真实地反映了社会生活。这正是司马迁卓异之处。"《论稿》从史学、文学两个方面分析了司马迁对商鞅的评述，结论也较为客观公允。类似的例子很多，说明《论稿》在司马迁与《史记》研究中，继承了司马迁的"实录"精神，以司马迁"不虚美，不隐恶"的写作原则评价司马迁和《史记》，这是《论稿》最为突出的特色之一。

第二，文史结合的评价标准。《史记》既是历史著作，又具有文学的特征，是文史结合的典范。在《史记》研究史上，曾出现过一些偏颇。从历史角度研究《史记》的学者指责《史记》有些地方失实，尤其是《史记》中的一些细节描写、个性化语言描写，如项羽垓下之围时给虞姬唱《垓下歌》，等等。从文学角度研究《史记》的学者，又有忽略历史真实的偏颇，把《史记》看作纯文学作品。《论稿》打破文史壁垒，把两者结合起来，统一起来。作者在自序中说："既不单纯地从文学创造典型、描写人物的角度评论司马迁所写的历史事实，也不单纯地根据历史必须真实地记载历史事件的要求，来责备司马迁对某些事件或传记记载不完备的现象。因为单纯从文学角度评价，就会歪曲司马迁笔下的历史事实，反之，则要损害司马迁在文学方面的成就。我是注意从史学、文学统一的角度进行评价的。"这个评价标准也是客观公允的，符合《史记》实际。例如，第二章在论述司马迁文学观点时强调文学的借鉴作用，"司马迁把用形象表现历史生活真实的文学手法和述古所以鉴今的史笔完美地统一起来，在吸取历史经验的同时，就包含着文学在表现这类历史事件时是否真实的借鉴意义。因此，他所主张的历史的借鉴作用，同时也就是文学的借鉴作用"，把历史与文学紧密地结合在一起。第三章对陈涉起义的评价，《论稿》通过对《陈涉世家》的解读分析，指出司马迁的观点"不但表现在他的正面议论之中，也表现在他对这一历史事件具体的叙述里面。历史学家们往往从司马迁的正面议论中去探讨他的观点和看法，这当然是必要的。但是，从文学批评的角度来说，更重要的是看他在作品里怎样反映的，他是通过具体的叙述过程反映出对这一重大历史事件的评价的"。这是从文史结合的角度分析重大人物事件，避免了单一的历史或文学评价。第四章对于孔子的评价也是如此。《论稿》从政治、哲学的角度分析了孔子的思想，同时又指出："从文学批评的角度评价司马迁描写的孔子，那么孔子的价值不在于他为当时统治者提供的治理动乱社会的药方，不在于他的政治理想——礼，而在于对理想所持的坚定信念。他为统治者开立的治世药方是迂阔而不切实际的，他那种知其不可为而为之的精神也是滑稽可笑的，但他为坚持自己的信念而顽强不屈的意志，却能给我们以启发。"这种评价，使人们对于孔子有了一个更全面的认识。再如《李将军列传》，作者用史学、文学双重标准来衡量："从他（司马迁）原始察终的历史观点看，他记述了李广一生行迹的全过程，通过李广这个人物考察了文帝和景帝、特别是武帝时代的历史，剖析了汉代所谓盛世的政治情况。从他发愤著书的文学观点看，司马迁从李广的政治悲剧中感受到自己的遭遇，产生了共鸣，在李广身上倾注着自己的血泪，对汉代的统治提出了控诉！这就是作为历史家和文学家的司马迁在描写李广这个人物时所体现的意义和精神。"这样的认识和评价，远远高出从某一方面进行的评价。

第三，新颖深刻的理性分析。对于司马迁及其《史记》研究，已有两千多年的历史，但系统地进行理性分析还是近现代以来的事情。新中国成立以来的 20 世纪五六十年代乃至七十年代，系统性的理论著作还较少。20 世纪 80 年代，正是思想活跃时期，学术创新成为一种风气。《论稿》在前人研究基础上，系统地研究司马迁的人生经历，研究《史记》的价值，并提出自己的新观点、新思想，在当时也是难能可贵的。例如，关于司马迁的生年问题，历来有多种说法，主要是景帝中元五年说（前145）和武帝建元六年说（前135）两种。《论稿》第一章"诞生龙门"一节运用司马迁的户籍、自叙、自白等原始资料，细致考证分析，认为司马迁生于建元六年（前135）。又如，第一章"少年生活"一节，根据《史记》中的许多资料分析，认为司马迁"在纪事方面，多取自《左传》，但在发挥经义方面，则本于《公羊》学说"。"司马迁受《公羊春秋》学说的影响至深且远，可以说《公羊》学说是支配着他对《史记》的著述的。"这就揭示了司马迁与《春秋》及其经学的关系。第一章结尾对司马迁生平进行总结时指出："他一生是个悲剧，这个悲剧的意义在于：他忠于封建阶级，希望巩固封建制度，结果反被封建阶级和封建制度残害了。因此，他怀着愤懑和不平来揭露封建社会，鞭挞封建制度。他的这种愤懑和不平，他的思想、观点，他的学说，他的爱和憎，他的操守，他的全部精神世界，都集中地体现在他的伟大著作《史记》之中。《史记》是他整个精神世界的再现！在这种意义上说，《史记》本身也是一部伟大的悲剧。"这个结论颇有深意。第二章在论述司马迁经学思想渊源时，作者通过对六经的仔细分析，梳理司马迁经学思想出于哪一家，源于哪一派，结论：司马迁对六经大义的总认识源于董仲舒，《易》学出自杨何，《书》学出自孔安国，《诗》学出于《鲁诗》，《礼》学与鲁地密切相关，《春秋》学闻之于董仲舒而其渊源应该追溯到孔子。这样的细分条缕，显示了《论稿》对问题认识的清晰度和深度。又如，在分析司马迁的学术思想时，以对待先秦诸子的态度为例，《论稿》仔细分析了司马迁对司马谈的继承与发展，看出父子二人的不同思想。第三章第十节崇尚"货殖"认为，"司马迁是站在社会变化的进步方面，肯定新生的事物，赞扬新生的事物，鼓吹新生的事物，因此他的思想、理论、观点是进步的"。"推许刺客"一节认为："在长期的封建社会中，以强凌弱、强者为'刀俎'、弱者为'鱼肉'的现象是普遍存在的。这是司马迁描写的五个刺客反抗强暴精神的现实基础，通过对这五个人物侠义行为的赞颂，抒发了他对那个弱肉强食的社会的痛恨和不满。"第四章分析廉颇、蔺相如指出："司马迁通过对这两个人物的描写，反映了赵国兴亡的过程，表述了赵国所以兴亡的原因，考察了赵国盛衰的历史。"分析韩信指出："写韩信的一生不是孤立地去写，而是与当时的政治局势密切结合的。通过对韩信生平的描写，再现了秦汉之际由汉开始拜将定策，到楚汉对峙，到汉兴楚灭的全部历史演变过程，展示了由楚汉对抗到汉统治集团的内部矛盾的转化。这是这篇传记的突出成就。"这些观点都显示了作者对问题的把握分析极有分寸。第五章"司马迁的文笔"第一节，认为司马迁文章之"'善序事理'，表现为善于把握历史的重要问题，描述它的变化的脉络和原委，即善于从历史发展的过程中去'原始察终'。这是一种很高的写作手法。"第四节认为："'原始察终''见盛观衰''承敝通变'的写作方法，要求真实、具体、客观、历史地描写社会历史的变化，要求描写社会历史生活的全过程，揭示社会历史的矛盾和斗争，并展示社会历史发展的未来。司马迁自觉地运用这种方法写作，使他的著作《史记》成为一部现实主义历史。"这些观点抓住了《史记》作为历史著作的特征，而不是一味强调其文学性。第五节"于序事中寓论断"，通过细致分析，进一步深化了清人顾炎武提出的问题，揭示出《史记》人物传记的独特性。第七节"择其言尤雅者"，对《史记》语言成就进行全面分析，包括古语的通俗化，书面语，流行的口语，方言俗语，谚语民谣，等等，认为"司马迁采取了我国人民和我国民族的语言，又提炼、丰富和发展了我国人民和我们民族的语言，对我们祖国的语言，做出了巨大的贡献"。可以看出，作者善于从复杂的资料中发现问题，提炼问题，解决问题，并提出自己的一家之言。

另外，文风朴实无华，语言自然流畅，也是《论稿》的重要特色。

总之，在新时期刚刚开始不久，《论稿》就以其实事求是的学风、独特的思想矗立在《史记》研究的学术大道上，对于纠正以往出现的偏颇，弥补以往研究的不足，都具有重要意义，也为以后的《史记》研究树立了良好的榜样。

聂石樵先生《楚辞新注》的选录标准、方法与启示

中国社会科学院　　孙少华

聂石樵先生著述宏富，研究领域十分宽泛，既有单篇学术论文，也有学术专著，还曾主编过很多诗文选注或学术著作。聂先生覃精文献考据之学，在文献学领域成就显著。其中，《楚辞新注》是较有代表性的一部著作。

"选本"是中国传统学术中非常重要的作品形式，不仅体现着作者本人的学术旨趣、学术眼光、学术目的，还体现着作品与时代学术风尚的紧密结合。从这个意义上说，"选本"看似简单，其实体现着选家的学术水平。

聂石樵先生《楚辞新注》一书，主要在明翻宋本《楚辞补注》与宋端平本《楚辞集注》的基础上，同时参考其他重要注本，讨求追辑，择善而从，在注释中重视文字训诂与疏通句意，为读者理解作品的思想内容提供了很大帮助。

根据作者前言可知，该书成书有两个特色：第一，该书编注始于20世纪60年代，历经十余年方才完成，不可谓不艰辛；第二，该书经刘盼遂先生的指导，在注重传统文献学基础上，紧密结合时代学术需要，非常重视作品思想内容的挖掘。难能可贵的是，该书前言完成于全国科学大会胜利闭幕之时，作者以纯粹的学术专著向新时代献礼，充分展现了本书的时代性。正如作者在前言的最后所说，本前言写于"东方破晓，大地春回，全国科学大会胜利闭幕之凌晨"，时至今日，我们仍然可以深刻感受到作者的欣悦和学术激情。

在进入 21 世纪的今天，中国古代文学研究同样遇到了很好的历史机遇，而聂先生当初编注本书的动机、目的、标准、方法无疑可以为我们如何将学术研究与时代需要结合起来，提供宝贵经验。

一、《楚辞新注》的选录标准

《楚辞新注》选录的作品有《离骚》《九歌》《天问》《九章》《招魂》《卜居》《渔父》《九辩》《吊屈原》，凡九篇。

与洪兴祖《楚辞补注》相比，《楚辞新注》无《远游》《大招》《惜誓》《招隐士》《七谏》《哀时命》《九怀》《九叹》《九思》九篇，而多《吊屈原》一篇。

与朱熹《楚辞集注》相比，无《远游》《大招》《惜誓》《服赋》《哀时命》《招隐士》。

据此来看，《楚辞新注》还是有自己的选录标准的。根据作者自己所言：贾谊《吊屈原》是西汉以屈原为题材的"最优秀"作品，并且"感情真挚，艺术精炼，是一篇杰出的作品"，是对屈原的正面的悼念；作者不可考的《卜居》《渔父》是研究屈原思想生活的可贵的资料；宋玉《九辩》是屈原创作直接影响下的产物，故皆予以选录。而东方朔《七谏》、王褒《九怀》、刘向《九叹》、王逸《九思》等，因为"纯粹是模拟之作，内容空洞，形式僵化，毫无真情实感"，故不予选录[①]。

由此可以看出，《楚辞新注》的选录标准主要有两点：第一，重视作品的思想性；第二，重视作品的艺术特色以及作品内容和形式的统一。正如作者自己所言，那些思想性不强、形式上存在严重模拟现象的作品，就不予选录[②]。

当然，强调作品的思想性和作品内容与形式的统一，是当时学术界普遍的学风。但是，这种做法，却充分体现出古代文学研究与时代、社

---

① 聂石樵：《楚辞新注·前言》，13 页，上海，上海古籍出版社，1980。

② 《楚辞新注·前言》称："像《远游》，在内容上宣扬神仙家思想，形式上抄袭司马相如的《大人赋》，而且又不是屈原所作，就不选了。《大招》在内容和形式上模拟《招魂》，缺少自己的特色，所以也不选入。"

会、人民要求紧密结合的特征。古代文学研究如何在新形势下焕发新的生命力，实现为国家、为社会服务的责任，值得每一个研究者思考。

二、《楚辞新注》的选注方法

《楚辞新注》的选注方法，主要有三点。由于《天问》一向被视作难读、难懂之书，注释也最难，故以《天问》为例，试做分析。

第一，对各种文本的文字差异，商榷正伪，择善而从。

例如，《天问》"孰期去斯，得两男子"，聂先生认为"去"当为"夫"之讹，"夫犹于"，"斯"指的是吴地，两男子指的是泰伯、仲雍，其证据就是《史记·吴太伯世家》的记载。①

又如，《天问》"玄鸟致贻，女何喜"之"喜"，聂先生认为当作"嘉"，本义是"生子"，"何嘉"就是"为什么生子"。其证据就是《史记·殷本纪》所言："三人行浴，见玄鸟堕其卵，简狄取吞之，因孕生契。"②

第二，保留有资料价值的异文。

例如，《天问》"启棘宾商"之"棘"，《楚辞新注》采朱熹"当作梦"之说；"商"，采朱骏声《说文通训定声》"帝"是讹字之说，"宾帝"即做天帝的客人。同时，《楚辞选注》还保留了另外一种说法，即以"棘"通"急"，"宾，即嫔"，"启棘宾商"即夏后启急急献三美妇给天帝，符合《山海经》"上三嫔于天"之说。③

又如，《天问》"阻穷西征"，《楚辞新注》先采洪兴祖的尧放逐鲧到羽山道路艰险之说，又列钱澄之《庄屈合诂》"阻绝，犹禁绝也。羽山东裔，永遏在东，不容西征，不得越羽山之岩"之说。④

这种做法，符合选本注释的学术规律，可以给阅读者提供更多的思考空间。

---

①　聂石樵：《楚辞新注》，73 页，上海，上海古籍出版社，1980。

②　聂石樵：《楚辞新注》，74 页，上海，上海古籍出版社，1980。

③　聂石樵：《楚辞新注》，65 页，上海，上海古籍出版社，1980。

④　聂石樵：《楚辞新注》，67 页，上海，上海古籍出版社，1980。

第三，注重文字训诂与词句的含义。

《楚辞新注》采用了传统的经学注释方法：先训诂字义，再疏通章句，并且采纳了一些出土文献考证的成果。例如，《天问》"该秉季德，厥父是臧"，采纳了王国维《殷卜辞中所见先公先王考》的说法，以"该"为殷契六世孙亥，"秉"作"承"，"季"为"冥"即亥的父亲，并将全句解释为："亥继承他父亲的德业，学习他父亲的好品德。"①

三、《楚辞新注》的启示

《楚辞新注》作为选本的一种形式，并且是带有注释文献的文本，对我们开展文学研究具有一定启示。大致说来，启示有以下三点。

第一，选本的意义。

鲁迅先生说："选本可以借古人的文章，寓自己的意见。博览群籍，采其合于自己意见的为一集，一法也，如《文选》是。"又说："读者的读选本，自以为是由此得了古人文笔的精华的，殊不知却被选者缩小了眼界。"②结合鲁迅先生的说法，可知选本的影响力大致有两个向度：第一，蕴含着选者的文学观念；第二，限定了读者的阅读视野，甚至影响了读者的阅读判断。更进一步分析，选本其实具有两个阅读程序：选者初始阅读后的判断与选择、读者在选本基础上的二次阅读与再认知。这样看的话，选者面对的是一个更为广泛的文本世界，而选本阅读者面对的是相对"精炼"的文本世界。文本世界的不断缩小，必然影响阅读者的欣赏范围与价值判断。或者说，阅读者受到了选者文学思想的影响，对文学作品与作家的认识，必然具有很大的片面性。但随着选本影响力的不断扩大，这种片面性也会受到文学内在规律的作用而得以补偿：注释文献，就起到了这样的作用。

选本中注释文字的出现，丰富了单一的选本世界，从而为读者提供

---

①   聂石樵：《楚辞新注》，74～75页，上海，上海古籍出版社，1980。

②   鲁迅：《选本》，《鲁迅全集》第7卷，138、139页，北京，人民文学出版社，2005。

了一个选本、注文以及二者重新组合而成的文本世界。选本给读者带来的阅读限制，在注文中得到了相对全面的补充，二者结合而成的新文本，就起到了"纠偏"的作用。这就是说，选本正文、注文形成的不同文本世界，扩大了阅读者的眼界，改变了最初读者对选本正文可能产生的误读。①

第二，先秦文学研究的思考。

先秦文学研究，目前也遇到了一定的挑战。如很多学者提出：目前我们看到的先秦传世文献，都经过了后人尤其是汉代人的整理，已经不是先秦古书的旧貌，由这些资料已经很难探寻到先秦文本的学术真相。这种说法，有其道理，但也不无片面。

我们知道，先秦文本在后世可能发生了各种改变，原因较为复杂，其中有学术性因素，也有非学术因素。如果说，编纂者的编纂目的、文本性质、文本风格等属于学术因素的话，编纂者所在时代与政治的要求、编纂者的身份与地位、编纂者所处的地域等则属于非学术因素。某些因素的影响，可能会导致先秦文献发生变异；但也有某些特定因素在其中起作用，使得先秦文献得以完整保存下来。这就是汉代人的"阅读习惯"和"阅读思维"问题。

"阅读习惯"主要由李零等人首先提出，海外汉学界后来对此也有争议。几个基本理念就是：几乎先秦文献都经过了汉代人的整理，符合汉代人的语言和学术方法；有些古书(如传本《周易》)经过汉代人整理，反映的是汉代人的"阅读习惯"；汉代人整理的文本流传至今，都是直接合并和直接改定的结果，等等。② 这种认识，在某种程度上有其合理性，这也是导致汉代文本对先秦文献进行改造的直接原因。因此，通过出土的先秦文献研究先秦，才能尽可能认识先秦的学术思想。

结合"阅读习惯"，我们会想到汉代人的"阅读思维"问题。这种"阅读

---

① 　相关考证与论述参见孙少华：《文本层次与经典化——〈文选〉左思〈蜀都赋〉注引扬雄〈蜀都赋〉相关问题》，《中南民族大学学报(人文社会科学版)》，2015(3)。

② 　[美]夏含夷：《简论"阅读习惯"——以上博〈周易·萃卦〉为例》，《兴与象：中国古代文化史论集》，122页，上海，上海古籍出版社，2012。

思维"，主要涉及汉代人的"编撰思维"，这必然决定了先秦文献在汉代人手里不可能是全搬照抄。即使看似完全相同的同一则材料，因为其与先秦古书文本性质的不同，也已经与先秦之"本来文献"产生了距离。

由"阅读思维"考虑，性质不同的文本载录的同类文献，其性质、内涵、意义各不相同，当然阅读者面对它们的时候，"阅读思维"也会各不相同；进一步说，这还会影响到编著者对其作品中材料的选择和使用。例如，《韩诗外传》可能需要的是经学文本的阅读思维，《淮南子》需要的是子学（道家）文本的阅读思维，《吕氏春秋》需要的阅读思维可能更接近史家（因为《吕氏春秋》具有让帝王阅读作为借鉴的意义，故其材料性质可能更接近历史文献）。这样的话，同一则材料在进入不同性质的文本的时候，无论从材料性质，还是从其表达、内涵上都会发生改变。如果说《韩诗外传》与《吕氏春秋》更为接近的话，《淮南子》与《吕氏春秋》相比，其史实性就会大打折扣。如此看来，对同一则材料来说，不同时代作品中的记载未必存在出入，同一时代作品的记载也未必完全一致。在这种情况下，不考虑古书性质，贸然将各种古书中的文献作为"信史"对待，可能会产生问题。

第三，"阅读选择"问题。

某书作者在全国学术圈中的地位，决定了该书思想的相对"主流"与"边缘"。《淮南子》的主持编写者刘安等人，在汉代属于藩国的君主，其潜意识的阅读对象是藩国君臣，与《吕氏春秋》同类文献相比，《淮南子》选择、使用材料的手段、方式、内容就与《吕氏春秋》很不一样。反之，对于二书面对的读者而言，也会具有"阅读选择"问题。无论这些读者出于何种时代，无非具有两种阅读选择：其一，非常乐于接受他们早已耳熟能详的故事或道理；其二，乐于接受全新的知识或材料阐释。第一个选择，必然决定汉代人在整理先秦文献的时候，不可能按照汉代人的"阅读习惯"彻底改变先秦文献表述，而只可能是部分地改变先秦古书。这是由汉代"选择性阅读"的需要所决定的。有些不符合汉代人"阅读习惯""阅读思维"的材料，就会被完整保留下来，不做改变。所以汉代人整理过的文本皆非先秦古本的认识，是片面的。第二个选择，符合"阅读习惯"的问题。但这种被汉代人改造的文本，也并非毫无价值。例如，我们可以从这些被改造过的材料入手，发掘作者的学术目的、时代的学术要求、文本的思想渊源及其变化。

从这个意义上说，我们大可不必为先秦文本被汉代人整理过感到灰心丧气，也不必觉得这些被整理过的文献毫无价值。中国古代的文化传统，就在于其文本无论被如何整理、如何改造，都带有这个民族的文化因子和历史信息，都不影响后世对其开展的学术研究与文化解读。这种一以贯之的学术传统，正是中华民族、中华文明得以绵延几千年的根本原因。有时我们可能无法从汉代人整理过的先秦文本中找到先秦文献的准确信息，但是这种尝试解读一定会促使我们接近先秦文献的真相，甚至会引导我们获得更为新奇的认识。可以肯定的是，无论哪种认识，都不会远离中华文化的根脉，这就为我们开展学术研究提供了新的思路和方法。

《唐代文学史》读后

清华大学　谢思炜

　　继《先秦两汉魏晋南北朝文学史》之后，聂石樵老师所著的《唐代文学史》又由北京师范大学出版社出版。这套系列的中国文学史著作，写到目前，大概完成了一半的篇幅，总字数已超过160万字。近些年来，各种版本、适应各种要求的《中国文学史》有很多种问世，但基本上都是集体编纂而成的。属于严格的个人著述，又达到这种规模的文学通史，这套书可能迄今仍属仅见。

　　作为个人著述，这套文学史凝结了著者几十年治学和教学的心血。聂老师曾自述，他自20世纪50年代开始在北京师范大学任教，就讲授中国文学史课程，而且从头讲到尾，不像后来通常都要将文学史分为三段或四段，一般教师只需承担其中一段或两段课程，相应地研究范围也只能以某一段为主。我在读本科时听过聂老师的文学史课，当时可能教师比较多，一学期的课也由几个老师分担，聂老师只讲了先秦的某一段。但在其他场合，我还听过他讲《水浒传》、李商隐诗等。由聂老师的《屈原论稿》、《司马迁论稿》、《杜甫选集》(与邓魁英老师合作)、《玉谿生诗醇》(与王汝弼先生合作)、《古代诗文论丛》(与邓魁英老师合作)、《古代小说戏曲论丛》(与邓魁英老师合作)等著作不难看出，他的治学范围涵盖了中国文学史的各个阶段和各种文体。这套文学史正是在这样广泛、深入的研究和教学工作的基础上，积几十年之力，饱含艰辛但又很从容、水到渠成地由著者奉献给世人。

作为文学史著作，集体编纂与个人著述各有所长。集体编纂可以集中各领域内的优秀学者，以相对短的时间、相对更开放的视野、更充分地总结某一时期文学史研究的全部成果。个人著述则更能体现著者个人的治学思想和成就，在文学史的叙述和评价上可以具有体现著者个人风格的更为严谨一致的语调。事实上，我们现在更缺乏的可能恰恰是后一类著作。集体著作往往是某个项目、应一时之需的产物，而个人著述往往需要更长的积累、更多时间和精力的付出、更多的思考和打磨，需要面对更严格的"入行"标准。聂老师的著作是真正严格的个人著述，由于年龄和体力所限，也曾有人建议他采用拟定总纲、将具体章节分配给学生或其他人承担的办法，但没有被他接受。如果那样做的话，本书的学术意义肯定要打不少折扣。值得一提的是，为了叙述中国古代文学作品的需要，本书仍采用繁体字写作，但由于出版社编辑不熟悉繁体字，全部校样也是由著者自己校对的。

作为学术研究和著述的形式，文学"史"写作近50年来成为文学研究中一种最重要、最具标志意义的工作方式。当然，在不同时期文学史写作也具有完全不同的风格和内涵。聂老师从事文学史教学、研究50余年，但老实说，在20世纪五六十年代，讲授文学史课程是一件很困难的事情。聂老师曾不止一次讲到当年的困惑。作为思想、学术成长的最重要时期和那个时代相重合的过来人，聂老师这一辈学者的学术视野可能受到一定的限制，20世纪80年代以后很多学术思想并不是他们很熟悉的，但学术经验和人生经验也可能使他们对学术的看法、对文学史的理解更为朴实，更近自然。体现在这套文学史中，就是著者尽量减少各种"标签"，使用最简洁的结构框架和最平实的叙述方式，基本上以介绍各时段各种文体的演变及其代表人物为主。《唐代文学史》除一章介绍"唐代文学之社会环境"外，其他各章分别叙述诗歌、赋、骈文、散文、传奇、词在唐代各个时期的发展。各个时期的创作流派和题材则一律以作家为代表，在章节标目上没有采用一般文学史常见的"诗派""运动"之类提法。这种处理方法不追求新颖，也没有特殊的理论参照，但不失为一种值得借鉴的方法。

作为一部文学史著作，本书用大量篇幅叙述介绍作品，这是本书有别于其他文学史著作的一个特点。著者自述，这与"长期教学工作形成之习惯"（见《自序》）有关。其实，有教学经验的人都能够体会到，文学史教学的难点和魅力就在于作品讲解。一般文学史研究的内容大概包括史实的考订梳理、文体和文学形式要素的考察、文学现象历史成因的说明等。但到课堂上，所有讨论都会以作品的感受和理解为中心。作品是所有文学现象的核心，文体和形式研究离不开具体作品，人物和其他文学史实的考察如果离开创作的产物——作品，也就失去了意义。在课堂以外和研究圈子以外，向别人介绍文学史的最重要方式，也是介绍作品。我读这部书的感觉是，其中的大量作品介绍，不仅与著者的长期教学工作有关，而且是多次过滤后的产物：曾经流行一时的对某些现象的分析和某些成因的说明，往往经不住时间的过滤，回过头来我们还得面对作品。我们可以想象出，在几十年的教学中，在经过很多次或主动或被动的思想波动之后，在著者一次又一次地修改他的教案之后，最后保留下来的内容才能进入这部著作。

在具体作品介绍中，本书既着重于重要作品思想和艺术意义的开掘，又有一些很细致的解释说明。例如，讲解杜甫《石壕吏》"吏呼一何怒，妇啼一何苦"二句："一何，何其。一，加重语气之词。"引《战国策·燕策》"此一何庆吊相随之速也"及《古诗十九首》之五"上有弦歌声，音响一何悲"，又指出此句化用昭明太子《请停吴兴丁役疏》"吏一呼门，动为人蠹"之意。[1] 又如，讲解李商隐《锦瑟》"沧海月明珠有泪，蓝田日暖玉生烟"二句，引《旧唐书·狄仁杰传》"君可谓沧海遗珠矣"之语，谓："沧海遗珠，喻野有遗贤。此一成语，经作者敷色，珠非常珠，乃明月珠，在《史记·邹阳传》里是与夜光璧比价之稀世瑰宝。"又谓："烟，如理解为状人之词，则义当如《孟子·尽心》所云'充实而有光辉之谓大'之'光辉'；如理解为形文，则义当如韩愈《调张籍》诗'李杜文章在，光焰万丈长'之'光

---

[1] 聂石樵：《唐代文学史》，135 页，北京，北京师范大学出版社，2002。

焰'。此是当时形象鲜明、气韵生动之活语言。"①再如，讲解李商隐《骄儿诗》"凝走弄香奁"，引白居易《想东游五十韵》"舞繁红袖凝，歌切翠眉愁"之"凝"，白氏自注："去声。"谓此"凝"字即读"硬"，"硬"字不见于《说文》，唐时始有此字，形体尚未固定，白、李都还用"凝"字，此"凝走"意即"硬走"或"愣走"。② 由以上随手所引数例可以看出，本书的作品讲解颇具胜义，多有未经前人道之处。

在《自序》中，著者对《唐代文学史》之后是否再有续作，没有给出一个肯定的回答。确实，这样大型的著述，对于年逾古稀的人来说，单单从精力上已是极大的挑战。从著者的感慨中，我们不仅能体会到学术之路的艰辛，也能感受到人生的很多无奈。学术也许可以是只管耕耘、不问收获的，无论《唐代文学史》是否有续作，至少它已为我们展示了这个耕耘的过程和一部分收获。

---

① 聂石樵：《唐代文学史》，223 页，北京，北京师范大学出版社，2002。
② 聂石樵：《唐代文学史》，238 页，北京，北京师范大学出版社，2002。

朴实的作品分析是古典文学研究的创新之本

——写于中华书局《聂石樵文集》出版之际①

北京师范大学　谢琰

2015 年 10 月，《聂石樵文集》（以下简称《文集》）由中华书局出版。《文集》收录了聂石樵先生几十年来的学术成果，内容包括：《先秦两汉文学史》（上下册）、《魏晋南北朝文学史》、《唐代文学史》、《古代戏曲小说史略》、《屈原论稿》、《司马迁论稿》、《楚辞新注》、《杜甫选集》、《玉谿生诗醇》、《宋代诗文选注》（附《晋诗选注》）、《古代诗文论集》、《古代小说戏曲论集》，共 12 卷 13 册。聂先生是当今享誉海内外的古典文学研究大家，先生的诸多学术成果早已泽惠学林，而值此《文集》出版及先生九十寿辰的喜庆之际，如何认真总结、学习先生的治学经验，尤其是如何看待当今古典文学研究界的种种风气与先生的大家风范之间的差异和差距，应该引起广泛的思考与讨论。

聂先生既是学贯历代的通儒，又是术有专攻的专家。从《文集》目录来看，先生的研究领域极为辽阔，上至先秦，下到明清，以诗文为主体，又旁及戏曲小说；同时，先生又对屈原、司马迁、杜甫、李商隐等文学大家有精深的研究；而把"博"和"专"结合得最为完美的著作，或许就是聂先生以一己之力完成的皇皇三部文学史：《先秦两汉文学史》《魏晋南北

① 基金项目：国家社会科学基金青年项目"唐宋转型视野下的散文演变研究"成果，项目编号 14CZW026；国家社科基金重大项目"中国古代散文研究文献集成"成果，项目编号 14ZDB066。

朝文学史》《唐代文学史》。在文学史写作多为团队协作的今天，这三部文学史尤其显得体大思精、卓荦不群。那么，除了对先生的功底和才智"仰之弥高"之外，我们是否可以从中得到方法论层面的启迪呢？

聂先生《唐代文学史》自序云："我撰写文学史与专门从事文学评论者撰写文学史不同，文学评论家撰写文学史，对文学史现象偏重在综合论述，不多做具体分析。我则由于长期教学工作形成之习惯，多着眼于学生的接受能力和效果，对作家、作品及文学史之史实、现象，重视从具体分析出发，再加以综合论述，得出恰当的评价，使学生在具有感性知识的基础上，达到理性之认识，以免形成概念化倾向，影响学生对知识之牢固掌握。其间自然渗透有自己的治学经验和心路历程。"这段极为朴实的夫子自道，在我看来，不仅是聂先生撰写文学史的指导原则，也是《文集》背后隐藏的写作圭臬(正是在《楚辞新注》《杜甫选集》《玉谿生诗醇》《宋代诗文选注》《晋诗选注》等一系列"具体分析"的基础上，聂先生才建构出了"史""史略""论丛""论稿""论集"等诸多"综合论述")，而且其中包含着古典文学研究的真谛。首先，文学研究的根本在于作品分析，文学研究者固可骋哲思、考史实，但读懂作品、揭明美感，是其专长，也是骋哲思的前提、考史实的旨归。其次，就作品分析而言，向来有以史证诗和字斟句酌的务实传统，也有谈玄味道、过度发挥的蹈虚倾向。20世纪后期，蹈虚倾向一直存在，概念代审美、发挥代解读的现象，时有出现，所以聂先生强调"具体分析"，强调"对知识之牢固掌握"，正有纠偏之效。21世纪以来，务实传统有所复苏，但往往流入史学、文献学、语言文字学，未能与作品分析很好结合，甚至造成轻视审美之弊，这其实又走向另一极端。聂先生承刘盼遂先生之教泽，对经史文献及小学极为重视，素有功底，但又能始终握紧"作家、作品及文学史之史实、现象"，坚持文学本位的态度和学理，故能"朴实"而不"坐实"，又能由"朴实"趋于"高明"。总之，聂先生的自序告诉我们：朴实的作品分析，是古典文学研究的根本方法。

作为晚辈的晚辈，我没有资格和能力去评价聂先生的诸多鸿篇巨制，只能从自己所从事的唐宋文学研究方向出发，以先生《唐代文学史》为例，谈谈对于"朴实的作品分析"的感触和体认。综观《唐代文学史》全书，其结构极其省净，即以文体为总纲，以时间为伦序，以作家为细目，而其主要笔力都灌注于作品分析。即以李白诗一节而论，其主体部分就是对17首诗的依次分析。连缀而成文，可作"史"观；拆分而观之，就是一部包含系年、注释、串讲、评论的《李白诗选》，只不过篇幅有限、语言精练罢了。正是这种强大的作品分析功力，造就了全书极为朴实又极为新颖有见的学术品格。具体而言，聂先生分析作品又有以下几点朴实且新颖之处。

一是举例之至慎至精，体现涸泽而渔的功力和披沙拣金的眼光。举例是作品分析的前提，聂先生读书通博，遴选敏锐，常举"非常之例"，唯此才能突破文学史叙述的惯性思维和刻板概念。具体而言，聂先生格外看重三点：第一，作品的思想内容有独特价值，能帮助我们更深刻、更全面地认识作家。例如，论杜甫赋，谓"独具特色者是其《雕赋》和《天狗赋》。与李白《大鹏赋》中大鹏形象取自《庄子》者不同，杜甫笔下雕之形象，乃其匠心之创造"①，后面就详细分析《雕赋》，以见杜甫思想及人格之独特。再如，论柳宗元文章，一般文学史举"永州八记"，多以为永州山水是其人格心性之写照，是对其贬谪生活的慰藉。但聂先生先举《囚山赋》，谓"亦在永州时作，把永州群山比作狴牢，以喻其十年不得出之悲痛"②，后又举《与李翰林建书》，拈出"永州于楚为最南，状与越相类。仆闷即出游，游复多恐。涉野则有蝮虺大蜂，仰空视地，寸步劳倦。近水即畏射工沙虱，含怒窃发，中人形影，动成疮痏。时到幽树好石，暂得一笑，已复不乐"③一段。这两个例子，都说明柳宗元贬谪永州时心态之复杂，而永州山水对于他的意义也十分丰富，不能仅以慰藉视之。不过，即便思想性突出，文章艺术性也要达到一定水准才可被举为例证，否则从略。例如，聂先生叙及柳宗元《天对》《天说》，一方面承认"是两篇

①　聂石樵：《唐代文学史》，《聂石樵文集》第3卷，299页，北京，中华书局，2015。
②　聂石樵：《唐代文学史》，《聂石樵文集》第3卷，319页，北京，中华书局，2015。
③　聂石樵：《唐代文学史》，《聂石樵文集》第3卷，475页，北京，中华书局，2015。

重要的文章","思想价值很高",但另一方面又谓"不能成为完美的古文","故从略"。① 第二,作品的思想内容或艺术技巧在文学史发展中起到一定开创性作用。例如,举萧颖士《江有归州》诗序,谓其"有似于韩愈之《师说》,是韩愈《师说》之前奏。说明他有意识地在传播儒学,也有意识地在提倡古文"②,可见其在思想内容方面有突破。再如,举卢照邻的骚体诗《释疾文》,谓"虽为骚体,却对偶工整、音韵和谐"③;举欧阳詹《怀忠赋》《将归赋》,谓其赋"仍含有骈俪句式,但已无雕琢之痕迹,务为平易、流畅,有似于古文之风格了"④。这两例都在艺术技巧方面有新意。第三,作品风格最能体现作家的独特之处。例如,论孟郊诗,举《秋夕贫居述怀》"高枝低枝风,千叶万叶声",《长安早春》"探春不为桑,探春不为麦"为例⑤,就准确抓住孟郊与贾岛"苦吟"之不同:前者重在营造情味,语言未必雕琢;后者则着意于雕琢语言。再如,论杜牧诗,举了四首七律,谓"以上诸例说明杜牧律诗之成就是很高的,在晚唐'委靡'的诗风中,独树'拗峭'之诗格,自为翘楚"⑥,这就不仅在七律流变史中判定了小杜的位置,而且有助于我们更准确地把握"杜郎俊爽"的特质。

二是极为重视考证诗文作年及本事,并且力图将考证结果运用于解析语句、评骘意旨,斯为"有审美出口之考证",而非"为考证而考证"。例如,论岑参《逢入京使》"故园东望路漫漫"句,谓"此诗是天宝八载(749)作者赴安西四镇节度使高仙芝幕府掌书记时所作。行程是西去,故云'故园东望'"⑦;论杜甫《丽人行》,引《明皇杂录》"虢国每入禁中,常乘骢马,使小黄门御。紫骢之俊健,黄门之端秀,皆冠绝一时",谓此即"黄门飞鞚"景象⑧;论白居易《卖炭翁》,引《资治通鉴·唐纪》"多以红紫

① 聂石樵:《唐代文学史》,《聂石樵文集》第3卷,470页,北京,中华书局,2015。
② 聂石樵:《唐代文学史》,《聂石樵文集》第3卷,416页,北京,中华书局,2015。
③ 聂石樵:《唐代文学史》,《聂石樵文集》第3卷,22页,北京,中华书局,2015。
④ 聂石樵:《唐代文学史》,《聂石樵文集》第3卷,314页,北京,中华书局,2015。
⑤ 聂石樵:《唐代文学史》,《聂石樵文集》第3卷,146页,北京,中华书局,2015。
⑥ 聂石樵:《唐代文学史》,《聂石樵文集》第3卷,231页,北京,中华书局,2015。
⑦ 聂石樵:《唐代文学史》,《聂石樵文集》第3卷,56页,北京,中华书局,2015。
⑧ 聂石樵:《唐代文学史》,《聂石樵文集》第3卷,124页,北京,中华书局,2015。

染故衣败缯，尺寸裂而给之"，谓"非纯真之绫纱，极写其掠夺之蛮横
也"①。这三例都是略施征引点染，就能使读者对作品语句的理解加深加
细。又如，论白居易诗，每好以同时人之疏奏为其参证。如评《观刈麦》，
引其《论和籴状》"臣久处村间，曾为和籴之户，亲被迫蹙，实不堪命。臣
近为畿尉，曾领和籴之司，亲自鞭挞，所不忍睹"，谓此"可以补证此诗
所表现的心境"②；评《新丰折臂翁》，引《旧唐书·杜佑传》杜佑上疏"国
家自天后以来，突厥默啜兵强气勇，屡寇边城，为害颇甚。开元初，边
将郝灵佺亲捕斩之，传首阙下。自以为功代莫与二，坐望荣宠。宋璟为
相，虑武臣邀功，为国生事，止授以郎将。由是讫开元之盛，无人复议
开边，中国遂宁，外夷亦静"，谓"白居易之诗意与杜佑的意见是一致的，
可互相参证"③。有时候，即便是妇孺皆知的名篇，经聂先生的考证、点
化，也能立刻呈现出崭新的内涵和风貌。例如，考刘禹锡《陋室铭》之本
事："铭文抒写之情志是什么？他在《送曹璩归越中旧隐诗并序》中叙说其
为连州刺史时，士人曹璩来求见，语称欲隐居名山以扬其声望并谋取禄
位，他规劝之以读书提高道德修养之事：'余为连州，诸生以进士书刺
者，浩不可纪，独曹生崖然自称为山夫。及与语，以征其实，则曰：所
嗜者名……今方依名山以扬其声，将挂帻于南岳。……余遽曰：在己不
在山。若子之言，依山而为高，是练神叩寂，捐日月而不顾，名闻而老
至，持是焉用？……从余求书以观，居三时，而功倍一岁。'并赠诗云：
'数间茅屋闲临水，一盏秋灯夜读书。'勉励他在茅屋（陋室）认真读书，使
自己成学问渊博、道德高尚之人。其后，刘禹锡回洛阳，便将这种理想、
意念写成《陋室铭》，意者人之名望缘于其道德之高尚和学问之宏富，德
高学富之人能使所居之山、水、室增加声誉，反之，不能依凭名山胜水
提高自己之身价，故云'斯是陋室，惟吾德馨'，着意于以道德自励。此
即作者所抒写之情志者也。文章短小精悍，诗情画意，韵味隽永，境界

---

① 聂石樵：《唐代文学史》，《聂石樵文集》第3卷，169页，北京，中华书局，2015。
② 聂石樵：《唐代文学史》，《聂石樵文集》第3卷，164页，北京，中华书局，2015。
③ 聂石樵：《唐代文学史》，《聂石樵文集》第3卷，166页，北京，中华书局，2015。

不同流俗。"①聂先生如此不惮其烦地考证、疏解，就是为了帮助读者突破对于名家名篇的阅读瓶颈和审美疲劳。经此一番解释，《陋室铭》才真正变得鲜活起来。这就是"朴实"的魅力：它能让读者产生身临其境之感，这是一种最朴实也最刺激的审美体验。

三是极为重视诗文串讲，不留含混断裂之处。串讲既是中国诗学的优良传统，如《杜诗详注》的"内注解意"，也是诸多文学研究大家的看家本领，如唐圭璋先生的《唐宋词简释》。一般而言，注释只能揭示零碎的知识和割裂的美感，而连缀词句、串讲大意，才意味着透辟的理解、全面的把握；反过来，当串讲不通之时，再去查证、思考，又能提升注释的质量。因此，串讲是作品分析的关键步骤，顺利的串讲是作品分析完成的标志。聂先生对每篇作品几乎都有串讲，若分析鸿文巨制则侧重于划分段落、总结意旨，若分析短小诗篇则善于抓住关节、勾勒结构，无不曲尽其意。例如，串讲柳宗元《佩韦赋》："谓自己入世以来，天质愗醇，循圣人之通途，学习经典，悉力究陈，获其贞则，'嫉时以奋节'，俯见中原大地'颓风浩而四起'，'恶浮诈之相诡'，因而'思贡忠于明后，振教导乎遄轨'。然则'纷吾守此狂狷兮，惧执竞而不柔'，自己守持狂狷偏激，只知执'刚'不济之以'柔'，所以'嗟行行而踬蹈'，失败则是必然的了。然后列叙历史上刚、柔相济成功的人物和惟执刚或惟秉柔失败的人物诸事例，说明'纯柔纯弱兮，必削必薄；纯刚纯强兮，必丧必亡'，只有'韬义于中，服和于躬，和以义宣，刚以柔通'，'交得其宜兮，乃获其终'。"②这样就把一篇艰深复杂的赋变得脉络清晰。有时聂先生还会在串讲基础上顺势说明作品乃至作者的风格特色，更显示出串讲的重要意义。例如，串讲苏颋《太清观钟铭》之后，揭明苏颋之文"运笔如飞""肃括""包扫"的特点③；串讲王维《送秘书晁监还日本国诗序》之后，总结说："全文用典隶事，连缀成篇，声调抑扬，逸韵无穷。藻思如泉涌，其

---

①　聂石樵：《唐代文学史》，《聂石樵文集》第 3 卷，485 页，北京，中华书局，2015。
②　聂石樵：《唐代文学史》，《聂石樵文集》第 3 卷，317 页，北京，中华书局，2015。
③　聂石樵：《唐代文学史》，《聂石樵文集》第 3 卷，385 页，北京，中华书局，2015。

东渡大海一段描写尤为精彩，诚所谓'兴会飚举，情景交融'。"①这些评析都建立在充分串讲基础之上，尤显理直气定。而当面对短小诗篇时，聂先生又善于寻找关节，一经点破，全篇皆活。例如，评杜甫《闻官军收河南河北》："诗唯首句叙事，余皆抒情，以'初闻'起，转出'却看''漫卷'，然后'青春作伴'始还乡。收尾以对句锁之，既流利又工整，一气呵成，用笔极尽挥洒之能事。"②这里，"收尾以对句锁之"一句话，便点破了全诗的结构特点。又如，评李煜《虞美人》："此写对故国之怀念。不忍见春花秋月，因为它引起自己许多往事，如故国、雕栏玉砌、朱颜凋谢，皆令自己不堪回首，致使愁恨如江水般之不尽东流。因此懑怨春花秋月'何时了'，希望它早些完了。"③经聂先生一分析，我们才恍然大悟《虞美人》的结构竟如此美妙动人——开头的"何时了"正呼应着结尾的"一江春水向东流"。

　　四是善于揭示唐代作品与前代文学的关系，从而建立丰富的审美参照系。聂先生是在完成《先秦两汉文学史》《魏晋南北朝文学史》之后才开始写作《唐代文学史》的，所以对前代作品极为熟悉，常能高屋建瓴地揭示唐代作品的来龙去脉。例如，他非常重视唐诗与前代乐府的关系，谓岑参"诗歌多吸取汉乐府《鼓吹曲》《横吹曲》之英武精神，为诗歌开拓了一种雄伟、新奇的境界"④；谓李欣《从军行》"属《平调曲》。《乐府古题要解》卷下：'皆述军旅苦辛之词也。'唐人作拟古诗，自己虽未曾从军，但有军事知识，亦能作《从军行》，李颀即如此"⑤；谓李白《战城南》"全诗皆本于《战城南》古辞，而语更悲切，意尤惨痛，所以讽穷兵黩武者深矣"⑥，都是找到了最直接的根源，不绕远，不虚言。聂先生还非常善于揭示作品风格、写法上的前后承续关系，这是对古典文学批评传统中"出

---

①　聂石樵：《唐代文学史》，《聂石樵文集》第 3 卷，387 页，北京，中华书局，2015。
②　聂石樵：《唐代文学史》，《聂石樵文集》第 3 卷，116 页，北京，中华书局，2015。
③　聂石樵：《唐代文学史》，《聂石樵文集》第 3 卷，589 页，北京，中华书局，2015。
④　聂石樵：《唐代文学史》，《聂石樵文集》第 3 卷，53 页，北京，中华书局，2015。
⑤　聂石樵：《唐代文学史》，《聂石樵文集》第 3 卷，63 页，北京，中华书局，2015。
⑥　聂石樵：《唐代文学史》，《聂石樵文集》第 3 卷，99 页，北京，中华书局，2015。

处源流之学"的继承发扬。例如，谓李贺《雁门太守行》"其情境有似屈原《九歌》之《国殇》"①，谓杜牧之赋"在写法上受李斯《谏逐客书》和贾谊《过秦论》之影响"②，谓元结《大唐中兴颂序》"颂词则采用秦峄山刻石和泰山刻石之用韵法，四字句三句一韵，质朴古雅"③，谓元结《菊圃记》等山水游记"上承《礼记·檀弓下》所记孔子过泰山侧一节文字和《穀梁传》之文风，下开韩柳古文之先河，韩愈之议论文、柳宗元之《三戒》《捕蛇者说》等，明显受其影响"④，谓樊宗师《绛守居园池记》"上则取法古钟鼎文字，下则取法班固《书秦始皇本纪后》之作"⑤，谓柳宗元文章"议论文源于韩非，山水游记源于《水经注》，序别书札则源于司马迁"⑥，等等。这些评点，或得自古人，或自有心得，皆极富启发意义。可见，唐代文学研究之创新，不能只靠就地深耕细作，还须跳出庐山。

五是合理运用文学批评资料，不炫博洽，但求精准。评点、诗话、词话、文话向来是古典文学研究的重要传统，而征引批评资料来加强审美判断的权威性也一直是当代古典文学研究的通例。随着近年来明清两代文献整理工作的不断推进，大量新批评资料不断被发现、征引，那么就产生两个问题：第一，"新"资料真的比"老"资料评得好吗？清代一个普通进士、乡贤的看法，真的比杨慎、纪昀、方东树要更犀利准确吗？第二，当"新""老"资料都在谈论同一个问题时，是征引老生常谈，还是征引一些换汤不换药的"新见"？我想，读了聂先生的《唐代文学史》就会有明确的答案，那就是："新"资料固然可使用，但前提是"老"资料必须烂熟于心，否则囫囵吞枣、滥引一气，不但"老"资料中经过历史检验的精彩论断会被忽略，更重要的是，"新"资料的真实价值也会被埋没或扭曲。通览聂先生的文学史，一个最深刻的印象是：他非常重视作者自评、

① 聂石樵：《唐代文学史》，《聂石樵文集》第 3 卷，155 页，北京，中华书局，2015。
② 聂石樵：《唐代文学史》，《聂石樵文集》第 3 卷，340 页，北京，中华书局，2015。
③ 聂石樵：《唐代文学史》，《聂石樵文集》第 3 卷，426 页，北京，中华书局，2015。
④ 聂石樵：《唐代文学史》，《聂石樵文集》第 3 卷，430 页，北京，中华书局，2015。
⑤ 聂石樵：《唐代文学史》，《聂石樵文集》第 3 卷，462 页，北京，中华书局，2015。
⑥ 聂石樵：《唐代文学史》，《聂石樵文集》第 3 卷，467 页，北京，中华书局，2015。

时人评价，而在选择后世批评资料时，多用清人，且多取名家名著。道
理很简单：作者自评和时人评价往往最真实或影响最大，而清人批评著
作最有"集大成"之效。例如，评白居易诗，就用其《和答元微之诗序》中
之自评："顷者在科试间，尝与足下同笔砚，每下笔时辄相顾，共患其意
太切而理太周。故理太周则辞繁，意太切则言激。然与足下为文，所长
在于此，所病亦在此。"进而论云："其诗构思布置妥帖，往往使用连锁式
语言，力求关节密合，成功处在真如无缝天衣，缺点则不免粘皮带骨，
索寞寡神。"①这就是从最常见的一则材料中悟出的妙解。再如，论盛唐
散文一节②，首尾引独孤及《检校尚书吏部员外郎赵郡李公中集序》、梁
肃《补阙李君前集序》概论唐代古文之兴起与发展，中间引颜真卿《唐故容
州都督兼御史中丞本管经略使元君表墓碑铭》、崔祐甫《故常州刺史独孤
公神道碑铭》、梁肃《唐故常州刺史独孤公毗陵集后序》等文来评价作家，
都是在用时人评价来引导作品分析。可见，盛唐后期的古文发展，当时
人已经有充分的自觉和评价；后人的无数议论，都在这几条材料的论点
基础上引申、发挥，甚至是屋下建屋、别无新见，所以聂先生最终只引
《四库提要》一段话来结束本节，省去多少繁复征引！又如，清人批评著
作，聂先生征引较多的有：洪亮吉《北江诗话》，刘熙载《艺概》，沈德潜
《说诗晬语》，赵翼《瓯北诗话》，方东树《昭昧詹言》，沈德潜《唐诗别裁》，
叶燮《原诗》，纪昀等《四库全书总目提要》，李调元《赋话》，孙梅《四六丛
话》，李慈铭《越缦堂读书记》，陈廷焯《白雨斋词话》，都是最常见、最有
名气的著作，而聂先生总能从中找到最恰当的评语用于当下的作品分析，
可见烂熟于心。此外，一些重要清人注本如王琦《李太白集注》、陈熙晋
《骆临海集笺注》，重要总集的序言如《全唐诗序》、张惠言《词选序》，近
代大家的评文论艺之作如林纾《韩柳文研究法》、俞陛云《唐词选释》、高
步瀛《唐宋文举要》等书，聂先生也都有非常精要的涉猎和借鉴。尤其在

---

①　聂石樵：《唐代文学史》，《聂石樵文集》第 3 卷，185～186 页，北京，中华书局，
2015。

②　聂石樵：《唐代文学史》，《聂石樵文集》第 3 卷，415～438 页，北京，中华书局，
2015。

论唐代骈文、散文时，聂先生多引高步瀛之说，不仅可证高先生著作之高妙、权威，更可见北京师范大学古典文学之薪火传递。

以上五种方法，前三种是纯粹的作品分析之法，而后两种不仅可以用来分析具体作品，还可以用来研究作家、文体乃至文学史规律。然而，聂先生的作家研究、文体研究乃至文学史规律的探讨，都是在扎实的作品分析之后方才做出的。如果说聂先生的作品分析是在"朴实"之中蕴藏着"新颖"的话，那么他关于作家、文体的诸多总结性论断，则是处处见新、精彩纷呈。例如，评价李颀之乐府，谓"皆声调悲壮，气韵流畅，这缘于他对音律有深切的理解。他曾有《题董大弹胡笳弄兼寄语房给事》《听安万善吹觱篥歌》之作，表现了他对音乐的鉴赏力，所以他的乐府才取得如此的艺术效果"[1]，这是极为新鲜的论点。又如，论陆贽、萧颖士、元白之文，谓"综观陆贽之骈文不同于其前人之作者，在于不隶事用典，少敷藻雕饰，明白流畅，纯任自然地表叙人情事理，体现了中唐时期骈文之流变"[2]，谓萧颖士《赠韦司业书》"行文挥洒自如，并无藻饰，文风盘折峭拔，气韵流宕，是古文成熟之象"[3]，又谓"白居易任中书舍人时，为朝廷撰写之制诰，往往规仿《尚书》，文辞古雅。元稹知制诰时，'变诏书体，务纯厚明切'（《唐书》本传）。他们都以自己之创作实践，将制诰文散体化，攻破了骈体最后一块阵地"[4]。这三条评价皆能以小见大，不仅给四位作家以明晰的文学史定位，而且连缀起来看，就是对唐代散文史一段重要历程的概述，可见聂先生运思之密。然而，"硬碰硬"式的直接评价容易吃力不讨好，而更灵巧、更高效的评价方式是对比立论。聂先生非常青睐此法，对于时代相近、风格相似的作家尤其要剖析其不同之处，以揭示各自之独特性。如论王孟之诗："王维所作多为无人之境，孟浩然之作都有自己的人格在。这当缘于他们信仰之不同，而形成不同的诗境。王维皈依佛教禅宗，追求'无生'之理，因此其创作将人化于自然

---

① 聂石樵：《唐代文学史》，《聂石樵文集》第 3 卷，65 页，北京，中华书局，2015。

② 聂石樵：《唐代文学史》，《聂石樵文集》第 3 卷，391 页，北京，中华书局，2015。

③ 聂石樵：《唐代文学史》，《聂石樵文集》第 3 卷，417 页，北京，中华书局，2015。

④ 聂石樵：《唐代文学史》，《聂石樵文集》第 3 卷，488 页，北京，中华书局，2015。

之中，所描写之景物乃出自天籁。孟浩然则崇尚儒学，他在《书怀贻京邑同好》中说：'维先自邹鲁，家世重儒风。……感激遂弹冠，安能守固穷。'其思想是入世的，因此其创作随处显现了主观人格，显现了主观人格在欣赏自然。"①又论皮、陆、罗之赋："陆龟蒙与皮日休的赋有相同之处，即都主张有为而作，针对性强，面对现实，讽刺时弊。但赋风也有所不同，皮作多矜才使气，抨击弊政，情感激昂慷慨；陆作除抒愤之外，还表现隐居之情趣，意绪舒畅平淡；皮作多为文赋，陆则喜用骈体；主体赋风相同，而又个性鲜明。"②"罗隐之赋与陆龟蒙赋相近之处，在于都以短小体制讽刺现实，但也有不同，陆赋喜作骈体，罗赋毫无骈俪之风，更其朴实自然。"③又论温、韦词："以上诸例说明韦庄之词以写恋情为主，但他并非为文造情，而是有实际生活感受，所写情景令人惆怅，是真情之流露。语言清丽，委婉隽秀，形成与温庭筠之浓辞丽藻不同之风格。"④这些论断，单独来看是绞尽脑汁而成，包含极为精细幽微的审美判断，但放回原书的论证逻辑中，又是水到渠成之论，可见作品分析之无量功德。

正是在充分的作品分析和精确的作家评价的基础上，聂先生对文体乃至文学史规律的探讨，常有独断高明之论。例如，他认为"唐代之赋包括文赋、骚赋、俳赋和律赋四种体式，文赋、骚赋、俳赋是沿袭前代人之创作而有所变化和创新，律赋则是形成并定型于唐代的赋，是真正的唐赋"⑤，又谓"律赋之异于俳赋者，唯限韵一事，故律赋之形成应在唐科试赋作限韵之始"⑥，寥寥几句，将唐赋发展史梳理得一清二楚，也为我们理解宋人之"文赋"提供了准确的参照系。同样，对于骈文、散文关系这样复杂的大问题，聂先生也有高明之论："骈文起于西汉，形成于东

---

① 聂石樵：《唐代文学史》，《聂石樵文集》第3卷，47页，北京，中华书局，2015。
② 聂石樵：《唐代文学史》，《聂石樵文集》第3卷，354页，北京，中华书局，2015。
③ 聂石樵：《唐代文学史》，《聂石樵文集》第3卷，357页，北京，中华书局，2015。
④ 聂石樵：《唐代文学史》，《聂石樵文集》第3卷，578页，北京，中华书局，2015。
⑤ 聂石樵：《唐代文学史》，《聂石樵文集》第3卷，261页，北京，中华书局，2015。
⑥ 聂石樵：《唐代文学史》，《聂石樵文集》第3卷，262页，北京，中华书局，2015。

汉，至魏晋已臻于成熟并发达起来。刘宋则偏重辞采，句必偶对，言必用事，惟形式之美是求。齐、梁永明体刻意求工，精心藻饰，遂开四六文之门径。梁、陈时徐、庾精于裁对，谐于声律，长于敷藻，已形成原始之四六体。迨至唐代，四六文正式形成，成为当时文坛上重要之文学体裁。四六文，即骈四俪六之骈文，固宜于抒情，然而在唐代却无施不可。一切奏议文，如陆贽之奏议；议论文，如魏徵之史论；叙事文，如温大雅之《大唐创业起居注》，全用骈文写成。足见其在当时流行之广了。又如刘昫作《旧唐书》，亦采用骈体，其后欧阳修、宋祁作《新唐书》始将其译为古文，更可见骈文在唐代何等发达了。"①又云："散文作为特定时期出现的一种文体，是伴随着骈文之繁荣而产生的。早在西晋、南朝之时，便有夏侯湛拟《尚书》体作《昆弟诰》，姚察、姚思廉父子以散行古体作《梁书》和《陈书》，北周时，则有苏绰拟《尚书》作《大诰》等。迨至唐朝，骈文发展到极致，因而形成了四六文，散文进一步发展，便产生了古文。这两种文体完全是在对立中演变、发展的。唐时，四六文之为文体，已经达到僵化的程度，因此平易古朴的古文便兴盛起来。"②合观这两段文字，"骈文""四六文""散文""古文"这四个概念即一目了然："骈文"是起于西汉、成熟于魏晋的文体，是对一切对偶文的泛称；"四六文"是"骈文"下属之小类，特指"骈四俪六之骈文"；"散文"，既是对一切散行文的泛称，也是特指魏晋以降的拟古之文；"古文"，是唐代特殊语境下的拟古之文。通过这样的梳理，聂先生提出"这两种文体完全是在对立中演变、发展的"，其实道破了所有概念背后的文学发展规律：上古散文是"自然之文"，骈文是从"自然之文"中逐渐生出的"人工之文"，而骈文的繁荣又激发了逆反心理，导致一种要求恢复"自然之文"的倾向，遂有"古文"之诞生，但终究骈文大势已成，"人工"之倾向不可逆转，所以散文永远不可能恢复到单纯的自然状态，而只能和骈文对立、交织地发展下去。那么，具体到某个作家、某个时代，其主要审美风貌其实就是由这两种

---

① 聂石樵：《唐代文学史》，《聂石樵文集》第3卷，367页，北京，中华书局，2015。
② 聂石樵：《唐代文学史》，《聂石樵文集》第3卷，407页，北京，中华书局，2015。

文体因素的大小强弱来决定。聂先生论李商隐、柳宗元文风之差异，就是最好例证："李、柳二人之写作道路相反，柳先学四六，而后转习古文，因而行文总不免四六文气；李则先学古文，而后转习四六，因而行文仍含有古文气格；二人道路不同，然而其所作都达到精美之极致，异曲而同工。"①再如，论唐宋古文之别："然而唐古文与宋古文有何区别？前人对此已曾讨论过，如清桐城派之刘开在其《刘孟涂集》内之《上阮宫保论文书》中及朱一新《无邪堂答问》里都讲得很详细。大致皆认为韩柳古文是'厚'的，宋以后的古文则是'薄'的。所谓'厚'与'薄'，从形体方面说，我们认为韩柳古文含有骈文因素，宋以后古文则纯为散体，无此因素。从历史发展角度看，新体制是从旧体制发展而来，必然带有旧成分在，唐古文自然含有骈体因素，所以'厚'，宋以后古文演变为纯散体，所以'薄'。此其大致之区别也。"②这里不是说宋文只有散体没有骈体，而是说宋代骈、散之关系区分更加明晰、对立更加明显，而在唐代，这两种文体尚存诸多交织之态。正因为如此，宋代才特别强调"四六文"即特别纯粹严格之骈文，与"古文"即特别纯粹严格之散文相对立抗衡。总之，聂先生对唐代文体发展的论断，既能瞻前，也能顾后，具有很高的科学性。

综上所述，聂先生《唐代文学史》扎根于朴实的作品分析实践，从而绽放出新颖有活力的思想花朵。而先生的《先秦两汉文学史》《魏晋南北朝文学史》，乃全全部《文集》，也都循此方法而写成，呈现出极为朴实又极为新颖有见的学术品格。当今学术界，蹈虚者有之，务实者有之，无论对于何种倾向，先生的著作都能提供可镜鉴的范例或可反思的启迪。而其最可宝贵的"文学本位"之立场，更值得每一位古典文学研究者深思之、笃行之。我想，这就是《文集》出版的重大意义之一吧。

---

① 聂石樵：《唐代文学史》，《聂石樵文集》第 3 卷，404 页，北京，中华书局，2015。
② 聂石樵：《唐代文学史》，《聂石樵文集》第 3 卷，513 页，北京，中华书局，2015。

聂石樵与钟敬文的民间文学教学

北京师范大学　董晓萍

中华书局出版了 12 卷本的《聂石樵文集》，又适逢聂先生九十寿辰，可谓双喜临门。学者有成就而能长寿是一件大事，长寿才能把学问做长，才能有机会迎来超越学者个体之外的整体科学文化事业的进步发展和综合社会评价，同时将那些原来看似偶然或必然的历史碎片整合起来，呈现为一个人与一个时代紧密关联的整体历史。学者的个人史对某专业有意义，而整体史更具有普遍性，能在众多领域和社会范围内产生深远的教育意义，聂先生对我的影响属于后者。

聂先生是我国著名的古典文学家和古典文学教育家，同时在民间文学专业建设史上也有特殊的地位，不过这段历史知道的人不多。实际上，在新中国成立之初招第一批民间文学专业研究生之前，北京师范大学中文系已有几位高年级拔尖生和新留校的青年教师被钟敬文先生选中，进入钟老组建的"人民口头创作学习会"，跟随钟老学习民间文学专业。与后来入校的民间文学研究生相比，他们是更早的一拨。在他们中间，就有聂先生与其夫人邓魁英先生。

"人民口头创作学习会"的基础课程是"民间文学"和"人民口头创作"课。当时钟老兼任北京师范大学副教务长和科学研究部主任，工作十分繁忙，但为了培养后学，还是坚持组织这批优秀学生开展"学习会"的活动。据同在"学习会"的连树声先生回忆，"学习会"的成员每两周的周日在他办公室活动一次，学习、讨论民间文学的基本理论，由钟老直接讲述或提出问题，大家自由讨论。钟老还提出参考书目，要求大家阅读。这正是聂先生夫妇与钟老的学问近距离接触的时间。钟老带领他们讨论的内容，有当时备受关注的苏联民间文学理论问题，也涉及神话学、故事学、歌谣学、民间抒情诗和民间戏剧学等广泛的体裁研究。现在钟老手稿中还有《民间文学》和《人民口头创作》讲义的原稿，当时制定的教学计划以及"学习会"的同学翻译出版"人民口头创作丛书"的样稿。在钟老记录的一份"学习会"成员的发言记录上，"聂石樵"三字赫然在列。

聂石樵教授当年所听钟老的课程，是钟老于1949年到北京师范大学执教时首批使用的教材内容，在此我们有必要了解一下这门课程的背景。下面抄录钟老的一段回忆，钟老在这段文字中保留了半个世纪前的理想和热情，也让我们多少能了解当时在台下听讲的一批风华正茂的青年学子被钟老感染的原因："1949年5月，在庆祝过'五四'诗人节之后，我们驻港的许多作家、学者，应党的邀请，乘苏联的轮船转道天津，回到内地。来到首都北京后，我们立即投入全国第一届文学艺术工作者代表大会的筹备工作。大会结束时，我被选为全国文联候补委员及文学工作者协会（后改为'作家协会'）的常务理事。10月1日，伟大的中华人民共和国在人民雄壮的欢呼声中成立。在经历了多年苦难的生活之后，看到这个新人民政权的太阳高高升起，我是饱含着喜悦之泪度过那历史性的时刻的。""与此同时，我在北京师范大学任教，兼任北京大学、辅仁大学等校的教职。我教授民间文学等功课，并编辑出版了《民间文艺新论集》。此书因为适应当时学界的需要，很快就再版了。在抗美援朝期间，为了鼓励中国人民的爱国情绪，我组织力量，编印了一册《爱国主义与文学》的文集。"①钟老在香港教书时已写就《民间文学》教材的目录，在北京师范大学的讲义是1949年以后继续加以补充的结果，课程名称为"民间文艺"和"民间文艺研究"。

新中国成立以后，钟老除了开设民间文学课程，还开设过其他中国

① 钟敬文：《我与我们的时代、祖国》，《钟敬文学术》，17～18页，杭州，浙江人民出版社，2000。

文学史课程，涉及中国古代文学史和中国现代文学史，古代文学史的课程名称有"古代小说选讲""中国文学范文选讲""诗歌通论"和《水浒传》专书研究"等。课程不限年级，广纳学子。钟老从中国的下层文学讲到上层文学，又从上层文学讲到中层文学和下层文学，展现了"五四"学问大家的气象。钟老讲授的"诗学通论"课，涉及屈赋、楚辞，聂先生后来的研究也属于相同范畴。讲义的引证材料之丰赡，解释写诗学步之绵密，引领观察古今中外诗论之娴熟，处处有钟老从书斋到讲堂的一路风格。钟老那诗人的热烈和孤独、崇高和质朴、理想和挫折，在诗论中都有所呈现。他始终将个人的情感投入国家社会改革繁荣的熊熊熔炉中，身与诗俱炼，成就了非凡的诗格。无论如何，聂先生是被钟老的这种诗格熏陶过的，因为他跟我说过钟老有诗人气质。

"学习会"的成员后来所从事的专业各异。聂石樵先生夫妇去了古典文学专业，还有一位小组成员陈惇教授进入了外国文学专业，连树声一直在民间文学和民俗学领域工作，但对于钟老这位历经"五四"、留学海外而始终坚持从中国整体文学观去研究民间文学的一代宗师来说，这些学生无论在哪个领域施展才华，一辈子都是他的"老"学生，他们也一直都与老师保持来往。

近些年邓魁英先生身体不好，都是聂先生来院里取报刊和信件，我们时不时地碰上，每次见面都要说几句话。聂先生有极强的记忆力，又待人真诚，心地善良，你听他讲话会感到很可信，还能得到不少历史素材。他回忆钟老当年的民间文学教学时，能把钟老讲课的专注神态、关键词和大师做派，说得栩栩如生又简明扼要，我特别爱听。于是我们就长聊、短聊、远聊、近聊，有时竟忘了时间。他那种对前辈的敬意，对真学问的重视，任何人接触过，都会因他而对钟老民间文学的认识升温。如果一定要用一个词来概括其对于我的意义，可以暂且叫它"课程口述史"。虽然直到全部完成钟老旧稿的整理工作，我才能更加理解此"史"的历史价值，但说老实话，在这个过程中，聂先生的很多话都一直在起作用，激励我在已经逝去的半个世纪的一头一尾，去寻找，去把一种声音还原为一种形象。他教给我一种"活"的知识，民间文学书本上没有，别处也没有。钟老的著作可以传世，手稿可以存留，但这种讲课教书的现场感却必然断层，唯最有悟性的学生才能拾拣它和珍藏它。

聂先生在跟钟老参加"学习会"期间，正值全国学苏联。学苏联的思潮后来受到了批评，钟老本人也写过反思文章，不过他也不同意一面倒，认为应该实事求是。但聂先生在这件事上从不多话，只念钟老的好，这是聂先生的厚道。

1986 年钟老首次招收博士研究生时给我出考题，有一门就是"中国文学史"，这正是聂先生夫妇掌门的专业。三年后，我通过了博士学位论文答辩。当天晚上，钟老将这份考题的原稿交给了我，从此它成为我手上永久的金貔令牌，催我时时自励、不敢松懈。人生的时光不能倒流，我无法回到钟老在 20 世纪 50 年代讲课的那个时代，但他出的题和对我的古代文学教育，却让我懂得，民间文学治学的视线不能离开中国文学，特别是古典文学。

钟老为聂先生等"老"学生讲课的讲义，除了手稿，还有一批油印本。今人见油印本已如同见"文物"，但在钟老教书的时代还是十分常见的。这是一种纸介的印刷品，由刻工使用蜡纸在钢板上刻印后，将蜡纸拿到油墨印刷机上印刷，印出了单片散页，再装订起来，订成一册册的稿本，就像书一样。钟老组织刻印了大量的油印本，都是这样为学生"生产"出来的课外教材。它们没有任何商业价值，全是教师"学术良心"的产物。钟老生前曾把不少油印本交给我保存，还为我讲解过他在上面画出的重点和批写的眉注。这样的讲义就是我的精神宝物，更是我的人生课堂。聂先生对我说"钟老是一位当之无愧的教育家"，他的感慨应该是从钟老的这些教学活动中来，又转化到他本人的教育事业中去。现在每当打开它们时，我都会想到钟老，还有他的这些"老"学生们，想到他们怎样教书，怎样做人，怎样远离名利地从事科学研究。他们那个时代的人，浑身上下都是"书香"。在改革开放引进计算机办公系统之前，前辈们的无数智慧与心血都藏在这种"书香"之中，慢慢地熬成青史。

钟老是念旧的人，生前每逢外出开会或休假回来，有了诗词新作，都会叮嘱我打印出来，编成几十本小册子，送给他的老朋友和"老"学生。

记得我去启功先生和聂先生家送《成都杂咏》(1986)和《丁卯浙行吟草》(1987)的打印本。聂先生和邓先生拿到这种小书，总是会对钟老执虔诚的弟子礼，反复道谢，一如求学之初，没有摆出任何大教授的架子。还有一次，某古典文学专业的研究生出了一点麻烦，来找钟老，要求转专业。钟老耐心地听了来者的陈述，看到这个年轻人脾气很大，无法直接劝止，就派我去聂先生家搬救兵。聂先生明白钟老要让自己出面调停，便"奉旨"接差，二话不说，最后指导这个年轻人正常毕业。如今往事如烟，春风一片，我却始终忘不了聂先生对钟老有求必应的这些事。聂先生夫妇在自己人生事业的黄金年华还几乎"承包"了启功先生晚年指导博士生的所有工作，默默奉献，坚持到最后，于是我的恭敬再加十分。聂先生夫妇倘若有半点私心，也用不着给钟老和启老当一辈子的"老"学生，何况不仅是当学生，还要给老师解决一些麻烦事。

有位教授对我说，现在的研究生对老师，在学时叫"先生"，非常客气。毕了业，留了校，一周开外，就开始改口叫"老师"了，这也还算不错了。再过几年，出了名，见到导师就直呼其名了，这也还算可以。以后再过几年，成了"人物"了，再见到老师，便侧身而过，连招呼也不打，跟没看见一样。说这话的是一位学问出色、性格低调、定力极强的好学者，看淡师生关系，无意于代际之间的分离。但我出于自己的师承，也见到了聂先生夫妇的嘉言懿行，还有我熟悉的程正民老师、王宁老师、陈惇老师和谭得伶老师等，看见他们在成名之后怎样对待自己的老师，便有了强烈的对比和辨识。至于聂先生夫妇对老师刘盼遂的一片挚诚，则是另一篇佳话。

逝去的钟老和启老，健在的聂先生和邓先生，他们一辈又一辈地传承中国学问，身体力行地让中国知识分子的优秀品格绵延不断。他们所处的时代不同，但历史有时是会"重复"的，现代人可能因为不清楚某些历史细节而忽略某些东西，而只要亲历者对这种史实加以重视，善于利用，便可以使历史再现，促使后人奋发前行。聂先生就是这种亲历者。在这些不同代际的学者身上，还都有一种无法用语言形容的强大磁力，而这种磁力曾从各种手抄本和油印本发黄的旧纸中冒出，令人至今无法拒绝它的吸引。那里有一种神话般的"追日"力量，让我不能不在心中操演。我相信，还会有一些肯赴艰险、不慕虚荣、不怕失败的弟子后学追随之。

（原载于《文史知识》2015 年第 12 期）

学蔚醇儒姿　文包旧史善

——聂石樵教授访谈录

北京师范大学　过常宝

聂石樵教授，1927 年生，山东蓬莱人。1949 年考入辅仁大学国文系，1953 年自北京师范大学中文系毕业，留校任教，从事古代文学史教学和研究工作，后任教授、博士生导师。曾任中国屈原学会副会长、顾问，《诗经》学会顾问等职务，享受政府特殊津贴。聂石樵先生主要以中国古代文学史撰述、古代作家研究、作品笺注为学术方向，论述包括从先秦到清代，从诗歌、散文、戏曲到小说等各种体裁，主要作品有《屈原论稿》《司马迁论稿》《先秦两汉文学史》《魏晋南北朝文学史》《唐代文学史》《中国古代戏曲小说史略》《楚辞新注》等，与人合著有《古代小说戏曲论丛》《杜甫选集》《玉谿生诗醇》《古代诗文论丛》《古代文学论丛》《古代文学中人物形象论稿》等。本刊特委托北京师范大学过常宝教授就有关问题采访聂石樵先生，整理出此篇访谈录，以飨读者。文章题目选自杜甫诗句，文中二级标题则分别选自李商隐、李世民、羊士谔、杜甫、骆宾王等唐人诗句。

过常宝：聂先生，多年来您一直默默地做着学问，很少看到您介绍自己学问和经历的文章，您也不喜欢媒体打扰，甚至外面的会议也很少参加。我受《文艺研究》编辑部的委托，请您谈谈学术之路和治学体会。您一直在古代文学这片田园里笔耕不辍，著述等身，桃李满园，有着很高的声誉。您的学术经历和治学思想，以及您对当前古代文学研究状况的看法，对我们后学来说，都是一笔十分宝贵的财富。

聂石樵：我只是一个普通的高校老师，做学问也是一个高校老师的本分。做得合格不合格、好不好，一方面与自己的勤奋程度以及天分有关，一方面需要时间的检验，不是自己说了算的，也不是外行说了算的。古代文学属于过去的时代，学术研究应该追求久远的价值，但我的经验告诉我，研究者受时代环境的影响非常大，对一个时代学术的评价是需要时间的，我还不便对当今的古代文学研究有什么评论，只是就我自身的学术经历，谈谈经验和教训。

一、获预青衿列，叨来绛帐旁——两所大学和三位老师

过常宝：您是新中国成立后的第一代大学生，我在《聂石樵教授八十寿辰纪念文集》上曾看到您在辅仁大学读书时的成绩单和年级第一名的证书，请您先谈谈在辅仁大学的学习情况。

聂石樵：我是 1949 年考入辅仁大学国文系的，是新中国成立后第一代大学生。刚入学不久即随学校的队伍参加在天安门前举行的开国典礼，心情振奋地开始了大学生活。当时辅仁大学的校长是陈垣，文学院院长是余嘉锡，国文系主任是顾随，在他们的主持下，学校的课程设置重在国学。一年级必修课除了政治、英语之外，便是由沈兼士学术路径的传承者葛信益先生教授文字学、音韵学，由启功、郭预衡先生讲授古文选，由历史系老师讲授中国通史。到了二、三年级便设置了选修课，如萧璋先生讲楚辞、训诂学，王古鲁先生以其在日本东京内阁文库影印的文献资料讲古代小说。此外，还聘请冯至先生讲杜甫，请赵万里先生讲古书版本、陈涌先生讲鲁迅、马少波先生讲戏曲改革等。

过常宝：余嘉锡和顾随两位先生都是国学大家，先生能亲炙受教，实在荣幸。

聂石樵：很遗憾啊！余嘉锡先生开设的目录学，从我们这一届起即停止讲授，我没有机缘听讲。目录学是读书的入门之学，清人王鸣盛在《十七史商榷》中说："目录明，方可读书，不明，终是乱读。"可见目录学

对治学的重要性。因此我把高年级曾听过余先生授课的同学所作的笔记借来，认真抄录一过，从中受益良多。顾随先生是著名的词曲专家，因身体不适，也未曾给我们授课，只在迎新会上致过欢迎辞。他首先吟咏了两句诗："不才明主弃，多病故人疏。"好像定场诗，然后介绍国文系的情况，最后说："我这是副末开场，好戏还在后头呢！"活像一出戏。后来我随高年级同学去家里拜访他，他关心地询问我的学习情况和志愿，然后赠我一本他创作的杂剧《游春记》，并勉励我努力学习。这些都是我永志不忘的。在辅仁大学的三年，为我的古代文学学习打下了较好的基础，也使我明确了自己未来的发展方向。

过常宝：现在辅仁大学已经不存在了，但当时美丽的校园还在，令人怀念。您后来从北京师范大学中文系毕业，这两所大学都是传统文化研究的重镇，当时师大也是名师如云。

聂石樵：1952年院系调整，辅仁大学与北师大合并，我大学的最后一年是在北师大读的。这两校各有特点，就拿图书馆来说吧，辅仁图书馆环境很幽静，所藏古书都有子目，便于查阅，馆后有神甫花园，读书疲倦了，可到后花园去散步，消减精神劳累。北师大图书馆的图书无子目，但学校的历史悠久，藏书多，而且保存有一些名人如马叙伦、高步瀛等人的书籍，也便于自己广泛涉猎。至于老师，北师大的名教授很多。如钟敬文先生讲授民间文学，黄药眠先生讲授文学理论，穆木天先生、彭慧先生讲授外国文学，李长之先生讲授中国文学史，王汝弼先生讲授历代韵文选、唐宋诗词选等。我1953年毕业留校，被分配到古代文学教研室当助教。当时古代文学教研室的教师有刘盼遂、谭丕谟、李长之、王汝弼、启功等，他们的学问各有专长，并乐于教导帮助我，师生关系十分融洽。其中对我影响最大的是刘盼遂先生，其次是王汝弼先生和李长之先生，他们对我的培养决定了我一生的学术生命。

过常宝：您曾经写过几篇回忆三位先生的文章，感情非常深厚，也钦佩他们的学问。对于刘盼遂先生，一般的读者了解不多，请您谈一谈刘先生的学问以及他和您的交往吧。

聂石樵：刘盼遂先生1925年考取北京清华国学研究院研究生，师从王国维、梁启超、陈寅恪诸先生，同时又在北京师范大学师从黄侃先生学习《文心雕龙》，毕业后曾任辅仁大学和北京师范大学教授之职。刘盼遂先生是著名的古文献学家，长于考证古代文献。平生以著述为事，博览群书，对小学、经学、史学、文学、校勘、目录无不专心潜研，而尤精于古文字、声韵、训诂之学。他治学的路子是继承乾嘉学派之以小学通经，所不同者，他不仅是以小学通经，而且以小学通史，通一切古籍，即他并非单纯研治小学，重要的是他把对小学的研治运用到对古籍的笺释、校勘、考证等方面来。这方面的论著很多，如《天问校笺》《论衡校笺》《后汉书校笺》等。这种治学方法与王念孙、王国维的学术路数一脉相承。他学识之博、读书之广，很有王国维的影迹在。从经、史、子、集到戏曲、小说，无不阅读；从敦煌曲词到民俗方言，无不了解。博闻强识，触类旁通，他的全部学问，可以用"博雅"二字概括之。其为人不善言谈，很少社会活动，专心于案头工作，也很像王国维。

记得1955年我们住城里时，刘先生徒步从西单来到我家。当时我们的孩子刚几个月，斗室中不但家具拥挤，还晾满了尿布。刘先生坐在床边问我们的生活状况，当知道我们请了保姆带孩子，他很高兴，告诫我们：千万不要因为孩子而影响了自己的学业。刘先生对培养后学有自己的经验，他说："要学业上有成就，必须具备三个条件。第一，要专心致志；第二，要书多；第三，要生活安定。"我们刚毕业时，工资很低，刘先生曾主动为我们筹备一部分基本书籍。他把自己收藏的、重复的书赠送给我们，像我们手头常用的图书集成局校印的《二十四史》，商务印书馆藏版的《资治通鉴》《十三经注疏》，以及《说文解字注》《昭明文选》《全唐诗》，都是刘先生曾用过的，上面还留有先生的墨迹。关于读书，刘先生说："第一是经书，第二是史书，第三是小学。这是文史工作者学问的根，是基础。清代许多大学者没有不治经史的。此外，才是子书百家和其他诗文集子。"并指示要将研究的问题和读书结合起来，理解才透。刘先生不但通过授课教给我们讲做学问的方法，还经常通过闲谈，即兴讲学问，如看见蜘蛛，就说："'蜘蛛'是语根，踟蹰、踌躇、跦蹰、蹢躅等，都是从这里生发出来的，一个意思。"或者通过游览风景讲解诗文、地理等。他也常把别人请他提意见的稿子拿给我们看，问我们有什么意见，然后他再谈看法。我们在刘先生家看过的有于省吾先生关于读《诗经》札记的文稿、余嘉锡先生《世说新语笺疏》的文稿等，都受益匪浅。

过常宝：没想到这样一个可敬的饱学之士却有着很悲惨的命运。

聂石樵：是啊，说起来令人伤心。"文化大革命"开始后，中文系在西饭厅开全系大会，说要揪"牛鬼蛇神"。教师们都带着小板凳坐在后边。刘先生来得晚，我把小板凳让给他坐，自己在外边工地上找块木板坐下。刘先生当时精神很好，大约觉得自己不在被揪之列吧。不久，噩耗传来！据说在全系大会的第二天刘先生就被街道红卫兵关了起来，最后被拷打致死。那一次竟成为永别，这是我万没有料到的。我们常悔恨，当时如果有所察觉，能把刘先生藏到学校里，也许可以免于一死。刘先生一生小心谨慎，朴讷忠厚，而竟遭惨死，岂不可悲！

过常宝：当时的环境恶劣，您后来将刘先生的文集整理出版，刘先生地下有知也会感到欣慰的。王汝弼先生与您合著过《玉谿生诗醇》，此外，很多人都读过李长之的《司马迁的人格和风格》，既有思辨的智慧又有抒情的魅力，近些年来还一再出版。也请您谈谈这两位先生吧。

聂石樵：王汝弼先生对我的影响也很深，王先生师从钱玄同、高步瀛、黎锦熙诸先生，主要承袭高先生的学问和治学道路，继承的是经、传、子、史一类的学问，在学术领域长于对古书的笺释。高步瀛先生是治文学史的，他授课非常严肃认真，每项内容都有讲义，如《唐宋文举要》《史记举要》等，采摘宏富，剖判入微，其中最有价值的是《文选李注义疏》。我注释李商隐诗，即受王先生影响。李商隐诗构思缜密，长于用典，工于练字，多用叠字虚词等，而王先生经过对原稿有关词语、典故深入细致的修润和加工，把诗歌"以芳草寄怨，藉云雨托恨"的内容阐释得淋漓尽致。按他的说法，即要"把李义山诗注活了"。我即按照王先生的要求去做。

李长之先生毕业于清华大学哲学系，他理性观念强，思维敏捷，思路清晰。凡所撰述，都抒发有自己的情感。他曾说："我不动情感是不能写作的。"他的《司马迁的人格与风格》真是一部抒情散文专著。他讲授中国文学史有自己的体系，并富有史的论断，对作家作品的评价也有独到的见解，并非人云亦云。他曾说："教师在大学讲课即是讲学，即讲自己的观点和看法，若搬用别人的意见，还有什么意义呢？"他的《中国文学史略稿》是新中国成立后最早出版的一部文学史，即体现了他的这些特点。李先生这些观点，对我影响很大。

二、前史殚妙词，后昆沉雅思——文学史编撰的理念和实践

过常宝：可以说您一辈子都从事文学史的教学和研究工作，所以对文学史的编写情有独钟。据我初步统计，您个人撰写的古代文学史、文体史超过两百万字，数量惊人，而且受到很高的赞誉。不过，在您早期教学中，文学史编写主要是组织行为，改革开放后以各种名义编著的文学史鱼龙混杂，名声颇不好。而您为何要坚持不渝，以一己之力来做这件事呢？

聂石樵：这还是出于我对教学工作的深刻体会。我1953年毕业留系任古典文学教研室助教，那时的文学史教学，主要受到各种政治观念的影响，如"批判继承""政治标准第一"以及"评法批儒"等，在教学方法上则提倡"以论带史"，强调作家作品在历史上和在今天的政治作用。当时上课有很多顾忌，教师担心思想观点上犯错误，所以备课和上课都非常谨慎，更不用说编写文学史了。"文化大革命"结束后，我对自己讲授中国文学史的经历进行了反思，有不胜愧悔之感。数十年间的文学史教学，我并未真正贯彻唯物史观，不仅自己走了弯路，而且也给青年学生制造了许多认识上的混乱。我重新认识到评述古代文学只能实事求是，一切从文学史的客观实际出发，重史实，重证据，用事实说明问题，尊重文学史辩证的发展过程，不能从主观愿望、理论模式出发，更不能从现实政治需要出发，那样做只能歪曲文学史，并非"古为今用"，不能达到述古鉴今的目的。在这个认识的基础上，我认为流行的文学史有不少不足之处，为了体现我的文学史观，也是为了对教学工作负责，我开始了文学史编撰工作。

　　过常宝：您在多处表达文学史研究的目的是"求真"。但对这个"求真"，从社会观念、个体精神、文献构成等不同方面着眼会得出不同的看法，往往差别很大，您的"求真"最基本的含义是什么呢？

　　聂石樵：我所谓"求真"，一方面重视对文学作品的时代社会环境的重建，一方面重视构建同类文体之间、不同文体之间的影响关系，最终的目的是希望能从社会、政治、思想、文化诸方面说明此期某一种文学体裁、文学风格、文学流派和文人集团之形成、发展、衰落的原因，并将这些论述与当时的文化现象紧密地联系起来，有力地说明某种文学现象的产生，乃历史发展之必然。我曾花费大量时间重新阅读清理各阶段有关的古代文献和文学典籍，参考近、现代出版的一些文学史著作和古代文学研究专著、论文等。那些丰富的文史资料，有启发性的见解和可资参考的编写体例，都给我的编写工作以有益的滋养和帮助，使我形成了自己的体系和观点。实际工作经历教训了我，我不想空谈理论，孔子说："我欲载之空言，不如见之于行事之深切著明也。"（《史记·太史公自序》）事实比空谈更有说服力，我是力图通过具体历史事实的叙述、引证、分析对文学史现象做唯物史观的评价。

　　过常宝：我明白了，您是希望通过恢复和重建文本的历史环境和知识体系，来展示文学史的发展脉络，其中既包括文本的形式，也包括文学行为、观念和价值，是追其历史唯物主义的"真"。那么，您编写文学史的特点是什么？

　　聂石樵：我撰写文学史与专门从事文学评论者撰写文学史不同，文学评论家撰写文学史，对文学史现象偏重在综合论述，不多做具体事实的分析。我则由于长期教学工作形成之习惯，多着眼于学生的接受能力和效果，对作家、作品及文学史之史实、现象，重视从具体分析出发，再加以综合论述，得出恰当的评价，使学生在具有感性知识的基础上，达到理性之认识，以免形成概念化倾向，影响学生对知识全面扎实的掌握。

　　过常宝：您认为古代文学史著述中最重要的理论素养是什么？

　　聂石樵：历史意识。文学史编写是对文学现象和文学文本发展状况的一种历史描述，它既是一种文本辨析行为，也是一种史学行为，所以，它与历史的关系至为紧密。文学史编写不能没有历史意识。这一历史意识可从三个方面来说明：一是古代文学是古代社会生活的一部分，古代文学从属于古代历史，以强调文学感性、个体性来抵制历史，不仅是门户之见，而且是无知；二是古代文学的发展有其规律性，阶段性清晰，它的发展节奏与社会历史进程紧密相关，但又有着自己的特点，所以必须从长远的、文学的眼光来总结和描述文学历史；三是对文学现象和作品的理解，不能脱离社会历史的背景和具体的历史事实，否则就容易成为想当然，陷入空谈。

过常宝：古人的文学生活，对于我们来说，实际上是历史的一部分。您曾经说过，对历史熟悉到什么程度，对文学作品就了解到什么程度。您的文学史实践也确实证明了这一点。但在经历了那个特殊的历史阶段以后，人们不愿意将文学历史化，也就是不愿意将文学政治化，所以往往追求从其他的角度来阐释文学史。

聂石樵：一段时期内，人们反感将文学史和历史联系在一起考察，我能理解这种反感，因为在相当长的一个时期内，历史被贴上了很鲜明的政治标签，以历史规律来说文学史实际上也是给文学史贴上政治的标签。但是，我们不能因噎废食。中国古代文人和现代的作家并不完全一样，他首先是士，有着虽然不尽相同但却鲜明的社会理想，其写作深受古代社会的政治、经济、文化状况的影响。因此，我们在撰写文学史时，就不能不从政治制度、经济发展、文化思潮和审美风尚等方面对时代背景做出总体分析和概括，指出文学发展和社会背景之间的依赖和影响关系。只有这样，才能理解作家作品在何种层次上，是如何对社会做出自己独特的反映的。我认为，这才是理解文学和文学史的门径。目前，有些文学史尝试用其他线索或理论模式，如以人性的发展等来结构文学史，但是，如何才能认定明清的人性观念一定比唐宋更进步呢？这就难免有些勉强了。当然，各种形式的理论创新都是值得鼓励的。

过常宝：文学史要描述文学的历史结构，它包括从内容到形式、从技法到价值等多重因素，所以，建设一个清晰而且有序的文学史是不容易的。由于古代文人深受时代政治环境的影响，所以一般的做法是以朝代来标识文学史的阶段性，您是如何处理这个问题的？

聂石樵：我撰写文学史的大框架也是朝代，但会根据文学发展的具体情况，做适当的调整，不与朝代完全一致。例如，秦在制度上与汉是一致的，都是中央集权制国家，前后相承，但文学却不发达，仅有杂赋若干篇、《仙真人诗》和李斯的铭文等，是战国文风的延续，所以将它置于战国之末。再如，一般文学史往往将六朝文学置于建安至两晋这一系统中，并将隋代文学归属于唐代系统。这是不恰当的。六朝从历史角度而言则起于吴、东晋，但就文学讲，刘宋是六朝文学之开端，所以，我讲六朝文学，是从刘宋开始的。隋与唐在制度上是一致的，亦前后相承，而文学却是六朝之余绪，所以我将隋朝文学附于六朝之末。当然，这是从文学发展的角度而言，并非刻意要与政治背景分开。有时候，从政治背景上看文学，又能帮助我们理解文学的发展。比如，汉末和魏晋时期，就其社会政治、经济结构看，基本上是一个体系，即封建门阀士族制度占支配地位，文化制度、精神生活相近，在此基础上形成的文学，也是一个系统，所以将汉末文学纳入魏晋南北朝文学史中就是理所当然的了。

过常宝：文学史的最终目的是要解释文学作品。在不少文学史著作中，我们往往能看到两种不太好的解读作品的方式或倾向：一是寻章觅句，然后根据一套既定的价值观念进行贴标签式分析；二是借口"诗无达诂"，对文本的精神或美学意蕴做较为任意的分析和发挥。这两种方法不是没有意义，而是过于主观，容易迷失文学作品的历史真实。从历史意识角度出发，您认为该如何解读文学作品呢？

聂石樵：我对具体作品的解读，一方面要与文学史的演变发展联系起来，揭示其文学史的意义，另一方面也要揭示作品的具体内涵。否则，不是游离于主题之外，就是陷入孤立的作品分析。所以，我还是倾向于传统的"知人论世"和"以意逆志"的方法，将作品当作一个历史事实，回到作品的历史背景上去。这样有可能不太招当代读者的喜欢，但它却可以真实地再现历史。

过常宝：也就是说，传统的以史证诗的方法，是历史意识的一个重要方面。

聂石樵：对，我在解读过程中主要采取以史证诗的方法。将具体作品放到具体的历史条件下，引用大量的史料，来挖掘揭示作品真实的内涵。这种编写文学史的方法要花些笨功夫，要大量阅读材料，不然只能人云亦云，或者随意编造。比如，对曹植的《名都篇》，学者多褒扬，认为有所讽喻，但具体讽喻的对象，则不甚了了。我认为《名都篇》"刺丕之'内作色荒，外作禽荒'"，为了证明这一点，我引用了《艺文类聚》《初学记》等所记载的曹丕《答繁钦书》和《与吴质书》《典论·论文》等文献中曹丕自述喜好声色狗马之言，与诗对照，得出诗中所述"非魏太子莫属"的结论。

过常宝：确实如此。您的文学史胜义迭出，有很多新的见解。我看到一篇文章称赞您对杜甫《春望》诗中"烽火连三月"的解释，说您在考证了大量史料上，比较了多个古注，有所选择，有所更正，认为此处"三月"指："（至德二载）是年春，史思明、蔡希德等围攻太原，受到李光弼之抵御。郭子仪引兵自鄜州出击崔乾祐于河东，安守忠从长安出兵西犯武功；各方战事紧张，三月之内，烽火不息。"从而使诗意得到最为妥帖的理解。其实您书中这样的例子比比皆是，已经构成您文学史著作的一个重要特点。您的文学史著作还有一个非常显著的特点就是非常强烈的文体意识，您为了突出文体发展的历史，不惜将一个作家的作品分散在不同的章节中来写。这样做有什么根据呢？

聂石樵：一般来说，文学史写法有几种方式：按时代选择和排列作家作品，以某种思想或美学观念的线索在历史顺序中选择作家作品，以文体发展的线索来安排作品。这几种文学史的编排方式，各有优缺点，但相比较而言，我认为从文体出发是考稽文学源流的最老实也是最好的方法。我讲文学史，采用的是前者，一部文学史好像一部作家作品论。当文学史集中在作者身上时，伦理和政治的观念就显得更为重要，自然会贬低文学史的"文学性"。

我国传统的治学方法是"辨章学术，考镜源流"，这句话虽是章学诚针对目录学传统而发，但却能成为我们修文学史应当遵循的原则。所谓"考镜源流"，就是刘勰所说的振叶以寻根，观澜而索源，就是条别文体，观其流变。文学史中，我认为最自然、最具有连续性和阶段性特征的，不是某些观念，而是文体自身的演变、分化之历史。也只有文体的线索，才能将数千年的文学史串在一起，成为一个发展的整体。所以，我编写文学作品，主要是按照不同的文学体裁分别探讨其产生、发展和演变的过程，在不同的文体范畴之内再分别说明某作家之文风源于何人，形成何种流派，以显现文学自身的发展线索。

过常宝：文体意识是保证史的准确性的重要前提。您的著作在文体辨识方面不人云亦云，有很高的成就。如您认为乐府诗和文人诗是不同的两类文体，并在《魏晋南北朝文学史》里用 150 页的篇幅来论述乐府诗的发展，用 170 页篇幅来论述文人诗歌，就是为了体现对不同文体的尊重，也表现了对各种文体源流的不同认识，以求清晰地表现出不同文体在不同历史时期之发展线索和脉络。

聂石樵：对。在以文体为线索的文学史著述中，对文体发展一定要有整体观念，要明白文体是相对的，是相互影响的，所以一定要细致地辨析。例如，"散文"这个文体概念，近代以来一直有歧义，古人所普遍采用的是一种与骈文相对的概念，这个概念最早出现在南宋，但它的内涵却早已伴随着骈文的发展而逐渐明确。在《魏晋南北朝文学史》中，我认为散文即我们所谓"言"类，是一种与骈文对立而近于通俗语言之文体，句法散行，不尚雕饰；而在《唐代文学史》中，我认为散文作为特定时期出现的一种文体，是伴随着骈文之繁荣而产生的，唐朝时，骈文发展到极致，因而形成了四六文，散文进一步发展，便产生了古文。这两种文体完全是在对立中演变、发展的。唐时，四六文之为文体，已经达到僵化的程度，因此平易古朴的古文便兴盛起来。

从这个角度出发，唐代的赋和骈文也是一种重要的文体。唐赋包括文赋、骚赋、俳赋、律赋四种体式，从文体发展的角度来说，只有律赋形成并定型于唐代，是唐代文学的代表样式之一，值得介绍。又如骈文，起于西汉，形成于东汉，至魏晋已臻于成熟并发达起来。刘宋则偏重辞采，句必偶对，言必用事，惟形式之美是求。齐、梁永明体刻意求工，精心藻饰，遂开四六文之门径。梁陈时徐、庾精于裁对，谐于声律，长于敷藻，已形成原始之四六体。迨至唐代，四六文正式形成，成为当时文坛上重要之文学体裁。只有搞清楚了这些演变的路径，才能在各段文学史中讲清楚不同作家的贡献，不同文体的价值。

过常宝：是这样的。您这种写法，为一些思想性或艺术个性不是很特殊的作家找到适当的位置。如南朝作家沈约、徐陵、陈叔宝、江总等，他们被文学史家认为是边缘作家，很少直接讲他们的作品，但他们在诗歌文体上的贡献却是巨大的，所以您在"文人拟乐府"题目下，谈他们诗歌在主题和格律修辞方面的贡献，认为他们上承两汉乐府之余绪，下开唐宋声诗之先河，给予他们公正的评价。

聂石樵：你理解得很对。

过常宝：文学史以论断见长，所以一般人都不太重视对文学史料的考证，甚至卑视之为烦琐。但在您的文学史著作中，考证的内容很多，您是怎么看这个问题的？那么多的考证是否有必要？

聂石樵：考证是编写历史的一项重要工作，因为只有对众多的史料辨伪存真，才能使论述的问题建立在可靠的基础之上。所以，我撰写文学史都要收集尽可能多的历史文献资料，对时代背景、文体渊源，或作家生平、作品真伪，都加以考析，对每一条史料的出处、异文都进行核证，力图做到无征不信。此外，我尽量不将这些考析作为注释附于每一章之后，而是放之于正文之中，以便于学生和读者了解是怎样得出这一结论的。为此，我尽量使叙述、判断和考证结合得较为自然，力图避免给人烦琐的印象。

过常宝：请您谈一谈搜集和辨识材料的方法。

聂石樵：对于文学史编写来说，除了作品外，相关的史料主要可分为两类：一是作家作品的背景材料，二是历代学者的评论资料。对于前者，我是尽可能地详尽收集，虽然不一定全部写出来，但一定要囊括在胸，不可遗漏。只有掌握足够充分的材料，才能谈得上辨别真伪，去粗存精，才能以小见大，做到学术创新。如孔稚珪《北山移文》，大多数学者都引用《文选》吕向注，言"周彦伦隐于此山，后应诏出为海盐县令……孔先生乃假山灵之意移之"，认为这篇文章讽刺了假隐士。但我查阅《南齐书》知周不曾为海盐令，而孔亦不反对仕宦，所以认为这篇文章是朋友间戏谑之作。这种戏谑文章在当时为数不少。这个考证虽小，但能还原事实真相，能说明文学到底是在怎样的环境下发展的，不能说没有意义。

过常宝：对您文学史著述中的裁断的功夫，已有多篇评论文章论及，很多令人敬佩的见解也都被学术界所接受，比如"文笔之辨"等。对于您所谓的第二类材料，以前一般很少注意，请您再详细谈一谈它们的文学史价值。

聂石樵：对于第二类材料，我认为尤其值得珍视。很多文学史编写者不大引前人的评论材料，给人的感觉好像都是自己的见解，这不好。古人的评论不但是文学史的一部分，而且自身也构成文学史的另一个层次，增加了文学史的内涵，所以不能舍弃。我是尽量寻找合理的、我所认可的古人评论，然后接着说我的看法。我希望文学史在观念上，自古到今是自然延伸的。另外，我越来越认为传统的批评方法是有生命力的，也更为直观、亲切。例如，沈德潜《说诗晬语》说："乐府之妙，全在繁音促节，其来于于，其去徐徐，往往于回翔曲折处感人，是即'依永'、'和声'之遗意也。齐梁以来，多以对偶行之，而又限以八句，岂复有咏歌嗟叹之意耶？"这些话说得直白，是直观经验感受，但却胜过多少理论表达啊。所以我们不能将这些东西遗忘。

过常宝：有学者撰文称，北京师范大学的古代文学学科，在刘盼遂、谭丕谟、王汝弼、李长之、启功等一批著名学者的努力下，形成了一个"文献—历史学派"，其特点是：注重文献考证和历史文化背景分析，旨在透过文献背景考察文学诸因素的历史变迁，对文学研究中使用最为普遍的美学方法和文本分析则不予重视。该文章认为您的文学史著述最典型地体现了该学派的理论精神和实践价值。

聂石樵：这个说法有一定的道理，但我做的还不能和前辈学者相比。我的主观愿望是搜览资料务求翔实，铨评史事务求确当，祛臧否偏私之见，存文学史实之真。但客观效果由于自己学识固陋，却难察古人之全，文思不敏，岂解一曲之蔽？不该不遍的现象在所难免，予取予夺的见解亦复存在。班彪评《史记》说："采获今古，贯穿经传，一人之力，文重思烦，故刊落不尽，多不齐一。"贤哲如司马迁尚且如此，况我鲁钝，宁无疵咎？

三、画披灵物态，书见古人心——以求真为宗旨的作家研究

过常宝：除了文学史著述之外，您的作家研究也有着很高的成就，从先秦到清代，从诗人到戏曲家、小说家，包括的范围很广，其中最有影响的是关于屈原和司马迁的研究。您是如何开始作家研究的？

聂石樵：作家研究是古代文学研究的一项重要内容，通过作家的素养以及他对时代政治和文化的反映，我们可以更清楚地理解文学作品产生的机制，理解文学作品的意义和价值。从事作家研究的学者很多，我只是其中之一。楚辞是我大学时期最早选修的课程，当时由著名语言学家萧璋先生讲授。他讲课重在文字、训诂和考据。课程结束后，我写了一篇论《招魂》的文章，先生给了个"A＋"的成绩，我受到很大的鼓舞。从此，我不但研读楚辞，而且对古代的诗歌、散文、小说、戏曲等莫不用心涉猎。眼界始开，识见渐广，一有所得，便写成札记，集腋为裘，在长期的教学科研中，积累了不少资料，并形成了自己的看法。到1978年冬，因为要给研究生讲屈原专题，我才得以挤时间撰写成《屈原论稿》一书，由人民文学出版社于1982年出了第一版，后又趁出版社再版的机会，对原书做了较大的修改和增补，于1992年出版第二版。这部论稿坚持用历史唯物主义观点，对屈原的时代、生平、思想、作品进行比较全面、系统的探索；阐明屈原及其作品和他那个时代的深刻联系，阐明屈原及其作品出现在那个历史转变时期的意义；内容涉及屈原的哲学思想、美政理想、美学观点和文学成就。总之，我想通过以上的论述全面地认识屈原、评价屈原，说明屈原的思想和作品怎样深刻地反映他那个时代、表现他那个时代。

过常宝：《屈原论稿》之后，您又撰写了《司马迁论稿》，这本书也已由北京师范大学出版社和人民教育出版社两次出版，在学术界有较大的反响。您写司马迁是出于什么样的想法？

聂石樵：关于司马迁研究，自新中国建立以来，随着国内政治形势的变化，不同时期有不同的看法，有些问题争论得比较激烈，分歧也比较大。我的心意在采取实事求是、"不虚美，不隐恶"的精神，对司马迁进行论述，既要说明他在当时历史条件下提出了哪些新思想、新问题，又要看到他的不足；既要陈述他对史学和文学等各方面的贡献，又要指出他的历史局限性，即通过这些论述，能给司马迁以科学的历史地位。我是注意从史学、文学统一的角度进行评价的。至于分寸把握是否恰当，就有待公论了。

过常宝：这两本书在写法上既坚持历史唯物主义的一致性，也有写作风格上的差异。

聂石樵：我的作家研究是坚持在历史中考察文学家和文学现象，将文学看作历史事实的一部分，只有如此，才能有所创新，有所深化。所以，我坚持历史真实性原则，不务新奇，惟求笃实。相比较而言，《屈原论稿》勇于创新，而《司马迁论稿》则长于深化。

过常宝：确实如此。《屈原论稿》初版在"文化大革命"之后面世，不可避免地还保留着不少过去的思维和表述方式，但它在学术上的突破却是明显的。楚辞学界前辈学者汤炳正先生在《光明日报》上著文称屈原研究是"热门"中的"热门"，科研突破不易。他特别称赞了《屈原论稿》中关于屈原儒法之变的思想的分析，对屈原美学观点的总结，认为这些都是对此前屈原研究的重要突破，并说《屈原论稿》在这些研究中所持有的理智而谨慎的治学态度，尤其值得钦佩。马茂元先生在主编的《楚辞要籍解题》中评论说："在探索过程中，作者往往善于将文、史、哲互相贯通，深入考察有关问题，提出一些新的见解。"又说："以美学的观点分析屈原及其作品，也是此书的特色。"并认为关于屈原美学观点的内涵以及其阶级内涵的分析，是"以往楚辞研究专著中较少论及的"。我认为，这些前辈楚辞专家关于《屈原论稿》的评论是中肯的，是不是也符合您自己的感受呢？

聂石樵：是这样的。关于屈原哲学思想的探讨，现在看来是一个吃力不讨好的论题。我相信，哲学思想仍然是评价和理解一个历史人物的重要标准，但我反对预设某一思想或流派为优，另一思想或流派为劣，然后通过贴标签的办法来评价人物。比如，讨论屈原的儒法思想，虽然这个命题有政治背景，但这确实是一个历史问题，我们也不应该回避它。将屈原放在战国时期的思想背景下，通过《离骚》《九章》等作品，就能看到屈原处于由儒到法的发展过程中，儒、法两家思想的同一和分化的复杂状况，在他的思想上明显地反映出来。其情形与荀子非常相似，荀子也处在儒法渐变的过程中。搞清楚这个问题，对我们理解屈原的"美政"理想，认识屈原思想和作品内容的复杂性有很大的帮助。因为荀子也讲"美政"和"修身"，而我们借助荀子的历史地位也可以评价屈原在思想史上的地位和贡献。同样，我们在评价文学现象时，还要注意文学的想象性特征，不能过于机械地摆弄历史观念。例如，《离骚》中的"求女"问题，前人都认为是比兴象征，这没有错，但大多数都从固有的君臣男女的比兴观念出发，认为它的象征物或是贤君，或是贤臣，或是贤后，或是贤士，相互抵牾，莫衷一是。如果我们理解了屈原的处境，就会明白，屈原的"求女"是一种寓言性质的描写，它概括了屈原自己极其丰富的精神活动，包含了以上各家的多种说法。因为屈原的政治或伦理理想是成体系的，包括了圣君、贤臣、内助、子嗣等多个方面，所以我认为，屈原的"求女"的意义，不应该被简单对待，它包括了很多社会转折时期的新理念。他的这种追求，既不是纯理想的，也不是纯现实的，而是介乎理想与现实之间、希望与失望之间的一种精神活动。从文学家的精神活动角度，我们才能把这一问题解释清楚。

过常宝：楚辞研究在 21 世纪以来一个相当长的时期内，一直是学术界一个热门话题，但论题逐渐由屈原研究转向楚文化研究，认为楚文化的特殊性造成了楚辞作品独特的风貌，而楚文化特殊性主要又指祭祀和民俗文化的原始性，您对这一问题的看法如何？

聂石樵：我曾经写过一篇文章谈这个问题。我认为，特殊的地域文化对作品的产生有一定的影响，所以对楚文化的深入研究确实有助于我们对屈原作品的理解，这一点，近年来的研究是有贡献的。但从文学史的角度来说，楚辞研究的中心仍然是作品本身，如果游离了作品，或将作品割裂开来而追逐新奇的文化因素，就不是文学研究的目的了。其实自近代以来，研究者已经注意到南北方文化差异，南方文化通常指楚文化，我也认为楚文化的成就是相当高的，但现在的倾向认为，楚文化是一种特殊的封闭的地域文化，它甚至征服了汉代文化，成为汉文化的源头，这就有些过分了。问题是先秦时期楚文化不是封闭的，它与中原文化总是处在互相交流、互相融合之中。楚国在春秋时期是周天子统治下的属国，多处史籍记载了中原史官、贤人、典籍在楚国的活动、传播和影响，而屈原作为一个有着高度政治和文化修养的士人，他对中原文化的接受体现了他自身的先进性，也是他创作文学作品的主要精神动力和支柱，所以，如果我们斤斤于屈原作品中的楚文化因素，而完全忘记或否定屈原作品中的中原文化精神，这就有些舍本逐末了。我认为这种只顾追逐新奇而不实事求是的学风是不妥的。关于作家作品的研究，还是要回到历史的背景上，尤其要以历史发展的眼光来审查、判断作家作品，这才是古代文学研究的正路。

四、义方兼有训，词翰两如神——作品笺注的成就和心得

过常宝：您的著述中还包含大量的作品笺注，最早的一本应该是《楚辞新注》吧？

聂石樵：《楚辞新注》的编写始于 20 世纪 70 年代，1980 年由上海古籍出版社出版。本书主要根据明人复印的宋刊本《楚辞补注》和宋端平本《楚辞集注》编注而成。在参考历代重要的《楚辞》注本的基础上，对各本择善而从；有足资参考的异文，摘要注明，再加上自己的理解，从而形成的一个新的注本。

过常宝：马茂元主编的《楚辞要籍解题》称该书具有材料广泛、善于吸收相关学科的成果、善于引用发掘资料等三个特点。我是跟您学楚辞的，对这本书非常熟悉，但我在本科阶段就读您的《杜甫选集》《玉谿生诗醇》，这两本书给我的最大的收获是使我明白了什么叫"诗史"，什么叫"无一字无来历"。我尤其是喜欢《玉谿生诗醇》，现在还经常读，所以很

想听听您这本书的撰写情况。

聂石樵：《玉谿生诗醇》以清人冯浩的《玉谿生诗详注》为主要参考资料，同时又参考了其他各家的笺释、评注，加以补充、校正、钩沉、索隐而成。起初是与刘盼遂先生合作，写过一些关于李商隐诗的札记，然后我便自己着手注释。"文化大革命"前已独立完成了一百多首，却迟至20世纪80年代才请王汝弼先生增补四十余首而终于完成。这本书早期署名是"王汝弼、聂石樵"。王汝弼先生早年受业于高阆仙（步瀛）先生，是高先生学问的嫡传。他学识渊博，对经书、史书、辞赋、两汉乐府、魏晋文学、唐宋诗文都功力极深。因此，注释李商隐诗往往多见新意。署名如此，是为了对王汝弼先生表示敬重。中华书局前年再版时，编辑认为这本书还是我做的工作多一些，所以一再坚持将署名颠倒过来，现在中华书局版的署名就改为"聂石樵、王汝弼"了。

过常宝：元遗山云"诗家总爱西昆好，独恨无人作郑笺"，自古李商隐诗皆以寄托幽深而号为难解，要从诗中钩稽索隐出它的本义和思想，是十分困难的，而且难免有穿凿之嫌，但您的笺释凿实而流畅，为学术界高度认可。您是如何做到这一点的？

聂石樵：无论如何幽深，总是有迹可循，而要领略其中的寄托，一方面要依赖精深的历史知识，依赖对作家本人的深刻理解，另一方面也要依赖涵泳领悟的功夫。将李商隐诗只解读为一种朦胧的情绪宣泄，固然较为圆通，也不会有什么麻烦，但我相信李商隐处在一个政治局面复杂的历史时期，自己被政治漩涡裹挟，有不少难以开解的苦衷，而且他又是个很自负的人，再加上中国文人的比兴传统，所以李诗中难免有所寄托，我们不能因为它的寄托幽深遥远而忽视其中的政治和现实意义。

我为了弄清楚李商隐诗中的深意，做了大量的考据工作，并曾写成《李义山诗说》和《李义山诗商兑录》两篇文章，详细地研究了学者们争议较多的李商隐诗共四十七首，大部分都是通过引用当时的历史文献，结合当时的社会政治事件和李商隐自身的经历，考证出诗中寄托意义。例如，《漫成五章》，因为隐晦难解，一般学者多不留意，但这五首诗并不那么简单。第一首说唐初沈、宋、王、杨只能属文对仗，借以表示对自己从令狐楚学习骈体文的不屑，是一种自我反省；第二首借李、杜受制于时，表白自己才高而身世坎坷；第三首以王右军自比，感慨自己琴书一世，反不如一员武将，表现了对社会重武轻文风气的愤慨；第四首赞扬李德裕善用人才，使石雄为唐王朝建立了不少的功业，同时为李党人石雄的被排挤而鸣不平，也流露了自己的身世之慨；第五首中"中原见朔风"一句最为难解，但通过史孝山《出师颂》"苍生更始，朔风变楚"，以及《文选》李善注，可以知道"朔风"即"周南""召南"之风、王化之风，结合诗中的用典和史实可知，这首诗是说李德裕抵御外寇，以至于后来收复河、湟事，赞美他运筹划策的才能，并为他的被斥而鸣不平。这五首诗全是学习杜甫《戏为六绝句》《诸将五首》等诗的创作精神，从中可以看到李商隐一生的经历和心迹，寄寓深刻，在其诗中地位很重要。我对李商隐诗的解释，基本是这个路数，所以我认为注释古人作品不是一件容易的事，有时为了求得一解，往往要穷尽典籍，左右勾连，真是"吟安一个字，捻断数根须"。我希望我的诗歌注释，能发掘出深厚的历史内涵并能够体贴诗人委婉之心志，做得如何，这就有待于时间的检验了。

过常宝：您为此所下的功夫，非常令人敬佩。这几部注释一再再版就已经说明了它们的学术价值。从中我们也可以看出，作品笺释是文学研究的基础，而没有深厚的文学素养和知识积淀，是做不好作品笺释的。

聂石樵：是的。要学习古代文学，必须熟悉古代原典及相关资料，尤其是先秦的经书、子书和历代史书。因为这些著作是我国文学之源、史学之源、哲学之源以及其他思想文化之源。它影响了两千多年我国民族的精神生活，而在那些文学巨匠身上体现得更为明显，所以没有深厚的历史文化和文献典籍的积淀，是难以深刻理解这些文学家的。而要阅读这些文化原典，首先必须具备一定的文字、训诂、音韵学的知识，以其作为工具，了解古书中的古字、古音、古义以及语法结构等，这对读懂古书很有帮助。除此之外，文学总是与一定历史时期的政治、经济制度和文化思想紧密联系着的，如果不了解那个特定时期的政治、经济、典章制度、文化思想、文人掌故等，便不可能真正读懂那一时期的文学作品。

例如，历代注释杜诗，以仇兆鳌的注为最详备，从词语、掌故到某些历史史实都做了引证解释，可谓无一字无来历，但与钱谦益对杜诗的注释相比，其学术价值不免相形见绌了。原因在于钱谦益对唐代历史很熟，着重以唐史来注解杜诗，对杜诗的理解就更胜一筹。又如，历代为李商隐诗作注释的人，很多都为之作年谱，其中以冯浩之《玉谿生年谱》最为精确，而近人张采田的《玉谿生年谱会笺》比冯作更精审。张采田是唐史专家，熟悉唐代的名物、制度、地理、掌故，因而能对以前各家的错误，多所匡正。这都说明学习历史对研究古典文学的重要作用。

过常宝：注释在目前的学术体制中，学术评价不如论著，也导致了一些学者不愿意从事这项工作。而且，它也确实很难出新，您是如何看这个问题的？

聂石樵：要想在注释中出新，就要对历代的相关研究有所了解。例如，我在主持《诗经新注》时，就要求两位注释者（他们都是以《诗经》作为学位论文的博士，现在皆有教授职称）了解《诗经》研究发展的趋向。我认为，"五四"运动以后，《诗》学的发展有三种趋向：一是沿袭朱熹的方向进行研究，其代表为顾颉刚、张西堂；二是根据金文的研究，在名物训诂方面做深入的探求，其代表为于省吾、林义光；三是运用唯物史观，从社会发展的角度，并以名物训诂为基础进行研治，其代表为郭沫若、闻一多。我们今天研究《诗经》，应该在总结前人研究成果的基础上，舍其所短，取其所长，开拓新路子。即舍其墨守家法、凭空立说，吸取其精于训诂，于诗之本文求诗义的方法，用唯物史观，从文学反映社会生活的角度进行评价。现在看来，这本《诗经新注》中既吸收了前人的长处，材料较为充实确凿，又有很多新的突破，而且都能立得住脚，是令人满意的。

过常宝：作品笺释是一项重要的学术工作，除了以上所说的这些门径之外，还有什么要注意的？

聂石樵：必须要有文学意识和文学史意识。所谓文学意识，就是明白所注释的是文学作品，而不是历史文献，所以必须要理解它的文学意蕴，这就要看我们自己的感受能力了。培养自己的感受力，必须多读、熟读古代诗文，这是最重要的。我国古代的诗文结构紧密，文字精赅，气韵生动，有特殊的格律，不熟读便不能理解它的词义的构成，前后句的关系和文气的转折等。只有熟读，掌握了它行文中这些特点，才能领会文章的意义和美感。除此之外，还要更进一步看它在文学史上的各种关联。每一首作品都不是凭空产生的，它们和其他作品在内容、形式、生成方式上都有着各种各样的联系，当我们说杜诗"无一字无来历"时，也并不就是专指用典而言，还包括主题、诗歌体制等方面的因素。这一点，对我们形成文学史意识也有促进作用，其实文学史也就是在这些作品之间的勾连处显示出自己发展的脉络。

五、不惜劳歌尽，谁为听阳春——生命中的感激和忧伤

过常宝：您谈了这么多学术思想和经验，使我受益匪浅。我还有几个小问题想问问您。在您那么多著作中，最使您难以忘怀的是哪一本？

聂石樵：是 1985 年由中华书局出版的《古代小说戏曲论丛》，由我和邓魁英合著。

过常宝：那个时期出版论文集是名家的特权，尤其是像中华书局这样的权威出版社就更是如此，请您介绍一下这本书的出版情况。

聂石樵：那是 25 年前，我和魁英把我们各自撰写并发表过的有关古代小说戏曲的文章，收集整理成册，想交予某出版社出版。当时出版社的负责人对我说："你们不够资格！"这对我们情感上是极大的创伤！之后，我们让柴剑虹同志交到中华书局，问问中华书局能否给出版。据柴剑虹说，当时是程毅中先生负责文学编辑室的工作，他并未犹豫即采用了。我们的感激之情无以言表，这不但使我们被压抑的情绪得以舒展，而且说明中华书局出版著作不看资历，而是重在学术质量和水平。

过常宝：这件事情对您的鼓励是可想而知的，从这件事也可以看出您的学术水平在当时确实居于本学科领先地位。据我所知，中华书局近几年来又为您出版了《先秦两汉文学史》《魏晋南北朝文学史》《唐代文学史》《玉谿生诗醇》，并即将出版经过修改和增补的《屈原论稿》《司马迁论稿》等，这都是对您多年来学术工作的肯定。

聂石樵：是这样的。中华书局的一些老编辑都有着严谨的学术精神，而且乐于提携后学。1982年人民文学出版社出版了拙著《屈原论稿》后，我寄赠周振甫先生一册，周先生不久即回信（聂先生拿出保留很好的信），你看，他说："您对于屈原的史实收录得很丰富，这样来写屈原，很有说服力。您论屈原的时代，也多方面从各种书中征集资料，这种精神很可佩服。您论《离骚》作于初放汉北时，论点极为正确。就这一点说，我认为您超过一代大师鲁迅、郭沫若，一代楚辞专家游国恩先生。说超过，指这一点说。您对于其他论述，也都见您广泛地阅读历代楚辞研究者的著述，博观约取，立论精辟。"这些话愧不敢当，是作为长辈的周先生对我的勉励，也对我有很大的鼓舞。总之，中华书局对我的情意，我非常感谢，我是永志不忘的！

过常宝：您的各种文学史，都是在退休以后出版的，除了学术积累深厚，勃然喷发之外，也可以看出您终生不堕的勤奋治学之志，值得我们后学敬仰。目前您的文学史已经出版到唐代，还要继续写下去吗？

聂石樵：我在一本书的序中说："老马识途，但已无长途奔驰之力了。每念及此，怅然若失矣，忧伤感慨，深愧平生之志！"这可以代表我此刻的真实想法和心情。

过常宝：虽然如此，您还是在花了十余年的时间搜集整理了刘盼遂、王汝弼先生的文集。两位先生不少文章是新中国成立前发表的，搜集不易，有时为了一篇文章您要请人在多个图书馆查找，耗尽了心血。如今《刘盼遂文集》已经面世，《王汝弼文集》也将出版，您的两大心愿亦可得偿了。

聂石樵：刘先生和王先生是我的老师，学养很高，他们指引了我的学术之路，但由于时代的原因，他们自己却悄无声息，令人慨叹！我这样做，既是为了学脉流传，也是为了报恩，所以万难不辞。最近我又收集到刘盼遂先生两篇文章，拟在文集再版时补入，这样就没有遗憾了。

过常宝：您这种精神令我十分感动。在我心里，还有一个问题藏了不少年，想请教您：无论是在您的同事，还是在我们学生辈眼里，您都是一个朴素而严肃的人，但我在您的多本书序中，却能感受到一种浓郁而动人的忧伤之情。例如，您自述生平是"案头生涯则冷淡如僧，笔墨耕耘则萧条似钵"，又说："回首往事，在那夏云暑雨、冬月祁寒之时和荧荧子夜、青灯欲蕊之际，凝神沉思、染于翰墨之情景，犹历历在目。然而在这大半生的历程中，究竟做了些什么呢？庄子有云：'终身役役而不见其成功，苶然疲役而不知其所归，可不哀邪！'正道出我此时此际的心境，可谓异世共慨，千古同悲！"这样的文字几乎每本都有，这是为什么呢？

聂石樵：这是我平生不能摆脱的感受，每当书稿完成，这种感受就会变得非常强烈。这首先应该是身世之感吧。我少年鄙钝，不晓世事，及长负笈游学于京师，家贫不足以自给，每个假期都为学校图书馆抄录目录卡片，以求豁免学费，困厄凄苦之情难以言表。毕业之后，生活仍极清贫，可谓薄禄作无穷之祟，"白专"结不解之仇，多受磨难，而内心抑郁，幸可寄情古人，而屈原、司马迁、杜甫、李商隐，此皆心怀愤懑而以情动人者，浸淫其间，又不能不深受感染。所以，受古代文学之忧伤气质的熏陶，也是一个原因吧。面对着终生的辛劳，不知道这几卷残稿，到底能算什么？也许只是为过去研究工作和精神生活留下一丝影迹而已。每想到这些，悲凉和虚无之感，油然而生。

过常宝：先生言重了。孔子有圣人之德尚有"逝者如斯""乘桴浮海"之叹，那种忧伤之情，应该是文人对这个世界、对自己生命最为生动、最为真切的感受之一，它体现了一个人文知识分子的本真之心。您今天的话让我理解了很多东西。谢谢您接受采访，祝您健康长寿。

（原载于《文艺研究》2010 年第 8 期）

在庆祝聂石樵先生九十寿辰学术研讨会上的发言

北京师范大学　于丹

向先生致敬

今天在这里恭祝先生的华诞，恭祝先生健康长寿，我执弟子礼，内心感慨万千。我入先生师门很早——至今二十九年，到明年三十年，感慨很深。可以这样说，没有聂先生，其实就没有我的今天。我对两位先生是敬而不远，从三十年前进他们家，我差不多是在这个家里长大的孩子，到现在也还常常回这个家。也许因为太近，所以有一些要终身铭记的感情反而一直没有机会说出口。

我先要说我是怎样考上聂先生研究生的。当年我在北京师范大学的分校读书，对聂先生和邓先生是高山仰止的，一直盼望能够考上我所热爱的古典文学硕士研究生。

初入先生师门

我还记得第一次见聂先生时，聂先生问我的第一道题是司马谈的《论六家之要旨》。入师门的时候我刚刚 21 岁，先生带我去游学，参加各种研讨会。这一点我当老师以后也很感慨，现在有多少老师其实一个月都不能见上自己的研究生一面。那个时候的科研经费多紧张啊，可聂先生是把我和我那一届的同门卢文辉一直带在身边。聂先生第一次带我们去四川是在 1986 年我们入师门那一年的冬天，先生还很犹豫地说："都说少不入蜀，你们俩都才 21 岁，我要不要这么早带你们进去啊。"那其实也是我第一次去感受为什么"自古文人皆入蜀"。聂先生带着我们踏上这片土地，后来我这样一个北方人硕士论文能够写屈原、写《楚辞》，那都是聂先生手把手地教学术的规范、研究的方法，一点一点考订我的文章，所以我今天感到的幸运不仅仅是在学业上能够受教于先生。当一个人能够在年轻时和这样一位老师结缘，这个老师是必定会影响他一生的价值观。

用生命提携学生的人

我们的幸运就是遇到了一批愿意用自己的生命提携学生的老师，这也是我们从先生身上学到的为人师表的风范，山高水长。我们这些学生都是被聂先生成全的。在随先生就读的过程中，除了大家都在说的先生治学的严谨跟他的通达博雅，我印象最深的是聂先生的有所不为。这一点我觉得所有为人师表者都应该是铭心不忘的。聂先生是一位勤勉的学者，他自己写那么多的文章，但先生的一个底线是绝不用学生干私活。也就是说聂先生只有给学生改文章，给学生找参考书，让学生到他家里取书借书。但聂先生自己无论写多少文章，从来不用学生为他作嫁衣，从来不用学生给他查资料、誊抄文章，从来不用学生给他做任何一点跑腿的事情。先生认为这叫有所不为。先生觉得这个就是学术研究应有的样子，换句话讲，它是老师的私活，一个做老师的怎么能用学生做私活呢?! 其实在今天，这一点我觉得大家感慨会更强。而我们今天当老师的，就总是在回想从先生家里带走了些什么。

时代的变与先生的不变

当今时代，瞬息万变，整个中国都在为自己的变化骄傲。这么多年我一次次到聂先生家，其实感到的是一种万变之中的不变。我曾跟邓先生开玩笑，说从我第一次走进小红楼四楼——那个四号楼，就总想起"人在小楼帘影间"那句词，因为我永远会透过窗子依稀看见书桌前聂先生的身影。斑驳的阳光打在他的书上，他们家旧旧的地板、沙发、书柜都没有变化。当然，当年的那只猫已经老了，换了只猫，但是猫还在。我进聂先生家就会觉得，一个仓皇浊世间有这样一个岁月静好，有这样的人心安稳，有学术作为一种依托，作为一种归属和信念，这个家给我的这种不变的东西，其实是对包括我在内的所有学生生命的一种加持。

先生从来不教训学生，不说明该守住什么，但是先生的那种气场、这个家一直给我们一种稳定的心灵归属感。我想先生的大儒风范首先是文而化之的，今天我们谈文化都会想起《周易》所谓"观乎天文以察时变，观乎人文以化成天下"，通达"文"的人固然不少，但"文而化之"的有多少？我的导师在我的心里就是一个文而化之，化到他的气息动静中的人。

我们去他家，说话声音大的是邓先生，聂先生从来也没有高声说过话。我们回家，高高兴兴都是在跟邓先生聊，有时候我会觉得我特别像邓先生而不是聂先生带出来的学生。因为聂先生那真是叫"喘而言，蠕而动"，会让人觉得学问的通达滋养着他的一身儒雅，那真是一种雄深博雅的气度，所以我想文而化之是多么不容易啊。我估计我一辈子都学习不到这种仪态风范。

圣人之道，为而不争

大家都在祝福先生健康长寿，作为从先生家中走出来的一个孩子，我从心里认定先生一定会长寿的，这是笃定无疑的。为什么呢？因为先生不争。其实《道德经》所谓"天之道，利而不害；圣人之道，为而不争"，在文人扎堆的地方不争多么难啊。很多人表面上不争，但有几个人心里真的不争呢？我在先生身边那三年，包括此后这将近三十年，我了解的先生真的是只论学问，不道是非。聂先生谈刘盼遂先生、启功先生，谈的都是受教于他们，谈的是他们的学问人格多么了不起。我最早看《司马迁之人格与风格》也是先生推荐的，说我一定要读李长之先生的书。这么多年我没有听先生谈过与什么样人的过节纷争。所以我想，唯其不争，淡泊如水，文而化之，先生一定是长寿的。

永远的祝福

每一次回家，我都感觉聂先生给这个家带来的是一种学术的典雅与淡泊气息，邓先生带来的是那种生命本质永远的欢欣、永远的热爱。邓先生身上有一种超越了教授博士生导师这种身份的永远的年轻、灵动、敏锐和欢欣。所以我说他们家真的是一个气场。就算不论学问，凭两位先生如此的人格风范，我们所有弟子都已经受先生的提携和加持了。

作为晚生后学，我还是要说，没有先生就没有我的今天。我今天不只代表自己，也代表很多我这样被先生成全的学生。好在我们自己现在也为人师，先生的风范时时激励我们也要做他这样的老师。我们祝福先生健康长寿，也祝福你们的仪态风范荫被后人，影响和激励更多的学生。

祝福先生。

（本文根据于丹教授发言录音整理）

为聂师寿

北京师范大学 李山

今年是聂先生九十华诞。一晃跟聂先生学习交往已经二十几年了，师门承学的一些细碎往事，不禁浮上心头。

我是1992年考入启先生和聂先生门下的。一入学，我遇到管研究生教学的赵老师，赵老师问："你是李山啊?"我答是。赵老师说："你来得可不容易，多亏你的老导师聂先生了!"后来我才从郭老师、常宝兄那里知道，为了我能入学，聂先生几次跑到研究生院，才为我争取到破格录取的机会。我曾在一本书的后记里感慨，得师友的帮助，才有今天的工作与生活，这是我的天幸。遇到聂师，言传身教，作育熏陶，就是最大的天幸之一。

其实，早在上大学念书的时候，我就知道聂先生的大名。那时先生的《楚辞新注》和《屈原论稿》两本书出版不久，书虽然不厚，但注释翔实精审，是我读楚辞最先读到的书。以后这方面的书读得多了一点，可是若遇到楚辞的问题，还是要先翻一翻《楚辞新注》。当时读《屈原论稿》也是受益良多，至今印象深刻的是书中对一些材料的处理。例如，讲屈原生平，一定要用《史记·屈原列传》。《屈原列传》中夹着一大段议论，聂先生在《屈原论稿》中说，这段材料不关屈原生平，暂时删去。这样一处理，《屈原列传》中关于屈原的事迹记录，马上显得骨干突出。后来读另外一位先生的考据，认为那一大段的议论是刘安文字掺入的结果，深佩先生处理材料的眼识。

入学以后与先生交往多了。平时老师纯然温和，可是在学业上却是十分严格的。我们读研究生的时候，各种新理论新思想层出不穷，老师却时常说："我们当时也学了不少新理论，可是，最后还是得从基本的文献下功夫。"我那时候年轻，喜欢用一些欧化句子写文章，老师以近乎严厉的态度对此痛加批评。后来有编辑说我的投稿读起来不像有些投稿一样疙疙瘩瘩的，我心想：其实这点并不怎么样的文字水准，是被老师上了多少回顶门针才改成这样的啊。

聂师注意从文献入手，当时带我们学习，强调从一部经典文献入手，深入细致地阅读，参考他人研究，逐步深入，所以选择论文题目时，我就选了《诗经》，结果一弄就弄到今天。我想这也是无形中受到了老师影响。老师除了注解楚辞之外，还注释过《杜甫诗选》（与邓先生合作）和《玉谿生诗醇》等，都是很有影响的著作。

在学业上老师是严格的，可是在学术观点上，又是很宽和民主的。平日学生有什么想法都可以谈，老师必要回应，真所谓小扣大鸣。记得有一次一位同学博士论文开题，在正式开题之前，老师把所有在校的几位研究生同学叫到家里，让大家给那些同学的开题报告稿提提意见，畅所欲言。当时谈些什么现在不记得了，可那时师门相聚讨论问题的欢洽，却是到今天仍然印象清晰的。

我们跟随老师学习的时候，老师五十多岁，头发略有花白，一身中山装，穿着朴素，却是满身的儒雅。当时师大内外有几位老前辈留着白发，几位同学还私下议论，在白发的先生中属聂先生的白发最帅，最雅致。儒雅的老师又是极讲原则的。有一次，应该是初春时节吧，也记不清是因为什么去老师家。进屋后，老师正在伏案。见我来了，马上用书将所写的东西盖住，然后问什么事。老师这样，是从来没见过的严肃。后来才知道，老师当时是在为考生出考题。这就是老师。有一次老师在说到招生的规矩时，无意识地说了一句：专业不对，就是跟我关系再近，我也不招他啊！

这就是老师儒雅背后的正直。老师是胶东人，好几十年在北京读书工作，乡音还是有点浓，前不久邓先生（我们的师母）还说老师问"主席

（食）吃什么"的笑话。其实老师不是"善戏谑兮，不为虐兮"的人，甚至有点不苟言笑，可是正直的老师还是让人感到亲切，或许正是由于难得儒雅吧。

老话说，几案精严见精神。老师写了那么多的专著，可书桌永远那样整洁，老师和邓先生都是做学问的，住房不算大，书很多，可是老师的家总是那样整洁清雅。记得博士论文稿子打印完成后，我把它交给老师。当时单面打印，十几万字就一大摞。老师接过去后，一边说话，一边两手持着那叠稿子，在茶几上戳，横着戳，竖着戳，几下子就戳得四棱四角、整整齐齐，然后才放到自己的书桌上，坐下来继续谈与论文相关的事情。老师一个不经意的举动，让我这做学生的至今还觉得好惭愧。精精审审，底底细细，不论做学问，还是做事情，老师不都是我们这些学生的榜样吗？

一晃二十几年过去了，著作等身、桃李满门的老师进入耄耋，儒雅的老师随着年事的增高越发温和亲切。我们这些做学生的，有一点成绩，老师和师母都是由衷地高兴。多年的师生，越来越像一家人。去老师家，总会听见邓先生"你老师如何"的话，真是好亲切！

大德必寿。愿聂师和邓先生上不封顶，福寿无疆！

我与聂先生的一次通信

北京语言大学　　曲利丽

　　二十年前，我是河南省信阳师范学院中文系刚刚升入大三的本科生。凭着初生牛犊不怕虎，或者说无知者无畏的精神，我萌生了报考北京师范大学古典文学专业硕士研究生的想法。当时我的周围没有互联网，甚至电脑敲字也还是一门需要专门学习的热门前沿技能，所以信息闭塞是必然的。信阳虽然山清水秀，但是地处豫、鄂、皖三省交界的地方，在文化上也是各省混搭的边缘地带。当时信阳市唯一略具规模的书店就是新华书店，卖些普通读者喜欢的读物，再就是主要卖些外语参考资料的学校小书店。我记得大一时，有位从郑州考到师院的女同学，还因为信阳的落后和偏僻而大哭了一场。大概对于她来说，从郑州到信阳就是一种文化上的贬谪吧。

　　但是，就是在那样的环境里，我居然买到了聂先生编写的《先秦两汉文学史稿》(以下简称《史稿》)。具体是怎么买到的，从哪个书店买到的，我已记不清楚了，只记得拿到皇皇两大册著作时的欣喜。翻开浅蓝色的秀雅封面，我很快就被其渊深朴茂的学术气象震撼了。书中高屋建瓴的眼光、新颖独到的观点、稳健扎实的论证、精心梳理的历史脉络、宏富征引的材料，都是那样的新鲜，那样的韵味无穷……

　　印象极深的是《史稿》对汉代辞赋的论述。在第七章《赋之勃兴》一节，《史稿》先引用《文心雕龙·铨赋》的一段话，简明扼要地阐述了汉赋的发展情况和文体渊源，接下来从宏观方面把汉赋分为文赋和骚赋两类，并认为"文赋是真正的汉赋，骚赋则是模拟楚辞之赋"①。在介绍文赋作家时，《史稿》从《汉书·艺文志》"诗赋略"的分类入手，点出陆贾的地位，然后重点介绍贾谊、枚乘、司马相如、王褒、扬雄几位赋家。这种点面结合的叙述方式，一方面突出了重要作家的地位，另一方面又将其置于宏观的历史背景和文体发展脉络中，避免了只见树木不见森林之弊。《史稿》对具体作家、作品的论述分析，非常注意穷尽传世的历史材料，例如，介绍贾谊，除了概括《史记》《汉书》中的本传，还利用了《经典释文叙录》《汉书·儒林传》《汉书·艺文志·诸子略》等材料，使读者对贾谊文学才能之外的博通经史、明习法令等文化修养有了清晰的认知。在分析贾谊的《吊屈原赋》时，《史稿》结合史传，指出贾谊遭遇的坎坷，一方面来自于"绛、灌、东阳侯、冯敬之属尽害之"，另一方面是因邓通一类谮谀之臣的诬陷。这样就把赋中愤慨不平之气和自我伤悼的情感具体细致地阐述了出来，避免了泛泛而谈。在评价具体作品或作家时，《史稿》有意采用比较的方法，在与前后作家的对照和辨析中，予以准确定位。例如，评价《吊屈原赋》："上承屈原《九章》而来，作品结构分前后两部分，前一部分多采用排比句，后一部分多采用反问句和感叹句，前后结合，辞采铺张扬厉，有似纵横家之文风。"②这些特点贯穿于全书的每一个作家、作品的论述中，由此形成了《史稿》厚重扎实、敏锐客观的学术特色。

　　《史稿》还注意把握不同文体间的交叉融合，勾勒出丰富复杂的文学发展状况。例如，第七章第六节"辞赋与散文汇合，骈文之产生"就认为西汉时许多赋家兼写散文，他们以赋笔写散文，则遂将赋之写作方法融入散文之中，骈文便因此产生。在梳理文体的流变时，《史稿》不满足于描述现象，而是从宏观上把握文体发展的方向和渊源，并联系社会情况分析文学变化的原因，增加了分析问题的深度。例如，第八章第二节"赋之流变"一节就呈现出这样的特色。此外，在一些微观的问题上，《史稿》往往能够用简短精练之语把精深的内容阐述得明白易晓。例如，分析《九

---

①　聂石樵：《先秦两汉文学史》下册，17 页，北京，北京师范大学出版社，1994。

②　聂石樵：《先秦两汉文学史》下册，22 页，北京，北京师范大学出版社，1994。

歌》中的独唱独舞、对唱对舞和合唱合舞现象，认为《湘君》"由男巫扮舜，由女巫扮主祭者，同时即代表娥皇、女英，男女对唱对舞"①。读之，兴味盎然，让人赏叹再三。

总的来看，《史稿》对论述的问题都做了精深的考索、准确的把握、扎实的考证，没有先入为主的空论，也没有意识形态色彩的批判，这在20世纪90年代初老一辈学者的著作中难能可贵。《史稿》的这种特色正是聂先生自觉追求的结果。他在卷首的《自序》中回顾了1954年以来教授文学史的经历，谈到此著的写作缘起："我重新认识到评述古代文学只能实事求是，一切从文学史的客观实际出发，重史实，重证据，用事实说明问题，尊重文学史辩证的发展过程，不能从主观愿望、理论模式出发，更不能从现实斗争需要出发，经验证明，那样做只能歪曲文学史。"透过这些话语，我们可以真切感受到一位学者精益求精、砥砺不已的求实精神。《史稿》能够跻身于高水准的学术著作，岂虚也哉?!

如今想来，聂先生的这部大著当然可以由专门的文学史家放在时代学术发展的背景中进行更深入精到的理性分析，但对我来说，最初的那份阅读体验却是独一无二的珍贵。因为，我们当时的教材是学院老师自己编写的，比较单薄，更便于课堂使用。当时，买书和借书都非常不便，确实限制了学生的视野。幸好，聂先生的著作为我开启了一扇通往广阔领域的大门……

读完书后，怀着无比崇敬的心情，我鼓起勇气，大着胆子给聂先生写了一封信。信中叙写了阅读《史稿》的心得体会，表达了愿意跟随聂先生读研究生的愿望，还随信附上了一篇大二的习作。信发出后，极是忐忑，不知冒昧打扰是否合适，不知习作的质量是否过于低劣，等等。当然也有一种自感渺茫的期待了，心想如果能够收到先生哪怕是仅有一两句简单的复信，或者"欢迎报考"之类的客套，对我来说也已经是莫大的荣幸了。

大约过了十天，我就收到了聂先生的回信。那是怎样的一种惊喜交加、欢呼雀跃啊！回信被我读了一遍又一遍，至今依然铭记着其中的内

---

① 聂石樵：《先秦两汉文学史》上册，509页，北京，北京师范大学出版社，1994。

容。信中，聂先生竟然称我为"同志"，到现在我写到此事依然觉得受宠若惊、诚惶诚恐。当时我二十岁，推算起来聂先生应该是七十岁的老人了，而且是誉满学界的泰斗。没想到对于我这样一个后生小子，竟能够那样谦和平等地相待。先生的信里，字里行间都流露着真诚和宽厚，读之真觉如沐春风。他非常谦虚地对我读过《史稿》表示了感谢，并对我的习作给予了鼓励，说能够在大二的时候把自己的一些想法写成文章，非常不错，要坚持下去。其实现在想来，那篇习作甚为幼稚，是分析陶渊明诗歌中鸟的意象的，在选题和论证上都无甚创见，只是一时感悟而已，还谈不上是严格意义上的论文。但是先生没有丝毫的鄙薄，而是热情地鼓励奖掖，这对于一个刚刚对古典文学产生兴趣的年轻学子来说是何等重要啊。可以想象，如果当时不是遇到了聂先生这样的仁厚长者，我哪里还敢去报考研究生？信中先生还提到了因为年事已高，已经不再招硕士研究生，并且推荐了一些年轻老师，说我可以向他们咨询考研事宜，等等。

　　最让我动容的是，聂先生的回信是用方格稿纸写的，非常工整的小楷。其中有一句要修改，先生是用涂改纸贴完之后重写上的。当时捧信敬览，我眼前立即浮现出一幅充满温情的图画：头发花白的古稀老人，戴着花镜，一丝不苟地伏案写信……小子何德何能，值得先生如此认真地对待？也许，对于先生来说，这只是一贯严谨做事风格的不经意间体现，但给我带来的却是非常强烈的心灵冲击。第一次，我如此亲切地感受到前辈学者的处世风范！古代书院教育中，师生间除了学问切磋，更重视品德的熏陶濡染。我很幸运，在二十岁正是需要人生方向的时候，遇到了先生这样的楷模，在治学、做事、待人、接物等方方面面，都令我肃然起敬，追慕向往。从此，读书于我不仅是要熟记抽象的知识，还包括涵养体悟、慎思笃行，努力成为一个像先生那样富于人格魅力的人。

　　大学毕业后，我顺利地考上了北京师范大学，跟随过老师读研，成了聂先生的再传弟子。我本应该早早登门拜谢师祖，但总是自觉浅陋，又性情羞涩、讷于言辞，一直期盼着能有机会跟随老师一起去见先生，但直到毕业才惊觉时光蹉跎，竟然没有成行。后来每念及此，徒有憾恨在心了。当然，因为毕竟在北京师范大学学习，眼见耳闻，对先生的了解也多了起来，知道了老辅仁，知道了刘盼遂先生、邓先生，也知道了先生对学生的慈爱与严厉……印象最深的是看到先生有一次谈到了学者生涯，借用了《聊斋志异》序中的文字"萧条似钵""冷淡如僧"。这几个字，几乎成为我当时对学者生活的全部想象，青灯古卷，岁月静好，也许冷清，但内心恬淡安宁……

硕士毕业后，我参加了工作，辛苦恣睢地生活着。终日为了生存奔波劳顿，工作上是一眼就可以看到退休时的样子，无处安放彷徨失落的心灵。或许是自我救赎，或许是心有不甘，苦闷之际我重新捧起书本，选择了在职读博的道路。我平日里去上班，一到休息时间就去师大的图书馆或者教室看书。难以忘怀的是，有一天下午，我从图书馆出来，看到了夕阳下散步的聂先生。先生穿一件白色的丝质衬衣，夏日的晚风拂动襟袖，飘飘然如有凌云之气，霞光映照下的白发也带上了一份绚烂。先生的表情平静从容，步履闲暇安稳。那一瞬间，时间似乎停止了，所谓的人生荣辱泰否，都早已被先生视为浮云了吧，所以才有那份仙风道骨？人生最美的风景，就是暮年的这种超脱从容、儒雅洒脱吧？那一刻，我陶醉在眼前的诗意景象中，心中是满满的崇敬和企慕，却不敢上前去与先生说话，只怕破坏了那种温馨安详的氛围……

因为多年在外求学，聂先生给我的回信，我应当是连同其他一些珍藏的物件放在了故乡的老屋里。但后来忙碌蹉跎，我竟然十几年没有回过故乡。前段时间打电话给堂弟，央他去找寻信件，已经不知所踪了。闻之抚然，世事往往难以逆料，可为一证也。纸质的信件找不到了，但是，聂先生最初给我的鼓励，却足以让我没齿难忘。那次通信，对于先生来说，可能只是小事一桩，习惯于此，但对于我，确实深刻地影响到了我的人生选择。

写下这些文字，对先生表达一下埋藏于内心多年的感激之情，聊以实现我的一桩夙愿，也让更多的人了解先生之厚德。可以告慰先生的是，当年的青涩学子，也已成长为一名古典文学专业的教师。先生当年对待晚辈的亲切温润之风，激励着我努力成为一名好教师；先生淡泊治学的人生态度，也鞭策着我安于书斋生活。先生之德山高水长，祝愿先生康强永寿！

高山的召唤

——写在聂石樵先生九十寿辰之际

北京语言大学　侯文华

十一年前，我来到北京师范大学攻读硕士学位，拜于过师门下。过师又受业于聂先生，故聂先生乃吾师祖也。

初识聂先生，是在开学不久的一次学术研讨会。庄严肃穆的主席台上，先生赫然在列。此前只能在书本上看到先生的名字，而如今，先生就真实地出现在我的眼前，心中自然免不了许多激动。依稀记得那天先生着灰白色棉布衫，不算新，但很干净。头发已经花白，梳得齐齐整整。先生五官俊朗，闲雅隽逸，朴素平和中又透着一股宁静淡远。这样的面容，让人一看到似乎就很容易联想到六朝时代的山水田园诗，仿佛能抚慰人的浮躁，荡涤人的心灵。轮到先生讲话时，他并没有讲太多，只是说学问无涯，嘱咐我辈务必惜时如金，年一过往，无可攀缘。话虽朴素，却殷切实在。一同聆听研讨会的学姐侧身倾耳相告：在北京师范大学，有一风景不可不见——每日旭日初升、夜幕降临之时，只要天气晴好，先生必会在校园中漫步。学姐的话我暗暗记在心下，期待有一天能在校园中遇见漫步的先生。

之后很长时间里，我经常穿梭于宿舍、食堂与教学楼、图书馆之间，也没有遇到传说中的聂先生。可见"遇贤"这等事，不管对古代的圣君还是当今的凡人来说，都是可遇不可求的。后来有一天傍晚，我匆匆行走于校园中，途径英东楼前，一抬头竟然真的看见了聂先生。那时候，英东楼前的两排大白杨树还在，先生漫步于树荫下，步履缓慢，或许是在沉思些什么吧。那时候先生并不认识我，我也不敢贸然上前"相认"，也不愿惊扰了先生的思绪。只是在想，此时此刻的先生在思考些什么呢？某个一直纠缠不清的学术问题？近来发生的国内外时政大事？几十年的人生感悟？忆起昔日好友？还是其他的一些什么呢？我猜不着，只是一直望着先生渐行渐远。

二年级时，老师委托我给聂先生送交一些材料和书籍。数次之后，先生便将我记住了，以后再在校园中相遇，便可以很自然地上前打招呼。先生有时问选课上课的情况，有时问毕业论文选题的情况，问得很随意，但都跟学业有关。有一次，跟先生在操场西边相遇，先生说："走，随我回家一趟，我要送你两本书。"跟随先生回家之后，先生将中华书局新出版的《先秦两汉文学史》取出一套，很认真地在扉页上签上名，递到我手中。我双手接过，心中无限感激，几不能言。回宿舍后，我将书放到桌上，呼朋引伴前来观瞻，引得室友们一片啧啧称赞，羡慕无比，我的心中自然也满是自豪。

2009年年初，我即将博士毕业，开始着手找工作。几番努力之后，到一月底差不多确定要来现在的工作单位——北京语言大学工作。有一天傍晚，我去操场跑步。时值隆冬，天气寒冷。由于习惯跑着去跑着回，所以我只穿毛衣不穿外套，这样一来可以节省时间，二来省得跑步时还得抱着厚外套。在操场边上，遇见聂先生正在散步，我便上前问候。先生装备可真是齐整：厚厚的卡其色及踝羽绒服，毛呢帽子，羊毛围巾，条绒棉鞋。这样的装扮看着就很温暖，很安全，仿佛是在和严寒说再见。先生问起我找工作的事，听闻我要去语言大学中文系工作，很是高兴。先生兴致勃勃地谈起语言学院①当年建校的历史，说能在中文系工作，教授古代文学的课，继续进行学术研究，是再好不过的事。就这样，我们祖孙俩在寒风中攀谈了许久。一边是装备齐全不畏严寒谈笑风生的先生，一边是在寒风中瑟瑟发抖的我。这样的情景，每每想起来都觉得很好笑，但于我而言，真的是美好且珍贵的回忆。送走先生之后，我赶紧

---

①　北京语言大学前身为北京语言学院。

去操场跑了八圈，以防感冒。之后虽有几天喷嚏连天，但也并无大碍。我知道，先生是真心为我能到高校工作而高兴啊。

毕业后的第一个寒假，原本打算回老家之前去看望先生，后来由于种种原因提前离京未能成行。离京前一晚写了一张贺年卡想寄给聂、邓两位先生，可是第二天一早天不亮就得出发，邮局也不会上班，买不到邮票。于是急中生智，给邮递员写了一张便签，并用曲别针夹上十元钱，第二天一早在晨曦中拖着行李将它们和贺卡一起塞进校内邮筒，请邮递员代为买好邮票寄去。许多年过去了，一直也没有问两位先生是否收到过我当年寄给他们的贺年卡。

2001年夏，有一天下课后开信箱，有一张邮局送来的挂号包裹通知单。是书，谁会寄书过来呢？我想不出来。从邮局取出来后，我即使再充分发挥自己的想象力也想象不到是聂先生亲自寄来的书——《司马迁论稿》《屈原论稿》《魏晋南北朝文学史》《唐代文学史》。捧着厚厚的四本书，惊喜之外，更多的是绵绵无尽的感动。我无法想象，一位年过八旬的老人是如何将这重重的四本书带到邮局，然后在包裹单上清晰地写下他晚辈的名字、单位还有单位的详细地址，一步步寄出去的。先生年事已高，寄书、收发信件这样的体力活儿本应由后学晚辈们代劳，可是先生竟然亲自去做了。许多年来，每每想到此情此景，心里的感动都翻腾不息。后来，我将此事告诉老师，老师说，这是先生在鼓励你啊。

近些年来，聂先生兴致好的时候，经常提笔练字。邓先生对此很是鼓励，一来可以打发时间，二来也可以保持思维的活跃，娱情悦性，何乐不为。有一次去看望两位先生，邓先生鼓励我跟聂先生要字，聂先生答应了。第二次再去看望二老时，聂先生从书橱里取出写好的字，用旧报纸包着，旧报纸上写有我的名字。我小心翼翼地打开，先生写的是曹丕《典论·论文》（节选）和李商隐《无题》（相见时难别亦难），都是我平日里喜爱的诗文。小楷，字迹工整俊逸，清丽中透着风骨。古人说，字如其人，真是不差。拿回家后，我请人装裱起来，挂在书房墙上，日日观摩。而先生用来包墨宝、上面写有我名字的旧报纸，我也留存下来，装进信封放进书橱里，以为永恒的美好纪念。

　　十几年来，先生待我甚厚，惠我良多。作为后学晚辈，唯有多读先生著述，继承先生学问衣钵，在学术上更加精进，方能回报。先生平生怀素抱朴，不汲汲于功名富贵，唯对学术孜孜以求，故而学问通达渊阔，成为为学界所敬仰的一代著名文学史家。"高山仰止"，于我们后学而言，先生就如巍巍高山，时刻召唤着我们不断前行，勇攀高峰。有先生在，我们便觉得我们的学术渊源有自，亦坚信必将会绵延流长。

　　聂先生九十寿辰将近，邓先生九十寿辰也为时不远，唯愿两位先生福寿无疆，"上不封顶"！

"庆祝聂石樵先生九十寿辰学术研讨会"在京召开

北京师范大学　宋文婕

2015 年 10 月 17 日，庆祝聂石樵先生九十寿辰学术研讨会在北京师范大学召开。来自中华书局、《文学遗产》编辑部、北京大学、清华大学、中国人民大学、韩国国立昌原大学等高校与出版单位的五十余位学者出席会议，共同庆祝聂石樵先生九十寿辰，同时发布《聂石樵文集》。该文集包括：《先秦两汉文学史》《魏晋南北朝文学史》《唐代文学史》《古代戏曲小说史略》《屈原论稿》《司马迁论稿》《古代小说戏曲论集》《楚辞新注》《杜甫选集》《玉谿生诗醇》《宋代诗文选注》《古代诗文论集》，共 12 种 13 册，由中华书局 2015 年 9 月出版。

聂石樵先生与夫人邓魁英是辅仁大学同学，1952 年院系调整，辅仁大学合并到北京师范大学；1953 年两位先生毕业后留校任教，长期从事文学史的教学与研究工作，为学界培养了无数优秀人才。

中华书局总经理徐俊赞叹聂先生继承了清代由博反约的学术传统，且聂先生的贯通之学是具有时代特色的，值得我们好好学习。《文学遗产》副主编竺青代表编辑部向聂先生表示祝贺，称聂先生是该刊的第一批通讯员，数十年来真诚地关心和支持该刊的工作，与该刊结下了深厚的学术情谊。随后其他代表相继发言。葛晓音教授对聂先生的研究功力与眼光表示赞叹，韩兆琦、赵敏俐等教授回顾了聂先生对中国文学史建设的贡献。在国外进行学术考察的《文学遗产》主编刘跃进先生也发来贺信，称赞聂石樵先生一直潜心从事教学和科研工作，为人低调，学风朴实无华。

邓魁英先生向与会学者的祝福表示感谢，并以"念书、教书、写书"三件事来概括聂石樵先生的教育和学术人生。

会议共收到论文 48 篇，具体可分为两类。第一类文章是分析、回忆聂先生与邓先生的为学、为人，如葛晓音《聂石樵先生的魏晋南北朝文学史观》、曲利丽《我与聂先生的一次通信》等。第二类文章主要从文学、文献学角度切入，从文学角度切入的有郭建勋《江淹辞赋通论》、张智华《宋代文官政治与笔记小说中的文士形象》、李知翰《韩国与中国古典小说》等，文章选题纵贯多代，横跨中外；从文献学角度切入的有徐正英、王书才《三国文辑录整理的文献问题及学理思考》和刘全志《〈孔子三朝记〉篇章确定的考述》等。

辑　二

略论《诗经》乐歌的生产消费与配乐问题

首都师范大学　　赵敏俐

关于《诗经》可以配乐歌唱的问题，已是学术界的共识，但是对于《诗经》到底是什么性质的乐歌，《诗经》乐歌是在什么样的艺术生产方式下产生的，它的生产过程如何等问题，却一直缺少深入的思考。我认为，这些问题关系到如何重新评价《诗经》，如何重新认识《诗经》的文化内容以及其艺术成就等各个方面，值得进行认真的探讨。其中关于《诗经》是什么性质的乐歌问题，我已经在另一篇文章中做了讨论①，本文拟讨论后两个问题，即作为乐歌的《诗经》是在什么样的艺术生产方式下产生的？它的生产过程如何？并讨论由此而对《诗经》的内容与艺术所产生的影响。

一、作为乐歌的《诗经》的主要生产与消费方式

关于中国古代社会歌诗艺术生产的方式，我曾经把它们大致分成自娱式、寄食制和卖艺制三类，相应的也有自娱式、特权式和平民式三种消费方式②。卖艺制的生产方式与平民式的消费方式产生较晚，在周代社会，基本上只存在前两种艺术生产与消费方式。而《诗经》作为当时的

---

① 赵敏俐：《略论〈诗经〉的乐歌性质及其认识价值》，《陕西师范大学学报（哲学社会科学版）》，2004(1)。

② 赵敏俐：《关于中国古代歌诗艺术生产的理论思考》，《中国诗歌研究》第 2 辑，北京,中华书局，2003。

朝廷乐歌，也正是在寄食制的生产、特权式的消费为主、自娱式的生产
与消费为辅这样两种生产与消费方式的共同作用下产生的。

(一)《诗经》中所体现的自娱式的歌诗艺术生产与消费

在《诗经》乐歌的艺术生产中，自娱式的歌诗生产与消费在其中起过
重要的作用。根据采诗说和献诗说，我们知道，《诗经》中的许多诗歌最
初都是由社会各个阶层参与生产的。其中《风》诗的相当大的部分最初可
能就是社会各阶层的世俗歌唱。朱熹说，凡诗之所谓风者，多出于里巷
歌谣之作，所谓男女相与咏歌，各言其情者也。又说，风者，民俗歌谣
之诗也。这话实开现代"民歌说"之先河。但是我们在这里要注意，朱熹
在这里所说的"里巷歌谣"，与我们今天所说的"民歌"概念并不完全等同。
我们今天所说的"民歌"特指"劳动人民的口头创作"，而朱熹所说的"里巷
歌谣"则并不专指于此，而是包含了社会各个阶层的世俗创作在内。他
说："惟《周南》、《召南》，亲被文王之化以成德，而人皆有以得其性情之
正，故其发于言者，乐而不过于淫，哀而不及于伤，是以二篇独为《风》
诗之正经。自《邶》以下，则其国之治乱不同，人之贤否亦异，其所感而
发者，有邪正是非之不齐，而所谓先王之风者，于此焉变矣。"①由此可
见，朱熹在这里所说的"里巷歌谣"的作者，是包含社会各阶层的，而在
他看来那些比较好的《风》诗，所谓《二南》"正风"与其他十三《国风》里的
那些"得性情之正"的诗篇，则应该是受过"文王之化"的"贤人"所作。即
便是在"变风"当中，除了确切地指出一些诗篇是"淫奔之诗"(如《郑风·
有女同车》)、"淫女之词"(如《郑风·蓁兮》)等之外，还有相当多的诗篇
仍然被朱熹认为是贤人贵族或者是为歌颂贤人贵族之作，如《郑风·缁
衣》，朱熹就承认旧说："郑桓公武公相继为周司徒，善于其职，周人爱
之，故作是诗。"《郑风·女曰鸡鸣》，朱熹认为是"诗人述贤夫妇相警戒之
词"。朱熹对上述诗篇的解题也许并不完全正确，但是由此我们可以明确

---

① 〔宋〕朱熹:《诗集传序》,《朱子全书》第 1 册, 350～351 页, 上海, 上海古籍出版社,
合肥, 安徽教育出版社, 2002。

他所说的"里巷歌谣"绝不等同于现代一些学者所说的"民歌"或者是"劳动人民的口头创作"。朱东润和胡念贻曾就《国风》出于民间和大部分是否民歌的问题提出过质疑和论证，所论有理有据。① 我们知道，《风》在当时仅是乐曲的名称，同时包含民风的意思在内，这已经是学界公认的事实。说得通俗一点，十五《国风》也就是包括十五个"国家"和地区的主要反映民俗民情的诗歌。如我们前文所言，由于《诗经》主要是为了统治阶级的祭祀、讽谏、颂美、娱乐、教化等各种实用目的而编辑的，所以在编辑的过程中真正把多少"劳动人民的口头创作"收入其中本来就是问题，本人在朱胡二人的基础上，就《郑风》的作者问题也做过比较细致具体的分析，也可以证明这一点。② 我以为，对于《诗经》中十五《国风》，我们正可以从社会各阶层的自娱式的艺术生产和消费的角度来认识。正因为这些诗篇是满足社会各阶层自我娱乐与消费的，所以多表现社会各个阶层的世俗生活。

另一个值得我们注意的是，当我们在谈到《国风》中的那些作品时，往往会对这些诗篇所产生的民俗背景给予特殊的注意，并认为在所有的这些民俗活动中，都是下层民众们参加，这是他们的节日，而那些表现这些民俗风情的诗篇就一定是下层劳动者的歌唱，这也是一种想当然的误解。举例来讲，如周代社会有在仲春之月会男女的风俗，祓禊、祀高禖之类的宗教活动也同时举行。《诗经·郑风·溱洧》韩诗说曰："《溱洧》，说（悦）人也。郑国之俗，三月上巳之辰，于两水上，招魂续魄，拂除不祥。故诗人愿与所说（悦）者俱往观也。"《汉书·地理志》引此诗，颜师古注曰："谓仲春二月，二水流盛，而士与女执芳草于其间，以相赠遗；信大乐矣，惟以相戏谑也。"按这里所说的士与女，就并不是专指下层劳动者，而是包括各个阶层的人。《汉书》卷九十七《外戚传》曾记："武

---

① 朱东润：《国风出于民间论质疑》，《诗三百篇探故》，上海，上海古籍出版社，1981。胡念贻：《关于〈诗经〉中大部分是否民歌的问题》，《先秦文学论集》，北京，中国社会科学出版社，1981。

② 赵敏俐：《论〈诗经·郑风〉的作者、时代及其评价问题》，《周汉诗歌综论》，北京，学苑出版社，2002。

帝即位，数年无子，平阳主求良家女十余人，饰置家。帝祓霸上，还过平阳主。主见所侍美人，帝不说，既饮，讴者进，帝独说子夫。"《汉书》注引孟康曰："祓，除也，于霸水上自祓除，今三月上巳祓禊也。"汉杜笃《祓禊赋》对此有生动的描述："王侯公主，暨乎富商，用事伊雒，帷幔玄黄。于是旨酒嘉肴，方丈盈前，浮枣绛水，醮酒酬川。若乃窈窕淑女，美媵艳姝，戴翡翠，珥明珠，曳离褂，立水涯，微风掩壒，纤縠低回，兰苏胑虿，感动情魂。若乃隐逸未用，鸿生俊儒，冠高冕，曳长裾，坐沙渚，谈《诗》《书》，咏伊、吕，歌唐、虞。"①晋成绥《洛禊赋》也说："考吉日，简良辰，祓除解禊，同会洛滨。妖童媛女，嬉游河曲，或浣纤手，或濯素足。临清流，坐沙场，列罍樽，飞羽觞。"②这虽然都是汉代以后的记载，但是距周代社会相去并不太遥远，我们由此可以相信，在周代社会的这些仲春会合男女、祓禊、求子等民俗活动中，参加者当是社会各个阶层。

总之，对于《诗经》中十五《国风》，我们与其从阶层分析的角度来认识，不如从古代歌诗艺术生产与消费的角度来考察。我的观点是：《诗经》中十五《国风》的最初作者，是周代社会各个阶层的群众。它们反映了比较普遍的民俗风情，生活中的喜怒哀乐。它们是周代社会各阶层的世俗生活诗、风俗诗、风情诗，是满足人们自我娱乐的消费目的而生产的。在这种自娱式的歌诗艺术生产方式下，周代社会的各个阶层都参与其中，他们为《诗经》这部乐歌中以娱乐为主的诗篇的产生提供了最为丰富的原料，也奠定了最好的社会基础。

其实，在《诗经》中，不仅《风》诗大都来自于自娱式的歌诗艺术生产与消费，《雅》诗，尤其是大小《雅》中的那些抒发自我之情的诗篇，也应该从广义上属于自娱式歌诗艺术生产与消费。所不同的是，这些歌诗艺术的生产与消费者大抵是有着丰厚文化修养的上层贵族，他们作诗的目的并不是为了世俗享乐意义上的消费，而是抒写各种比较高雅严肃的思

---

① 〔清〕严可均：《全后汉文》，279～280页，北京，商务印书馆，1999。

② 〔宋〕李昉：《太平御览》第1册，145页，北京，中华书局，1960。

想政治情怀，这里既有对社会政治的关心、对自身不幸的哀怨，也有对
生活幸福的歌颂、对社会理想的憧憬。正是他们的这种歌诗艺术生产与
消费，不仅为二《雅》中自娱式歌诗生产的典雅纯正定下了基调，也为后
世中国文人诗的生产发展奠定了坚实的文化基础。

（二）在《诗经》中所体现的寄食制的歌诗艺术生产与特权式消费

由采诗说和献诗说以及《诗经》的具体内容看，我们在谈到《诗经》的
艺术生产方式时，首先必须对社会各阶层自娱式的歌诗生产与消费方式
给予足够的重视，对于周代贵族在《雅》诗的生产与消费中的作用尤其应
该重视。但是，从中国古代歌诗艺术生产发展的历程以及《诗经》在周代
社会的重要作用来看，特别是从《诗经》的乐歌性质角度来考虑，我们不
宜把社会各阶层自娱式的歌诗生产与《诗经》本身的艺术生产等同起来，
而更应该承认寄食制的艺术生产方式和专职艺术家在《诗经》艺术生产中
的重要作用，承认特权式的消费在《诗经》时代的作用。且不说《诗经》中
的许多诗篇并不是由公卿士大夫们献来的，也不是从民间采集来的，即
便是符合这两种情况的歌诗最终之所以被编集在《诗经》当中并成为现在
我们所能见到的这个样子，也是经过了专业艺术家的进一步加工的。所
以无论从哪个方面来讲，《诗经》的艺术生产方式，都是以寄食制为主、
自娱制为辅。对此我们可以从以下几个方面来认识。

第一，从分工的角度考虑周代艺术家在歌诗艺术生产中的作用和他
们的文化修养。当我们谈到艺术生产的时候，我们首先要谈到分工和由
分工而产生的专职艺术家。中国古代专职艺术家的产生，最早可以上推
到的尧舜时期，到殷商时期，国家的音乐机构已经非常发达了。周代的
国家音乐机构是从殷商制度的基础上发展起来的，相比之下更为完善，
制度也更为先进，专职艺术家的水平自然也更高。以《诗经》为代表的周
代歌诗，从献诗、采诗所得到的初级产品到满足国家政治目的与礼仪制
度的需要以及贵族社会的艺术消费，还需要有一个再加工的过程。在这
个艺术再加工的过程中，专职艺术家所起的作用是不可低估的。

以大司乐和大师为代表的周代社会专职艺术家，在周代社会具有很

高的社会地位，他们的艺术水平和文化修养水平也是相当高的。《周礼·春官宗伯》曰："大司乐掌成均之法，以治建国之学政，而合国之弟子焉。凡有道者，有德者，使教焉，死则以为乐祖，祭于瞽宗。以乐德教国子：中、和、祗、庸、孝、友。以乐语教国子：兴、道、讽、诵、言、语。以乐舞教国子：舞《云门》《大卷》《大咸》《大韶》《大夏》《大濩》《大武》。以六律、六同、五声、八音、六舞大合乐，以致鬼神示。以和邦国，以谐万民，以安宾客，以说远人，以作动物。""大师掌六律六同，以合阴阳之声。阳声：黄钟、大蔟、姑洗、蕤宾、夷则、无射。阴声：大吕、应钟、南吕、函钟、小吕、夹钟。皆文之以五声，宫、商、角、徵、羽。皆播之以八音，金、石、土、革、丝、木、匏、竹。教六诗：曰风，曰赋，曰比，曰兴，曰雅，曰颂。以六德为之本，以六律为之音。"从大司乐和大师所承担的礼乐教化的各种神圣而又崇高的职责看，我们就可以知道他们的文化水平之高和专职的音乐艺术水平之高。另外，从《国语·周语》中所记的伶州鸠论乐，《礼记·乐记》中所记的师乙论乐，《韩非子·十过》中所记的师旷论乐，也足可以看出当时的专职艺术家的文化修养和艺术修养的高超。由于史料的缺乏，我们现在虽然不能具体指出在每首诗中专职艺术家做过哪些艺术加工的工作，但是可以肯定的是，没有专业艺术家们对《诗经》乐歌的生产加工，现在我们所见到的《诗经》绝不会有如此高的艺术水平，也绝不会有多达1463人的庞大的乐官机构来从事各种有关的音乐工作。

第二，《诗经》乐歌与未收入《诗经》的同时代其他诗篇的比较。我们说《诗经》中的许多作品都包含了专职艺术家的艺术加工，还可以通过和它同时或前后时期不同的作品的比较中得到间接的证明。例如，《周易》中也保存了一些比较古老的歌谣，其产生时代或早于《诗经》或与它同时，除个别诗句与《诗经》的句子相似外，其他都远不能和《诗经》的作品相提并论。而《左传》《国语》等先秦历史文献中所载的民谣俗谚乃至一些贵族的歌唱，或与《诗经》同时或比它的产生年代还晚，如《左传·宣公二年》的《宋城者讴》，《左传·襄公十七年》的《宋筑者讴》，《左传·昭公十二年》的《南蒯乡人歌》，《左传·昭公二十五年》的《鸲鹆谣》等，其艺术水平都不能和《诗经》相比，尤其是不能和《诗经》中的优秀作品同日而语。这同样也说明，《诗经》中的乐歌，肯定是经过了专职艺术家的艺术加工的。

第三，从中国诗歌艺术生产发展过程，特别是从春秋到战国这一时期的歌诗艺术发展过程来看。礼崩乐坏之后，即从春秋后期开始到战国中期以屈原的作品为代表的楚辞产生之前，中国的歌诗艺术生产有一个明显的衰落阶段。这衰落的原因可能很复杂，但其中周代礼乐文化的破坏与专职艺术家的散失无疑是一个重要原因。《论语·微子》中曾记载当时乐官失散的情况："大师挚适齐，亚饭干适楚，三饭缭适蔡，四饭缺适秦。鼓方叔入于河，播鼗武入于汉，少师阳、击磬襄入于海。"邢昺疏引孔氏注曰："鲁哀公时，礼坏乐崩，乐人皆去。"因为礼乐制度的破坏而使得周王朝与诸侯国的宫廷乐人失去了政治存在的价值，所以才使得乐人纷纷离开朝廷。它的直接后果就是毁坏了数百年来形成的周代乐官文化，中断了依靠宫廷乐官制度建立起来的歌诗艺术传统。孔子说："吾自卫返鲁，然后乐正，《雅》《颂》各得其所。"雅乐本有严格的规范，现在却完全破坏了；正乐本是朝廷乐官的职责，而现在却由孔子来完成。春秋后期中国歌诗艺术的衰落与乐官文化破坏二者之间的联系再清楚不过。

《诗经》时代这些由乐官们生产或最后加工过的作品，最终主要是为了贵族们的特权消费的。我们知道，《诗经》时代是典型的贵族宗法制时代，严格的等级制、世卿世禄制和学在官府制等，使得整个社会分成明显的社会等级，上层贵族享有各种特权，而广大群众则被剥夺了受教育的权利、执政的权利和享受高雅艺术的权利。其实，就是在贵族内部，不同的等级和不同的人在各种礼仪中也要用不同的音乐，表演不同的舞蹈，如"凡射，王以《驺虞》为节，诸侯以《狸首》为节，大夫以《采蘋》为节，士以《采蘩》为节"；同样是祭祀结束后撤除祭品时，只有天子才能用《雍》诗，而诸侯和大夫就没有使用它的权利。所以当孔子看到仲孙、叔孙、季孙三家祭祀祖先时也用天子之礼，唱着《雍》诗来撤除祭品，就非常生气地说："'相维辟公，天子穆穆'，奚取于三家之堂?"《左传·襄公四年》曾记载了这样一件事，也同样说明了当时用乐的等级制和特权制：

> 穆叔如晋，报知武子之聘也，晋侯享之。金奏《肆夏》之三，不拜。工歌《文王》之三，又不拜。歌《鹿鸣》之三，三拜。韩献子使行人《子员》问之，曰："子以君命，辱于敝邑。先君之礼，藉之以乐，以辱吾子。吾子舍其大，而重拜其细，敢问何礼也?"对曰："三《夏》，天子所以享元侯也，使臣弗敢与闻。《文王》，两君相见之乐也，使臣不敢及。《鹿鸣》，君所以嘉寡君也，敢不拜嘉。《四牡》，君所以劳使臣也，敢不重拜。《皇皇者华》，君教使臣曰：'必谘于周。'臣闻之，访问于善为咨，咨亲为询，咨礼为度，咨事为诹，咨难为谋，臣获五善，敢不重拜。"

了解周人在音乐消费上的特权制对我们认识《诗经》乐歌具有重要的意义。它再一次以事实说明，《诗经》不是一般的乐歌，也不是为一般人所用的。即便是其中有些诗篇最初可能出自下层民众之口，但是当它被乐官们重新编排整理之后，它们就变成了贵族享用的专利品。更何况，《诗经》中的许多诗篇本来就是乐官们为了统治者祭祀、礼聘、享乐等各种目的而专门生产的，还有一些则是贵族士大夫们生产的，它们更是周代贵族消费的专利。从生产和消费的角度来看《诗经》的性质和意义，是我们重新认识它的重要一环。

二、关于《诗经》乐歌配乐过程的几种推测

《诗经》乐歌的艺术生产与消费方式如上所述，下面我们再从传统的说法中仔细探讨《诗经》乐歌的生产过程和配乐过程。

(一)从传统说法看《诗经》乐歌的生产配乐过程

它可能有以下几种情况。

第一，《诗经》中那些最初出自各地和社会各阶层的世俗歌谣，其生产过程可能是由自娱式的歌唱到寄食制的专职艺术家的加工。《左传·闵公二年》记郑人作《清人》，《文公六年》秦人哀三良为秦穆公殉葬而作《黄

鸟》，其后这两首诗都入选《诗经》，可能属于这种情况。

　　第二，由王者听政而搜集来的主要是公卿士大夫们的颂美讽谏之作，其生产过程也应该是由此经过专职艺术家的艺术加工。《国语·楚语上》载左史倚相曰："昔卫武公年数九十有五矣……于是乎作《懿》戒以自儆也。"韦昭注引三君云："《懿》，戒书也。"并云："《懿》，《诗·大雅·抑》之篇也。"《毛诗序》曰："《抑》，卫武公刺厉王，亦以自儆也。"《大雅》《小雅》中许多政治颂美讽谏诗，可能都是像卫武公这样的贵族公卿大夫们所做，然后由乐工加工而成的。它们在当时的上层社会中流传极广，多次被引用，如《抑》这首诗仅在《左传》中就被引用了 9 次，《板》诗被引用了 7 次，《烝民》被引用了 6 次。可见这些作品经过乐官加工之后，在当时就成为具有经典意义的乐歌。

　　以上是从传统的采诗说与献诗说所做的两种推测，可实际上从先秦古籍的记载来看，《诗经》中的还有相当大一部分的乐歌是为了各种宗教礼仪活动以及纯粹是为了娱乐和观赏而制作的。这些乐歌的生产过程或者从上述两种情况中转化而来，而更大的可能则来自以下几方面。

　　第三，为了周王朝的各种宗教礼仪活动而由贵族和专职艺术家们制作的乐歌。《周颂》中相当大部分的作品，可能是这样生产制作出来的。按《史记·周本纪》《尚书大传·嘉禾传》《洛诰传》《周礼》等文献记载，周初建国后，在武王和周公的领导下，国家曾进行过一次大规模的制礼乐活动。其中的许多宗庙颂歌可能就是出于上层贵族之手，由专职艺术家为其配乐表演。其典型的例子是《大武》乐章，属于当时的大制作。另外，《大雅》和《小雅》中的许多礼仪诗也应是如此生产制作的，而不是采集或献来的。比较典型的例子是《大雅·文王》和《小雅·鹿鸣》，它们在周代礼乐制度中起着重要作用，是周代贵族社会不可或缺的乐歌，在祭祀、大射、两君相见、燕礼等礼仪中都要用到，它们都属于朝廷的特殊制作，这是没有疑义的。

　　第四，为了满足周代贵族娱乐与观赏等艺术消费目的而生产的各种歌诗，其生产过程或者是先由社会各阶层的乐歌加工而成，或者是一些有相当高的艺术修养的贵族们的制作，或者是由专职艺术家独立完成的制作。这类乐歌在《诗经》中占有相当大的比例，其制作过程不明，可能以上几种情况都有，如《周南》中的贺婚诗《桃夭》、祝颂诗《螽斯》，《邶风》中赞美舞师的《简兮》，《小雅》中歌咏兄弟亲情的《常棣》、宴请亲友的《伐木》、歌颂君子的《南山有台》，《大雅》中举行祭祀仪式结束后所唱的祝福歌《既醉》等。

　　以上情况的推测有两点必须要说明，其一是周代社会中虽然有了个体诗人和专职的歌诗艺术生产者的出现，但是由于乐歌还没有被当成纯粹的个体性的艺术，所以从整体上来讲歌诗在当时还是属于群众性的艺术，这使得除了《诗经》中的个别诗篇之外，我们无法辨别每首诗的初创者和加工者，艺术生产的全过程还比较模糊；其二是由于社会各阶层都参与其中，我们也很难判别每首诗一定出自于哪些人之手，特别是那些表现世俗风情的诗篇。因为在这些诗中所反映的民俗风情，大多数都带有民族性和地域性的特色而不是带有阶级性的特色。要讲每首诗中表现了哪个阶级的生活与情感，有时是很难说清的。如果我们一定要在这个方面做些区别，按马克思主义的理论，一个时代的统治阶级的思想就是该时代占统治地位的思想，那么我们可以说《诗经》中的乐歌从总体上讲表现更多的是贵族阶级的思想与情趣。这一点不仅在《雅》《颂》中表现得比较突出，在《国风》中也是如此。这也就是《诗经》中的乐歌生产与后世文人艺术生产的一个重要不同。

（二）从艺术生产的角度对《诗经》乐歌配乐过程的几点推测

　　《诗经》的乐歌性质还让我们考虑到其作品的艺术生产中诗乐相配的复杂性。古人已经认识到这一点，如孔颖达、吴澄等人都曾经把诗与乐二者的关系分为因诗配乐和因乐作诗两种。孔颖达在《毛诗正义》中说："原夫乐之初也，始于人心，出于口歌。圣人作八音之器以文之，然后谓之为音，谓之为乐。乐虽逐诗为曲，仿诗为音，曲有清浊次第之序，音有宫商相应之节，其法既成，其音可久，是以昔日之诗虽绝，昔日之乐常存。乐本由诗而生，所以乐能移俗。"又说："初作乐者，准诗而为声，声既成形，须依声而作诗。"孔颖达的话可以给我们以启发，如果按现在一般的说法，《诗经》的分类是根据音乐来划分的，那么，《周颂》诸诗的音乐与《雅》《风》自然有很大的不同。但是这种不同可能是后人在编辑《诗经》时才做的划分，是承认一种事实，而不是说《周颂》的创作一开始就已经有了一个被社会认可了的"颂"的模式。所以，我们在这里有必要把后人的总结与前人的艺术生产过程分开来看，二者属于两个层面上的东西，不能混为一谈。现在让我们回到《周颂》来做些分析，就以《大武》乐章为例。关于《大武》乐章，古代有多处记载。《左传·宣公十二年》：

> 武王克商，作《颂》曰："载戢干戈，载櫜弓矢。我求懿德，肆于时夏，允王保之。"又作《武》，其卒章曰："耆定尔功。"其三曰："铺时绎思，我徂惟求定。"其六曰："绥万邦，屡丰年。"夫武，禁暴、戢兵、保大、定功、安民、和众、丰财者也。故使子孙无忘其章。

由上述记载可知，《大武》乐章为武王克商之后所作，它并不是依照某些祭祀歌曲的定制而作，完全是一种新制，是一种全新的音乐歌舞创作。在它的创作过程中，乐曲完全是按照内容和功能来制定的。关于《大武》乐章的音乐表演，《礼记·乐记》里曾有过这样的记载：

> 宾牟贾侍坐于孔子，孔子与之言及乐，曰："夫《武》之备戒之已久，何也？"对曰："病不得其众也。""咏叹之，淫液之，何也？"对曰："恐不逮事也。""发扬蹈厉之已蚤，何也？"对曰："及时事也。""《武》，坐致右，宪左，何也？"对曰："非《武》坐也。""声淫及商，何也？"对曰："非《武》音也"。子曰："若非《武》音，则何音也？"对曰："有司失其传也。若非有司失其传，则武王之志荒矣。"子曰："唯。丘之闻诸苌弘，亦若吾子之言是也。"宾牟贾起，免席而请曰："夫《武》之备戒之已久，则既闻命矣。敢问迟之迟而又久，何也？"子曰："居！吾语女。夫乐者，象成者也。揔干而山立，武王之事也。发扬蹈厉，大公之志也。《武》乱皆坐，周召之治也。且夫《武》始而北出，再成而灭商，三成而南，四成而南国是疆；五成而分，周公左，召公右；

六成复缀以崇天子。夹振之而驷伐，盛威于中国也；分夹而进，事
蚤济也；久立于缀，以待诸侯之至也。"

这段话被学者们多次引用，并以此为根据，大多数学者都认为，《大武》
乐章可分为六章，它的演唱过程，就是对武王伐纣至统一中国这一段历
史的全景再现。由此而言，《大武》乐章的制作，属于"准诗而为声"，而
不是"依声而作诗"，或者说是二者同时产生。结合具体的作品内容，由
此我们可以推论，《周颂》中的大部分作品，当与《大武》乐章相同。

　　具体考察《诗经》乐歌的生产情况，可能比我们上面的分析还要复杂。
中国古代出现专业的歌诗艺术生产者是比较早的，起码在殷商时期国家
已经有了比较完善的乐官设置。周初建国，也是继承了前代文化遗产与
制度的。所以，武王克商而作《大武》乐章既是"王者功成而作乐"的新歌，
专职的艺术家在其中就起了重要作用。《诗经·周颂·有瞽》："有瞽有
瞽，在周之庭。设业设虡，崇牙树羽。应田县鼓，鞉磬柷圉。既备乃奏，
箫管备举。喤喤厥声，肃雍和鸣，先祖是听。我客戾止，永观厥成。"这
是现存最早描写周王朝祭祀歌舞的诗作，诗中详细描写了乐人演奏的盛
况，可以相信，如果没有一个庞大的专职音乐队伍，如果没有完整的相
应的国家机构，这样隆重的音乐歌舞演奏是不可能的。《毛诗序》说：
"《有瞽》，始作乐而合乎祖也。"郑玄笺："王者治定制礼，功成作乐。合
者，大合诸乐而奏之。"孔颖达正义曰："《有瞽》诗者，始作乐而合于太祖
之乐歌也。谓周公摄政六年，制礼作乐，一代之乐功成，而合诸乐器于
太祖之庙，奏之，告神以知和否。诗人述其事而为此歌焉。"《诗经》宗庙
祭祀诗中诗乐相配情况是这样，《风》《雅》的诗乐相配情况比起《颂》来可
能要更复杂，综合以上情况，我们对《诗经》乐歌诗乐相配的生产过程也
可以做如下几种推测。

　　第一，歌辞与音乐完全是新制，两者同时产生，如《周颂》中的《大
武》乐章，这是当时"王者功成而作乐"的大制作，详细情况已如上述。

　　第二，歌辞与音乐完全是旧制，或者经过新的整理编定，如《豳风·
七月》。豳地本是周之先祖公刘所居之地，《豳风·七月》所述乃是豳地古

老的农业生产生活活动，它基本上按一年的次序来写，但是又不是完全按月份来写，而是把几个月份中性质相同的或相连贯的生活集中起来叙述，我以为这可以说是典型的农业生产生活之歌，类似于后世各地各种不同的十二月小调一样。从其文辞的整齐性来看，它被收入《诗经》中，是经过乐官的整理与加工的，不过全诗中的歌与乐基本上应该都保留着旧制，所以比起《国风》中的其他所有诗篇都显得更为古朴。

第三，先有歌辞，后有音乐。我们现在所看到的《诗经》虽然都可以配乐演唱，都可以称之为乐歌，但是如果把它与《周礼》《仪礼》《礼记》所提到的乐歌篇目相比较，我们会发现一个重要现象，即当时周代社会所使用的乐歌，的确大都集中在《周颂》以及《国风》与《小雅》《大雅》中的少部分诗，即所谓"正风"与"正雅"上。这说明，《诗经》中的各篇乐歌在当时的应用范围是不同的，生产与消费目的也是不同的。有好多从各地搜集而来的歌谣最初并未配乐，只是口头吟唱的徒歌，它们是由乐官们"比其音律，以闻于天子"的，自然是先有歌辞后有音乐。而那些由公卿士大夫讽谏为主的乐歌，从历史记载的"官师相规，工执艺事以谏"来看，也应该是先由公卿士大夫们创作了歌辞之后，由乐工来配乐演唱的。所以，先有歌辞，后有音乐，应该是《诗经》乐歌中相当大的一部分实际生产情况。

第四，先有音乐，后有歌辞。我们前引孔颖达在论述诗乐关系时特别强调："初作乐者，准诗而为声，声既成形，须依声而作诗。"这可以说是汉唐以来乐歌生产的主要形式。我们看自汉乐府创制的相和诸调之后，后世大多依声而为诗。在《诗经》时代，中国古代已经流传下来了一些经典的乐歌，如《云门》《大卷》《大咸》《大韶》《大夏》《大濩》《九歌》《九夏》等，并确立了相应的乐歌规范。应该说，"依声而作诗"在当时已经成为可能。那么，《诗经》中的哪些乐歌是依声而作的呢？由于没有明确的记载，我们也只能做些推测。在这方面，有两点值得注意。其一，不同种类的乐歌应该有一个不同的用乐规范和曲调规范。其典型的例子是《大雅》与《小雅》的区别。这是一个人们一直搞不清的问题。《毛诗序》曰："政有小大，故《小雅》焉，有《大雅》焉。"孔颖达解释说："王者政教有小大，诗人述之亦有小大，故有《小雅》焉，有《大雅》焉。《小雅》所陈，有饮食宾客，赏劳群臣，燕赐以怀诸侯，征伐以强中国。乐得贤者，养育人材，于天子之政，皆小事也。《大雅》所陈，受命作周，代殷继伐，荷先王之福禄，尊祖考以配天，醉酒饱德，能官用士，泽被昆虫，仁及草木，于天子之政，皆大事也。诗人歌其大事，制为大体。述其小事，制为小体。体有大小，故分为二焉。"这种说法，受到了后人的批评，于是出现了用途有别、地域有别、新乐旧乐、编集时间不同等多种说法。在这些说法中，郑樵和朱熹的说法最值得重视。郑樵在《六经奥论》中说："盖《小雅》《大雅》者，特随其音而写之律耳。律有小吕、大吕，则《大雅》《小雅》宜其有别也。"随音而写律，这正是孔颖达所说的"初作乐者，准诗而为声"。而朱熹则说："雅者，正也，正乐之歌也。……正《小雅》，燕飨之乐也。正《大雅》，会朝之乐。"由此而言，《大雅》《小雅》的区别，最初应该是由于内容、用途的不同而配以不同的乐曲，甚至连演奏的乐器也会有所区别。《小雅·鹿鸣》："我有嘉宾，鼓瑟吹笙。吹笙鼓簧，承筐是将。"《小雅·鼓钟》："鼓钟钦钦，鼓瑟鼓琴，笙磬同音。以雅以南，以籥不僭。"《大雅·灵台》："虡业维枞，贲鼓维镛。于论鼓钟，于乐辟雍。""于论鼓钟，于乐辟雍。鼍鼓逢逢，矇瞍奏公。"刘明澜据此认为："小雅的伴奏以琴瑟笙管最为重要，其次才是钟鼓。而大雅表演时采用的是以钟鼓为主的乐队。"①但这种配乐的过程一旦完成并形成规范，所谓"声既成形"之后，后人就只能是"依声而作诗"了。其实，这一乐歌分类的形式在后世很有规律性，无论是汉代的鼓吹、横吹还是六朝的清商曲辞或者是唐宋以后的词曲的产生发展，大致都是如此。如汉乐府中的《鼓吹歌辞》《相和歌辞》就是如此。在《相和歌辞》中，又可以分成清调曲、平调曲、楚调曲、瑟调曲、大曲等，每一种曲调都有特殊的风格与规范。《诗经》中不独《大雅》和《小雅》的区别如此，十五《国风》的区别大约也是如此。从这个角度来讲，先有音乐后有歌辞与先有歌辞后有音乐就成了《诗经》乐歌产生过程中大致先后不同的两种情况。其一，在同一类作品中，早期的作品应

---

① 刘明澜：《中国古代诗词音乐》，8 页，北京，中国科学文化出版社，2003。

以先有歌辞，后有音乐为主；后期的作品则应以先有音乐，后有歌辞为主。以《大雅》和《小雅》而言，古人所说的正《小雅》和正《大雅》可能产生在前，以前一种情况为主，变《小雅》和变《大雅》则产生较晚，应以后一种情况为主。其二，就一首乐歌而言，大致也是这样的情况，最初的某一乐歌是依诗而配乐的，一旦定型之后就成为一支固定的曲调，如鼓吹曲中的《有所思》、横吹曲中的《折杨柳》、相和歌中的《陌上桑》，以及词中的《念奴娇》《何满子》，等等。《诗经》的乐歌中虽然我们还没有发现这类明显的例证，但是却有许多的同题之作，如《扬之水》《谷风》《柏舟》等。以往人们往往认为它们仅仅是采取了相同的比兴手法，其实，古老的比兴手法可能往往源自于同一首古老的歌谣，它们虽然还没有形成典范的法式，在各地还会形成不同的变体，但是还有一个大致相同的乐歌的传统在起作用，如《邶风·谷风》与《小雅·谷风》间可能就存在这种情况。

承认《诗经》的乐歌性质并关注周代社会的歌诗艺术生产，使我们对于《诗经》的理解不再像以往那样简单。既然《诗经》是周代社会以寄食制为主以自娱式为辅的生产方式下生产的乐歌，并且主要是为了特权消费的，那么我们就要从艺术的生产与消费方面去考虑其生产过程的复杂性，同时，周代社会对它的各种实用要求、乐歌本身对它艺术上的要求、社会生活的丰富多彩和艺术家对于歌诗艺术的技巧把握以及悠久的历史传统在这里都起着作用。从乐歌的生产消费入手深入探讨《诗经》在艺术方面的成就，应该是我们今后努力的一个方向。

（原载于《北方论丛》2005 年第 1 期）

《左传》的"文学"质性以及文学研究与文学史书写

北京大学　常森

一、古代文学研究、文学史书写与"相对文学观"

从表面上看来，《左传》的"文学"特性不难论说。在迄今为止代表主流观点的著论中，它通常被表述为《左传》在人物形象、故事情节、悬想（诸如代言与虚构）、细节、辞令、章法等方面的一系列的成就，文学研究和文学史书写到这个层面也就宣告结束了。值得注意的是，这种叙述背后有一种被用来把握整个中国文学史的现代观念，从先秦一直到明清近代，几乎所有的叙事性的作品都被依据这种观念来讲述，变换的只不过是表征这种现代观念的诸多要素的具体排列和组合，是时间、地域、作家和作品，而基于该现代观念的潜在叙述架构则一成不变。这就是20世纪以来古代文学研究和文学史书写的实质：它们基本上是从历史存在中寻求合乎现代话语的东西（而这种现代话语从某种意义上说可能就是西方话语）；因此，在开始认识古代文学之前，认知的结果已经在很大程度上被预设了。

这种流弊，在先秦两汉文学研究领域尤为严重。研究《左传》的文学特性，却只关注其人物、情节、悬想、细节等要素，正凸显了现代学术为古代文学研究预设的终点。由此产生的问题是：这种本末倒置的文学研究和文学史叙述充满了"非历史"的内容，真正的"文学"历史在质性上发生过很多重要变化，可古代文学研究及文学史叙述不仅未能呈现这一层面的变化，而且似乎无意于呈现这种变化，它们主要是将主体的现代观念投射到数百年之前，乃至投射到数千年之前，它们只是以今例古而不是通古今之变，这样做，怎么可能获得历史的真实性、完整性和丰富性呢？

如果要从"历史的"角度把握《左传》的文学特性，那么在完成了现在常见的那一揽子叙述之后，工作其实才刚刚开始。这样说的依据在于"历史的规定性"。"文学"的概念与事实古已有之。《论语·先进》篇记载，孔子教弟子以四科，众弟子各有所长："德行：颜渊、闵子骞、冉伯牛、仲弓；言语：宰我、子贡；政事：冉有、季路；文学：子游、子夏。"据现有文献，这是中国"文学"观念最早的确立，时值春秋末孔子（前551—前479）时期，其所指事实则是《诗》《书》六艺之学与孔子以六艺教育弟子的历史活动紧密关联。当时，还无人料及"文学"作为孔子教育弟子的一个科目，后来竟成为国人精神、文化生活最重要的内容之一。

在"文学"观念确立的同时，人们认定了当时和此前的一系列"文学"著作，而此后每当"文学"观念发生变异，重新认定与追认"文学"作品的工作就会呈现出一番新的光景。比如，到了战国时期，人们几乎把一切诉诸文字的东西都视为"文学"。《墨子·非命中》等篇将"文学"与"言谈"相提并论，"文学"显然是指"人们所谈论的用文字书写出来的一切知识学问"。① 战国末期，荀子的"文学"观念承袭孔说，以《诗》《书》六艺之学为重，故《荀子·王制》："虽庶人之子孙也，积文学，正身行，能属于礼义，则归之卿相士大夫。"韩非用"文学"指法家外以儒家、墨家、道家为主的诸多学派的文献典籍，《韩非子·问辩》："乱世则不然，主上有令，而民以文学非之；官府有法，而民以私行矫之。人主顾渐其法令而尊学者之智行，此世之所以多文学也。"又《韩非子·六反》曰："学道立方，离法之民也，而世尊之曰'文学之士。'"此语尤可说明"文学""文学之士"是当时世人熟习的术语。进入汉代，以儒家经典为核心，兼容一切典籍的

---

① 施昌东：《先秦诸子美学思想述评》，41页，北京，中华书局，1979。

"文"的概念逐渐形成，甚至还包括了礼文威仪。王充《论衡·佚文》说："文人宜尊五经六艺为文，诸子传书为文，造论著说为文，上书奏记为文，文德之操为文。"汉代有一种主持郡国学校教授的官职叫"郡文学"，其所授学问跟朝廷博士一样，也是儒家经学，由此又可见当时"文学"的意味。总而言之，作为后来两千多年中国文学的本原，先秦两汉"文学"比现代"文学"丰富、复杂，也更多元化，它对社会人生、天地万物抱持着根本不同的关注。

古代文学研究，以及古代文学史书写，都必须有"史"的观念，都必须明确如何追寻真实的"历史"，罔顾过往事实的"历史"不过是一种虚构罢了。讨论先秦两汉文学就必须正视如下事实：从春秋末直到汉代，占据主流的"文学"观念，不仅指涉今人认定的文学作品（如《诗三百》、屈原诗、乐府民歌、古诗十九首等），而且指涉今人不归于文学而归于史学的著作（如《尚书》《左传》《史记》等），指涉今人归于哲学的著作（如《论语》《孟子》《老子》《庄子》等）；现代的"文学"观念所指涉的对象完全被当时的"文学"包含着，而且当时的"文学"还大大超出了这个范围。从"历史的文学"角度上看，真正彰显先秦两汉文学本质、品格和特性的东西，不是那些合乎现代"文学"观念的东西，而是那些超出现代"文学"观念，又被当时"文学"所涵盖的元素；必须把这一部分元素纳入考量，还原它们在"历史的文学"中的地位，切实估计它们的价值，我们才能获得真实和完整的"文学的历史"，简单地说就是，只有立足于"历史的文学"，才能建构"文学的历史"。

远的且不说，在中国，"文学"本身就意味着一个过程，它的本质以及它所指涉的对象一直处在复杂的变化中。就历史而言，这一过程中任何一点上的任何一种"文学"观念以及它所指涉的对象（包括这些对象的种种质性），都不足以充当文学研究和文学史书写的绝对或超越性标准，否则就不可能把握文学及文学发展的真正历史。这种观点就是我多年来一直提倡的"相对文学观"，它之所以成立，是因为历史的发展具有无限的可能性，任何一种文学观念最终都会被它否定。

接下来，本文将以《左传》为研讨个案，从这个特定的点上展示"历史的文学"的特性，以及"文学的历史"的完整性和复杂性，并且进一步探讨文学史书写的问题。

如上所述，基于"历史的文学"立场，《左传》真正的"文学"特性，主要在于那些当时属于"文学"，却超出了现代"文学"理念的质素，本文将其基本内容概括为"经学"和"史学"两个层面。①

二、《左传》的文学特性之一：经学质素

简单来说，本文所用的"经学"，是指围绕着阐释《易》《书》《诗》《礼》《春秋》等儒家经典而形成的学说体系。该学说体系认定这些经典承载着具有普遍意义的价值，在具体阐释中着力张扬君臣父子、仁义礼智或"三纲""五常"等儒家的政教伦理主题，并且致力于以此规范现实社会中的个人行为、人际关系和社群秩序。

清末皮锡瑞（1850—1908）断言："《春秋》是经，《左氏》是史。经垂教立法，有一字褒贬之文；史据事直书，无特立褒贬之义。"②其实，相较于《尚书》《春秋》等典籍，《左传》的经学质素更为明显。《左传·成公十四年》发明孔子著《春秋》之例，有云："故君子曰：'《春秋》之称：微而显（辞微而义显），志而晦（约言以记事，事叙而文微），婉而成章（曲屈其辞，有所辟讳，以示大顺，而成篇章），尽而不汙（直言其事，尽其事实，无所汙曲），惩恶而劝善（善名必书，恶名不灭，所以为惩劝）。非圣人谁能修之？'"清儒刘熙载（1813—1881）指出："'微而显，志而晦，婉而成章，尽而不汙，惩恶而劝善。'左氏释经，有此五体。其实左氏叙事，亦

---

① 鉴于当下读者对象，我们只能用现代学术范畴来解析古代的作品，而不是相反，因为对他们来说，古代学术范畴本身就需要解析或界定。本文使用的"史学"基本上是一个现代学术范畴，读者朋友比较清楚它的质性和范围；"经学"则基本上是传统的学术范畴，它所表征的质性无法归到当下中国大陆的学科构成中，不得已而用它来提挈。

② 〔清〕皮锡瑞：《经学历史》，周予同注释，154 页，北京，中华书局，2011。

处处皆本此意。"①《左传》解《春秋经》之说不符合历史实际，《左传》与《春秋》之关系绝非一般传与经之关系可比。② 但在叙事中彰显"王道之正，人伦之纪"，"惩恶而劝善"，的确是《左传》的根本点，也是其经学特质的凸显。

《左传》高度关注可以规范个人行为、人际关系和社会秩序的主题，其中最重要的就是"礼"。经考查，"德""礼""仁""义"四个范畴，在《尚书·周书》中各出现 88 次（约占 81.5%）、5 次（约占 4.6%）、1 次（约占 0.9%）、14 次（约占 13%）；在《诗三百》中各出现 71 次（约占 81.6%）、10 次（约占 11.5%）、2 次（约占 2.3%）、4 次（约占 4.6%）；在《论语》中各出现 39 次（约占 15.9%）、74 次（约占 30%）、109 次（约占 44.3%）、24 次（约占 9.8%）；在《左传》中各出现 240 次（约占 28%）、484 次（约占 56.8%）、33 次（约占 3.9%）、95 次（约占 11.2%）；在《孟子》中各出现 38 次（约占 10.2%）、68 次（约占 18.3%）、157 次（约占 42.3%）、108 次（约占 29.1%）。③ 可用表 1 明示：

表 1　"德""礼""仁""义"在各书中出现的次数及比例

	德	礼	仁	义
《尚书·周书》	88 （约占 81.5%）	5 （约占 4.6%）	1 （约占 0.9%）	14 （约占 13.0%）
《诗三百》	71 （约占 81.6%）	10 （约占 11.5%）	2 （约占 2.3%）	4 （约占 4.6%）
《论语》	39 （约占 15.9%）	74 （约占 30.0%）	109 （约占 44.3%）	24 （约占 9.8%）
《左传》	240 （约占 28.2%）	484 （约占 56.8%）	33 （约占 3.9%）	95 （约占 11.2%）
《孟子》	38 （约占 10.2%）	68 （约占 18.3%）	157 （约占 42.3%）	108 （约占 29.1%）

①　〔清〕刘熙载：《艺概·文概》，《刘熙载集》，刘立人、陈文和点校，51 页，上海，华东师范大学出版社，1993。

②　常森：《二十世纪先秦散文研究反思》，123～124 页，北京，北京大学出版社，2002。基于这一认知，本文倾向于用《史记·十二诸侯年表》序所记的"《左氏春秋》"一名来替代"《左传》"一名。

③　漆绪邦：《中国散文通史》上卷，76 页，长春，吉林教育出版社，1994。

　　"德"是一个笼统抽象的范畴，它从逻辑到实际都有赖于其他具体原则，韩愈(768—824)《原道》篇称之为"虚位"即空名号，因此在儒学正式确立并拥有成熟规范前的周代典籍中，它最受重视。儒学之本质在于内在的道德自觉，礼主要是外在规范，而仁在孔子那里有一个基本含义是礼的内化(《论语·颜渊》所记子曰"克己复礼为仁")，所以孔子重礼，却更重仁；孟子重视内在善性的涵养与发展，因此，仁、义备受推崇，礼虽然也有内在的基源(即作为四端的恭敬或辞让之心)，但相对遭遇冷落。比较而言，在前述典籍中，《左传》最推崇礼。用韩愈《原道》篇的说法来看，仁、义、礼均为"定名"，亦即有确定内容的名称或概念；一种政教伦理体系的成熟主要表现于定名而非虚位的成熟。

　　首先，《左传》中的礼是一个无所不包的外在规范体系。晋国执政赵简子向郑国大夫子大叔请教"何谓礼"，子大叔引子产(？—前522)之意曰："夫礼，天之经也，地之义也，民之行也。天地之经，而民实则之。则天之明，因地之性，生其六气，用其五行。气为五味，发为五色，章为五声，淫则昏乱，民失其性。是故为礼以奉之。为六畜、五牲、三牺，以奉五味。为九文、六采、五章，以奉五色。为九歌、八风、七音、六律，以奉五声。为君臣、上下，以则地义。为夫妇、外内，以经二物。为父子、兄弟、姑姊、甥舅、昏媾、姻亚，以象天明。为政事、庸力、行务，以从四时。为刑罚、威狱，使民畏忌，以类其震曜杀戮。为温慈、惠和，以效天之生殖长育。"(《左传·昭公二十五年》)按子产所说，作为天之经、地之义、民之行的礼，是贯穿声色滋味、政事民功、刑罚牢狱、仁爱慈惠等一切社会行为，以及君臣、夫妇、父子、兄弟等一切社会关系的政教伦理规范。齐相晏子(？—前500)与齐景公说礼，曰："在礼，家施不及国，民不迁，农不移，工贾不变(指守常业)，士不滥，官不滔，大夫不收公利。"(左传·昭公二十六年)可见，礼不仅规范着个人的行为，规范着方方面面的社会秩序，而且规范着农夫、工人、商人、士、官、大夫的职业。

　　其次，在《左传》中，礼的一个重要内容是内在的道德自觉。晏子对景公云："礼之可以为国也久矣，与天地并。君令臣共(恭)，父慈子孝，兄爱弟敬，夫和妻柔，姑慈妇听，礼也。君令而不违，臣共而不贰，父慈而教，子孝而箴，兄爱而友，弟敬而顺，夫和而义，妻柔而正，姑慈而从（指不自专），妇听而婉，礼之善物也。"（《左传·昭公二十六年》）"令""共（恭）""慈""孝""爱""敬""和""柔""听"等规范，大都联系着相关社会成员的内在品质，而按晏子之见，礼就体现在这些品质中。所以说《左传》既重视礼的外在层面，又异常重视礼的内在层面。这指涉内在自觉的礼，正对应着孔子所说的"克己复礼"之仁。

总而言之，《左传》中的礼不仅与孔子的礼有相通之处，且与孔子之仁密切相关。

《左传》之行文常含叙、议两层；议论或出自所记人物之口，或托于"君子曰"，或由作者直接表达，都是对相关的人物行为、人际关系以及社会秩序的肯定或否定，其评骘标准主要是礼。如《左传·隐公三年》叙述和评判周平王、郑庄公互派人质一事云：

> 郑武公、庄公为平王卿士（指为周王朝之执政者，总管王朝政事）。王贰于虢（指暗中将朝政分托给西虢公，西虢公当时亦仕于朝）。郑伯怨王，王曰"无之"。故周、郑交质，王子狐为质于郑，郑公子忽为质于周。王崩，周人将畀虢公政。四月，郑祭足帅师取温之麦。秋，又取成周之禾。周、郑交恶。
>
> 君子曰："信不由中，质无益也。明恕（即明信宽大）而行，要之以礼，虽无有质，谁能间之？苟有明信（只要有诚心敬意），涧溪沼沚之毛，蘋蘩蕴藻之菜，筐筥锜釜之器，潢汙行潦之水，可荐于鬼神，可羞于王公，而况君子结二国之信，行之以礼，又焉用质？《风》有《采蘩》《采蘋》，《雅》有《行苇》《泂酌》，昭忠信也。"

这一段"君子曰"，主要是批评周天子和郑庄公不讲诚信，且不守礼。卫庄公嬖人之子州吁"有宠而好兵（即爱好战阵攻杀之事）"，庄公弗禁，《左传·隐公三年》记其事曰：

卫庄公娶于齐东宫得臣之妹，曰庄姜，美而无子，卫人所为赋
《硕人》也。又娶于陈，曰厉妫，生孝伯，早死。其娣戴妫生桓公，
庄姜以为己子。公子州吁，嬖人之子也，有宠而好兵。公弗禁，庄
姜恶之。

石碏谏曰："臣闻爱子，教之以义方，弗纳于邪。骄、奢、淫、
泆，所自邪也。四者之来，宠禄过也。将立州吁，乃定之矣；若犹
未也，阶之为祸。夫宠而不骄，骄而能降，降而不憾，憾而能眕（指
稳重、克制）者鲜矣。且夫贱妨贵，少陵长，远间亲，新间旧，小加
大（指小国而加兵于大国），淫破义，所谓六逆也。君义臣行，父慈
子孝，兄爱弟敬，所谓六顺也。去顺效逆，所以速祸也。君人者将
祸是务去，而速之，无乃不可乎？"弗听。其子厚与州吁游，禁之，
不可。桓公立，乃老（告老、致仕）。

石碏劝谏卫庄公，主旨是说个人行为、人际关系和社会秩序一定要合乎
政教伦理规范，他张扬教子以"义方"（即教以行事应遵守的道理），防止
臣子骄奢淫逸，去六逆，从六顺等，都关乎这一根本的宗旨。虽然石碏
没有明确提到"礼"，但这些要求的实质，跟子产、子大叔所说的"为君臣
上下以则地义，为夫妇外内以经二物，为父子、兄弟、姑姊、甥舅、昏
媾、姻亚以象天明"，以及晏子所说的"君令臣恭，父慈子孝，兄爱弟敬，
夫和妻柔，姑慈妇听"等礼的要义，完全一致。因此，《左传》对以礼为核
心的政教伦理主题的陈说，不管是出自所记人物或"君子"之口，还是由
作者直接陈说，本质上都有明显的共通性。

张扬以礼为核心的政教伦理规范是《左传》的基本品格，是它叙述历
史人物和事件的最高目的。换言之，《左传》的最高目的根本就不是现代
人所认定的史学追求或文学叙述，通过对人物事件的评骘，来建构个人
行为、人际关系和社群秩序的正确抉择，以引导社会人生，这才是它的
最高目的。比如，《左传·庄公三十一年》云："……夏六月，齐侯（为齐
桓公）来献戎捷，非礼也。凡诸侯有四夷之功，则献于王，王以警于夷即
（警惧夷狄）。中国则否。诸侯不相遗俘。"这段文字写人、记事的部分甚

少，主要是据礼褒贬，涉及国君个人行为以及天子与诸侯、诸侯与诸侯、中原诸侯与夷狄少数民族政权的群体秩序。《左传·僖公二十二年》记载："丙子晨，郑文夫人芈氏、姜氏劳楚子于柯泽。楚子使师缙示之俘馘。君子曰：'非礼也。妇人送迎不出门，见兄弟不踰阈，戎事不迩女器。'"[这一年夏天，宋国讨伐郑国，楚成王救郑，冬十一月与宋战于泓（今河南柘城西北），宋军大败，襄公受伤；楚成王还归而过郑，郑文公夫人、楚成王之妹芈氏跟姜氏一起慰劳成王。]《左传》以"君子曰"云云据礼褒贬，主要针对国君夫人的个人行为及其与兄弟之间的关系，相关具体规范是，夫人送迎不出房门，和兄弟相见不过门槛，打仗时不能让女人接近俘馘。《左传》一书，"非礼也"作为断语大约出现了 49 次（尚不计"非……礼"等意指相同的表述），"礼也"作为断语大约出现了 94 次（尚不计"有礼也"等意指相同的表述），以此评骘人物和事件是它最鲜明的标志。而这种评判，极有力地说明了《左传》之主旨是把人的行为、人际关系以及社会秩序纳入以礼为核心的政教伦理规范。这是它的基本经学质素，也凸显了春秋战国之际特有的"文学"价值观。《荀子·大略》篇云："人之于文学也，犹玉之于琢磨也。《诗》曰：'如切如磋，如琢如磨。'谓学问也。和之璧，井里之厥也，玉人琢之，为天子宝；子赣、季路，故鄙人也，被文学，服礼义，为天下列士。"至少在汉代以前，"礼义"作为"文学"的核心关注是不争的事实。

在《左传》中，礼被看成是现世道德的根基，而现实道德又有一个终极的保证，即天命。《左传》的天命观念继承了《尚书》崇德重民的思想。

《左传·庄公十四年》记载，郑厉公突从栎带兵入侵郑国国都（杜预注："栎，郑别都也，今河南阳翟县"），至大陵，俘获郑大夫傅瑕。傅瑕说，如果放掉我，我可以使您回国再登君位。郑厉公和他订立盟誓后，将他释放。六月二十日，傅瑕杀死郑子子仪及其二子（昭公忽死后，其弟子仪代立），接纳厉公回国。当初，郑国都城南门下，门里的一条蛇和门外的一条蛇相斗，门里的蛇被咬死，而过了六年，郑厉公回国。鲁庄公听说此事，向大夫申繻询问究竟有无妖异（即反常怪异的现象）。申繻云，"妖由人兴也。人无衅焉，妖不自作。人弃常则妖兴"；其意是说，只要人没有毛病，妖异自己不能起来，人丢弃正道，妖异就会产生。《左传·僖公五年》记载，晋献公再次向虞国借道，以进攻虢国。虞大夫宫之奇劝国君勿应，说是"唇亡齿寒"，"虢亡，虞必从之"。国君说晋国是吾宗族，难道会害我吗？宫之奇说，晋献公尝杀其从祖昆弟桓叔、庄伯两族。国君又说，我祭神的祭品丰盛又清洁，神明一定会保佑我。宫之奇称，"鬼神非人实亲，惟德是依""神所冯依，将在德矣"，又引《周书》"皇天无亲，惟德是辅""黍稷非馨，明德惟馨"，来说明黍稷并非芳香的祭品，美德才是，上天对人没有私亲，只辅助有德行的人。概言之，《左传》认定上天鬼神眷顾、辅佑、赐福于德行善良的人，其天命观凸显了重德的取向。

　　《左传》又强调，赢得民心对获取天命有根本意义。桓公六年（前706）记载，楚武王侵随，示随人以疲弱，随少师董成恣惑国君追击楚军，而大夫季梁劝国君不要为楚国诱骗。季梁认为，小国有道才能抵抗沉溺于私欲的大国，所谓有道就是对百姓忠、对神明信；上边的人想着对百姓有利就是忠，祭祀的祝史真实不欺地祝祷就是信。随侯问道，我祭神的牺牲肥大而毛色纯正，黍稷也很丰盛，难道不能取信于神明吗？季梁说："夫民，神之主也，是以圣王先成民而后致力于神。"季梁的意思是说，老百姓才是神明的主人，因此圣王先在老百姓身上下功夫，而后才致力于神明。赢得百姓是获得天命福佑的条件，这跟《尚书》"民之所欲，天必从之"，"天视自我民视，天听自我民听"，"天聪明自我民聪明"等说法，[①] 显然又是相通的。

　　就上述两方面看，《左传》实际上是在天命的外壳中做着理性的反思，其天人观念后来成为儒家经学的核心内容之一；但本文以之为《左传》的经学质素，还有一个重要原因，即从某种意义上说，它为儒家经学的价值提供了超越性的保证，它解释了修行道德、遵循常道的必然性和必要性，对经学体系而言是不可或缺的。

　　皮锡瑞以《左氏》为史而非经，是一大误解，至少极为偏颇。《左传》

---

　　① 　此数语为《左传·襄公三十一年》、《孟子·万章上》、《诗经·大雅·烝民》郑笺所引《尚书·泰誓》之佚文。

何尝没有垂教立法之意呢？难道"王道之正，人伦之纪""惩恶而劝善"不是它的根本关怀吗？这里应该强调的是，本文认为《左传》具备经学质素，不是就它阐发《春秋》经义而言的，那是传统的思路。今人张高评先生曾说："《左传》之叙事，不独臻艺术之化境，饶文学之价值；且因以求义，经文可知，更富史学与经学之不朽价值焉。"①由此上推至有清，《四库全书总目》尝云："……有注、疏而后《左氏》之义明，《左氏》之义明而后二百四十二年内善恶之迹一一有征。后儒妄作聪明，以私臆谈褒贬者，犹得据传文以知其谬。则汉晋以来，藉《左氏》以知经义，宋元以后，更藉《左氏》以杜臆说矣。传与注、疏，均谓有大功于《春秋》，可也。"②再进一步上推至汉代，则桓谭说："《左氏传》于经，犹衣之表里，相待而成。经而无传，使圣人闭门思之，十年不能知也。"(《新论·正经》)古今学者多依这种传统观念来论说《左传》的经学价值，然而审视《左传》的经学质素，立场和取径则完全不同。

对古代文学研究者以及文学史家来说，一个重要的事实是，《左传》上述经学质素是现代"文学"所不能涵盖的(所以，几乎所有的古代文学研究或文学史著作都未将这一层面纳入视野)，却是《左传》作为"历史的文学"的基本品格，不将其纳入视野，则不能得到文学史的完整和真实。今天探讨这种质素也许有点枯燥，但可以使我们认识到，作为先秦叙事型文学的杰作，《左传》表明文学曾直接、强烈地关注现实社会和人生，关注人们的行为、人际关系和社会秩序，简单说来，《左传》说明那个时代的文学肩负着直接引导社会人生的道义和责任。孔子说："治国而无礼，譬犹瞽之无相与！伥伥乎其何之？譬如终夜有求于幽室之中，非烛何见？若无礼，则手足无所措，耳目无所加，进退揖让无所制。"(《礼记·仲尼燕居》)荀子云："人无法，则伥伥然；有法而无志其义，则渠渠然(不宽泰貌)；依乎法而又深其类，然后温温然(润泽貌)。"(《荀子·修身》)礼法

---

① 张高评：《左传之文学价值》，148～149 页，台北，文史哲出版社，1982。

② 〔清〕纪昀等：《钦定四库全书总目》卷二十六经部春秋类一，329～330 页，北京，中华书局，1997。

之重要性如此，而《左传》参与了儒家这一为世人立法、为世人送去辅相和光明的文学及文化的进程。与此同时，《左传》的经学质素作为其文学特性的一部分，又显示出历史上的"文学"可以具有批判世俗的超越性的姿态。世俗的权势，从天子、诸侯到卿大夫士，世俗的人际关系，从君臣、父子到兄弟、夫妻、婆媳等，均在被审视被批判之列。这种批判并非刻意违拗世俗社会和人生，因为它持守着更高的理想和价值，其意图在于促进并引导社会人生向这种理想和价值前进。在先秦两汉时期乃至整个中国古代，士大夫在文学写作中对经学质素的持守，往往就意味着一种批判性的品格。

当这种功能和品格从"文学"这个范畴内淡出或者被剥除以后，古代文学研究（尤其是先秦两汉文学研究）以及相关的历史书写，就常常满足于从那蕴含无限人生智慧以及深厚社会关怀的典籍身上，剥取片片华丽而空疏的外壳，就常常漂浮在历史表层乃历史之外，随处可见的是跟历史存在背离的假说或臆想。这与真正把握历史有相当遥远的距离。

三、《左传》的文学特性之二：史学质素

史学质素是《左传》超出现代"文学"观念的又一个重要层面，却同样为当时的"文学"所涵盖；"文学"而具史学质素，这同样也不奇怪，因为当时的史学尚未从"文学"中析出和独立。这一层面的分析将进一步显示，历史上的"文学"存在包含远比现代"文学"观念丰富和复杂的内容。具体说来，《左传》文学特性中包括哪些史学质素呢？

其一，从现代学术立场上看，"历史学并不以揭示物理世界的以往状态为目的，而是要揭示人类生活和人类文化的已往阶段"[①]。这是历史学最一般层面的特质。《左传》记录了鲁隐公元年（前722）至鲁哀公二十七年（前468）华夏各国生活和文化的"已往状态"，其具备历史学的基本追求和质性，是不言而喻的。

---

① ［德］恩斯特·卡西尔：《人论》，甘阳译，224页，上海，上海译文出版社，1985。

其二，从现代学术立场上看，史学更深一层的特质是坚持事实。尽管史学所提供的事实包含着创作主体复杂的判断过程，可事实不仅是史学的开始，而且在某种意义上还是史学的归宿。①《左传》是坚持事实的，当然这也要历史地看。看起来，它记载了种种怪诞离奇的事件，比如形形色色奇异的梦等，然而这些事件也往往是作者判断中的"事实"。一如梁启超所说："……《左传》里有许多灾怪离奇的话，当然不能相信，但春秋时代的社会心理大概如此。"②史学追求的事实只能是主体认定的事实，我们不能因为主体的认定出现了错谬，就遽然断定他不坚持事实，这是两个不同性质的问题。

在坚持事实方面，《左传》显示了中国文学自身的特色。古代史官修史，处理材料、评论史事、褒贬人物等各有原则和体例，被称为"书法"；"书法不隐"是史官记事的传统，也是《左传》以事实为归宿的表征。《左传·襄公二十五年》记载，齐权臣崔杼弑其君庄公，"大史书曰：'崔杼弑其君。'崔子杀之。其弟嗣书而死者二人。其弟又书，乃舍之。南史氏闻大史尽死，执简以往。闻既书矣，乃还"。《左传》对这种不惜一死、秉笔直书的史官充满了敬仰。《左传·宣公二年》记载，晋灵公不君，赵盾屡次劝谏，灵公想置之于死地。赵盾逃亡至边境山地，尚未出境，其侄赵穿杀死了灵公。赵盾于是回国。大史董狐责其身为正卿，"亡不越竟，反不讨贼"，而书曰，"赵盾弑其君"。《左传》作者借孔子之口说："董狐，古之良史也，书法不隐。赵宣子，古之良大夫也，为法受恶。惜也，越竟乃免。"可见作者认同孔子提倡的"书法不隐"的传统。弑灵公者本是赵穿，修史者则说是赵盾，这说明写作主体依据"书法"来评判人物和事件，有时相当复杂。在赵盾这个例子中，与其说史官违背了事实，不如说他是依据"书法"书写了事实。

其三，从现代学术立场上看，史学更深一层的特质，是致力于从纷

---

① ［德］恩斯特·卡西尔：《人论》，甘阳译，220～221 页，上海，上海译文出版社，1985。

② 〔清〕梁启超：《中国历史研究法（补编）》，《饮冰室合集》专集之九十九，136 页，北京，中华书局，1989。

繁复杂的历史现象、历史人物与事件背后，把握将其联系在一起的同一
性。一如梁启超所云："……善治史者，不徒致力于各个之事实，而最要
著眼于事实与事实之间。"①《左传·庄公三十二年》记载：

> 秋七月，有神降于莘（指虢地）。惠王问诸内史过曰："是何故
> 也？"对曰："国之将兴，明神降之，监其德也；将亡，神又降之，观
> 其恶也。故有得神以兴，亦有以亡。虞、夏、商、周皆有之。"王曰：
> "若之何？"对曰："以其物享焉，其至之日，亦其物也。"王从之。内
> 史过往，闻虢请命（指闻虢请于神，求赐土田），反曰："虢必亡矣，
> 虐而听于神。"
>
> 神居莘六月。虢公使祝应、宗区、史嚚享焉（杜预注，祝指太
> 祝，宗指宗人，史指太史）。神赐之土田。史嚚曰："虢其亡乎！吾
> 闻之，国将兴，听于民（指政顺民心）；将亡，听于神（指求福于神）。
> 神，聪明正直而壹者也，依人而行（指唯德是与）。虢多凉德（即薄
> 德、缺少仁义），其何土之能得！"

内史过对周惠王说虢国将亡，原因是虢公虐民而求福于神，虢国太史嚚
也认为虢国将亡，原因是政治不顺民心，而求福于神。此事发生在公元
前 662 年，至鲁僖公二年（前 658）夏，晋献公假道于虞以伐虢，克下阳，
北虢遂亡。依《左传》作者之见，内史过和史嚚之说具有不可质疑的必然
性，虢公求神之事和他数年之后亡国，就是被这种必然性联系在一起的。
《左传》屡屡张扬这种先民后神之意，视之为兴亡沉浮的关键。桓公六年
（前 706）记随大夫季梁谓"夫民，神之主也"，此处记虢国太史嚚谓"国将
兴，听于民；将亡，听于神"，哀公元年（前 494）记陈逢滑谓"国之兴也，
视民如伤，……其亡也，以民为土芥"，均可贯穿很多人物和事件，是作
者把握的深层的历史"同一性"。

---

① 〔清〕梁启超：《中国历史研究法》，《饮冰室合集》专集之七十三，100 页，北京，
中华书局，1989。

再看《左传·隐公十一年》：

> 郑、息有违言（指因语言不合而失和）。息侯伐郑。郑伯与战于
> 竟，息师大败而还。君子是以知息之将亡也。不度德（杜注：郑庄
> 贤），不量力（杜注：息国弱），不亲亲（杜注：郑、息，同姓之国），
> 不征辞（即不证验其言辞），不察有罪，犯五不韪而以伐人，其丧师
> 也，不亦宜乎！

引文中的君子之评，同样凸显了作者对历史同一性的关注。就其一端以
言之，"度德"在《左传》中简直可以统摄一切人物和事件，今胪列部分典
型例证于下：

> 隐公四年（前719）：鲁大夫众仲曰："夫州吁弑其君，而虐用其
> 民，于是乎不务令德，而欲以乱成，必不免矣。"
> 隐公十一年（前712）：君子谓郑庄公于是乎有礼。礼，经国家，
> 定社稷，序民人，利后嗣者也。许无刑（法）而伐之，服而舍之，度
> 德而处之，量力而行之，相时而动，无累后人，可谓知礼矣。
> 隐公十一年（前712）：王取邬、刘、蒍、邗之田于郑，而与郑
> 人苏忿生之田：温、原、絺、樊、隰郕、攒茅、向、盟、州、陉、
> 隤、怀。君子是以知桓王之失郑也。恕而行之，德之则也，礼之经
> 也。己弗能有而以与人，人之不至，不亦宜乎！
> 闵公二年（前660）：二年，春，虢公败犬戎于渭汭。舟之侨曰：
> "无德而禄，殃也。殃将至矣。"遂奔晋。
> 僖公三年（前657）：楚人伐郑，郑伯欲成。孔叔不可。曰："齐
> 方勤我（杜注：勤，恤郑难），弃德不祥。"
> 僖公四年（前656）：齐侯曰："以此众战，谁能御之？以此攻
> 城，何城不克？"对曰："君若以德绥诸侯，谁敢不服？君若以力，楚
> 国方城以为城，汉水以为池，虽众，无所用之。"
> 僖公五年（前655）：虞公曰："吾享祀丰洁，神必据我。"宫之奇

对曰："臣闻之，鬼神非人实亲，惟德是依。故《周书》曰：'皇天无亲，惟德是辅。'又曰：'黍稷非馨，明德惟馨。'又曰：'民不易物，惟德繄物。'如是，则非德民不和，神不享矣。神所冯依，将在德矣。若晋取虞，而明德以荐馨香，神其吐之乎？"虞公弗听，许晋使。宫之奇以其族行，曰："虞不腊矣，在此行也，晋不更举矣。"

僖公七年(前653)：管仲言于齐侯曰："臣闻之，招携以礼，怀远以德，德、礼不易，无人不怀。"

僖公十四年(前646)：冬，秦饥，使乞籴于晋，晋人弗与。庆郑曰："背施无亲，幸灾不仁，贪爱不祥，怒邻不义。四德皆失，何以守国？"

僖公二十四年(前636)：郑之入滑也，滑人听命。师还，又即卫。郑公子士泄、堵俞弥帅师伐滑。王使伯服、游孙伯如郑请滑。郑伯怨惠王之入而不与厉公爵也，又怨襄王之与卫、滑也，故不听王命而执二子。王怒，将以狄伐郑。富辰谏曰："不可。臣闻之，大上以德抚民，其次亲亲以相及也。……弃德、崇奸，祸之大者也……"

自然，主体对历史同一性的判断也深受传统的影响，比如，他高扬礼，认为顺礼者昌，背礼者亡，这跟周代礼乐文明有极深刻的联系，其确当性有一定的商榷空间，但主体追求历史现象后面的统一性则是毋庸置疑的事实。这是《左传》"历史的文学"特性中最深层的史学质素。

四、再谈古代文学研究与文学史书写问题

《左传》继《春秋》之后，发展了中国记事文学兼具史学、文学和经学质素的独特精神，这些质素均属于当时的"文学"，置身于现代语境中，

我们必须一次次提醒自己这就是历史。① 也许你厌恶这样一种文学，因为它不像现代学术中的"文学"那样轻松可玩，但你必须承认这就是历史上的"文学"。

梁启超曾勾画过从史学、经学、文学三个方面来研习《左传》的立场和方法。他说："吾侪今日治《左传》，最好以社会学者的眼光治之：不斤斤于一国一事件之兴亡得失，而多注意于当时全社会共同现象。例如，当时贵族阶级如何受教育法？所受者为何种教育？当时贵族政治之合议组织如何？其政权授受程序如何？当时地方行政状况如何？当时国际交涉之法例如何？当时财产所有权及其承袭与后来之异同奚若？当时婚姻制度与后来之异同奚若？当时人对于自然界灾变作何等观念？当时可称为宗教者有多少种类？其性质何如？……"他从现代学术立场上认定以这些问题来研究《左传》，是"史学家应采之通法，无论读何史皆可用之"。② 梁启超又说："《左传》自宋以来，列于五经，形成国民常识之一部。故虽非专门史学家亦当一读。其中嘉言懿行，有益修养及应世之务者不少。宜闇记或钞录之。"③很明显，从这些方面来研习《左传》，乃是采取经学的立场和方法。梁启超还说："《左传》文章优美，其记事文对于极复杂之事项——如五大战役等，纲领提挈得极严谨而分明，情节叙述得极委曲

_____

① 有几个问题需要说明：其一，本文中跟"史学""经学"并提的"文学"，非用其历史上的意义，而是用其现代学术中的内涵；本文用来统摄史学质素、经学质素、文学质素的"文学"，则是用汉以前该范畴的含义。二者有联系又有区别，敬请留意。"文学"之含义或仅仅与"史学"等并列，或高于"史学"和"经学"等，显示了两种不同的历史和逻辑层面。其二，用"经学"这一范畴来描述《史记》超出现代"文学"和"史学"意义的质性，是一件无可奈何的事情，因为在中国学术之大统中，"经学"跟"文学""史学"有千丝万缕的勾连和混杂，现代学术中则没有"经学"的实存。本文认为，在明确界定的情况下，这个概念是最好的选择。其三，鉴于篇幅，本文没有一一申明《左传》合乎现代"文学"理念的质性；其实近代以来的文学史往往只关注这一层面，也不必详论。

② 〔清〕梁启超：《要籍解题及其读法》，《饮冰室合集》专集之七十二，59 页，北京，中华书局，1989。这种方法顾颉刚亦颇采用之，参见顾颉刚：《春秋三传及国语之综合研究》，92～93 页，成都，巴蜀书社，1988。

③ 〔清〕梁启超：《要籍解题及其读法》，《饮冰室合集》专集之七十二，59～60 页，北京，中华书局，1989。

而简洁,可谓极技术之能事。其记言文渊懿美茂,而生气勃勃,后此亦殆未有其比。又其文虽时代甚古,然无佶屈聱牙之病,颇易诵习。故专以学文为目的,《左传》亦应在精读之列也。"①从这些方面来研习《左传》,则是采取现代学术中"文学"的立场和方法了。梁氏的观点与本文有一个根本差别,即他有蔽于《左传》实以先秦"文学"之一体,而兼括史学、文学及经学三层特性的事实,以故对此鲜有发明;换言之,他没有抓住"历史的文学",因此也不足以建构"文学的历史"。就此种意义而言,梁启超深刻地表现了 20 世纪《左传》与先秦两汉文学研究以及文学史书写的偏蔽。

  本文不是说《左传》具备经学、史学等质素,而是强调,从历史上看,《左传》的"文学"特性就包含着经学、史学等质素,甚至以此为最根本的特性(当然,作为"文学"存在,《左传》还包括通常我们从它那里看到的那些文学质素,其中也包含它作为"历史的文学"的特性),这才是关于《左传》以及先秦文学的一种历史的表达——既关乎这一独特的个案,又关乎它的文学史叙述。也就是说,无论是个案研究还是文学史书写,都应该明确,《左传》是先秦的一种"文学"存在(这是历史事实,不是由后人认定的),它兼备现代学术意义上"文学"和"史学"的一些重要质素,还具有诸多超出两者的特性,本文将其概括到"经学"范围内。这三种质素构成了《左传》这一特定的"历史的文学"的实体——至少是构成了其最基本的部分,并在这一实体中复杂地勾连着:其一,史学质素潜在地制约着文学与经学质素,因为客观倾向排斥主观倾向(文学质素是偏于个体的主观,经学质素则是偏向于社会群体的主观)。其二,经学质素潜在地制约着文学、史学质素,因为倾向于规范个体成员乃至全社会的政教伦理主题,不仅从一定程度上遏制个性的张扬,而且从一定程度上排斥对事物

————————

  ① 〔清〕梁启超:《要籍解题及其读法》,《饮冰室合集》专集之七十二,60 页,北京,中华书局,1989。

及事件的"自由公正的评判"。① 荀子云："礼者，人道之极也。然而不法礼，不足礼，谓之无方之民；法礼，足礼，谓之有方之士。礼之中焉能思索，谓之能虑；礼之中焉能勿易，谓之能固。能虑、能固，加好者焉，斯圣人矣。……圣人者，道之极也。故学者，固学为圣人也，非特学为无方之民也。"(《荀子·礼论》)这段话，典型地反映了经学的独特要求以及它排斥其他思想判断的倾向。其三，文学质素从一定程度上冲击着史学和经学质素，因为个人情感及其修辞风格、个性等，倾向于冲突史学之客观取向及经学的规范约束。这就是《左传》作为历史上的"文学"实体所蕴含的复杂内涵。

本文的最大关注不是讨论《左传》，而是要通过剖析这一典型个案，研讨如何建构古代文学(尤其是先秦两汉文学)的研究及其历史叙述。审视《左传》的理念和方法具有超出《左传》本身的普遍意义。

首先，它是从文学史立场上观照《史记》和《汉书》等史官记事文、汉代大赋、汉代政论文及其发展轨迹的重要参考。《史记》和《汉书》具有跟《左传》相似的"文学"特性，即均包括现代人视野中的文学质素以及不被现代人纳入文学视野的史学和经学质素，在个案认知上，它们是贯通而一致的。② 而历时考察这三种要素的起伏消长，可以建构"文学"发展的一个具体而真实的历史，简言之，即由《左传》到《史记》再到《汉书》，被现代人纳入文学视野的质素先是急剧膨胀，继而又严重萎缩，而不被现代人纳入文学视野的史学和经学质素则先是相对萎缩，继而再趋高涨，文学并没有朝着现代人认同的"文学"方向前进。在某些历史阶段和历史

① 卡西尔说："我们在一个伟大的历史学家著作的字里行间感受到的个人风格，并不是情感的或修辞学的风格。一种修辞学的风格可以有许多优点，它可以感动和取悦读者，但却没有抓住主要之点：它不可能把我们引向对事物和事件的直观以及自由公正的评判。"([德]恩斯特·卡西尔：《人论》，甘阳译，241～242 页，上海，上海译文出版社，1985)这一论述，首先可以用来解释《左传》文学质素与史学质素的冲突。但经学质素影响于史学质素，与文学要素有某种相似之处。

② 对《史记》的研讨，可参阅常森：《史学、文学、经学：〈史记〉特质三层》，《国际中文研究》第 2 辑，马来西亚，博特拉大学出版社(UNIVERSITY PUTRA MALASIA PRESS)，2001；以及常森：《〈史记〉，那个时代的"文学"》，《文史知识》，2009(3)。

层面上，文学的发展表现为"文学"的萎缩或反动（显然，后一个"文学"是就现代人的认知标准而言的），这几乎是所有文学史都没有确切呈现的史实。而先秦两汉史家记事文凸显的这一历史脉络同样见于汉代政论文以及大赋领域，因此，这才是"文学"发展的真实轨迹。①

其次，它对检讨先秦诸子文的文学特性、复原它们在"历史的文学"中的地位，也有一定的参考价值。先秦诸子文跟史家记事文一样，原本是文学的核心构成部分。前引王充《论衡》之说，明确地显示了春秋末至东汉所谓"文"的含义，其中诸子文领有相当重要的位置。但现代学者同样只是把诸子文的部分质素纳入文学视野中。比如，郑振铎说，先秦诸子和史传虽"带文学性质"，但并不就是文学。② 他声称要"写一部比较的足以表现出中国文学整个真实的面目与进展的历史"，经十余载整理就绪，成《插图本中国文学史》一书，1932 年由北平朴社刊行于世。③ 该书先秦部分对《诗经》《楚辞》的论述比较细致深入；对散文则从汉字起源叙起，依次简单考察了甲骨刻辞、钟鼎刻辞、"最早的誓诰的总集"《尚书》，以及"古代神话与传说的渊薮"《山海经》等，之后于《道德经》《论语》《墨子》《孟子》《荀子》《庄子》《韩非子》、苏子、张子等诸子之文，于《春秋》《左传》《国语》《国策》等记事之文，论析极为疏略。这不是"历史的文学"与"文学的历史"的真相，而仅仅是现代文学观的简单映射（"历史的文学"与"文学的历史"都要借助人来昭示，却不以人的意志为转移）。似乎人们早已忘记了真正的历史，且习以为常，心底坦然。1929 年闻一多在《新月》第二卷第九期（1929 年 11 月 10 日）上发表《庄子》一文，揭出"庄子是一位哲学家，然而侵入了文学的圣域"。④ 像他这样为《庄子》争文学地盘，与其说是现代学者的多情，不如说是现代学者的健忘，所谓知今而不知古者也。

---

① 关于汉赋方面的讨论，参见常森：《〈两都赋〉新论》，《北京大学学报（哲学社会科学版）》，2007(1)。

② 郑振铎：《中国文学研究的重要书籍介绍》，《郑振铎古典文学论文集》，39 页，上海，上海古籍出版社，1984。

③ 郑振铎：《插图本中国文学史·自序》，2 页，北京，人民文学出版社，1957。

④ 孙党伯、袁謇正：《闻一多全集》第 9 卷，8 页，武汉，湖北人民出版社，1994。

《庄子》等诸子之文原本就在"文学"之中，那是历史，它凸显了"历史的文学"与"文学的历史"的特性。至于那样一种文学如何经历沧桑，成为闻一多、郑振铎们眼中的这样一种文学，正是文学史家应该追寻的。

古代文学研究与文学史书写，必须立基于文学发展的真实历史。现代研究者或文学史家往往以现代"文学"观念为框架，来解析古代之作品，或者书写其发展轨迹，可在这种"文学"观念形成的两千多年前，中国的"文学"——其理念以及实际——已经产生了，并且在沿着自己的路子发展，古代文学研究与文学史书写由此无以回避一个重大问题，即如何面对历史的和现代的两种"文学"。毫无疑问，二者只有充分"对话"，才能互相认识。在研讨"历史的文学"时，单让现代的"文学"观念发言是绝对不够的，只有在"历史的文学"同样充分发言的情况下，我们才能把握"历史的文学"的特性，以及"文学的历史"的完整性和丰富性，才能建构起接近真相的文学研究及其历史叙述。就好比要把握《左传》的文学特性，既需要尊重现代"文学"观念的发言权，又需要切实关怀传统的"文学"观念及历史存在，通过双向对话和交流，才能历史地把握《左传》这个"文学"实存以及由它所关联的历史。现代研究者或文学史家习惯于用现代"文学"观念，统摄过往的数千年（这其实是奉行"绝对文学观"，或者说把现代"文学"观念绝对化）。这样做不可能实现此"文学"与彼"文学"的对话，不可能充分认识对方，文学的真实历史也只能是一片惘然。奉行"绝对文学观"只能肢解并遗弃文学的主体，对于先秦两汉"文学"来说，尤其是如此。这就是研究古代文学、书写古代文学史需要遵循"相对文学观"的根本原因。

不管我们是否看得见"历史的文学"，它们都在那里；不管我们写不写文学史，它都以它自己的方式存在。遵循"相对文学观"当是找到真相的基石，它意味着如何研究"历史的文学"，以及如何建构"文学的历史"。在这两个问题没有很好解决的情况下，古代文学研究以及古代文学史书写只能是一种实质性的重复。多年以前，学界就曾响起过"重写文学史"的热烈呼声，但从 20 世纪五六十年代以来，成熟的文学史书写模式确立以后，中国文学史可能还没有被实质性地重写过。

《孟子》尧、舜故事与《尚书·尧典》的流变①

中国人民大学　徐建委

一、引言

战国诸子著作引用历史故事，《诗》《书》断句，格言谚语乃至于神话传奇，以此作为其理论的阐发或引申，是很常见的现象。这些引用的素材，除去那些著作者自著或杜撰的部分，其他的材料当在各子书成书之前就已经存在了。从一定角度来看，它们属于战国子书知识背景的构成成分之一。如果加以仔细辨析、考索，我们至少会对各子书撰述时代前后知识的类型、形态、流传、积累等问题有一个粗线条的了解，同时也会对各子书是如何选择、使用、记录既有知识的这一问题有较为明确的认识。

在战国诸子中《孟子》七篇的成书相对较早，尤其是在儒家系统中，它更是流传至今、保存相对完整的重要著作。随着郭店楚简和上海博物馆藏战国楚竹书的面世，七十子时期的学术和思想已经初露峥嵘，越来越引起了学术界的关注。楚简的出现，也促使我们重新审视传世文献对早期材料的保存，如今天对《礼记》中材料的认识，就与几十年前大不一样了。《孟子》是离七十子时期最近的儒家文献，其中使用的素材不仅是

① 基金项目：国家社科基金重大项目"易代之际文学思想研究"，项目批准号 14ZDB073。

当时知识背景的反映，也部分地显示了七十子之后孔门学术在社会上的流传情况。

孟子时代的文献种类、流传等问题，我们今日已不可能有准确的了解了。其实际之面貌，也绝非我们今日所见传世战国文献之情形。出土战国文献在书写形式上与传世文献有许多不同，但我们依然不能够据之断言孟子所见完全如是。物质文本的形式已不可了解，但文献类型、知识流传的概貌，我们还是可以通过《孟子》一书窥豹之一斑。孟子所据知识，除了耳闻外，当还有目见，尤其是有关舜、文王和孔子的事迹，孟子常有文字的征引。故知孟子所据亦多有著于竹帛之文献。孟子所见竹帛文书，经历了战国秦汉，会发生一定的变化，有的已在秦的焚书中湮灭。同时，口头流传的知识在后代某个时刻也许会被记录下来，形成物质文本。幸运的是，《汉书·艺文志》为我们提供了一个基本的参照，使我们可以据之判断孟子之后文献的变化情形。《汉书·艺文志》所载古书，虽经过了刘向父子等人的汰选、校勘、重订，但也大体能够反映战国秦汉间文献的基本类型。如果再参以《礼记》《荀子》《吕氏春秋》《新书》《尚书大传》《韩诗外传》《春秋繁露》《史记》《新序》《说苑》等文献的载录，我们亦可对孟子之后儒家的知识系统之流变有所了解。

因此，《孟子》一书不仅在思想史上有着举足轻重之地位，在文献与知识系统流变的历史中，也处于从七十子向秦汉儒学过渡的关键位置。本文正是基于以上思考，在早期材料的流传、累积的视野下，对《孟子》一书的知识背景做些初步的探究，以期有所发明，并求教于诸方家。

本文的问题思考，乃是从孟子的圣人系谱开始的。《孟子·尽心下》记载：

> 孟子曰："由尧舜至于汤五百有余岁，若禹、皋陶则见而知之，若汤则闻而知之。由汤至于文王五百有余岁，若伊尹、莱朱则见而知之，若文王则闻而知之。由文王至于孔子五百有余岁，若太公望散宜生则见而知之，若孔子则闻而知之。由孔子而来至于今百有余岁，去圣人之世若此其未远也，近圣人之居若此其甚也，然而无有

乎尔，则亦无有乎尔！"①

孟子叙述圣人系谱，所列以尧、舜、汤、文王、孔子五人为核心，可见其圣人标准。但是仔细审查今本《孟子》七篇，却发现尧、汤二君虽屡被提及，但有关此二人的具体言语或故事却很少，真正被孟子反复引述的其实是舜、文王、孔子的言语或事迹。孟子最为倾慕的圣人也正是舜、文王二人。《离娄下》更有简化的圣谱：

> 孟子曰："舜生于诸冯，迁于负夏，卒于鸣条，东夷之人也。文王生于岐周，卒于毕郢，西夷之人也。地之相去也千有余里，世之相后也千有余岁，得志行乎中国，若合符节，先圣后圣，其揆一也。"②

在这里，孟子将其推崇的圣人系谱简化为舜和文王。实际上，这两位古代圣王的史迹也是《孟子》一书中最为乐道的。是孟子厚此薄彼吗？恐怕不是，武王、周公没有进入孟子的圣谱，才算是好恶取舍的不同。既然一千六百年中孟子仅列了五人的圣谱，怎会又有厚薄之分？这恐怕要从其时的文献类型、知识流传的角度去解惑了。

二、《孟子》中的尧故事与《尧典》篇章顺序的变化

尧、舜是孟子圣人系谱中的第一级。《孟子》一书中，二圣往往并提，但一涉及相对具体些的史迹，舜明显多于尧。虽然《孟子》的引述涉及《书》、《传》乃至传说之"语"，但其所述尧、舜事迹，却并未超出今本《尧典》的叙事范围。若对比《孟子》与西汉今文《尚书》，我们或可以对战国、西汉之间尧、舜故事及《尧典》的流变，略窥一二。

---

① 〔清〕焦循：《孟子正义》，沈文倬点校，1034～1037 页，北京，中华书局，1987。
② 〔清〕焦循：《孟子正义》，沈文倬点校，537～540 页，北京，中华书局，1987。

先从尧开始。尧是儒、墨二家经常提到的古圣王，但多数文献往往笼统论之，遍索先秦乃至西汉文献，具体述及尧事迹的古书并不多，多数都属"没有事迹而加美之辞"①。从《汉书·艺文志》所录书目分析，以尧为主要叙述对象之一的文献，到西汉时，应只有《尚书古文经》《尚书今文经》《尚书传》《世本》《太古以来年纪》五种。

《世本》《太古以来年纪》属于谱录一类文献，内容当非常简略。《太古以来年纪》只有两篇，且已亡逸。《世本》十五篇，虽原书不存，但其特点我们却可以得知，除了其文尚有遗存外，司马迁《史记》、韦昭《国语注》多以《世本》为据，《史记》述及古帝王及诸侯早期的世系，即主要依据了《世本》。此书有宋衷注本四卷，见于《隋书·经籍志》及新、旧《唐志》，故其唐代尚有流传。《尚书正义》曰："《帝系》《本纪》《家语》《五帝德》皆云少昊即黄帝子青阳是也；颛顼，黄帝孙、昌意子；帝喾高辛氏，为黄帝曾孙、玄嚣孙、侨极子；尧为帝喾子；舜为颛顼七世孙。此等之书，说五帝而以黄帝为首者，原由《世本》经于暴秦，为儒者所乱；《家语》则王肃多私定；《大戴礼》《本纪》，出于《世本》，以此而同。"孔颖达等人能够见到《世本》，故其说可信。由此知《史记·五帝本纪》之世系本于《世本》，而今传《大戴礼记·五帝德》《帝系》两篇也多据《世本》。由此我们知道以下几则材料出于《世本》：

> 《史记·五帝本纪》：帝喾娶陈锋氏女，生放勋。娶娵訾氏女，生挚。帝喾崩，而挚代立。帝挚立，不善（崩），而弟放勋立，是为帝尧。
>
> 帝尧者，放勋。其仁如天，其知如神。就之如日，望之如云。富而不骄，贵而不舒。黄收纯衣，彤车乘白马。能明驯德，以亲九族。九族既睦，便章百姓。百姓昭明，合和万国。②
>
> 《大戴礼记·五帝德》：宰我曰："请问帝尧。"孔子曰："高辛之

① 顾颉刚：《论尧舜伯夷书》，《古史辨》，43 页，上海，上海古籍出版社，1982。
② 〔汉〕司马迁：《史记》，14～15 页，北京，中华书局，1959。

子也，日放勋。其仁如天，其知如神，就之如日，望之如云。富而
不骄，贵而不豫。黄黼黻衣，丹车白马，伯夷主礼，龙、夔教舞，
举舜、彭祖而任之，四时先民治之。流共工于幽州，以变北狄；放
驩兜于崇山，以变南蛮；杀三苗于三危，以变西戎；殛鲧于羽山，
以变东夷。其言不贰，其行不回，四海之内，舟舆所至，莫不
说夷。"①

　　《帝系》：黄帝产玄嚣，玄嚣产蟜极，蟜极产高辛，是为帝喾。
帝喾产放勋，是为帝尧。②

　　故《世本》并不仅仅是谱录之书，还有《五帝德》这类的材料。当然，《世
本》这类先秦文献传至西汉，其中有所窜乱、讹变、缺失、增益都在所难
免。但其叙事的基本要素不太可能发生根本变化，如尧为帝喾之子、尧名
放勋、尧娶散宜氏女，这些基本的要素，就不会有大的改变。《汉书·艺文
志》曰《世本》记"古史官记黄帝以来讫春秋时诸侯大夫"，它的成书年代当
在战国，可能早于孟子，也可能晚于孟子。但其中所述内容，不可能一
下子出现于战国，应有早期文本或口头传说的依据。就孟子而言，他对
此当有了解。但今传《孟子》书中没有与尧之世系有关的叙述，故此类材
料不为孟子所引据。

　　《孟子》一书涉及尧行迹之处，只在《滕文公上》《滕文公下》《万章上》
三篇中，且均与《尚书·尧典》有关，它们分别是：

　　《滕文公上》：当尧之时，天下犹未平，洪水横流，氾滥于天下，
草木畅茂，禽兽繁殖，五谷不登，禽兽偪人，兽蹄鸟迹之道交于中
国。尧独忧之，举舜而敷治焉。舜使益掌火，益烈山泽而焚之，禽
兽逃匿。禹疏九河，瀹济、漯而注诸海，决汝、汉，排淮、泗而注
之江，然后中国可得而食也。当是时也，禹八年于外，三过其门而

---

①　〔清〕王聘珍：《大戴礼记解诂》，王文锦点校，121～122 页，北京，中华书局，1983。
②　〔清〕王聘珍：《大戴礼记解诂》，王文锦点校，126 页，北京，中华书局，1983。

不入，虽欲耕得乎？后稷教民稼穑，树艺五谷，五谷熟而民人育。人之有道也，饱食暖衣、逸居而无教，则近于禽兽。圣人有忧之，使契为司徒，教以人伦：父子有亲，君臣有义，夫妇有别，长幼有叙，朋友有信。放勋曰："劳之来之，匡之直之，辅之翼之，使自得之，又从而振德之。"圣人之忧民如此，而暇耕乎？尧以不得舜为己忧，舜以不得禹、皋陶为己忧。……孔子曰："大哉尧之为君！惟天为大，惟尧则之，荡荡乎民无能名焉！君哉舜也！巍巍乎！有天下而不与焉。"①

《滕文公下》：当尧之时，水逆行，汜滥于中国，蛇龙居之，民无所定，下者为巢，上者为营窟。《书》曰："洚水警余。"洚水者，洪水也。②

《万章上》：咸丘蒙问曰："语云：盛德之士，君不得而臣，父不得而子。舜南面而立，尧帅诸侯北面而朝之，瞽瞍亦北面而朝之。舜见瞽瞍，其容有蹙。孔子曰：'于斯时也，天下殆哉岌岌乎！'不识此语诚然乎哉？"孟子曰："否。此非君子之言，齐东野人之语也。尧老而舜摄也。《尧典》曰：'二十有八载，放勋乃徂落，百姓如丧考妣，三年，四海遏密八音。'孔子曰：'天无二日，民无二王。'舜既为天子矣，又帅天下诸侯以为尧三年丧，是二天子矣。"③

上述三处均出自孟子或其弟子之口，与《尧典》所载对比，即可发现，这三则事迹均在《尧典》叙事范围之内。

《滕文公上》描述了尧举舜为政，舜以益、禹、后稷、契各自治理山泽、洪水、五谷、人伦之事，今见《尧典》尧"徂落"之后。

《滕文公下》描述尧时洪水之灾，《尧典》中亦有相关叙述。

《万章上》描述舜即帝位之事，出于当时之"语"，但依然与《尧典》"正

① 〔清〕焦循：《孟子正义》，沈文倬点校，374～391页，北京，中华书局，1987。
② 〔清〕焦循：《孟子正义》，沈文倬点校，447页，北京，中华书局，1987。
③ 〔清〕焦循：《孟子正义》，沈文倬点校，633～637页，北京，中华书局，1987。

月上日，受终于文祖……既月乃日，觐四岳群牧，班瑞于群后”的记载相关。

除了上述相关之外，《孟子》书中的叙述与今本《尧典》还有两处很大不同。

其一，益、禹、后稷、契为政，《孟子》云在尧时，尧举舜，舜使为之。但《尧典》记载则是在尧死之后。

其二，孟子所见《尚书》有“放勋曰：‘劳之来之，匡之直之，辅之翼之，使自得之，又从而振德之’”“《书》曰：‘洚水警余’”二句，今本《今文尚书》未见。从其记载来看，这两句话是尧之言辞，当出于古《尧典》。①

值得注意的是，《尚书大传》记载“尧使契（或弃）为田”②。《淮南子·齐俗训》载曰：“故尧之治天下也，舜为司徒，契为司马，禹为司空，后稷为大田师，奚仲为工。”《史记·周本纪》亦曰：“帝尧闻之，举弃为农师，天下得其利，有功。”《说苑·君道》：“当尧之时，舜为司徒，契为司马，禹为司空，后稷为田畴，夔为乐正，倕为工师，伯夷为秩宗，皋陶为大理，益掌驱禽。”上述文献所述尧时代的事迹，其时间顺序与《孟子》相同。可见战国秦汉时代，《尧典》还有另外一种不同于今本的排列方式，即舜命禹、益、弃等人的部分在尧崩之前。

除了《孟子》之外，战国文献对尧的称述，大体分为两大系统：儒墨的《尧典》系统和道家的虚拟系统。儒墨的《尧典》系统所述尧之事迹，主要在今本《尧典》叙事范围之内。《左传·文公十八年》载太史克曰：

> 高辛氏有才子八人，……此十六族也，世济其美，不陨其名。以至于尧，尧不能举。舜臣尧，举八恺，……举八元，……昔帝鸿

---

① 又，“放勋曰劳之来之，匡之直之，辅之翼之，使自得之，又从而振德之”一句，《唐石经》作“放勋曰”，焦循《孟子正义》引臧琳《经义杂记》，判“曰”字误。《唐石经》是北宋《九经》刊本之经文祖本，唐代经数次校理之结果，故没有早期版本依据情况下，本文从《唐石经》。

② 〔汉〕伏胜：《尚书大传》，〔汉〕郑玄注，〔清〕陈寿祺辑校，《中国经学史基本丛书》第1册，10页，上海，上海书店出版社，2012。

氏有不才子，……少暤氏有不才子，……颛顼氏有不才子，……此三族也，世济其凶，增其恶名，以至于尧，尧不能去。缙云氏有不才子，……天下之民以比三凶，谓之饕餮。舜臣尧，宾于四门，流四凶族，浑敦、穷奇、梼杌、饕餮，投诸四裔，以御螭魅。是以尧崩而天下如一，同心戴舜，以为天子，以其举十六相，去四凶也。故《虞书》数舜之功，曰"慎徽五典，五典克从"，无违教也。曰"纳于百揆，百揆时序"，无废事也。曰"宾于四门，四门穆穆"，无凶人也。①

太史克所云与孔子、孟子的取向有所不同，尧在这里是舜的衬托，有八恺、八元而不能用，有四凶而不能除。当时政治均赖舜而得治也。但不管太史克做出何种解释，他的经典依据正如其自述，乃是来自于《虞书》。他引用的"慎徽五典，五典克从""纳于百揆，百揆时序""宾于四门，四门穆穆"均见今本《尧典》。他称《尧典》为《虞书》的问题，留待下文。

《左传》《国语》均提到了尧殛杀鲧的历史，可见此传说在春秋时代已经出现：

《左传·昭公七年(修订本)》第 4 册：(子产曰)昔尧殛鲧于羽山，其神化为黄熊，以入于羽渊，实为夏郊，三代祀之。②

《国语·周语下》：(内史过之谏)其在有虞，有崇伯鲧，播其淫心，称遂共工之过，尧用殛之于羽山。③

另外《国语·楚语上》中还提到了尧有子名丹朱：

(士亹之语)尧有丹朱，舜有商均，启有五观，汤有大甲，文王

---

① 杨伯峻：《春秋左传注(修订本)》第 2 册，637～642 页，北京，中华书局，2009。

② 杨伯峻：《春秋左传注(修订本)》第 4 册，1290 页，北京，中华书局，2009。

③ 徐元诰：《国语集解》，王树民、沈长云点校，94 页，北京，中华书局，2002。

有管、蔡。是五王者，皆有元德也，而有奸子。①

《孟子·滕文公上》所述孔子对尧、舜的称颂，亦见于《论语·泰伯》，只不过文辞有不同：

> 子曰："大哉尧之为君也！巍巍乎！唯天为大，唯尧则之。荡荡乎！民无能名焉。巍巍乎！其有成功也；焕乎，其有文章！"②

另外，《论语》中有一则尧命舜之辞，见于《尧曰》篇的第一章：

> 尧曰："咨！尔舜！天之历数在尔躬。允执其中。四海困穷，天禄永终。"舜亦以命禹。③

这则内容并不见于《尧典》，孔安国曰："舜亦以尧命己之辞命禹。"故知其命辞乃是尧举舜为天子之时所说，亦在《尧典》叙事范围之内。蒋善国《尚书综述》即认为此句乃是"战国中季所传的《尧典》"之文。④

至于《周易·系辞》所谓"黄帝、尧、舜垂衣裳而天下治"之类的"加美之辞"，在战国秦汉诸子的著作中颇为常见，兹不赘述。

除加美之辞外，《墨子》提到的尧事迹主要有三：举舜、治天下、殡葬。

> 《尚贤上》：故古者尧举舜于服泽之阳，授之政，天下平。⑤
> 《尚贤中》：古者舜耕历山，陶河濒，渔雷泽，尧得之服泽之阳，

---

① 徐元诰：《国语集解》，王树民、沈长云点校，483～484页，北京，中华书局，2002。
② 〔宋〕朱熹：《论语集注》卷四，《四书章句集注》，107页，北京，中华书局，1983。
③ 〔宋〕朱熹：《论语集注》卷十，《四书章句集注》，193页，北京，中华书局，1983。
④ 蒋善国：《尚书综述》，143页，上海，上海古籍出版社，1988。
⑤ 〔清〕孙诒让：《墨子闲诂》，孙启治点校，47页，北京，中华书局，2001。

举以为天子，与接天下之政，治天下之民。①

《尚贤下》：是故昔者舜耕于历山，陶于河濑，渔于雷泽，灰于常阳，尧得之服泽之阳，立为天子，使接天下之政，而治天下之民。②

《节用中》：古者尧治天下，南抚交阯，北降幽都，东西至日所出入，莫不宾服，逮至其厚爱。③

《节葬下》：昔者尧北教乎八狄，道死，葬蛩山之阴。衣衾三领，榖木之棺，葛以缄之，既泛而后哭，满埳无封。已葬，而牛马乘之。舜西教乎七戎，道死，葬南己之市。衣衾三领，榖木之棺，葛以缄之。已葬，而市人乘之。禹东教乎九夷，道死，葬会稽之山。衣衾三领，桐棺三寸，葛以缄之，绞之不合，通之不埳，土地之深，下毋及泉，上毋通臭。既葬，收余壤其上，垄若参耕之亩，则止矣。④

《尚贤》篇所述尧举舜于服泽之阳，以及舜耕于历山、陶于河濑等描述，都是战国秦汉时代很常见的对《尧典》尧举舜、并试之一事的敷衍。《节用中》篇所谓尧治天下"南抚交阯，北降幽都"之说，则与《尧典》"申命羲叔，宅南交""申命和叔，宅朔方，曰幽都"相关联。《节葬下》所述尧之死虽亦见《尧典》，但尧的葬制恐怕是墨家的敷衍了。

战国末期的荀子及其后学亦称尧舜，但与之相关的故事却只有《尧问》篇中的一则：

尧问于舜曰："我欲致天下，为之奈何？"对曰："执一无失，行微无怠，忠信无倦，而天下自来。执一如天地，行微如日月，忠诚盛于内，贲于外，形于四海，天下其在一隅邪！夫有何足致也！"⑤

①　〔清〕孙诒让：《墨子闲诂》，孙启治点校，57～58 页，北京，中华书局，2001。
②　〔清〕孙诒让：《墨子闲诂》，孙启治点校，68 页，北京，中华书局，2001。
③　〔清〕孙诒让：《墨子闲诂》，孙启治点校，164～165 页，北京，中华书局，2001。
④　〔清〕孙诒让：《墨子闲诂》，孙启治点校，181～185 页，北京，中华书局，2001。
⑤　梁启雄：《荀子简释》，406 页，北京，中华书局，1983。

　　这则故事无论从语言还是观念看，都与《尧典》没有关系，当属晚出。另外，《成相》篇之辞把当时盛传的尧、舜故事做了总结：

　　　　请成相，道圣王，尧舜尚贤身辞让，许由、善卷，重义轻利、行显明。尧让贤，以为民，氾利兼爱德施均，辨治上下、贵贱有等、明君臣。尧授能，舜遇时，尚贤推德天下治，虽有贤圣、适不遇世、孰知之。尧不德，舜不辞，妻以二女任以事，大人哉舜、南面而立、万物备！舜授禹，以天下，尚得推贤不失序，外不避仇、内不阿亲、贤者予。禹劳心力，尧有德，干戈不用三苗服，举舜甽亩、任之天下、身休息。得后稷，五谷殖，夔为乐正鸟兽服，契为司徒、民知孝弟、尊有德。禹有功，抑下鸿，辟除民害逐共工，北决九河、通十二渚、疏三江。禹傅土，平天下，躬亲为民行劳苦，得益、皋陶、横革、直成、为辅。①

　　《成相》篇的文体独特，卢文弨称："审此篇音节，即后世弹词之祖。篇首即称'如瞽无相何伥伥'，义已明矣。首句'请成相'，言请奏此曲也。《汉·艺文志》'《成相杂辞》十一篇'，惜不传，大约托于瞽矇讽诵之词，亦古诗之流也。《逸周书·周祝解》亦此体。"②故此篇内容，当有较多的口头文学特质，亦与口头知识有关，未必全据经典。但除了"尧、舜尚贤身辞让，许由、善卷，重义轻利行显明"一句外，其他诗句所及，都在《尧典》叙事范围之内。

　　除了上述史书以及儒墨一系依据《尧典》对尧的称述外，战国时代还流传有尧让天下于许由，尧师子州支父等故事，《荀子·成相》篇"许由、善卷，重义轻利行显明"一句，就是指尧让天下于许由，舜让于善卷的传说。此类传说又见《庄子》《吕氏春秋》《淮南子》等古书。此类传说出现得很晚，应该是在尧、舜禅让故事出现后，逐渐敷衍产生的。这类虚拟的

---

　　①　梁启雄：《荀子简释》，347～348 页，北京，中华书局，1983。
　　②　〔清〕王先谦：《荀子集解》，沈啸寰、王星贤点校，455 页，北京，中华书局，1988。

故事并非战国秦汉尧、舜故事的主体，且不在《尧典》叙事范围之内，故本文不做过多涉及。

到西汉成帝刘向校书之时，存《尚书古文经》46 卷，《大夏经》《小夏经》各 29 卷，《欧阳经》32 卷，《传》41 篇，《世本》15 篇，《太古以来年纪》2 篇，这些是直接与尧的史迹有关的材料。它们提供了尧的世系、尧的道德形象、尧的政治、尧选择继承人并禅让四部分主要内容。战国秦汉之间的古书较少涉及前两部分，即《世本》《太古以来年纪》一类材料的内容。后两部分是战国秦汉古书较多采引的部分，即《书》和以《书》为据的文献。

更为重要的是，先秦文献所涉及尧的故事，除了道家一系的"让天下"类故事外，不管是《左传》《国语》等史书，还是《孟子》《墨子》等子书，其所述内容几乎没有超出世系、道德、政治、禅让四个方面。由是推知，尧故事在战国至西汉的流传中，主干内容或故事要素并没有发生大的变化和遗失。

不过，孟子所见的《尧典》与西汉时代有很大不同，其文字信息要多于西汉今文本，内部结构也可能有所不同。

三、有关舜的故事及其文本背景

相比于尧，舜的故事在战国秦汉时代更为流行，诸文献的引征也更多。但到西汉时代，舜故事与尧故事所依据的主要文献是一样的，依然只有《尚书古文经》《尚书今文经》《尚书传》《世本》《太古以来年纪》五种。正如上文所述，《史记·五帝本纪》《大戴礼记·帝系》《五帝德》与舜之世系与道德的描述主要依据于《世本》。那么《孟子》中的情况如何？

《孟子》中舜的故事与古《尚书》及其《序》的联系非常紧密，《孟子》中涉及舜的事迹有 16 处，其中有 9 处均与今本《尧典》有联系，见表 1：

表 1 《孟子》中舜的故事与《尧典》的相关记载

《孟子》中舜的故事	《尧典》的相关记载
生死之处。(《离娄下》)	
不告而娶。(《离娄上》《万章上》)	
尧使九男二女事舜。(《万章上》)	《尧典》:帝曰:"我其试哉!女于时,观厥刑于二女。"厘降二女于妫汭,嫔于虞。
居深山之中,与木石居。(《尽心上》)	《尧典》:纳于大麓,烈风雷雨弗迷。
往于田,号泣于旻天。(《万章上》)	《尧典》:瞽子,父顽,母嚣,象傲;克谐以孝,烝烝乂,不格奸。
完廪、浚井而全。(《万章上》)	《尧典》:瞽子,父顽,母嚣,象傲;克谐以孝,烝烝乂,不格奸。
代尧执政,使益、禹、稷、契治天下。(《滕文公上》)	《尧典》有详述。(略)
祗载见瞽瞍。(《万章上》)	
尧帅诸侯北面而朝之。(《万章上》)	《尧典》:正月上日,受终于文祖。
封象有庳。(《万章上》)	
四罪而天下咸服。(《万章上》)	《尧典》:四罪而天下咸服。
尧死而舜行三年丧。(《万章上》)	《尧典》:二十有八载,帝乃殂落。百姓如丧考妣,三载,四海遏密八音。
避尧之子。(《万章上》)	
命益、禹治山泽九河。(《滕文公上》)	《尧典》有详述。(略)
窃负而逃。(《尽心上》)	
饭糗茹草和被袗衣鼓琴。(《尽心下》)	

    限于篇幅,本文不再引述原文。对于《孟子》中舜故事的来源,古代学者多有推测。赵岐《孟子章句·万章上章句》曰:

    孟子时,《尚书》凡百二十篇,逸《书》有《舜典》之《叙》,亡失其文。孟子诸所言舜事,皆《尧典》及逸《书》所载。独丹朱以胤嗣之子臣下以距尧求禅,其余八庶无事,故不见于《尧典》。犹晋献公之子九人，五人以事见于《春秋》，其余四子，亦不复见。①

据赵岐的注，《孟子》中的舜故事绝大多数见载于《尧典》《舜典》《舜典叙》。焦循《孟子正义》："赵氏言'逸《书》有《舜典》之《叙》，亡失其文'，是赵氏未见古文《舜典》，盖疑九男事在所亡失之《舜典》中。"②段玉裁《尚书撰异》则论曰：

> 赵氏言"皆《尧典》及逸《书》所载"，此《尧典》乃《舜典》之误，"及"字衍，传写之失也。此章及不告而娶章，及"原原而来"数语，及"祗载见瞽瞍"数语，皆当是《舜典》中语。盖舜登庸以后事全见于《尧典》，登庸以前及家庭事乃在《舜典》也。此注上文云"逸《书》有《舜典》之《叙》，亡失其文"，则此正当作"孟子所言诸舜事皆《舜典》逸《书》所载"，谓亡失文中语也。"舜"既讹"尧"，浅人乃又妄添"及"字。③

王鸣盛《尚书后辨》亦认为《孟子》"祗载见瞽瞍"一句见于古《舜典》：

> "慎徽五典"与"帝曰钦哉"紧相承接，本系一篇，直至"陟方乃死"，皆《尧典》也。此伏生本，而孔安国所得真古文与之合。安国于《尧典》之外又有《舜典》，如《论语》"天之历数"，《孟子》"祗载见瞽瞍"，皆《舜典》文。但逸《书》不列学官，藏在秘府，人不得见。④

惠栋《古文尚书考》则云：

> 《孟子》赵岐注云云，则可证其未尝见古文《舜典》矣。盖古文《舜典》别自有一篇，与今文之《尚书》析《尧典》而为二者不同，故《孟子》

---

① 〔清〕焦循：《孟子正义》，沈文倬点校，611 页，北京，中华书局，1987。
② 〔清〕焦循：《孟子正义》，沈文倬点校，612 页，北京，中华书局，1987。
③ 〔清〕焦循：《孟子正义》，沈文倬点校，613 页，北京，中华书局，1987。
④ 〔清〕焦循：《孟子正义》，沈文倬点校，612 页，北京，中华书局，1987。

引"二十有八载，放勳乃徂落"为《尧典》，不为《舜典》。《史记》载"慎徽五典"至"四罪而天下咸服"于《尧本纪》，不于《舜本纪》。孟子时典谟完具，篇次未乱，固的然可信。马迁亦亲从安国问古文，其言亦未为谬也。余尝意"舜往于田""祇载见瞽瞍"与"不及贡以政""接于有庳"等语，安知非《舜典》之文。又"父母使舜完廪"一段，文辞古崛，不类《孟子》本文。《史记·舜本纪》亦载其事，其为《舜典》之文无疑。①

从赵岐到惠栋，他们均推测孟子时代存在古《舜典》，《孟子》那些不见于今本《尧典》的舜故事，当出于古《舜典》，如"不告而娶""舜往于田""祇载见瞽瞍"与"不及贡以政""接于有庳"等，其中后两则，赵岐《章句》均认为是《逸书》。如《万章上》载曰：

> 象不得有为于其国，天子使吏治其国，而纳其贡税焉，故谓之放。岂得暴彼民哉！虽然，欲常常而见之，故源源而来，不及贡，以政接于有庳，此之谓也。②

赵岐曰："此'常常'以下，皆《尚书》逸篇之辞。孟子以告万章，言此乃象之谓也。"即赵岐认为"常常而见之，故源源而来，不及贡，以政接于有庳"为《尚书》佚文。江声则谨慎地确定"不及贡，以政接于有庳"一句为《尚书》佚文。其《尚书集注音疏》："据云'此之谓也'，则'有庳'以上自是古书成文，当是《尚书》文矣。其'欲常常'句承'虽然'之下，虽然云者，承上转下之词，则'欲常常'二句乃孟子之言，非古书成文矣。断自'不及贡'始，以为《尚书》逸文，庶几近之也。"③

但是，当我们仔细分析上文所列表格，会发现《孟子》所引述的舜故

---

① 〔清〕焦循：《孟子正义》，沈文倬点校，612～613 页，北京，中华书局，1987。

② 〔清〕焦循：《孟子正义》，沈文倬点校，631～632 页，北京，中华书局，1987。

③ 〔清〕焦循：《孟子正义》，沈文倬点校，633 页，北京，中华书局，1987。

事竟多数与今本《尧典》相关。不相关者如舜之生死处、舜"窃负而逃"几则又有很浓重的传说色彩，与今本《尧典》等《尚书》诸篇的叙事风格不符，故这些故事不可能直接来源于古《舜典》或《舜典叙》。这样看来，大约只有"不告而娶""祗载见瞽瞍""封象有庳"可能与古《舜典》或《舜典叙》相关。那么《孟子》中引述舜的故事，出于《尧典》系统的竟然三倍于《舜典》系统，这是极不合理的现象。

如果我们再查阅战国秦汉时代古文献对舜故事的引述，舜的事迹也多在今本《尧典》叙事时限之内。为了便于比对，本文以可以推知的"舜的历史"的时间顺序为主，并同列今本《尧典》所述及的事件及其时限，将战国秦汉时代古文献引述舜故事的材料列表。我们会发现，战国秦汉时代有关舜事迹的传说，虽然有很多明显有后代附会、增益的痕迹，但是，总体上舜故事依然在今本《尧典》的叙事范围之内，且依据今本《尧典》的记载占据了舜故事的主流。不见于基本《尧典》的故事中，舜的籍贯、早期行迹、相貌、无为而治等故事，明显出于晚期的传说，不似传说的故事恰是《孟子》中不见于今本《尧典》的"号泣于旻天""象与父母谋杀舜""祗载见瞽瞍"以及"封象有庳"等几则，且不是被广泛征引的故事，主要见于《孟子》《史记》。

通过对以《孟子》为主的战国秦汉文献引述舜故事的考察，我们发现，它们主要出自今本《尧典》。因此，战国时代若存在一篇《舜典》的话，它要么不被多数学者所知，要么混杂在今本《尧典》之中。故而，毛奇龄《舜典补亡》中的看法值得重视：

> 《尚书》有《尧》《舜》二《典》，出伏生壁中，谓之今文。汉司马谈作《本纪》时，采其文，依次抄入《纪》中。相传亡《舜典》一篇，不知何时而亡。细检其辞，则《舜典》尚存半篇在《尧典》后，徒以编今文者脱去《书序》，误与《尧典》连篇，谓但有《尧典》而无《舜典》，而其在古文，则实亡《舜典》前截，未尝全亡。而不晓《舜典》后截在《尧典》中，以致萧齐建武间，吴人姚方兴得《舜典》二十八字于大桁头，妄擽之"釐降二女"之后"慎徽五典"之前，以为《舜典》不亡。而不知

"慎徽五典"以后至"放勋徂落"，尚是《尧典》，惟"月正元日"以后始
是《舜典》。春秋战国间，诸书引经，凡称《尧典》者，祇在"慎徽五
典"以后"放勋徂落"以前，《史记·五帝本纪》则正载二《典》之全者，
虽引撮皆不用原文，然踪迹可见。是自"曰若稽古帝尧"起至"放勋乃
徂落"止是《尧纪》，即是《尧典》。自"月正元日"起至"舜生三十征庸"
止是《舜纪》，即是《舜典》。而"月正元日"以前，则尚有《舜典》半截
在《帝舜纪》中，因即取《帝舜纪》文在"月正元日"以前者，补《舜典》
之亡。虽其辞与本经不同，然大概可睹也。①

　　毛氏据"春秋战国间，诸书引经"，判断今本《尧典》"月正元日"以下
是《舜典》，且不完整。其判断是否属实，我们很难求证，但综合战国秦
汉文献所引述舜故事分析，毛奇龄氏之说，有一定道理。

　　不过，与尧故事相关的是，战国秦汉间尤其是《孟子》引述舜故事，
"使益、禹、稷、契治天下"的部分是代尧执政时期，而非今本《尧典》的
尧死之后。因此，若古《舜典》确实存于今本《尧典》之中，也是有所散乱
的，并不能以"月正元日"前后定之。

　　再者，如果"使益、禹、稷、契治天下"的部分属于尧在位之时的事
情，那么，今本《尧典》中，舜为天子之后的历史就非常少了，战国秦汉
文献中也没有太多《尧典》叙事时限和范围之外的叙事，因此，战国时代
若有《舜典》，其文字也十分有限。《左传》文公十八年太史克称《虞书》数

─────────

① 〔清〕焦循：《孟子正义》，沈文倬点校，612页，北京，中华书局，1987。毛奇龄《四
书剩言》："《孟子》'《尧典》曰二十有八载'至'四海遏密八音'，今所行《尚书》在《舜典》中。按
伏生《尚书》原只《尧典》一篇，无'粤若稽古帝舜'二十八字，以旧别有《舜典》，而其时已亡，
故东晋梅赜献《尚书》孔传亦无《舜典》。至齐建武年，吴兴姚方兴于大航头得孔氏传古文，始
分《尧典》为二，以'慎徽五典'至末谓之《舜典》，而加二十八字于其中，此伪书也。故汉光武
时，张纯奏'宜遵唐尧之典，二月巡狩'，至章帝时，陈宠奏'言唐尧著典，眚灾肆赦'，皆是
《舜典》文，而皆冠以《尧典》之名。即《前汉·王莽传》所引十有二州，皆称《尧典》。后西晋武
帝初，幽州秀才张髦上疏，引'肆类上帝'诸文，亦称《尧典》。自伪书一出，而群然改从，则
是古书一篇而今误分之，非古书二篇而今误合之也。"（〔清〕焦循：《孟子正义》，沈文倬点校，
635页，北京，中华书局，1987）

舜之德，而不称《尧典》或《舜典》，联系所谓古《舜典》事迹稀少的情况，春秋时代当无《尧典》与《舜典》之分，其分别是在战国时代。因此才会有《孟子》等书中舜故事的历史顺序与今本《尧典》不一致的现象出现。上文已经提到，今本《尧典》的文字至少是战国时代晚期的顺序，与《孟子》等书不一致，说明分《虞书》为二（《尧典》和《舜典》）的分法有不同的理解。

《孟子》引述舜故事，还有一点特别值得注意，即当时人们对舜历史的熟识程度很高。《万章上》前五章都是万章单问孟子有关舜的记载或传说，通过其行文，我们可以发现这些记载或传说至少是当时习读《书》的士人所熟悉的，因此有很丰富的细节记载和描述。如《万章上》"咸丘蒙问曰语云"章焦循《孟子正义》引翟灏《考异》云："'舜见瞽瞍其容有蹙'五句，《墨子·非儒》篇：'孔某与其门弟子闲坐，曰：夫舜见瞽瞍蹴然，此时天下圾乎。'《韩非子·忠孝》篇引记曰：'舜见瞽瞍，其容造焉。孔子曰：当是时也，危哉天下岌岌，有道者，父固不得而子，君固不得而臣。'《文选·讽谏诗》注引《孟子》曰：'天下殆哉岌岌乎。'按《韩非》所引之记，即咸丘蒙所引之语，盖当时早有以此等说笔之于书者矣。"[1]从这一点上看，相当一部分的《书传》其实早在孟子时代已经存在了，也是孟子主要的知识资源之一。

四、结论

《汉书·艺文志》据刘向《别录》述及《尚书》的校理情形时说：

> 刘向以中古文校欧阳、大小夏侯三家经文，《酒诰》脱简一，《召诰》脱简二。率简二十五字者，脱亦二十五字，简二十二字者，脱亦二十二字，文字异者七百有余，脱字数十。[2]

---

① 〔清〕焦循：《孟子正义》，沈文倬点校，634页，北京，中华书局，1987。
② 〔汉〕班固：《汉书》，1706页，北京，中华书局，1962。

不管刘向所用中古文《尚书》是秦之图书入藏西汉中秘者，还是孔安国家所献孔壁古文《尚书》，此本当属战国晚期至秦代的一个主流传本。毕竟秦博士所掌或孔子故里所传，都会是《尚书》非常主流的一个本子。另，孔壁古文出现于景帝末或武帝初，①此后孔安国"悉得其书，以考二十九篇，得多十六篇"，且以今文识读，"因以起其家"，武帝时为博士。因此，若伏生本今文二十九篇与孔壁本的文字存在异同，那么在孔安国考读当有发现。《汉书·艺文志》记载了刘向校书时发现《酒诰》《召诰》有脱简，若《尧典》与孔壁古文有异的话，当有记载传世。且孔安国以今文识读《古文尚书》教授，司马迁也曾问业于孔氏，《史记·五帝本纪》的描述也与西汉今文本《尧典》基本一致。因此，西汉中古文《尚书》或孔壁古文《尚书》中的《尧典》与西汉今文本《尧典》基本一致。由是可知，战国晚期至西汉，《尧典》的主要传本未有大的变化。

但是，正如上文所论，孟子所见《尧典》有着与西汉今文《尚书·尧典》不一样的文字顺序，即舜命禹、益、弃等人各司其职的部分在尧崩卒之前，而非其后。孟子的引述是在与弟子的日常对话中出现的，因此文中所据《尧典》属于孟子及其周围儒生的日常阅读范围，因此当是一个很主流的本子。这说明，在战国中期，齐鲁地区的《尧典》的主流版本与今本不同。今本的顺序从西汉司马迁的祖述及刘向校书分析，至迟已经在战国晚期出现了，而且也是邹鲁儒生的主流版本。由此我们或许会有这样的推测：《尧典》在孟子之后，其篇章的文字顺序被改动过，至战国晚期，已经形成了今本的结构。

［原载于《上海大学学报（社会科学版）》2016 年第 6 期］

---

① 刘歆《移让太常博士书》和《汉书·艺文志》都记载为武帝末鲁恭王坏孔子老宅，发现古文经书。但是鲁恭王景帝前元三年（前 154）立，武帝元朔元年（前 128）薨，当时武帝仅即位十三年，属于当政初期，不能称为末。《论衡》以为景帝时，可能更近于实。参见姚振宗《汉书艺文志条理》、顾实《汉书艺文志讲疏》、张舜徽《汉书艺文志通释》、陈国庆《汉书艺文志注释汇编》等著作。

《孔子三朝记》篇章确定的考述①

北京师范大学　刘全志

　　《孔子三朝记》是孔子与鲁哀公问对的文献，它曾以专书的形式流传于世，《汉书·艺文志》"六艺略"对此进行著录。在现存的孔子文献中，涉及孔子与国君问对的文献，以孔子与鲁哀公问对的数量最多，其中《孔子三朝记》无疑最值得研究。然而，真实的情况却并非如此。《孔子三朝记》自收入《大戴礼记》以后，地位和影响渐趋式微。随着《大戴礼记》研究的兴起，清代学者也开始关注《孔子三朝记》，由此出现了三部注释专著：洪颐煊《孔子三朝记注》、顾德咸《孔子三朝记辑注》②、周寿彝《孔子三朝记大戴礼疏》③，至 20 世纪 60 年代初阮廷卓又出版了《孔子三朝记解诂纂疏》④。与孔子的其他文献相比，学界对《孔子三朝记》的研究相对贫乏⑤，对《孔子三朝记》的认识也甚为不足。为深入探讨孔子文献的形成与传播，本文以历史为线索力求对《孔子三朝记》在汉以后的接受情况以

　　① 基金项目：国家社科基金重大项目"中国上古知识、观念与文献体系的生成与发展研究"，项目批准号 11 & ZD103。

　　② 此书见于《曲台四书辑注》，似未刻印发行，手稿本今藏于上海图书馆。

　　③ 周寿彝汇参的《孔子三朝记大戴礼疏》八卷，未出版发行，稿本现存于中国科学院图书馆，徐绍桢曾为之作序。

　　④ 此书于 1964 年 11 月由嘉新水泥公司文化基金会出版。

　　⑤ 近年来，《孔子三朝记》的重要作用也开始被少数论者注意，如［日］末永高康：《〈孔子三朝记〉初探》，《南京师范大学文学院学报》，2011(1)；朱赞赞：《〈孔子三朝记〉考述》，曲阜师范大学硕士学位论文，2011。

及篇章的确定等加以探讨。

《汉书·艺文志》"六艺略论语类"列《孔子三朝》七篇，这是《孔子三朝记》出现的最早史料。又因班固撰写《汉书·艺文志》的原始资料是刘向（约公元前77—公元前6）、刘歆（？—公元23）的《七略》，所以《孔子三朝记》的最早著录应该在西汉末年。《三国志·秦宓传》记载秦宓（？—226）云："昔孔子三见哀公，言成七卷，事盖有不可嘿嘿也。"南朝宋裴松之注云："刘向《七略》曰：孔子三见哀公，作《三朝记》七篇，今在《大戴礼》。臣松之案：《中经部》有《孔子三朝》八卷，一卷目录，余者所谓七篇。"①严格意义上裴松之所言的《七略》，应为《别录》：《七略》出自刘歆之手，《别录》出自刘向之手。裴松之所引刘向之语应是"孔子三见哀公，作《三朝记》七篇"，"今在《大戴礼》"之语不会出自刘向《别录》，原因有二：《大戴礼》之名出自东汉，刘向不可能反引；《汉书·艺文志》著录书名时，讲究自注，如果《七略》原有"今在《大戴礼》"之语，班固可以当作注，而不会直接删去。所以，"今在《大戴礼》"之语，显然是裴松之的个人之言。也就是说，在南朝宋时，裴松之正式提出《孔子三朝记》七篇，在今本《大戴礼记》之中。但是，裴松之只是点明了《孔子三朝记》七篇"今在《大戴礼》"，并未进一步说明《大戴礼记》中哪七篇属于《孔子三朝记》。

裴松之之子裴骃，同样生活在南朝宋一代，他在《史记·五帝本纪集解》引臣瓒曰："《孔子三朝记》曰'蚩尤，庶人之贪者'。"②其中"蚩尤，庶人之贪者"，见于今本《大戴礼记·用兵》。也就是说在臣瓒看来，《大戴礼记》中《用兵》篇属于《孔子三朝记》之一，裴骃虽没有直接亮明自己的观点，但他显然并不反对臣瓒的看法。

另外，《尔雅疏》引三国时期张揖《上广雅表》之言，其中有"《礼·三朝记》'哀公曰：寡人欲学小辩，以观于政，其可乎？孔子曰：《尔雅》以观于古，足以辩言矣'"，张揖所引见于《小辩》；东晋郭璞（276—324）在《山海经·西山经》注云"舜时西王母遣使献玉环，见《礼·三朝》"，郦道

---

① 〔晋〕陈寿：《三国志》卷三十八，〔南朝宋〕裴松之注，974页，北京，中华书局，1959。
② 〔汉〕司马迁：《史记》，4页，北京，中华书局，1959。

元(约 470—527)在《水经注》卷三云"《礼·三朝记》曰'北发渠搜，南抚交趾'"，郭璞、郦道元所引见于《少闲》。由此可见，在魏晋南北朝士大夫眼中，《小辨》《少闲》同《用兵》一样，属于《孔子三朝记》的篇章。

隋唐之际的颜师古却不同意魏晋南北朝人的观点，他在《汉书·高帝纪注》："瓒所引者同是《大戴礼》，出《用兵篇》，而非《三朝记》也。其余则如应说。"①显然，颜师古认为《孔子三朝记》与《大戴礼记》不同，《大戴礼记·用兵》也不是《孔子三朝记》的篇章。在《汉书·艺文志注》中，颜师古延续了这一观点。他在解释班固所列"《孔子三朝》七篇"时云："今《大戴礼记》有一篇，盖孔子对(鲁)哀公语也。三朝见公，故曰三朝。"②结合以上材料我们可以总结出颜师古的观点，在颜师古看来：《孔子三朝记》与《大戴礼记》是两本不同的书；《大戴礼记》中只有一篇关于"孔子对鲁哀公语"的，属于《孔子三朝记》；《大戴礼记·用兵》不在《孔子三朝记》七篇之中。

唐太宗贞观中期人杨士勋，在《春秋穀梁传注疏》引《三朝记》云"周衰，天子不班朔于天下"。杨士勋所引之语，见于《大戴礼记·用兵》"不告朔于诸侯"。可见在杨士勋看来，《用兵》是属于《孔子三朝记》的。

生活在唐玄宗开元天宝年间的司马贞，明确地表示自己与颜师古的观点不同。他认为臣瓒所引"蚩尤，庶人之贪者"，确实出自《孔子三朝记》。他在《史记·五帝本纪索隐》中说："刘向《别录》云'孔子见鲁哀公问政，比三朝，退而为此记，故曰《三朝》。凡七篇，并入《大戴记》'。今此注见《用兵》篇也。"③与南朝宋裴松之相比，司马贞把"七略"改成了"别录"，这样"托言"刘向无疑是更为准确的。其中"凡七篇，并入《大戴记》"之语，显然是对裴松之观点的继承。

由以上可知，至司马贞之时，关于《孔子三朝记》篇章的讨论，至少出现了两种不同的观点：一是大致以裴松之、司马贞为代表，他们认为

---

① 〔汉〕班固：《汉书》，11 页，北京，中华书局，1962。

② 〔汉〕班固：《汉书》，1717 页，北京，中华书局，1962。

③ 〔汉〕司马迁：《史记》，4 页，北京，中华书局，1959。

《孔子三朝记》七篇正是在《大戴礼记》之中；另一是以颜师古为代表，他认为《孔子三朝记》七篇与《大戴礼记》不同，《大戴礼记》之中只有一篇属于《孔子三朝记》的内容。

裴松之、司马贞虽然没有明言《大戴礼记》中哪些篇章属于《孔子三朝记》，但从字里行间我们仍可以看出，他们确定的《孔子三朝记》七篇内容与现代人确定的相差不大。也就是说，如果裴松之、司马贞的观点正确，《孔子三朝记》七篇很容易确定，这可以说是裴松之、司马贞的《孔子三朝记》版本。

与裴松之、司马贞篇章确定的明确性相比，颜师古的《孔子三朝记》版本就很难确定了。按颜师古的说法，我们很难断定今本《大戴礼记》中哪一篇属于《孔子三朝记》，因为今本《大戴礼记》中有关"孔子对鲁哀公语"的篇数共9篇，它们是《哀公问五义》《哀公问于孔子》《千乘》《四代》《虞戴德》《诰志》《小辨》《少闲》《用兵》；即使除去颜师古明确反对的《用兵》篇，《大戴礼记》还存有8篇"孔子对鲁哀公语"。那么，在颜师古看来，《大戴礼记》中哪一篇"孔子对鲁哀公语"属于《孔子三朝记》呢？清人周中孚（1768—1831）认为颜师古"当由误认《哀公问五义》为《三朝》之一耳"[1]，周中孚所推依据大致是"孔子对鲁哀公语"，然而《大戴礼记》中"孔子对鲁哀公语"篇章众多，不止《哀公问五义》一篇。所以，周中孚的推测不足为信。要辩证颜师古的观点，我们还需依据《汉书注》所透露出的信息。颜师古在《汉书·武帝纪注》引臣瓒曰："《孔子三朝记》云'北发渠搜，南抚交阯'，此举北以南为对也。《禹贡》渠搜在雍州西北。渠搜在朔方。"[2]对于臣瓒所言"此举北以南为对也"，颜师古表示赞同，并明言"瓒说近是"。整段引用注释中，颜师古并未指出臣瓒所引之语不是出自《孔子三朝记》。可见，在颜师古看来，臣瓒所引两句确实出自《孔子三朝记》。而臣瓒所引两句也出现在今本《大戴礼记》中，其中"北发渠搜"见于今本《大戴礼记·少闲》；"南抚交阯"见于今本《大戴礼记·少闲》和《大戴

---

① 〔清〕周中孚：《郑堂读书记》，78页，上海，上海书店出版社，2009。
② 〔汉〕班固：《汉书》，161页，北京，中华书局，1962。

礼记·五帝德》。两者不同，而取交集；再者《五帝德》是宰予与孔子的对话，不符合"孔子对鲁哀公语"。所以，在颜师古看来，《大戴礼记·少闲》属于《孔子三朝记》七篇之一。

对于这两种不同的观点，引出的两种不同版本的《孔子三朝记》，后人显然更倾向于选择裴松之、司马贞的《孔子三朝记》版本。原因大致有三点：一是裴松之、司马贞因刘向之言，更有说服力；二是颜师古之说，有很强的模糊性，即使承认其正确性，也只能确定《孔子三朝记》中的一篇，至于其他六篇则是茫茫无所寻觅；三是裴松之、司马贞之言，一旦认可，很容易确定《孔子三朝记》中的具体篇章。

也许，正是基于以上所列原因，唐以后学人都很信奉裴松之、司马贞的观点。宋人王应麟(1223—1296)在《汉艺文志考证》卷四引用司马贞所言刘向《别录》之语[①]，进一步指出《大戴礼记》中哪些篇章属于《孔子三朝记》七篇。王应麟说，(《孔子三朝记》)七篇，今考《大戴礼》千乘、四代、虞戴德、诰志、小辨、用兵、少闲。[②] 当然，王应麟并没有遗忘颜师古的观点，他在《困学纪闻》卷五说："《孔子三朝》七篇，《艺文志》注'孔子对鲁哀公语也，三朝见公，故曰三朝'，《大戴礼记》千乘、四代、虞戴德、诰志、小辨、用兵、少闲凡七篇。"[③]显然王应麟在引证颜师古观点时，省略了"今《大戴礼记》有一篇"之语；在列举《大戴礼记》篇章时，更没有考虑颜师古所言《用兵》不属于《孔子三朝记》的观点。王应麟的这种忽略或者"不考虑"是否出于故意，很难断定。但从他确定《孔子三朝记》的篇章而言，很明显接受了裴松之、司马贞之《孔子三朝记》版本。准确地说，《孔子三朝记》具体篇章的确定，起于宋人王应麟。

王应麟在裴松之、司马贞基础上的进一步努力，得到了后来学者的

---

①　〔宋〕王应麟：《汉艺文志考证》，《二十五史补编》第 2 册，1403 页，北京，中华书局，1955。

②　王应麟的观点被沈钦韩继承，今人引用此语多追踪至沈钦韩，如陈国庆：《汉书艺文志注释汇编》，79 页，北京，中华书局，1983；张舜徽：《汉书艺文志通释》，79 页，武汉，湖北教育出版社，1990 等，从学术传承的脉络来看，今人的做法实属不当。

③　〔宋〕王应麟：《困学纪闻》，〔清〕翁元圻注，488 页，上海，商务印书馆，1935。

普遍认同。顾炎武（1613—1682）、戴震（1724—1777）等人，基本都赞成
王应麟的看法。阮元（1764—1849）、孔广森、周中孚、王聘珍、沈钦韩
等人观点更是明确，阮元强调"《孔子三朝记》,《论语》之外兹为极重"，
言外之意是《大戴礼记》中的七篇就是《孔子三朝记》。孔广森明言："《汉
书·艺文志》'《孔子三朝》七篇'，师古曰'今《大戴礼》有其一篇'，《高帝
纪》注臣瓒引《三朝记》'蚩尤，庶人之贪者'，师古曰'出《用兵》篇，非《三
朝记》也'，以《别录》证之，小颜说误。"王聘珍也认为："师古谓《用兵》非
《三朝记》，又云《大戴礼》有《三朝记》一篇，并非是。"周中孚云："夫七篇
全见《记》中，何颜氏止云'有其一篇'，当由误认《哀公问五义》为《三朝》
之一耳"。沈钦韩在《两汉书疏证》中再次重申"今《大戴记》有《千乘》《四
代》《虞戴德》《诰志》《小辨》《用兵》《少闲》七篇"，属于《孔子三朝记》。从
清人对王应麟的认同，可以看出《孔子三朝记》篇章的确定实是裴松之、
司马贞观点的延续。从清人引述刘向《别录》的资料来看，似乎他们都没
有注意到裴松之的"今在《大戴礼》"、司马贞的"凡七篇，并入《大戴记》"
之语，并非刘向《别录》内容。如前所言，《大戴礼》《大戴记》之名，实出
自东汉，现存最早提及此名的文献是郑玄的《六艺论》；刘向为西汉末年
人，不可能称戴德所辑本为"大戴礼"或"大戴记"。清人对此项事宜的忽
略，不知出于有意还是无意？

从《孔子三朝记》具体篇章确定的历程可以看出，《孔子三朝记》七篇
内容到底是否为今本《大戴礼记》中七篇，的确是一个复杂的问题。在裴
松之、司马贞与颜师古观点的取舍过程中，我们似乎不能做偏颇的选择，
他们两种观点都有可能是不全面的、不周延的：颜师古固有明显失误之
处，但他一再强调《大戴礼记》与《孔子三朝记》的不同，却值得我们深入
思考；王应麟篇章的确定虽大体正确，但也不能排除《孔子三朝记》还有
其他内容。就现有的孔子与鲁哀公对话的篇章而言，数量上完全超过七
篇，真实的《孔子三朝记》的内容可能不止现有的《大戴礼记》中的七篇；
再者现存《大戴礼记》篇章，很有可能经过后人多次的整合和分章。于此
之说，《孔子三朝记》更不可能拘于七篇之数，也不能断定今本《大戴礼
记》中七篇，就是原本《孔子三朝记》中的七篇。退一步说，即使王应麟等

人的篇章推断正确，也不能用《孔子三朝记》涵盖全部的"孔子对鲁哀公语"；对孔子与鲁哀公对话的考察，更不应仅仅限于《孔子三朝记》中的七篇。也就是说，考察"孔子对鲁哀公语"形成的文献，除王应麟等人确定的《千乘》《四代》《虞戴德》《诰志》《小辨》《用兵》《少闲》外，还应该包括《礼记·儒行》《礼记·哀公问》《大戴记·哀公问五义》《孔子家语·本命解》及上博藏简《鲁邦大旱》等。当然，无可否认，就现有的文献而言，研究《孔子三朝记》还必须以《大戴礼记》中的七篇为主，这七篇文章毕竟是现存《孔子三朝记》的主体内容。

论杂家话语方式的生成

——以《吕氏春秋》为中心的考察[①]

北京师范大学　宋文婕

战国末期，中国思想文化在激烈的争鸣后逐渐步入知识总结的阶段，各种有综合性特点的著作预示着知识总结的趋向，如《荀子》《韩非子》等，这些著作在建立自己的知识理论系统时展现了对其他知识的包容，这种学术包容的恢宏气度在汉代成为学术的重要特点。杂家是在这一趋向下诞生的唯一一个明确以综合性为主要特点的诸子学派，是在诞生时间上较其他各家更为接近秦汉学术的流派，同时也是先秦知识总结向汉代知识爆炸转折的关键节点。编著于秦统一六国前夕的《吕氏春秋》是现存第一部也是最重要的一部杂家代表作，以《吕氏春秋》为中心考察杂家话语方式的生成，不仅可以探索杂家的话语方式，也对先秦及汉代学术研究有借鉴意义。

现有研究往往将诸子话语方式与文体结合起来进行考察。关于诸子话语方式生成的研究以过常宝先生的著作《先秦散文研究——早期文体及话语方式的生成》及一系列相关论文最具代表性，过常宝先生考察了西周时期文献及春秋战国诸子话语方式的生成。现有杂家研究或从诸子学角度注目于杂家作品的具体分析及杂家整体状况的宏观描述，或从目录学角度注目于杂家的目录考辨及内涵演变进行考察，或置于比较视野将杂

---

①　基金项目：国家社科基金重大项目"中国上古知识、观念与文献体系的生成与发展研究"，项目批准号 11 & ZD103。

家与其他作品或思想进行对比研究，但现有杂家研究中尚未见到关于杂家话语方式生成的研究成果。本文试图在杂家现有研究基础上进行尝试，在借鉴现有话语方式生成研究成果的基础上，以《吕氏春秋》为中心考察杂家话语方式的生成。

一、杂家话语内涵

杂家话语方式是由话语内涵所决定的，话语方式的生成机制建立在话语内涵的生成之上。分析杂家话语内涵是探究杂家话语方式生成的前提。"杂家"一词最初见于《史记·韩长孺列传》："御史大夫韩安国者，梁成安人也，后徙睢阳。尝受《韩子》、杂家说于驺田生所。事梁孝王为中大夫。"[1]一般认为此处的"杂家"并非杂家学派，而是一种杂学思想。杂家学派正式确立是在刘歆《七略》的"诸子略"中，《七略》已经亡佚，其主要内容在《汉书·艺文志》（以下简称"《汉志》"）中较好地保存了下来："杂家者流，盖出于议官。兼儒、墨，合名、法，知国体之有此，见王治之无不贯，此其所长也。及荡者为之，则漫羡而无所归心。"[2]《汉志》对杂家的界定是从学术流派角度进行的："夫部类之分合，随宜而定。书之多寡及性质既变，则部类亦随之而变。"[3]从目录学中诞生的杂家，一定会受到目录学规律的影响，《隋书·经籍志》（以下简称"《隋志》"）及《千顷堂书目》《四库全书总目》等虽然对杂家重新进行了界定，但均在秦汉杂家较纯粹的诸子学派内涵范围内，只不过进一步掺杂了目录学的工具内涵，将杂家设定为目录学中能够包揽一些无法分类之书籍的目录学类目，如《隋志》将新出的类书及无类可归的佛道书籍如《皇览》《高僧传》等都收录到杂家目录之下。

本文探讨的杂家是作为诸子学派的杂家，主要从《汉志》出发探究杂

---

[1]　〔汉〕司马迁：《韩长孺列传第四十八》，《史记》，2857 页，北京，中华书局，1959。

[2]　〔汉〕班固：《艺文志第十》，《汉书》，1742 页，北京，中华书局，1962。

[3]　余嘉锡：《目录学发微》，成都，巴蜀书社，142 页，1991。

家学派的话语内涵。话语方式与话语内涵直接相关，厘清杂家话语方式的生成，必须首先明晰杂家的话语内涵。杂家学派的话语内涵主要体现在四个方面。

（一）谏议性

"杂家者流，盖出于议官"，《汉志》认为杂家出于"议官"，此说虽然受到质疑，然"今之治诸子学者，自章太炎先生以下，皆主九流出于王官之说"①，且从"议官"中确实可窥见杂家学派的内涵特点。关于"议官"，主要有"谏官"和"议郎"两种解读，本文以为"议官"不是一个具体的职位名称，而是一个类别的总称，其职责范围包括与君主应对及规谏讽喻君主。"《汉志》著录杂家20家，虽然今天保存较为完好的仅有《吕氏春秋》、《淮南子》二书，但从这20家杂家作品中，能够初步考证出其中带有明显谏、议色彩的作品，仍有12部之多，占到了总数的一半以上。这12部作品是：孔甲《盘盂》26篇、《伍子胥》8篇、《子晚子》35篇、《由余》3篇、《尉缭》29篇、《吕氏春秋》26篇、《淮南内》21篇、《淮南外》33篇、《东方朔》20篇、《荆轲论》5篇、《博士臣贤对》1篇、《臣说》3篇。此外，其他部分作品也可以间接证明其可能具有谏议性。"②不仅如此，未收录进入《汉志》的东汉杂家作品，也都具有强烈的谏议性特点。随着杂家内涵的模糊化，杂家的目录工具性日益突出，杂家的谏议性才逐渐消解。

杂家学派确立之前未见有某家或某类文献的话语内涵之一是谏议，虽然此前"尧有欲谏之鼓，舜有诽谤之木，汤有司过之士，武王有戒慎之鞀"③，杂家出现以后，"谏"才受到愈来愈多的重视。谏议在两汉受到统治者高度重视，两汉朝廷均发布了大量求谏诏令，"其规模和数量可谓是

---

① 胡适：《诸子不出于王官论》，《胡适论争集》上卷，耿云志主编，639页，北京，中国社会科学出版社，1998。

② 宋文婕：《杂家内涵研究》，57页，西南大学硕士学位论文，2012。

③ 〔战国〕吕不韦：《吕氏春秋新校释》，陈奇猷校释，1609页，上海，上海古籍出版社，2002。

前无古人，后乏来者"①。刘向《说苑》称："是故谏有五：一曰正谏，二曰降谏，三曰忠谏，四曰戆谏，五曰讽谏。"②班固《白虎通·谏诤》："人怀五常，故知谏有五。其一曰讽谏，二曰顺谏，三曰窥谏，四曰指谏，五曰陷谏。"③只有谏在形式上足够丰富，才会有不同的分类方法，谏的丰富性在文献上也才有体现，如辞赋的重要话语特征亦是具有谏议性，"赋能否做到谲谏，是赋家衡量一篇赋作好坏的一个重要标准"④。

(二)综合性

"兼儒、墨，合名、法"，《汉志》指出杂家的主要特点是兼合儒墨名法诸家。杂家兼收各家思想的特点毋庸多言，已得到学界的广泛讨论与认同。值得注意的是，人们往往将杂家的综合性特点定义为杂家学派的唯一特点，如认为淳于髡及《管子》《鹖冠子》为杂家代表者的就大有人在，郭沫若甚至认为荀子"实在可以称为杂家的祖宗"⑤。这些论点均将杂家的综合性特点放置于战国后期学术综合趋向的潮流中来理解，本文以为单纯从这一角度界定杂家学派会导致杂家概念的模糊化。随着学术的交流与发展，杂家的综合性表现得愈来愈多样化。《隋志》对杂家的界定从"盖出于议官"转为"盖出史官之职"，这意味着"在'杂'的大旗下，就不仅可以议论，也可以叙事了"⑥。杂家逐渐超越诸子而成为一个跨类的概念，体现在具体文献上，就是杂家的综合性内涵从初期表示各家思想的交融发展到后来表示文体类型的多样，如《隋志》就将类书和佛典归并到杂家类。《史通·叙事》以"诸子短书，杂家小说"⑦并称，将杂家和小说

---

① 王谨：《两汉的朝廷求谏与民间进言》，《山西大学学报(哲学社会科学版)》，2012(6)。

② 〔汉〕刘向：《说苑校证》，向宗鲁校证，206页，北京，中华书局，1987。

③ 〔清〕陈立：《白虎通疏证》，吴则虞点校，235页，北京，中华书局，1994。

④ 刘洪仁：《"主文而谲谏"的典范——论宋玉的〈对楚王问〉、〈风赋〉》，《西南民族大学学报(人文社科版)》，2005(5)。

⑤ 郭沫若：《十批判书》，《郭沫若全集历史编》第2卷，213页，北京，人民出版社，1982。

⑥ 韩云波：《历史叙事与中国古典小说的兴起》，《社会科学研究》，2002(1)。

⑦ 〔唐〕刘知幾：《史通通释》，〔清〕浦起龙释，178页，上海，上海古籍出版社，1978。

家在子部中进行合并。《四库全书总目》将笔记、丛钞等归入杂家，使杂家成了"杂之义广，无所不包"①的文体综合分类。

综合性被认定为杂家的根本特点，不像谏议性那样随着学术发展而从主要属于杂家的特性转移为汉代多种文体的特性并在杂家内部逐渐消解。《汉志》之后，杂家的综合性依然存在，并在不同角度得到展现。值得注意的是，综合性也是整个汉代学术的一大特点。不少学者认为，现存第一部杂家代表作《吕氏春秋》开了综合改造前代学术成果的先河，整个秦汉学术总体上均呈现出这种综合性特点。

（三）系统性

"知国体之有此，见王治之无不贯"，杂家熟悉现有国家体制，关注国家治理问题，具有政治建设的特点。虽然这也是各家诸子的共同特点，"诸子十家，其可观者九家而已。皆起于王道既微，诸侯力政，时君世主，好恶殊方，是以九家之术蜂出并作，各引一端，崇其所善，以此驰说，取合诸侯"②，但杂家与其他诸子不同的是，它往往能从宏观层面来系统地关照国家治理，如《吕氏春秋》《淮南子》等都试图为统治者提供一套完整的统治秩序。东汉以来，杂家的这一特点发展为对社会政治各层面的广泛关照，政治关照的广泛性逐渐取代系统性。王充《论衡》、王符《潜夫论》、仲长统《昌言》、应劭《风俗通义》等均对社会各方面的问题有所关注，力图规范现有政治建设秩序。

对社会问题的广泛关注不仅是杂家的特点，也是汉代学术的整体特点。同样，政治建设的系统性特点也是汉代学术的整体特点，关于这一点前人已有成熟的论述。周桂钿、李祥俊指出自杂家现存第一部代表作《吕氏春秋》编成后，"流派间的冲突斗争将为学术体系的建构所取代"③，"《吕氏春秋·十二纪》所阐发的大一统的宇宙系统论，更成为秦汉以至中

---

① 〔清〕永瑢等：《四库全书总目》，1006 页，北京，中华书局，1983。
② 〔汉〕班固：《艺文志第十》，《汉书》，1746 页，北京，中华书局，1962。
③ 周桂钿、李祥俊：《中国学术通史·秦汉卷》，14 页，北京，人民出版社，2004。

国传统政治的基本信条"①,对政治体系、学术体系的自觉建设成为秦汉学人的自觉追求。回到杂家本身来看,与杂家谏议性的渐趋消极一样,后期杂家并不表现为对政治建设的高度关注,如《四库全书总目》将杂家类分为杂学、杂考、杂说、杂品、杂纂、杂编六类,只有杂学中收录的部分早期杂家作品以关注政治建设为特点。

(四)辩证性

《汉志》称杂家之弊在于"及荡者为之,则漫羡而无所归心",并非所有杂家均具有突出的谏议性、综合性及系统性,当"材少而多学,言非而博"之人致力于杂家时,"是以杂错漫羡,而无所指归"②,就会造作出距离本道甚远且杂错的杂家作品或思想。杂家话语内涵具有辩证性的特点,其实,不仅杂家存在这种情况,《汉志》"诸子略"中的其他诸子亦是如此:儒家"惑者既失精微,而辟者又随时抑扬,违离道本,苟以哗众取宠"③;道家"及放者为之,则欲绝去礼学,兼弃仁义,曰独任清虚可以为治"④;阴阳家"及拘者为之,则牵于禁忌,泥于小数,舍人事而任鬼神"⑤;法家"及刻者为之,则无教化,去仁爱,专任刑法而欲以致治,至于残害至亲,伤恩薄厚"⑥;名家"及警者为之,则苟钩鈲析乱而已"⑦;墨家"及蔽者为之,见俭之利,因以非礼,推兼爱之意,而不知别亲疏"⑧;纵横家"及邪人为之,则上诈谖而弃其信"⑨;农家"及鄙者为之,以为无所事圣王,欲使君臣并耕,悖上下之序"⑩。此外,六艺略、数术略、方技略等

---

① 周桂钿、李祥俊:《中国学术通史·秦汉卷》,25 页,北京,人民出版社,2004。

② 〔唐〕魏徵等:《志第三十·经籍三》,《隋书》,1010 页,北京,中华书局,1973。

③ 〔汉〕班固:《艺文志第十》,《汉书》,1728 页,北京,中华书局,1962。

④ 〔汉〕班固:《艺文志第十》,《汉书》,1732 页,北京,中华书局,1962。

⑤ 〔汉〕班固:《艺文志第十》,《汉书》,1734~1735 页,北京,中华书局,1962。

⑥ 〔汉〕班固:《艺文志第十》,《汉书》,1736 页,北京,中华书局,1962。

⑦ 〔汉〕班固:《艺文志第十》,《汉书》,1737 页,北京,中华书局,1962。

⑧ 〔汉〕班固:《艺文志第十》,《汉书》,1738 页,北京,中华书局,1962。

⑨ 〔汉〕班固:《艺文志第十》,《汉书》,1740 页,北京,中华书局,1962。

⑩ 〔汉〕班固:《艺文志第十》,《汉书》,1743 页,北京,中华书局,1962。

均有此类现象，可以说《汉志》所载汉代学术普遍具有双重特性，完全纯粹的传统思想学术几乎是不存在的。班固在《汉志》中客观地说明这种现象，并未对此过多褒贬，特别是在说明九流诸子中的"惑者""辟者""放者""拘者""刻者""警者""蔽者""邪人""荡者""鄙者"投身于不同学派时，会呈现出不同于该学派最初话语内涵的状态，即使背离学派原有目的而对社会造成负面影响，但其依然属于该学派的思想。

汉代学者班固自然不同于春秋时代孔子选择诛杀"心逆而险""行僻而坚""言伪而辩""记丑而博""顺非而泽"①的少正卯，也不同于《荀子》《尹文子》《新语》及《史记·孔子世家》等所载孔子"诛鲁大夫乱政者少正卯"②，班固冷静的学术态度源于对汉代社会发展的清醒认识。自会盟制度将人与神同时确认为社会治理的主体后，社会就开始探索处理人神矛盾的健全机制。在此之前中国经历了较长时间的原始宗教信仰时期，"神"进行社会治理的经验十分丰富，"人"能够用业已完善的相关制度顺利地处理神所带来的各种矛盾，但处理人神矛盾及人性所带来的问题，相关经验并不充足。尝试协调人神关系、解决人性所带来的问题，是春秋战国时期各派思想家的努力方向。然而，孔子采取搁置"神"而提倡"仁"来限制人性，终未阻止中国步入更动乱的战国时期。秦朝的快速灭亡更说明采取极端方式压制人性不能从根本上解决社会矛盾，善于反思的汉朝人选择正视"人"的问题。

谏议性、综合性、系统性、辩证性是杂家话语的四大内涵，这四种内涵相互关联与依存而形成整体，使得杂家作为一个独立的学派而得到认可。建立在对社会发展阶段及总体矛盾全面把握的基础上，杂家话语的辩证性得以确认。为了建立一套解决社会矛盾、推进社会发展的政治学术机制，杂家话语必须具有系统性。系统性往往是已有各类资源整合后的成果，综合性在整合中得以体现。达到谏议目的之有效方式，即是采百家言论并撮其要旨来进言献策，杂家话语内涵的谏议性与综合性由

① 　陈士珂：《孔子家语疏证》，7 页，上海，上海书店出版社，1987。
② 　〔汉〕司马迁：《孔子世家第十七》，《史记》，1917 页，北京，中华书局，1959。

此联系了起来。谏议性是杂家话语内涵最为突出的特点，根本上是由"议官"的职能所决定的。包括杂家兼合各家思想的综合性内涵，不仅是对战国后期学术综合潮流的顺应，也是"议官"进谏职能衍生的产物，这一点在下文以《吕氏春秋》为中心考察时将有所说明。而杂家话语内涵的系统性、辩证性可视为"议官"对社会发展总体把握条件下的合理进言规范，系统性与辩证性同时难以与"议官"的职能脱离联系。对杂家话语内涵进行分析可以发现，以往人们常将杂家话语方式与话语内涵混合起来谈论，难以分清二者的差别。如果将杂家进谏的话语与杂家谏议性的内涵、杂家综合百家思想的话语与杂家综合性的内涵等同起来分析，这就不利于探究杂家话语方式的生成。杂家话语方式是由话语内涵所决定的，话语方式的生成机制建立在话语内涵的生成之上。分析杂家话语内涵是探究杂家话语方式生成的前提，以杂家话语内涵为线索是分析杂家话语方式的有效方法。分析杂家的话语方式还必须落实到文献中去，《吕氏春秋》作为现存第一部杂家代表作，也是最重要最典型的杂家代表作，其话语方式能够较好地代表杂家学派的话语方式。

二、《吕氏春秋》话语方式的生成

杂家话语方式的生成与杂家话语内涵有直接的联系，但在具体文本上，不同文本的话语方式选择则与其文本性质直接相关。大多数学者关注《吕氏春秋》(以下简称"吕书")文本最终呈现的效果，如毕宝魁认为"吕不韦编撰此书的动机确实是为秦始皇统一天下建立新政权所作的文化准备，是建国治国的大纲"[1]。很多学者也因同样的原因将吕书定义为一部系统的政治理论书籍。本文以为，据《吕氏春秋·序意》篇中吕不韦自述的创作目的："尝得学黄帝之所以诲颛顼矣，爰有大圜在上，大矩在下，汝能法之，为民父母。"[2]秦王嬴政虽尊称吕不韦为仲父，然而吕不韦的

---

[1]　毕宝魁：《〈吕氏春秋〉编撰动机论》，《周口师范学院学报》，2004(6)。

[2]　陈奇猷：《吕氏春秋新校释》，654 页，上海，上海古籍出版社，2002。

身份决定了教诲实际上是进谏，从这一角度可将吕书定义为一部谏书。再结合《吕氏春秋·序意》所称"凡十二纪者，所以纪治乱存亡也，所以知寿夭吉凶也。上揆之天，下验之地，中审之人，若此则是非可不可无所遁矣"①可知吕书是一部通过建立系统治国理论来进行进谏的书籍，进谏与建立系统治国理论是吕书并行不悖的双重目的，而这两个目的均符合《汉志》所揭示的杂家话语内涵的谏议性与系统性特点。"人们在特定的交际场合中，为了达到某种社会功能而采取了特定的言说行为，这种特定的言说行为派生出相应的言辞样式。"②根据杂家话语内涵及吕书的编纂目的，可更清晰地探究吕书的话语方式，其中具有代表性的话语方式主要有以下三类。

（一）直陈谏言

有学者对《吕氏春秋》中的进谏进行了详细统计，总结出吕书中"关于如何当好国君而提供具体实施意见、理论根据和经验教训的是112篇，占总数的70％；关于人生经验的是23篇，占14.4％"③。在吕书之前的进谏，突出的如《左传》《国语》中的大量进谏，谏辞往往表现出怨而不怒的特征，当时更多的人在进谏时选择委婉曲折的方式，与吕书大致同一时期的著名谏书《谏逐客书》选择的话语方式，即是"避重就轻，减少对立"，"以美为刺，照顾颜面"，"顺情入机，谋求共识"。④ 因为吕不韦的身份，吕书的进谏则常常选择直陈谏言的话语方式，很多时候甚至不畏冒犯秦王而表现得言辞激烈。

《吕氏春秋·尊师》开篇举出神农、黄帝、帝颛顼、帝喾、帝尧、帝舜、禹、汤、文王、武王、齐桓公、晋文公、秦穆公、楚庄王、吴王阖闾、越王勾践16人尊师的例子后，直言"今尊不至于帝，智不至于圣，

---

①　陈奇猷：《吕氏春秋新校释》，654页，上海，上海古籍出版社，2002。

②　郭英德：《中国古代文体学论稿》，29页，北京，北京大学出版社，2005。

③　毕宝魁：《〈吕氏春秋〉编撰动机论》，《周口师范学院学报》，2004(6)。

④　冒志祥、侯吉永：《谈古代进谏公文的说服修辞》，《修辞学习》，2007(6)。

而欲无尊师，奚由至哉？此五帝之所以绝，三代之所以灭"①，批评秦王嬴政没有圣贤帝王的尊贵与智慧却欲不尊师，质问秦王这样怎么可能成为他们那样的帝王。质问之后接着说秦王这样的状态正是五帝后继无人、三代消亡的原因。这样的话语方式不像是进谏更像是批评教导。《吕氏春秋·贵公》在说明"昔先圣王之治天下也，必先公，公则天下平矣"后，通过伯禽与管仲的例子说明贵公有利于国家，通过齐桓公徇私情"用竖刀而虫出于户"的悲惨下场，按照一般臣子进谏的言辞逻辑，下文会再次重申贵公的主题，然而吕书却接着说"人之少也愚，其长也智，故智而用私，不若愚而用公。日醉而饰服，私利而立公，贪戾而求王，舜弗能为"②。这分明是一顿劈头盖脸的丝毫不留情面的责备训导。如果说《尊师》篇中直指秦王不尊贵不智慧还与"尊师"的主题有关的话，批评其"愚""日醉""私利""贪戾"等缺点则与贵公的主题并无直接联系。类似激烈的直言批评在《十二纪》中颇多。

　　公元前 247 年，秦庄襄王逝世，嬴政登上王位，当时嬴政才 13 岁。"王年少，初即位，委国事大臣"③，"尊吕不韦为相国，号称'仲父'"④，此时吕不韦权力大、责任重，他不但要消灭六国，还要对嬴政进行训导。《史记·秦始皇本纪》载："秦王为人，蜂准，长目，挚鸟膺，豺声，少恩而虎狼心，居约易出人下，得志亦轻食人。"⑤这些品格在嬴政少时应已有所显露，由此可见吕不韦选择直陈谏言甚至直言批评的话语方式，是有据可依的。

　　吕书直陈谏言的话语方式在"十二纪"中尤为突出，以陈奇猷为代表的不少学者认为："《十二纪》确系成于秦八年即始皇六年，而《八览》、

①　陈奇猷：《吕氏春秋新校释》，207 页，上海，上海古籍出版社，2002。
②　陈奇猷：《吕氏春秋新校释》，45～46 页，上海，上海古籍出版社，2002。
③　〔汉〕司马迁：《秦始皇本纪第六》，《史记》，223 页，北京，中华书局，1959。
④　〔汉〕司马迁：《吕不韦列传第二十五》，《史记》，2509 页，北京，中华书局，1959。
⑤　〔汉〕司马迁：《秦始皇本纪第六》，《史记》，230 页，北京，中华书局，1959。

《六论》则成于迁蜀之后。"①"八览""六论"是吕不韦受到秦王打压后创作的，在话语方式上必然有选择性地进行了调整。因吕书编纂环境的变化等原因，吕书整体呈现出前精后粗的特点。"十二纪"为吕书最优秀的部分，在后世的影响也更为深远，这和吕书直陈谏言的话语方式无疑是相关的。

东汉时期社会混乱，此时的杂家表现得十分急切，其结果就是话语方式的锋芒毕露和激烈张扬。被《隋志》收录为杂家作品的有王充《论衡》、王符《潜夫论》、仲长统《昌言》，韩愈《后汉三贤赞》将三人合称为"后汉三贤"，称其"俶傥敢言"。胡应麟称《论衡》"放言不伦，稍不留心，上圣大贤，咸在诃斥"。《四库提要》评《潜夫论》"立言矫激"。严可均评《昌言》"闾陈善道，指诃时弊，剀切之忱，踔厉震荡之气，有不容摩灭者"②。王充《论衡》、王符《潜夫论》、仲长统《昌言》作为杂家代表作，选择"不符合自己身份"的激烈谏诤的话语方式，正是对《吕氏春秋》的回应和继承，这种话语方式在其他诸子中是少见甚至未见的。

(二)兼合百家

吕不韦招致宾客三千，"使其客人人著所闻，集论以为八览、六论、十二纪，二十余万言"③，这种众多宾客集论的话语方式是兼合百家的。学界关于吕书学派归属的广泛讨论，侧面印证了兼合各家的话语方式。也有学者申明吕书是独立于各家而自成一家的著作，为吕书兼合各家话语方式的解读提供了新的思路。周桂钿、李祥俊指出"《吕氏春秋》开了综合改造前代学术成果建立为现实服务的新官学的先河"④，认为吕书是一套新官学系统，其兼合各家的话语方式是改造前代学术而塑造新官学的产物。之所以称其为新官学是因为吕书的编撰不仅是顺应战国后期学术

---

① 陈奇猷：《〈吕氏春秋〉成书的年代与书名的确立》，《吕氏春秋校释》，1885 页，上海，学林出版社，1984。

② 〔清〕严可均：《仲长统》，《全后汉文》，888 页，北京：商务印书馆，1999。

③ 〔汉〕司马迁：《吕不韦列传第二十五》，《史记》，2510 页，北京，中华书局，1959。

④ 周桂钿、李祥俊：《中国学术通史·秦汉卷》，25 页，北京，人民出版社，2004。

综合的潮流，同时也具有旧官学的特点。

　　成为官学的必要条件是背后有相关的制度支撑。而就吕书来看，现存相关记载并未明确说明，对吕不韦组织编书的行为广受认同的解释载于《史记·吕不韦列传》："魏有信陵君，楚有春申君，赵有平原君，齐有孟尝君，皆下士喜宾客以相倾。吕不韦以秦之强，羞不如，亦招致士，厚遇之，至食客三千人。是时诸侯多辩士，如荀卿之徒，著书布天下。吕不韦乃使其客人人著所闻，集论以为八览、六论、十二纪，二十余万言。"①从表面文字来看，吕不韦是出于好胜的攀比心而花费巨大精力编就吕书。然而，当时作为相国的吕不韦在扶持年幼秦王的压力之下会不会为了一己的攀比心而这样做？这是值得怀疑的。同时，攀比说也将战国四公子的养士行为进行了过于简化的解读，不利于探究历史的真相。吕不韦编就"十二纪"后，在差点遭秦始皇诛杀的情况下，仍接着完成"八览""六论"，这也不是简单的攀比心可以解释的。

　　本文认为吕书以进谏为目的，召集各方宾客集论而成，其成书方式继承了采诗制度。这是在制度支撑下进行的政治学术行为，也是它拥有成为官学资格的前提。"古有采诗之官，王者所以观风俗，知得失，自考正也。"②"孟春之月，群居者将散，行人振木铎循于路，以采诗，献之太师，比其音律，以闻于天子。故曰：'王者不窥牖户而知天下。'"③先秦的采诗最终是为向王者进献谏言，"采风制度的主要目的也是为了'补察其政'，因而也就可说是谏议制度的上游环节，从而形成了'诗谏'的特殊功能和意义"④。吕不韦组织门客收集各地各类见闻的行为及其目的，与采诗有相通之处。从采诗到形成最终文本，中间还要经历对诗的编辑整理程序，"所献之诗和所采之诗最后都汇集到王室乐官之手，由他们来汰

---

①　〔汉〕司马迁：《吕不韦列传第二十五》，《史记》，2510页，北京，中华书局，1959。

②　〔汉〕班固：《艺文志第十》，《汉书》，1708页，北京，中华书局，1962。

③　〔汉〕班固：《食货志第四上》，《汉书》，1123页，北京，中华书局，1962。

④　夏保国：《周代采风制度与"诗谏"》，《沈阳师范大学学报（社会科学版）》，2011(4)。

选、加工和编辑"①。吕不韦使门客著其所闻然后编辑整理出最终进谏的《吕氏春秋》，这一系列行动与采诗制度有一定的相似性。本文以为，吕不韦组织众多门客广集各种思想来进谏的行为是对采诗进谏制度的继承，吕书兼合百家的话语方式不仅是战国后期学术综合潮流的产物，也是以谏议为目的的话语方式选择。

关于《吕氏春秋》话语方式的综合性，先贤已有大量研究成果，其中陈奇猷的《吕氏春秋新校释》最具代表性。陈奇猷对吕书各篇的题目均进行了注释，并说明该篇的学派归属，认为吕书各篇分别属于以下学派及其支派：司马法之学，儒家，北宫黝、孟施舍、漆雕氏学派（儒家），道家，伊尹学派（道家），阴阳家，乐家（阴阳家治乐者），法家，料子、宋钘、尹文流派（名家），尹文学派（名家），惠施流派（名家），墨家，农家，子华子学派，季子学派，兵家，形法家等。对各家学派话语的吸收，正是吕书所表现出来的兼合百家的话语方式。吕书之外的其他杂家代表作往往亦有此特点，正如《史通·自叙》所说："昔汉世刘安著书，号曰《淮南子》……自谓兼于数家，无遗力矣。"②

（三）参之于古

先秦秦汉学术有一个突出特点，即具有历史意识。《汉书·董仲舒传》谓："孔子作《春秋》，上揆之天道，下质诸人情，参之于古，考之于今。"③吕不韦继承了先秦学术传统，"亦上观尚古，删拾《春秋》，集六国时事，以为八览、六论、十二纪，为《吕氏春秋》"④。吕书在构建政治体系时注重对古圣贤及早期稳定社会的推崇，这也是春秋战国各学派大多持有的立场。《吕氏春秋》在话语方式选择上自然体现了对此立场的坚持及对传统学术方法的继承，主要表现即是文本多采用参之于古的话语方

①　张克锋：《上古谏净传统，献诗、采诗制度与诗歌讽谏论》，《西北师大学报（社会科学版）》，2006(6)。

②　〔唐〕刘知幾：《史通通释》，〔清〕浦起龙释，291 页，上海，上海古籍出版社，1978。

③　〔汉〕班固：《董仲舒传第二十六》，《汉书》，2515 页，北京，中华书局，1962。

④　〔汉〕司马迁：《十二诸侯年表第二》，《史记》，510 页，北京，中华书局，1959。

式来建立理论框架。吕书参之于古的话语方式主要表现为古今对比和罗列历史寓言的两种。

　　首先是古今对比的话语方式。吕书之前的文献，从论证方式上来看，《国语》《左传》的谏言大都采用古今对比论证或正反对比论证的表达形式，这也可以说是谏臣们的一个基本论证模式，即"昔……，今……"。在古今对比论证中，谏臣为阐述自己的观点，往往先是引述或列举先王的言行事迹或至理名言，从中汲取经验教训，作为自己的论证基石。因为《吕氏春秋》是一部以进谏为目的的政治理论书籍，在进谏方式上沿袭传统表达是必然的。从统计数据上可窥见吕书中对比的频繁使用，一般而言，"古""昔""今"等预示着古今对比的展开，吕书中"古"出现75次，"昔"出现36次，"今"出现277次，说明存在着大量的古今对比。在具体篇目上，如《吕氏春秋·异宝》篇通过古今对比的话语方式表达主旨，开篇说明"古之人非无宝也，其所宝者异也"，接着举孙叔敖子、江上丈人、子罕等的例子说明这些古人不重眼前的现实财物而推崇更高的精神价值。然后用现今的情况进行对比，"今以百金与抟黍以示儿子，儿子必取抟黍矣；以和氏之璧与百金以示鄙人，鄙人必取百金矣"，最终在对比中说明古人"其知弥精，其所取弥精"，今人"其知弥粗，其所取弥粗"。① 对异宝的倡导在古今对比中来完成。《吕氏春秋》中像《异宝》那样采取古今对比的话语方式来说明主旨的篇目还有很多。如《异用》开篇也展开了古今对比："古之人贵能射也，以长幼养老也。今之人贵能射也，以攻战侵夺也。"②同样选择了古今对比话语方式的还有《节丧》《务本》《先己》等诸多篇目。

　　其次是罗列历史寓言的话语方式。过常宝先生指出，包括《吕氏春秋》在内的寓言，"并不是一种凭空兴起的新的文体，而是在前代'征引'和'立象尽意'两种经典话语方式上发展而来的"③。对"征引"等经典话语方式的继承，能够很好地解释吕书罗列历史寓言话语方式的生成原理。

　　①　陈奇猷：《吕氏春秋新校释》，558～559页，上海，上海古籍出版社，2002。
　　②　陈奇猷：《吕氏春秋新校释》，568页，上海，上海古籍出版社，2002。
　　③　过常宝：《先秦寓言源流及其修辞功能》，《中国文学研究》，2007(3)。

吕书选择参之于古的话语方式，除了源于对传统方法的继承，也与其文本性质等有关。前文已说明吕书的成书是为了构建一套系统的政治理论，系统的理论要建立在对社会发展阶段及社会矛盾的清晰认识之上。在秦始皇建立专制统治之前，社会的矛盾虽从神的矛盾转化为人与天的矛盾，但并未发生本质上的变化。《吕氏春秋》构建政治理论时必须考虑与过往社会矛盾有连续性的社会问题，也就是必须带着历史思考来进行理论建构。《吕氏春秋·长见》开篇即表达了类似观点："今之于古也，犹古之于后世也。今之于后世，亦犹今之于古也。故审知今则可知古，知古则可知后，古今前后一也。"①选择从古今对比角度来探索处理社会问题的方式，无疑是有效的选择。不仅吕书如此，《淮南子》也以"为封建统一大帝国的长远统治，提供一个较为完备的学说"②为目的，故"观天地之象，通古今之事，权事而立制，度形而施宜"③。

现存杂家第一部代表作《吕氏春秋》选择了直陈谏言、兼合百家、参之于古的话语方式，以完成其构建系统政治理论及进谏的编著目的，这些话语方式的选择与杂家话语内涵的谏议性、综合性、系统性、辩证性均有直接关系。其中吕书直陈谏言、兼合百家的话语方式与杂家谏议性、综合性的话语内涵密不可分。参之于古的话语方式则主要与系统性、辩证性的话语内涵相联系，杂家的系统性与辩证性均来源于社会转折时期对社会发展的整体局势的把握与谏议，参之于古是为建立适合新时期社会形势的政治理论的通行法则。由此看来，由"出于议官"而生发出的杂家话语内涵是杂家话语方式选择的基础，文本编撰动机则是影响话语方式选择的重用因素。结合话语内涵与文本编撰动机，从制度上去探讨《吕氏春秋》话语方式的生成背景，是分析其话语方式生成的有效方法。

[原载于《西南大学学报（社会科学版）》2016 年第 4 期]

---

① 陈奇猷：《吕氏春秋新校释》，611 页，上海，上海古籍出版社，2002。
② 牟钟鉴：《〈吕氏春秋〉与〈淮南子〉思想研究》，156 页，济南，齐鲁书社，1987。
③ 何宁：《淮南子集释》，1462 页，北京，中华书局，1998。

论西汉儒家的"曲学阿世"

——以董仲舒为例

四川大学　谢谦

　　汉儒董仲舒之所以留名后世广为人知，并不是因其所著《春秋繁露》一书垂范儒林，而是因其首创"罢黜百家独尊儒术"之议，汉武帝采纳之，而开中国两千年思想定于一尊之局。论者多谓汉武帝此举与秦始皇"焚书坑儒"有异曲同工之妙，其实质都是钳制舆论统一思想。多年前研读秦汉文献时，我发现这些历史事件皆有其特定的民族与文化的背景，并非如今人简单地归纳为所谓"封建意识形态"的问题，因撰《儒学独尊的文化背景说》①《儒教：历代王朝的国家宗教》②等文，辨析经学与儒学、尊经与崇儒之间的因果关系，以及汉武帝"罢黜百家，表章《六经》"之于汉王朝文化建设的意义。我当年主要是从"有今无古"的汉王朝文化选择的角度，来阐释百家被黜而儒学独尊的历史原因。读者若有兴趣，可参阅拙文，兹不赘述。本文要进一步辨析的是儒学独尊的历史真相，同时以董仲舒所倡"王道三纲"为例，揭示大一统专制政治下儒家学术精神之蜕变。

一

　　"罢黜百家，独尊儒术"，不仅是汉武帝时代的大事件，也是影响中

---

① 　参见张岱年等：《传统文化与现代化》，北京，中华书局，1993。
② 　参见任继愈：《儒教问题争论集》，北京，宗教文化出版社，2000。

国历史至深的大事件。人皆谓此议创自董仲舒《天人三策》之第三策。董氏果真能以一篇对策怂动帝听，而使汉初以来备受帝王公卿冷落的儒学从边缘走向中心？我认为这可能是后儒编造出来的政治神话。今据班固《汉书》本传，董氏"少治《春秋》，孝景时为博士"①：

> 武帝即位，举贤良文学之士前后百数，而仲舒以贤良对策焉。然后全文照录董氏对策即所谓"天人三策"，其末云：

> 《春秋》大一统者，天地之常经，古今之通谊也。今师异道，人异论，百家殊方，指意不同，是以上亡以持一统；法制数变，下不知所守。臣愚以为诸不在六艺之科孔子之术者，皆绝其道，勿使并进。邪辟之说灭息，然后统纪可一而法度可明，民知所从矣。

后儒即将此策精义归纳为"罢黜百家，独尊儒术"。班固总结董氏生平事业云：

> 自武帝初立，魏其、武安侯为相而隆儒矣。及仲舒对册，推明孔氏，抑黜百家。立学校之官，州郡举茂材孝廉，皆自仲舒发之。

按武帝即位于建元元年(前 140)，然据《汉书·武帝纪》：

> (元光元年)五月，诏贤良曰："朕闻昔在唐虞，画象而民不犯……何行而可以章先帝之洪业休德，上参尧舜，下配三王！朕之不敏，不能远德，此子大夫所睹闻也。贤良明于古今王事之体，受策察问，咸以书对，著之于篇，朕亲览焉。"于是董仲舒、公孙弘等出焉。

董氏对策又在元光元年(前 134)。又据《汉书·武帝纪》：

---

① 〔汉〕班固：《汉书》，2495 页，北京，中华书局，1962。

> 建元元年冬十月，诏丞相、御史、列侯、中二千石、二千石、诸侯相举贤良方正直言极谏之士。丞相绾奏："所举贤良，或治申、商、韩非、苏秦、张仪之言，乱国政，请皆罢。"奏可。

也就是说，据《武帝纪》，建元元年武帝初即位，丞相卫绾已有罢黜百家的动议，五年又置《五经》博士，而元光元年董仲舒对策云云，并非创议，乃附议而已。这一点至关重要。细绎《汉书》本传，还有若干疑点。第一，董氏对策年月表述含混，若云"前后百数"，显然诏举贤良非止建元元年一次，董氏属何年何次？第二，董氏所对之三策皆非《武帝纪》所载元光元年之策题。第三，据本传，"对既毕，天子以仲舒为江都相，事易王"，而据《汉书·严助传》，建元元年，"郡举贤良，对策百余人，武帝善助对，繇是独擢助为中大夫"。中大夫位在江都相之下，何以曰严助以对策而"独擢为中大夫"？

清人严可均辑《全汉文》，将董氏《举贤良对策》系于元光元年①（卷二十三），显然是依据《武帝纪》系年。然《武帝纪》所载元光元年策题并非本传所载董氏对策之题，或疑此即建元元年策题，但这次出风头的是严助，而非董仲舒。也就是说，即或董氏建元元年对策有"罢黜百家，独尊儒术"之创议，也未产生后儒所盛称的巨大影响。而且，我认为，无论是建元元年或元光元年，武帝可能出若干策题，而由对策者任选，而《武帝纪》所载仅为其一。所以，董氏对策与《武帝纪》所载元光元年策题不一致，还不能无可辩驳地成为董氏建元元年对策的证据。

最初引起我怀疑董氏对策之影响者，是司马迁《史记》的相关记载。司马迁与董仲舒同时，却未提及董仲舒对策之事，对所谓"天人三策"更不著一字。《史记·儒林列传》云：

> 今上即位，为江都相。以《春秋》灾异之变推阴阳所以错行，故求雨闭诸阳，纵诸阴，其止雨反是。行之一国，未尝不得所欲。中

---

① 〔清〕严可均：《全汉文》，229 页，北京，商务印书馆，1999。

废为中大夫。①

司马迁为后学晚辈，据《太史公自序》"余闻之董生"云云分析，他还可能亲聆董氏面命，《集解》引服虔云："仲舒也。"赵翼《廿二史劄记》云："古时先生，或称先，或称生，不必二字并称。"（卷三）②司马迁对董氏的人品学问赞美有加，如谓其"进退容止，非礼不行，学士皆师尊之""为人廉直""汉兴至于五世之间，唯董仲舒名为明于《春秋》"云云（《儒林列传》）。如果"罢黜百家，独尊儒术"之议创自董氏，无疑居功甚伟，司马迁为何不大书特书一笔？司马迁记汉初儒生如陆贾、叔孙通、贾谊等，甚至与董仲舒同时的公孙弘、主父偃，都叙及他们独特的建言，为何对董氏"罢黜百家，独尊儒术"这样于当代后世皆影响至巨的创议却置若罔闻不赞一词？这很不符合司马迁的实录精神。他甚至没有像班固《汉书》那样，为董氏单独立传。也就是说在司马迁看来，这位"一代儒宗"在汉武帝时代的影响力与重要性，还赶不上辞赋家司马相如。明人张溥发现了这一点，但却以"凡人轻今贵古"为说：

> 《史记·儒林传》载广川董氏与胡毋生《春秋》同列，无大褒异，至《汉书》始特为立传，赞述刘子政与刘歆、刘龚言论，抑扬其辞，以寄郑重。凡人轻今贵古，贤者不免，太史公与董生并游武帝朝，或心易之。孟坚后生，本先儒之说，推崇前辈，则有叩头户下耳。③

然仅是推测之词，不足为凭。当然，《史记》《汉书》记董氏事多有龃龉，如高园便殿火，辽东高庙灾，事皆在建元六年，时董氏已"废为中大夫"，著《灾异之记》推测遭灾之由，而主父偃取其书奏之，董氏因此身限囹圄，怎能在元光元年应诏对策呢？然据《史记·平津侯主父列传》，主父偃自

①　〔汉〕司马迁：《史记》，3127～3128页，北京，中华书局，1959。

②　〔清〕赵翼：《廿二史劄记》，北京，中国书店，1987。

③　〔明〕张溥：《汉魏六朝三百家集题辞注》，殷孟伦注，7页，北京，人民文学出版社，1960。

齐"北游燕、赵、中山，皆莫能厚遇"，元光元年中，"乃西入关见卫将军"，留久，乃上书阙下，得蒙召见。据此，董氏下狱就在元光元年之后，此前他完全有时间有机会参加元光元年五月的贤良对策。然而，《史记》既云"今上即位，为江都相"，怎可能六年之后还以贤良文学身份应诏对策呢？

诸如此类互相矛盾的记载，仅凭现有史料，似很难得一确切结果。然则历来史家多采信建元元年对策之说，如北宋司马光《资治通鉴》卷十七：

> 建元元年，冬，十月，诏举贤良方正直言极谏之士，上亲策问以古今治道，对者百余人。广川董仲舒对曰……天子善其对，以仲舒为江都相。……丞相卫绾奏："所举贤良，或治申、韩、苏、张之言乱国政者，请皆罢。"奏可。①

明确将董氏对策系于建元元年，而后才有丞相卫绾罢黜治申商韩非苏秦之言者的上奏。这样叙述，很明显与《汉书·武帝纪》的系年冲突，司马光因此特加考异：

> 《汉书·武纪》："元光元年五月，诏举贤良，董仲舒、公孙弘出焉。"《仲舒传》曰："仲舒对册，推明孔氏，抑黜百家。立学校之官，州县举茂才、孝廉，皆自仲舒发之。"今举孝廉在元光元年十一月，若对策在下五月，则不得云自仲舒发之，盖《武纪》误也。然仲舒对策，不知果在何时；元光元年以前，唯今年（谦按：建元元年）举贤良见于《纪》。

仅以《汉书》本传中云"州县举茂才、孝廉，皆自仲舒发之"，以及《武帝纪》"元光元年冬十一月，初令郡国举孝廉各一人"，而董氏对策如在同年

---

① 〔宋〕司马光：《资治通鉴》，549～556 页，北京，中华书局，1956。

夏五月，于时为后（谦按：元朔以前，汉以十月为岁首），则不得以此事（"郡国举孝廉"）为董氏创议。但我们不要忘记班固是很推崇董仲舒的，所以他把汉武帝时代若干重大举措之创议归美董氏，也就并不奇怪。然而他也就这么一说，并无其他证据，至少"天人三策"中没有什么"州县举茂才、孝廉"云云。仅凭本传中这一疑似的评语，就完全推翻《武帝纪》中至关重要的系年，很难令人信服。我宁愿相信班固评语是夸大其词，而不相信他在《武帝纪》中的系年乃误记。我虽然不怀疑司马光叙事严谨，但在董仲舒对策系年这一问题上，证据尚嫌不足，不敢苟同。偶阅南宋洪迈《容斋随笔》，其《续笔》卷六"汉举贤良"条云：

> 汉武帝建元元年，诏举贤良方正直言极谏之士。丞相绾奏："所举贤良，或治申、商、韩非、苏秦、张仪之言，乱国政，请皆罢。"奏可。是时，对者百余人，帝独善庄助对，擢为中大夫。后六年，当元光元年，复诏举贤良，于是董仲舒出焉。《资治通鉴》书仲舒所对为建元。按策问中云："朕亲耕籍田，劝孝弟，崇有德，使者冠盖相望，问勤劳，恤孤独，尽思极神。"对策曰："阴阳错缪，氛气充塞，群生寡遂，黎民未济。"必非即位之始年也。[①]

可见董仲舒对策系年一事，前人已有不同看法。

二

而且，即或董氏应诏对策是在武帝即位之建元元年，但以司马迁不书，而汉武帝又独擢严助为中大夫，我们就完全有理由认定，班固以来的史家夸大了董氏"天人三策"的影响力。今据《史记·儒林列传》：

> 及今上即位，赵绾、王臧之属明儒学，而上亦向之，于是招方

---

① 〔宋〕洪迈：《容斋随笔》，286～287页，上海，上海古籍出版社，1978。

正贤良文学之士。自是之后，言《诗》于鲁则申培公，于齐则辕固生，于燕则韩太傅。言《尚书》自济南伏生。言《礼》自鲁高堂生。言《易》自菑川田生。言《春秋》于齐鲁自胡毋生，于赵自董仲舒。及窦太后崩，武安侯田蚡为丞相，绌黄老、刑名百家之言，延文学儒者数百人，而公孙弘以《春秋》白衣为天子三公，封以平津侯。天下之学士靡然向风矣。

王臧景帝时曾为太子少傅，是武帝的老师；赵绾是王臧的同门，皆学《诗》于申培公。武帝初即位，即以王臧为郎中令，赵绾为御史大夫。丞相魏其侯窦婴、太尉武安侯田蚡是能影响朝政的当权派，也皆好儒术。也就是说，在诏举贤良文学之士前，朝廷已形成势力强大的崇儒派。包括汉武帝本人在内的最高决策层，业已达成共识。观《汉书》所引汉武帝前后策题，皆以儒家之说命题，如曰"上参尧舜，下配三王"（《武帝纪》），盛称"五帝三王之道"（《董仲舒传》策一），又引《诗》云："嗟尔君子，毋常安息，神之听之，介尔景福。"（策三）倾向性如此明确。丞相卫绾罢黜法家纵横家的奏议，正是在这一背景下出台的。而汉武帝随即批准曰"可"。这一"可"非同小可。新皇帝借此发出的重要信息，就是在人事政策上要改弦更张——"罢黜百家，独尊儒术"。

值得注意的是，卫绾奏议中未提及黄老。原因很简单：窦太后健在，号太皇太后。她老人家好黄老，是出了名的。博士辕固因诋《老子》书为"家人言"，窦太后竟令七旬老翁入圈刺豕。虽然很喜剧，也可见窦太后之专横。卫绾奏疏不斥黄老，是投鼠忌器。今人杨述达《汉书窥管》卷一云：

> 时窦婴、田蚡用事，二人皆推隆儒术，故绾有此奏。又汉初文景崇尚黄老，贤良中亦必有其人。此历举申商韩非苏张而不及黄老者，盖恐触怒好道家言之窦太后避而不言耳。①

---

① 杨树达：《汉书窥管》，37 页，北京，科学出版社，1955。

但这里有一个问题无法回避：道家与法家原来有着血缘关系，世称"黄老刑名之学"。司马迁《史记》即将老、庄等道家与申、韩等法家人物合传，且谓"申子之学本于黄老而主刑名"，又谓"韩非者……喜刑名法术之学，而其归本于黄老"。(《老子韩非列传》)黄老与法家的这种亲缘关系，在汉武帝时代，并非专家才知其所以的学术问题，而仅属于常识。所以，尽管卫绾采取迂回战术，但最后还是牵涉到黄老，因此而惹翻了窦太后。据《史记·魏其武安侯列传》：

> 魏其、武安俱好儒术，推毂赵绾为御史大夫，王臧为郎中令。迎鲁申公，欲设明堂，令列侯就国，除关，以礼为服制，以兴太平。举谪诸窦宗室毋节行者，除其属籍。时诸外家为列侯，列侯多尚公主，皆不欲就国，以故毁日至窦太后。太后好黄老之言，而魏其、武安、赵绾、王臧等务隆推儒术，贬道家言，是以窦太后滋不说魏其等。及建元二年，御史大夫赵绾请无奏事东宫。窦太后大怒，乃罢逐赵绾、王臧等，而免丞相、太尉。

窦太后干预，形势逆转，崇儒派遭受重创。诸人被罢官，原因非一，但儒道之争无疑是主因。据《汉书·武帝纪》，赵绾、王臧"皆下狱，自杀"。师古注引应劭曰：

> 礼：妇人不豫政事，时帝已自躬省万机。王臧儒者，欲立明堂辟雍。太后素好黄老术，非薄《五经》。因欲绝奏事太后，太后怒，故杀之。

丞相窦婴、太尉田蚡俱外戚，是能影响甚至左右朝廷政策的实力人物，他们一下课，罢黜百家的改革也落了空。五年之后即建元六年，窦太后崩，黄老之学的靠山倒了，同年冬十月改元元光，武帝随即复命田蚡为丞相，重新启动"罢黜百家，独尊儒术"的新政，于是有诏策贤良之举，如《武帝纪》所记："董仲舒、公孙弘等出焉。"

由此可知，"罢黜百家，独尊儒术"之动议既非发端自董仲舒，也非武帝采纳他的建议而实施的文化政策，而是窦婴、田蚡等执政者酝酿已久的新政。由此言之，董仲舒对策"推明孔氏，抑黜百家"并非创议，不过是迎合朝廷"既定方针"的附议而已。后儒为何要归美董氏呢？我以为原因很简单：窦婴、田蚡等人名声不佳，尤其是田蚡，曾私下与淮南王刘安有悖逆语，后儒有意回避；而董仲舒作为"一代儒宗"，学术人品皆足称道，突出他的影响，将其附议当作创议，也就是顺理成章之事。

如上所述，《汉书·董仲舒传》所载三道策题，其实已明确规定对策的基调，这里所传达的政治与文化信息，以董氏博古知今之世故，岂有不心领神会曲意迎合之理？董氏不是辕固那种不达时变的"迂儒"，否则他既已在景帝时以治《春秋》为博士，为何彼时甘愿坐冷板凳，而不有所建言去争取儒学独尊的荣宠呢？同理，如果不是朝廷崇儒的大政方针已定，他也不可能在对策中倡言什么"罢黜百家，独尊儒术"。

三

但这并不意味着董仲舒作为"一代儒宗"是"浪得虚名"。《汉书》本传赞引刘向曰，称"董仲舒有王佐之材，虽伊、吕无以加，管、晏之属，伯者之佐，殆不及也"。刘歆虽然认为这一评价太过，然也谓："仲舒遭汉承秦灭学之后，《六经》离析，下帷发愤，潜心大业，令后学者有所统壹，为群儒首。"那么，董氏何以被尊为"群儒首"呢？班固《汉书·五行志》云：

> 汉兴，承秦灭学之后，景、武之世，董仲舒治《公羊春秋》，始推阴阳，为儒者宗。

原来，董氏所以备受汉儒推崇，是首创以阴阳五行推说《春秋》灾异之变，即《儒林列传》所谓"以《春秋》灾异之变推阴阳所以错行"。按阴阳五行是战国以来逐渐流行的新学说，而将其应用于《春秋》以解释"天人相与之际"，进而发展到"举往以明来"，道古以讽今，则自董仲舒始。以今人之眼光看，此无疑为虚妄无稽之谈；然以彼时社会普遍知识水平而言，则可能是最具说服力的时髦理论。董仲舒应该是真信奉者。建元六年，辽东高庙与高园殿先后火灾，据《汉书·五行志》，董仲舒以《春秋》所记推之：

> 《春秋》之道举往以明来，是故天下有物，视《春秋》所举与同比者，精微眇以存其意，通伦类以贯其理，天地之变，国家之事，粲然皆见，亡所疑矣。……今高庙不当居辽东，高园殿不当居陵旁，于礼亦不当立，与鲁所灾同。其不当立久矣，至于陛下时天乃灾之者，殆亦其时可也。……故天灾若语陛下："当今之世，虽敝而重难，非以太平至公，不能治也。视亲戚贵属在诸侯远正最甚者，忍而诛之，如吾燔辽东高庙乃可；视近臣在国中处旁仄及贵而不正者，忍而诛之，如吾燔高园殿乃可"云尔。在外而不正者，虽贵如高庙，犹灾燔之，况诸侯乎？在内而不正者，虽贵如高园殿，犹燔灾之，况大臣乎！此天意也。

建议武帝诛杀诸侯近臣之不正者，以消弭天灾，这可能很需要勇气。但董仲舒草稿秘而未宣，主父偃"窃而奏之"，结果身陷囹圄，险遭杀身之祸。尽管如此，继董氏之后，以《春秋》灾异之变推当代政治得失之风，未尝稍衰，甚至有不避杀身之祸以谏汉帝孙位让贤如眭孟者。眭孟者，董氏弟子也。因此，我们完全有理由认为董仲舒及其后学以《春秋》灾异之变言时政并非故神其说，而是出自一种真信仰。然而董氏在被赦免后，"竟不敢复言灾异"，不是不信，而是不敢。这种"明哲保身"的处世态度，亦无可厚非。值得注意的是，董氏既以"推明孔氏"为己任，难道不知这不仅与"子不语怪力乱神"之旨大异其趣，也与孟子、荀子等先秦儒家的学术精神大相径庭？董氏很清楚这种不同，《春秋繁露·精华》曾说：

《诗》无达诂，《易》无达占，《春秋》无达辞，从变从义，而一以
奉人。①

今人多引"《诗》无达诂"云云印证现代阐释学之原理，但我却从中感觉到
一种学术世故。先秦诸子立义原各有己见，儒家有儒家之见，道家有道
家之见，墨家有墨家之见，虽然不能说是水火不容，但基本立场显然有
别。以今日平等的眼光看，先秦诸子之所以精光四射，不在同而在别。
也许我们已习惯以"王道既微，诸侯力政，时君世主，好恶殊方"这样的
时代背景来阐释百家争鸣的自由精神，但细读各家言论，其实不难发现
当此之时，除纵横家外，各家并非一味以"取合诸侯"为依归，而主要是
以自家学理为根据，即或面对诸侯，如孟子见梁惠王齐宣王，也是其所
是，非其所非，绝不含糊。先秦诸子思想之代表人物，如孔子、孟子、
墨子、老子、庄子、韩非子等，生前多未以学术致高位，或周游列国，
或避世高蹈，甚至杀身取祸。如果说董仲舒以《春秋》阴阳推高庙高园殿
之灾，即或有违孔子《春秋》之义，是出于真信仰，而当身陷囹圄之后"竟
不敢复言灾异"，是出于人皆有之的避祸本能，那么他在景帝朝为博士而
无所建言，而当汉武帝诏策贤良已预定崇儒路线的时候，才发一通"推明
孔氏，抑黜百家"的高论，这不是揣摩圣意曲意迎合又是什么？我觉得董
仲舒这样的儒家学者，貌似"廉直"，实则老于世故。既曰"推明孔氏""依
经立义"，又曰"从变从义，而以奉一人"。一人者，人主也。孔子之名
义，学派之学理，学术之讲求，不过是表面文章，所谓"饰之以儒术"，
质言之，当今人主之好恶，才是其治经论学的依归。

这样评价董仲舒的学术精神，似有深文周纳之嫌。但我总觉得董仲
舒以来的儒家学者，多以学术为政治游戏，随时可以塑造出现实政治需
要的孔子，也随时可以阐释出现实政治需要的经义。此非"《诗》无达诂"
云云之妙义乎？这里仅以董氏"王道三纲"之说为例。所谓"三纲"者，"君
为臣纲，父为子纲，夫为妻纲"是也。这是后汉班固《白虎通》引纬书《含

---

① 〔汉〕董仲舒：《春秋繁露》，周桂钿译注，58 页，北京，中华书局，2011。

文嘉》的表述，为后代儒家转相称引，被视为儒家核心伦理。虽然在董仲舒那里，尚未形成如此经典的表述，但精神则基本相同，《春秋繁露·基义》载：

> 凡物必有合。合必有上，必有下，必有左，必有右，必有前，必有后，必有表，必有里。……阴者，阳之合；妻者，夫之合；子者，父之合；臣者，君之合。物莫无合，而合各有阴阳。……君臣、父子、夫妇之义，皆取诸阴阳之道。……王道之三纲，可求于天。

提请今人注意的是，所谓"王道之三纲"，乃董氏新创之说，而非儒家原教旨。孔子讲究君臣名分，强调上下尊卑的等级秩序，但也这样说，"君君，臣臣，父父，子子"①。又说："君使臣以礼，臣事君以忠。"君臣关系是相对的。孟子说得更分明：

> 君之视臣如手足，则臣视君如腹心；君之视臣如犬马，则臣视君如国人；君之视臣如土芥，则臣视君如寇雠。②

臣民之忠于君主，是有条件的，这就是君必须是有道之君，如果不幸而遇桀纣那样的暴君，臣民可以讨而诛之，所谓"诛一夫"，而非弑君。这也是辕固在景帝面前，与黄生辩论"汤武革命"所坚守的学术立场。《孟子·滕文公下》论"五伦"曰：

> 父子有亲，君臣有义，夫妇有别，长幼有序，朋友有信。

父子、君臣、夫妇之际，也完全是一种相对关系。如果董仲舒完全以"推明孔氏"为己任，坚守儒家的学术立场，如辕固那样，怎么可能推演出"王道

---

① 杨伯峻：《论语译注》，126页，北京，中华书局，2009。
② 杨伯峻：《孟子译注》，186页，北京，中华书局，2005。

三纲"这样绝对化的理论来呢？他显然是在用黄老刑名之学修正儒家教义。

事实上，"三纲"这样上下尊卑绝对化的理论是由先秦道家与法家发展建立起来的。试读以下言论：

> 《老子》二十五章：道大，天大，地大，人亦大。域中有四大，而人居其一焉。①
>
> 《庄子·天道》：本在于上，末在于下；要在于主，详在于臣。……君先而臣从，父先而子从，兄先而弟从，长先而少从，男先而女从，夫先而妇从。夫尊卑、先后，天地之行也，故圣人取象焉。②
>
> 《韩非子·忠孝》：臣之所闻曰："臣事君，子事父，妻事夫，三者顺，则天下治；三者逆，则天下乱。"此天下之常道也。③

道家与法家皆为"君人南面之术"，分而言之，道家为君主政治哲学，而法家在这一哲学基础上提供了具有操作性的统治术，韩非集其大成曰"法术势"。在君臣父子夫妻这类传统社会最基本的人伦关系上，取向与儒家全然不同，那就是将其尊卑主从视为自然不移之理，所谓"天地之行""天下之常道"，是绝对的，是不可人为变更的。臣民即或不幸而遇桀纣那样"残仁贼义"的暴君，也如"敝冠"之"必加于首"，不得"因过而诛之"。这就是道家黄生以"汤武革命"为篡轼的理由。

事实上，我们在先秦儒家经典中，还可以找出不少并不很利于后来大一统君主专制政治的言论，谓其为"民本思想"也罢，为"古典人文精神"也罢，总之与"三纲"这样绝对化的君权、父权与夫权理论绝不是一回事。这些不符合大一统君主专制政治的思想，在后儒的阐释中，或者被淡化，或者被歪曲。这可以谓之"随时变通"，也可谓之"曲学阿世"。但"三纲"之说一出，便牢不可破，后儒至以"三纲"为三代以来亘古不变之

---

① 冯达甫：《老子译注》，60 页，上海，上海古籍出版社，1991。
② 杨柳桥：《庄子译注》，199 页，上海，上海古籍出版社，2006。
③ 张觉：《韩非子译注》，718 页，上海，上海古籍出版社，2007。

常经。《论语·为政》记孔子曰："殷因于夏礼，所损益，可知也；周因于殷礼，所损益，可知也；其或继周者，虽百世可知也。"东汉马融注："所因，谓三纲五常；所损益，谓文质三统。"这种阐释显然是以汉之今律三代之古，不仅厚诬先儒，而且昧于历史。但却被后儒视为当然，转相征引。朱熹《论语集注》引申发挥曰："三纲五常，礼之大体，三代相继，皆因之而不能变。"①宋代理学家怀疑汉儒未得圣人真传，要超越千年而直承孔孟之绝学，在很多观念上抨击汉儒不遗余力，但却视"三纲"为万世常存的天理。以马融、朱熹等经学大师之博古通今，一流智慧一流学者，难道他们真不知"三纲"非孔子原教旨，而是董氏窃取黄老刑名之说所创新义？这里表现的不仅是学术创新，更是一种学术世故。因自汉武帝以来，儒家知识群体逐渐被专制政治体制化，名曰"变通"，其实常常是不惜歪曲甚至背叛自家学理，来为这一体制的合理性进行阐释与辩护，以求苟合显荣于当世。

我由此而深感汉以来儒家学者之现实之理性，而缺乏超越精神，一种为学术而学术的独立精神。老博士辕固可能是汉儒中始终坚守先秦儒家原教旨的另类，不仅在窦太后面前竟敢诋毁《老子》书，而且在景帝面前竟敢与黄生辩论"汤武革命"，而当薛人公孙弘应诏出山踌躇满志时，正言相告云：

　　公孙子，务正学以言，无曲学以阿世！②

这其实也是对儒家知识群体的警示。然而，"曲学阿世"的公孙弘后来"以《春秋》白衣为天子三公，封以平津侯"。司马迁感慨曰："天下之学士靡然乡风矣！"董仲舒虽自悲"生不丁三代之隆盛"而赋"士不遇"，也因其始推《春秋》灾异之变古为今用而被后儒推为"一代儒宗"，而坚守儒家学术立场"正学以言"的辕固则唯有作为儒家独立之精神遥远的回忆，供后人凭吊。

---

① 〔宋〕朱熹：《四书章句集注》，59 页，北京，中华书局，1983。
② 〔汉〕司马迁：《儒林列传第六十一》，《史记》，3124 页，北京，中华书局，1959。

关于《史记·孔子世家》的几点思考

北京师范大学　韩兆琦

《孔子世家》是研究孔子的最早、最有权威性的传记，同时也是问题最多、最真假杂糅的传记之一，这里准备提出以下几个方面的想法。

一、关于孔子孩童时期的疑问

《孔子世家》写孔子青少年时代极其简略，难以串联成片。司马迁说孔子的父亲是叔梁纥，叔梁纥是何等人，司马迁在《孔子世家》中只字未讲。《左传》上有叔梁纥其人，是鲁国的一位勇士。在跟着孟孙氏的家臣秦堇父随晋国军队进攻偪阳时，曾一度攻入城内，当偪阳人放下悬门，准备全歼攻进城内的晋军时，叔梁纥跑过去双手托住了正在下落的悬门，救出了攻入城内的晋国士兵，为鲁国人大长光彩。见《左传》襄公十年。另一件事是齐国军队将鲁国贵族臧纥围困于防，叔梁纥也在围城之内。为了臧纥的安全，叔梁纥曾率领三百人突出重围，将臧纥送到了安全之地，而自己又杀回去继续守城。事见《左传》襄公十七年。司马迁在《孔子世家》中说叔梁纥与颜氏女"野合"而生孔子。"野合"大概就是未经父母之命、媒妁之言吧。"野合"而生孔子后，是其家庭立刻承认了这门婚事呢？还是叔梁纥与颜氏女继续在外面做秘密夫妻呢？司马迁没说。孔子降生后，叔梁纥就死去了。大约过了十几年，颜氏女也死了。奇怪的是颜氏女竟然到死也没有告诉孔子其生父是谁，死后葬于何处。颜氏女死后，有位邻居告诉了孔子其生父的名字与葬处，于是孔子将其母与其父合葬于防。这"防"邑的墓地是叔梁纥家族的祖茔呢？还是叔梁纥与颜氏女的临时葬地呢？司马迁也没有说。

颜氏女死后，孔子曾"要绖"前往参加季氏的招待宴会，被季氏的家臣阳虎所挡驾。这是有记载的孔子准备参加的第一次社会活动，但没有成功。这一年孔子大约是十五六岁。接着到十七岁时，鲁国的权臣孟釐子就在他临死前称孔子为"圣人之后"，称之为"达者"，从此一些大贵族的子弟就跟着孔子去学礼，孔子就步入上流社会了。应该说，孔子在其十五六岁这两年间的发展是火箭式的。

从孔子降生一直到十五六岁，孔子是怎样生活过来的，司马迁没有记载。依照封建社会的一般风俗习惯，轻浮子弟与婚外女子偷偷生子，其家庭接受这个孩子并不困难，刘邦的长子刘肥，西汉名将卫青都是这种情形。这要取决于叔梁纥的家庭背景与叔梁纥其人在家族中、在社会上是怎样的一种地位。如果他有一定的地位权势，那就可以不费力地将颜氏女与孔子引入家中，享受他们应该享受的待遇。这样就可以顺理成章地使孔子自幼熟悉上层社会的生活，受到上层礼乐制度的熏陶，以便形成他日后的强烈等级制度的信念。但这与司马迁所写的孔子生而叔梁纥死，颜氏女到死也没有告诉孔子其生父是谁；叔梁纥葬地的所谓"防"，也不像是叔梁纥家的祖茔。孔子将自己的生母颜氏女与生父叔梁纥合葬于防，很像是孔子到这时还没有融入叔梁纥家族的序列，于是这就连叔梁纥的地位权势如何也令读者怀疑了。那么这孔子的"认祖归宗"究竟是在什么时候，又是经过了怎样的过程呢？确定这一点，对孔子思想立场的形成关系重大。

司马迁没有介绍叔梁纥本人的权势与地位，但却介绍了他的祖辈有贵族血统，是宋国诸侯的后代；再从司马迁介绍的鲁国权臣孟釐子在他的临死前是那样的高看孔子，预言孔子日后必成为"达人"，并嘱咐他的后代要去跟着孔子学礼；尤其在日后孔子结婚生子时还能收到鲁昭公一条鲤鱼的贺礼，这就更不是小事情了。孔子所以能在鲁国享有这份殊荣，难道仅仅是凭着他一个青少年的个人表现，而不是由于他的父亲叔梁纥有功于鲁国，更有大功于孟孙氏，因此才引起了孟孙氏对孔子的关注，并辗转受到了鲁昭公的格外垂青？从孔子的思想立场、文化修养、知识结构看，越是把孔子的"认祖归宗"说得早、说得顺利，就越顺理成章；越是把颜氏女与孔子不被叔梁纥家族所承认的时间拖得长，越是将孔子的孩童时代想象得受苦受罪过多，就越与孔子日后的思想立场相矛盾。我们从孔子日后的一切行为表现上，看不出一点吃过大苦、受过大难、对当时森严的等级社会有过任何反抗的情绪。所谓"吾少也贱，故多能鄙事"云云，后人也只能想象为在贵族阶级中相对地位较低，而绝不能把他想象成为饱受社会苦难的"三毛"。这都是由于司马迁对叔梁纥的缺乏交代与颜氏女至死不告知孔子其生父之名与其葬地的行为，将孔子的孩童时代拖入五里雾中，并割断了孔子日后的立场与思想表现所形成的基础与渊源。

二、关于孔子的政治生涯

《孔子世家》写孔子有他宏伟的政治理想，并具有将这种理想付诸实践的政治才干。司马迁认为孔子曾当过鲁国的宰相，其从政期间所做的最重大的事情，其一是协助鲁定公会齐景公于夹谷，其英姿飒爽、指麾若定的情景，千载之下犹有生气；其二是毁三都，也就是要铲除季孙氏、叔孙氏、孟孙氏三大权臣封地的都城。经过努力虽仅毁去了两个，未能全部完成，但孔子弱私门、强公室的决心与魄力却得到了充分展现。可惜为时不长，孔子就在国内国外敌对势力的联合排挤下离开了鲁国。孔子的生活处境与司马迁笔下的吴起、屈原等相同，这是使司马迁非常悲哀的，司马迁对此表现了无比的愤慨与同情。

其实司马迁关于孔子从政的这些叙述疑点甚多：其一，孔子的政治地位是被司马迁大大拔高了的。司马迁在《鲁世家》中有一次，在《孔子世家》中有两次说孔子曾在鲁国"摄相事"或"行相事"，但皆未说他正式为相；而在《秦本纪》《吴世家》《晋世家》《楚世家》等篇则一一写成了此年"孔子为相"，以表明孔子其人的事关重大。其实这是不可能的。孔子不可能在鲁国"行相事"，更不可能在鲁国正式为相。鲁国的"相"始终是季孙氏、叔孙氏、孟孙氏，也就是所谓"三桓"，他们从来没有把这个职务让给其他人。《左传》写到的孔子佐鲁定公参加"夹谷"之会，也就是充当傧相而已。司马迁写春秋时代的历史，在写到某个人在某国执政掌权时，往往就说某某为相，管仲是一个很好的例子。但管仲是不可能在齐国为"相"的。齐国的"相"是高氏、国氏，这一点管仲自己也说得很清楚。当管仲去周国，周天子想以"上卿"之礼招待管仲时，管仲不敢当，说："我们齐国有高氏、国氏在，您以上卿之礼招待我，高氏、国氏来了您用什么礼去招待他们呢？"于是只接受了下卿之礼。

其二，孔子在政治上的作用与其对鲁国政治的影响也是被司马迁过分夸大了的。司马迁说孔子"由大司寇行摄相事，与闻国政三月，粥羔豚者弗饰贾，男女行者别于涂，涂不拾遗。四方之客至乎邑者不求有司，皆予之以归"，真可以说是"立竿见影"。并说孔子在鲁国的这些兴作，吓得"齐人闻而惧"，说"孔子为政必霸，霸则吾地近焉，我之为先并矣，盍致地焉？"请注意，齐国是姜太公、齐桓公的后代，多年充当霸主。《孔子世家》前面还刚刚说过："齐大而近于鲁，鲁小弱，附于楚则晋怒；附于晋则楚来伐；不备于齐，齐师侵鲁"；怎么转眼之间就让齐国怕到这种程度了呢？司马迁写文章为了突出某个问题，常有这种管前不顾后的情况。后来孔子周游到楚国，司马迁写道："昭王将以书社地七百里封孔子。楚令尹子西曰：'王之使使诸侯有如子贡者乎？'曰：'无有。''王之辅相有如颜回者乎？'曰：'无有。''王之将率有如子路者乎？'曰；'无有。''王之官尹有如宰予者乎？'曰：'无有。''且楚之祖封于周，号为子男五十里。今孔丘述三五之法，明周召之业，王若用之，则楚安得世世堂堂方数千里乎？夫文王在丰，武王在镐，百里之君卒王天下。今孔丘得据土壤，贤弟子为佐，非楚之福也。'昭王乃止。"楚昭王是楚国的明君，能不能对一个外来的游客张嘴就封给他"书社七百"的领土姑且不说；单听令尹子西对孔子师徒的这段夸赞，难道不觉得太过了点吗？

其三，是司马迁对孔子被国内国外的敌对势力相互勾结，挤出官场，对于孔子这种"才高被妒"的政治上的失败，是充满同情的。他详细地描写了孔子恋恋不舍、不忍离开鲁国的情形，这就如同他写吴起、写屈原、写伍子胥、写廉颇、写李牧等一样，充满了对统治集团昏庸黑暗、自毁长城的痛恨，这是《史记》中的重要主题之一，很能引起广大读者的共鸣。

三、关于孔子的成就与贡献

说到孔子的学术思想与其为从政所进行的一些具体活动，司马迁有很敬佩的一面，如孔子讲德讲礼，反对严刑酷法；讲仁讲爱，反对残暴的聚敛诛求等，司马迁是赞成的；孔子在伦理道德方面，强调统治者的表率作用、讲正人者必先正己，讲己所不欲勿施于人等，司马迁也都同意。但孔子那种向往文武周公、向往西周的开倒车；孔子所强调的"君君、臣臣、父父、子子"的等级制；孔子倡导并身体力行的那种"为尊者讳、为长者讳"，以及孔子那种反对下层起义、反对武力征伐，而一味空洞地倡导礼乐、倡导说教等，这些在当时显然是不合时宜的。相比之下，孟轲的"民为贵、社稷次之、君为轻"；孟轲的"闻诛一夫纣也，不闻弑君也"等，似乎更得到司马迁的赞同，并在《史记》的许多人物身上可以得到印证。孔子的讲礼、讲正名有时讲到极其琐碎、极其脱离实际的地步。司马迁在《太史公自序》中先是引《六家要旨》批评儒家的最大毛病是"博而寡要，劳而少功"，说他们的"六艺经传以千万数，累世不能通其学，当年不能究其礼"。在《孔子世家》中司马迁又通过他所理想的人物晏婴说孔子"滑稽而不可轨法"；说他"盛容饰，繁登降之礼，趋详之节，累世不能殚其学，当年不能究其礼"。这些都是极其中肯的。孔子在其生前到处碰壁，绝非偶然。在儒家的人物中，司马迁更接受的是荀子，荀子的理论是一种儒法融和的新思想。

孔子的学说在春秋、战国时代不被当时的任何一个国家所接受，孔子一生只能以四处碰壁穷愁潦倒而告终，这是由于他思想主张的空泛在当时不可能实行所决定了的。关于这一点，汉朝初期的陆贾与叔孙通都总结得很精彩。当刘邦傲慢地对儒生们说：你老子是靠武力取得天下，要你们这些儒生做什么？陆贾说："居马上得之，宁可以马上治之乎？且汤、武逆取而以顺守之，文武并用，长久之术也。""乡使秦已并天下，行仁义，法先圣，陛下安得而有之？"叔孙通概括得更为简洁，他说："儒者难与进取，可与守成。"真是千古名言。

应该说，孔子的政治理想与其治国平天下的种种学说，从其整个体系而言，是空想的，是无法实行的。诸如"道之以德，齐之以礼""为政以德，譬如北辰居其所，而众星拱之""去兵，去食，存信""克己复礼为仁，一日克己复礼，天下归仁焉""周监二代，郁郁乎文哉吾从周"。处于春秋末期，究竟通过怎样的工作可以达到这种境界？他曾跃跃欲试想去见阳虎、见公山弗狃，难道阳虎与公山弗狃就能在东方建立一个类似几百年前文王、武王在周公、太公协助下所建立的"西周"王朝吗？尽管这些都是孔子梦想之中的，一条也不可能实现的空话，但是孔子也的确还有一些可以称得上是绝对美好的、被人向往、让人迷恋的、能让许多志士仁人愿意为之追求、奋斗的东西。诸如"仁者爱人""己欲立而立人，己欲达而达人""己所不欲，勿施于人""政者，正也。子帅以正，孰敢不正？""君子之德风，小人之德草，草上之风必偃"，这些大多是讲品德修养的，是讲统治者应起带头作用的。这些条款，只要统治者自己愿意奉行，老百姓绝对是衷心拥护的。此外在教育方面、在人格修养方面，孔子还有许多令人鼓舞的、极富开创性的东西，诸如"有教无类"；"学而不厌，诲人不倦"；"不愤不启，不悱不发"；"逝者如斯夫，不舍昼夜"；"朝闻道，夕死可也"；"岁寒乃知松柏之后凋也"；"三军可夺帅也，匹夫不可夺志也"，等等。这些都是经典性的、具有某种永恒价值、永久意义的东西。人总是要有点思想、有点追求的；人所生活的社会，有光明，也有黑暗；人所遭遇的环境，有顺利，也会有坎坷。一种社会，一个群体，如果没有一种足以鼓舞人上进，给人以目标，给人以信念，给人以勇气与力量的东西，这个社会、这个群体还如何能生存、能发展下去呢？孔子的思想学说，想要依靠它的体系来治国安邦，那是绝对不行的；但就此要把孔子的思想学说完全打倒、废弃，那也是绝对不行的。我们应该弃其糟粕，取其精华，要把他所倡导的那些有用的东西努力地发扬光大起来。

孔子令司马迁，也令两千多年以来的许多人极其敬佩的，是他那种坚持理想、不懈追求、胸怀大志、一生奋斗不息的实干精神；是他那种不服输、不泄气、宁知其不可为而为之的人生观、价值观；是他那种不改变信念，不降低目标，绝不与恶势力同流合污的伟大人格。司马迁正是从孔子这种处逆境而势不回头的榜样中受到激励："文王拘而演《周易》，仲尼厄而作《春秋》，屈原放逐乃赋《离骚》，左丘失明厥有《国语》"，这已经成了司马迁一生奋斗力量的源泉。

孔子的教育思想、教育原则，以及他作为一种平民教育、平民学校的开创者，都应该独占鳌头，名标青史。孔子培养了众多学子的实践，以及这些学子在各国所取得的成就，更表明了孔子教育活动的成功。司马迁曾描写当时的这种盛况说："自孔子卒后，七十子之徒散游诸侯，大者为师傅卿相，小者友教士大夫，或隐而不见。故子路居卫，子张居陈，澹台子羽居楚，子夏居西河，子贡终于齐。如田子方、段干木、吴起、禽滑厘之属，皆受业于子夏之伦，为王者师。是时独魏文侯好学。后陵迟以至于始皇，天下并争于战国，儒术既绌焉，然齐鲁之间，学者独不废也。于威、宣之际，孟子、荀卿之列，咸遵夫子之业而润色之，以学显于当世。"（《史记·儒林列传》）司马迁又写孔门弟子在魏国受尊重的情景说："文侯受子夏经艺，客段干木，过其间，未尝不轼也。秦尝欲伐魏，或曰：'魏君贤人是礼，国人称仁，上下和合，未可图也。'文侯由此得誉于诸侯。"（《史记·魏世家》）

司马迁作为一个孔子与先秦儒学的崇敬者，写到这种局面是深感自豪与自慰的。当然，司马迁写孔门弟子也有不少有意无意的夸大之词，如《左传》鲁哀公七年，吴王夫差率军侵齐，路经鲁国时，威逼鲁国要以"百牢"的规格供奉他，鲁国派大臣子服景伯以礼劝说之，吴王不听，鲁国无奈，只好以"百牢"之礼供奉了夫差。到司马迁写《史记》的《吴世家》与《鲁世家》时，司马迁就改写成了鲁国派孔子的弟子子贡去劝说吴王，结果吴王夫差在子贡的严厉责备下理屈地放弃了这种"不合古礼"的要求。至于吴越争霸吴国被越国所灭的历史，司马迁竟在《仲尼弟子列传》中写成是齐国将攻鲁国，孔子为救鲁国派子贡出使游说齐国、吴国、越国、晋国，结果挑起了吴国的侵晋，晋国的破吴，以及越国乘机灭吴。司马迁夸说"故子贡一出，存鲁，乱齐，破吴，强晋而霸越。子贡一使，使势相破，十年之中，五国各有变"。这简直就成了天方夜谭、无中生有了。我想司马迁本人也未必相信这是真的，他不过就是人云亦云地照着民间传说的故事姑妄言之，借以表现孔门弟子的神通广大而已。也有人认为这些情节根本不是司马迁所写，是后来的人编造并塞到里面去的。

孔子伴随着自己的教育教学而整理编集了许多古代的文化典籍，他整理了《尚书》《诗三百》《周易》《仪礼》，等等。孔子一方面整理编集古代文化典籍，一方面将其用作自己教学的课本，这些工作对儒家学派的发展，对中国古代文化的发展与传承起了极其重要的作用；而孔子自身又是在这项浩繁、伟大的工作中既充实、提高了自己，又教育、提高了他成百上千的门徒；也正是从这种既艰苦努力，又奋斗不息的过程中成就了孔子作为一个来自平民阶层的伟大学者、伟大思想家和伟大的圣人。顺便提一下，经孔子整理并在当时用为教育弟子之教材的《尚书》《周易》《仪礼》等，也还绝对不是今天我们所见到的儒家经典中《尚书》《周易》《仪礼》等那种样子。因为今天我们所见的《尚书》《周易》《仪礼》中的许多篇、段内容，有些是产生于战国后期，有的甚至是形成于西汉建国以后的。

四、关于孔子的写《春秋》

孔子写《春秋》的事情，不见于《论语》，不见于《左传》，最早说起此事的是孟轲。两千年来鼓噪得家喻户晓，中外皆知的，则是由于司马迁的《史记》。司马迁在《孔子世家》中是把孔子写《春秋》当作了一个最突出的关注点。司马迁说孔子写《春秋》的动机是："子曰：'君子病没世而名不称焉。吾道不行矣，吾何以自见于后世哉？'乃因史记作《春秋》。"孔子写《春秋》要达到什么目的、起到什么作用呢？司马迁以为是"推此类，以绳当世，贬损之义，后有王者举而开之。《春秋》之义行，则天下乱臣贼子惧焉。"孔子在写《春秋》时是投入了怎样的力量，自己又对《春秋》抱有怎样的期待呢？司马迁说："孔子在位听讼，文辞有可与人共者，弗独有也。至于为《春秋》，笔则笔，削则削，子夏之徒不能赞一辞。弟子受《春秋》，孔子曰：'后世知丘者以《春秋》，而罪丘者亦以《春秋》。'"也就是说，孔子一生的功过成败，一生的毁誉荣辱全在这部《春秋》上，其他什么做官、正名、制礼、作乐、教书、育人等，通通不在话下。只要这部书能够立住，其他一切通通可以不要。这是孔子给自己盖棺定论么？这是司马迁评定孔子么？通通不是，这是司马迁在为自己盖棺定论，是司马迁在为自己的《史记》做最后的评定。

现代学者杨伯峻作《春秋左传注》，在其《前言》中用了十页的篇幅力辨孔子只是使用《鲁春秋》作过教本，他自己根本没有作过《春秋》。他的主要证据是：第一，"《论语》是专记孔丘和他门下弟子言行的书，却没有一个字提到《春秋》，更不曾说孔丘修或作过《春秋》""他若写了或者修了《春秋》，这比整理《雅》、《颂》篇章贡献还大，为什么他和他学生都一字不提呢？"第二，"《春秋》为鲁国史书，又不晓得经过若干人的手笔。这些史官一方面不得不适应当时的形势，一方面也有他自己的观点和文风，这在《春秋》经文中表现得相当明显""如果孔丘果真修或作了《春秋》，为什么不把文风统一，尤其不把体例统一呢？"第三，"可以从《春秋》、《左传》本身提出《春秋》本是鲁史本文的证据，孔丘不曾修改"。第四，《礼记·坊记》所引《鲁春秋》，《竹书纪年》所引《鲁春秋》，都与今本《春秋》相同或基本相同。第五，"后代学者也有不少人对孔丘曾修或作《春秋》表示怀疑，但他怕背负得罪圣人之名，不敢直说，只能婉曲说出"，如郑樵、刘克庄、袁谷芳、石韫玉等，都表示了"《春秋》者，鲁史也""《春秋》者，鲁史之旧文也"的意思。

本来是一件难以说通的事情，司马迁为什么要说得那么严肃、那么用力呢？司马迁在《史记·太史公自序》中又进一步申明孔子写《春秋》的意义价值说："孔子知言之不用，道之不行也，是非二百四十二年之中，以为天下仪表，贬天子，退诸侯，讨大夫，以达王事而已矣。子曰：'我欲载之空言，不如见之于行事之深切著明也。'……故有国者不可以不知《春秋》，前有谗而弗见，后有贼而不知。为人臣者不可以不知《春秋》，守经事而不知其宜，遭变事而不知其权。为人君父而不通于《春秋》之义者，必蒙首恶之名。为人臣子而不通于《春秋》之义者，必陷篡弑之诛，死罪之名。其实皆以为善，为之不知其义，被之空言而不敢辞。……故《春秋》者，礼义之大宗也。夫礼禁未然之前，法施已然之后；法之所为用者易见，而礼之所为禁者难知。"好家伙，曾被王安石所称为"断烂朝报"的一薄春秋历史纲要，居然有如此玄妙的法力，真让人不可思议。别的先不说，我们只把这本历史纲要读一遍，找找孔子在什么地方有过"贬天子"的言论呢？一点也没有，相反《春秋》所强调的倒是"尊王"，是"为尊者讳"。我们再点检一下两千年的封建史，看看是否有哪一个"乱臣贼子"是由于读了《春秋》而自己取消了他们祸国殃民、篡国篡政的罪恶行径呢？一个也没有。司马迁为什么要气大声宏地说这套话，为什么要口不应心地把《春秋》推崇到这种程度？原来真正做到了"贬天子、退诸侯、讨大夫"的是司马迁的《史记》，司马迁引用孔子是为了打鬼而借力于钟馗。

孔子作为一位出身于平民阶层，具有民主人道思想的学者、教育家、历史家，作为一位坚定执着为实现美好理想而不屈不挠、奋斗不息，终生不与黑恶势力同流合污的韧性斗士，孔子是伟大的，司马迁称之为"至圣"，表现了司马迁对孔子的高度尊崇。但实际说来，《孔子世家》中的孔子是被司马迁提高起来的、理想化了的形象。孔子的职务地位、孔子的政治影响以及孔子的写作《春秋》等都带有司马迁有意无意的过度夸张。因此《孔子世家》中的孔子，与《论语》中的孔子，与被后世历代帝王所加封的顽固维护等级制、忠心为专制皇帝做奴仆的孔子都不相同；司马迁笔下的孔子既有讲仁爱、讲和谐、讲敬讲慈的柔性的一面，同时又有"贬天子、退诸侯、讨大夫"，对恶势力绝不妥协的刚性的一面。这是我们必须看清的。再有，孔子是司马迁笔下的悲剧英雄，孔子一生颠沛流离，到处碰壁，受打击、受误解，到死凄凉寂寞，看不到任何希望的曙光。司马迁的遭遇比孔子更难堪、更悲惨，更加看不到希望与前途。司马迁的抬高孔子、歌颂孔子、夸大孔子的作用与影响，也就是寄希望于孔子，并从孔子的形象中寄寓自己的情感与身世。

"怅望千秋一洒泪，萧条异代不同时"（杜甫《咏怀古迹》）。司马迁在《孔子世家》中对孔子人生最后一段的描写是异常凄凉、异常动人肺腑的。当时颜回已死多年，子路又于去年死去，七十三岁的孔子孤独地挂着拐杖在门前踱步，忽然见子贡来了，孔子眼前一亮，动情地说："赐，汝来何其晚也？"因叹，歌曰："太山坏乎！梁柱摧乎！哲人萎乎！"因以涕下。随后他对子贡讲了昨晚做的一个不祥之梦，说是梦见自己坐在堂屋的正中央，而堂屋的正中央那是殷人死后停灵的地方。孔子估计自己不会久处于人世了。结果七天之后孔子果然死去。《史记》描写悲剧英雄的去世，再没有第二篇像《孔子世家》所描写得如此凄婉。

（此文曾在 2011 年曲阜市"中国传记文学会讨论会"上发言；2016 年又进行了一些修改。）

后　记

2016 年 3 月份，刘全志兄向我约稿时，我开始想写的题目是"司马迁对儒家人物的赞赏与批评"。那时所以有这种想法，是因为读了聂先生《司马迁论稿》中的许多章节，其中许多提法都令人感到很兴奋、很受启发。例如，关于孔子的政治理想，司马迁是怎么认识的，聂先生对此概括说："司马迁很少谈到孔子的'仁'，而特别突出的是孔子的'礼'。他论述孔子一生的行迹时，是以'礼'为中心线索的。孔子幼年时'为儿嬉戏，常陈俎豆，设礼容'；'年少好礼'，'孟懿子与南宫敬叔往学礼焉。'他还曾与南宫敬叔'适周问礼'。齐景公问政，他答以'君君臣臣，父父子子'，也是讲的礼。夹谷之会，他辅助鲁定公挫败了齐景公，也是以'会遇之礼'。他劝定公堕三都，根据的是'臣无藏甲，大夫无百雉之城'的礼……他教弟子，'以诗书礼乐'。颜渊因而有'博我以文，约我以礼，欲罢不能'的赞叹。……'礼失则昏，名失则愆'则是他的名言。可见孔子一生是把礼作为安身立命的根本。"如此准确精到、如此简明晓畅的概括归纳，前所未见。

董仲舒在汉武帝"罢黜百家，独尊儒术"中是大名鼎鼎的人物，但在司马迁的笔下，却看不出他有什么实际的重要性。在《儒林列传》中董仲舒只有短短的十行字，而且这十行字还简直就是一段尖刻的讽刺小品。它说董仲舒写了一本宣传天人感应的《灾异之记》，有人跟他为难，偷偷地将这本书上交给了汉武帝，汉武帝召集一伙人前来评定，董仲舒的弟子吕步舒也是评论员之一。他不知道这本书是他的老师写的，就蔑视地说："写这种书的人就是白痴！"于是法官判董仲舒死罪。汉武帝从宽发落，免其一死，吓得董仲舒从此再也不敢侈谈阴阳灾异。

聂先生评判司马迁对董仲舒的这种描写说："司马迁没有给他立传，只是在《儒林列传》中对他做了简单的描述。但在客观的叙述过程中，描写出了董仲舒'以《春秋》灾异之变推阴阳所以错行'的不切实际，特别是记载他因讲灾异获罪后，'竟不敢复言灾异'，则委婉地含有讥讽的意味。"聂先生说："董仲舒是当时的儒学大师，对武帝推行的'罢黜百家，独尊儒术'的政策起过决定作用，看来司马迁对此也是不满的。"我赞成聂先生支持司马迁对汉代迷信儒学的批判，司马迁与《史记》出现在汉代，所表现的是一种民主的、科学的精神，是一种很少受当时的污浊所沾染的美丽与清新。

这样说下去，越来越进入了古代经学与现代哲学的范畴，我的能力明显不够，故而没法再写原来的题目，于是我找出一篇前些年参加传记文学研讨会的发言稿，以求正于聂先生与诸位学兄。

司马迁爱奇别解

复旦大学　曹晋

对司马迁之爱奇，每一个时代的阐释者各有见地，原因是学者的认识反映其生存时代的社会场景与价值取向。继扬雄首评司马迁爱奇之后，应劭、刘勰、司马贞、赵匡等人沿袭此说，至今不绝。杨伯峻先生在《春秋左传注》庄公十三年，"柯之盟"注条中涉及《史记》时说："司马迁不取《左传》曹刿论战，而取其劫齐桓，已载之《年表》与《齐世家》《鲁世家》，复为之作《刺客列传》，盖亦好奇之过。"①这是针对司马迁重视历史人物的特异事迹而发的议论。

也有学者从文笔之奇来论述《史记》之行文特点，如《论文偶记》所言："文贵奇，所谓'珍爱者必非常物'。然有奇在字句者，有奇在意思者，有奇在笔者，有奇在丘壑者，有奇在气者，有奇在神者。字句之奇，不足为奇；气奇则真奇矣；神奇则古来亦不多见。……奇气最难识，大约忽起忽落，其来无端，其去无迹。读古人文，于起灭接转之间，觉有不可测识，便是奇气。……文贵大。……文贵远。……文贵变。……汉人敛之，稍归劲质，惟子长集其大成。史迁句法，似赘拙而实古厚可爱。"②而李长之先生则认为司马迁一生最大的特点是好奇，"因为好奇，所以，他的文字疏疏落落，句子极其参差，风格极其丰富而变化，正像怪特的

---

① 杨伯峻：《春秋左传注》，194 页，北京，中华书局，1981。
② 〔清〕刘大櫆：《论文偶记》，142 页，北京，人民文学出版社，1959。

山川一样，无一处不是奇境；又像诡幻的天气一样，无一时一刻不是兼有和风丽日，狂雨骤飙，雷电和虹！"①这是对司马迁之文风的称赞。

我以为司马迁之爱奇，乃司马迁对才华卓著的奇人之偏爱，"奇人"是司马迁个人所理解的创造历史的社会精英，他们能调动更多的社会资源、获得更多的权威性，是富于感召力的神圣人物和文化符号，也就是韦伯（Webber）、希尔斯（Shiels）称之为卡里斯马（Charisma）的人物。他们代表文化的中心资源，能够赋予其他人物和符号以规范、秩序或整体形态。②

社会精英的出场，与同时期文化语境的特定压力和需要具有密切关系，其生成与衰微，奋斗与失败，将分别昭示这种文化的盛衰际遇。日本学者认为："读一部《史记》，如直接当时人，亲睹其事，亲闻其语，使人乍喜乍愕，乍惧乍泣，不能自止。是子长叙事入神处。"③正是这些令人喜、惧、惊、泣的社会精英——奇人奇才，为《史记》增加了浪漫主义的色彩。曾国藩《读书录》说："太史传庄子曰：'大抵率寓言也。'余读《史记》亦'大抵率寓言也。'列传首伯夷，一以寓天道福善之不足据，一以寓不得依圣人以为师。非自著书，则将无所托以垂于不朽。次管、晏传，伤己不得鲍叔者为之知己，又不得如晏子者为之荐达。此外如子胥之愤、屈贾之枉，皆借以自鸣其郁耳。非以此为古来伟人计功簿也。班固人表，失其指矣。"④司马迁之寓言（奇文），实乃借"倜傥非常之人"（社会精英）的叙写，表现他的一家之言，即他对历史文化演进的理解与诠释。

20世纪以来，学界对文化的"现代化"转型论述甚为热烈，无论是涂

----

① 李长之：《司马迁之人格与风格》，93 页，北京，生活·读书·新知三联书店，1984。

② "卡里斯马"一词的界定参见林毓生：《中国传统的创造性转化》，75～84 页，北京，生活·读书·新知三联书店，1988；王一川：《修辞论美学》，长春，东北师范大学出版社，1997。

③ 〔汉〕司马迁：《史记会注考证附校补》，〔日〕泷川资言考证，〔日〕水泽利忠校补，2112 页，上海，上海古籍出版社，1986。

④ 〔清〕曾国藩：《曾国藩全集·书录读书录》，75 页，长沙，岳麓书社，1989。

尔干强调的非西方民族的现代化转型，如"传统社会"（非西方）向"现代社会"（西方）的转化，或是韦伯所说的现代化即西方社会的理性化理论（科层化），均遭到不少本土学者的驳斥，但西方社会人类学、文化人类学学理涉及的一种文化总存在一个过程，这个过程自有其转型期、定型期和破型期的理论是客观的。他们认为一种文化破型之后又是其新的文化规范的建构，即转型。而到文化规范基本确立的定型阶段，则又面临新的挑战，当各种矛盾的破坏性滋生，文化规范的效用丧失，文化破型成为必然①。将这样的历时性进程演进的阐释模式带入《史记》人物传记涵盖的历史，可以发现这样一个清晰的结构运动过程：第一，春秋至战国中期是文化的破型期，政治分裂、诸侯割据，西周以来的政教传统濒临毁灭，基本价值体系失范，人格主体的理性力量展现出来，消解、拆毁原有文化传统的神圣因素，意识形态领域是自由开放的诸子争鸣。第二，战国中晚期至景帝执政是文化的转型期，思想界从宣扬大一统到实现、并提出种种完善大一统的策略和措施，政治军事上从三强鼎立到秦、汉一统天下，新的社会结构、意识形态和艺术模式正处于创始、建构阶段，各种新规范正在形成，整个社会结构显得生机勃勃，人格主体的创造力得到发挥。第三，武帝即位，用董仲舒之策——"罢黜百家，独尊儒术"，置"五经"博士，新的、硬性的规范确立，整个社会的政教伦理一体化，这是文化的定型期，稳定、遵从矩度的社会环境是得利的一面，但就人格主体而言，士人受到专制制度的压制极大，与正统对立的、非良性的因素也同时滋长，矛盾不可避免。本文对文化模式的变动理解，正意味着赋予它以辩证唯物主义的矛盾、运动和冲突的内涵。建立这样一个文化演进历程的模式，是为了更全面地考察司马迁以"爱奇"来展现的写人艺术与社会结构、意识形态的互动关系。

---

①　例如，美国著名人类学家安东尼·F.C.华莱士在其《人格与文化》一书中，就塞内加尔印第安人的社会变迁论述了其文化转型（transformation）、定型（formation）、破型（deformation）等问题，这是 20 世纪人类学家以历史笔法建构民族志的惯用研究范式。

一、文化破型期的社会精英

春秋战国时期，西周的传统政教对充满物欲追求、急功近利的社会现实，已失去了正面影响，如班固《汉书·货殖传序》所载："陵夷至乎桓、文之后，礼谊大坏，上下相冒，国异政，家殊俗，耆欲不制，僭差亡极。"诸侯各国侵伐兼并，礼法僭越，尚权谋弃仁义，重富强轻道德。司马迁在《史记·六国年表序》中也指出当时的社会是"矫称蜂出，誓盟不信，虽置质剖符，犹不能约束也。"时至战国之初，平民势力崛起，布衣之徒，立左政局，国际形势因一介平民之策略的贯彻而变化莫测，他们的行动决定时事的转机与成败。人的生存智慧与理性力量从神圣的奴隶制王权中解放出来，文化权力下移，士人的尊严得到彰显。司马迁把握住了那个时代中人们的迫切要求，即人的历史理性的合法化权威地位，直陈其事，注意巧妙地表现人民才智、美德，穿插情节等是司马迁适应此时代的叙事特征。如《史记·管晏列传》中所叙写的管鲍之间的感人交情和重患难相知的晏子的磊落为人，岂不正反讽了统治者的虚伪与势利。古往今来的人们往往感叹人情冷暖与世道炎凉。友情之最高境界在于甘苦与共，乐时锦上添花，患难之时雪中送炭。

司马迁一方面赞颂精英的人情美德；另一方面又极力描绘他们的才智勇气突破了一切等级关系、特权、规范和禁令，超越了统治权威设立的真理与制度。在他笔下，支配一切的是主客之间不拘形迹地自由接触的特殊形式，对才智勇力的认同使等级限定的人与人之间的距离不复存在，使人们在本真的生命形态上趋于平等。举例而言，如《史记·孟尝君列传》中与孟尝君同甘苦、共命运的冯驩，或是"立意较然，不欺其志，名垂后世"的刺客，或是普通的邑民，都是处于社会最底层的名不见经传的一介布衣，在等级制度之下的生活中，这些人被不可逾越的等级、财产、职位所分割，但因他们偶然的一计或是一个行动，历史就翻开新的一页。而这正是司马迁对日常生活中权威体系的颠覆，其中蕴含了交替与变更的精神、死亡与新生的精神。帝王、诸侯、大夫等生活中高高在上的权威面对国之危难，却无计可施，甚至被吓得六神无主，他们的无能与丧德和司马迁大力张扬的民众的情、智、勇、德等方面的美好品行形成鲜明的对比，使那些外在的强加于民众的身份与血统因素被无形地瓦解了，反过来是嘲讽了不可一世的权威，这不妨视为作者在正常逻辑压抑下的一种积极的想象的反抗。①

二、文化转型期的社会精英

战国中晚期政治趋向大一统，区域文化的较量已见分晓，势不可当的秦国统一了六国，但它残酷的统治仅短短十余年就被灭亡了，西汉在秦的文化废墟上建国，注重吸取秦亡教训，文、景之时的休养生息政策为社会发展积累了雄厚的物质基础，百废待兴，文化的融合准许意识形态的各家各派自行调和、融解，为另铸统一的规范做好了准备。这一转型期可划分为三个阶段：战国中晚期至秦统一；秦建国至灭亡；楚汉战争至景帝执政。

(一)战国中晚期至秦统一

战国中晚期，政治军事的大一统日渐明朗，而不甘屈服的六国势力还在做最后的斗争。相互的抗衡是导致社会精英以悲剧结局的又一力量泉源。社会结构在动荡之中，意识形态领域的厮杀也很激烈(如学派斗争)。实际上，这一切正是文化竞争的表现，所以，英雄权威的命运正预示着文化的命运。这是司马迁叙述语言的隐层所要表达的主旨，但在叙述的显层则着力于描述悲剧英雄理想、行为的正义性，以及他们在意识

---

① 巴赫金在《巴赫金全集》第 5 卷(河北教育出版社，1998)中，分析人们在狂欢节里笑谑地给国王加冕继而罢黜的仪式，发现那些被加冕的人是和国王有着天壤之别的奴隶和小丑，而罢黜则代表了加冕的最终完成。人们扯下帝王的衣服，嘲弄他们的权威，甚至讥笑和殴打他，这就特别鲜明地表现了狂欢式的交替更新精神。本文欲借巴赫金对狂欢节仪式的理解来认识司马迁通过塑造英雄人物而对现实进行激烈批判，对民间文化则给予高度赞誉的内在思想逻辑。

到不幸或身处困难情境时，仍坚持理想的坚毅人格。如其笔下的楚国世袭贵族屈原"博闻强志"（精通历史文化）、"明于治乱"（敏锐而深刻的政治洞察力）、"娴于辞令"（机智从容的外交才能，深厚的诗赋素养），在战乱纷争、政治险诈的社会，作为楚国的宗臣，义不容辞效劳于楚国，社稷之强大的焦虑心态与他一生相伴始终。那时的中原诸国，早已弥漫着举贤与能之风，平民力量崛起，布衣活跃于政治舞台，他们与帝王立谈便可至卿相，这极大地激励了屈原建立事功的政治豪情，但他只在楚国政坛活跃了短暂时日就遭放逐。他的被逐而自杀，就意味着楚国整个社会结构的崩溃和祭祀文化的惨败。

（二）秦建国至灭亡

此时期的英雄是以秦始皇和李斯为代表。秦始皇包举宇内的雄心与苛暴、残忍的性情，与法家任法的绝对意志相配合，与集权帝国的绝对声威相呼应，潜隐着统治者的极端斗争冲动。"以吏为师"的政教合一政策（师从于吏，教从于政）走向极致，而情感、审美、德教伦理等人类生活的其他内容被一概拒斥，绝对意志化显出绝对的主观精神统治，权力斗争的震荡无处不在，社会生活失去情感与审美的丰富色调，仅充斥着血与火的搏斗。

秦帝国的整个社会结构为权力欲所充塞，意识形态具有了反人道的实质。司马迁笔下的人物也和时代扣合着，重爵禄功名的李斯该出场了。"李斯古今第一热中功名富贵人也"（钟惺语）。《李斯传》开篇就说："李斯者，楚上蔡人也。年少时，为郡小吏，见吏舍厕中鼠食不洁，近人犬，数惊恐之。斯入仓，观仓中鼠，食积粟，居大庑之下，不见人犬之忧。于是李斯乃叹曰：'人之贤不肖譬如鼠矣，在所自处耳！'"这种年少时的权势意识暗示了李斯将来的政治追求，他向荀卿学帝王之术，学成辞师之时，曰："诟莫大于卑贱，而悲莫甚于困穷"，仅此短短两语，就可预见李斯的一生。章学诚言："陈平佐汉，志见社肉；李斯亡秦，兆端厕鼠。推微知著，固相士之玄机；搜间传神，亦文家之妙用也。"①李斯权力欲的恶性膨胀，回荡着专横的声音，世间一切都按其意志来安排。司马迁的叙述对象具有绝对的权力，相应地，叙述者本人受的影响而分享了这种叙述话语的权力，故"语语皆从富贵结念中流出"。司马迁的叙述话语与社会结构、意识形态相一致而显得自然天成。李斯的失势标志法家斗争哲学的不成功，不但造成社会结构的崩塌，还培育了自己的掘墓人。

（三）楚汉战争至景帝执政

楚汉战争的精英登场亮相意味着建立在合法性权威基础上的权力之争，以及其相应的意识形态——斗争哲学，已走向分崩离析。这些精英的任务是重构社会结构，司马迁把他们写得明朗亮丽，充满高昂的浪漫主义色调。他们驰骋在社会的各个领域，楚汉之际形势的"匆匆"突变尽显于史公笔下。叙事话语随着那些草泽英雄的命运起伏而波动跌宕，社会结构和意识形态中的种种复杂关系主要通过叙事结构表现出来。同时，那些有着特殊素质的人，其性格成长过程中凝聚着社会结构和意识形态的各种风云变幻，又释放着司马迁被时代所感染的创作冲动，其情思的浪漫性则是对暴秦绝对斗争意志的一种情绪消解。

文化处于转型期，政教伦理有待健全、完善，这个时代中成长的精英人物豪迈而激情四溢。自由地任情使性，使他们的悲剧命运颇具感染力，而其性格上的不足则更令人痛惜。如《项羽本纪》的开篇，史公简单的几笔勾勒，就把项羽自负、有胆识而又性情急躁、缺少耐心的特点勾画出来。在与刘邦的较量中，项羽的弱点以残暴好杀为最大，以一意孤行、不肯纳谏次之，骄狂逞强又次之，归根结底是缺少学养和谋略。但他的坦荡、果敢、磊落却为史公叹服。

司马迁有"不以成败论英雄"的气度，他认为英雄自有英雄的本色，那种"成则为王，败则为寇"的趋炎附势的浅见，不足为司马迁所论道。

---

① 〔清〕章学诚：《文史通义校注》，叶瑛校注，501页，北京，中华书局，1985。

许多当时在人生、事业上一帆风顺的人，司马迁认为他们不是英雄，如桑弘羊之流；而那些结局失败，却具英雄品性的失意之人，司马迁则大写特写。除了项羽，还有陈涉，"陈胜虽已死，其所置侯王将相竟亡秦，由涉首事也。高祖时为陈涉置守冢三十家砀，至今血食。"

司马迁叙述转型期第三阶段的社会精英，是以驰骋政界、沙场、幕府的英雄人物的浪漫话语和情绪，去消除"一断于法"的绝对斗争这块历史肿瘤。他使用了两条线索，其一是描绘重建社会结构的英雄好汉，其二是叙述儒、道两家代表人物为谋取意识形态之主权的斗争。以儒家为例，司马迁的叙述话语转向了陆贾、叔孙通、贾谊、张释之、冯唐等前辈，描写他们如何澄清意识形态领域斗争绝对化的尘垢，为推行礼乐教化而尽职尽责，力图恢复历史理性的本来面目。司马迁以饱蘸真情的笔触为少年才子贾谊立传，贾谊提出的一系列主张，归结起来是想以儒家的人道取代绝对斗争，情感取代绝对政治，以儒家的"礼""乐"教化重塑日常伦理和审美。虽然在一定场合，法还是必备的，贾谊的这套文治方略却消解了政治统治的绝对权势的紧张关系，这种策略是司马迁所认同的。

三、文化定型期的社会精英

武帝继位，国力止当鼎盛，专制帝国的社会结构须配以相应的意识形态，董仲舒"罢黜百家、独尊儒术"适应了时代的需要。五经博士确立了经学致仕的正道，荀子设计的"官人百吏"的道德理想秩序已渐渐实践在汉朝的政治生活之中，"君臣忠义"等政教伦理步步深入人心；汉人志在四夷的雄心健旺。物盛而衰，昂扬、富强的帝国内部也蕴含着危机，丑角和英雄并存，这就是司马迁笔下批判与讴歌齐具，爱与恨交织的叙述鲜活的当代史。他本人就是这当中的一分子，他那不堪提及的一腔冤屈与辛酸，是历代史家所少有具备的。所以，司马迁对定型期社会精英的叙述话语凝结着更多的自我感受，社会精英的性情寄寓着他的精神信念。

　　另外，时代变迁，汉人的生活又注入了全新的内容。士人的活动舞台不限于朝廷的政治事功，还拓展到深入塞外边疆荒漠、峻岭的非常之功。司马相如的辞赋《难巴蜀父老》就是一篇代天子而立言的开发边域的宣言，"遐迩一体，中外提福，不亦康乎？夫拯民于沉溺，奉至尊之休德，反衰世之陵迟，继周室之绝业，天子之急务也。"那些代天子出使边域的使节便是"非常之人"，"盖世必有非常之人，然后有非常之事；有非常之事，然后有非常之功。"严助向武帝自告奋勇陈辞："愿受长缨，必羁南王而致之阙下。"这种自请长缨，投身沙场的胆魄，洋溢着勇往直前、无视艰难的开拓精神，只有唐人"宁为百夫长，胜作一书生"的气度可与之比美。司马迁为那个时代的武勇气节激励着，向往着"非常之功"，自任郎中之后，除了著述之业，还扈从武帝出巡。元鼎五年扈从崆峒回京，次年就"奉使西征巴蜀以南，南略邛、筰、昆明"，司马迁不但卓有成效地完成了出边使命，在西南夷几个重要地方都设郡置吏，还对西南夷的风土人情了如指掌，对他写书大有益处。受刑之后，司马迁原有的自觉维护王朝统治秩序的正宗思想与热衷于事功追求的生活观念发生了急剧的变化。对抗正宗思想的观点占据了他思想的主导地位，"原始察终，见盛观衰"的见解更为客观，他把自己与社会中受压抑者的怨愤，倾注在修《史记》的笔端，其人格之优异铸成他不朽之事功伟业。

　　司马迁写的武将极多，不过武将英雄虽多，战功虽显赫，但叙述话语因情节不奇而单纯，惟写李将军广，才情并至。李广既知兵家常识，又能活用自如，有声名、道德、学识，史公更惜其有功未得封侯，有高尚气节却只能饮恨自杀。牛运震《史记评注》曰："一篇感慨悲愤，全在李广数奇不遇时一事。篇首'而文帝曰：惜乎子不遇时'云云，已伏'数奇'二字，便立一篇之根。后叙广击吴楚，还，赏不行，此一数奇也；马邑诱单于，汉军皆无功，此又一数奇也；……传末叙当广早死，李陵生降，曰'李氏陵迟衰微矣'，又曰'李氏名败'云云，总为数奇不遇，余文低徊凄感，此又一篇之主宰，而太史公操笔谋篇时，所为激昂不平者也。"①

―――――――――

① 〔清〕牛运震：《空山堂全集》，清嘉庆二十三年(1818)空山堂刻本。

《李广传》中一腔悲愤不平之意，饱含着作者自己由于身受狱吏的摧残而对狱吏的切肤之恨。司马迁立志完成《史记》，就是在世道浇漓时，自觉承担起抗击邪恶、弘扬道义的重任。所以，贯穿《史记》叙述英雄人物的核心思想之一，即是他所看重的名节。司马迁对历史上为了名节而"隐忍苟活"者无比敬重，不惜篇幅为之辩护。通过名节对英雄人物作一个定位，而最终突破生活与制度的等级界限。在叙述当代社会精英的话语中，司马迁隐含着自己的人生感触，这也是构成《史记》堪称心灵史的一个方面。

社会精英本是具有原创性、神圣性和感召力的人物。就司马迁的创作而言，《史记》中所讴歌的真正创造历史的社会精英正是弘扬道义的典范，在那些极富感召力的精英（卡里斯马）身上，分别具有社会所急需的正义、智慧、道德、豪情，他们自身的神圣天赋与创造力总是特定文化场景中充满活力与利于社会文化机制健全运作的主导因素，本文正是在这个意义上理解司马迁的爱奇特点。

［原载于《清华大学学报（哲学社会科学版）》2003 年第 1 期］

经典阐释和两汉奏议

北京师范大学　尚学峰

奏议之文虽肇端于先秦，实兴盛于汉代。汉代奏议兴盛之时，又正值经典阐释繁荣之日，随着经典阐释的全面展开，大臣的奏议无不依经立论，逐渐形成了阐释与说理相结合的汉代奏议的特色。

一、先秦论说文的阐释特征

奏议实为论说文的一种。古代论说文的产生和文献阐释有密切的关系。早在西周，人们发表见解时即经常引用"故""语""言""谚"等前言往行以为立论的依据。随着早期经典的形成，引用经典并加以阐发，是论者表达见解的一种基本手段。在《国语》中，我们已能看到，早在西周穆王、厉王时期，祭公谋父、芮良夫等人即分别引用《诗经》中的《周颂》和《大雅》等篇，通过阐发其中的旨义，以劝谏天子。之所以作这些引用，是由于在这些诗句中，体现了先王的政治原则，将这些原则加以阐发，就产生了无可辩驳的说服力。正由于阐释经典比直接表达个人见解更具说服力，因此而成为古代论说文的基本论证手段和重要组成部分。春秋时代，这种通过阐发经典而发表的论说方式更为普遍。例如，《国语·周语中》记叔向聘于周，单靖公为他举行享礼，席间单靖公"语说《昊天有成命》"。叔向因此称赞单靖公之德，他说："且其语说《昊天有成命》，颂之盛德也。其诗曰：'昊天有成命，二后受之，成王不敢康。夙夜基命宥密，于，缉熙！亹厥心肆其靖之。'是道成王之德也。成王能明文昭，能定武烈者也。夫道成命者，而称昊天，翼其上也。二后受之，让于德也。成王不敢康，敬百姓也。夙夜，恭也；基，始也。命，信也。宥，宽也。密，宁也。缉，明也。熙，广也。亹，厚也。肆，固也。靖，龢也。其始也，翼上德让，而敬百姓。其中也，恭俭信宽，帅归于宁。其终也，广厚其心，以固龢之。始于德让，中于信宽，终于固和，故曰成。单子俭敬让咨，以应成德。单若不兴，子孙必蕃，后世不忘。"在这之后，他又引《既醉》一诗："《诗》曰：'其类维何？室家之壸。君子万年，永锡祚胤。'类也者，不忝前哲之谓也。壸也者，广裕民人之谓也。万年也者，令闻不忘之谓也。胤也者，子孙蕃育之谓也。单子朝夕不忘成王之德，可谓不忝前哲矣。膺保明德，以佐王室，可谓广裕民人矣。若能类善物，以混厚民人者，必有章誉蕃育之祚，则单子必当之矣。"①叔向对《昊天有成命》一诗的解释，正是在交际场合论说义理的例子。他采用了总—分—总的方式，先总论诗旨，然后逐字逐句地解释，最后又从诗的结构来归纳其道德意义。这种方式很像老师在学校中的授课。后面引《既醉》一诗，也是运用训诂的方式重点阐发"类""壸""万年""胤"等词的含义。其阐释方式与上文如出一辙。在这种阐释方式中，引《诗》者虽有可能对词语的含义加以引申，但引申不会太多。通过解说诗义，叔向表达了对单靖公的赞赏。

在《左传》中我们也能看到，人们表达某些特定见解时引《诗》并对《诗》义做出正面阐释。例如，昭公二十八年晋国成鱄问答魏献子的问话时有如下一段：

> 《诗》曰："唯此文王，帝度其心。莫其德音，其德克明。克明克类，克长克君。王此大国，克顺克比。比于文王，其德靡悔。既受帝祉，施于孙子。"心能制义曰度，德正应和曰莫，照临四方曰明，

<hr/>

① 《国语》，上海师范大学古籍整理组校点，116～118 页，上海，上海古籍出版社，1978。

勤施无私日类，教诲不倦日长，赏庆刑威曰君，慈和徧服曰顺，择善而从之曰比，经天纬地曰文。九德不愆，作事无悔，故袭天禄，子孙赖之。①

在征引了《大雅·皇矣》的诗句之后，成鱄分别解释了"度""莫""明""类""长""君""顺""比""文"等词的含义，然后又解释最后三句的意义，前后的解释合在一起，即对整段引诗的道德含义的阐发。显然，这已不是对诗句的断章取义的征引，更有着阐释的性质。阐发这些诗句，是为了说明魏献子的行为符合经典所提倡的行为准则。

《左传》中引《诗》有时还通过交代《诗》的创作背景来阐发其意义，从而表达个人见解。例如，鲁宣公十二年，楚国在邲地打败晋军，潘党建议"筑武军而收晋尸以为京观"用来炫耀楚国的武功。楚庄王不肯，他说："非尔所知也。夫文，止戈为武。武王克商，作《颂》曰：'载戢干戈，载櫜弓矢，我求懿德，肆于时夏，允王保之。'又作《武》，其卒章曰：'耆定尔功。'其三曰：'铺时绎思，我徂为求定。'其六曰：'绥万邦，屡丰年。'夫武，禁暴、戢兵、保大、定功、安民、和众、丰财者也，故使子孙无忘其章……武有七德，我无一焉，何以示子孙？"②这里所说的《颂》，即《周颂》中的《时迈》，是武王克商后巡视诸侯告祭山川之作。《武》即《周颂》中的《大武》乐歌，是歌颂武王克商之作，共包括六篇作品，这里所引的三篇分别是《武》《赉》和《桓》。楚庄王在这里首先交代了上述诗篇的创作背景，又结合其创作背景解释诗中的重点句子，阐发其中包含的"戢兵、保大、定功、安民、和众、丰财"的思想。

《国语》《左传》中这些以阐释经典来发表见解的论说方式成为古代论说文的一大特色。春秋以后，儒家和诸子的文章中进一步发挥这种论说方式，为汉代奏议文的形成奠定了基础。

---

① 〔清〕阮元：《春秋左传正义》，《十三经注疏》，2119 页，北京，中华书局，1979。

② 〔清〕阮元：《春秋左传正义》，《十三经注疏》，2118 页，北京，中华书局，1979。

二、经典阐释和汉代奏议特色的形成

汉代的奏议文是从征引和阐发经典开端的，陆贾是这方面的先行者。据《汉书》卷四十三《陆贾传》载：

> 贾时时前说称《诗》《书》，高祖骂之曰："乃公居马上得之，安事《诗》《书》!"贾曰："马上得之，安可以马上治乎？且汤武逆取而以顺守之，文武并用，长久之术也。……乡使秦以并天下，行仁义，法先圣，陛下安得而有之?"高祖不怿，有惭色，谓贾曰："试为我著秦所以失天下，吾所以得之者，及古成败之国。"贾凡着十二篇。每奏一篇，高帝未尝不称善，左右呼万岁，称其书曰《新语》。①

《新语》的写作是由陆贾在刘邦面前称引《诗》《书》而引起的，他和刘邦争论的焦点在于以《诗》《书》为代表的儒家经典在国家政治中的地位和作用。刘邦由于以武力得天下而蔑视《诗》《书》，陆贾则针锋相对地提出什么才是治理国家的长久之术，以及秦朝灭亡的历史教训。《新语》就是围绕这一问题展开论述的。其首篇《道基》把人类的历史分为先圣、中圣、后圣三个阶段：先圣带领人民告别蒙昧状态，创造物质文明和社会制度；此后，为纠正"民知畏法而尤礼义"，中圣"乃设辟雍庠序之教，以正上下之仪，明父子之礼、君臣之义，使强不凌弱，众不暴寡，弃贪鄙之心，兴清洁之行"。但是，"礼义独行，纲纪不立，后世衰废。于是后圣乃定《五经》，明六艺，承天统地，穷事（察）微，原情立本，以绪人伦……以匡衰乱"。这里把《五经》、六艺的作用归结为"原情立本，以绪人伦"，即规范、整合人际关系，以建立起和谐稳定的社会秩序，匡救世道之衰乱。所谓"本"，也就是儒家所提倡的仁义，文中说：

---

① 〔汉〕班固：《汉书》，2113页，北京，中华书局，1962。

> 故圣人怀仁仗义，分明纤微，忖度天地，危而不倾，佚而不乱者，仁义之所治也。……仁者道之纪，义者圣之学。学之者明，失之者昏，背之者亡。《穀梁传》曰："仁者以治亲，义者以利尊。"万世不乱，仁义之所治也。①

《五经》、六艺作是仁义的载体，提倡《五经》、六艺，也就是抓住了治国之本。《新语》把经典的作用提到如此之高度，是汉初大力提倡经学的重要文章。另外，陆贾在文中明确地把《五经》、六艺作为立言的根本，各篇的结尾往往引用"《诗》云""孔子曰"以及《春秋》经传以代替结论，增强说服力。这种写法，正是经学文章依经立义的写作原则。可以说，《新语》全书即是围绕对先秦儒家思想的阐发时机展开的。

陆贾之后，贾山作有《至言》，此书更能体现儒者之文的特色。例如，在论及敬士与纳谏时，文中先历数秦朝之失，然后说：

> 《诗》曰："匪言不能，胡此畏忌。听言则对，谮言则退。"此之谓也。又曰："济济多士，文王以宁。"天下未尝亡士也，然而文王独言以宁者何也？文王好仁则仁兴，得士而敬之则士用。用之有礼义。故不致其爱敬则不能尽其心，不能尽其心则不能尽其力，不能尽其力则不能成其功……②

在劝谏文帝节制游猎时，则是先肯定其即位以来的德政，然后说：

> 今功业方就，名闻方昭，四方乡风，今从豪俊之臣、方正之士，直与之日日射猎，击兔伐狐，以伤大业，绝天下之望，臣窃悼之。《诗》曰："靡不有初，鲜克有终。"臣不胜大愿，愿少衰射猎，以夏岁二月，定明堂，造太学，修先王之道。风行俗成，万世之基定，然

---

① 王利器：《新语校注》，18～34 页，北京，中华书局，1986。
② 〔清〕严可均：《全汉文》，206 页，北京，中华书局，1958。

后唯陛下所幸耳。①

　　像这样引《诗》为据，从中引申发挥，循循善诱地讲述正面道理，是从孟子以来形成的儒者之文的特色。前人论及贾山之文，大都注意到其言辞激切、气势不凡的特点，如姚鼐《古文辞类纂》称赞《至言》"雄肆之气，喷薄横出"。但从上述两段文字来看，又分明带有依经立义，平实、朴茂的特征，后来从董仲舒到刘向的奏议，大都沿袭这个路子。

　　真正给汉代论说文带来更为实质性变化的则是董仲舒。

　　他的《贤良对策》三篇，以《春秋》公羊派的观点回答皇帝提问。文中说：

　　　　陛下发德音，下明诏，求天命与情性，皆非愚臣之所能及也。臣谨案《春秋》之中，视前世已行之事，以观天人相与之际，甚可畏也。国家将有失道之败，而天乃先出灾害以谴告之，不知自省，又出怪异以警惧之，尚不知变，而伤败乃至。以此见天心之仁爱人君而欲止其乱也。自非大亡道之世者，天尽欲扶持而全安之，事在强勉而已矣。强勉学问，则闻见博而知益明；强勉行道，则德日起而大有功：此皆可使还至而有效者也。《诗》曰："夙夜匪解"，《书》云："茂哉茂哉！"皆强勉之谓也。

　　　　道者，所繇适于之路也，仁义礼乐皆其具也。故圣王已没，而子孙长久安宁数百岁，此皆礼乐教化之功也。……夫人君莫不欲安存而恶危亡，然而政乱国危者甚众，所任者非其人，而所繇者非其道，是以政日以仆灭也。夫周道衰于幽厉，非道亡也，幽厉不繇也。至于宣王，思昔先王之德，兴滞补弊，明文武之功业，周道粲然复兴，诗人美之而作，上天祐之，为生贤佐，后世称诵，至今不绝。此夙夜不解行善之所致也。孔子曰："人能弘道，非道弘人"也。故

　　---

　　①　〔清〕严可均：《全汉文》，206 页，北京，中华书局，1958。

治乱废兴在于己，非天降命不可得反，其所操持悖谬失其统也。①

董仲舒在这里苦口婆心地劝导皇帝，希望他能行道不懈。针对皇帝的提问，他分析了当时的政治弊端，提出了改革具体主张。在对策的结尾他进一步提出：

> 《春秋》大一统者，天地之常经，古今之通谊也。今师异道，人异论，百家殊方，指意不同，是以上无以持一统；法制数变，下不知所守。臣愚以为不在六艺之科孔子之术者，皆绝其道，勿使并进。邪辟之说灭息，然后统纪可一而法度可明，民知所从矣。②

董仲舒的对策全面阐明了汉代儒家的政治见解，同时也带有儒者之文的特点。文中引经据典，反复陈述，写得温文尔雅、醇厚典重。作者对皇帝不是没有劝告，但这种劝告是温和婉转的，毫无铺陈夸饰、耸人听闻之语。像这种本于经学，侃侃论道的文章，在西汉中期以后便成了奏议文的主流。

在论证方式上，董仲舒的文章有个突出特点，就是引入天人感应、阴阳灾异之说，从宇宙法则中寻找依据。西汉经学同先秦儒学的一个不同之处，就是吸收黄老、阴阳等家的思想，建立起经学的宇宙论，进而从天道的角度来分析现实问题。这一时期，人们非常热衷于探讨天人关系，企图从中找出某种规律，作为政治行为的依据。这个话题是由汉武帝在策问中正式提出的。他在策问中说：

> 朕获承至尊休德，传之无穷而施之罔极，任大而守重，是以夙夜不皇康宁，永惟万事之统，犹惧有阙。……盖闻五帝三王之道，改制作乐而天下洽和，百王同之。当虞氏之乐莫盛于韶，于周莫盛

---

① 〔汉〕班固：《汉书》，2498～2500 页，北京，中华书局，1962。
② 〔汉〕班固：《汉书》，2523 页，北京，中华书局，1962。

于勺。圣王已没，钟鼓笙弦之声未衰，而大道微缺，凌夷至乎桀纣
之行，王道大坏矣。夫五百年之间，守文之君、当涂之士，欲则先
王之法以戴翼其世者甚众，然犹不能反，日以仆灭，至后王而后止，
岂其所持操或悖谬而失其统与？固天降命不可复反，必推之于大衰
而后息与？乌乎！凡所为屑屑，夙兴夜寐，务法上古者，又将无补
与？三代受命，其符安在？灾异之变，何缘而起？性命之情，或天
或寿，或仁或鄙，习闻其号，未烛厥理。伊欲风流而令行，刑轻而
奸改，百姓和乐，政事宣昭，何修何饰而膏露降，百谷登，德润四
海，泽臻中木，三光全，寒暑平，受天之祜，享鬼神之灵，德泽洋
溢，施乎方外，延及群生？①

汉武帝即位时，正值年富力强。他雄心勃勃，不满足于文、景时期已取
得的成就，希望有一番更大的作为。但他考察三代以来的历史，却又对
治乱兴衰之迹深感迷惑。东周以来数百年间为何大乱不止？那些"守文之
君、当涂之士"为何无法挽救世道的衰微？仅靠总结秦朝灭亡的教训已不
能适应现实政治的需要。在历史表象的背后是否还有未为人知的深层动
因？人类的行为如何与天道相协调，从而获得更大的合理性？大有为的
时代及其代表人物需要回答这些问题。这些问题的实质是追求一种完美
的理想政治境界。为此，必须寻找一种符合理想精神的理论作为现实政
治的最高原则。这种理论必须有宇宙论方面的内容作为支持。董仲舒就
是在这种背景下改造传统的儒家思想，大讲天人关系问题。他在回答武
帝的策问中说"然则王者欲有所为，宜求其端于天""天者，群物之祖也，
故遍覆包涵而无所殊，建日月风雨以和之，经阴阳寒暑以成之，故圣人
法天而立道""道之大原出于天，天不变，道亦不变"。天是宇宙间一切秩
序的本原和依据，道只不过是对宇宙秩序的理论说明，人的行为必须顺
应宇宙的根本法则。这种观点已和原始儒家有所不同，而显然从道家学
说中汲取了思想材料。但宇宙的法则又该如何把握？董仲舒拿出了公羊

---

① 〔汉〕班固：《汉书》，2495～2497 页，北京，中华书局，1962。

学的灾异理论：

> 臣谨案《春秋》之中，视前世已行之事，以观天人相与之际，甚
> 可畏也。国家将有失道之败，而天乃先出灾害以谴告之。不知自省，
> 又出怪异以惊惧之，尚不知变，而伤败乃至。①

董仲舒把灾异说成上天对人间统治者的警告，要求统治者对天意畏惧敬
顺。这种观点体现了董仲舒"屈君而伸天"，用天来约束皇权的思想。当
然他自己对这些理论也是深信不疑的，绝非假天意以吓唬别人②。实际
上，汉代人是以探求宇宙法则的目的去讨论灾异问题的。支撑灾异理论
的是阴阳五行学说。这种思想在董仲舒以前即已出现，它们反映了当时
人们对世界的朴素认识。汉代人把宇宙万物看作一个互相联系、互相影
响的大系统，他们用阴阳五行来解释事物的发生和变化，同时，又在事
物之间寻找某种相似性、对应性，进而探寻相似的事物之间如何互相联
系、互相影响，即所谓物类相感应的规律。在科学知识尚不发达的汉代，
人们把这些认识当作宇宙的普遍规律。汉代人认为，宇宙的秩序体现为
阴阳五行，阴阳失和，五行错乱，必然导致天地失序，这是灾异产生的
根本原因；而人的行为同样能影响阴阳五行的协调，从而引起灾异。董
仲舒即从这一角度来解释灾异。他说：

> 及至后世，淫佚衰微，不能统理群生，诸侯背畔，残贼良民以
> 争壤土，废德教而任刑事罚。刑罚不中，则生邪气；邪气积于下，
> 怨恶畜于上。上下不和，则阴阳缪盭，而妖孽生矣。此灾异所缘而
> 起也。③

---

① 〔汉〕班固：《汉书》，2498 页，北京，中华书局，1962。
② 董仲舒曾用他的灾异理论求雨止雨，又用来推论辽东高庙、长陵高园殿灾，几乎为
此送命。事见《汉书》卷五十六《董仲舒传》。
③ 〔汉〕班固：《汉书》，2500 页，北京，中华书局，1962。

他认为，灾异是由于人的行为导致天地间阴阳失和，实际上是社会政治的反映。从这个角度来看，灾异的出现并非取决于天的主观意志，而有其客观必然性。这种必然性体现了宇宙的法则，是人间的君主必须遵循的。灾异理论在今天看起来是如此荒唐，而汉代人却真诚地相信这是放之四海而皆准的真理。在这一点上，西汉经学与先秦儒学有根本的不同。先秦儒学中缺少宇宙论的成分，孔孟都只讲人事，罕言天道。他们只是宣扬自己一家之言的道，因此，常常遭到拒斥。西汉经学家则把天凌驾于道之上，他们从宇宙论的角度去论证问题，以揭示真理的姿态去阐发己见，这就产生了一种无可辩驳的力量。形诸文章，虽然未免烦琐、枯燥，但字里行间，也有一种高屋建瓴、举纲张目的气势。

从董仲舒的文章中，可以看到汉代奏议文发生了明显变化。论者在文中已不是个别地、零星地征引某些经典中的词句，而是比较全面地阐述汉代经学在某一方面的思想观点，通过对经学思想的集中阐发来发表政见。尽管文中也有对《诗》《书》的征引，但这只是次要部分，文章的核心是所谓"臣谨案《春秋》之中，视前世已行之事，以观天人相与之际，甚可畏也"，以及"《春秋》大一统者，天地之常经，古今之通谊也"。董仲舒在这里所阐发的，是汉代《春秋》公羊学派的观点。集中阐发汉代某一经学派别的观点并把它和对现实问题的分析结合在一起，是董仲舒这类文章的一个新特点。这一特点又与当政者的提倡有关。汉武帝提倡经学，其中一个重要举措就是要求把汉代经学的思想观点当作政治生活的准则和言论的依据。他在给严助的诏书中明确要求对方"俱以《春秋》对，毋以苏、张纵横"①。在这种情况下，大臣上疏，文人议政，就不再孤立地引用某些经典中的词名，而是比较系统地阐发某种经学思想。这样一来，论说文也就越来越带有说经的色彩了。

董仲舒的建议被汉武帝采纳，他的文风也产生了广泛的影响。在他之后的奏议之文，大都采用他所运用的论证方式。作者在文中总是针对现实问题讲天道、说阴阳、论灾异。例如，宣帝时魏相上疏，其中说：

---

① 〔汉〕班固：《汉书》，2798 页，北京，中华书局，1962。

　　臣闻《易》曰："天地以顺动，故日月不过，四时不忒；圣王以顺动，故刑罚清而民服。"天地变化，必繇阴阳，阴阳之分，以日为纪。……君动静以道，奉顺阴阳，则日月光明，风雨时节，寒暑调和。三者得叙，则灾害不生，五谷熟，丝麻遂，中木茂，鸟兽藩，民不夭疾，衣食有余。若是，则君尊民说，上下亡怨，政教不违，礼让可兴。夫风雨不时，则伤农桑；农桑伤，则民饥寒；饥寒在身，则亡廉耻，寇贼奸宄所繇生也。臣愚以为阴阳者，王事之本，群生之命，自古贤圣未有不繇者也。天子之义，必纯取法天地，而观于先圣。①

　　魏相指出，君主的行为必须取法天地，而阴阳是天地变化的依据，因此，君主必须奉顺阴阳，才能避免灾害。当时大臣上疏，大都以此为据，对皇帝提出要求。

　　在讲论阴阳灾异的时候，作者习惯于从经典中寻找相似的历史记录，用来和现实中的现象相比附。通过解释经典中的同类现象来表达对现实问题的看法，要求当权者引以为戒。例如，宣帝时外戚霍禹、霍山等专权，地节三年(公元前 67)夏，京师雨雹。萧望之乘机上疏，求皇帝召见，口陈灾异之意说：

　　《春秋》昭公三年大雨雹，是时季氏专权，卒逐昭公。乡使鲁君察于天变，宜亡此害。今陛下以圣德居位，思政求贤，尧舜之用心也。然而善祥未臻，阴阳不和，是大臣任政，一姓擅势之所致也。②

　　"大雨雹"和季氏专权都是《春秋》记载的史实，二者本来并无内在联系，但经学家却认定前者是后者所致，进而指出现实中的雹灾也出于同

<hr />

　　① 〔汉〕班固：《汉书》，3139 页，北京，中华书局，1962。
　　② 〔汉〕班固：《汉书》，3273 页，北京，中华书局，1962。

类原因。这种论证方式实际上只是引经为证，在历史和现实间进行比附。
只要在经典中能找到和现实相似的例子，再用经学的理论加以演绎，就
不必对现实问题做更多的分析。班固称这种论证方式为"假经设谊，依托
象类"（《汉书》卷七十五《眭两夏侯京翼李传》）。董仲舒也曾对这种论证方
式加以概括：

> 《春秋》之道举往以明来，是故天下有物，视《春秋》所举与同比
> 者，精微眇以存其意，通伦类以贯其理，天地之变，国家之事，粲
> 然皆见，亡所疑矣。①

所谓"物"就是灾异，要解释现实中的灾异，就到《春秋》中寻找相同的案
例。经学家所运用的，就是这种"通伦类以贯其理"论证方式。运用这种
方式，只要在经典中寻找与现实的相似之处就够了，重要的任务是解释
经典。要从经典中引申出符合他们的政治见解的道理。这样一来，奏议
文就越来越像说经。

当时有不讲阴阳灾异但仍阐发经学观点的议政之文。例如，宣帝时，
路温舒上书，论尚德缓刑。其中就不讲阴阳灾异。但虽不讲阴阳灾异，
却也用《春秋》"大一统而慎始"作为论据。这个说法，正是当时公羊学家
解释《春秋》的观点。路温舒本非公羊学家，但在经典阐释盛行的时代，
其文章也染上了公羊学派解经的色彩。

三、经典阐释和西汉后期的奏议

西汉后期的奏议基本上沿袭了董仲舒那种经学阐释色彩很浓的文章
特色。作者在文中大量引经典，讲灾异，说古论今，抨击时弊。作者个
性和学养不同，文风也有差异。但总体上又有两个特征：

一是进一步确立了以解经的形式发表政见的论证方式。汉代的经典

---

① 〔汉〕班固：《汉书》，1331～1332 页，北京，中华书局，1962。

阐释并非以学术研究的态度来传承经典，而是在阐释中发挥己见，乃至用解经来规劝人主，阐发政见。有的经师明确提出以经典作谏书。例如，鲁诗经师王式，据《汉书·儒林传》载：

> 式为昌邑王师。昭帝崩，昌邑王嗣立，以行淫乱废，昌邑群臣皆下狱诛，唯中尉王吉、郎中令龚遂以数谏减死论。式系狱当死，治事使者责问曰："师何以无谏书？"式对曰："臣以《诗》三百五篇朝夕授王，至于忠臣孝子之篇，未尝不为王反复诵之也；至于危亡失道之君，未尝不流涕为王深陈之也。臣以三百五篇谏，是以亡谏书。"使者以闻，亦得减死论，归家不教授①。

王式自称以《诗经》为谏书，本是实情，并非狡辩。解经可以包含劝谏，而奏书中也未尝不可以为了劝谏而增加解经的内容。例如，元帝时，刘向上《条灾异封事》抨击石显、弘恭等专权，文中首先回顾历史，讲到周朝的历史，便引用《周颂》中《清庙》《邕》《执竞》《思文》等诗，以说明西周政通人和，获得天助；而后又引《小雅》中的《角弓》《小旻》《十月之交》《正月》等篇，以证幽、厉时期朝政失和，引发灾异。讲到东周以降，又引《春秋》为证："至乎平王末年，鲁隐之始即位也，周大夫祭伯乖离不和，出奔于鲁，而《春秋》为讳，不言来奔，伤其祸殃自此始也。是后尹氏世卿而专恣，诸侯背畔而不朝，周室卑微。二百四十二年之间，日食三十六，地震五，山陵崩阤二，彗星三见……"在详细罗列了《春秋》记载的各项灾异之后，又说："当是时，祸乱辄应，弑君三十六，亡国五十二，诸侯奔走，不得保其社稷者，不可胜数也。周室多祸……遂至陵夷不能复兴。"至此，又总结道："由此观之，和气致祥，乖气致异；祥多者其国安，异众者其国危，天地之常经，古今之通义也。"②这段文字完全是依托经典而讲述历史，其中渗透着西汉经学家的解经观点。经过这样一番

---

①　〔汉〕班固：《汉书》，3610 页，北京，中华书局，1962。
②　〔汉〕班固：《汉书》，1941 页，北京，中华书局，1962。

引证，才转入汉代外戚、宦官专权的话题。而讲到现实，仍然是旁征博引，以经为据。

与刘向同时的翼奉习《齐诗》，好律历阴阳之占，元帝时发生大水、地震等灾害，朝廷举直言极谏之士，翼奉上封事曰：

> 臣闻之于师曰，天地设位，悬日月，布星辰，分阴阳，定四时，列五行，以视圣人，名之曰道。圣人见道，然后知王治之象，故画州土，建君臣，立律历，陈成败，以视贤者，名之曰经。贤者见经，然后知人道之务，则《诗》、《书》、《易》、《春秋》、《礼》、《乐》是也。《易》有阴阳，《诗》有五际，《春秋》有灾异，皆列终始，推得失，考天心，以言王道之安危。……
>
> 臣奉窃学《齐诗》，闻五际之要《十月之交》篇，知日蚀地震之效昭然可明，犹巢居知风，穴处知雨，亦不足多，适所习耳。臣闻人气内递，则感动天地；天变见于星气日蚀，地变见于奇物震动。所以然者，阳用其精，阴用其形，犹人之有五臧（脏）六体，五臧象天，六体象地。故臧病则气色发于面，体病则欠伸动于貌。①

接下来他就用《齐诗》学派的理论来分析地震和大水的原因，认为是阴气过盛所致。他说：

> 古者朝廷必有同姓以明亲亲，必有异姓以明贤贤，此圣王所以大通天下也。同姓亲而易近，异姓疏而难通，故同姓一，异姓五，乃为平均。今左右亡同姓，独以舅后之家为亲，异姓之臣又疏。二后之党满朝，非特处位，势尤奢僭过度，吕、霍、上官足以卜之，甚非爱人之道，又非后嗣之长策也。阴气之盛，不亦宜乎！②

---

① 〔汉〕班固：《汉书》，3172～3173 页，北京，中华书局，1962。
② 〔汉〕班固：《汉书》，3173～3174 页，北京，中华书局，1962。

翼奉毫不客气地批评皇帝过度倚仗外戚，造成"二后之党满朝"。其议论是非常直率无隐的。但他的论证方式却极为烦琐，先是讲了一大篇阴阳灾异的理论，后才归结到现实政治。翼奉把政治与灾异之关系比作人体。人体有病，会见之于气色和动作；政治出了问题，就会通过日蚀地震等现象表现出来。但怎样才能了解其内在联系，就要通过所谓阴阳、五行、四始、五际、六情之类来加以考察，翼奉就是通过讲述这些道理来给皇帝上课。奏疏中特别强调"臣闻之于师曰""臣奉窃学《齐诗》"，以说明他的观点自有学术传承，这就更像是在讲学，其解经的意味相当深厚。

《齐诗》学派另一个学者匡衡也曾多次上疏揭露时弊。成帝时，赵飞燕姊妹专宠荒淫，匡衡上疏，劝皇帝戒妃匹、劝经学威仪之则，其中说：

> 陛下秉至孝，哀伤思慕不绝于心，未有游虞弋射之宴，诚隆于慎终追远，无穷已也。窃愿陛下虽圣性得之，犹复加圣心焉。《诗》云"茕茕在疚"，言成王丧毕思慕，意气未能平也，盖所以就文武之业，崇大化之本也。
>
> 臣又闻之师曰："妃匹之际，生民之始，万福之原。"婚姻之礼正，然后品物遂而天命全。孔子论《诗》以《关雎》为始，言太上者民之父母，后夫人之行不侔乎天地，则无以奉神灵之统而理万物之宜。故《诗》曰："窈窕淑女，君子好仇。"言能致其贞淑，不贰其操，情欲之感无介乎容仪，宴私之意不形乎动静，夫然后可以配至尊而为宗庙主。此纲纪之首，王教之端也，自上世已来，三代兴废，未有不由此者也。愿陛下详览得失盛衰之效以定大基，采有德，戒声色，近严敬，远技能。
>
> 窃见圣德纯茂，专精《诗》、《书》，好乐无厌。臣衡材驽，无以辅相善义，宣扬德音。臣闻《六经》者，圣人所以统天地之心，著善恶之归，明吉凶之分，通人道之正，使不悖于其本性者也。故审《六艺》之指，则人天之理可得而和，草木昆虫可得而育，此永永不易之道也。及《论语》、《孝经》，圣人言行之要，宜究其意。
>
> 臣又闻圣王之自为动静周旋，奉天承亲，临朝享臣，物有节文，

以章人伦。盖钦翼祗栗，事天之容也；温恭敬逊，承亲之礼也；正
躬严恪，临众之仪也；嘉惠和说，缘下之颜也。举错动作，物遵其
仪，故形为仁义，动为法则。孔子曰："德义可尊，容止可观，进退
可度，以临其民，是以其民畏而爱之，则而象之。"《大雅》云："敬慎
威仪，惟民之则。"诸侯正月朝觐天子，天子惟道德，昭穆穆以视之，
又观以礼乐，缘醴乃归。故万国莫不获赐祉福，蒙化而成俗。今正
月初幸路寝，临朝贺，置酒以缘万方，传曰"君子慎始"，愿陛下留
神动静之节，使群下得望盛德休光，以立基桢，天下幸甚！①

文中多处引用经典，然后加以解释。特别是关于戒妃匹一段。这段议论
完全围绕对《关雎》的说解而展开，从《关雎》作为《诗经》首篇的地位，到
"窈窕淑女，君子好仇"两句的含义，都是当时《齐诗》学派的师说。把说
经的文字大段地写入奏疏，正是经学之文的特色。西汉经学特别强调通
过阐释经典的方式来发表政见，劝诫人主。借说经而谏，靠的是老师的
身份；在奏疏中大段地说经，也隐含着是以老师的身份对皇帝进行规诲。
因此，这类奏疏不再追求纵横驰骋的议论和铺张扬厉的辞采，而代之以
苦口婆心的劝导和反复叮咛的说教。西汉奏议博雅醇厚，也与这一特点
有关。

　　西汉后期的奏议还有一个特点，就是用儒家的最高理想来批判现实。
作者不仅对具体的政治弊端加以揭露批评，而且以经学所阐发的最高理
想来审视现实制度的合理性，从根本上揭示统治者举措之悖谬。西汉经
学的最高理想以王道仁政和民本思想为基础，进而上升到《礼记》中所描
述的大同之世。它在当时表现为经学家所一再提倡的"官天下"的思想。
西汉经学中往往可见此种思想。例如，《韩诗外传》说："五帝官天下，三
王家天下，家以传子，官以传贤，故自唐虞以上经传无太子称号，夏殷
之王虽则传嗣，其文略矣，至周始见文王世子之制。"又如刘向《说苑·至
公》篇载鲍白令之言："天下官，则让贤是也；天下家，则世继是也。五

---

　　①　〔汉〕班固：《汉书》，3341～3344页，北京，中华书局，1962。

帝以天下为官，三王以天下为家。"鲍白令即浮丘伯，刘向的祖上刘交曾与申培一起向他学习《鲁诗》。官天下的思想又体现为"革命"或"禅让"的主张。早在景帝时，《齐诗》学派的辕固就曾倡言汤武革命，这种思想在《齐诗》所讲的"四始""五际"中也有所体现。例如，董仲舒在《春秋繁露》中说："天之生民，非为王也，而立王以为民也。其德足以安民者天予之，其恶足以贼害民者天夺之。……今桀、纣令天下而不行，禁天下而不止，安在其能臣天下也？果不能臣天下，何谓汤、武弑？"这种看法和辕固如出一辙，都是主张"革命"而提倡官天下。另外，京房《易传》也说："凡为王者，恶者去之，弱者夺之，易姓改代，天命靡（应）常，人谋鬼谋，百姓与能。"这种易姓改代之说，也就是"革命"的主张。

西汉经学家正是以这种官天下的最高理想来评判现实，他们不仅深刻揭露现实政治的弊端，而且从根本上怀疑乃至否定现存制度具有无限的合理性，进而追求一种理想化的政治原则和社会秩序。发而为文，往往放言高论，无所顾忌。昭帝时，社会矛盾尖锐，董仲舒的再传弟子眭孟上书提出建议：

> 先师董仲舒有言，虽有继体守文之君，不害圣人之受命。汉家尧后，有传国之运。汉帝宜谁差天下，求索贤人，禅以帝位，而退自封百里，如殷、周二王后，以承顺天命。[1]

竟然要求汉帝让位于贤人。这种主张来自于《春秋》公羊学的思想。眭孟因此被朝廷杀害。宣帝时盖宽饶（生卒年不详）上书批评宣帝刑法严酷，其中引《韩氏易传》说："五帝官天下，三王家天下，家以传子，官以传贤，若四时之运，功成者去，不得其人则不居其位。"[2]也表达了要皇帝让贤的主张。宽饶因此而触怒皇帝，被迫自杀。这些议论直率而大胆，文章带有宏放刚正之气。西汉后期，随着朝政日非，国势倾颓，官天下

---

① 〔汉〕班固：《汉书》，3154页，北京，中华书局，1962。
② 〔汉〕班固：《汉书》，3247页，北京，中华书局，1962。

的思想理会为流行。刘向《论起昌陵疏》开头即说：

> 臣闻《易》曰："安不忘危，存不忘亡，是以身安而国家可保也。"故贤圣之君，博观终始，穷极事情，而是非分明。王者必通三统，明天命所授者博，非独一姓也。孔子论《诗》，至于"殷士肤敏，裸将于京"，喟然叹曰："大哉天命！善不可不传于子孙，是以富贵无常，不如是，则王公其何以戒惧，民萌何以劝勉？"盖伤微子之事周，而痛殷之亡也。虽有尧舜之圣，不能化丹朱之子；虽有禹汤之德，不能训末孙之桀纣。自古及今，未有不亡之国也。昔高皇帝既灭秦，遂徙都关中，依周之德，因秦之阻。世之长短，以德为效，故常战栗，不敢讳亡。孔子所谓"富贵无常"，盖谓此也。

这里不仅引经据典，而且这就把问题上升到关乎国家生死存亡的高度。

文中对营建昌陵的危害做了大胆的揭露，对汉成帝的批评也非常尖锐，竟说他"与暴秦乱君竟为奢侈"，表示"窃为陛下羞之"，可谓披肝沥胆。但更大胆的是文中所说的"天命所授者博，非独一姓也"，又以"三统说"为据，说明天命无常，"自古及今，未有不亡之国"，这种言论在汉代以后很少有人再讲，但却是西汉经学盛行的观点，不少经学之士都曾在奏疏中表达过这种官天下的思想，要求皇帝改良弊政。刘向在义中援引这种思想，证以历史的经验教训，发而为文，便能高屋建瓴，深切著名。明代茅坤称此书为"西京第一书疏"。

谷永于成帝时多次上疏抨击时弊，"专攻上身与后宫"。他的《灾异对》针对当时屡屡出现的灾异，杂引《诗》《书》《易》《论语》，批评时政。其中又特别指出：

> 臣闻天生蒸民，不能相治，为立王者以统理之，方制海内非为天子，列土封疆非为诸侯，皆以为民也。垂三统，列三正，去无道，开有德，不私一姓，明天下乃天下之天下，非一人之天下也。王者

躬行道德，承顺天地，博爱仁恕，恩及行苇，籍税取民不过常法，宫室车服不踰制度，事节财足，黎庶和睦，则卦气理效，五征时序，百姓寿考，庶虫蕃滋，符瑞并降，以昭保右。失道妄行，逆天暴物，穷奢极欲，湛湎荒淫，妇言是从，诛逐仁贤，离逖骨肉，群小用事，峻刑重赋，百姓愁怨，则卦气悖乱，咎征著邮，上天震怒，灾异娄降，日月薄食，五星失行，山崩川溃，水泉踊出，妖孽并见，茀星耀光，饥馑荐臻，百姓短折，万物夭伤。终不改寤，恶洽变备，不复谴告，更命有德。《诗》云：“乃眷西顾，此惟予宅。”①

谷永用官天下的思想解释灾异的产生。他告诫成帝：上天不私一姓，王者失道妄行，就会降下灾异；“终不改寤”，就“不复谴告，更命有德”。在此基础上，他具体指出成帝的种种失道之处，要求他改正。文中所说的“天下乃天下之天下，非一人之天下也”，在后代大臣的奏疏中，很少有人再说，但在西汉，却是人们经常提起的话语。站在这样的高度来分析问题，也就有了极大的说服力。谷永的文章，也和刘向的奏疏一样，带有汉代经学的批判精神。

哀帝时鲍宣上疏劝谏，也有类似的内容，文中先讲“民有七亡”之灾难，然后说：

天下乃皇天之天下也，陛下上为皇太子，下为黎庶父母，为天牧养元元，视之当如一，合《尸鸠》之诗。今贫民菜食不厌，衣又穿空，父子夫妇不能相保，诚可为酸鼻。陛下不救，将安所归命乎？奈何独私养外亲与幸臣董贤，多赏赐以大万数，使奴从宾客浆酒霍肉，苍头庐儿皆用致富！非天意也。及汝昌侯傅商亡功而封。夫官爵非陛下之官爵，乃天下之官爵也。陛下取非其官，官非其人，而望天说民服，岂不难哉！

……治天下者当用天下之心为心，不得自专快意而已也。上之皇

①　〔汉〕班固：《汉书》，3466～3467 页，北京，中华书局，1962。

天见谴，下之黎庶怨恨，次有谏争之臣，陛下苟欲自薄而厚恶臣，天下犹不听也。臣虽愚戆，独不知多受禄赐，美食太官，广田宅，厚妻子，不与恶人结仇怨以安身邪？诚迫大义，官以谏争为职，不敢不竭愚。惟陛下少留神明，览《五经》之文，原圣人之至意，深思天地之戒。臣宣呐钝于辞，不胜惓惓，尽死节而已。①

鲍宣在文中勇敢地为民请命，抨击外戚、小人得势的现实，他把批评的矛头指向造成上述现象的皇帝。文中一再说："天下乃皇天之天下也""夫官爵非陛下之官爵，乃天下之官爵也""治天下者当用天下之心为心，不得自专快意而已也"，这都是西汉经学所弘扬的天下为公的思想。以这种思想去评议时政，就能站在公众利益和社会正义的立场上，放言高论，无所畏惧。其议论堂堂正正、气势恢宏，绝非就事论事地指摘时弊、分析利害的文章所能企及。徐复观先生说：

> 西汉文、景之盛，一般知识分子的活动主要表现在辞赋上，宣帝以后则主要表现为儒生的奏议，在这些奏议中，气象博大刚正，为人民作了沉痛的呼号，对弊政作了深切的抨击，这都是由经学教养中所鼓铸而出，为以后各朝代所难企及。此正说明经学的意义，已由社会的层面升到政治的层面。所以我在这里总的说一句，贾山《至言》、董仲舒"天人三策"以后，宣、元、成、哀各代的经学的意义，是通过他们的奏议而表现出来的。没有经学，便不能出现这些掷地有声的奏议。②

可以说，正是西汉作家所阐发的经学大义，形成了这些掷地有声的文章。经典阐释对汉代奏议的影响，由此可见一斑。

---

① 〔汉〕班固：《汉书》，3089～3091 页，北京，中华书局，1962。
② 徐复观：《徐复观论经学史二种》，176 页，上海，上海书店出版社，2006。

四、东汉奏议的新特色

东汉时期的奏议，除了在文中借阐释经典而劝谏皇帝，又有新的特色，随着经学论争的展开，一些学者开始在奏疏中讨论学术问题，进行经学论争，由此也导致了论说方式的变化。

经学的论争早在西汉就已出现，最初是在不同学派间围绕着争立学官而展开的。汉武帝提倡经学之初，为确立《春秋》学的博士，就曾让《公羊》学派的董仲舒与《穀梁》学派的江公进行论辩，"江公呐于口，上使与仲舒议，不如仲舒。而丞相公孙弘本为《公羊》学，比辑其议，卒用董生。于是上因尊《公羊》家，诏太子受《公羊春秋》，由是《公羊》大兴。"①后来汉宣帝喜爱《穀梁》学，曾派人向《穀梁》学家蔡千秋受学。甘露元年（前53），"乃召《五经》名儒太子太傅萧望之等大议殿中，平《公羊》、《穀梁》同异，各以经处是非。……议三十余事。望之等十一人各以经谊对，多从《穀梁》。由是《穀梁》之学大盛。"②到了西汉后期，又出现了今古文经学的争论。汉哀帝时，古文经学兴起，刘歆主张将古文经典《左传》《毛诗》《逸礼》和《古文尚书》立于学官，遭到今文博士的反对，他要求与对方辩论，对方拒不理睬。为此，他作了《移书让太常博士》一文，对今文博士予以猛烈抨击。时至东汉，今古文经学的争论又起。光武帝时，"尚书令韩歆上疏，欲为《费氏易》、《左氏春秋》立博士，诏下其议。（建武）四年正月，朝公卿、大夫、博士，见于云台"。《公羊》学博士范升首先表示反对，"遂与韩歆及太中大夫许淑等互相辩难，日中乃罢"③。此后范升上疏进一步阐明反对立《左传》的理由，而陈元则上疏申明《左氏》当立，光武帝令群臣讨论，"范升复与陈元相辩难，凡十余上。帝卒立《左氏》学……于是诸儒以《左氏》之立，议论观哗，自公卿以下，数廷争之"④。

①　〔汉〕班固：《汉书》，3617页，北京，中华书局，1962。
②　〔汉〕班固：《汉书》，3618页，北京，中华书局，1962。
③　〔宋〕范晔：《后汉书》，1228页，北京，中华书局，1965。
④　〔宋〕范晔：《后汉书》，1233页，北京，中华书局，1965。

这场激烈的辩论揭开了东汉今古文经学论争的序幕，此后，双方多次交锋。这些论争中产生的奏议，形成了求真征实的文风以及据理辩驳和逐条举证的论证方式。在经学论辩中，不同的观点互相问难，各家学派奉若神明的家法、师说都会遭到质疑，任何学派的权威都有可能成为别人批评的对象，只有充足的证据和严密的说理才能令人折服。和帝时，经师鲁丕因在朝廷论难而受赏赐，他给皇帝上疏说："臣闻说经者，传先师之言，非从己出，不得相让；相让则道不明，若规矩权衡之不可枉也。难者必明其据，说者务立其义，浮华无用之言不陈于前，故精思不劳而道术愈章。"①经学论辩的双方为了明道而各不相让，论者必须"明其据""立其义"，这种求真求实的态度导致了批判怀疑的风气。

当一些学者要求设立《左传》博士时，《公羊》学派范升等人予以强烈反对。范升的理由是"左氏不祖孔子，而出于丘明，师徒相传，又无其人，且非先帝所存，无因得立"。他又给皇帝上疏，"奏左氏之失凡十四事"。由于主张立《左传》的人以司马迁在《史记》中多引《左传》为由，"升又上太史公违戾五经，谬孔子言，及《左氏春秋》不可录三十一事"（《后汉书》卷三十六《范升传》）。

《左传》学者陈元于是给刘秀上疏，批驳范升。其文曰：

> 陛下拨乱反正，文武并用，深愍经艺谬杂，真伪错乱，每临朝日，辄延群臣讲论圣道。知丘明至贤，亲受孔子，而《公羊》《榖梁》传闻于后世，故诏立《左氏》，博询可否，示不专己，尽之群下也。今论者沉溺所习，玩守旧闻，固执虚言传受之辞，以非亲见实事之道。左氏孤学少与，遂为异家之所覆冒。夫至音不合众听，故伯牙绝弦；至宝不同众好，故卞和泣血。仲尼圣德，而不容于世，况于竹帛余文，其为雷同者所排，固其宜也。非陛下至明，孰能察之！

---

① 〔宋〕范晔：《后汉书》，884 页，北京，中华书局，1965。

　　臣元窃见博士范升等所议奏《左氏春秋》不可立，及太史公违戾凡四十五事。案升为所言，前后相违，皆断截小文，媟黩微辞，以年数小差，掇为巨谬，遗脱纤微，指为大尤，抉瑕擿衅，掩其弘美，所谓"小辩破言，小言破道"者也。升等又曰："先帝不以左氏为经，故不置博士，后主所宜因袭。"臣愚以为若先帝所行而后主必行者，则盘庚不当迁于殷，周公不当营洛邑，陛下不当都山东也。往者，孝武皇帝好《公羊》，卫太子好《穀梁》，有诏诏太子受《公羊》，不得受《穀梁》。孝宣皇帝在人闲时，闻卫太子好《穀梁》，于是独学之。及即位，为石渠论而《穀梁氏》兴，至今与《公羊》并存。此先帝后帝各有所立，不必其相因也。孔子曰，纯，俭，吾从众；至于拜下，则违之。夫明者独见，不惑于朱紫，听者独闻，不谬于清浊，故离朱不为巧眩移目，师旷不为新声易耳。方今干戈少弭，戎事略戢，留思圣艺，眷顾儒雅，采孔子下拜之义，卒渊圣独见之旨，分明白黑，建立《左氏》，解释先圣之积结，洮汰学者之累惑，使基业垂于万世，后进无复狐疑，则天下幸甚。

　　臣元愚鄙，尝传师言。如得以褐衣召见，俯伏庭下，诵孔氏之正道，理丘明之宿冤；若辞不合经，事不稽古，退就重诛，虽死之日，生之年也。（同上《陈元传》）

陈元针对范升提出的理由，逐项加以反驳。他先指出所谓"《左氏春秋》不可立，及太史公违戾凡四十五事"，都是细枝末节的问题，对方抓住这些问题吹毛求疵，是"小辩破言，小言破道"。针对"先帝不以《左氏》为经，故不置博士，后主所宜因袭"的说法，他指出，"先帝后帝各有所立，不必其相因"。他还批评反对立《左传》的人"沉溺所习，玩守旧闻，固执虚言传受之辞，以非亲见实事之道"。作为学术论争的文章，这篇奏疏处处针对对方的论点来讲道理，毫无架空之谈。文章写得非常平实，但又理充辞畅，很有说服力。

　　范升和陈元这种争论学术问题的奏疏，在当时是一种新型的文章。它们不像那些抨击时政之文，在文中动辄讲天道，论灾异；也不像为朝廷献计献策之文，一味纵横驰骋，张大其词。双方都采用"难者必明其据，说者务立其义"的方法，尽量提供充足的理由和证据，供皇帝作出判断。这种论说方式，代表了东汉时期学风和文风的一种趋向。后来王充作《论衡》，书中批判各种虚妄之说，就是采用这种充分举证，逐条批驳的方式。

汉代书序文述论

鲁东大学　张斌荣；鲁东大学　王月

书序是一种依附书籍而存在的文体，内容一般以介绍写作背景、成书过程、内容主旨、篇目体例等创作情况为主。汉代是书序产生、发展并逐渐成熟的重要时期。汉代书序以丰富的内容和不断成熟的体例为后世书序的写作提供了诸多借鉴。书序中所包含的大量信息，是研究作家及其著作的重要资料。因此，汉代书序研究具有多重意义。

本文所谓汉代书序，是指由著作者本人创作、附于书籍、其内容与书籍的创作过程和篇目主旨等有关的序文。从现存资料看，包括如下篇目：《淮南子·要略》《史记·太史公自序》《盐铁论·杂论》《法言·序》《汉书·叙传》《论衡·自纪篇》《说文解字·序》《潜夫论·叙录》《释名·序》《汉纪·序》《风俗通义·序》《三辅决录·序》《诗谱·序》《琴操·序首》。

一、汉代书序的内容

汉代书序的内容较为复杂多样。从现存篇目看，主要包括三个方面。一是关于书籍内容的说明，二是作者家世生平介绍，三是相关学术发展历史或个人观点的阐述。当然，由于诸书体例不尽相同，各序的侧重也有不同。

(一)对书籍内容的说明

书序最主要的作用是对书籍的说明,即对书籍"之所以作"的交代。汉代是我国私家著述开始出现并逐渐成熟的时代,因此,汉代书序内容的首要方面就是对书籍情况的说明,主要有创作缘由、著作内容、编排体例等。这奠定了后世书序的基本要素。

交代著作创作情况,首先当然是要说明书籍的创作缘由,这将有助于读者更好地把握书籍的内容,所以汉代书序一般要对写作背景和创作缘由进行交代。在《史记·太史公自序》中,司马迁开篇即详细记录了他发愤著述《史记》的两个重要缘由,一是司马氏家族"世典周史"的传统及其父司马谈身为史官而不能完成历史著述任务的无限遗憾。二是自己身逢盛世却遭遇坎壈,因此要通过著书立说的方式实现自己的人生理想与抱负。许慎在《说文解字·序》中也阐释自己著书的原因。他认为文字是"经艺之本",是"王政之始",是后人了解前人的重要途径,是文化知识传授之本。但在东汉学界,世人却是诋毁、否定古文,儒生在解说文字时时代不分,廷尉解说法令竟然根据分析字形来定刑,种种乱象下,必须要有一部关于文字正义的书籍来作为规范,清除认识上的误区。基于这一认识,所以他要参照古文和众家之言,并在此基础上阐释自己的见解,写成《说文解字》。应劭《风俗通义·序》先是分析了"仲尼没""七十子丧"之后,学者对儒学的阐释渐渐偏离轨道的现象,接着描述汉代以来学者常常堆积辞藻、语意繁复的学术研究状况,交代了创作背景。在《论衡·自纪篇》中,王充首先指出,当时的学者纷纷自立门户对典籍进行阐释,但是却不能做到实事求是,导致当时学界伪书俗文盛行,这些伪书俗文里的内容多数是久远的传闻,然而时间越久人们越是相信它的真实性,因此有必要作《论衡》一书,以正学术风气。

创作目的也是创作缘由的一个方面,但它更倾向于对书籍功用的期待和预估。作者对书籍的价值期待反映出当时个人著作意识的逐渐加强。关于创作目的的阐述,《淮南子·要略》开篇即提出:"夫作为书论者,所以纪纲道德，经纬人事。"①许慎在《说文解字·序》中阐释创作《说文解字》一书的目的为："今叙篆文，合以古籀。博采通人，至于小大。信而有证，稽撰其说。将以理群类，解谬误，晓学者，达神恉。"②由此可以看出，许慎创作《说文解字》一书，目的在于借此辨正谬误，让人们能了悟文字的本义，通达文字的本源。王充则借助《论衡·自纪篇》来表明自己不愿攀附高位，只求借助著作留名后世的愿望："身与草木俱朽，声与日月并彰，行与孔子比穷，文与扬雄为双，吾荣之。……身尊体佚，百载之后，与物俱殁。名不流于一嗣，文不遗于一札，官虽倾仓，文德不丰，非吾所臧。德汪濊而渊懿，知滂沛而盈溢……体列于一世，名传于千载，乃吾所谓异也。"③王充这一思想具有代表性，汉代很多文人如班固、王符等都在作品中表达了希望借助著书立说留名后世的想法。

值得注意的是，汉代书序的这些内容，虽然表面上看是对创作缘由的交代，但由于它们均为作者自己创作，因此对于书籍的内容和主旨阐释更加准确贴切，从中，我们不仅能了解该书创作的原因，更可以了解作者的观点和精神。如《太史公自序》，从中我们不仅可以了解司马迁为什么要发愤著史，更可以清楚地体会到司马迁在《史记》创作过程中不断变化的心理状态和追求立言不朽的精神。正如徐师曾所说："独司马迁以下诸儒，著书自为之序，然后己意瞭然无误耳。"④这是汉代书序有别于后世许多书序的重要之处，也是汉代书序的价值所在。

汉代书序内容的第二个方面是对著作内容的介绍。由于汉代书序正处于文体成熟过程之中，因此，汉代书序对著作内容的介绍方式较为丰富多样。有对书名含义的专门解释，如应劭《风俗通义·序》、许慎《说文解字·序》等；有对著述依据的说明，如郑玄《诗谱·序》、荀悦《汉纪·序》等。对于具体的篇章内容，有些书序只做概括性叙述，如许慎《说文解字·序》、王充《论衡·自纪篇》等。但也有一些书序会逐一介绍每篇内

---

① 刘文典：《淮南鸿烈集解》，冯逸、乔华点校，700页，北京，中华书局，1989。
② 〔汉〕许慎：《说文解字》，〔宋〕徐铉校定，316页，北京，中华书局，1963。
③ 北京大学历史系《论衡》注释小组：《论衡注释》，1703页，北京，中华书局，1979。
④ 〔明〕徐师曾：《文体明辨序说》，136页，北京，人民文学出版社，1962。

容，如刘安《淮南子·要略》、司马迁《史记·太史公自序》、扬雄《法言序》、班固《汉书·叙传》等。这些详细介绍，往往采用"……者，所以……也"或"因某人某事，作某篇第几"的形式。这既是在介绍篇目，同时又归纳了篇目的大意，十分有助于读者在阅读全书前对各篇主旨的了解。

著作体例是关于书籍篇目编排方式的说明。从现存汉代书序看，虽方式不同，详略有别，但几乎每篇均有所反映。关于汉代书序的这一特点，余嘉锡认为是为了"次第其篇章之先后，使之有序也"。① 梅显懋则认为："古人著书多以单篇计数，加之书籍保存不易，若不标明内容先后顺序，经几传后，极有可能造成书籍次序颠倒、篇简窜乱。"②因此有必要标明篇目的前后顺序和内在逻辑关系，这样即使篇目被打乱，依然可以依照书序中的编排说明进行重新整理和排序。这些看法虽指出了汉代书序重视说明编排体例的原因，但还不够全面和深入。我们认为，汉代书序之所以强调编排体例的说明，应该还有两个重要原因。一与当时的书籍载体——简牍有关。简牍比较笨重，且容易散乱，不易保存和移动，所以在全书完成后，有必要对各部分内容的顺序进行交代。二与作者的创作追求有关。因为具体篇目的编排，实际上不仅是顺序问题，更是作者思想体系和逻辑思维过程的反映。前面提到，我国自汉代开始才出现大量私家著述。这些著述大多体大思精，逻辑严密，是有计划有目的的专门著作。因此，书籍完成之后，对篇目编排进行交代，显然更能反映作者的思想和创作目的，也将有效提高著述的价值。如通过《淮南子·要略》，我们即可对其书"十二纪""八览""六论"等各篇之间关系有详细了解，可见全书乃为一部环环相扣、层层深入的体大思精的著作。《史记·太史公自序》也详细说明了《史记》五体的关系，从而使读者能鲜明地体会到该书周详的著史体例。

---

① 余嘉锡：《古书通例》，98 页，上海，上海古籍出版社，1985。
② 梅显懋：《论"序"体在汉代的产生及其时代背景》，《文学遗产》，2013(2)。

(二)对作者的介绍

汉代书序另一个重要内容是对作者情况的介绍,有些书序介绍作者甚至超过了书籍情况的介绍,这是此前序文未曾出现的现象。这突出反映了汉代作家鲜明的著述意识和立言为功的价值追求。

司马迁是第一个将家族历史和自身经历引入书序的作家。《太史公自序》开篇即追溯司马氏的家族历史,随后又介绍了父亲司马谈的学术渊源,然后叙述了自己的求学游历经历,这段内容的篇幅几乎占整个《太史公自序》的一半以上。班固《汉书·叙传》以"班氏之先,与楚同姓,令尹子文之后也"开头,对家族历史和自身的介绍与《太史公自序》十分相似,且更为详细。特别是,班固在序中还加入了自己所作的《幽通赋》和《答宾戏》。虽然《太史公自序》中也引司马谈《论六家要旨》阐发学术观点,但是并没有司马迁个人的作品篇目,而班固则在《叙传》中加入自己的作品,通过作品来表达自己完成著书的坚定信心。到了王充《论衡·自纪篇》时,作者王充的形象在书序中又达到了一个新高度。总览《论衡·自纪篇》会发现,王充从头到尾都在向读者介绍自己,对于书籍的内容则是穿插其中。《自纪篇》相较于《太史公自序》更像是一篇自传文,它完全是以作者王充为中心,而不是以介绍书籍内容为中心。

汉代书序开始出现作者介绍的现象曾引起学界的注意。张舜徽先生认为:"汉人著书无自题姓字于篇首之例,恐历久湮没不彰,故不得已自叙世系行事于其末,且以系全书之篇目耳。"①日本学者川合康三则认为:"在司马迁首创以《太史公自序》的书籍序言形式自述生平的背后,正隐含了司马迁父子被自己所属世界否定的特殊体验。"②这些认识很有见地,但我们认为,汉代书序中加入对作者情况的介绍,甚至体现出强烈的"自传"色彩,还有两个重要原因应该受到重视。一是汉代私家著作的增多和

---

① 张舜徽:《广校雠略·汉书艺文志通释》,179 页,武汉,华中师范大学出版社,2004。

② [日]川合康三:《中国的自传文学》,蔡毅译,32 页,北京,中央编译出版社,1999。

成熟。虽然现在看来，罗根泽先生在《战国前无私家著作说》中提出"《汉志》所载战国前私家著作皆属伪托"①一说可能有些武断，但就目前文献和出土材料看，学术界的共识基本是汉代以前尚少有严格意义上的私家著述，汉代以前私家著作只有《吕氏春秋》一本。只有到了汉代，史书和学术领域才开始出现大批系统的私家著作。这些著述，体大思精，内容丰富，作者希望作品能一直流传下去，发挥它的作用，所以在书序中介绍叙述自己的情况。二是春秋以来"三不朽"观念的深层影响。到了汉代，随着大一统政治的确立，士人建功立业的途径逐步逼仄，很多人没有办法通过仕途实现自己的人生理想。既然"立功"无望，便转而"立言"，这正是"三不朽"意识的最好实践。这便是书序中加入作者家世和个人生平的一个深层次原因。

（三）对学术的记载

除了对书籍和作者的介绍以外，汉代一些书序中还记录了作者的学术观点，以及对相关学术历史的追溯总结。

《淮南子·要略》是第一个将前代学术观点、思想引入文中的书序。从"文王之时"到"故商鞅之法生焉"部分，叙述了儒、墨、管子、晏子、纵横、刑名、商鞅等诸家学术思想观点产生的背景原因，从政治对学术思想的影响这一角度逐一进行分析，具有较强的思想史特色。许慎《说文解字·序》总结了汉字从产生一直到汉代的发展过程，可以看作专门的文字发展史。此外，郑玄的《诗谱·序》也追溯了诗歌从"上皇之上"到周代不同阶段的变化过程，是一部非常简要的诗歌发展史。

除了系统地对学术发展历史进行总结，有些书序还记录了作者关于某个问题的认识，特别是文学观点。这些内容虽然不很系统，但是代表了作者的观点和看法，同样具有宝贵的价值。如王充《论衡·自纪篇》就语言的雅俗、创新、求质等问题的辩论，《史记·太史公自序》的"发愤著书说"，《诗谱·序》有关诗歌与政治关系的论述等，都很值得关注。

① 罗根泽：《古史辨》第 4 册，14 页，上海，上海古籍出版社，1982。

将学术发展史和文学思想引入到书序中，是汉代人的一种创新。此举丰富了书序的写作内容，提高了书序的学术价值。

二、汉代书序的形式特征

由于汉代的书序还处于发展初期，因此，形式比较多样，体例还不固定。但也正是因为如此，汉代书序才能在形式上不断突破创新，产生一系列新的写作形式。

（一）汉代书序的体例

第一，大小序结合。现存汉代书序虽然全为一篇完整的文章，但细致分析，许多序文实际包含着全书之序和具体篇章之序两个部分，我们姑且称之为大序和小序。正如徐师曾《文体明辨序说》中所说序，"又谓之大序，则对小序而言也。""按小序者，序其篇章之所由作，对大序而名之也。"①大序可以让读者了解全书大致内容，但很难明确篇章内容，因此需要小序作为补充，使书序内容更加完整。

《淮南子·要略》是首次将大序和小序结合在一篇之中的书序。《要略》大致可以分为三部分，从首段"夫作为书论者，所以纪纲道德，经纬人事"至"有《泰族》也"，篇幅虽短，但包含内容很多，著书目的、创作方法和创作原则等都有所涉及，是对《淮南子》总的概括，可以看作全书的总论，是为大序。从"《原道》者，卢牟六合，混沌万物"至"旷旷兮，可以游矣"是第二部分，介绍了从《原道》至《泰族》二十篇的篇章大意及编排顺序，相当于小序。这些小序具有整齐的外部结构，是二十篇内容的浓缩，使读者在读书之前就对各篇内容有所了解。第三部分从"文王之时"到最后，论述了各家的产生与时代的关系，将《淮南子》的产生与时代历史联系起来，最后以称赞《淮南子》的精妙结束全篇，也可看作大序。

《淮南子·要略》开创的这种大小序相结合的体例在书序文发展史上

---

① 〔明〕徐师曾：《文体明辨序说》，135 页，北京，人民文学出版社，1962。

有重要的意义，这种方式使得书序文各部分内容更加清晰，大序与小序分别承担着不同的分工，但又有一定的联系。因此，这种写作体例被后世继承下来，逐渐定型。其后的《太史公自序》《汉书·叙传》《法言·序》等都是采用大小序相结合的写作体例。

第二，书序兼传。汉代书序中出现的另一个新形式就是书序兼传，由司马迁的《史记·太史公自序》首创。作为书序，《太史公自序》开篇却以追溯司马氏家族历史开始，然后介绍父亲司马谈的学术思想，接着便叙述自己的学习、漫游和为官经历。这种形式增加了对作者的介绍，突出了作者的形象。《太史公自序》是第一篇带有自传性质的书序。之所以在序文中加入对家世生平的叙述，一方面可能是司马迁希望通过这种方式来彰显司马氏一族的名望，另一方面则可能是司马迁想借机为自己立传。从《太史公自序》在《史记》一书所处的位置来看，它位于七十列传的最末，司马迁显然有为自己立传的意思。这是与之前书序大不相同的地方。明李景星认为："盖《自序》非他，即史迁自作之列传也。无论一部《史记》总括于此，即史迁一人本末，亦备见于此。"①

司马迁首创书序兼传这一体例，对于书序的发展有着非常重要的意义。首先，书序兼传进一步凸显了士人知识分子的个人形象，这既是私家著述意识高涨的体现，也是其最好的实践方式。正因如此，这一体式一经创立，即为后人所继承。《史记》之后，班固《汉书》、沈约《宋书》、李延寿《南史》《北史》、萧子显《南齐书》、魏收《魏书》等均沿用了这种体式。明李景星《四史评议》在论《汉书》对《史记》的继承关系时就曾指出："班氏《汉书》之终于《叙传》，犹之太史公《史记》之终于《自序》也。太史公历述先世，班氏亦历述先世；太史公归美其父，班氏亦归美其父；太史公详其父谈之《论六家要指》，班氏亦详其父彪之论王命；太史公载其与壶遂问答之辞，班氏亦载其《幽通赋》及《答宾戏》之辞；太史公述《史记》各篇之意，班氏亦述《汉书》各篇之意。"②不仅史传著作如此，这一体式

---

① 李景星：《四史评议》，123 页，长沙，岳麓书社，1986。

② 李景星：《四史评议》，259 页，长沙，岳麓书社，1986。

还影响到其他序文的发展，如曹丕《典论·自叙》、葛洪《抱朴子·自叙》、萧绎《金楼子·自序》、刘勰《文心雕龙·序志》等亦可鲜明地看出这种影响。其次，融入作者家世生平的书序，为著者研究提供了大量第一手资料。有时可成为后世史书的资料来源，为史书立传提供参考。如《汉书·司马迁传》即以《太史公自序》为参考，给司马迁立传。有时又可成为史传不足的补充。如王充，《后汉书·王充传》的记述极为简略，但通过《论衡·自纪篇》，我们即可较详细地了解其求学交友经历信息，以补史传之不足。再次，在书序中加入作者家世生平，可使读者对作者形象有更鲜活的认识，也可以帮助读者更好地把握其著作的思想倾向和创作成就。如通过《太史公自序》，我们不仅可以更好地了解司马迁的坎壈遭遇，体会其"发愤著书"的坚定信念，也可以更好地把握《史记》的"实录"精神。当然，由于这些书序均为作者本人所撰，其中或难免溢美之处，我们在使用这些材料时要采取非常审慎的态度，结合其他史料进行分析取舍。

（二）汉代书序的语言特点

汉代书序的语言整体上言简意赅、讲求工整。从语言形式上看，小序部分最为工整，句式几乎全用四言句，形式均为前面以四言韵语介绍篇目内容，最后一句以"作……第……"的固定形式结尾。此种结语方式使得各书的小序部分显得句式整齐、富有韵律，读起来也朗朗上口、富有气势，体现出一种典雅美。

小序部分几乎全部采用四言形式，除了在语言上追求形式美外，应该还与汉代经学的盛行及汉代赋、颂、赞等文体的发展有一定关系。在汉代"独尊儒术"的背景下，儒学典籍尤其是《诗经》享有至高无上的地位。它不仅仅是文学经典，更是具有政治教化功能的行为规范，约束着人们的思想和创作。经学大家对《诗经》的阐释使《诗经》的教化意味更浓，再加上统治者的推崇，《诗经》不仅关系到汉人的思想行为，也关系到汉代的文学创作，在体例和句式上会不自觉地对《诗经》进行模仿，因此小序中会出现大量四言体。另外，虽然四言体在汉代逐渐走向式微，但是因为《诗经》的关系，四言体在汉代一直地位很高，其使用范围甚至更加广泛。四言体便于对仗和铺陈的特点，首先被汉赋所采纳，将四言与其他句式相结合，既有《子虚赋》那样大段铺陈、文繁意少的大赋，也有《归田赋》这样清新淡雅、抒情写志的小赋。汉赋是汉代代表文体，书序的写作不可避免地会受其四言形式的影响。除了汉赋以外，汉代实用文体如颂、赞、铭、论等也多采用四言体进行创作。"颂"出于《诗经》，内容一般是对帝王功业的赞颂，后来发展为一种专门歌颂帝王美德的文体。所以刘勰在《文心雕龙·颂赞篇》中解释说："颂者，容也，所以美盛德而述形容也。"①"赞"原本是祭祀仪式中的一种赞词，内容一般是说明性和赞美性的。刘勰认为："赞者，明也，助也。昔虞舜之祀，乐正重赞，盖唱发之辞也。及益赞于禹，伊陟赞于巫咸，并飏言以明事，嗟叹以助辞也。"②"颂"和"赞"两种文体都以四言为主，篇幅较短，内容以赞美称颂为主。而篇幅短小、四言为主，正是小序的特点。汉代书序的小序主体功用是介绍篇目要旨，但作为对传主的总结和评价，称颂赞扬又是其重要内容，故受"颂""赞"两种文体的影响也就自然而然。

　　与小序的语言形式稍有不同，汉代书序的大序部分一般不完全采用四言形式，而是杂言较多。这种情况，当与四言体句式的节奏与表现力有关。四言体的节奏是"二二"，二音一拍，适合对仗和铺写，但是不利于叙事。而书序的主要内容则是阐发创作缘由与目的、创作过程等，因此，如《太史公自序》中"是岁天子始建汉家之封，而太史公留滞周南……迁俯首流涕曰：'小子不敏，请悉论先人所次旧闻，弗敢阙。'"一段，回忆了父亲临终对自己殷切嘱托的场景，如果全部采用四言是无法这样生动地表现当时的场景的。但是，同样值得注意的是，大序虽然不全采用四言体的整齐句式，但是大序的语言也力求整齐、对仗。如《论衡·自纪篇》即有"没华虚之文，存敦庞之朴，拨流失之风，反宓戏之俗""忧德之

---

① 〔南朝梁〕刘勰：《文心雕龙校证》，王利器校笺，58页，上海，上海古籍出版社，1980。

② 〔南朝梁〕刘勰：《文心雕龙校证》，王利器校笺，59页，上海，上海古籍出版社，1980。

不丰，不患爵之不尊；耻名之不白，不恶位之不迁"①等非常整齐的表述。再如《汉纪·序》中，荀悦即常采用一个双音节名词加一个单音节动词所组成的排比句，如"黄龙见，凤皇集，麒麟臻。神马出，神鸟翔，神雀集""甘露降，芝草生，嘉禾茂。玄稷降，醴泉涌，木连理"②等。这些结构相同的整齐结构，使文章读起来也非常富有节奏感。

三、汉代书序的价值

汉代书序中保存了大量的书籍创作和作者信息，为后世提供了宝贵的研究资料，具有独特的价值。下面仅就前人注意不多的文体学价值进行简要分析。

刘师培在《中国中古文学史讲义》中曾说："文章各体，至东汉而大备。"③与其他文体一样，汉代书序同样开创了书序写作的基本形式，为后世书序树立了写作范式，具有较高的文体学意义。

（一）确立了书序的基本要素

首先，书序命名方式逐渐趋于固定。从名称上看，西汉书序尚未全以"序"命名，如《淮南子·要略》《盐铁论·杂论》等。但到东汉，书序大都以"序"或"叙"命名，如《汉书·叙传》《释名·序》《汉纪·序》等。而汉代以后，书序的命名基本趋于固定，以"序"名篇成为文人学者的共识。这是书序走向成熟的一个标志，也是学者对书序这一文体的认识逐渐深入的结果。

其次，从内容上看，汉代书序中基本包含了后世书序中的基本要素，如书籍的写作背景、缘由目的、主旨内容、写作方法、篇目体例、作者生平等。这些基本内容也是后世书序创作的重点。

---

① 北京大学历史系《论衡》注释小组：《论衡注释》，1673、1678 页，北京，中华书局，1979。

② 〔汉〕荀悦：《汉纪》，《两汉纪》上，张烈点校，1 页，北京，中华书局，2002。

③ 刘师培：《中国中古文学史讲义》，21 页，北京，中国人民大学出版社，2010。

最后，从体例上看，《淮南子·要略》首创的大小序结合形式在后世被广泛使用。后世一些书序还将汉代书序体例进行整合，使书序内容分布更加合理。如刘勰《文心雕龙·序志》开篇解释书名的含义。第二部分说明了写作《文心雕龙》的必要性，即为了纠正当时文坛追求浮夸新奇的不良之风。第三部分对魏晋以来的文学理论著作进行评价，指出它们没有抓住问题的根源。第四部分介绍全书的内容和编排。最后一部分表明自己评论他人作品和文论的态度。《序志》的这种写作体例将汉代书序大小序结合的体例进行丰富拓展，并融合学术专著类书序的写作形式，使《序志》的内容更加丰富，体例也更加合理。

(二)促进了单书目录的产生

"目"，许慎《说文解字》解释其本义为人的眼睛，段注指出其引申义为："目之引伸为指目，条目之目。"①"录"，原义为刻木，引申为书写记录之意，再引申出次第、次序之意。来新夏认为："把一批篇名（或书名）与说明编次在一起就是目录。"②余嘉锡更明确指出，"目谓篇目，录则合篇目及叙言之也"，"故必有目有叙乃得谓之录"。③ 可见目和录是分别对应篇目和叙述的意思，所谓目录，即为篇名与叙述的结合，二者缺一不可。

关于单书目录的起源，前人探讨很多，清代学者卢文弨认为《周易》的《序卦传》是目录的起源，《史记》《汉书》中的小序都是仿照此体例写成。余嘉锡认为"目录之体，起于《诗》《书》之序，所以条其篇目"④。从目录的要素看，《序卦传》中汇总了六十四卦的卦名，并解释说明其内在编排次序，既有"目"又有"录"，应当看成具有目录的性质。此外，《吕氏春秋·序意》与《淮南子·要略》也具有目录的性质。但是最早且完整的单书目录当推《史记·太史公自序》，它的小序部分就是《史记》一书的完整目

① 〔汉〕许慎：《说文解字注》，〔清〕段玉裁注，129 页，郑州，中州古籍出版社，2006。
② 来新夏：《古典目录学浅说》，1 页，上海，上海古籍出版社，1980。
③ 余嘉锡：《目录学发微》，16 页，北京，中华书局，1981 年。
④ 余嘉锡：《目录学发微》，18 页，上海，上海古籍出版社，2013。

录。后来，班固《汉书·叙传》、扬雄《法言·序》、王符《潜夫论·叙录》等均仿此体例而作。于此可见，虽然司马迁等人并没有提出明确的目录学理论和方法，但在写作过程中确实渗透了目录学的思想，因此小序的创作间接促进了单书目录的发展。当然，随着后来书序逐渐向文学性发展和目录学的渐次成熟，书目也逐渐从书序中分离出来，成为书籍中单独的部分，其功能也就发生了分化。

三国文辑录整理的文献问题及学理思考[①]

中国人民大学　徐正英；郑州大学　王书才

清人严可均以一人之力辑录编纂的《全上古三代秦汉三国六朝文》，为今人对这一时段"文"的整理奠定了良好的基础，具体到《全三国文》，撇开编纂体例不说，仅辑录作者 296 位，文 1806 篇（其中曹魏 178 人 1387 篇、蜀汉 37 人 145 篇、孙吴 81 人 274 篇），字数近 52 万，即足见其学术贡献之一斑。但是，依今天的眼光看，严书只是提供了一个整理基础，各方面都有严重缺憾，若要真正辑录整理和编纂出一部经得起时间检验的完备典籍，当今学者仍需通力合作，付出巨大而艰辛的劳动。自 2011 年初接受国家社科基金重大项目"全先秦汉魏晋南北朝文编纂整理与研究"之子项目"全三国文"的编纂任务后，我在整理工作实践中思考和发现了　些共性的学术问题，提出来以就正方家。

一

三国文的重新辑录整理当以《四库全书总目·总集类》提出的古籍整理原则为基本要求："一则网罗放佚，使零章残什，并有所归；一则删汰

---

①　基金项目：国家社科基金重大项目"全先秦汉魏晋南北朝文编纂整理与研究"，项目编号 10ZD&.103。

繁芜，使秀稗咸除，菁华毕出。"①重新整理编纂《全三国文》，起码应该做到佚文搜集增补最少遗漏、甄别取舍信征可靠、体例编排合理完备、校勘精审版本齐全。当然，断句标点正确，段落划分有理更是应有之义。围绕如上基本目标，首先要重视三国文横向空间范围和纵向时间界限的划定问题。而要正确划定三国文的横向空间收录范围，其前提条件则是必须对古代之"文"的概念有一个科学的确认，这是编纂各时段之"文"都无法回避的共性问题。

古代中国的"文学"观念是"大文学"观念，"文"的概念自然也是大"文"概念。中国最早的"文"体产生都是从应用目的而非从情感需要出发的，社会需求的多样性从根本上决定了"文"类的广泛性特征。殷商甲骨文中已蕴有占、谱、表、令(命)、册、祝、诰、典等多种文体的雏形，商朝人虽还没有将这些文体雏形统称为"文"(甲骨文中的"文"字仅具交错、文采之义)的意识，但从对这些文体雏形的命名和所刻内容看，时人已初步具备了具体的文体意识这一点是没问题的。无疑，这些文体雏形都局限在应用性范围内。西周铜器铭文中包含的文体更为丰富也更为成熟，在商朝基础上又有铭、训、约、记、赐、誓、呼、祷、刑、判、券、牒等新型文体文本大量涌现，传世文献《尚书·周书》文体名称也在此范围内对应(《虞夏书》《商书》内容生成时间未必确为当时，故其文体名称不足依凭)，各种文体的边界尽管还模糊不清，但已各自显出了不同特质。值得注意的是，这些不同内容性质的铜器铭文文本中多会各自言及该篇单文的具体用意，这就客观上揭示出了该篇文本所属文体应具备的核心特征及意义。也就是说，西周人已经有了明晰的文体意识，他们意识到了如上应用文体都是"文"。至东周孔子，随着各种文体的进一步丰富和发展，他首次从理论高度对"文"的概念、边界、本质特征做出了精准概括，代表了春秋时代对当时已有文体的最高认识水平。这就是出土文献

---

① 〔清〕永瑢等：《四库全书总目》卷一八六《总集类一》，1685 页，北京，中华书局，1965。

上博简《孔子诗论》所说的："诗亡隐志，乐亡隐情，文亡隐言。"①这句话是说："诗"是言志的，"乐"是抒情的，"文"是发言表意的。也就是说，凡是"表意"的文字都可划归到"文类"中去。按孔子的定义，除了诗歌样式之外，当时已经产生的所有书面和口头的文体样式，都可统称为"文"。不仅丰富多样的应用文是"文"，叙事性的史传文、创作性的神话传说、寓言性的故事也都是"文"。这就是孔子最早为"文"所划定的范围，其广泛程度可想而知。孔门的这一大"文"概念其实在传世文献《论语》中也有表述，只是不为后人留意罢了。② 可见，中国的大"文"概念由孔子正式确立，并一直延续到近代。

自鲁迅先生借鉴日本学者铃木虎雄的观点提出著名的"魏晋文学自觉说"以来，关于中国文学自觉的时代问题，至今争论不休。人们或依章学诚"至战国而后世之文体备"③为据，持"战国文学自觉说"；或依司马迁和班固以"文""文章"指称文学，以"学""文学"指称学术，并单立"诗赋略"为据，持"汉代文学自觉说"；或依曹丕《典论·论文》系统揭示文学本质、功能、体裁风格等为据，持"魏晋文学自觉说"；或依宋文帝单立文学馆、刘勰著《文心雕龙》为据，持"南北朝文学自觉说"。人们争论的目的似乎都意在说明，中国的纯文学（即"小文学"）意识觉醒得如何如何早，现代意义上的"文学"成熟得并不比西方晚。如果文体备即为"文学自觉"的标志的话，那么春秋末期中国文学就已经自觉了。因为，此时与战国文体的丰富性已相差无几，更为重要的是孔子"文亡隐言"说本就已从理论高度涵盖了史传、神话、寓言等文学性之文了。但笔者要说的是，不管中国的文学自觉与否或自觉于哪个时代，古人以应用性文体为主的大

---

① 马承源：《上海博物馆藏战国楚竹书（一）》，123 页，上海，上海古籍出版社，2001。
② 《论语·颜渊》篇曾子曰："君子以文会友，以友辅仁。"此处的"文"绝不能理解为"文献"或"文化学术"，而只能理解为"文章"。在"文章"大行其道的孔子时代，君子只能以文章会朋友，尽管此语出自孔子弟子曾子之口，但以孝著称的曾子表述的应该就是孔子的理念，代表了孔门对大"文"概念的认识。《论语·卫灵公》篇孔子曰："吾犹及史之阙文也。"这里的"阙文"之"文"，亦当是"文章"，孔子此时是在庆幸自己还能读到史书中存疑的内容。参见程树德：《论语集释》，878、1112 页，北京，中华书局，1990。
③ 〔清〕章学诚：《文史通义》，60 页，北京，中华书局，1985。

"文"观念从来没有动摇过。对此，我们可以列出系列实证。例如，南朝梁刘勰《文心雕龙》共讨论33大类91种文体，其中"文"类就有颂、赞、祝、盟、铭、箴、诔、碑、哀、吊、杂文、对问、七、连珠、典、诰、誓、问、览、略、篇、章、谐、隐、史传、诸子、论、说、诏策、戒、教、命、檄、移、封禅、章、表、奏、启、议、对、书、记、谱、籍、簿、录、方、术、占、式、律、令、法、制、符、契、券、疏、关、刺、解、牒、状、列、辞66种。稍晚，梁萧统编《昭明文选》，将所选作品进一步扩充为39大类，除赋、诗、骚外，36大类也都是"文"，依次为七、诏、册、令、教、策、表、上书、启、弹事、笺、奏记、书、移、檄、难、对问、设论、辞、序、颂、赞、符命、史论、史述赞、论、连珠、箴、铭、诔、哀、碑文、墓志、行状、吊文、祭文。到了唐宋时代，"文学自觉"当绝无异议，但北宋初年李昉等人奉旨所编《文苑英华》，原有应用性文体不但没有被排除在外，反而又大大增加，除赋、诗、歌行外，"文"有杂文、中书制诰、翰林制诰、策问、策、判、表、笺、状、檄、露布、弹文、移文、启、书、疏、序、论、议、连珠、喻对、颂、赞、铭、箴、传、记、谥哀册文、谥议、诔、碑、志、墓表、行状、祭文35大类，小种类竟然多达435种，细化到了无所不包的地步。要知道，这种分类是代表当时官方文学观念的。同在北宋的姚铉，编《唐文粹》，收"文"亦达23大类301种。南宋吕祖谦所编《宋文鉴》收文则扩充到58大类，元代苏天爵所编《元文类》亦收文43大类。到明代，徐师曾在明人吴讷所编《文章辨体》收文58大类的基础上，耗时十七年增益改订而成的《文体明辨》更具代表性和示范性。其收先秦至明代命、谕告、诏、敕、玺书、制、诰、册、批答、御札、赦文、铁券文、谕祭文、国书、誓、令、教、上书、章、表、笺、奏疏、盟、符、檄、露布、公移、判、书记、约、策问、策、论、说、原、议、辩、解、释、问对、序、小序、引、题跋、文、杂著、七、书、连珠、义、说书、箴、规、戒、铭、颂、赞、评、碑文、碑阴文、记、志、纪事、题名、字说、行状、述、墓志铭、墓碑文、墓碣文、墓表、谥议、传、哀辞、诔、祭文、吊文、祝文、玉牒文、符命、表本、口宣、宣答、致辞、祝辞、上梁文、上牌文、右语、道场榜、道场疏、表、青词、募缘疏、法堂疏，"文" 94 大类 127 种，不仅全面、适中不琐屑，更重要的是，编者在序文和长达 2 万言的《文章纲领》中，广引历代学者之论，系统地阐述了各体皆文的大"文"观；各大类文体之前又分设小序，仿《文心雕龙》之例依次对该文体的名称、起源、性质特点、发展演变、与相近文体的区别以及入选作品的理由等做出简明扼要的探讨。论述与选文相得益彰，进一步从理论和实践高度巩固了孔子首倡、《文心雕龙》阐发的大"文"观，至今被古代文体研究者用作讨论依据。其后，明代程敏政编《明文衡》，清代庄仲方编《南宋文苑》、姚鼐编《古文辞类纂》、许梿编选《六朝文絜》、吴曾祺编《涵芬楼古今文钞》，近代章炳麟著《国故论衡·文学总略》等，凡以"文"命名的总集、选集或论著，亦无不以"大文类"观念视"文"。

具体到清人董诰、阮元等奉旨所编《全唐文》，及自视为《全唐文》"前编"的严可均所编《全上古三代秦汉三国六朝文》，虽然是以作者为序而不是以文体为序收文，但是大"文"观念并无不同。一是每位作者名下仍按文体分类；二是不论何体，只要是该作者的作品，都尽力搜求辑录，以求其全；三是将介于诗和文之间的赋也划归为文。以曹操为例，两书收其赋、序、策、表、疏、上书、教、令、辞、手书、报、序、戒、家传、兵书略、兵法、四时食制、题识、祀文(祭文) 19 种文体，不仅将赋作为"文"收了进来，而且将兵法也收了进来。

综上可见，从孔子到近代，中国人的"大文学"和大"文"观从来没有动摇过，即诗、文、辞(楚辞)、赋、词、曲、小说都是文学，文学核心就是诗文，而"大文学"中除诗、辞(楚辞)、词、曲、小说之外(赋介于诗与文之间，《全唐文》和严可均皆归其为文)的一切文体都是"文"。若说各代之间对大"文"范围的认识有什么差异的话，一方面表面上逐代有所"窄化"，另一方面又逐代"宽泛化"。所谓"窄化"，笔者以为，依孔子对"文"的定性当是包括史传、诸子、神话传说、寓言故事的，至《文心雕龙》则将后两者排除在外了，再稍晚的《昭明文选》又将史传和诸子也排除在外了。以后各代选文大体仿此。所谓"宽泛化"，是指随着时代推移，新的应用文体不断产生，从几种、几十种，再到过百种，越来越丰富繁多，整体趋势无疑是日趋"宽泛化"而非随着文学自觉逐渐"窄化"。至于如上几种诗文总集，时而有的收文种类多一些，时而少一些，则是具体操作层面或因收文时段不同，或因划分文体粗细有别，或因对某些文体作品水平够不够入选标准认识不一所致，无关大"文"概念之认识。

那么，如何理解孔子之后几种文体被陆续从"文"中剔除的现象呢？道理并不复杂，史传和诸子都是专书，宜单独流布，文体理论可以论及，而总集、选集只收单篇文章，故不重复收录自在情理之中，并不是不将其视为"文"。例如，各书都收录了属于"子"性质的单篇论文。神话传说、寓言故事则多存专书之中，后者又多为子书论说材料，故未被单列为文体入选诗文总集亦属自然。六朝小说未被列入，恐怕除鄙视小说的观念之外也主要是因为它们皆为专书。还有一点不可忽视，我国目录学由西汉末刘向《别录》、刘歆《七略》和东汉班固《汉书·艺文志》的"六分法"，到西晋荀勖《中经新簿》、齐王亮等《四部书目》、梁阮孝绪《七录》、唐魏徵等《隋书·经籍志》经、史、子、集"四部分类法"逐步确立，对大"文"文体范围的最终确定当有不小影响。刘勰、昭明太子萧统和任昉、阮孝绪都是同时代人且有交往，前二者的"大文学"观与后二者的"四部分类"观的形成大体是同步的，即以"集部"为"大文学""大文类"的主体，兼及经、史、子部的单篇之文。

二

空间范围。依如上古人确立的"文"的概念重新辑补编纂《全三国文》，就空间范围而言，至少涉及六类文献的处理问题。

其一，文学性散文、各种应用性文体文本，自当竭尽全力搜求辑录，对传世文献、出土文献一视同仁，都是首先需要重视的。

其二，对于经、史、子专书文本及佚文补入与否，学术界分歧较大。否定的理由很简单，古人仅收集部之文，例不宜破，且经、史、子文学性不强。但是，经、史、子文学性不强不是理由，因各种文体文本都有文学性强与不强之例，我们认为，既然是"全文"重编，就应以"全"为上。

一书在手，就该是尽可能完备的文本资料，但求"全"又确实必须力避漫无边际，徒增杂乱。为此，我们主张采取分层处理法。一是古人不收经、史、子专书是科学的态度，我们必须遵循，该时段的专书自当有经书全编、子书全编的学人汇集整理，另行编纂。二是经、史、子原书仍存世者，新搜集到的相关佚文宜慎重处理，提供给专书整理者使用的同时以附录形式收入新编《全三国文》中较为稳妥（不少经、史、子专书尚无人整理，更需如此）。如此，又带来了新问题，严可均原书所辑此类佚文都是作为正文依序分列各位作者名下的，新辑佚文放入附录就会自乱体例，造成不统一。为此，只有将严可均原辑佚文和新辑佚文一起移入附录才合适。三是经、史、子原书已经亡佚者，严可均原辑佚文与新辑佚文应同时依序放入正文。这一点尽管至今仍有不同意见，但我坚信自己的思考是正确的、科学的。剔除所有经、史、子佚文的主张不符合传统的大"文"概念，既背离了"全编"所追求的以"全"为上的基本目标，也不利于辑佚文献的保存，因而是不科学、不符合历史实际的。

其三，出土文献中的经、史、子专书文本或佚文，当与如上传世文献中的经、史、子专书或佚文的处理方式相一致。

其四，遣册处理问题。这是一个新的学术问题。遣册是近年墓葬出土文献的大宗，而此类文献又仅仅是随葬品清单，除了互不关联的物品数目外，并不具备"文"的内涵，传世文体中也从没有此类文体，因此这类文献应不应该收录自然会引发争议。我以为，本着全而不乱的原则和王国维倡导的"多闻阙疑"理念，还是将其纳入附录范围为胜。如此处理，既可保留资料备用，又不致搅乱正文使全书犯不伦不类之嫌。

其五，医古文的处理问题。各代传世文献、佚文献、出土文献中存有不少医古文，应不应该纳入辑录范围争议也较大。我以为，有些医古文不乏文采，有的文学性还比较强，甚至有韵味，再说，严可均也并未放弃对这些佚文的辑录，因此，较为稳妥的处理方式，仍应该是将医古文与传世文献、出土文献一视同仁，专书不收，单篇或专书佚文则收，并依作者之序放入附录，以备文学研究者及医学研究者之需。

如上五类大"文"文献的处理是本重大项目各个子项目及各历史时段

都要面对的共性问题，带有较强的普遍性和学理性，故不敢自专，提出来供同行讨论。

其六，具体到三国文，有一种复杂情况。1996 年在长沙市走马楼街枯井内发现一批达 10 万枚、100 余万字的巨量三国吴简，整理后以《长沙走马楼三国吴简》之名公布，内容全部是佃户租地契约。这批文献材料是否应该纳入这次的收录范围？从文体学角度看，契约是古代重要文体；从这批契约行文看，每份都对佃户基本情况，租地位置，土地类别、等级、亩数，租金形式（钱米布）、数量、交付方式、当事人、审核人、见证人等交代得清清楚楚，皆为完备的应用文，是古已有之的契约之体，属于应收范围无疑。但是，依据传统诗文总集及严可均原书只收单文不收专著之例，为免叠床架屋，不重复收此已独立出版的巨型专书似也有道理。但是，这批简牍又并非一部或数部专著，而是大批各自独立的单篇契约，只不过是被吴国地方政府集中储藏罢了，从学理层面讲，不予收录又明显不妥。我是主张收录的，只是学术界和出版界对此都争议较大，其可牵涉出如先秦时段的郭店简、上博简、清华简等同类文献甚至甲骨文、铜器铭文收录与否的共性问题，期待方家赐教。以我拙见，此类特殊情况也尝试放到附录中去是否会更好呢？

时间界限。三国时间段，如果从曹丕称帝之年（220）算起，至司马炎称晋帝之年（265），共计 46 年。而实际上直到孙吴公元 280 年灭亡，三国局面才算结束，所以辑录三国文时曹魏、蜀汉、孙吴三方人物的收录年限是无法整齐划一的，曹魏人物限于公元 220 年至 265 年，蜀汉人物限于公元 220 年至 263 年，孙吴人物则限于公元 220 年至 280 年。依此年限，严可均原书中魏蜀吴三国的人物皆需大增少减。

先说增人。大量辑录增补严可均漏辑或错归时代的三国作家和他们的佚文，无疑是新编《全三国文》的主要任务之一。经过系统爬梳和甄别辨析，严氏原书漏收作者 24 人并其作品 52 篇。曹魏部分漏收 7 人 33 文。其中政治人物 3 人 28 文全部由严可均错归时代所致，依次为司马懿 15 篇、司马师 5 篇、司马昭 8 篇。我们以为，应将司马懿父子由晋代移入三国，主要理由是其情况与曹操明显不同。曹操自从建安元年（196）迁都许昌后，挟天子以令诸侯，以其为中心的政权集团至其去世(220)经营了 25 年。从一开始汉献帝就仅仅是个被借用的虚设，且早在建安十八年(213)五月，曹操就已被汉献帝册封为魏公，建魏，定都于邺城(今河北临漳)，所以将曹操作品收入三国文中理所当然(与曹操同时代的其他人物则仍需归入东汉)。司马懿父子则不同，其一直遵行的是霍光式托孤摄政模式，且获取实权经历了一个两代三人渐重发展过程，与曹操所为，性质显然有异。直到魏景元四年(263)十月，魏元帝曹奂才封司马昭为晋公，加九锡。次年三月，封司马昭为晋王，晋朝政权方初具规模。此时距离司马昭去世、司马炎称帝仅剩一年时间。所以我们以为，司马懿、司马师、司马昭三人归入曹魏更为符合历史实际。另外，我们从《隋书·经籍志》和马国瀚《玉函山房辑佚书》中辑录子书作者 2 人 3 文(周生烈《周生子要论序》《周生子要论》，周斐《汝南先贤传》三书佚文)，医学家 2 人 2 文(吴普《华佗药方》、李当之《药录》两书佚文)，这 4 人 5 文倒不是因被严氏错归时代而误收入其他时段，是因严氏疏忽而漏辑。蜀汉部分 2 人 2 文(李朝《劝进表》、陈术史书《益部耆旧杂传记》佚文)，也是因严书疏漏而未被辑录。孙吴部分 15 人 17 文则比较特殊。除撰有《敕长沙郡官吏》一文的孙坚外，其余皆是子书著者与史地书著者，所著皆为专书而非单文，只是因为散佚成了短则，故将所辑每部书的佚文按 1 篇文计比较合理。目前辑录共折合 16 文，即裴玄《裴氏新言》、秦菁《秦子》、殷基《通语》(以上 3 书依马国翰辑本)，丁孚《汉仪》(依孙星衍辑本)，朱育《会稽土地记》(依周树人辑本)，吕广《黄帝众难经》《玉匮针经》《腧募经》(以上 3 书依严世芸辑本)，陆胤《广州先贤传》、顾启期《娄地记》、陈融《陈子要言》、项峻《始学记》、沈莹《临海水土异物志》、薛珝《异物志》、吴范《占候风气秘诀》、康泰《吴时外国传》(以上 8 书依姚振宗《三国艺文志》、侯康《补三国艺文志》、陶宪曾《侯康补三国艺文志补》增书目并加以辑佚)。

再说减人。曹魏部分当剔除"邴原"1 人 1 文，蜀汉部分当剔除"霍弋"1 人 2 文(严可均误放霍氏在曹魏，不明何故)，都是被严氏错归了时代。邴原,《三国志·魏书十一》有传,云其曾"代凉茂为五官将长史"[1],五官将即五官中郎将,曹丕被任为此职是在建安十六年(211)正月。凉茂先任五官将长史,不久迁任左军师,邴原遂接任五官将长史。建安二十二年(217)冬十月,曹丕被立为魏太子。正是这年春天,曹操南征孙吴,邴原仍以五官将长史身份随行,卒于途中。可见邴原去世于公元220年前,未入曹魏,仍当属东汉人士。霍弋,事迹附于《三国志·蜀书十一》其父霍峻传后,云其在蜀汉任安南将军。公元263年,曹魏吞并蜀汉后,霍弋举众内附,仍留旧任,"宠待有加"。裴注引《汉晋春秋》云,霍弋归晋后,官拜南中都督,后曾"遣将兵救援吕兴,平交阯、日南、九真三郡,功封列侯,进号崇赏焉"[2],成为西晋初年坐镇西南的重要将领,其位显赫在晋而不在蜀。更为重要的是,保存下来的两篇霍弋之文都是他在蜀汉灭亡之后的作品,一是蜀汉亡后其率众附晋时所呈《率六郡将守上表》,一是任南中都督时他遣使固守交阯城所立誓文《遣戍交阯誓》。可见霍弋自当从三国划入西晋。

三

比收文范围和收文时限问题更为重要的是对严可均原书已收作者中漏辑作品的甄别辑补工作,因为网罗放佚毕竟是总集整理编纂中的首要任务,更何况这部分辑文量,要比严书失收人物中的辑文量大得多。完成这一艰巨任务,不仅需要长期潜心于浩瀚故纸堆,系统爬梳类书、韵书、史注、地志、杂钞、医书等,而且需要深厚的学术功底和学术识力。否则,即使翻检到了佚文,也未必能甄别辨析出来。所以我常常感到力不从心,诚惶诚恐。具体而言,这部分佚文的辑补工作应大致分为整篇作品辑补、专书佚文辑补、段落文句辑补三个方面。

---

[1] 〔晋〕陈寿:《三国志》卷十一《魏书十一·邴原》,〔南朝宋〕裴松之注,351页,北京,中华书局,1959。

[2] 〔晋〕陈寿:《三国志》卷四十一《蜀书十一·霍峻》,〔南朝宋〕裴松之注,1008页,北京,中华书局,1959。

整篇作品辑补。就目前辑录的情况看，整篇遗漏的单文，多混存于历代类书（如《初学记》《艺文类聚》《北堂书钞》《太平御览》），韵书（如《韵补》），史注（如《史记三家注》《汉书注》《后汉书注》《三国志注》），地志（如《水经注》《北户录》《太平寰宇记》），政书（如《通典》），杂钞（如《意林》《类林杂说》《续谈助》），医书（如《证类本草》《神农本草经》《本草纲目》《本草汇言》）等典籍中。其中有些已为当今学者所发现并辑录，如韩理洲辑《全三国两晋南北朝文补遗》、严世芸等辑《三国两晋南北朝医学总集》、李裕民载于《文史》第八辑的《〈曹操集〉补遗》等，帮助我们得以重新甄别转录；更多的则是这次整理时的新发现，如曹丕《闲思赋》《思亲赋》、麋元《吊比干序》、秦静《王侯在丧袭爵议》、杨伟《谏阻明帝治宫室》、周生烈《周生子要论》、邓艾《济河论》、张晏《地理记》、蒋琬《丧服要记》、孙坚《敕长沙郡官吏》等文。还有些整篇单文存于常见书籍中，本来不难发现，只是由于严可均是以一人之力辑录先秦至隋代的单篇文献，工作量过大，导致目力疏忽而漏辑，后人也未能提起注意，如《三国志·魏书·曹仁传》里的曹操《攻壶关令》等文即是。有的则可能是严可均误将书面文献当作口语而漏辑，如《晋书·宣帝纪》青龙四年（236）所载魏明帝《报司马懿献白鹿诏》。司马懿"获白鹿，献之"，"天子曰：'昔周公旦辅成王，有素雉之贡。今君受陕西之任，有白鹿之献，岂非忠诚协符，千载同契，俾乂邦家，以永厥休邪！'"①云云，明显是典雅的书面语而非口语。更为重要的是，当时魏明帝在洛京，司马懿在长安，根本没在一起，如何口头褒奖？魏明帝对司马懿派人送来的进献之物，只能以诏书形式回奖。在浩瀚的文献中，经过精心爬梳抉剔，我们已补辑了严氏整篇漏收的单文72篇，随着不懈努力，预计还会有新的收获。

专书佚文辑补。有些文献漏辑可能是由严可均原书体例造成的。他仿照《昭明文选》体例，只录单篇文章，不录经、史、子三部之文，所以邯郸淳的《艺经》《笑林》和周生烈的《周生子要论》等均未采录。但严氏在辑录实践中又往往打破《昭明文选》的做法，适当辑录了一些集部以外的

---

① 〔唐〕房玄龄等：《晋书》卷一《帝纪第一》，9页，北京，中华书局，1974。

文献。例如，蒋济的《蒋子万机论》，《隋志》作八卷，著录于子部杂家，严可均还是将其所辑的一卷抄入了《全三国文》。同样情况，还有杜恕的《体论》，《隋志》作四卷，著录于子部儒家；阮武的《阮子正论》，《隋志》作五卷，著录于子部法家；嵇康的《圣贤高士传赞》，《隋志》作三卷，著录于史部杂传；《曹瞒传》，乃裴注征引的三国时期吴人所著史书，等等。这些集部之外的专书，严可均也都将其辑佚成果纳入《全三国文》中。可见严氏广加采录，并未太受制于《文选》的体例。这样做的好处在于网罗散佚，使吉光片羽也可借助总集以获保存，使读者窥古书原貌之一斑，是合理可取的。所以我们以为，这次整理三国文，应该参照并突破严可均的做法，竭尽所能，广泛搜求史部、子部文献佚文，并将辑佚成果全部纳入新编《全三国文》中，如此才能真正体现重新编纂的科学性、完备性、集成性和权威性。截至目前，补辑此类书目除前列严书漏辑人物（如裴玄《裴氏新言》、秦菁《秦子》）外，又辑录到严书原有人物曹丕《列异传》、邯郸淳《艺经》《笑林》、王象《皇览》等 54 部（折合为 54 篇单文），所获颇丰。

　　段落文句辑补。严可均漏辑段落文句的原因，一是有些书籍他未能读到，例如，隋代杜台卿编纂的类书《玉烛宝典》，自唐宋后在我国渐渐散佚，传入日本之本在光绪十年（1884）方由驻日公使黎庶昌辑刻《古逸丛书》时收入。此时严可均已谢世 41 年，未及得见此书，书中所存不少三国文句内容自然被漏辑。我们则有幸据此《玉烛宝典》为曹操《明罚令》内容增补 2 节 7 句；为杨泉《蚕赋序》内容增补 2 节 8 句；为曹植《大暑赋》、韦昭《云阳赋》内容各增补 1 节（则）1 句。二是有些段落文句存于习见之书中，如前所说，可能由于严可均读书粗疏造成漏辑。较为典型的例子如曹植《酒赋》，存于《艺文类聚》的 1 大段严可均辑录了，而存于《韵补》的 2 小节则被漏辑；再如赤壁之战后曹操《与孙权书》，严可均仅录 2 节，其实尚有 1 节（则）载于《太平寰宇记》卷一四六《山南东道五》，系乐史引自刘宋时期《永初山川古今记》。其文云："云梦泽，一名巴丘湖，荆州之薮。故魏武帝与吴主书云云。是此。"又如，任嘏《任子道论》，严可均仅辑 3 节，今据《意林》等书，为其补辑 15 节。总计，我们从浩瀚的典籍中已为严书原有作者新辑录了 121 节（则）佚文。这方面，赵逵夫先生依据自己数十年积累的相关资料不吝赐教，不但提供了一些具体的辑补实例，还及时提醒我们应仔细检读一般人容易忽略的《韵补》《编珠》等类书，对唐前子书（如梁元帝《金楼子》）亦当注意，对难读的《北堂书钞》应不避繁难，潜心寻绎，力求辑佚完备。赵先生的指点不只对我们辑补三国文启迪甚巨，对其他时段的辑佚工作也同样有益。

四

我们应该把校勘异文视为重新整理编纂《全三国文》的一项艰巨任务。不论是严可均原书还是新辑佚文，往往每篇每则都有三四种文献出处，甚至七八个出处的也不少见，况且这些出处的文献引文多有歧异，需要一一比勘辨析、判断正误、决定去取。严可均在校勘方面的工作较为粗疏，对出自不同文献的引文一般仅取一种录入书中，极少校勘。所以，校勘异文是重编三国文过程中非常烦琐艰巨的任务。既然我们是重新编纂最为完备的经典总集，就要突出"全"和"精细"，应该将存录文本的所有版本一网打尽，对每一则文本都做精心校勘，并出校勘记。校勘操作层面应以最早出处为底本，其他各出处以时代先后为序，逐一勘比，有异文必出校，并做出取舍案断，详明取舍或存疑理由。但除了明显的刻写错误外，一般不改动文本原文。如此，既可保存底本的文本原貌，又可明辨是非，还可全面汇集储存各本文献，也便于留待后人对有争议或存疑的问题做进一步探讨。这既是校勘的最高理念，也是古籍整理应遵循的学术规范。但是，这样做也会带来新问题，就是全书规模会大幅膨胀。加上各条校勘记是单独起行，所占篇幅或当超过文本本身。依如上校勘理念，我们将新辑录的三国佚文全部做了精心校勘，篇幅确实超过文本许多。依此类推，新编《全三国文》乃至《全先秦汉魏晋南北朝文》的规模将突破原书几倍。所以，同行专家对这一校勘理念提出异议亦在情理之中。一者从学理层面，臃肿的文本校勘淹没了是非结论，是否便于读者使用？二者从现实层面，巨大的规模给出版平添很大经济成本，是否值得？主流的观点则是只校是非不校异同，校语以简洁明了为上。这是一个学术理念与学术实践如何统一的问题，我正在按照自己的学术理念和专家的主流观点整理着两个《全三国文》的校勘本，以俟高明赐教。

调整作者顺序、考辨篇章作时、排列篇章序次、酌改篇章题目，自应纳入重新整理编纂《全三国文》工作内容的范围之内。严可均原书编排作者顺序，大致是先身份后时代，具体为先帝王再后妃然后官员，最后是妇女僧道，同类身份中再以时代先后为序；但同时官员排序又父子、祖孙相承，所以并非完全按照时间排序。笔者以为，我们新的编纂体例应该淡化传统的尊卑观念而凸显时间顺序，具体到操作层面，先帝王再臣民可仍依严可均之旧，同时后妃可接其夫，以彰显同时代和同一创作层面；官员子孙则当依其自身生年排序，不宜再随其父祖；妇女僧道也应按生年穿插其他作者之间，不应赘于书尾。这样调整，既遵从了传统文化，毕竟帝王在当时社会政治生活中处于核心地位，代表着那个时代；也体现了现代平等观念，淡化了职业尊卑，同时更利于读者把握文学发展流变轨迹。具体篇章写作时间的考证、篇章次序的排列，可基本遵照严可均原书。原书篇章题目已为人习用，修改时要慎重，但对原拟篇题与内容不符者，还是应该做符合文本实际的改动。例如，《魏志·陈群传》载，建安十八年（213）曹操"议复肉刑，令曰云云"。严可均将此篇拟题为"复肉刑令"，与内容显然有异，中华书局版《曹操集译注》根据《陈群传》改为"议复肉刑令"，更加切当，所以我们更宜取用中华书局的改题。再如，《魏志·武帝纪》建安八年（203）五月己酉，曹操所颁之令（"《司马法》'将军死绥'，故赵括之母，乞不坐括"云云）严可均取题为"败军令"，中华书局版《曹操集译注》题为"败军抵罪令"，均不及《文馆词林》所拟"军将败抵罪令"明确且契合文旨，故当依《文馆词林》题目改之。又如，曹丕《典论》中评论汉文帝一章佚文，严可均拟题作"论太宗"。但按《三国志·魏书二·文帝丕》注引王沉《魏书》曰："时文学诸儒，或以为孝文虽贤，其于聪明，通达国体，不如贾谊。帝由是著《太宗论》曰：'昔有苗不宾，重华舞以干戚，尉佗称帝，孝文抚以恩德，吴王不朝，锡之几杖以抚其意，而天下赖安；乃弘三章之教，恺悌之化，欲使曩时累息之民，得阔步高谈，无危惧之心。若贾谊之才敏，筹画国政，特贤臣之器，管、晏之姿，岂若孝文大人之量哉？'三年之中，以孙权不服，复颁《太宗论》于天下，明示不愿征伐也。"①可见其题目当作《太宗论》。还有，曹植《诰咎文》，严可均误书"诰"作"告"，亦当依《艺文类聚》纠之。

至于文句的缀合、佚文出处的补正、刻写文字错讹的校正增删，皆系文献整理应尽之责，此不赘述。

五

除了如上传世主流文献的辑录整理之外，对出土文献和传世文献中重要人物具有书面语特征的话语片段的搜集整理，也不可轻视。

相对于此前的两汉和此后的两晋南北朝时期而言，三国时期的出土文献处在一个特殊的薄弱阶段：一则随着造纸术的进一步发展，生活中简帛的使用量比汉代明显减少；二则由于官方提倡薄葬，随葬简帛数量更远少于汉代，几乎绝迹；三则西北大漠边防烽燧中的简牍或其他载体文献也明显少于汉晋时期；四则因曹魏官方禁止立碑，蜀汉、孙吴也不提倡，故相对于两晋尤其北朝的刻石淫风，三国时期的金石碑刻文献也显得很少；而对于新发现的孙吴走马楼巨量竹简，是否应该被纳入《全三国文》的收录范围，又存在颇大争议。所以，整个三国时期的出土文献辑佚量颇不理想。即便如此，我们整理三国文时也并未容忽视这一大块，因为它代表着三国文的另类载体形式。经过努力，我们现已辑录了金石碑刻85篇（节）、零散简牍197节（则），总计28274字。虽不足3万字，没有达到期望值，但对严氏原书还是有所补充的。随着笔者对三国时期摩崖石刻、题记的深入考察，期待能有更多的新发现。

另外，传世文献，尤其是正史文献如《三国志》《晋书》中征引了不少三国重要人物的话语片断，其中有些带有书面特征，并且颇有价值。这

---

① 〔晋〕陈寿：《三国志》卷二《魏书二·文帝丕》，〔南朝宋〕裴松之注，88页，北京，中华书局，1959。

些片断并不见得是人们以往所认识的口头表述，极有可能本就是当事人所作之文，被移植到了正史中，所以不可轻易忽略，以免留下遗憾。笔者尝试辑录了 81 节（则）计 29355 字，分附于各位作者其他之文后，并就其是当事人手著之文的可能性逐一做了细致考辨，附注于各文之下，以助于方家进一步讨论。

综上，我们认为，《全三国文》的重新整理编纂实践过程中应重视对三国文范畴和时限的界定，将墓葬遣册、医古文、走马楼吴简纳入辑录范围符合学理，将司马懿、司马师、司马昭父子从西晋移植三国，将邴原、霍弋从三国中剔除，符合历史实际。又认为，应该把对严可均原书中已有作家的佚文辑录增补作为着力点。同时认为，文本校勘要突出"全"和"精细"，各种版本竭泽而渔，以最早出处为底本，其他出处以时代先后为序，逐一精勘细校并出校勘记，详明取舍或存疑理由，以待后人深研；文本编排应凸显时间顺序，淡化传统的尊卑观念；原文题目应慎改，明显与文本内容不合者，宜从优本改之。还认为，不可忽视对出土文献和传世文献中重要人物具有书面语特征的话语片段的辑录，并期待未来能从摩崖石刻和题记中有新收获。

经过将近五年的不懈努力，我们已尝试从传世文献中为严可均《全三国文》原书新辑增补作者 24 人，并其作品 52 篇，剔除 2 人并其作品 3 篇。并已尝试从浩瀚传世文献中为严氏原书已收作者新增完整单文 72 篇，新增专书 54 部（折合佚文 54 篇），新增段落文句 121 节（则）。还尝试从出土文献（剔除走马楼吴简）中辑得碑刻文 85 篇，零散简牍之文 197 节（则）；从传世文献中辑得重要人物书面化短语 81 节，并各附考辨文字。我们总计为严可均《全三国文》新增整文 263 篇，段落文句 399 节（则）。虽增加的总篇（节）数不足原书一半，但重新辑录整理的三国文文本规模目前已突破了 103 万字，使严可均近 52 万字规模的原书翻了一倍，内容已有重大改观。

（原载于《文献》2016 年第 2 期）

以情纬文，以文被质

——读沈约《宋书·谢灵运传论》

中国社会科学院　刘跃进

　　《宋书·谢灵运传论》与一般史论有所不同，其并没有围绕谢灵运展开论述，而是纵论自先秦迄刘宋时期的文学发展，是一篇泛论，近似于《汉书·公孙弘传论》。对此，日本著名学者兴膳宏先生在《〈宋书·谢灵运传论〉综论》中有过精到阐释，值得参看。[①] 这里仅就该传论有关文艺思想方面的问题略做探讨。

　　史臣曰：民禀天地之灵，含五常之德，刚柔迭用，喜愠分情。夫志动于中，则歌咏外发。六义所因，四始攸系，升降讴谣，纷披风什。

　　虽虞夏以前，遗文不睹。禀气怀灵，理无或异。然则歌咏所兴，宜自《生民》始也。周室既衰，风流弥著。屈平、宋玉，导清源于前；贾谊、相如，振芳尘于后。英辞润金石，高义薄云天。自兹以降，情志愈广。

　　王褒、刘向、扬、班、崔、蔡之徒，异轨同奔，递相师祖。虽清辞丽曲，时发乎篇，而芜音累气，固亦多矣。若夫平子艳发，文以情变，绝唱高踪，久无嗣响。

---

　　① 参见［日］兴膳宏：《六朝文学论稿》，彭恩华译，272～295 页，长沙，岳麓书社，1986。

　　至于建安，曹氏基命，二祖陈王，咸蓄盛藻。甫乃以情纬文，以文被质。

　　自汉至魏，四百余年，辞人才子，文体三变。相如巧为形似之言，班固长于情理之说。子建、仲宣，以气质为体，并标能擅美，独映当时。是以一世之士，各相慕习，原其飙流所始，莫不同祖风、骚。徒以赏好异情，故意制相诡。

　　降及元康，潘、陆特秀。律异班、贾，体变曹、王，缛旨星稠，繁文绮合。缀平台之逸响，采南皮之高韵。遗风余烈，事极江右。有晋中兴，玄风独振，为学穷于柱下，博物止乎七篇。驰骋文辞，义单乎此。自建武暨乎义熙，历载将百。虽缀响联辞，波属云委，莫不寄言上德，托意玄珠。道丽之辞，无闻焉尔。

　　仲文始革孙、许之风，叔源大变太元之气。爰逮宋氏，颜、谢腾声，灵运之兴会标举，延年之体裁明密，并方轨前秀，垂范后昆。

　　若夫敷衽论心，商搉前藻。工拙之数，如有可言。夫五色相宣，八音协畅。由乎玄黄律吕，各适物宜。欲使宫羽相变，低昂互节，若前有浮声，则后须切响。一简之内，音韵尽殊；两句之中，轻重悉异。妙达此旨，始可言文。

　　至于先士茂制，讽高历赏。子建函京之作，仲宣霸岸之篇，子荆零雨之章，正长朔风之句，并直举胸情，非傍诗史，正以音律调韵，取高前式。自骚人以来，多历年代。虽文体稍精，而此秘未睹。至于高言妙句，音韵天成，皆暗与理合，匪由思至。张、蔡、曹、王，曾无先觉，潘、陆、颜、谢，去之弥远。世之知音者，有以得之，知此言之非谬。如曰不然，请待来哲。

　　既然是人物传论，就包含史传、评论两个部分。就史传而言，作者将这段文学发展的历史分为以下阶段：第一阶段是周秦汉初，第二阶段是西汉后期到东汉，第三阶段是曹魏文学，第四阶段是两晋文学，第五阶段是刘宋文学。

　　周秦汉初文学，作者视之为文章起源，也是文章正宗。"史臣曰"云云，自是作者沈约的观点。他说："民禀天地之灵，含五常之德，刚柔迭用，喜愠分情。"天地人，乃三光。人与天地共生，集合天地灵气。五常，指五行，这里特指人所含有的金、木、水、火、土的品德。人有灵气、品德，更有情感。喜愠，即喜怒，乃七情之反应，形之于声，便为歌咏。《诗经》所谓的"六义""四始"，便由此而来。六义，指风、赋、比、兴、雅、颂。四始，指国风、大雅、小雅、颂。讴谣与风什，指歌谣和诗歌。三代以前的歌诗现已不存，虞夏时期有《五子之歌》，收录在《尚书·夏书》中。从文献记载看，诗歌的发达是在西周初年至春秋中叶，《诗经》就记载了这个时期的历史与文化。战国至西汉前期，《楚辞》兴起，前有屈原、宋玉，后有贾谊、司马相如等人，"英辞润金石，高义薄云天"，英辞与高义，是秦汉士人心目中最崇高的典范。李善注引扬雄《法言》说："或问：'屈原、相如之赋孰愈？'曰：'原也过以浮，如也过以虚。过浮者蹈云天，过虚者华无根。然原上援稽古，下引鸟兽，其著意，子云、长卿亮不可及。'"以屈原为代表的《楚辞》创作群体，开辟了"情志愈广"的抒情传统，与《诗经》遥相呼应。

西汉后期乃至东汉时期的王褒、刘向、扬雄、班固、崔骃、崔瑗、蔡邕等人依然延续着这个传统。他们的创作，或清辞丽曲，或芜音累气，各骋才华，驰名于时。上述各人中，沈约认为张衡尤其具有代表性，时人少有匹敌："平子艳发，文以情变，绝唱高踪，久无嗣响。"这里特别强调"艳发"与"情变"是张衡创作的主要特色。艳为外在的美艳，情为内在的文心。《文选》收录张衡三篇作品，即《四愁诗》《归田赋》《两京赋》，文情兼善，鲜明体现了艳与情互为表里的特色。《四愁诗》为"情变"代表作。第一章大意是说，我所思念的美人在泰山，想去找她，又难以越过梁父的艰险（这里是用泰山比喻君主，用梁父以喻小人。泰山在东，故下文言侧身东望，泪沾衣襟）。美人赠我一把金错刀，我用最好的美玉来回报她，用以表达自己的心意。可惜路远竟无法送到，从而徘徊无计，深深地感到了不安。以下三章，句法大体相同，依次写到诗人思念的美人在桂林，在汉阳，在雁门，但是四面八方均有阻隔；四方美人皆有赠物，而自己却因路远无以回报，忧心忡忡。从诗文描述的这种心境来看，诗中所写好像是怀人之情，又好像是抒愤之意。这首在魏晋南北朝时期影响非常大，徐陵编《玉台新咏》将其收录，在其后还收录了晋代傅玄、张载的《拟四愁诗》。直至近现代，还有鲁迅先生的拟作，比如《我的失恋》："我的所爱在豪家；想去寻她兮没有汽车，摇头无法泪如麻。爱人赠我玫瑰花；回她什么：赤练蛇。从此翻脸不理我。不知何故兮——由她去罢。"从这些拟作来看，似乎都有所寄托，在形式上也相近。傅玄在拟作的序中说道："张平子作《四愁诗》，体小而俗，七言类也。"这是从形式上肯定了它的七言特点。张衡之艳，则充分体现在《同声歌》和《定情赋》中。《同声歌》的"思为莞蒻席，在下蔽匡床。愿为罗衾帱，在上卫风霜"，《定情赋》的"思在面为铅华兮，患离尘而无光"，均为陶渊明在《闲情赋》中所承袭。

　　其实，张衡"艳发"与"情变"的直接传承人是蔡邕。《太平广记》卷一六四引《商（殷）芸小说》："张衡死月，蔡邕母始怀孕。此二人才貌甚相类，时人云，邕是衡之后身。"这当然是不足凭据的小说家言。[1] 不过，这个传说也从侧面传达出一个信息，即蔡邕传承了张衡的衣钵，推动了汉末文风从庄重典雅向华丽壮大的转变。例如，《述行赋》有"仆夫疲而劬瘁兮，我马虺颓以玄黄。格莽丘而税驾兮，阴曀曀而不阳"等句，曹植《赠白马王彪》中的"修坂造云日，我马玄以黄。玄黄犹能进，我思郁以纡"等诗句，就可以看到这种影响的痕迹。《艺文类聚》十八所引《协初赋》，"其在近也，若神龙采鳞翼将举。其既远也，若披云缘汉见织女。立若碧山亭亭竖，动若翡翠奋其羽。众色燎照，视之无主。面若明月，辉似朝日，色若莲葩，肌如凝蜜"[2]，与曹植《洛神赋》中的"其形也，翩若惊鸿，婉若游龙，荣曜秋菊，华茂春松；仿佛兮若轻云之蔽日；飘飖兮若流风之回雪。远而望之，皎若太阳升朝霞；迫而察之，灼若芙蕖出绿波"等文句，又何其相似。此外，蔡邕的《青衣赋》就是一首艳情诗，类

　　① 〔宋〕李昉等：《太平广记》，1190 页，北京，中华书局，1961。另，张衡卒于东汉永和四年（139），其时，蔡邕已经七岁。

　　② 〔唐〕欧阳询：《艺文类聚》卷十八，331 页，上海，上海古籍出版社，1965。

似于张衡的《同声歌》和《定情赋》，且有过之而无不及。不过，张超在《诮青衣赋》中称其"志鄙意微"，不足称道。①

从张衡、蔡邕再到三曹、七子，文风日益变化。所以沈约说："至于建安，曹氏基命，二祖陈王，咸蓄盛藻。甫乃以情纬文，以文被质。"盛藻，乃美艳之词。不仅如此，还"以情纬文，以文被质"。在美艳、文情之外，他们的作品更强调情兼雅怨，文质相称。沈约说当时的各路才俊，"彬彬之盛，盖将百计"，纷纷汇集到曹操幕下。他们纵辔骋节，望路争趋，表现出强烈的创作欲望。刘勰《文心雕龙》、钟嵘《诗品》均有类似的评论。《文心雕龙·明诗》说："暨建安之初，五言腾踊，文帝陈思，纵辔以骋节；王徐应刘，望路而争驱；并怜风月，狎池苑，述恩荣，叙酣宴，慷慨以任气，磊落以使才；造怀指事，不求纤密之巧；驱辞逐貌，唯取昭晰之能；此其所同也"。《诗品》也说："东京二百载中，惟有班固《咏史》，质木无文。降及建安，曹公父子，笃好斯文，平原兄弟，郁为文栋，刘桢王粲，为其羽翼。次有攀龙托凤，自致于属车者，盖将百计，彬彬之盛，大备于时矣"。建安文人从懂事时起，就见惯了各种混乱纷争的严酷现实，经历了种种颠沛流离的生活。"出门无所见，白骨蔽平原"，这些惨不忍睹的景象时刻萦绕于怀，让他们无法回避，不能平静。他们把自己最真实的感受，用老百姓喜闻乐见的五言诗的形式表达出来，"以情纬文，以文被志"，慷慨任气，磊落使才，表现出鲜明的时代特色。这种特色被钟嵘概括为"建安风力"，初唐文人则称之为"建安风骨"，成为中国文学史上最具有感召力的艺术风格。

两晋以后，情形发生重要变化。这个时期的重要作家，即钟嵘《诗品》所说的"三张二陆两潘一左"。其中，潘岳和陆机最有代表性。钟嵘《诗品》将陆机与曹植、谢灵运并列，将其分别视作三个时期的代表，并称陆机为"太康之英"。他们的创作与两汉的贾谊、班固以及建安时期的曹植、王粲等人多有不同，最显著的特点是"律异"和"体变"。律，是法则；体，是风格。这种特点在文学上的表现就是"缛旨星稠，繁文绮合"。

---

① 刘跃进：《蔡邕的生平创作与汉末文风的转变》，《文学评论》，2004(3)。

缛旨与繁文相对，星稠与绮合相对，都是比喻文思细密，文风繁缛。刘勰《文心雕龙》论及陆机的创作，常常用"繁"字来形容，包括著述之繁、文情之繁和辞藻之繁。

先看著述之繁。据姜亮夫先生《陆平原年谱》附录《陆机著述考》，陆机著作包括：《晋纪》四卷、《洛阳记》一卷、《要览》若干卷、《晋惠帝百官名》三卷、《吴章》二卷、《吴书》和《连珠》若干卷，以及《文集》四十七卷。《昭明文选》收录陆机 52 首诗，数量之多列全部作家之首。其著作之繁，正符合刘勰《文心雕龙·史传》篇所说："至于晋代之书，繁乎著作。陆机肇始而未备。"再说文情之繁。《叹逝赋》中的"悲夫，川阅水以成川，水滔滔而日度；世阅人而为世，人冉冉而行暮。人何世而弗新，世何人之能故"，其境界犹如张若虚《春江花月夜》、刘希夷《代悲白头吟》。借用闻一多的评价，即充满了宇宙意识。《赴洛二首》《赴洛道中作二首》更是文学史上的名篇，颇为感人。故《文心雕龙·体性》篇说："士衡矜重，故情繁而辞隐。"《文心雕龙·才略》篇也说："陆机才欲窥深，辞务索广，故思能入巧，而不制繁。"《世说新语·文学》篇引张华对陆机的评语："人之作文患于不才，至子为文，乃患太多。"钟嵘《诗品》说："余常言陆才如海，潘才如江。"才华横溢而又"不逾矩"，此乃是最高境界。最后看辞藻之繁。《文心雕龙·议对》篇说："及陆机断议，亦有锋颖，而腴辞弗剪，颇累文骨"。《文心雕龙·镕裁》篇说："至如士衡才优，而缀辞尤繁。"腴辞弗剪、缀辞尤繁，都是说他缺乏剪裁。《世说新语·文学》篇引孙绰的话来说，欣赏陆机的文章需要"排沙简金"的功夫，才能"见宝"，因为"陆文深而芜"。这"芜"，即"繁"的另一种说法，多少含有贬义。

西晋文学之所以会出现这样的问题，沈约认为根本原因在于，他们"缀平台之逸响，采南皮之高韵"，亦即在形式上模仿前人，只是把文学作为一种娱乐的工具。《汉书》记载，梁孝王于睢阳城作平台，复道三十里，招延四方才子。南皮，即魏文帝曹丕的游历之所。因此，平台、南皮，意指这些文人只是在幕府中讨生活，在形式上追摹枚皋、司马相如、应场、陈琳的逸响和高韵。

东晋之后，玄言诗盛行，"为学穷于柱下，博物止乎七篇。驰骋文辞，义单乎此"。这句话是说，当时的诗歌，秉承王弼、何晏玄学之风，出入《老子》《庄子》玄虚之义，"缀响联辞，波属云委，莫不寄言上德，托意玄珠"，绵延近百年。沈约认为两晋诗风，每况愈下。《文心雕龙·明诗》《诗品》均有类似的批评。刘勰说：

> 江左篇制，溺乎玄风，嗤笑徇务之志，崇盛亡机之谈；袁孙已下，虽各有雕采，而辞趣一揆，莫与争雄；所以景纯仙篇，挺拔而为俊矣。

钟嵘说：

> 永嘉时，贵黄、老，稍尚虚谈。于时篇什，理过其辞，淡乎寡味。爰及江表，微波尚传。孙绰、许询、桓、庾诸公诗，皆平典似《道德论》。建安风力尽矣。
>
> 先是郭景纯用隽上之才，变创其体；刘越石仗清刚之气，赞成厥美。然彼众我寡，未能动俗。逮义熙中，谢益寿斐然继作。元嘉中，有谢灵运，才高词盛，富艳难踪，固已含跨刘、郭，凌轹潘、左。

他们都认为，玄言诗"理过其辞，淡乎寡味"，最核心的问题是"遒丽之辞，无闻焉尔"。这里，沈约再一次提到遒丽。风格遒劲有力，文采斐然成章，这是沈约，也是当时人们的共同审美标准。

进入南朝之后，风气大变，有几个重要的标志。

第一，"仲文始革孙、许之风，叔源大变太元之气"。仲问，指殷仲文。叔源，指谢混。他们的创作一洗孙绰、许询玄言风气。《续晋阳秋》曰："许询有才藻，善属文，询及太原孙绰，转相祖尚，又加以三世之辞，而风、骚之体尽矣。询、绰并为一时文宗，自此作者悉化之。至义熙中，谢混始改之。"谢混的最大贡献就是尝试创作山水诗。刘勰《文心雕龙·明诗》说："宋初文咏，体有因革，庄老告退，而山水方滋。"谢混的《游西池》就是一篇有代表性的作品。特别是"景昃鸣禽集，水木湛清华"

一联，历代都被推为名句。与唐诗相比，这首诗也许算不得上乘之作，但如果从诗歌发展史的角度来看，就可以看出它的价值。这首诗正产生于晋末山水诗初步形成之时，当时玄言诗风还有一定势力，就算模山范水也难以见到作者的真实情感。相比较而言，这首诗写得情景交融，虚实得间。因此，《续晋阳秋》称诗风"至义熙中，谢混始改"。

第二，宋文帝元嘉年间，以谢灵运、颜延之、鲍照为代表的重要诗人登上诗坛，彻底改变了两晋玄风独畅的局面。沈约说："爰逮宋氏，颜、谢腾声，灵运之兴会标举，延年之体裁明密，并方轨前秀，垂范后昆。"兴会，指情兴所会，自然遒劲有力。这里提到了谢灵运、颜延之，而萧子显在《南齐书·文学传论》特别提到了鲍照。他说：

> 今之文章，作者虽众，总而为论，略有三体。一则启心闲绎，托辞华旷，虽存巧绮，终致迂回。宜登公宴，本非准的。而疏慢阐缓，膏肓之病，典正可采，酷不入情。此体之源，出灵运而成也。次则缉事比类，非对不发，博物可嘉，职成拘制。或全借古语，用申今情，崎岖牵引，直为偶说。唯睹事例，顿失清采。此则傅咸五经，应璩指事，虽不全似，可以类从。次则发唱惊挺，操调险急，雕藻淫艳，倾炫心魂。亦犹五色之有红紫，八音之有郑、卫。斯鲍照之遗烈也。①

以谢灵运为鼻祖的一派，"启心闲绎，托辞华旷，虽存巧绮，终致迂回"；以鲍照为代表的一派，"发唱惊挺，操调险急，雕藻淫艳，倾炫心魂"。至于傅咸等开创的"缉事比类，非对不发，博物可嘉，职成拘制"的诗风，还应包括颜延之。历来为人们所称道的"元嘉三大家"（谢灵运、颜延之和鲍照），他们的诗风很不一样，但对整个南朝以至后代诗歌都曾产生深刻的影响。

第三，更为重要的是，文学已经从比较原始的情感自然流露和说理

---

① 〔南朝梁〕萧子显：《南齐书》卷五十二，907 页，北京，中华书局，1972。

的工具，转向精致化、专业化，这便是在与前代"论心""前藻"的比较中提出的声律理论。下面这段话时常为人所征引："夫五色相宣，八音协畅。由乎玄黄律吕，各适物宜。欲使宫羽相变，低昂互节，若前有浮声，则后须切响。一简之内，音韵尽殊；两句之中，轻重悉异。妙达此旨，始可言文。"沈约甚至说，不懂得声韵之学就无从讨论文学。五色作用于人们的视觉，而八音，指金、石、丝、竹、匏、土、革、木，作用于人们的听觉。文章之美，不仅体现在阅读方面，还应体现在诵读方面。沈约《郊居赋》有"雌霓连卷"之句，王筠读"霓"为五激反（入声），沈约抚掌欣忭，说他很担心别人读"霓"为五鸡反（平声），认为王筠"知音"。这个事例说明沈约在创作时有意在声韵方面加以考究，注重诵读之美。什么叫声韵？萧子显《南齐书·陆厥传》载："永明末，盛为文章。吴兴沈约、陈郡谢朓、琅邪王融以气类相推毂，汝南周颙，善识声韵。约等文皆用宫商，以平上去入为四声，以此制韵不可增减，世呼为永明体。"又《梁书·庾肩吾传》称："齐永明中，文士王融、谢朓、沈约文章始用四声，以为新变"。由此看来，在齐梁以后的文人心目中，永明体最基本的特征是"始用四声，以为新变"。使用四声是方法问题，追求新变则是目的。永明体的由长变短，句式渐渐定型。

第四，沈约《宋书·谢灵运传论》也承认，这种声韵的讲究，并不是刘宋末年到南齐初年突然就出现的。自屈原、宋玉以来，"先士茂制，讽高历赏"，确实有一个发展过程。他举的例子分别为：

> 从军度函谷，驱马过西京。（曹植《赠丁仪王粲诗》）
> 南登霸陵岸，回首望长安。（王粲《七哀诗》）
> 晨风飘歧路，零雨被秋草。（孙楚《西征官属从于陟阳候作诗》）
> 朔风动秋草，边马有归心。（王赞《杂诗》）

沈约说，这些诗句"并直举胸情，非傍诗史，正以音律调韵，取高前式"，既直抒胸臆，又符合韵律要求，即平仄相间相对。在沈约看来，张衡、蔡邕、曹植、王粲、潘岳、陆机、颜延之、谢灵运等人虽然并不知晓所谓的声韵理论，但是他们的创作，具有抑扬顿挫之美，系"高言妙句，音韵天成"。上引四位诗人的创作，平仄相对，符合后来人心目中的律句标准，这便是"暗与理合，匪由思至"。这里强调的"理"就是声韵之学，"骚人以来，此秘未睹"。前代诗人虽然声调和谐，那也是"暗与理合"。只有到了沈约所处的南齐永明年间，"世之知音者，有以得之"。沈约自诩《宋书·谢灵运传论》便是知音之作，这也是他最重要的理论贡献。

在对先秦至刘宋时期文学发展线索描述的同时，沈约不失时机地就文学发展的几个基本理论问题提出自己的看法。

第一，他认为文学的发展变化，有其合理性与必然性。他说："自汉至魏，四百余年，辞人才子，文体三变。"所谓"三变"，以司马相如为代表的诗赋创作，体物写志，劝百讽一，是对屈原、宋玉开创的辞赋传统的继承和发展，这是一变。司马相如以来的创作，注重摹写事物情状，虚张异类，托有于无。西汉后期到东汉前期，以班彪、班固为代表的诗赋创作，更多地注入情理成分，纵情尚意，这是二变。而以曹植、王粲为代表的诗赋创作，崇尚天然，慷慨激昂，遒劲有力，这是三变。这一看法，与左思、皇甫谧的辞赋发展观有所不同。他们认为司马相如与班固等，同系一体，并无区别。沈约则将他们分开，认为他们代表了不同时代的特色。尽管不同，这些作品"皆原其飙流所始，莫不同祖风、骚"。风是国风，骚为《离骚》，这是中国文学的两大源头。所不同的，只是赏好异情，各有偏好而已。所谓"意制相诡"，即制作各有不同。他并没有厚古薄今，也没有厚今薄古，而是"标能擅美，独映当时"，事实上也就是承认一代有一代的文学。这是沈约，也是当时的人们比较普遍的看法。

第二，文学应以情为中心，文学批评亦应以情为标准。他认为，贾谊、司马相如之后，"情志愈广"，张衡作品"文以情变"，曹氏父子"以情纬文"。这说明他认识到了文学所具有的抒情特质。他列举曹植、王粲等人的佳句，指出他们"直举胸情，非傍诗史"。他自己的创作，如《早行逢故人》《早发定山》《别范安成》等，不仅对仗精整，音律考究，而且情深意切，感人至深，已初具唐人风味。

第三，文学的情感应在一定的艺术形式下展开。首先要文采艳发，咸蓄盛藻。其次要遒劲有力，文质彬彬。当然，还要有声韵之美。他常常运用音乐术语进行文学批评。譬如他的《答陆厥书》："譬由子野操曲，安得忽有阐缓失调之声？"他从语音现象中发现，文学语言具有一定的音乐性。如果把这些规律总结出来，并自觉地运用于诗文写作，可以调节作品的音调，使轻重短长、高下疾徐能够协调变化。在沈约看来，"阐缓失调"，就是节奏舒缓，旋律繁复，与节奏急促、音调高亢相对，他更欣赏后者。两汉辞赋多阐缓，建安文学更高亢。文以气为主，气之清浊有体，不可力强而致。清气激越飞翔，浊气舒缓沉靡。同样使气，徐幹阐缓，刘桢激越。作为音乐术语，"阐缓"被引申到文学批评中，就变成一种负面的评价。前引萧子显《南齐书·文学传论》就认为，谢灵运体的弊病在于"疏慢阐缓"，萧纲《与湘东王书》亦云："比见京师文体，懦钝殊常，竞学浮疏，急为阐缓。"这大约是曹丕之后至南朝文坛的主流看法。

沈约的《宋书》问世后，很快就得到比较广泛的关注。南齐陆厥作《与沈约书》，针对沈约提出的若干声律理论、自以为"骚人以来，此秘未睹"的自负提出批评。他说："夫思有合离，前哲同不免，文有开塞，即事不得无之。"又说："意者亦质文时异，古今好殊，将急在情物，而缓于章句。情物，文之所及，美恶犹且相半；章句，意之所缓，故合少而谬多。义兼于斯，必非不知明矣。"又说："一人之思，迟速天悬；一家之文，工拙壤隔。何独宫商律吕，必责其如一邪？论者乃可言未穷其致，不得言曾无先觉也。"言下之意，古人早知分别宫商之说，所以有不合者，乃是其未尽其工而已，非不知也。从文学发展的实际情况来看，陆厥的观点，有其合理的一面。《南齐书·陆厥传》谓其"好属文，五言诗体甚新变"，原有集十卷，初唐时已有亡佚，《隋书·经籍志》著录仅八卷；而今存诗仅十首，多系乐府诗。无论如何，他在当时也是擅长"新变"的诗人，深谙文学之妙。他对批评沈约过于自负是对的，但对永明声病理论主张的进步意义，似乎并没有深刻的认识，这是他的时代局限。

（原载于《文史知识》2016 年第 11 期、第 12 期）

中国文学的隐传统[①]

——六朝文派

华南师范大学　马茂军

文学史上的六朝派，或称为选体，或称为骈文派，自唐至清，绵延不绝，至章太炎推崇六朝散文而成为六朝文派。现代散文系统也存有六朝派余脉。本文试图从六朝派的提出，历代的拟六朝派，六朝派的现代意义几个方面来展开论述。

一、六朝派的提出

我们对六朝文的认识也是一个不断发展的过程。六朝文的代表作品收录在昭明太子所编的《文选》内，所以六朝派又称选派、选体。《文选》有着文学经典的地位，北朝隋代已经开始模拟《文选》，唐代有"选学"之谓，宋人有选体之说。叶适《习学记言序目》中将诗分为三体："后世诗，《文选》集诗为一家……唐诗通为一家，黄庭坚江西诗通为一家。"宋严羽《沧浪诗话》说"又有所谓选体"[②]，《沧浪诗话》曰选诗时代不同，"体制随异，今人例谓五言古诗为选体，非也"，对选诗、选体做了进一步辨析。

古文运动以后，宋楼昉《文章正宗》将唐以前的文章划分为先秦文、

① 基金项目：教育部课题"宋代文话与宋代文章学"研究成果，项目批准号09YTA751029；广州市社科联2007年度课题"中国古代散文思想简史"研究成果。

② 〔宋〕严羽：《沧浪诗话校释》，郭绍虞校释，64页，北京，人民文学出版社，1961。

两汉文、三国文、六朝文、唐文，这里的六朝文是散文而非骈文，这种散文史划分法，和《文章正宗》的广泛影响力，基本上奠定了散文史上后代秦汉派、六朝派、唐宋派的雏形。

清代骈文复兴，清人的六朝文主要指骈文，并且提出了"六朝体格""六朝家法""六朝之胜"的理论，并推崇代表性作家"任、徐、庾"。孔广森与外甥朱中翰谈骈文时说"任、徐、庾三家必须熟读"（《仪郑堂遗稿叙》），看重代表性作品"三都""三京"等赋（《随园诗话》）。清骈文开山陈维崧，《四库全书总目》评其《陈检讨四六》集为"独不失六朝四杰之旧格"，六朝体格则又表现为"才力富健，风骨浑成"。陈康祺《郎潜纪闻初笔》卷八说陈维崧"具有六朝家法"，六朝家法指"才气横逸，泽古渊醰，而笔力又足以驾驭之"。

清代对六朝文的发展系统而全面，不过仍然不脱骈文传统，至近代民国章太炎等一批在日本接受西学的人士加入，六朝文派才焕发了新的青春。周作人及其弟子开创了现代六朝散文派，展现出一种新的文体观。六朝文此时主要指散文，六朝骈文则降为六朝散文的一体。

因此六朝文的概念，一是大量成功的骈体文，二是为我们忽视的非常成功的散体文，成功的标志是有一流作家和作品。

历代文学史家皆贬低六朝散文，唯郑振铎的《插图本中国文学史》第二十一章"六朝的散文"，如下方面对其加以梳理和肯定：

> 六朝文笔之分——六朝散文的重要——抒情小品的流行——刘琨郭璞等——王羲之献之父子的杂帖——陶渊明的《五柳先生传》与《自祭文》等——谢灵运颜延之与鲍照——王融与孔稚珪——梁代诸帝与萧统——沈约任昉江淹等——何逊吴均等——刘峻的《广绝交论》——丘迟的《与陈伯之书》——徐陵沈炯、陈叔宝江总等——六朝宗教家的活跃——本土思想对于佛家思想的反攻——慧琳的《白黑论》——顾欢的《夷夏论》——范缜的《神灭论》——《抱朴子》与《金楼

子》——六朝的史书作者①

以上属于散体的文章，而被章太炎推为魏晋文章则有郦道元的《水经注》、杨衒之的《洛阳伽蓝记》和颜之推的《颜氏家训》，这些作品的成就也很高。不过，成就最高的是《世说新语》。需要注意的是，《世说新语》是散文，不是小说(本人另有《论笔记散文》，兹不赘述)。《世说新语》的散文成就，一是人物形象的成功塑造，有史迁风神；二是有小品文的写意；三是简洁、生动、口语化，富有诗情画意。《世说新语》代表了古代散文的最高成就。

二、历代六朝派的情状

(一)唐代的六朝派

秦汉派、唐宋派是以"文必秦汉""文必唐宋"为口号的，六朝派亦然。现代的文学史叙述，一般认为唐诗的兴盛是以"四杰"、陈子昂、李杜对六朝的"革命"开始的。其实，"四杰"陈子昂、李杜主要是六朝的继承者，而非革命者。叶适的三体说认为唐体、宋体皆出选体，唐体得选体的皮肉风神，宋体得选体的筋骨义理。严羽推崇盛唐，并且与苏轼一样推崇汉魏六朝古诗的无意为文、无迹可求的浑然天成之美。

唐人不仅学习六朝文的艺术，更加推崇魏晋文人的精神。唐人在精神上与六朝一脉相承，最具魏晋名士洒脱不羁的精神。唐代文学表现出来的追求自由、解放，追求情感、辞采的趣味，与六朝文学一脉相传。在个性精神方面，李白堪称魏晋风度在唐代的复现，张旭、怀素则是魏晋风度在书法领域的代表。王孟则更接近陶渊明，追求一种适意的人生。当然，与魏晋玄风相比，作为世俗庶族地主代表的唐代诗人的魏晋风度较之魏晋时代更加生活化、世俗化。

---

① 郑振铎：《插图本中国文学史》，233 页，北京，人民文学出版社，1957。

1. 初盛唐是拟六朝文的昌盛期

拟《文选》之风从北朝开始，而以唐代为盛。《文选》学方面，隋代萧该著有《文选音义》，唐李善及五臣注盛行。

唐人学习文章无法回避的巨大文化遗产就是六朝文。唐代是人人拟《文选》的时代，六朝文章在中唐以前统治文坛，南宋胡仔《苕溪渔隐丛话》引《瑶溪集》称："子美教其子曰：'熟兹《文选》理。'《文选》之尚，不亦奇乎！今人不为诗则已，苟为诗，则《文选》不可不熟也。《文选》是文章祖宗，自两汉而下，至魏、晋、宋、齐，精者斯采，萃而成编，则为文章者，焉得不尚《文选》也。唐时文弊，尚《文选》太甚，李卫公德裕云：'家不蓄《文选》。'此盖有激而说也。老杜于诗学，世以谓前无古人，后无来者。然观其诗大宗法《文选》，遮其华髓，旁罗曲探，咀嚼为我语，无所不备，斯周诗以来，老杜所以为独步也。"①在这里，人们将《文选》提到为文必学的文章祖宗的地步。

天才诗人李白是典型的六朝派。我们一般以为唐人只有选体、选诗，其实唐人也有很多选赋，他们对六朝是无所不拟的。段成式《酉阳杂俎》前集卷十二《语资》道："（李）白前后三拟词选，不如意，悉焚之。唯留《恨》《别》赋。"王琦《恨赋》注曰："古《恨赋》，刘、梁间江淹所作，为古人志愿未遂抱恨而死者致慨。太白此篇，段落句法，盖全拟之，无少差异。"李白的一些抒情小赋，如《惜余春赋》《愁阳春赋》《悲清秋赋》等，风格皆拟八朝抒情小赋。

李白欣赏谢安携妓狂歌的生活方式，《书情赠蔡舍人雄》云："尝高谢太傅，携妓东山门。"《赠韦秘书子春》又云："谢公不徒然，起来为苍生……终与安社稷，功成去五湖。"可见李白对谢安功成身退的人格范式更为倾倒。

李白追求魏晋名士般的精神自由和人格独立，对阮嵇二人的傲岸和蔑视礼法的人格精神也有继承，曾自称"攀嵇是当年"（《赠饶阳张司户

---

① 〔宋〕胡仔：《苕溪渔隐丛话前集》，廖德明校点，56 页，北京，人民文学出版社，1962。

燧》)。魏颢《李翰林集序》："议者奈何以白有叔夜之短，傺黄祖过祢，晋帝罪阮，古无其贤。"①李白被时人视为祢衡、嵇康、阮籍这样一流的狂士。陶渊明不"为五斗米折向乡里小儿"，李白高唱："安能摧眉折腰事权贵，使我不得开心颜！"(《梦游天姥吟留别》)有人"疑陶渊明诗篇篇有酒"，李白则更因酒仙而为诗仙。

2. 中唐古文运动既窃拟六朝，又要革六朝文章的命

韩柳学习董仲舒"罢黜百家，独尊儒术"，是最典型的反六朝派。中唐、北宋是六朝文派的蒙冤期，六朝派一方面被古文运动者大肆剽掠，一方面又受到古文运动者的攻击。

明代有秦汉派，其实唐代古代运动可谓唐代的拟秦汉派。古文运动的领袖韩愈是个典型的拟秦汉派，"非三代两汉之书不敢观，非圣人之志不敢存"。另一方面，韩柳古文成功的秘密在于他们都是暗拟《文选》者。韩愈的《李邢墓志》曰能暗记《文选》，选学大师李详也以大量事实证明了他的暗拟《文选》，进而完成《韩诗证选》《杜诗证选》等重要著作。韩愈的《进学解》《送穷文》《毛颖传》《祭十二郎文》，这些嬉笑怒骂、至情至性的文字明显有六朝文士的个性与风致、骈俪与辞采。

代表柳宗元山水散文最高成就的《永州八记》，既有北魏郦道元《水经注》的外在形式美，又有晋人的清隽风韵。《四六丛话》称柳宗元"推其少时，实以词章知名，词科起家……独子厚以古文之笔，而炉鞴于仗声偶间，天生斯人，使骈体、古文合为一家，明源流之无二致。呜呼，其可及也哉"。使骈文、古文合为一家，才是柳文的特色和成功秘诀。学习秦汉、复兴儒学是古文运动者的政治旗号和策略，而六朝文的抒情、辞采、才华和创造的精神才是产生唐宋八大家优秀散文的内在原因，这是一个极大的讽刺。而真正地只拟秦汉，不知六朝，食古不化的石介、穆修辈也许只能成为别人嘲讽的对象。

---

① 〔唐〕李白：《李白集校注》，瞿蜕园、朱金城校注，1791 页，上海，上海古籍出版社，1980。

（二）宋代的六朝派

人们以为唐人爱文选，宋人厌文选，这是皮相之见。宋初西昆体是一个拟六朝文派。宋祁三抄《文选》，谙熟之至，被人称为"选哥"。钱惟演有《刀笔集》，刘筠有《刘中山刀笔》三卷。陆游《老学庵笔记》卷八曰："国初尚《文选》，当时文人专意此书，故草必称'王孙'，梅必称'驿使'，月必称'望舒'，山水必称'清晖'……方其盛时，士子至为之语曰：'《文选》烂，秀才半。'"

宋代骈文发达而称宋四六，宋四六是六朝骈文的直接继承和发展。宋代古文派欧阳修、"三苏"都直接借鉴了四六的艺术技巧，融会成文，连刻板的曾巩也脱不开四六的影响。《四六丛话》评曾巩，称："间出四六之语，对裁高浑，运词典藻，求之唐人，张燕公有其瑰奇，而无其缜密。"宋吴子良《荆溪林下偶谈》提示宋古文家实出于四六，他们的古文好的关键在于四六之辞采章句的秘密："本朝四六以欧公为第一，苏、王次之。然欧公本工时文，早年所为四六，见《别集》，皆排比而绮靡。自为古文后，方一洗去，遂与初作迥然不同。他日见'二苏'四六，亦谓其不减古文，盖四六与古文同一关键也。"

苏、黄是宋代文人的代表，骨子里极具魏晋精神，是魏晋精神的继承者。苏轼的小品文上承六朝，下开明代小品文，自由书写，行云流水，周作人将其视为现代散文的直接源头。黄氏那些拗峭奇崛、硬语盘空之作，实际上是嵇康式的内心的奇崛不平，但是他也追求陶渊明式的朴素自然和平淡质直。黄庭坚在少年时代即向往陶诗，《山谷外集》卷一收有《溪上吟》一诗，原注：时年十六。其《序》云：茶鼎酒瓢，渊明诗编，虽不命戒，未尝不取诸左右。临沧波，拂白石，咏渊明诗数篇。后来他作《还家呈伯氏》，说"官如元亮且折腰，心似次山羞曲肘。"可见黄庭坚既有嵇康的傲骨脱俗，又追求陶渊明的恬淡。①

苏轼对六朝派最大的理论贡献是发现陶渊明，并且将汉魏六朝艺术

---

① 郑永晓：《论黄庭坚学陶诗》，《文学遗产》，2006（4）。

推为中国古代艺术的极致。诗有唐体、宋体和选体，苏轼认为，诗歌艺术的最高境界是陶渊明而不是李白、杜甫。他说："渊明作诗不多，然其诗质而实绮，癯而实腴，自曹、刘、鲍、谢、李、杜诸人皆莫及也。"（《追和陶渊明诗引》）"李太白、杜子美以英玮绝世之姿，凌跨百代，然魏、晋以来高风绝尘，亦少衰矣。"（《书黄子思诗集后》）延至书法，苏轼说："予尝论书，以为钟、王之迹，萧散简远，妙在笔画之外。至唐颜、柳，始集古今笔法而尽发之，极书之变，天下翕然以为宗师，而钟、王之法益微。"（《书黄子思诗集后》）可见，苏轼以六朝的艺术精神为最高境界。苏轼推崇的是一种自由之精神、独立之人格的高风绝尘之美，在艺术上的表现就是萧散简远，妙在笔画之外，之外的就是一种六朝精神；质而实绮的枯淡美，癯而实腴，绮腴之处也是人格之美的艺术表现，超越艺术，是千百年来人们解释不清的。

（三）元代的六朝派

元人喜拟《文选》。元四大家之揭溪斯说："近世有论作诗，开口便教人作《选》体。"（《诗宗正法眼藏》）杨载说："取材于《选》，效法于唐。"马伯庸说："枕籍骚选，死生李杜。"（王士禛等著《诗问》卷三引）虞集亦著有《文选心诀》一卷。

世人皆说元人俗气，其实元人大有六朝文人的精神风度。宋代江湖派文人开始游离主流，元代文人则是被逐出主流。元代疏离文人，取消科举，反而使文人获得了精神自由与人格独立。把"学而优则仕"变成"诗酒风流"的浪子文学家，深得魏晋文人离经叛道的精神。首先，他们蔑视功名富贵。白朴就是个"贫煞也风流"的"浪子"，在他眼里，"盖世功名总是空"，"休痴休呆，蜗角蝇头，名亲共利切。富贵似花上蝶，春宵梦说"（《对景》）。其次，他们大都走向隐逸。马致远讴歌"利名竭，是非绝，红尘不向门前惹。绿树偏宜屋角遮，青山正补墙头缺"（《夜行船·秋思》）的隐逸生活。他们甚至背离主流，走向青楼。关汉卿自称"普天下郎君领袖，盖世界浪子班头"，"玩的是梁园月，饮的是东京酒，赏的是洛阳花，攀的是章台柳"(《一枝花·不伏老》)，写尽了冲破礼教后的风流快活。[①]元代文人的独立自由与魏晋文人遥相呼应，元曲的娱乐性、审美性、纯文学性与六朝骈文的华艳、追求声韵和强调、抒情遥相呼应。骈文、散曲在正统文人眼中虽非正体，实乃真情、真性、真文。

(四)明代的六朝派

明代选学衰落是个表面现象，现今流行的明代选学衰落说是值得怀疑的。明人杨慎曰："作诗者，其可不熟《文选》乎?"(《升庵诗话》)《杨升庵文集》对《文选》的论述多达 50 余条。胡应麟也对《文选》做出很高评价。实际情况是，《文选》在明代社会很流行，一是《文选》明代版本很多，流传很广，二是六朝自由反叛的精神在明代有所承继。从刊刻总量及流行趋势来看，已知的明代《文选》版本达 110 种。清代号称选学复兴，以康熙和乾隆两个时期的《文选》版本最多，但是数量均少于隆庆、万历、天启、崇祯四朝，从版本来看，嘉靖 21 种、隆庆 5 种、万历 55 种、天启 8 种、崇祯 11 种。从总量来看，以嘉靖为界，此前 11 朝，版本只有 10 种，确实是选学衰落期。嘉靖(含)以后五朝，版本数却高达 100 种，约占明代版本总数的 91%。可见，《文选》在明代的刊刻主要集中在中晚明，代表流行与畅销的民间坊刻本书也主要出在明代中晚期。[②]这应该与晚明的浪漫思潮有关。

晚明浪漫文学思潮反程朱理学，反传统，不仅继承了魏晋精神，更是魏晋精神的重要发展。第一，反名教，反道学。汤显祖主张"唯情说"，他说："世总为情。"他提倡的"至情"与"天理"是势不两立的："情有者理必无，理有者情必无。"[③]汤显祖可被看作反道学的急先锋。冯梦龙宣扬"情教"，他在《情史》序言中说"六经皆以情教也"，将情上升到情教的

---

① 叶爱欣、蒋凤梅：《传统的裂变与士人心态——试论魏晋风度与元代浪子风流》，《平顶山师专学报》，1998(5)。

② 付琼：《明代〈文选〉学衰落说质疑》，《广西社会科学》，2008(11)。

③ 〔明〕汤显祖：《汤显祖诗文集》(下)，徐朔方笺校，1268 页，上海，上海古籍出版社，1982。

地位,彻底颠覆传统的政教说。第二,做真人,抒真情。李贽是这股体现人性觉醒、思想解放浪潮的主要代表人物。李贽历来被儒学正统目为"异端之尤",他在《童心说》中说:"天下之至文,未有不出于童心焉者也。""夫童心者,绝假纯真……失却童心,便失却真心;失却真心,便失却真人。"所以,他认为"真文"当是人的内心情感的自然流露。"一旦见景生情,触目兴叹,夺他人之酒杯,浇自己之垒块,诉心中之不平,感数奇于千载。"①公安派小品文最具六朝文章的精神。袁宏道倡"性灵说",他在《叙小修诗》中说:"独抒性灵,不拘格套,非从自己胸臆流出,不肯下笔。"②"真人所作,故多真声。"袁宏道所谓"性灵",就是反道学,反假人、假文,主张做真人、真文,用真性情、真感情,也就是李贽所谓的"童心"。魏晋名士主要是反抗,但并未找到出路,所以内心极为痛苦;苏、黄的魏晋精神仍然是个人行为,明代六朝派则是一个运动、一个思潮,几乎全民参与。明代文人从新兴市民阶层经济和人性独立这种新的资本主义生产关系中找到了自由、独立的思想意识,为自己的解放找到了出路。这是魏晋精神必然的和最重要的发展。③晚明文人又被称作末世文人,掀起了晚明狂风。他们像六朝文人一样为名教中人所唾弃,但他们才是真名士、真性灵、真文人。

(五)清代的拟六朝文派

清代骈文复兴的原因,一是统治者的提倡使《文选》风靡一时。乾隆酷嗜《文选》,乾隆四十四年(1779)颁布科场考试条例时,明确规定在乡、会试中增五言八韵诗一首,其后遂成定制,于是文选学得到急剧发展。二是在清代文化专制下,文人研习《文选》,希望以六朝文对抗唐宋文,打造别一洞天。④ 曾燠"深于《选》学,所作擅六朝唐初之胜"(吴鼎才

①　〔明〕李贽:《焚书　续焚书》,271 页,北京,中华书局,1974。
②　〔明〕袁宏道:《袁宏道集笺校》(上),钱伯城笺校,187 页,上海,上海古籍出版社,1981。
③　吴世永:《晚明浪漫文学思潮的演变》,《台州师专学报》,2000(5)。
④　江庆柏:《清代的文选学》,《华南师范大学学报(社会科学版)》,1987(3)。

《西溪渔隐外集题词》);洪亮吉深于《选》学,"以经学考据见长,诗学
《选》体,亦有笔力,时工锻炼,往往能造奇句"(朱庭珍《筱园诗话》卷
四),而且以《文选》课士;汪中自言"仆早工选体";以经学名世的惠士奇
也"熟精《文选》,弱冠补诸生"(《文献征存录》卷五)。

　　不仅是六朝文章,在清代沉闷的学术空气中,追求个性自由的六朝
精神也会成为一种突围的精神动力和支柱。袁枚受南朝梁简文帝萧纲"立
身先须谨重,文章且须放荡"(《诫当阳公大心书》)之说的影响,主张"文
章不妨放逸,人品故宜谨严"(《红豆村人诗稿序》),为诗文主张"性灵",
即抒发自己的真情实感。在《文选》复兴的大背景下,清代文人立身行事
往往带有六朝人的品格特征。邵齐焘,"志行超远,意度夷旷,似魏晋间
人,其文亦如之"(吴鼎才《玉芝堂文集题词》);蒋士铨,"秀眉长身,两
眸子灼灼如电,风神散朗,如魏晋间人"(《文献征存录》本传);孔广森,
"翩翩华胄,人目之为卫洗马、王长史,一时争逢迎,冀相缔交"(《文献
征存录》本传);吴敬梓,为人豪爽宕逸,颇类魏晋名士。清代骈文兴盛,
文选学大盛。所以,清人闻人倓说,古人诗赋见于《文选》者,但举篇名,
不书其人,以《文选》人人所习也。(《古诗笺》)

　　清代文人模拟六朝的风气很盛,出现了《拟宋玉风赋》《拟潘岳秋兴
赋》《拟孙兴公游天台山赋》《拟谢希逸月赋》《拟鲍明远芜城赋》《拟庾子山
小园赋》等大量拟作。

　　六朝派不仅以六朝骈文为骈文的范本和典型,而且将六朝义推到前
所未有的高度,希望获取六朝风韵之美、浑成之美。六朝文成为时尚,
这既是复古,又是与桐城派唐宋文的对抗。清后期著名骈文作家钱振伦
云,"骈俪之文以六朝为极则焉"(《唐文节钞序》),"窃谓俳俪之文以六朝
为极则"(《与陈琴斋文广文乞序》)。《四库全书总目·陈检讨四六》说陈维
崧骈文"才力富健,风骨浑成,在诸家之中,独不失六朝四杰之旧格"。
李渔作《不登高赋》,毛先舒说此文"萧散隽永,在六朝唐人之间"。程晋
芳《胡稚威文集后序》称:"今其集中赋则规仿六朝,散文则墨守《文粹》。"
吴鼒说孔广森骈体文"乃兼有汉魏六朝初唐之盛",曾燠"深于选学,所作

擅六朝唐初之胜".① 这些都说明，六朝文不再是过街老鼠，而是成为艺术的极则。

(六)近代民初的六朝文派

近代西学东渐，揭开了六朝派的新时期。大抵刘师培接续了仪征学派阮元推举骈文的话题，从文笔之辩立论，结合汉学考证，弘扬六朝文派。阮元将六朝文推为正宗："综而论之，凡文者，在声为宫商，在色为翰藻……然则今人所便单行之文，极其奥折奔放者，乃古之笔，非古之文也。"(《文韵说》)这表示他重文轻笔，批评平直疏浅、音韵失和、文辞不足的古文。刘师培标举六朝文派，作《汉魏六朝专家文研究》，在《文说》中大胆宣扬"是则骈文之一体，实为文类之正宗"(《文说·宗骚》)，弘扬主情的骈文传统，极力推举汉魏六朝文派。

章太炎的价值在于直切本真，拈出《颜氏家训》《水经注》一类非骈文的散文，将六朝骈文切换成六朝散文，完全抛开清代六朝骈文派的话题。后来经过周氏兄弟的发扬光大，六朝散文演化成现代文学系统上的六朝文。在《自述学术次第》中，太炎先生自称："三十四岁以后，欲以清和流美自化。读三国两晋文辞，以为至美，由是体裁初变 …… 余既宗师法相，亦兼事魏晋玄文。观夫王弼、阮籍、嵇康、裴颜之辞，必非汪、李所能窥也。"②章太炎经历了学韩愈，学清代骈文派，推崇六朝文章的阶段，继而重视魏晋玄学独立思考的精神，进而推崇六朝议论文字的任意书写。

六朝派的生命力在于它强大的现代指向性。民国初期的文派斗争主要是在北大，又主要是章门弟子的六朝文与桐城派的唐宋文的较量。"大抵崇魏晋者，称太炎为大师；而取唐、宋，则推林纾为宗盟。"③章门弟子推崇六朝文学，以黄侃为首的章门弟子攻击桐城派"文以载道"说，认

---

① 颜建华：《清代文选学与清代骈文复兴》，《南京航空航天大学学报(社会科学版)》，2004(1)。

② 章炳麟：《太炎先生自定年谱》附录二，59 页，香港，龙门书店，1965。

③ 黎荔：《新文学中"六朝文"系统的流变》，《作家》，2008(16)。

为六朝派既有对文学自身特征的深刻理解，又体现了反封建的思想特质。黄侃以为六朝文学"注意于艺术的技巧，而于载封建之道不甚积极"的特质，有助于"王纲解纽"，引出"非圣无法""无父无君"的反封建倾向，对"五四"新文学的发生有积极影响。① 事实上，先后进入北京大学文科提倡六朝文的章门弟子，1917 年后大多数转而成为"五四"新文学的倡导者与响应者。正是在这一点上，六朝派体现了它的现代性特质和无比的生命力。这也是六朝派每遭统治者、正统派打压，而能千年不倒、青春焕发的秘密。②

值得一提的是，周作人因为提倡新文学，影响更大，传人更多，如废名、胡兰成等，最终形成新文学中"六朝文"系统。

三、现代视野下的六朝文派

现代有三层含义，一是现代文学中有一个六朝派，二是现代文学视野下的六朝派，三是六朝派的现代意义。

(一)追求精神自由与人格独立

不同时代之六朝派，形式各异，但是它的核心必然是追求精神自由与人格独立。魏晋精神前人多有论述，刘大杰称："魏晋时代，无论在学术的研究上，文艺的创作上，人生的伦理道德上，有一个共同特征，那便是解放与自由。"③冯友兰说："它所阐发的超越感，解放感，构成了一代人的精神风貌，所谓晋人风流。"④从阮、嵇到陶渊明，从苏、黄到明代浪漫派，再到现代六朝派，一脉相传，大抵都是崇尚个人主义的自由派、解放派。

---

① 舒芜：《书与现实》，130 页，北京，生活·读书·新知三联书店，1986。
② 陈平原：《现代中国的"魏晋风度"与"六朝散文"》，《中国文化》，1997(Z1)。
③ 刘大杰：《魏晋思想论》，19 页，上海，上海古籍出版社，1998。
④ 冯友兰：《中国哲学史新编》第四册，206 页，北京，人民出版社，1986。

（二）主情主义

中国文学主流一直是文以载道，批评抒情文学。朱自清《诗言志辨》认为陆机"诗缘情而绮靡"，铸造了一个"缘情"的新语，代表一种个性及真情得到自由表露的新时代新风尚的到来。魏晋名士标榜真情，《世说新语》载："桓子野每闻清歌，辄唤奈何，谢公闻之，曰：'子野可谓一往有深情。'"（《任诞》篇）又载："王（戎）曰：'情之所钟，正在我辈。'"（《伤逝》篇）。这种重情主义反映在文学上则是对"缘情体物"的抒情性的强调，如王筠《昭明太子哀册文》："吟咏性灵，岂惟薄伎，属词婉约，缘情绮靡"；徐陵《玉台新咏序》："九日登高，时有缘情之作"；宇文逌的《庾信集序》："穷缘情之绮靡，尽体物之浏亮"等。六朝文抒情的特征，与文以载道是对立的，这使六朝文具有文的觉醒的意义。后来的六朝派，苏、黄的情经过了一层宗教净化，欧阳修的祭文出乎真情，明人的情，具有市民的新风尚，清代学人之情有点矫情，民国则一派天然了。从苏、黄到明代浪漫派，再到现代六朝派，大抵都是崇尚个人主义，主张性灵、真情，反对虚伪道学。

（三）美文主义

儒家道家美学都有对质朴的癖好，因此追求唯美主义的美文一直受到打压。六朝派之被遮蔽，在于它一直被正统主流意识排斥，被定义为亡国文学、形式主义、艳情文学。随着西学东渐，西方形式主义美学对文学形式的推崇使美文主义再一次被人们关注，文章的辞采、形式美才得到人们的认可。所以具有现代眼光的鲁迅才可能在《魏晋风度及文章与药及酒之关系》中提出，"用近代的文学眼光看来"，这是一个"文学的自觉时代"，或如近代所说，"是为艺术而艺术的一派"。鲁迅肯定了魏晋六朝文学华丽的风格特色，而这种现代眼光使推崇六朝美文成为可能。

周作人的弟子废名特别推崇六朝文，他在《三竿两竿》一文中写道："中国文章，以六朝人文章最不可及。我尝同朋友们戏言，如果要我打赌的话，乃所愿学则学六朝文。我知道这种文章是学不了的，只是表示我爱好六朝文，我确信不疑六朝文的好处。六朝文不可学，六朝文的生命还是不断的生长着，诗有晚唐，词至南宋，俱系六朝文的命脉也。在我们现代的新散文里，还有'六朝文'。"①六朝文、晚唐诗无疑具有唯美主义的倾向。废名认为梁遇春是"新文学当中的六朝文"，肯定梁遇春的散文有庾信的"玲珑多态，繁华足媚"，是梦中传彩笔的六朝文章。所以，废名叹道："此君殆六朝才也。"唯美而不唯道，这正是六朝文革命性的价值。②

（四）感伤与颓废之美

中国传统有乱世之音哀以怨，末世之音凄而艳的说法，但那是一种集体的声音。韩愈的不平则鸣，欧阳修的文穷而后工，也多对应着政治上的不遇。八大家的祭文最美，归有光的伤悼之作最为感人。

民国的感伤和颓废有着谜一样的气质，我个人以为它带有异域的色彩。不难发现，近代民国的六朝派一般都是留学日本归来的人士。当时日本文坛流行颓废文学，文人有一种古典文明被现代文明摧毁的感伤。受日本当时颓废文风影响，留学人士难免将一种中国情怀与日本式的感伤颓废糅合在一起，这自然与六朝文风有所契合，六朝的感伤是旧贵族的光荣与梦想，并随着隋唐庶族地主的崛起而消失。六朝的感伤也是随着人的觉醒而产生的伤感：人之脆弱、无奈、生命的无常。更早的，如一代诗僧苏曼殊，其清远清旷，哀艳凄伤，很有六朝遗韵。

周作人作品的魅力在于它的感悟和感伤。周作人性格中很有伤感凄迷的因子，早在 20 世纪 30 年代，他曾为其收藏的南齐古砖写过一篇题记《题永明三年砖拓本》，其中有一段话颇值玩味。"大沼枕山句曰，一种风流吾最爱，南朝人物晚唐诗。此意余甚喜之。古人不可见，尚得见此古物，亦大幸矣。"他在《知堂回想录》中又提到这两句话，足见他对六朝、晚唐风流一往情深的赏爱。

张爱玲的六朝是别样的六朝。沈启无在《南来随笔》中把握住了张爱

———————————

① 废名：《冯文炳选集》，342 页，北京，人民文学出版社，1985。
② 陈平原：《现代中国的"魏晋风度"与"六朝散文"》，《中国文化》，1997(Z1)。

玲散发六朝气息的散文风格:"仿佛天生的一树繁花异果,而这些花果,又都是从人间的温厚情感里洗练出来的。她不是六朝人的空气,却有六朝人的华瞻。"①张爱玲有六朝的冷艳、颓废,有六朝的独立的思考,确有"六朝人的华瞻"。

(五)自由地抒写

六朝骈文的特点是对仗和华丽,而章太炎发现了六朝文中一大批自由书写的散文,这也显出晋人风韵。六朝的特点是外表华丽,骨子里是情感的铺张与自由挥洒。章太炎在《蓟汉闲话》中表扬六朝文书写的自由:"观晋人文字,任意卷舒,不加雕饰,真如飘风涌泉,绝非人力。"在《三竿两竿》中,废名谈道:"苦茶庵长老曾为闲步兄写砚,写庾信行雨山铭四句,'树人床头,花来镜里,草绿衫同,花红面似。'那天我也在茶庵,当下听着长老法言道,'可见他们写文章是乱写的,四句里头两个花字。'真的,真的六朝文是乱写的,所谓生香真色人难学也。"②六朝文的反对者施蛰存则对这段名文下了十二字评语:"七拼八凑,语无伦次,不知所云。"六朝派的散文突破了秦汉派、唐宋派的章法、句法、腔调,可以七拼八凑、语无伦次、不知所云地乱写,但是生香真色,任意卷舒,不加雕饰。这是无意为文,自然抒写。这才是真正意义上的散文。苏轼对散文提出了行云流水的说法,晚唐小品文、苏轼小品文、公安派小品文、现代小品文,正是继承了这种自由书写的特点,表达的是自由的心灵。

六朝派胡兰成的文章受到张爱玲的影响,他说:"我是受过思想训练的人,对凡百东西皆要在理论上通过了才能承认。我给爱玲看我的论文,她却说这样体系严密,不如解散的好。我亦果然把来解散了,驱使万物如军队,原来不如让万物解甲归田,一路有言笑。"跟张爱玲结识之后,胡兰成打破了规矩,把自己解放了,解散了,一路有言笑。他逐渐向清

---

① 静思:《张爱玲与苏青》,183页,合肥,安徽文艺出版社,1994。

② 废名:《冯文炳选集》,342～343页,北京,人民文学出版社,1985。

嘉婉媚的路子上走，文字柔媚宛转，妙悟妙譬，颇有张爱玲自由挥洒之风。① 可见，章太炎、周作人、废名、胡兰成都把随意书写看作六朝散文的核心特点。②

结论：模拟古人是中国文学的主要传统，与著名的秦汉派、唐宋派相比，六朝派无论模拟人数、模拟时间，还是它具有的思想解放的意义和精神冲击力，都更强大，更深远，是中国文学最主要的文学传统。但是六朝派被主流意识形态遮蔽了，成为中国文学的隐传统和隐主流。它一直主导着中国纯文学的发展走向，这一传统所具有的现代价值，即追求精神解放与人格独立，重视个性与情感抒发，关注形式审美，一直主导着中国文学从中古走向近古，并最终承传为现代文学史上的六朝文派。可以说，没有六朝派的文学史、文学思想史是残缺的、表面的。六朝派过去是隐主流，未来未必不会是中国文学的主流。

（原载于《文学评论》2016 年第 2 期）③

---

① 胡兰成：《今生今世》，148 页，北京，中国社会科学出版社，2003。
② 陈平原：《现代中国的"魏晋风度"与"六朝散文"》，《中国文化》，1997(Z1)。
③ 本文以《论六朝文派》为题发表于《文学评论》。

江淹辞赋通论

湖南大学　郭建勋

在南朝赋坛，江淹是一位非常特殊的作家。他历宋、齐、梁三朝，其 28 篇赋，以及 10 余篇楚骚体作品，不仅多为精粹之作，而且不同于当时轻艳绮靡的贵族化赋风，能在博采古今、总制众善的基础上，形成自己独特的风格。钱锺书曾说江淹之文"俯视一代"[①]，这里的"文"主要指辞赋而言。正因为江淹辞赋冠绝南朝一代，故值得我们认真探讨。

一、以悲怨为基调的抒情赋

抒情赋是江淹所有辞赋中最重要的部分，虽然只有 12 篇，却是他之所以在赋史上占有一席之地的根本原因。按照钱锺书的观点，《别赋》《去故乡赋》《倡妇自悲赋》《待罪江南思北归赋》《哀千里赋》《青苔赋》等，都是《恨赋》的枝蔓或附庸。它们都以《恨赋》为核心，像"众星之拱北辰"那样相环绕，而且这些抒情之作"亦多恨人之怨嗟"[②]。客观地说，《别赋》所言者虽亦为"恨"，但并非《恨赋》之"附庸"，两者都应被视为江淹辞赋的代表作，更是其抒情赋的核心，它们奠定了江氏抒情赋"悲怨"的情感基调。

[①]　钱锺书：《管锥篇》第四册，1406 页，北京，中华书局，1979。
[②]　钱锺书：《管锥篇》第四册，1411 页，北京，中华书局，1979。

　　《恨赋》开头便明言本篇的主旨是"直念古者，伏恨而死"，即感慨那些至死仍怀有遗恨者。然后分别陈述六位历史人物之"恨"：秦始皇削平天下，却不能永享艰难开创的功业；赵幽缪王国丧身掳，终生不再拥有往昔的尊荣；李陵降北怀汉，无法消释名辱身冤的隐痛；王昭君远嫁异域，从此诀别生养于斯的故乡；冯衍奇才高志，无奈罢归而终老田里；嵇康下狱赴死，就此断绝了他清雅高妙的琴声。此后又泛述了孤臣、孽子、迁客、流戍四类人物"销落湮沈""闭骨泉里"的悲剧。最后，江淹用一首骚体的歌总结全文："已矣哉！春草暮兮秋风惊，秋风罢兮春草生。绮罗毕兮池馆尽，琴瑟灭兮丘垄平。自古皆有死，莫不饮恨而吞声！"《恨赋》以自然界春草秋风的时序更迭和人类社会繁华衰败的历史演变，来推衍有生必有死、有死必有恨的残酷真相，从而也就说明了人类之"恨"的必然性和悲剧性。

　　《别赋》可以说是《恨赋》的姊妹篇。赋作以"黯然销魂者，唯别而已矣"总起全篇，并分别从"行子""居人"的角度，铺写"离别"给外出行人和居家亲友双方带来的悲愁。就如《恨赋》一般，在点出主题、总述"别"情之后，江淹分叙了七种不同类型的离别之悲：其一是富贵者之别，铺述饯别场面的豪华和临行时衔涕伤神的忧伤；其二是剑客杀士之别，突出一去不返的果决和扢血相视的悲壮；其三是负羽从军者之别，强调辽水雁山的遥远和家人的担忧牵挂；其四是远赴绝国者之别，侧重此去前程之未卜和归国重逢之难期；其五是夫妇之别，描述妻子独居闺房的寂寞和无法排解的四季相思；其六是炼丹求仙者之别，感慨去者心向方外的坚定和亲友世俗别离的忧伤；其七是情人之别，渲染平日情侣的恩爱和别后无尽的思念。作者最后总结道："是以别方不定，别理千名；有别必怨，有怨必盈。使人意夺神骇，心折骨惊。"事实上，无论列举多少种具体的离别，也不可能穷尽"别"之全相。但不管怎样，离别是人类生活中颇为常见的现象，而"有别必怨，有怨必盈"，这就是"别"的情感本质，也是对赋作开头"黯然销魂"的最贴切的呼应。

　　《恨赋》《别赋》历来为人们所重视。萧统《文选》将两者均予辑入，占其"哀伤"类共七篇赋中的两篇，可见地位之重要。人们习惯于两者并称，除了《文选》编排的原因外，还有如下两端。其一，按照《文选》的理解，所谓"恨"，也就是"不称其情"①；而"别"并非写离别本身，而是注重离别引起的悲伤。两者都是人类常见的情感，而情感是超越了具体物理形态的抽象事物，无法做形而下的客观描述。作为以铺陈客观外物为主要功能的文体，辞赋罕有此类描写对象。在赋史上，写"恨"的赋这是第一篇。陆机虽曾写过《别赋》，但仅有八句，且极为平庸，难与江淹之作比肩。故后世很多学者认为："《恨》《别》二赋，乃文通创格。"此后，不断有人拟作。例如，萧纲《悔赋》便受其启发，李白更直接作《拟恨赋》和《拟别赋》。显然，江淹这两篇赋已作为一个整体被人们认定为开创辞赋新领域的作品。其二，《恨》《别》二赋描写的都是悲怨哀伤之情，采用的都是"总—分—总"的结构方式，甚至句法、语言风格也大体类似，这很容易让人们理解为是作者在同一心理背景下构思、创作的姊妹篇。

　　与《恨》《别》二赋泛写人类的普遍情感不同，江淹的其他抒情赋均是表达自我情怀的作品，而其中一个重要内容，便是因行役或仕宦在外而对家乡的思念。《哀千里赋》应该是江淹早期游宦时于荆山所作。篇中先述荆山、汉水一带"异岭奇峰，横屿带江，杂树亿尺，红霞万里"的奇异景色和"崭岩生岸，迤逦成迹，驰湍走浪，漂沙击石"的险要；然后由景及情，抒发漂泊在外、思念故乡亲友的哀伤："自出国而辞友，永怀慕而抱哀，魂终朝以三夺，心一夜而九摧"；接下来是一段诗一般的咏叹："于时鸿雁既鸣，秋光亦穷，水黯黯兮莲叶动，山苍苍兮树色红。思云车兮沅北，望霓裳兮澧东。惜重华之已没，念芳草之坐空。"该句用骚体的"兮"字句，借"楚辞"中的意象，表达作者事业蹉跎却无人诉说的忧伤。赋作的结尾，则委婉而含蓄地哀叹自己进退无据、难以施展抱负的无奈。

　　宋少帝即位，建平王刘景素密谋举事。江淹时任主簿，多加劝阻，被贬为建安吴兴令。其《自序传》云："（吴兴）地在东南峤外，闽越之旧境也。爰有碧水丹山，珍木灵草，皆淹平生所至爱，不觉行路之远矣。山中无事，专与道书为偶。及悠然独往，或日夕忘归，放浪之际，颇著文

---

　　① 〔南朝梁〕萧统：《文选》卷十六，〔唐〕李善注，235 页，北京，中华书局，1977。

章自娱。"①在南方的三年，是江淹诗赋创作的鼎盛期。他在这远离家乡和朝廷的故楚之境，既吟咏其所"至爱"的山水景致，也不时抒写他思念故乡、盼望北归的心情。《待罪江南思北归赋》《去故乡赋》《泣赋》《四时赋》《江上之山赋》等，便是他这种心情的写照。

《待罪江南思北归赋》回顾自己遭贬，不得不"去三辅之台殿，辞五都之城市"，来到偏僻荒蛮的南方，与封狐、雄虺为伍，以猿吟、狄啼为伴。无论凛凛严寒的冬季，还是萧萧叶落的秋天，也无论江离始秀、杜衡初滋的春日，还是藕莲吐丝、金波百丈的盛夏，江淹称自己都像汉高祖心系沛地、潘岳眷念洛阳一样，无时无刻不在渴望北归："忧而填骨，思兮乱神。愿归灵于上国，虽坎轲而不惜身。"《去故乡赋》的内容也与此大体相似，其中写道："道故关之已尽，伤故国之无际。出汀洲而解冠，入溆浦而捐袂。听蒹葭之萧瑟，知霜露之流滞。对江皋而自忧，吊海滨而伤岁。"故土辽远，江淹只能如屈子一般沉吟江皋，伤岁海滨。所不同的是，《去故乡赋》除了思乡，似乎还多了一层"济河无梁""恐高台之易晏，与蝼蚁而为尘"的宦途之忧。思乡之愁与仕宦之忧交织在一起，也就使这篇赋作更多了一种纡徐沉郁的风格。

《泣赋》从题目看似乎与《恨赋》《别赋》相类，而且篇末也确实列举了齐景公的临城之泣、荆轲的市中之泣、孟尝君的闻琴之泣、司马迁的诀父之泣、李陵的死战之泣、王衍的伤子之泣六种悲极而饮泣的情景，就连所述种类的数量也与《恨赋》相同。但本篇对普遍性的"泣"本身并未像《恨》《别》二赋那样一一详细铺陈和描述，而是一笔带过，其侧重点则在表达个人情感方面。作品以萧瑟秋景起兴，抒发自己遭贬后心神恍惚、失魂落魄的精神状态，以及对北方故俗遗风的顾恋，然后写道："虑尺折而寸断，魂十逝而九伤。欷潺缓兮沫袖，泣呜唈兮染裳。"显然此前的借景抒情是说明作者"欷泣"的原因，篇末的列举前人之"泣"则是申说其"欷泣"的依据，其核心还是自我之"泣"。而《四时赋》更是以"北客"自称，抒写作者谪居闽越无时不在的忧伤。赋中曰：

---

① 〔清〕严可均：《全上古三代秦汉三国六朝文》，3177 页，北京，中华书局，1958。

　　若乃旭日始暖，蕙草可织；园桃红点，流水碧色。思旧都兮心断，怜故人兮无极。至若炎云峰起，芳树未移，皋兰生坂，朱荷出池。忆上国之绮树，想金陵之蕙枝。及夫秋风一至，白露团团，明月生波，萤火迎寒。眷庭中之梧楸，念机上之罗纨。至于冬阴北边，永夜不晓，平芜际海，千里飞鸟。何尝不梦帝城之阡陌，忆故都之台沼。①

　　春天日暖草青、桃红水碧，夏天烈日芳树、皋兰朱荷，秋天金风白露、明月萤火，冬天阴寒长夜、平芜千里。不管季节如何更替，景物如何变化，对旧都、故人的思念却四季常在，不绝如缕。至于《江上之山赋》，由楚水吴江之云山碧峰、青萝丹石、波潮吐纳等美景的描写，引出"世道之异兹""人寿兮几何"的感叹，以及"愿从兰芳兮与玉坚"的表白，显然也是在借助自然山水，宣示作者效法临江壁立之断山，绝不随波逐流的自我期许。

　　以女性自况，通过男女关系隐喻君臣关系的方式来抒发怀才不遇、仕途坎坷的不平之情，是《楚辞》以来辞赋的一大传统，江淹的《丽色赋》和《倡妇自悲赋》可归入此类。《丽色赋》篇幅较长，由"楚臣既放，魂往江南"，弟子宋玉招"巫史"询问"兹忧何止"引起。赋的主体则是"巫史"对"丽色""佳人"的铺陈。篇中美女翠眉瑶质，卢瞳頳唇，金花珠履，绮袂锦绅，如红莲镜池，似彩云出崖。即使玉堂春姬、石室素女，也比之无色，方之非侣。她春歌卫诗《蔓草》，夏怨汉女情空，秋叹长夜何央，冬想上宫邃阁，盼望得到君王的眷顾。然而水烟无极，云霞堆叠，雾岚容裔，风声凄恻，虽为"天下之至丽"，却无法在君王面前展示自己的美貌与才情，只能"辍镜徙倚，揽瑟心息"，任由瑶草徒芳而已。江淹在《倡妇自悲赋》"序"中言，此作是为了"泣蕙草之飘落，怜佳人之埋暮"，实亦借佳人遭君王抛弃，"九重已闭，高门自芜。青苔积兮银阁涩，网罗生兮玉

---

①　〔清〕严可均：《全上古三代秦汉三国六朝文》，3140页，北京，中华书局，1958。

梯虚"的冷落境况，寄寓自己谪放江南的怅惘与悲伤。

江氏抒情赋的另一个主题是悼怀夭亡，《知己赋》《伤友人赋》和《伤爱子赋》均属此类。《知己赋》乃作者从吴兴回到京城后，为吊怀朋友吏部郎殷孚而作，大抵是赞美逝者"采耀秋月，文丽冬霞"的才气、"识包上仁，义兼高行"的品德，以及对其离去表示惋惜。《伤友人赋》伤悼的是江淹的另一位朋友，他引为"神交"的陈郡人袁炳，写法与《知己赋》基本相同，只不过篇幅更长，而关于作者与袁炳的交往、感情写得更详尽一些。根据江氏《自序传》和《袁友人传》，他与袁炳相交甚深，且兴趣相投，故一直将其视为一生的挚友，篇中的痛惜之情自然要甚于《知己赋》。《伤爱子赋》则是因他的第二个儿子江艽仅一岁多就不幸夭折而作。赋作感叹自己家族人丁不旺，本希望江艽能健康成长，继承盛业，怎奈天违人愿，过早凋落，令家人下泣饮泪，哀伤难抑。作者还由此感慨"惟人生之在世，恒欢寡而戚饶"，"余无怨于苍祇，亦何怨于厚地"。上述三篇悼亡赋，悼念的都是真实人物，甚至亲生幼子。它们固然是江淹真实情感的表露，但客观地看，因为传统悼亡之作实写人事的规范桎梏，这几篇赋作程式化的痕迹太重，缺乏艺术的张力，语言也失去了江氏辞赋特有的那种灵动绚丽，与闽中诸赋相去甚远。

江淹的抒情赋中，《恨赋》《别赋》泛写人类普遍性的情感，而《哀千里赋》等其他作品则写具体的个体性情感，两个系列确有所区别。章太炎甚至认为，《待罪江南思北归赋》《去故乡赋》《泣赋》《伤幼子赋》等作，"视《恨》《别》二赋实胜"①，大概是因为描写个体自我情感的作品，能够更为真切地表现鲜明感人的情绪。然而无论是抒写普遍性情感还是个体性情感；无论是写游宦羁旅之情、怀才不遇之感还是悼怀夭亡之意，江淹的抒情赋都有一个共同特点，即所抒发的都是千悲万恨的感伤情绪。江淹的抒情赋主要创作于谪居南方期间。他出身寒微，多年充职下僚，更兼流放吴兴僻境，出头之日无期，乃"依屈子之心以自旌"（王夫之《楚辞通释》卷十四），通过在赋作中抒写思念故都、感慨身世、悲叹命运等方式，

---

① 王仲荦：《历史论丛》第1辑，201页，济南，齐鲁书社，1980。

发泄心中的抑郁，以求得内心的平衡。这是江淹的抒情赋全为悲情的根本原因。

二、咏物赋及拟古之作

江淹的咏物之作共 11 篇，除《井赋》仅存残句外，其他篇目大体完整，这些作品描写精粹，托物言志，从而构成其辞赋的另一个重要内容。

侧重铺陈描写的赋作有《空青赋》《灯赋》《横吹赋》等。其中《空青赋》写绘画之重要材料"青墨"，它产自奇峰峻岭，世所珍重。君子借其"写云图气，学灵状仙"，"杂蛟龙之文章，发麟鹿之炳绚"，"点拂浓薄，如隐如见，山水万象，丹青四变"，创作了无数美丽奇异的画卷。《灯赋》采用传统的主客问答结构，虚设"淮南王"与"小山儒士"的对话展开叙写，并摹仿宋玉《风赋》，将灯分为"大王之灯"和"庶人之灯"，突出前者之华贵、后者之素朴，巧妙地揭示出下层士人生活的艰辛和无法言说的精神苦闷。《横吹赋》则首先详尽地叙述"横吹"这种军乐从"北阴之竹"生长、制作成器的过程，以及它演奏时慷慨悲怨的声音特性，然后展开对塞外征戍、搏命沙场之严酷情景的铺写。秋天的边陲，北雁南飞，霜雾弥天。将士们面对强虏，砺兵警戒，持戈待援，决心捐躯赴难，奋勇杀敌，立下不朽的功勋。此时奏起的横吹曲，令人感伤莫名，泣涕沾襟。在赋作的收束处，作者认为，军乐能"吐哀""冲乐"，激发士气，相对绮靡的《采菱》《绿水》等乐曲，具有更高的价值。

如果说上述数篇辞赋是以客观描写所咏对象为主要目的，那么《金灯草赋》《灵丘竹赋》《扇上彩画赋》《石劫赋》等，则往往通过外物的铺陈，来表达作者对富贵通达的钦羡之心。例如，《金灯草赋》中碧茎玉根、铸气含英的"金灯丽草"，因其卓异超群而"移馥兰畹，徙色曲池"，"植君玉台，生君椒室"，置身于上流；《灵丘竹赋》中"参差黛色，陆离绀影"的灵丘翠竹，因其清雅疏朗而环绕"玉苑禁坰"，"皆金舆之所出入，瑶辇之所周通"，装饰于宫苑；《扇上彩画赋》所述"彩扇"，青黄粉墨，众彩纷披，却寂寞碧台，蒙尘蔓草，唯盼"出入玉带与绮绅"，为权贵所赏识；《石劫赋》所述"石劫"(一种蚌蛤类海鲜),味道鲜美,品色俱佳,却蔽迹沦形,埋冥难发,但愿"委身于玉盘","充公子之嘉客",成为权贵喜爱的佳肴。在这里,赋作所铺述的灯草、灵竹、彩扇、石劫,皆为作者的代言物;而篇中频繁出现的兰畹玉台、金舆瑶辇、玉带绮绅之类华贵高端的意象,亦都是显赫与富贵的象征。江淹虽谪居偏隅,远离繁华都会和政治中心,但对富贵通达的向往始终未曾消歇,这也构成他早期辞赋除思念故都、感慨身世、悲叹命运之外的另一个精神层面。

作为主要创作于贬谪吴兴时期的篇章,江淹的咏物赋自然也不乏怀才不遇、命途多舛的感喟。其《翡翠赋》叹惜美丽绝伦的翡翠鸟,如同河雁、海鸥等凡鸟一样,"终绝命于虞人,充南琛于秘府",成为"宝帐之光仪""美女之丽饰",而不得自由翱翔于高天。《莲华赋》感慨莲荷之翠叶碧茎,金蕊玉藕,红莲绛华,"出金沙而延曜,被绿波而覂拖。冠百草而绝群,出异类之众夥",然而一旦秋风骤起,荷花衰败,叶萎薰歇,则令人徒增感伤。《青苔赋》貌似表意散乱,其实深意存焉。篇中先言青苔高雅幽静的本性,"故其处石,则松栝交阴,泉雨长注……若其在水,则镜带湖沼,锦匝池林",然后点出青苔与"美人"之间的联系,它遍布于修台广庑、幽阁间楹,陪伴着因遭夫君冷落而无心织布鼓琴的"美人",与她一起经历户牖紧闭的寂寞和春秋昼夜的忧伤。接下来是一段盛衰、生死情状的对比描述:

> 当其志力雄俊,才图骄坚。锦衣被地,鞍马耀天。淇上相送,江南采莲。妖童出郑,美女生燕。而顿死艳气于一旦,埋玉玦于穷泉。寂兮如何,苔积网罗。视青蘼之杳杳,痛百代兮恨多。故其所诣必感,所感必哀。哀以情起,感以怨来。魂虑断绝,情念徘徊者也。[①]

盛时锦衣鞍马、妖童美女的热闹奢华,与衰时埋玉穷泉、"苔积网罗"的

---

① 〔清〕严可均:《全上古三代秦汉三国六朝文》,3149 页,北京,中华书局,1958。

寂寞破败形成鲜明的反差，而这恰恰是历史和人生都无法避免的悲剧，故令人生出百代遗恨与无尽哀怨。而"青苔"，既是衰败死寂的象征，也是盛衰生死悲剧的见证。赋作的末尾，作者认为"青苔"不像木兰、豫章那样因材美而夭折，也不像薜荔、蘼芜那样因芬芳而为骚人所褒扬，但它的缄默与持久，却如同庄子笔下的"无用之大用"，值得人们去细细地体味和琢磨。显然，江氏借"青苔"的铺写，表达的是一种对历史的深层思考和对人生多艰的无可奈何，充满着悲怅情绪。

钟嵘《诗品》曰："文通诗体总杂，善于摹拟。"[1]江淹作赋不仅手法常遵轨前人，题材亦时循古意。他在《学梁王兔园赋》"序"中言，"聊为古赋，以奋枚叔之制焉"，便明白道出了摹仿枚乘《梁王兔园赋》的创作意图。赋作前半极力铺陈兔园"朝日晨霞""奔水激集"的山水美景和"绮云之馆，赪霞之台"的辉煌壮丽，渲染其中的快乐足以令人"弃国释位，遗死忘归"。后半部分由"园"及"人"：不管墨翟、商瞿这样"学兼师术，才参道真"的得道之人，还是奔走于世俗宦途的"大夫之徒"，无不"既投冠而弃剑，亦抚魄而荡灵"，而沉于梁园之乐。鲍桂星《赋则》论此篇"以倔强之笔达瑰丽之词，胜处自在风骨"[2]。现存的枚乘《梁王兔园赋》本来非常杂乱，经江淹句法语词上的仿古处理，以及结构的精致安排，既有倔强之笔、瑰丽之词，亦具风骨之质，已经远超枚乘原作了。

江氏的《水上神女赋》也是一篇仿古之作。自宋玉《高唐赋》《神女赋》而下，汉魏虚构"神女"以象征追寻"大道"或理想的辞赋形成一个系列，并在曹植《洛神赋》中臻于完善。江淹此赋，乃明显摹仿《洛神赋》而作。篇中先言"江上丈人"遍历天下，见过许多世俗美女，却从未有幸目睹传说中的神女。未料来到南方大江之畔，在"精飞视乱，意徙心移"之间，隐约望见一位"丽女"立于"碧渚之崖"。她"非云非雾，如烟如霞。诸光诸色，杂卉杂华……冶异绝俗，奇丽不常。青琴羞艳，素女惭光。笑李后于汉主，耻西施于越王"。神女面对"丈人"，有意相邀亲近，"情乍合而

①　〔南朝梁〕钟嵘：《诗品集注》，曹旭集注，306 页，上海，上海古籍出版社，1994。
②　王冠：《赋话广聚》第六册，221 页，北京，北京图书馆出版社，2006。

还散，色半亲而复娇"，然而徘徊犹疑之后，倏忽无迹可寻，唯余空中琴声、水天自碧，令丈人"恨精影之不滞，悼光晷之难惜"，徒生被弃的幽怨、哀伤和无奈。显然，此赋之立意、结构、句法，都是对《洛神赋》的全面摹仿，甚至篇中不少语词亦留下了仿写或改造的痕迹。

　　江淹的仿古倾向最集中地体现在他的楚骚体作品上，这些作品包括《应谢主簿骚体》《刘仆射东山集学骚》和《山中楚辞》五首、《杂三言》五首，共12篇。它们虽篇幅较短，且不以"赋"称名，而实为骚体辞赋。它们全部创作于江淹被贬黜闽中期间，大多以描绘山水景物为主要内容，并寄寓着作者的某种情怀。《应谢主簿骚体》和《刘仆射东山集学骚》分别以"杜蘅"和"芙蓉"自况，表白其虽流放偏远，也要保持芳洁之志。《山中楚辞》五首并未分别单独命题，可视为五个各自独立的篇章。例如，其中的第三首：

　　　　入橘浦兮容与，心惝惘兮迷所识，视烟霞而一色。深秋窈以亏天，上列星之所极。桂之生兮山之峦，纷可爱兮柯团团。……烟色闭兮乔木挠，岚气暗兮幽篁难。忌蟋蛄之夤吟，惜王孙之晚还。信于邑兮白露，方夭病兮秋兰。[①]

作品袭屈子《涉江》和淮南小山《招隐士》之意境，描写幽深的山色和萧索的秋意，以寄托自己被贬谪炎土的悲怨。王夫之认为此篇"仿《招隐士》而广之，悲放逐之士，归国无期，空山抱怨之情"《楚辞通释》卷十三，可谓知音者。

　　《杂三言》五首中有三篇阐理之作，《构象台》《访道经》《镜论语》分别赞美佛教"洽万品""济群生"，道教能"掩忧"、可"静疾"，儒学明"出处""酌言默"的巨大功用，并希望借助对佛、道、儒的信奉与遵从，走过谪居南方的人生困厄。江氏曾在《自序传》中说自己"深信天竺缘果之文，偏

---

　　① 〔清〕严可均：《全上古三代秦汉三国六朝文》，3150页，北京，中华书局，1958。

好老氏清静之术"①，且又博览儒家典籍，当仕途坎坷、流徙海隅之时，参禅、悟道、习儒很自然地成为他对抗逆境的精神力量。值得注意的是，即使是阐发道理，描写景物、抒发感怀依然在江淹的作品中占有重要的成分，显然不同于"淡乎寡味"的玄言之作。

从《杂三言》五首的构思看，上述三篇是通过对宗教和学理的体悟来消释现实的苦闷，另两篇《悦曲池》和《爱远山》，则试图用山水美景来涤荡无所不在的客子之愁。例如，《爱远山》描写山间云霞掩映、碧色丹秀、深林窈窈、猴猿哀鸣的景色，本意是借山色"荡夫忧心"（《江上之山赋》），却未能忘记"郢路之辽远"，担心"溘死于汀潭"，希望山川可涉，"美人"（君王）垂青，让自己早日归还。

江淹《闽中草木颂十五首》"序"云："爰乃恭承嘉惠，守职闽中。且仆生人之乐久已尽矣，所爱两株树、十茎草之间耳。"②可见他在闽中创作的楚骚作品，并非"自娱"之作。这些作品在所描述的山水、树、草之中，蕴含着"生人之乐"消失殆尽之后的悲怨情绪。其中，既有身居偏远的孤独和仕途坎坷的感伤，也有归还无期的悲怅和对故乡的思念。江淹规仿楚骚的传统形式，"依屈子之心以自旌"，虽无屈骚之深弘悲壮，却多有沉郁苍凉的真性情，与齐、梁时期浮靡琐屑的赋风是大不相同的。

三、艺术表现与艺术风格

江淹的辞赋之所以能在南朝赋坛独树一帜，得益于他对辞赋传统的揣摩学习，也得益于他不囿于传统的大胆创新。正是这种继承与创新的有机结合，才使他的辞赋"总制众善"，推陈出新，形成了独特的艺术风格。

江淹《灯赋》云："屈原才华，宋玉英人，恨不得与之同时，结佩共

---

① 〔清〕严可均：《全上古三代秦汉三国六朝文》，3178 页，北京，中华书局，1958。

② 〔清〕严可均：《全上古三代秦汉三国六朝文》，3171 页，北京，中华书局，1958。

绅。"①他对以屈、宋为代表的"楚辞"的喜爱发自心底，对"楚辞"艺术的继承与借鉴更是贯彻到他辞赋创作的方方面面，对其艺术个性的形成产生了决定性的影响。他的《应谢主簿骚体》《刘仆射东山集学骚》和《山中楚辞》五首等，在命题上便明确表明了"学骚""仿骚"的创作意图。至于其中袭用、转借、改造"楚辞"传统意象，精心营造"楚辞"中常见的氛围意境，刻意摹仿"楚辞"的语体风格，可谓俯拾即是。而且这种沿用和摹仿大多信手拈来，毫无生涩之感，达到了自然圆融的程度。例如，"沐予冠于极浦，驰予佩兮江阳"（《应谢主簿骚体》），"忌螮蝀之蚕吟，惜王孙之晚还"（《山中楚辞》第三首），"林中电兮雨冥冥，江上风兮水飒飒"（《悦曲池》），"深林寂以窈窈，上猿狖之所群"（《爱远山》）等，源自"楚辞"又力避雷同，模拟而不露斧凿，这正是江氏的高明之处。王夫之《楚辞通释》将《楚辞章句》中《招隐士》以下的汉人拟作全部删去，而把江淹《山中楚辞》的前四首和《杂三言》中的《爱远山》收录其中，便是认为这些作品能"轶汉人而直上"，足可绍屈骚之遗风。

　　江淹以"赋"名篇的 20 多篇赋作，虽然没有全篇皆用楚骚"兮"字句者，但除《空青赋》《灵丘竹赋》《石劫赋》三篇外，无一不用骚体句，只不过所用数量有多少之别而已。我们注意到，江氏辞赋中的骚体句，很少有以"○○○○○○兮，○○○○○○"为基本格式的《离骚》型，主要是以"○○○兮○○○，○○○兮○○○"为基本格式的《九歌》型。之所以如此，原因有二。其一，文体赋的基本句型六言，本来就脱胎于《离骚》句式，两者的同构性决定了其结合无法形成错落的韵致；而《九歌》句型以三言为基本节奏，与四、六言的搭配极为灵活，且相得益彰。其二，刘勰说《九歌》"绮靡以伤情"（《文心雕龙·辨骚》），沈德潜说"《九歌》哀而艳"②。不同于《离骚》句型的铺排典重，《九歌》句型参差跳脱，风格哀艳，并且具有特别强烈的咏叹意味，更适合表达那种悲深怨长的情绪，也符合江氏辞赋"哀艳"的审美追求。

---

　①　〔清〕严可均：《全上古三代秦汉三国六朝文》，3148 页，北京，中华书局，1958。

　②　〔清〕沈德潜：《说诗晬语》，197 页，北京，人民文学出版社，1979。

　　瞿蜕园曾说，江淹只不过"用辞赋中常用的'兮'字来加强句式的变化而已"①。他看到了骚体句在江淹赋作中打破传统四、六言赋体句单调板滞之弊，形成丰富而灵活多变之句间组合的重要作用。例如，在《别赋》的九段文字中，有六段夹杂着骚体的"兮"字句，一般是四句为一组，少则两句，多则几乎整段皆为骚体，甚至有"君结绶兮千里，惜瑶草之徒芳"这样上下句分别为骚体句和散体句的情况。这些《九歌》型的"兮"字句作为一种重要的构件，被作者根据修辞的需要安排在赋篇的各个位置上，与传统的四言、六言句紧密融合，从根本上改变了传统赋体单一铺排的作风，呈现出疏朗错落、清丽流畅的语体风格。然而瞿氏却未能认识到，在江淹的辞赋中，骚体句不仅加强了句式的变化，而且在结构、抒情与描写方式上也发挥了重要作用。大体说来，江淹辞赋中的骚体句多用于作品的开头，以引起下文的展开，如《哀千里赋》《伤友人赋》《横吹赋》等；或置于作品的结尾，充当全文的收束，如《扇上彩画赋》《莲华赋》《翡翠赋》等；或为加强抒情效果而安排在作品集中铺陈的节点上，如《恨赋》《泣赋》《青苔赋》等。总之，这些骚体句总是被用在情节发展的枢纽上、情感抒发的高潮处，或为铺述中的抒怀，或为实写中的虚写，从而生出丰富多样的曲折变化，并引领着行文的发展趋向。

　　江淹《莲华赋》曰："丽咏楚赋，艳歌陈诗。"他对楚骚，尤其是《九歌》之"丽"有着深刻的体味与认识。除了绮丽错落的句法外，楚骚以香草、美玉为主的各类意象，也被大量而频繁地引入其赋作：香草类如芙蓉蕙兰、江离杜衡、若木瑶草、桂茎幽篁、薜荔蘼芜等，美玉类如玉玦琼珮、玉树琼枝等，其他如楚辞特有的地名溆浦江阳、昆吾崦嵫、湘水郢路之类。香草、美玉意象往往美轮美奂，色彩明艳，楚地意象则蕴含贬谪、离别、幽怨等情感指向。这些在作品中反复出现的楚骚意象，对江淹辞赋华丽哀艳风格的形成，具有基础性的意义。此外，从表达方式上看，他总是用深林、猿狖、蝮蛇、雄虺等形容环境的险恶，用春兰、秋若、桂茎、蘅带等象征志行的高洁，用郢路、极浦等表示故国的辽远，用佳

---

　　①　瞿蜕园：《汉魏六朝赋选》，190 页，上海，上海古籍出版社，1979。

人、美人等喻指君主或高士，可谓深得楚骚"香草美人"手法之精髓。

江淹辞赋既仿古之楚骚，也注意学习"近人"的创作经验，尤其对鲍照《芜城赋》等作的借鉴是非常明显的。例如，《哀千里赋》开头"北绕琅邪碣石，南驰九疑桂林。山则异岭奇峰，横屿带江，杂树亿尺，红霞万里。水则远天相逼，浮云共色，沄沄无底，溶溶不测"一段。又如，《青苔赋》"当其志力雄俊。才图骄坚。锦衣被地，鞍马耀天。淇上相送，江南采莲。妖童出郑，美女生燕。而顿死艳气于一旦，埋玉玦于穷泉。寂兮如何，苔积网罗。视青靡之杳杳，痛百代兮恨多"一段。再如，《莲华赋》中"秋雁度兮芳草残，琴柱急兮江上寒"数句等，便源于《芜城赋》。它如"暂游万里，少别千年"（《别赋》）采自鲍诗《代升天行》"暂游越万里，少别数千龄"；"是以行子肠断，百感凄恻……居人愁卧，恍若有亡"（《别赋》）采自鲍诗《代东门行》"居人掩闺卧，行子夜中饭。野风吹野草，行子心肠断"。至于赋中写景的夸饰、抒情的险急，以及修辞上对丽辞、声色的追求等，似乎都可以看出鲍照的影响。

江淹对已有的辞赋资源和前人的创作经验并非刻板、被动地接受，而是仿古却不泥古，创造性地加以利用。这一点也表现在他对传统辞赋体制的继承改造上。就总体结构而言，江淹的辞赋也有传统的对问体，如《灯赋》《丽色赋》；但更多的是根据写物抒怀的需要而随机安排，如《恨赋》《别赋》为"总—分—总"的布局，《四时赋》为"春—夏—秋—冬"的时间顺序，《横吹赋》按"竹"之生长、制作、吹奏、效果依次展开，《青苔赋》前半为空间结构，后半为对比叙写，因而显得丰富多样。而他对传统辞赋"歌""乱"等构件的运用，更是堪称灵活自如。其赋中设"歌"者，有《去故乡赋》《水上神女赋》《莲华赋》三篇，或称"少歌"、或称"谣"，多用《九歌》句型，一般为四句。例如，《莲华赋》"谣"曰："秋雁度兮芳草残，琴柱急兮江上寒。愿一见兮道我意，千里远兮长路难。"事实上，他的不少赋作亦有类似的句群，虽未点明"歌"而实为"歌"，这样也就使"兮"字句与四、六言句的结合更为紧密。作为收束的"乱"，在江氏辞赋中亦颇为多样化。例如，《倡妇自悲赋》的结尾是一首"诗"："曲台歌未徙，黄壤哭已亲。玉玦归无色，罗衣会生尘。骄才雄力君何怨，徒念薄命之苦辛。"

《江上之山赋》的"乱"辞则为赋体："折芙蓉兮蔽日，冀以荡夫忧心。不共爱此气质，何独嗟乎景沈。"皆非传统"乱"辞"○○○，○○○兮"的句式。而《学梁王兔园赋》的结尾更为独特：

> 于是大夫之徒，称诗而归。春阳始映，朱华未希。卒逢邯郸之女，蕙色玉质，命知其丽，攒连映日。绮裳下见，锦衣上出。虽复守礼，令人意失。遂谣曰："碧玉作碗银为盘，一刻一镂化双鸾。"乃报歌曰："美人不见紫锦衾，黄泉应至何所禁。"妃因别曰："见上客兮心历乱，送短诗兮怀长叹。中人望兮蚕既饥，躞蹀暮兮思夜半。"①

仿宋玉《登徒子好色赋》"章华大夫"与"采桑女"相遇情节，以"大夫之徒"与"邯郸之女"的对答收束全文。其中，"谣"和"歌"皆为两句七言诗，而"别"则为四句《九歌》型骚体。这种灵活多变的写法，在整个赋史上都是极为罕见的。

江淹在《自序传》中自评"爱奇尚异"②，李善亦曰"江氏爱奇"③。这种爱奇尚异的审美追求不仅表现在江氏作赋的立意、句法、结构等方面，而且特别突出地表现在修辞技巧上。首先，他用字酷爱色彩的搭配。白露、黄云、绿秀、红荷、紫茎、黛草、青苔、碧树、绛氛、翠叶，几乎穷尽百色，所述之景大多烂漫纷披，令人目不暇接。其次，他选词注重声音的流转之美。"水黯黯兮莲叶动，山苍苍兮树色红"（《哀千里赋》），"林中电兮雨冥冥，江上风兮水飒飒"（《悦曲池》），"情婵娟而未罢，愁烂漫而方滋"（《去故乡赋》）等，大量叠词和联绵词的运用，更兼抑扬缓急的词间配合，使他的赋作音调婉转，有如"金声玉润"。再次，他热衷于语词的工致奇巧。"孤臣危涕，孽子坠心"（《恨赋》），"意夺神骇，心折骨

---

① 〔清〕严可均：《全上古三代秦汉三国六朝文》，3145页，北京，中华书局，1958。

② 〔清〕严可均：《全上古三代秦汉三国六朝文》，3177页，北京，中华书局，1958。

③ 〔南朝梁〕萧统：《文选》卷十六，〔唐〕李善注，236页，北京，中华书局，1977。

惊"(《别赋》)之类的奇思妙构早已为人们所熟知，而"曾风激兮绿蘋断，积石闭兮紫苔伤"(《应谢主簿骚体》)，"石锦质而入海，云绮色而出天"(《翡翠赋》)，"夏簟清兮昼不暮，冬缸凝兮夜何长。织锦曲兮泣已尽，回文诗兮影独伤"(《别赋》)，这样音调优美、对偶精工的语句更是遍置赋中，随处可见。

今人王琳曾借用明人张文光"布景淋漓，写情透切"八字概括江淹辞赋的艺术特色[①]，颇为准确。江赋的景物描写之所以能卓绝一代，关键就在于铺陈夸饰，必欲穷形尽相，而臻于极致。不妨举《灵丘竹赋》中的一段描写为例：

> 绿筠绕岫，翠篁绵岭。参差黛色，陆离绀影。上谧谧而留闲，下微微而停靖。蒙朱霞之丹气，暖白日之素景。故非英非蕊，非香非馥。珍跨仙草，宝逾灵木。夹池水而檀栾，绕园塘而楠蠹。既间霜而无凋，亦中暑而增肃。每冠名于华戎，将擅奇于水陆。况有朝云之馆，行雨之宫。窗峥嵘而绿色，户踟蹰而临空。绮疏蔽而停日，朱帘开而留风。[②]

绿筠翠篁、黛色绀影、朱霞白日，色彩明丽缤纷；参差、陆离、峥嵘、踟蹰，谧谧、微微，连绵与叠词间出，音调和谐流利。色彩与声调的有机配合，再加上对偶、夸张的手法，这篇赋作将山间竹林的肃穆与雅致描绘得淋漓尽致，确能达到令人目眩神摇、意骇心惊的效果。江赋的景物描写固然"淋漓"，然而淋漓之景又总是蕴含着某种情怀。例如，上述"竹林"，就暗喻着坚守高节的自我期许。又如《江上之山赋》开头一段，写江上之山青萝万仞、云山碧峰、嵯峨空凿的奇劲峭拔之境，其中既有身世孤贫的抑郁不平，亦涵超越流俗的精神气节。

所谓"写情透切"，意指抒情的彻底与峻切。例如，《别赋》写离别之

---

① 王琳：《六朝辞赋史》，238 页，哈尔滨，黑龙江教育出版社，1998。

② 〔清〕严可均：《全上古三代秦汉三国六朝文》，3149 页，北京，中华书局，1958。

"黯然销魂""行子肠断",《四时赋》言谪居之"长夜心殒""魂气怆断"。《恨赋》起首曰:"试望平原,蔓草萦骨,拱木敛魂。人生到此,天道宁论!"结尾云:"自古皆有死,莫不饮恨而吞声!"如上文所述,江淹辞赋所抒之情,皆为悲伤哀怨之情,而作者表达这种悲怨情感时,彻底摆脱了传统诗教"温柔敦厚"原则的束缚,悲则极悲,恨则极恨,故显得峻急透切。

江淹辞赋的艺术风格多种多样,如《赤虹赋》《学梁王兔园赋》《横吹赋》等作古朴典雅,颇有汉魏之风;《应谢主簿骚体》和《山中楚辞》五首等作清朗飘逸,深得楚骚真传。但江淹更多的赋作则是用华艳瑰丽的语言,通过对景物的夸饰性描写,淋漓尽情地抒写心中的千悲万恨,呈现出哀艳飘逸、华而不靡的独特风格,从而不但迥别于齐梁柔靡之风,而且在整个南朝赋坛也别具一格。

(原载于《中国文化研究》2014 年第 4 期)

江淹《别赋》《恨赋》写作时间及本事新证

清华大学　张海明

一

钱锺书《管锥编》第二〇七条"全梁文卷三三"论江淹赋多有精到之见，其中关于《恨赋》与江淹其他赋作关系的看法尤为学界所认同。原文如下：

> 《恨赋》。按此篇自《文选》与《别赋》并采，遂尔脍炙众口。《赋》中自称"仆本恨人"，淹他作亦多恨人之怨嗟。《去故乡赋》乃《别赋》之子枝也，《倡妇自悲赋》又《恨赋》之傍出也。《待罪江南思北归赋》"愿归灵于上国"，即《恨赋》"迁客海上，流戍陇阴"之心愿；《哀千里赋》"徒望悲其何极，铭此恨于黄埃"，亦《恨赋》"自古皆有死，莫不饮恨而吞声"之情事。《青苔赋》"顿死艳气于一旦，埋玉块于穷泉；寂兮如何，苔积网罗，视青骢之杳杳，痛百代兮恨多"，则兼《别赋》之"春宫閟此青苔色"与《恨赋》之"闭骨泉里，已矣哉"。《泣赋》："若夫景公齐山，荆卿燕市，孟尝闻琴，马迁废史，少卿悼躬，夷甫伤子"；"少卿"又见《恨赋》"李君降北，吊影惭魂"，余人亦均可入《恨赋》。《泣赋》"潺湲沫袖，呜咽染裳"，无异《恨赋》"危涕""血下沾襟"。《别赋》曰："盖有别必怨，有怨必盈"，实即恨之一端，其所谓"一赴绝国，讵相见期"，讵非《恨赋》之"迁客海上，流戍陇阴"耶？

然则《别赋》乃《恨赋》之附庸而蔚为大国者，而他赋之于《恨赋》，不
啻众星之拱北辰也。①

　　钱先生此语大抵包含了三层意思：第一，江淹诸多赋作所写情事均
与《恨赋》《别赋》相关，同为"恨人之怨嗟"；第二，《别赋》较《恨赋》后出，
其成就实在后者之上，"乃《恨赋》之附庸而蔚为大国者"；第三，不但《别
赋》与《恨赋》关系密切，即江淹他赋亦由《恨赋》衍出，故其于《恨赋》，
"不啻众星之拱北辰也"。与此前文学史叙述偏重江淹的《别赋》不同，钱
锺书先生敏锐地觉察到《恨赋》在江淹诸赋中的特殊意义，这无疑为深化
江淹赋的研究提供了一个新的视角，将研究的关注点由江淹赋作的形式
技巧导向与其身世、时代等因素的内在关联。以是之故，当《管锥编》于
20世纪70年代末出版面世后，钱先生这一观点很快就得到学界的认同。
例如，曹道衡先生在其《汉魏六朝辞赋》一书中即引述钱锺书论《恨赋》语，
认为"从艺术价值而论，《别赋》当然更胜于《恨赋》，而由用意来说，《别
赋》和另外一些赋皆发挥其一个'恨'字"。曹先生还指出：《恨赋》《别赋》
受鲍照《芜城赋》的影响至为明显，"这两篇赋的不少意思，都在《青苔赋》
中有所表现；而《青苔赋》的后半篇，又与鲍照《芜城赋》十分相似。很可
能《青苔赋》之作是受了鲍照的启发，而《恨赋》《别赋》又是发挥《青苔赋》
的一些情节"②。类似的表述还见于曹道衡先生与沈玉成先生合作的《南
北朝文学史》。例如："从江淹本人的用意来说，《恨赋》是总纲，而《别
赋》《泣赋》《倡妇自悲赋》似都是专写某一种愁恨。"《青苔赋》中"若乃崩隍
十仞"一段，"从内容到形式都很接近鲍照的《芜城赋》，但某些段落已具
有《恨赋》和《别赋》的雏形……因此可以推知此赋大约作于《恨赋》《别赋》

---

　　①　钱锺书：《管锥编》第四册，1141页，北京，中华书局，1979。个别误字据中华书局
1984年版《江文通集汇注》改过。

　　②　曹道衡：《汉魏六朝辞赋》，168页，上海，上海古籍出版社，1989。在《鲍照和江
淹》[《齐鲁学刊》，1991(6)]一文中，曹先生又对上述观点做了更进一步的阐发。

之前，是它们出现的前奏"①。此外，俞绍初、张亚新两位先生的《江淹集校注》也承袭钱锺书、曹道衡所论，认为江淹的其他赋作，"如《去故乡赋》《倡妇自悲赋》《青苔赋》《水上神女赋》《泣赋》《待罪江南思北归赋》《四时赋》等，与《恨》《别》二赋有着明显联系，有如众星环拱北辰，形成一个愁怨之作的繁盛家族"。"尤为引人注目的是，同其诗作一样，江淹赋作更多更直接地接受了鲍照的影响。"②不过，尽管承认江淹《恨赋》《别赋》《青苔赋》《哀千里赋》等受鲍照《芜城赋》影响，但《江淹集校注》并未将《青苔赋》置于《恨》《别》二赋之前。

当然也存在不同意见。何沛雄教授赏析《恨赋》文章，在肯定两赋有密切关系，适于一起研读的同时，作者于附注中特意指出："(《恨赋》《别赋》)最早见于《文选》，其次序为先《恨》而后《别》，但不知何据……张溥本《汉魏六朝三百家集》里的《江醴陵集》，则先《别》而后《恨》。窃以为有'别'然后有'恨'，且《别赋》末说'永诀'，而《恨》先言'枯骨''亡魂'，似连续成篇者；《江醴陵集》的篇目次序，很有理由。"③此说明显不同于钱锺书所论，然从行文来看，何沛雄先生似未得睹《管锥编》。事实上，20世纪90年代以后，钱锺书先生关于《恨赋》与江淹他赋关系的见解已在学界达成共识，此时人们提到江淹辞赋，几乎全都是先《恨》后《别》，而且江淹被黜吴兴期间所作辞赋系年，自然也就是《恨赋》《别赋》居前，其余诸赋随之。④

应该说，钱锺书先生所言能得到学界的认同，除其言之成理之外，还与《恨》《别》二赋具体写作时间难以确考相关。虽然现今学者基本上认同江淹大半辞赋作于被黜吴兴期间，但具体到各篇写作时间之先后及其

---

① 曹道衡、沈玉成：《南北朝文学史》，90～91 页，北京，中国社会科学出版社，2007。

② 俞绍初、张亚新：《江淹集校注》前言，6 页，郑州，中州古籍出版社，1994。

③ 何沛雄：《慷慨激昂　淋漓尽致——江淹〈恨赋〉赏析》，《名作欣赏》，1987(5)。

④ 例如，在作品排上兼取分体与编年的《江淹集校注》即将《恨赋》系于赋体吴兴之作的首篇，然后依次为《别赋》《去故乡赋》《倡妇自悲赋》《水上神女赋》《丽色赋》《学梁王兔园赋》《赤虹赋》《泣赋》《待罪江南思北归赋》《四时赋》《青苔赋》《莲华赋》《金灯草赋》《翡翠赋》《空青赋》。

次第，仍有待于更进一步的探讨。既然江淹本人并未在作品中透露具体的写作时间，那么从作品内容的关联度来判断彼此间关系便成为一种具有可行性的选择，而由钱锺书"众星之拱北辰"的比喻，很容易将《恨赋》认定为江淹吴兴诸赋中最早写作者。

然而，当我们结合江淹被黜前后之经历来考察其创作，便不难看出，《恨赋》作于吴兴说，尤其是《恨赋》先于他赋说显然存在某些疑点。人们普遍相信，江淹写作《恨赋》《别赋》与其仕途失意及好友、爱子、妻子先后亡故有着直接的关联。例如，俞绍初、张亚新先生认为，《恨》《别》二赋"熔铸了作者个人早年独特的生活体验"①；丁福林先生则说，江淹在吴兴期间能"写出《泣赋》《恨赋》与《别赋》那样寄托莫名哀怨，集伤感与悲愤于一体的作品"，是因为他此时"接连遭受到丧子与丧妻的双重打击"②。这当然可为一说，但问题在于：第一，若如丁福林先生所说，江淹丧子事在元徽三年(475)，丧妻事在元徽四年(476)，则此时已是江淹被黜后的第三年，这是否意味着丁先生认为《恨赋》后出呢？抑或《别赋》等作还在此之后？第二，即便将江子夭折时间定为元徽二年(474)秋江淹赴任吴兴之前，江妻亡故时间亦相应前置③，是否就可以肯定，江淹子丧妻亡之悲恸是导致《恨赋》如此悲愤的根源呢？曹道衡先生《江淹评传》就曾指出，江淹赴吴兴途中所作《游黄蘖山》一诗并不悲观，"反而有些旷达的情绪"④；丁福林先生也说，初到吴兴的江淹优游于那里的奇山异水，其妻亡之前的作品还带有一些平静旷达成分。⑤ 对比江淹《伤爱子赋》篇末"惟人生之在世，恒欢寡而戚饶"及"余无愆于苍祇，亦何怨于厚

---

① 俞绍初、张亚新：《江淹集校注》前言，5 页，郑州，中州古籍出版社，1994。

② 丁福林：《江淹年谱》，228 页，南京，凤凰出版社，2007。

③ 曹道衡《江淹评传》认为江淹妻子及次子或亡于泰豫元年至元徽二年(472—474)，参见吕慧鹃等：《中国历代著名文学家评传》第一卷，511 页，济南，山东教育出版社，1983；《江淹集校注》则认为当在元徽二年(474)，见该书第 64、152 页。

④ 吕慧鹃等：《中国历代著名文学家评传》第一卷，513 页，济南，山东教育出版社，1983。

⑤ 丁福林：《江淹年谱》，225～228 页，南京，凤凰出版社，2007。

地，信释氏之灵果，归三世之远致"①云云，则虽悲从中来，犹能自我排
解，与《恨赋》那种溢于言表的愤激有明显差别。第三，恨者，憾也。虽
然离愁别怨、牢骚不平亦为"恨之一端"，但《恨赋》的情感指向毕竟不是
愁怨，不是悲戚，甚至不是哀伤，而是一种追悔莫及、欲哭无泪的彻骨
之痛。如果江淹在吴兴的生活多少如其《自序》所描述，"与道书为偶，乃
悠然独往，或日夕忘归，放浪之际，颇著文章自娱"，那我们的确找不到
江淹此时写作《恨赋》的诱因，更不要说《恨赋》先于他赋的证据了。总之，
在将《恨赋》《别赋》的写作时间系于江淹吴兴任上，和将写作原因归结为
痛失亲人这一前提之下，我们其实很难真正解释《别赋》为何而别，别者
何人；《恨赋》为何而恨，恨者何事。

也许我们忽略了某个对江淹创作起重要作用的因素，或对之重视不
够，比如说，江淹与建平王刘景素的关系。

迄今为止，学界对于江淹与建平王关系的认识大多囿于《自序》所述
内容，即江淹对建平王的劝谏及被黜之事，而未能意识到江淹与建平王
之关系远较此复杂。事实上，江淹对建平王的劝谏并非全如《自序》所言，
《燕丹子》实为江淹假托史事讽喻建平王景素的拟作，小说中人物关系及
性格特征的设置影射现实之用意至为明显，如"反戾天常，虎狼其行"的
秦王之于后废帝，"常食不识位，寝不安席"，"欲灭悁悁之耻，除久久之
恨"的太子丹之于建平王，乃至鞠武、荆轲之于江淹，都存在某种对应关
系。这表明江淹其实并未置身于建平王谋反之事外，而是积极为之出谋
划策，希望建平王等待观望，暂缓举事。②《自序》作于齐武帝永明元年
(483)，距建平王事败被杀已有七年。身为萧齐之臣，出于自我保护的需
要，江淹在《自序》中显然有意掩盖了某些事实，并突出了他因反对建平

---

① 本文所引江淹作品皆据《江文通集汇注》(中华书局，1984)，不再逐条出注。

② 参见张海明：《〈燕丹子〉与〈史记·荆轲传〉之关系》，《北京师范大学学报(社会科学
版)》，2012(6)。

王谋反而被黜的经过。① 这个发现不仅可使我们对江淹被黜前后与建平王之关系有更合乎史实的了解，而且可为《恨》《别》二赋提供解读的密钥。循此入手，或能为《恨赋》《别赋》之写作时间及动机寻求一个合理的解释，就是文本中某些疑难困惑之处，也有望借此得以澄清。

二

先看《恨赋》。

清人许梿《六朝文絜》眉批，谓《恨赋》所写分别为"帝王之恨、列侯之恨、名将之恨、美人之恨、才士之恨、高人之恨、贫困之恨、荣华之恨"②。此说多为今人采纳，然实非深知文通者。倒是陶元藻的《书江淹〈恨赋〉后》似乎看出几分蹊跷，兹引全文如下：

> 文通《恨》、《别》二赋，世并称之，余窃谓《恨赋》不如《别赋》远甚。其赋别也，分别门类，摹其情与事，而不实指其人，故言简而赅，味深而永。《恨赋》何不自循其例也？古来恨事如勾践忘文种之功，夫差拒伍胥之谏，荆轲不逞志于秦王，范增竟见疑于项羽，此皆恨之大者，概置勿论；乃仅取秦王、赵王辈寥寥数人，了此"恨"字，挂漏之讥，固难免矣。且所谓恨者，必人宜获吉而反受其殃，事应有成而竟遭其败，衔冤抱恨，为天下古今所共惜。非揣摩一人之私，遂其欲则忻忻，不遂其欲则怏怏也。秦王无道，固宜早亡，毕命沙丘，人心所大快者，何恨之有？若赵王受虏、敬通见黜、中散被诛，自周秦两汉以迄于齐，类此者不胜枚举焉。李陵之恨，始在五将失道，兵尽矢穷，以致被擒异域；继在误绪为陵，戮其父母妻

---

① 《自序》始称"常慕司马长卿、梁伯鸾之徒"，继言交结建平王及劝谏、被黜之经过，再述为萧道成分析沈攸之起兵之态势，最后重申"常愿卜居筑室，绝弃人事"，其无心仕进、效忠萧齐之意甚明，然若以之为江淹真实心态，是不察江淹为此文之背景时势也。

② 〔清〕许梿：《六朝文絜》，35～37 页，北京，文学古籍刊行社，1955。后文凡引许梿语皆据此书，不再出注。

子，以致无路可归，不成曹沫之功，卒陷通天之罪，不能写得淋漓剀切，反使李陵不忠之由沉埋终古。明妃以毛延寿颠倒真容，遂致绝宠君王，失身塞外，痛心疾首，其恨全属于斯；今只言"陇雁少飞，代云寡色"，凡出塞者人人如此，即乌孙公主、蔡文姬，何尝不领兹凄楚，岂独明妃？凡为文者，搦管之初，便当立定意见，其意一差，则全篇皆病，顾不谓同一生花之笔，而优劣悬殊，乃至于此！①

陶元藻在此提出了一个很有意思的问题，即江淹为何选择秦帝、赵王等人作为《恨赋》描写的对象？依据陶氏本人的理解，"所谓恨者，必人宜获吉而反受其殃，事应有成而竟遭其败，衔冤抱恨，为天下古今所共惜"。据此，"恨之大者"如越王勾践、吴王夫差、刺客荆轲、谋士范增理应较秦帝、赵王等人更适于入选，而《恨赋》如此取舍，难免"挂漏之讥"。当然，陶元藻提出的问题尚不止此。例如，《恨赋》为何不循《别赋》之例，选择若干具有代表性的类型逐个予以描述？又如，江淹描述李陵、昭君之恨时，为何舍特殊而就一般，忽略二人各自独有的经历与感受？陶元藻由此认定，《恨赋》之写作水准远不及《别赋》，"同一生花之笔，而优劣悬殊"，着实令人诧异。

由陶氏所论引发的另一个问题是：《恨赋》究竟是江淹代古人申恨，还是借古人之事写自己之恨？钱锺书先生在肯定陶文"评甚中肯"的同时，指出"惟'宜吉反殃'云云，是仅许旁观代恨，而不尽许当局自恨也，全背淹谋篇所谓'伏恨''饮恨'之意"②。显然，钱先生并不认为《恨赋》只是传达旁观者的感受。但问题是，江淹之恨具体为何？其与赋中所写古人之恨又是什么关系？果如前述丁福林先生语，江淹之恨乃遭遇子夭妻亡，那《恨赋》为何先述帝王、列侯之恨，而不用"夷甫伤子"或"奉倩悼妇"之类更贴切的憾事呢？前引钱锺书论《恨赋》语就曾指出，江淹《泣赋》所云："若夫景公齐山，荆卿燕市，孟尝闻琴，马迁废史，少卿悼躬，夷甫伤子"，除李陵事已

---

① 〔清〕陶元藻：《泊鸥山房集》卷十《书江淹〈恨赋〉后》，清刻本。
② 钱锺书：《管锥编》第四册，1413 页，北京，中华书局，1979。

见诸《恨赋》外，"余人亦均可入《恨赋》"。江淹不取他人，原因又是什么？

尤其值得玩味的是荆轲之恨。陶元藻所列"恨之大者"四人中，就有"不逞志于秦王"的荆轲；唐代李白效江淹作《拟恨赋》，也特意提到"至如荆卿入秦，直度易水。长虹贯日，寒风飒起。远詟始皇，拟报太子。奇谋不成，愤惋而死"①；而依钱锺书之见，荆轲事亦属可入《恨赋》之列。可见，无论是古人还是今人，都认为荆轲刺秦功败垂成，理应是《恨赋》列举的对象。如果再联系到《别赋》写剑客侠士之别一段荆轲所占的突出位置，那我们的确不能不感到奇怪，为何江淹在《恨赋》中竟然遗漏了荆轲？

上述种种，在此前的江淹及其《恨赋》研究中要么不被视为问题，要么虽有所觉察却又难以解释，而通过对《燕丹子》写作过程及其题旨的考察并由此解读《恨赋》，我们便不难发现，江淹如此选择其实正在情理之中。

如前所述，《燕丹子》中的秦王乃影射现实中的后废帝，太子丹即建平王之化身，因此江淹在《恨赋》中列举古之恨者时先说秦帝，次写赵王，就不只是按时间远近予以安排，而有其特定的寓意。不妨这样设想：江淹之所以选择秦帝与赵王，极有可能是用来隐喻现实中后废帝与建平王之关系。我们看《恨赋》中"秦帝按剑"一段，作者对于秦帝之态度就颇有几分暧昧，尤其是"武力未毕""宫车晚出"等用语给人以双关之感，既可以理解为是替秦帝抱憾，也可以理解为是对秦帝的指斥。"华山为城，紫渊为池"两句，《文选》李善注引贾谊《过秦论》"践华为城，因河为池"佐之，此语又见于《史记·秦始皇本纪》。如果这是江淹有意设置的一个暗示，那么贾谊所言"秦王怀贪鄙之心，行自奋之智，不信功臣，不亲士民，废王道，立私权，禁文书而酷刑法，先诈力而后仁义，以暴虐为天下始……孤独而有之，故其亡可立而待"②，岂不是正可为"武力未毕""宫车晚出"做一注脚？再看《燕丹子》对秦王的描写——"今秦王反戾天常，虎狼其行"，"贪暴海内，不知厌足"③，与贾谊所言如出一辙。据

---

① 〔唐〕李白：《李太白全集》，〔清〕王琦注，13～14 页，北京，中华书局，1977。

② 〔汉〕司马迁：《史记》，283 页，北京，中华书局，1959。

③ 无名氏：《燕丹子》，程毅中点校，4、15 页，北京，中华书局，1985。

此，说《恨赋》中秦帝形象乃影射后废帝，应该不是捕风捉影。

循此思路再看"赵王既虏"一段，相关问题亦可冰释。一般认为，赵王当指赵国末代国君幽缪王赵迁，这不错，但据《史记·赵世家》篇末太史公转述冯王孙语——"赵王迁，其母倡也，嬖于悼襄王。悼襄王废適子嘉而立迁。迁素无行，信谗，故诛其良将李牧，用郭开"①，其亡国被掳实在是咎由自取，并不值得后人同情，江淹又为何要将其写入《恨赋》呢？这的确令人费解。而如果我们知道，江淹曾借《燕丹子》劝谏建平王暂缓行事，建平王不用其策以致事败被杀，那么在赵王迁与建平王刘景素之间便可建立某种关联，从而为赵王之入《恨赋》提供依据。事实上，江淹选择赵王的理由远不止于此。首先，历史上燕、赵向来并称，且赵、燕相继为秦所灭，而在《燕丹子》的语境中，燕国实指建平王之势力范围。故江淹之写赵王，其用意乃在借赵喻燕，进而指代建平王刘景素。其次，赵王迁流于房陵，事见《淮南子·泰族训》，故李善引《淮南子》为之注②，而《淮南子》原文作："赵王迁流于房陵，思故乡，作为山水之讴，闻者莫不殒涕。荆轲西刺秦王，高渐离、宋意为击筑而歌于易水之上，闻者莫不瞋目裂眦，发植穿冠。"③由赵王引出荆轲，这是巧合呢，还是江淹有意为之？再次，高诱注《淮南子》，谓赵王乃张敖，这自然是高诱的失误，但张敖事与建平王却不无可比性。据《史记·张耳陈馀列传》，张敖为汉初名臣张耳之子，嗣位为赵王，尚高祖长女鲁元公主。而高祖对之无礼，引发张敖家臣贯高、赵午等人不满，意欲行刺高祖。事发，张敖被捕下狱，贯高等人随之，力辩张敖实不知情，上乃赦张敖，而贯高自杀以谢

---

① 〔汉〕司马迁：《史记》，1833 页，北京，中华书局 1959。

② 李善注"若乃赵王既虏，迁于房陵"两句，道："淮南子曰：赵王迁流房陵，思故乡作山木之讴，闻者莫不陨涕。高诱曰：赵王，张敖。秦灭赵，虏王，迁徙房陵。房陵在汉中。山木之讴，歌曲也。"参见〔南朝梁〕萧统：《文选》第二册，〔唐〕李善注，上海，上海古籍出版社，1986。

③ 张双棣：《淮南子校释》，2104 页，北京，北京大学出版社，1997。

罪。此事与《宋书·文九王传》所记建平王僚属为之鸣冤事不乏相似。①
不论江淹是否得见高注，《恨赋》有意含糊其词，未必不是借张敖以申刘
景素之恨。最后，文中"千秋万岁，为怨难胜"八字，若是说赵王迁亡国
被掳之怨，恐难置信，但如果换一种方式来解读，将"为怨难胜"解作"为
冤难胜"，那么江淹此语实际上是替建平王刘景素鸣冤。② 果如上述，赵
王之入《恨赋》便顺理成章，甚至于可以说是不二人选。

　　一旦解开江淹选择秦帝、赵王之谜团，则《恨赋》之写作时间也就不难
考定。上文曾经提到，《恨赋》所表现的是一种追悔莫及、欲哭无泪的彻骨
之痛。"试望平原，蔓草萦骨，拱木敛魂。人生到此，天道宁论！"如此愤激
之语，非经人生之剧变、有难言之大痛者不能为之。结合上文所做分析，
江淹之作《恨赋》必不在吴兴令任上，而应该是景素事败，他回到京口之后
至任职萧道成幕府之前的数月之间。我们可以想象，回到京口后的江淹应
能得悉景素事败被杀之始末，甚至可能前往昔日争战之地凭吊，所谓"蔓草
萦骨，拱木敛魂"，固然可以理解为想象之语，但也未必不是所见实景。③
当此之时，回想当初劝阻刘景素之情事，江淹真可谓悲不自胜，痛何如之！
对比《燕丹子》中荆轲为太子丹分析形势所言与《宋书·文九王传》所记可知，
江淹对于建平王当时所面临之局势有着清醒的认识。④ 假如当初建平王能

---

　　① 《宋书》卷七十二《文九王》记："景素败后，故记室参军王螭、故主簿何昌禹并上书
讼景素之冤。"齐高帝建元初年，故景素秀才刘琎又上书齐高帝，列举十事称景素实冤。参见
〔南朝梁〕沈约：《宋书》，1863～1868 页，北京，中华书局，1974。
　　② 丁福林先生认为，江淹《齐故司徒左长史檀超墓志文》所说"君实渊哉，行为世标"，其
中"渊"或为"冤"之借字，岂"为超之见杀而鸣不平耶"？其说不为无理。参见丁福林：《江淹年
谱》，169 页，南京，凤凰出版社，2007。
　　③ 据《宋书·文九王传》记，景素事败，"右卫殿中将军张倪奴、前军将军周盘龙攻陷京
城，倪奴禽景素斩之，时年二十五，即葬京口"。可知景素被杀后乃就地掩埋，故《恨赋》开头
三句"试望平原，蔓草萦骨，拱木敛魂"，若解作江淹直书眼前所见，并非没有可能。
　　④ 《燕丹子》卷下荆轲语太子丹："今天下强国莫强于秦。今太子力不能威诸侯，诸侯未
肯为太子用也。太子率燕国之众而当之，犹使羊将狼，使狼追虎耳。"参看程毅中点校本《燕丹
子》，12～13 页。而《宋书·文九王传》记："景素本乏威略，惟扰不知所为。时张保水军泊西
渚，景素左右勇士数十人，并荆楚快手，自相要结，击水军，应时摧陷，斩张保，而诸将不相
应赴，复为台军所破。"

采纳江淹建议，即便不能扭转局势，也不至于落到事败被杀的结局。从这个角度来看，此时江淹"直念古者"，应该会想到曾劝谏吴王夫差的伍子胥，劝谏西楚霸王项羽的范增，将其引为同调并写入《恨赋》。而之所以不用伍子胥、范增等"恨之大者"，恐怕是基于两点考虑：一是伍、范二人（包括夫差、项羽）虽能体现其恨，却不能喻示其冤；二是江淹当时所处现实决定了他不能对建平王之死持有异议，而伍、范之事容易令人联想到江淹与建平王的特殊关系，所以他只能是隐约其词，借写秦帝、赵王之恨来表达内心的悲愤。《恨赋》篇末以"自古皆有死，莫不饮恨而吞声"两句作结，或许正表明了江淹的无奈。

　　相应地，对于《恨赋》的后半部分我们便可做一种新的解读。依上文所做分析，秦帝、赵王之事应该是一个相对独立的结构单元，意在影射建平王之事，故不当与其余四人并列，许梿之说实误。而李陵、王嫱、冯衍、嵇康四人之事亦当为另一个相对独立的结构单元，且有其特定的指向。结合江淹此时所作《无为论》来看，《恨赋》所以选择李陵等四人，更有可能是借以表达自己对今后出处去就问题的思考。就当时情势与江淹心态而论，他可做之选择不外有四：一是选择转投萧道成麾下，那意味着江淹背叛旧主建平王；二是选择出走，离国去乡，也就是投奔北朝；三是选择急流勇退，绝意仕途，过一种不问世事的隐居生活；四是选择公开为建平王鸣不平，拒绝与当局合作，为此不惜以死抗争。《恨赋》后文所写李陵降北、明妃出塞、冯衍罢归、嵇康卜狱，正分别代表了江淹四种可能的选择。究竟何去何从，江淹似乎颇难决断。确实，无论哪一种选择都难尽如人意："誓还汉恩"的李陵终究改变不了名辱身冤的命运；出塞远嫁的明妃最后只落得个老死异乡的结局；"塞门不仕"的冯衍为此付出了抱憾而终的代价；不改其志的嵇康毅然赴死，留给后人无限的惋惜。虽然江淹最终选择了妥协，但在此我们可以窥见他这一段痛苦矛盾、进退失据的心路历程。

　　回到陶元藻所提之问题，显然，江淹之所以选择秦帝、赵王等而不取他人，乃是基于表达特定情感、心绪的需要，并非随意为之。而江淹对李陵、明妃等人的描述之所以游离史实，同样是取决于特定的写作题旨。陶氏未能看到江淹之作《恨赋》，乃借他人之酒杯以浇自己之块垒，如钱锺书先生所言，"是仅许旁观代恨，而不尽许当局自恨也"，故认为江淹取舍失当。也正是基于这一认识，陶元藻断定《恨赋》"全篇皆病"，"不如《别赋》远甚"。其实，《恨》《别》二赋尽管手法互异，却难言孰优孰劣。我们看《恨赋》用心之细密，用典之贴切，用语之微妙，虽囿于现实因素不便直书所感，却能意在言外，曲尽其情。此等才艺，又岂是一般作手所能企及！

三

再看《别赋》。

显然，如果《恨赋》作于江淹自吴兴回到京口之后，那么《别赋》的写作定然在此之前，因为江淹此后的生活中已不再有促其写作《别赋》的契机，同时他本人也不再有写作《别赋》的心境。因此《别赋》的写作，应该是在江淹被黜之后至他离开吴兴之前这一时段内。但具体作于何时，仍是一个有待进一步探讨的问题。事实上，尽管目前学界大多认为《别赋》《恨赋》均作于江淹被黜吴兴时期，毕竟推测的成分居多，不仅过于宽泛，而且于《恨》《别》二赋及与他赋（如《青苔赋》《去故乡赋》《泣赋》等）间之关系难以判定。①

前引陶元藻论《恨赋》语，称誉《别赋》分别门类摹写情事的手法，谓

---

① 例如，曹道衡《江淹评传》认为，《青苔赋》《恨赋》《别赋》"不论从内容到手法都比较相像，写作时间应该也相近"；《青苔赋》作于吴兴没有疑问，《恨赋》亦当作于这一时期，"《别赋》的写作时间较难确考，而其思想情绪，恐怕也以作于这一时期的可能性较大"。参见吕慧鹃等：《中国历代著名文学家评传》第一卷，515～516 页，济南，山东教育出版社，1983。又丁福林《江淹年谱》引曹道衡《江淹作品写作年代考》，认为《青苔赋》文句多有与《别赋》相同者，但相比之下《别赋》更显生动形象。江淹没有必要在写出《别赋》之后又作《青苔赋》，故"《别赋》当出于《青苔赋》之后"。丁谱认同曹说，将《青苔赋》系于元徽二年（474）末，《恨赋》《别赋》则不作编年，只说作于吴兴时，详见丁书 107～108 页。俞绍初、张亚新《江淹集校注》称：《恨》《别》"二赋流露的情调和所用的词语典实，与《倡妇自悲赋》《泣赋》《青苔赋》《去故乡赋》《待罪江南思北归赋》等多有相同或相通之处，当是江淹被黜吴兴之时所作"（参见《江淹集校注》，162 页）。诸家对《恨》《别》二赋写作时间的推断，虽不为无据，但终显粗略。

"《恨赋》何不自循其例也?"这表明陶元藻也认为《别赋》作于《恨赋》之前。其实《恨赋》并非全悖《别赋》体例,其章法结构实不乏相似。许梿就说《别赋》"立格与《恨赋》同",只是他认为《恨赋》在前;何沛雄更具体指出:"《别赋》分陈八类离别之苦,《恨赋》缕述八种饮恨之悲,两篇结构相同。"①看来这两篇作品之间确有某种承续关系,但具体孰先孰后,单凭结构的相似尚难断言。一方面,无论是结构还是具体情状的描摹,《恨赋》都比《别赋》来得简单;另一方面,就对象的选择编排而言,《别赋》又不及《恨赋》谨严细密。《别赋》多有铺陈,文辞华美;《恨赋》笔简形具,旨趣遥深。丰赡者固然可视为成熟之表现而居后,省净者也未必就属生涩而先出。所以,要想对《恨》《别》二赋之先后关系做出令人信服的解释,我们还需变换思路,另辟蹊径。

许梿总评《别赋》,除了指出"立格与《恨赋》同"之外,还有一句评语,即《恨赋》"以激昂胜,此以柔婉胜"。许梿看出二赋风格不同,然所评有欠准确。《恨赋》与其说"激昂",不如说"愤激";《别赋》与其说"柔婉",不如说"哀婉"。二赋风格之异,实非刚柔,而在情感心境。比较二赋所写景物意象可知,《恨赋》殊多冷色而少暖意,篇首"试望平原,蔓草萦骨,拱木敛魂"三句自不必说,其写赵王,"薄暮心动,昧旦神兴";写明妃,"摇风忽起,白日西匿,陇雁少飞,代云寡色";写嵇康,"浊醪夕引,素琴晨张,秋日萧索,浮云无光",全是阴沉昏暗之景。可以说,萧瑟惨淡、枯寂凄冷构成了全赋的基调。《别赋》则与此不同,虽然总体上以哀怨为主,却不乏亮色,也多了些许生气。例如,写"居人愁卧",有"日下壁而沉彩,月上轩而飞光,见红兰之受露,望青楸之离霜",虽叙离情而遣词明艳;"负羽从军"一段,有"日出天而曜景,露下地而腾文,镜朱尘之照烂,袭青气之烟煜",即述别绪亦取景灿然。再如东都金谷之会,因状富贵而渲染声色歌舞;桑中淇上之别,由表缠绵而衬托春草秋

---

① 何文见前注。准确些说,《别赋》所写事例应为六类而非八类。也就是说,开头分述行子、居人部分乃总述别离,不当计入;结尾"芍药之诗,佳人之歌"一段照应前文,也有别于文中所述各事。《恨赋》所写实为六类,已见前述,《别赋》章法亦然。

月。纵然情何以堪，到底还是生离而非死别，故销魂之际犹可玩味，叹息之余不废吟咏。如此看来，《恨》《别》二赋尽管体例相仿，手法略似，但二者风致情韵却有较大的差异，江淹之写作心态亦当明显不同。如果我们承认江淹写作二赋并非只是代他人申恨述愁，而融入了自己的失意之感、切肤之痛，那么这两篇作品显然不可能作于同时。我们也很难想象，身处贬谪之地，痛感"人生到此，天道宁论"的江淹在完成《恨赋》后不久，便能转换心境，以生花妙笔描摹别情。毕竟创作心境的转换需要时间，更需要某种外部条件的作用。然而，在江淹谪居吴兴三年这一时段内，除了从流连山水中获得些许慰藉之外，似乎再无任何可以排解其愤激愁苦之情的因素。总而言之，从《恨》《别》二赋明显存在的情感、风格差异来看，不像是同时之作，其中《别赋》先作、《恨赋》后出的可能性应该更大。

而从《别赋》所写具体内容来看，在对离情别绪的类型化描摹背后，我们或可窥见江淹本人隐约的身影。

例如，"负羽从军"段末两句："攀桃李兮不忍别，送爱子兮沾罗裙。"《江淹集校注》引曹植《杂诗》"南国有佳人，容华若桃李"，谓"桃李"指代妻妾，并引江淹《与交友论隐书》"犹以妻孥未夺，桃李须阴"为佐证。较之以桃李为实物，此说似更得江淹本意。① 不过此处"桃李"所指代应仅限媵妾，不含妻子，《与交友论隐书》所言可证；"爱子"亦非父母眼中的晚辈，而指所爱之人，与后文"与子之别"用法相类。故"攀桃李兮不忍别，送爱子兮沾罗裙"两句，或可以看作江淹与其媵妾分别之场面的嵌入。②

又如接下来"一赴绝国"段中所写："视乔木兮故里，决北梁兮永辞。左右兮魄动，亲宾兮泪滋。可班荆兮增恨，惟樽酒兮叙悲。值秋雁兮飞日，当白露兮下时，怨复怨兮远山曲，去复去兮长河湄。"这分明是辞别

---

① 俞绍初、张亚新：《江淹集校注》，169 页，郑州，中州古籍出版社，1994。

② 江淹《自序》以"侍姬三四，赵女数人"为隐居生活之必备条件，"桃李"或即指此。又本段"闺中风暖，陌上草薰"两句，也表明送别乃在男女之间，并非父母送子。

故里，亲朋故友相送话别之场景。对比江淹赴吴兴途中所作《无锡县历山集》中的"愁生白露日，怨起秋风年。……酒至情萧瑟，凭樽还惘然。一闻清琴奏，歔泣方流连。况乃客子念，直置丝竹间"，我们可以看出二者无论情景还是用语都不乏相似。关于《无锡县历山集》一诗，《江淹集校注》、丁福林的《江淹年谱》均认为是元徽二年（474）江淹被黜吴兴，途经无锡与其母舅相别时所作，则《别赋》此段描写显然融入了江淹本人与亲友分别时的感受。

再如"君居淄右，妾家河阳"一段写居人别后相思，似乎与江淹情事无关，但若与江淹妻亡后所作《悼室人十首》合观，其间关联却颇能说明问题。如第五首之"秋至捣罗纨，泪满未能开。风光肃入户，月华为谁来"之于"秋帐含兹明月光"；第六首之"流黄夕（久）不织，宁闻梭杼音。凉蔼漂虚座，清香荡空琴"之于"暂幽闺之琴瑟，晦高台之流黄"，情境意象，几出一辙。更重要的是，《别赋》以"春宫閟此青苔色，秋帐含兹明月光，夏簟青兮昼不暮，冬釭凝兮夜何长"概括居人对行子之四时相思，而《悼室人十首》前八首亦以春夏秋冬为序展开，抒写江淹对亡妻的怀念。据此，说《别赋》所写暗寓了江淹与妻子别后之两地相思，应该不是牵强附会。

至于"华阴上士，服食还仙"一段之指代对象，当为江淹向建平王刘景素辞别。钱锺书先生曾指出："全赋惟此节偏枯不称，殊为布局之疵。别离一绪，情事两端：居人伤行子，行子恋居人，二情当写其一，庶符'黯然销魂'之主旨。"而江淹不但于行子惜别之意只字不提，"一若弃世学仙之士，忘情割爱，不复怨别伤离"，而且于家人难舍之情亦不著片语，"乃只以'重别'二字了之，绝未铺陈'别必怨而怨必盈'之致，遂成缺负"①。钱先生所言甚是，然以江淹之生花妙笔，何以竟会有此疏漏？按"华阴上士"四字，李善注引《列仙传》魏人修羊在华阴山下石室服食黄精事，而江淹《与交友论隐书》道："每承梁伯鸾卧于会稽之墅，高伯达坐于华阴之山，心尝慕之，而未及也。"高伯达即东汉著名隐士高恢，字伯达，

---

①　钱锺书：《管锥编》第四册，1413～1414 页，北京，中华书局，1979。

为梁鸿友人，隐居华阴山，事见《后汉书·逸民传》。如此则"华阴上士"或不无江淹自况之意，其所辞别之对象既称"主人"，自非家人可知。江淹素有隐居之志，其《到主簿日事诣右军建平王》《与交友论隐书》等多有道及，被黜吴兴虽非所愿，但也可以借此远离是非之地[1]，过一种悠闲自在的生活，正如后来他在《自序》中所说："山中无事，与道书为偶，乃悠然独往，或日夕忘归。"所以，江淹借"华阴上士"辞别主人事向建平王表达不忍离别之情，并非没有可能，而不写主人难舍之意也就在情理之中。

如果以上解读可为一说，那么对于《别赋》的行文思路，除了像许梿那样做类别化排比之外[2]，还可有另一种理解。上文指出，《恨赋》所选六事（人）当分为两组，即秦帝、赵王事为一组，其余四人为一组，各有其特定的内涵。《别赋》同样如此，去除首尾，中间六事亦可分为两组："帐饮东都，送客金谷"乃摹"暂离"，"剑客惭恩，少年报士"则写"永诀"，相对独立；而"负羽从军"以下四类，在分述所谓"从军别""绝国别""伉俪别""方外别"的同时，依次表现了江淹与媵妾别、与亲朋别、与妻子别、与建平王别时的场景和心绪。值得注意的是，江淹在写作时似乎有意遵循了由远到近、由疏到亲的原则，故先媵妾，次亲朋，次妻子，最后是建平王。当然，以今人的眼光看，与江淹关系最近的应该是妻子，但在江淹的心目中，建平王的重要性或许更在亲朋妻子之上。在此我们可以看出《别赋》与《恨赋》在结构上的另一个共同点，即都采用了双重结构模式。其表层结构选取某些有代表性的人事做类型化描写，似乎意在表现某种共同的情感；深层结构则与江淹本人特定的情感指向相关，所选人事及意象都有着特定的逻辑关联。

相应地，对于《别赋》作于何时这一问题，我们也就可以给出一个较为合理的解释。既然江淹在《别赋》中隐含了其与亲朋家人等逐一作别的

---

[1]　江淹被黜前一年，即元徽元年(473)所作《与交友论隐书》道："今但愿拾薇藿，诵诗书，乐天理性，敛骨折步，不践过失之地耳。"

[2]　许梿《六朝文絜》眉批谓《别赋》所写依次为"富贵别""任侠别""从军别""绝国别""伉俪别""方外别""狭邪别"。

内容，那么此赋显然最有可能作于别后不久，或者说就是在赴吴兴的途中。尽管江淹并未直接提供写作的时间信息，但通过对《别赋》文本的考察，我们还是能够发现某些有助于推定写作时间的证据。

首先，《别赋》所写主要为分别时之情景。许梿评《别赋》开头写行子部分"是欲别未别光景"，其实整篇文字多半如此。例如，"至若龙马银鞍"一段全为分别场面之描写，"乃有剑客惭恩"一段中"沥泣共诀，抆血相视，驱征马而不顾，见行尘之时起"数句亦然；又如"负羽从军"段中的"攀桃李兮不忍别，送爱子兮沾罗裙"，"一赴绝国"段中的"左右兮魄动，亲宾兮泪滋，可班荆兮增恨，惟樽酒兮叙悲"，也还是"欲别未别"心态的叙写；至于最为人传诵的"春草碧色，春水渌波，送君南浦，伤如之何"和"秋露如珠，秋月如珪，明月白露，光阴往来，与子之别，思心徘徊"，更是将分别之情景刻画得凄美动人，遂成千古名句。文中虽不乏对别后相思的铺陈，但所占比例远不及写分别场面。

其次，《别赋》所写实以行子为本位。此赋之作虽取全称视角，分述行子、居人之离别情貌，但江淹叙写的重心显然更倾向行子一端。篇首总述别情一段，先行子而后居人，已表明江淹写作所居之立场。赋中除"君居淄右，妾家河阳"一段明确以居人口吻写景寄情之外，其余部分大多为行子眼中所见，心中所感，这正与现实中江淹贬谪远行的身份相符。

最后，《别赋》所写乃以秋景为基调。虽说江淹有意将春秋二时作为别离之所以令人神伤的外在因素，其间亦不乏春景的点缀，但整体而言，《别赋》中的秋色更为浓郁。尤其是开头总述行子、居人一段，本该承上文"或春苔兮始生，乍秋风兮暂起"兼顾两季，然而无论行子还是居人都被置于秋景的笼罩之下。至于写与亲友相别时的"值秋雁兮飞日，当白露兮下时"，更不仅点明分别之具体时间，而且与江淹《无锡县历山集》诗所写一致。综上所述，将《别赋》写作时间定于江淹赴吴兴途中，应该具有较大的可信度。

还可再说几句的是《别赋》与《被黜为吴兴令辞笺诣建平王》一文的关系。《辞笺》作于元徽二年(474)江淹被黜之后当无疑义，问题是具体作于何时？是江淹动身前往吴兴之前，还是已经抵达吴兴之后？依常理而论，既称"辞笺"，则当为辞别之际所作，亦即江淹赴任之前，但文中所写似乎又不尽然。丁福林先生认同俞绍初所言，认为《辞笺》所述"方蒙被霜露，裹粮洲岛，凿山楹为室，永与鼋鼍为群"，与作于吴兴后《青苔赋》等作品相合，且"眷然西顾"一语"明指方位"，故《辞笺》当作于江淹初到吴兴时。[①] 其实"凿山楹为室"乃《楚辞》成句[②]，未必就是吴兴实景，而"方蒙被霜露，裹粮洲岛"云云，更宜解作正在发生之事，适与下文"一辞城濠，且夕就远"相对应。至于说"眷然西顾"明指方位，则恐有误。盖以方位言，吴兴在京口正南而偏西，故江淹后来有"待罪江南思北归"之语。考江淹赴吴兴乃取道无锡、钱塘，一路东行，然后才转往西南，经衢州而入闽，《集》中《无锡县厉山集》《赤亭渚》《渡泉峤出诸山之顶》等诗可证。由此观之，"眷然西顾"并非至吴兴后所言，而应该是在江淹东行途中的事。就是说，《辞笺》之作当在江淹赴吴兴途中，尤以动身后至抵达钱塘一段的可能性最大。指出这一点意在说明，《被黜为吴兴令辞笺诣建平王》一文的写作当与《别赋》同时而稍前，其中"眷然西顾，涕下若屑"八字对于《别赋》或具有特殊意义。《别赋》写别离场面几乎全伴有涕泣，如"横玉柱而沾轼"，"造分手而衔涕"，"沥泣共诀，抆血相视"，"送爱子兮沾罗裙"，"亲宾兮泪滋"，"织锦曲兮泣已尽"，比《泣赋》有过之而无不及，正可视为"涕下若屑"之种种表现。而《别赋》所云"谢主人兮依然"，"与子之别，思心徘徊"，又岂非"眷然"二字之注脚乎？联系《泣赋》篇首所写秋日景致，及篇末举古人"泣绪如丝"诸事，称"况余辈情之所使"，则《辞笺》一文不仅为《别赋》之先导，即《泣赋》乃至《倡妇自悲赋》《去故乡赋》《待罪江南思北归赋》诸文亦由其而衍出也。

四

由于不察江淹写作《自序》之背景情势，将其视为江淹真实心态并据此判定江淹在建平王事件中所持之立场，乃至建平王起兵之动机、性质，

---

① 丁福林：《江淹年谱》，90 页，南京，凤凰出版社，2007。

② 见于西汉严忌的《哀时命》："凿山楹而为室兮，下被衣于水渚。"

遂使得江淹被黜之真相的认识流于简单化，也由此导致了在解读《别赋》《恨赋》时将建平王因素排除在外，从而多止步于文本表层，对二赋之文外曲致难有体察。以是之故，江淹与建平王之关系及对其创作的影响仍有必要做进一步的考察。

首先，是如何看建平王其人其事。江淹《自序》涉及建平王者主要有两点：一是建平王对江淹的礼遇，二是建平王谋反及江淹对之进行劝谏而遭贬黜事始末。前者相对简略，只说"始安之薨也，建平王闻风而悦，待以布衣之礼"；后来江淹入建平王府任主簿之职，建平王"宾待累年，雅以文章见遇"。据此，江淹之入建平王府乃建平王的主动礼聘，且建平王赏识的主要是江淹的文笔，故给人的印象是江淹在建平王府只担任文案工作，并不参与重大问题的谋划。后者则相对较详：

> 宋末多阻，宗室有忧生之难。王初欲羽檄征天下兵，以求一旦之幸。淹尝从容晓谏，言人事之成败，每曰："殿下不求宗庙之安，如信左右之计，则复见麋鹿霜栖露宿于姑苏之台矣。"终不以纳，而更疑焉。及王移镇朱方也，又为镇军参事，领东海郡丞。于是王与不逞之徒，日夜构议。淹知祸机之将发，又赋诗十五首，略明性命之理，因以为讽。王遂不悟，乃凭怒而黜之，为建安吴兴令。

这里值得注意的是江淹劝谏建平王语。《梁书》本传所引稍有不同："少帝即位，多失德。景素专据上流，咸劝因此举事。淹每从容谏曰：'流言纳祸，二叔所以同亡；抵局衔怨，七国于焉俱毙。殿下不求宗庙之安，而信左右之计，则复见麋鹿霜露栖于姑苏之台矣。'景素不纳。"《梁书》所引主要是较《自序》多了"流言纳祸"等四句。从本传所引文字来看，江淹似曾写有劝谏建平王之文，并为《梁书》撰者所得见。而江淹既以"二叔""七国"，以及淮南王刘安事劝谏建平王，表明在江淹看来，建平王所为实属谋反。① 但问题是，江淹果真会以刘濞、刘安等人故事作为前车之鉴劝阻建平王吗？建平王又是否能够容忍江淹将自己与谋反失败者相提并论？如果江淹真如其所言，以史为鉴，对建平王晓以利害，那又怎会等到赋诗"略明性命之理"后才惹恼建平王，以致被黜？所以，江淹在《自序》中的这番表态能否视为其真实想法，尚须存疑。

相比之下，正史所记反倒比较客观，也更为可信。例如，《梁书·江淹传》就提到"少帝即位，多失德"，暗示建平王所为乃事出有因。② 《宋书·文九王传》所记尤为具体：

> 时太祖诸子尽徂，众孙唯景素为长，建安王休祐诸子并废徙，无在朝者。景素好文章书籍，招集才义之士，倾身礼接，以收名誉。由是朝野翕然，莫不属意焉。而后废帝狂凶失道，内外皆谓景素宜当神器，唯废帝所生陈氏亲戚疾忌之。而杨运长、阮佃夫并太宗旧隶，贪幼少以久其权，虑景素立，不见容于长主，深相忌惮。元徽三年，景素防阁将军王季符失景素旨，怨恨，因单骑奔京邑，告运长、佃夫云"景素欲反"。运长等便欲遣军讨之，齐王及卫将军袁粲以下并保持之，谓为不然也。景素亦驰遣世子延龄还都，具自申理。运长等乃徙季符于梁州，又夺景素征北将军、开府仪同三司。
>
> 自是废帝狂悖日甚，朝野并属心景素，陈氏及运长等弥相猜疑。景素因此稍为自防之计，与司马庐江何季穆、录事参军陈郡殷沵、记室参军济阳蔡履、中兵参军略阳垣庆延、左右贺文超等谋之，以参军沈颙、毋丘文子、左暄、州西曹王潭等为爪牙。季穆荐从弟豫之为参军。景素遣豫之、潭、文超等去来京邑，多与金帛，要结才

---

①　"二叔"谓周朝周公兄弟管叔、蔡叔。二人谋反不成，管叔被杀，蔡叔被放逐。事见《史记·周本纪》；"七国"谓汉初以吴王刘濞为首的七个藩王的叛乱，事见《史记·吴王濞列传》；"麋鹿霜栖露宿于姑苏之台"为淮南王刘安谋臣伍被劝阻刘安语，事见《史记·淮南衡山列传》。

②　关于江淹被黜吴兴原因，《梁书》不取江淹《自序》之说，谓江淹固求代行东海太守事致使景素大怒，遂黜为吴兴令。姑不论其是否另有所据，至少是对《自序》所言有所怀疑。

力之士。由是冠军将军黄回、游击将军高道庆、辅国将军曹欣之、前军韩道清、长水校尉郭兰之、羽林监垣祗祖，并皆响附，其余武人失职不得志者，莫不归之。①

由此可见，建平王之所以延揽人才，乃至举兵起事，实有其不得已的苦衷。《〈燕丹子〉与〈史记·荆轲传〉之关系》曾指出："平心而论，无论是与周朝管、蔡谋反，还是汉初吴王、淮南王作乱相比，景素的情况都有明显的不同。景素面对的并非贤明天子，而是无道失德之君，而且他举事之动机，可以说自保多于称王。"作为宗室中最有资格执掌神器，且颇具人望的唯一人选，建平王自然会遭到后废帝的忌恨，视其为帝位的最大威胁。就算建平王逆来顺受，俯首称臣，以后废帝之凶残，恐怕早晚也难逃被赐死的结局。以是之故，建平王之死颇得后人的同情。据《宋书·文九王传》，景素败后，故记室参军王蟜、故主簿何昌禹并上书讼景素之冤。萧齐代宋后，故景素秀才刘琎又上书为之鸣冤，称景素为人孝悌仁爱，修身洁行，其所以起兵，"止在匡救昏难，放殛奸盗，非它故也"，进而恳请齐高帝勿沿"衰世之异议以掩贤人之名"，降诏还建平王清白，赐以王礼反葬。《宋书》撰者将刘琎上书全文收入，多少可以见出史家对建平王其人其事之态度。

其次，是江淹与建平王的真实关系。江淹与建平王的关系大体可分为三个时段，即被黜之前，吴兴时期，以及建平王事败被杀之后。从第一时段江淹写给建平王的书信来看，他们的关系并非如《自序》所言那么简单。例如，《诣建平王上书》称："实佩荆卿黄金之赐，窃感豫让国士之分矣。常欲结缨伏剑，少谢万一；剖心摩踵，以报所天。"《到主簿日事诣右军建平王》也说："淹闻古人为报，常有意焉。至乃一说之效，齐王动色；一剑之感，赵王解衣。"由此观之，江淹对自己的期许绝不止于草拟文书。再看《燕丹子》中有关荆轲的一段描写：

---

① 〔南朝梁〕沈约：《宋书》，1861～1862 页，北京，中华书局，1974。

民氏日太子置酒请轲①，酒酣，太子起为寿。夏扶前曰："闻士无乡曲之誉，则未可与论行；马无服舆之伎，则未可与决良。今荆君远至，将何以教太子？"欲微感之。轲曰："士有超世之行者，不必合于乡曲；马有千里之相者，何必出于服舆。昔吕望当屠钓之时，天下之贱丈夫也；其遇文王，则为周师。骐骥之在盐车，驽之下也；及遇伯乐，则有千里之功。如此在乡曲而后发善，服舆而后别良哉！"夏扶问荆轲："何以教太子？"轲曰："将令燕继召公之迹，追甘棠之化，高欲令四三王，下欲令六五霸。于君何如也？"坐皆称善。②

如果我们相信《燕丹子》中的太子丹、荆轲与现实中的建平王、江淹存在某种对应关系的话，那么很显然，在江淹心底实隐藏着为帝王师的志向。虽然文人之词不无夸张的成分，但至少，说江淹希望能够辅佐建平王成就一番事业，应该是比较可信的。也正因为如此，《到主簿日事诣右军建平王》才会这样表述遗憾："负金羁于淮吴，从后车于河楚，竟不能曜丹膆，腾英声，绝白云，负苍梧。"

值得注意的是，类似的遗憾、自责亦见于江淹《被黜为吴兴令辞笺诣建平王》："窃思伏皂九载，齿录八年。以春以秋，且思且顾。竟不能抑黑质，扬赤文，抽精胆，报慈光。"两相比较，不仅意思相近，连句式也都如出一辙。③ 倘若江淹只满足于做一介文士，那他又为何要如此自责？果如《自序》所言，江淹之被黜乃是由于劝阻建平王谋反，那么令他如此遗憾的又是什么？联系《辞笺》下文用"蹶者不忘起，盲者不忘视"表达思归之意，又说"金石无知，何以识答"，可见江淹显然没有因为被黜而自远建平王，他仍希望不久后能重回建平王身边为之效力。在江淹被黜吴

---

① "民氏"二字当从孙诒让说，"民"为"后"之讹，"氏"为衍文，"民氏日"即后日。此说参见〔清〕孙诒让：《札迻》卷七，213 页，北京，中华书局，1989。

② 无名氏：《燕丹子》，程毅中点校，10～11 页，北京，中华书局，1985。

③ 除《辞笺》外，作于吴兴的《草木颂序》谓"仆一命之微，遭万代之幸，不能镂心励骨，以报所事"，《待罪江南思北归赋》称"愧金碧之琳琅，惭丹膆之照耀"，意思近似，可知江淹此心并未因被黜而改变。

兴后所写诗文中，虽然不无怨怼之情，但并未彻底失望，思归之意颇为明显。如果说上一时段江淹曾将景素与他的关系视同孟尝君与其门客，那么在被黜之后的第二时段，江淹则自比信而见疑、忠而被谤的屈原，相应地，景素也就成了江淹心目中的楚怀王。从《辞笺》的"凿山楹为室"，到《别赋》的"送君南浦"，乃至吴兴期间所作《去故乡赋》《泣赋》《倡妇自悲赋》《待罪江南思北归赋》等，江淹屡屡使用《楚辞》语典，更不必说像《山中楚辞五首》那样直接的效仿之作。吴兴时期的江淹每每以逐臣屈原自况，而美人迟暮、思归报效之意也就常常见诸笔端。例如，《去故乡赋》："芳洲之草行欲暮，桂水之波不可渡。绝世独立兮，报君子之一顾。"《倡妇自悲赋》："泣蕙草之飘落，怜佳人之埋暮。"《待罪江南思北归赋》："愿归灵于上国，虽坎轲而不惜身。"①

景素事败后，江淹除《自序》追叙其与建平王交结之始末外，存世诗文中再无道及建平王者，似乎已完全忘却这段往事。但这只是一种假象。上文曾指出，江淹之作《恨赋》就有为建平王申恨鸣冤之意，此外，作于自吴兴返京后的《知己赋》亦颇耐人寻味。虽然小序明言赋为殷孚而作，然文中所写多与殷孚身份不合，如叙其出身，"承瑶叶之余暖，系金枝之末光"；状其品性，"识包上仁，义兼高行"，"金采而玉相"。此类用语一般专指皇室成员、帝王后裔，以殷孚之出身、官职恐不足以当之。② 又赋称殷孚"气拟北海，情方中散"，比之为汉末孔融与魏末嵇康，而孔融为挟天子以令诸侯的曹操所杀，嵇康死于觊觎魏室的司马昭之手，二人境况实与建平王有某种相似。最可怪者，江淹《自序》明言："所与神游者，唯陈留袁叔明而已"，并未提及殷孚。如果其与殷孚之关系真如《知己赋》所言，何以《自序》只字不提？联系《燕丹子》中荆轲初见太子丹时所言：

---

① 《待罪江南思北归赋》当为江淹写给建平王之作，故其用语多有与《被黜为吴兴令辞笺诣建平王》相似者，尤其是前半部分。

② 据《宋书·殷淳传》，殷孚之高祖、曾祖均为晋太常，其祖、父亦官至显贵，但并非皇戚，故金枝玉叶之说，无所依凭。又江淹《敕为朝贤答刘休范书》以"惟岳降圣"称誉宋明帝，谓后废帝"文明金相，穆然玉色"，虽为阿谀之辞，却是通行的用法。

田光襄扬太子仁爱之风，说太子不世之器，高行厉天，美声盈耳。轲出卫都，望燕路，历险不以为勤，望远不以为遐。今太子礼之以旧故之恩，接之以新人之敬，所以不复让者，士信于知己也。①

所谓"士信于知己"，并非司马迁笔下荆轲所言，而是江淹将《刺客列传》中豫让、聂政语稍加变化②，用于荆轲对太子丹的表白。故此处"知己"二字，实指知遇之恩。那么，现实中的江淹是否也像荆轲一样，因为建平王对之有知遇之恩而将其引为"知己"呢？如果答案是肯定的，则江淹完全有可能借写殷孚而寄寓对建平王的缅怀之情。

由此便不能不提到影响江淹创作的另一重要因素，即齐王萧道成。对于江淹与萧道成的关系，学界大多只关注萧道成赏识江淹，江淹为萧道成重用的一面，而忽略了江淹可能对萧道成有抵触的一面。据《南齐书·高帝纪》，早在宋明帝时，民间已有"萧道成当为天子"的流言。平定桂阳王刘休范之乱后，萧道成民望更增，百姓谓"全国家者此公也"。明帝、后废帝因此对萧道成颇为猜忌，只是宗室内部矛盾重重，尚需仰仗像萧道成这样手握重兵的外姓之人来制衡。对此情势，萧道成洞若观火，故当部下劝其提防明帝加害时，萧道成为之分析形势："诸卿暗于见事。主上自诛诸弟，为太子稚弱，作万岁后计，何关佗族。惟应速发，事缓必见疑。今骨肉相害，自非灵长之运，祸难将兴，方与卿等戮力耳。"③由此看来，萧道成其实早有觊觎帝位之心，他已预见到刘宋统治难以持久，意在待其内耗殆尽之后再坐收渔人之利。这样我们便不难理解，为何当景素被诬告谋反，杨运长、阮佃夫等后废帝亲信欲兴兵讨之时，萧

---

① 无名氏：《燕丹子》，程毅中点校，10页，北京，中华书局，1985。

② 《史记·刺客列传》："豫让遁逃山中，曰：'嗟乎！士为知己者死，女为说己者容。今智伯知我，我必为报仇而死，以报智伯，则吾魂魄不愧矣。'""久之，聂政母死。既已葬，除服，聂政曰：'嗟乎！政乃市井之人，鼓刀以屠；而严仲子乃诸侯之卿相也，不远千里，枉车骑而交臣。臣之所以待之，至浅鲜矣，未有大功可以称者，而严仲子奉百金为亲寿，我虽不受，然是者徒深知政也。夫贤者以感忿睚眦之意而亲信穷僻之人，而政独安得嘿然而已乎！且前日要政，政徒以老母；老母今以天年终，政将为知己者用。'"

③ 〔南朝梁〕萧子显：《南齐书》，6～7页，北京，中华书局，1972。

道成为景素辩护，谓为不然；而当景素遣人与萧道成联络共谋举事时，萧道成却断然拒绝。① 在这场刘宋皇室内部的争斗中，看似保持中立的萧道成其实才是最后的赢家。随着各派势力的逐一剪除，萧道成羽翼渐丰，尤其是景素事败后，刘宋军政大权已完全落入萧道成之手。

所以，在作为建平王幕僚的江淹眼中，萧道成即便不是争夺皇位的潜在对手，至少也属为虎作伥，更何况坐镇指挥平定景素之乱的，正是齐王萧道成。可想而知，当景素事败被杀，江淹自吴兴回到京口时，面对如此结局，如此情势，心中是怎样一种复杂的感受。痛悔、愤激、庆幸、纠结，可谓兼而有之。

关于江淹返京事还须再说几句。据丁福林先生考证，江淹自吴兴回到京口乃元徽五年（477）春，其《还故国》诗中所云"窃值寰海辟，仄见圭纬昌"，"谓景素谋反事被平定，天下太平"②之说颇有据，然犹有可补充者。据《梁书》本传，江淹之被黜吴兴乃景素"言于选部"，经朝廷正式任命，故江淹之回京口当非擅自离任，应该是其时执掌大权的萧道成所召。但本传所说召回时间为"升明初，齐帝辅政"后则不确，若江淹还京时间为元徽五年（477）春，则其被召当在上年岁末，其时萧道成尚未辅政。也正因为是萧道成所召，《还故国》诗才会以"窃值寰海辟，仄见圭纬昌"表达对执政者的称颂。再看江淹《自序》所言："在邑三载，朱方竟败焉。复还京师，值世道已昏，守志闲居，不交当轴之士。"其中"世道已昏"四字，明显与《还故国》所言相抵触。那么，哪一种说法才是江淹的真实心态呢？更耐人寻味的是，既然萧道成早在辅政前就下令将江淹召回，那为何不当即委以官职，而还需等到差不多半年以后江淹才入萧道成幕下？是萧道成认为江淹属景素旧部不宜马上启用，还是江淹对萧道成另有想法？

江淹并非无行之人。其《报袁叔明书》自谓："材不肖，文质无所直。徒以结发游学，备闻士大夫言曰：'在国忠，处家孝，取与廉，交友

---

① 《南齐书·高帝纪》："休范平后，苍梧王渐行凶暴。南徐州刺史建平王景素少有令誉，朝野归心。景素亦潜为自全之计，布款诚于太祖，太祖拒而不纳。"〔南朝梁〕萧子显：《南齐书》，10页，北京，中华书局，1972。

② 丁福林：《江淹年谱》，109～110页，南京，凤凰出版社，2007。

义。'"这或可被视为江淹处世的原则。元徽五年，亦即顺帝升明元年
（477）七月，江淹应萧道成之召任功曹参军时写有《到功曹参军笺诣骠骑
竟陵王（公）》一文，文中特别提到自己"业异儒墨，行乖曾史"①，即自惭
不能为忠孝之行。而最可注意者，或为他回京口后"守志闲居"时所作之
《无为论》。该文假托"奕叶公子"与"无为先生"对话，表明自己不愿出仕
的志向。小序所言尤为明白："友人劝吾仕，吾志不改，故著《无为论》
焉。"虽然写作此文之后不过数月，江淹还是接受了萧道成的征召再次步
入仕途，但此时江淹之所以如此表态及选择"守志闲居"，除了素有隐逸
之志这一因素外，更主要的恐怕还是对景素之事难以释怀。又江淹《无为
论》之作，明显受嵇康《卜疑》一文的影响，是知进退出处乃江淹此时心中
之一大纠结。而如果江淹有意以嵇康自况②，那是否意味着在江淹心目
中，其与景素、萧道成三者间的关系，恰如嵇康之于曹氏、司马氏呢？
当然江淹不是嵇康，萧道成也不同于司马昭，但此种情势的类似，不能
不对江淹创作产生重要影响。

　　综上，江淹与建平王之关系远较《自序》所述复杂。对于建平王的知
遇之恩，江淹一直铭感在心。即便是景素事败被杀，江淹自吴兴回到京
口之后，对建平王的感念之情仍难割舍，只是碍于情势不便公开表露而
已。从《别赋》暗寓对建平王的惜别之情，到《待罪江南思北归赋》明显的
思归之意，乃至《恨赋》借古人之事为之申恨，《知己赋》假殷孚之名为之
寄哀，建平王的身影总是或隐或显地出现在江淹的作品中。我们承认，
对于一般读者而言，就算不能体察其中的隐喻性内涵，《别赋》《恨赋》仍
不失为上乘之作，甚至正因其内涵的隐晦而具有更大的普适性；但对于
江淹及其创作研究，明确这一点却具有特殊意义。第一，如本文首节所
言，《别赋》《恨赋》孰先孰后及具体作于何时可望有更真切的认识，相关
作品间的关系亦可由此厘清。第二，江淹所谓"创格"（许梿语），亦即类

---

　　①　"曾"谓曾子，春秋时鲁国人，以孝著称；"史"谓史鱼，春秋时卫国人，以忠著称。
　　②　江淹《与交友论隐书》所说"不可韦弦者五"，与嵇康《与山巨源绝交书》之"必不堪者
七"颇为类似，故钱锺书称此文乃"嵇康与山巨源之遗"（《管锥编》第四册，1414 页）。而《无为
论》所拟奕叶公子与无为先生对话，亦效《卜疑》之宏达先生问卜于太史贞父也。

型化写作实属无心插柳。他其实是明修栈道，暗渡陈仓，却不期然而然地为南朝抒情小赋开创了一种新的写作范式。第三，江淹与建平王的复杂关系是其文学性创作的重要内驱力，萧齐以后，这种内驱力已不复存在，故江郎才尽之说，或可由此得到部分的解释。

现在再来看钱锺书《管锥编》所论，应该说确有失察之处。例如，谓"《去故乡赋》乃《别赋》之子枝"不误，但《倡妇自悲赋》却非"《恨赋》之傍出"；又如称《泣赋》所言"景公齐山，荆卿燕市，孟尝闻琴，马迁废史，少卿悼躬，夷甫伤子"诸人"均可入《恨赋》"，虽合常理，却有违江淹写作《恨赋》之用心；至于说"《别赋》乃《恨赋》之附庸而蔚为大国者"，则是未省江淹写作二赋之实情而误判也。不过，钱先生以"众星之拱北辰"比喻江淹他赋之于《恨赋》的关系仍属精辟之见。较诸《别赋》，《恨赋》无疑更能体现江淹人生失意之感，与江淹其他作品的关联也更为密切。只是从实际情况来看，《恨赋》实非江淹吴兴诸作之先导，而毋宁说是这一段创作历程的终结。

［原载于《北京师范大学学报(社会科学版)》2014 年第 2 期］

国学学官经历与韩愈的师道观

中国社会科学院　刘宁

韩愈提倡师道，有着重要的思想史、文化史意义。他对师道的思考，凝聚着丰富的社会人生体验，而担任国学学官的经历，对其师道观形成的影响尤其值得关注。著名的《师说》一文，就是韩愈在担任国子四门博士期间所作。本文希望联系中唐国学的独特状况，对韩愈提倡师道的现实用心和思想追求，做出一些分析。

一

《师说》的作年，学界一般认为是贞元十八年(802)。韩愈从贞元十七年(801)到贞元十九年(803)，担任国子四门博士，此文应是在他担任四门博士期间所作。此后，韩愈在元和元年(806)到元和四年(809)，元和七年(812)，两度任国子博士，元和十五年(820)秋到长庆元年(821)任国子祭酒。他担任国学学官的经历之复杂，在当时一般士人中，也是很独特的。

韩愈在四门博士和国子博士任上，一直颇有牢骚。他的《送穷文》称"太学四年，朝齑暮盐"，狼狈困窘，为人所嫌。这虽是假穷鬼之口的游戏之言，但也有很多真实的成分。元和四年(809)，他在国子博士任上，代助教侯继撰写祭文，祭奠同为助教的薛达，其间很是感叹身为学官的无奈："吾徒学而不见施设，禄又不足以活身。"(《祭薛助教文》)。元和七年（812），他再任国子博士，创作《进学解》，其中"学生"对"先生"的嘲笑，"先生"的无奈与自嘲，虽然是继承汉赋的辞章笔墨，但嘲弄先生的"学生"，未尝没有现实太学中"生徒凌慢"的影子。对国学中风气恶劣的种种情状，柳宗元《与太学诸生喜诣阙留阳城司业书》曾有很详细的描绘：

> 於戏！始仆少时，尝有意游太学，受师说，以植志持身焉。当时说者咸曰："太学生聚为朋曹，侮老慢贤，有堕窳败业而利口食者，有崇饰恶言而肆斗讼者，有凌傲长上而谇骂有司者，其退然自克，特殊于众人者无几耳。"仆闻之，恂骇怛悸，良痛其游圣人之门，而众为是沓沓也。遂退托乡闾家塾，考厉志业，过太学之门而不敢踤顾。

太学如此"校风"，不能不使柳宗元望而却步。不仅如少年柳宗元这样的学生不愿身入太学，一般有才华的士人也不愿担任学官。贞元年间，柳立、武儒衡、欧阳詹担任国子四门助教，惊动时论，柳宗元在《四门助教厅壁记》中特别记此一时之盛：

> 贞元中，王化既成，经籍少间，有司命太学之官，颇以为易。专名誉、好文章者，咸耻为学官。至是，河东柳立始以前进士求署兹职，天水武儒衡、闽中欧阳詹又继之。是岁，为四门助教凡三人，皆文士，京师以为异。

学风颓败的背后，是官学的严重衰落。韩愈做学官的贞元、元和之际，太学的衰落是触目惊心的。贞元年间，李观上疏请求振兴太学，其《请修太学疏》云：

> 呜呼！在昔学有六馆，居类其业；生有三千，盛侔于古。近年祸难，浸用耗息。洎陛下君临，宿弊尚在。执事之臣，顾不为急。升学之徒，周敢上达，积微成愆，超岁历纪。贱臣极言，求合要道。

具六馆之目，其曰国子、太学、四门、书、律、算等，今存者三，亡者三。亡者职由厥司，存者恐不逮修。舆人有弃本之议，群生有将压之虞。至有博士助教，锄犁其中，播五稼于三时，视辟雍如农郊。堂宇颓废，磊砢属联，终朝之雨，流潦下潺。既夕之天，列宿上罗，群生寂寥，攸处贸迁。而陛下不以问，学官不以闻，执政之臣不以思。所谓德宇将摧，教源将乾，先圣之道将不堪。犹火之炎上，焰焰至焚。其为不利也，岂不畏哉！

国学馆舍之中，居然锄犁播稼，其荒芜残败，触目惊心。其后李绛《请崇国学疏》也提到这一让人难以忍受的情形：

顷自羯胡乱华，乘舆避狄，中夏凋耗，生人流离，儒硕解散，国学毁废，生徒无鼓箧之志，博士有倚席之讥，马厩园蔬，殆恐及此。

韩愈在太学中的冷官之叹，反映了官学学官困窘的心声。而对于韩愈本人来讲，他一生历经许多挫折屈抑，有科场辗转的无奈，有奔走幕府的狼狈，也有因抗言直谏而遭受的远谪，而国学中身为教师的困窘，他要比当时一般士人体会得更深切。他不顾流俗，抗颜为师，对师道重建表现出异乎寻常的关切，是出于强烈的现实感慨，无疑也折射出自己内心的痛楚。然而值得进一步思考的是，中唐贞元、元和时期，官学衰落、学风不振的关键原因是什么？弄清这一问题，才能对韩愈提倡师道的深层关怀有进一步的理解。

国子监包括国子、太学、四门、律、书、算六学，唐玄宗天宝九载（750），增设广文馆。国子学招收高级官员（三品以上）子弟，太学招收中级官员（五品以上）子弟，四门学招收下级官员（七品以上）子弟。显然，国学的重心是培养官员子弟继承父业，而国学学生的一个重要出路，就是门荫入仕。只要取得了一定的学习成绩，国学学子即可以荫入仕，无需参加科举。

然而，随着科举制的不断发展，国学和科举的联系也越来越紧密。国学中的四门学，以招收下级官员的子弟为主，同时也招收出身庶人弟子的俊士生。这两项加起来的人数，在国学的六学中，是最多的。《旧唐书·百官志》谓两者总共定额五百名，据统计，元和七年（812），长安国学共计550人，其中四门学学生300人，洛阳国学生共100人，其中四门学学生50人。[①] 四门学的学生，由于父辈所能提供的荫蔽十分有限，或者根本没有荫蔽可享，要在仕途上求得较大发展，主要依靠科举。可见，国学中人数最多的一个学生群体，是志在科举的。而同样要看到的是，随着科举在官员仕进中重要性的不断加强，士人要跻身通显，仍需更多地通过科举，因此国子学、太学中的高官子弟虽有更多的父荫可享，但也越来越倾向于科举之途。

越来越多的学生要以科举进身，朝廷对此也采取了一定措施，来加强学校与科举的联系。开元二十一年（733）五月敕："诸州县学生，年二十五已下，八品九品子，若庶人生年二十一已下，通一经已上，及未通经，精神通悟，有文词史学者，每年铨量举选所司简试，听入四门学，充俊士。即诸州人省试不第，情愿入学者听。国子监所管学生，尚书省补；州县学生，长官补。"（《唐会要》卷三五）这样一来，州县学校中"通一经以上，及未通经，精神通悟，有文词史学者"，以及省试落第之人，都可以进入四门学。经过学习，他们可以进一步参加贡举。国学的学习直接为科举做准备。

国学的学生经由国学推荐而参加科举，录取的希望也比较大。开元十七年（729），国子祭酒杨玚上《谏限约明经进士疏》，要求对国学学生开放更多的名额。

> 伏闻承前之例，监司每年应举者，尝有千数，简试取其尤精，上者不过二三百人。省司重试，但经明行修，即与擢第，不限其数。自数年以来，省司定限，天下明经、进士及第，每年不过百人，两

---

① 高明士：《中国中古的教育与学礼》，224页，台北，台湾大学出版中心，2005。

> 监惟得一二十人，若常以此数而取，臣恐三千学徒，虚废官廪，两监博士，滥縻天禄。臣窃见流外入仕，……以其效官，岂识于先王之礼义？……监司课试，十已退其八九，考功及第，十又不收其一二。若长以为限，恐儒风渐坠，小道将兴。

虽然杨玚对目前的状况不满，但从中还是可以看出，国学学生参加科举，享有更多机会。《唐摭言》卷一云："开元已前，进士不由两监者，深以为耻。"（卷一）李华、萧颖士、赵骅、邵轸等人，都是由太学而登第。

然而，天宝之后，国学推荐士人科举及第的权重趋于下降，士人由京兆、同州、华州乡贡而登第的比重明显上升。开元、天宝之际，京兆府解送人数可达百人之多，其中前十名，谓之等第，一般都被录取，至少也十得其七八。士子"以京兆为荣美，同、华为利市"（《唐摭言》卷一）。为了扭转国学受冷落的趋势，天宝十二载（753）七月十三日诏："天下举人，不得充乡赋，皆须补国子学生及郡县学生，然后听举。"（《唐会要》卷七六）《唐摭言》卷一云："故天宝二十载，敕天下举人不得言乡贡，皆须补国子及郡学生。广德二年，制京兆府进士，并令补国子生。"但这样的措施并没有挽救国学的颓势，《唐摭言》又云："斯乃救压覆者耳。奈何人心既去，虽拘之以法，犹不能胜。矧或执大政者不常其人，所立既非自我，则所守亦不坚矣。由是贞元十年已来，殆绝于两监矣。"

越来越多的国学学生需要通过科举来进取，而国学能为科举提供的便利又在降低，这无疑会令学生在国学中的学习热情受到影响，导致学风颓败。

韩愈在国学中，自然要面对许多高官子弟。这些人有充分的门荫可享，也容易沾染骄纵暴戾的习气。国学中贵族子弟的恶态，自初唐以来便时有记载。韩愈《进学解》中骄慢的学生，未尝不是在模仿这些人的声口。韩愈虽才华卓著，但在"侮老慢贤"的贵族子弟这里，也不会获得多少尊重。《师说》中"无贵无贱"的从师态度，也一定折射了韩愈对现实处境的愤激。

同时，国学中也不乏为科举进身而焦虑的学生，特别是韩愈曾担任四门学博士，所面对的四门学生，更是对科举兴趣浓厚的群体。今天流传下来的韩愈为太学生所作的作品，也常包含对科第屈抑的感叹。例如，《送陈密序》就有感于陈密的"累年不获选"：

> 太学生陈密请于余曰："密承训于先生，今将归觐其亲，不得朝夕见，愿先生赐之言，密将以为戒。密来太学，举明经，累年不获选，是弗利于是科也。今将易其业而《三礼》是习，愿先生之张之也。密将以为乡荣。"

最典型的就是《太学生何蕃传》：

> 太学生何蕃，入太学者廿余年矣。岁举进士，学成行尊，自太学诸生推颂不敢与蕃齿，相与言于助教、博士，助教、博士以状申于司业、祭酒，司业、祭酒撰次蕃之群行焯焯者数十余事，以之升于礼部，而以闻于天子。京师诸生以荐蕃名文说者，不可选纪。公卿大夫知蕃者比肩立，莫为礼部，为礼部者，率蕃所不合者，以是无成功。
>
> 蕃，淮南人，父母具全。初入太学，岁率一归，父母止之。其后间一二岁乃一归，又止之，不归者五岁矣。蕃，纯孝人也，闵亲之老不自克，一日，揖诸生归养于和州，诸生不能止，乃闭蕃空舍中。于是太学六馆之士百余人，又以蕃之义行言于司业阳先生城，请谕留蕃。于是太学阙祭酒，会阳先生出道州，不果留。
>
> 欧阳詹生言曰："蕃，仁勇人也。"或者曰："蕃居太学，诸生不为非义，葬死者之无归，哀其孤而字焉，惠之大小，必以力复，斯其所谓仁欤！蕃之力不任其体，其貌不任其心，吾不知其勇也。"欧阳詹生曰："朱泚之乱，太学诸生举将从之，来请起蕃，蕃正色叱之，六馆之士不从乱，兹非其勇欤！"
>
> 惜乎！蕃之居下，其可以施于人者不流也。譬之水，其为泽，不为川乎？川者高，泽者卑，高者流，卑者止，是故蕃之仁义，充

诸心，行诸太学，积者多，施者不遏也。天将雨，水气上，无择于川泽涧溪之高下，然则泽之道，其亦有施乎！"抑有待于彼者欤！故凡贫贱之士，必有待然后能有所立，独何蕃欤！吾是以言之，无亦使其无传焉。

何蕃入太学二十余年，岁举进士而不第，德行过人，而科第坎坷至此。我们从韩愈为之不平的慨叹中，显然也可以读出何蕃的屈抑之痛。

科举的压力，无疑要左右国学的学风。唐代国学的教学，以讲授儒家经典为主，这种教育形式，原是以道德教育为重，以养士为本，也是前代国学相沿不断的立学传统。但是，国学既与利禄相联系，养士的超脱就难免不被功利化的风气所熏染，这在汉代即已如此，《汉书·儒林传》载：

自武帝立《五经》博士，开弟子员，设科射策，劝以官禄，讫于元始，百有余年，传业者浸盛，支叶蕃滋，一经说至百余万言，太师众至千余人，盖禄利之路然也。

同样关系着禄利的科举之学，最令人厌恶的习气就是士人为学的功利化与趋附权门的庸俗化。士人追逐科举之学，自然无暇专心修习圣人经典。《师说》称赞李蟠："好古文，六艺经传皆通习之，不拘于时，学于余。"李蟠能不受功利的时风影响，在韩愈看来极为难得。以有道者为师，而非仅仅通识经书句读，以为考试进身之资，显然也是《师说》所倡师道的重要内涵。

至于士人为求仕进而趋附权门的庸俗化，应当更是韩愈提倡师道所着力抨击的恶习。由于唐代科举保留鲜明的荐举色彩，权要的推荐对士子进身有着极重要的意义，因此请托奔竞之风极为流行。对此，有关研究已有丰富的讨论，不再赘言。值得注意的是，士子请托的对象，多是有权势者，其中很多人并无多少才德。《唐摭言》卷一二记载："薛保逊好行巨编，自号'金刚杵'。太和中，贡士不下千余人，公卿之门，卷轴填委，率为闾媪脂烛之费，因之平易者曰：'若薛保逊卷，即所得倍于常也。'"公卿门下，行卷堆积，甚至成了"阍媪脂烛之费"，斯文于此显然没有任何尊严。而进入权门的士子，常常对权要自称门人，用师生关系来包装庸俗的请托。及第士子与考官之间，以"门生""座主"相称。积非日久，在时人眼中，"师"绝非无权势之人可以自命。①

韩愈与"韩门"士人之间，是以道相合，而对后者的奖掖荐举，是贯穿一生的，无论自身地位高低。韩愈创作《师说》提倡师道时，不过是官卑职冷的一介学官，如此身份地位，自然要为时俗之人所嘲弄。柳宗元特别提到韩愈"抗颜为师"引发的人言汹汹："独韩愈奋不顾流俗，犯笑侮，收召后学，作《师说》，因抗颜而为师。世果群怪聚骂，指目牵引，而增与为言辞。愈以是得狂名。"（《答韦中立论师道书》）

《师说》正是韩愈的一篇"狂言"，而将这篇"狂言"放在它产生的时代环境来看，韩愈以道为师，"无贵无贱"的呼声，传达了针对现实的两方面诉求。一方面，是正在崛起的寒素士人，依靠才德向门第势力发出抗争②；另一方面，则是针对被科举功利庸俗之风所汩没的士人，期望其以道自立，建立起傲视权势的有所超越的精神力量。如果韩愈前一方面是呼吁"尊士"，那么后一方面则是倡言"士之自尊"，表达了对抗士风之庸俗化的强烈用心。前者是愤激时世的激昂，后者是精神自励的高亢，两个旋律交织出《师说》深邃的内涵。韩愈师道观之所以在中国文化史上产生深远影响，与这种内涵的丰富性，有密切的关系。

二

韩愈的师道观，强调士人摆脱功利与庸俗，以道自尊，这是极重要的思想贡献。初盛唐倡言儒道者，多强调自上而下的兴学重士。陈子昂

---

① 这一问题，可参考陆敏珍、潘行的讨论。参见陆敏珍：《论韩愈〈师说〉与中唐师道运动》，《社会科学战线》，2009（1）；潘行：《从〈师说〉看唐代"师道不存"的现象》，《黑龙江史志》，2014（20）。

② 吕正惠对此有细致分析，参见吕正惠：《韩愈〈师说〉在文化史上的意义》，《文学与文化》，2011（1）。

《谏政理书》云：

> 臣闻天子立太学，可以聚天下英贤，为政教之首，故君臣上下之礼，于是兴焉；揖让樽俎之节，于此生焉：是以天子得贤臣，由此道也。今则荒废，委而不论，而欲睦人伦，兴礼让，失之于本，而求之于末，岂可得哉？况君子三年不为礼，礼必坏；三年不为乐，乐必崩，奈何天子之政而轻礼乐哉？臣所以独窃有私恨者也。陛下何不诏天下胄子，使归太学而习业乎？斯亦国家之大务也。

其后，张说亦有《上东宫请讲学启》：

> 臣愚伏愿崇太学，简明师，重道尊儒，以养天下之士。今《礼经》残缺，学校凌迟，历代经史，率多纰缪，实殿下阐扬之日，刊定之秋。伏愿博采文士，旌求硕学，表正九经，刊考三史，则圣贤遗范，粲然可观。况殿下至性神聪，留情国体，幸以问安之暇，应务之余，引进文儒，详观古典，商略前载，讨论得失，降温颜，闻谠议，则政途理体，日以增益，继业承祧，永垂德美。

如果说陈子昂、张说的兴学之请，体现了"尊士"的呼声，那么在中唐以后，面对士风的衰颓，如何端正士风，则引发有识之士越来越多的关注。李华《正交论》就痛切地描绘了士风之弊："（士子）多寄隶京师，随时聚散，怀牒自命，积以为常。吠形一发，群响雷应，铨擢多误，知之固难，使名实两亏、朋友道薄，盖由此也。况众邪为雄，孤正失守，诱中人之性，易于不善；求便身之路，庸知直道。不从流俗，修身俟死者益寡焉。加以三尊阙师训之丧，朋友无寝门之哭，学府无衰服之制。礼亡寝远，言者为非，人从以偷，俗用不笃。"这种浮薄的风气，这也正是我们理解柳宗元何以拒师之名的重要背景。

柳宗元在贬谪期间，对于前来问学的后学士子，虽多有教导，但是拒师之名。其实，对于师友之道本身，柳宗元并不反对，他的《师友箴》

就很推重师友的意义。

> 不师如之何？吾何以成。不友如之何？吾何以增。吾欲从师，
> 可从者谁。借有可从，举世笑之。吾欲取反，谁可取者。借有可取，
> 中道或舍。仲尼不生，牙也久死。二人可作，惧吾不似。中焉可师，
> 耻焉可友。谨是二物，用惕尔后。道苟在焉，佣丐为偶。道之反是，
> 公侯以走。内考诸古，外考诸物。师乎友乎，敬尔毋忽。

柳宗元之拒师名，有很现实的原因。前面提到，唐代士子趋奉权门，
"师"亦成为权要的专利。贬谪中的柳宗元，担待罪之身，自然要远离被
流俗嘲弄的是非，这一点《答韦中立论师道书》言之甚明："仆自谪过以
来，益少志虑。居南中九年，增脚气病，渐不喜闹，岂可使呶呶者早暮
咈吾耳、骚吾心？则固僵仆烦愦，逾不可过矣。平居望外，遭齿舌不少，
独欠为人师耳。""今韩愈既自以为蜀之日，而吾子又欲使吾为越之雪，不
以病乎？非独见病，亦以病吾子。然雪与日岂有过哉？顾吠者犬耳。度
今天下不吠者几人，而谁敢衒怪于群目，以召闹取怒乎？……取其实而
去其名，无招越、蜀吠怪，而为外廷所笑，则幸矣！"如此心迹，柳宗元
曾对后学反复言及。《答严厚舆秀才论为师道书》云："其苟去其名，全其
实，以其余易其不足，亦可交以为师矣。如此，无世俗累而有益乎己，
古今未有好道而避是者。"言辞中种种避祸远过的无奈，也从另一个角度
反映当时师生关系与现实权力的复杂关联。

对于由趋附权要而带来的庸俗奔竞之风，柳宗元极为厌恶，并且通
过拒师之名来竭力回避。其《复杜温夫书》对杜温夫谀谄之状的不满，已
表现为毫不客气的斥责。

> 凡生十卷之文，吾已略观之矣。吾性骏滞，多所未甚谕，安敢
> 悬断是且非耶？书抵吾必曰周、孔，周、孔安可当也？语人必于其
> 伦，生以直躬见抵，宜无所谀道，而不幸乃曰周、孔，吾岂得无骇
> 怪？且疑生悖乱浮诞，无所取幅尺，以故愈不对答。来柳州，见一

刺史，即周、孔之；今而去我，道连而谒于潮，之二邦，又得二周、
孔；去之京师，京师显人为文词、立声名以千数，又宜得周、孔千
百，何吾生胸中扰扰焉多周、孔哉！

杜温如此阿谀之态，虽不无极端，在士人奔竞中也是很有代表性的。
柳宗元对此显然是极为反感。在他看来，现实中的从师拜师，常常和别
有所图的阿谀连在一起，只能以拒为师名来保证道义学问之交的纯洁。
这种做法多少有其无奈之处。

面对现实中的士风浇薄，李华提出士君子要大力提高文德修养，成
为"文""行"兼备之人："文章本乎作者，而哀乐系乎时；本乎作者，《六
经》之志也；系乎时者，乐文、武而哀幽、厉也。立身扬名，有国有家，
化人成俗，安危存亡，于是乎观之。宣于志者曰言，饰而成之曰文，有
德之文信，无德之文诈……夫子之文章，偃、商传焉，偃、商殁而孔及
孟轲作，盖《六经》之遗也；屈平、宋玉哀而伤，靡而不返，六经之道遁
矣，论及后世，力足者不能知之，知之者力或不足，则六义浸以微矣，
文顾行，行顾文，此其与于古欤！"(《赠礼部尚书清河孝公崔沔集序》)然
而，他并没有强调师道对于养成文德之士的意义。同样是面对士风浇薄，
柳宗元重视师友之道，但又要无奈地避师之名。

这些中唐的有识之士，在是否通过提倡师道来振作士风的问题上，
或者尚未认识到其意义，或者迫于现实的压力而不能申发。与此不同的
是，吕温《与族兄皋请学春秋书》曾明确谈论师的重要。

　　魏晋之后，其风大坏，学者皆以不师为天纵，独学为生知，译
疏翻音，执疑护失，率乃私意，攻乎异端，以讽诵章句为精，以穿
凿文字为奥，至于圣贤之微旨，教化之大本，人伦之纪律，王道之
根源，则荡然莫知所措矣。其先进者，亦以教授为鄙，公卿大夫，
耻为人师，至使乡校之老人，呼以先生，则勃然动色。痛乎风俗之
移人也如是！是以今之君子，事君者不谏诤，与人交者无切磋，盖
由其身不受师保之教诲，朋友之箴规，既不知己之损益，恶肯顾人

之成败乎？而今而后，乃知不师不友之人，不可与为政而论交矣。且不师者，废学之渐也，恐数百年后，又不及于今日，则我先师之道，其陨于深泉。是用终日不食，终夜不寝，驰古今而慷慨，抱文籍而太息。

吕温对师道沦丧的不满，与韩愈颇为近似，但从今天留存的文献，还见不到他弘扬师道的具体实践，上述的时事批评，或者只是亲友之间的议论。与此相比，韩愈不顾流俗，抗颜为师，其卓越之识见与无畏之气魄，更是迥出众人之上。这无疑是他精神人格与道德勇气的集中呈现，然而韩愈长期担任国学学官的独特经历，在其中所产生的影响也是不容忽视的。

唐代国学，无论呈现怎样的衰颓之状，都是唐代社会最重要的教育机构，自初唐以来就寄托着如陈子昂、张说这样的有道之士的文化社会理想。无论世风与士风如何混乱，国学都应该是当时社会的一片相对的净土。然而长期的学官经历，让韩愈对这一片"净土"中的颓败之状，有了深入的认识。"净土"尚且如此，全社会师道之沦丧不传，该是何等触目惊心！他弘扬师道的强烈使命感，在很大程度上，当是由此国学中的痛切感受所触发、所强化。在担任国子四门博士之前，韩愈对结交同道、奖掖后学已倾注很大热情，但还没有明确的师道意识。担任四门博士之后，他写作《师说》，对师道观做集中的标举，其对后学的奖掖荐举已可见明确的师道意识。这其中显著的变化，应该说在很大程度上，是韩愈国学学官的经历所促成。

韩愈以提倡师道来树立士人的自尊，其对社会文化与思想的影响深远而广泛。宋代苏轼称韩愈"匹夫而为百世师"，宋代士人正是通过师道来树立独立的精神传统的。这种独立的精神传统，也启发了宋代以后日趋兴盛的私人讲学之风。而对于韩愈来讲，他的师道理想，很大一部分还是在国学中加以推行和实践。元和十五年（820），从潮州贬所返回长安的韩愈出任国学的最高长官国子祭酒。他大力选拔德才之士担任教师，其《国子监论新注学官牒》云：

国子监应令新注学官等牒，准今年赦文，委国子祭酒选择有经
艺堪训导生徒者，以充学官。近年吏部所注，多循资叙，不考艺能，
至令生徒不自劝励。伏请非专诵经传，博涉坟史，及进士五经诸色
登科人，不以比拟。其新受官，上日必加研试，然后放行，上副圣
朝崇儒尚学之意。

这些"有经艺堪训导生徒者"，正是《师说》中的"传道、受业、解惑"
之人。韩愈在引发其师道之痛切体验的国学中，努力践行其师道理想。
可见，国学之于韩愈师道观的形成与实践，其重要的意义不仅值得关注，
而且值得做深入的反思。由此，我们也可以对韩愈师道观的现实背景以
及重要的思想贡献，获得更为丰富的理解。

（原载于《河南社会科学》2016 年第 5 期）①

①　本文以《从国学经历看韩愈提倡师道的现实用心与历史意义》为题发表于《河南社会科学》。

唐代厅壁记源流简说

北京师范大学　康震

一、缘起与发展

厅壁记又名"壁记""厅壁题名记"，是指嵌在官署机构墙壁上的碑记。厅壁记由两部分组成：一是历任官员的题名，二是题名旁叙述性的记文。厅壁记是唐代新兴的文体，唐前的"壁记"并不具有文体学的意义，所谓"郡县守长，有记于厅事之壁，前代无闻，唐始盛焉"①（韩琦《定州厅壁题名记》）。独孤及在《江州刺史厅壁记》中则回顾了厅壁记的缘起与发展："古者国有史氏，君举必书。倚相、董狐、史鳅、史嚚，即其人也。秦已来国化为郡，史官废职，策牍之制浸灭，记事者但用名氏岁月，书于公堂，而《春秋》《梼杌》，存乎屋壁，其来旧矣。"②封演在《封氏闻见记·壁记》中对此也有详细的说明：

> 朝廷百司诸厅皆有壁记，叙官秩创置及迁授始末。原其作意，盖欲著前政履历，而发将来健羡焉。故为记之体，贵其说事详雅，

---

① 曾枣庄、刘琳：《全宋文》卷八百五十四，44 页，上海，上海辞书出版社，合肥，安徽教育出版社，2006。

② 〔清〕董诰等：《全唐文》卷三八九，3951 页，北京，中华书局，1983。

不为苟饰。而近时作记，多措浮辞，褒美人材，抑扬阀阅，殊失记事之本意。韦氏《两京记》云："郎官盛写壁记以纪当厅。前后迁除出入，浸以成俗。"然则壁记之由，当是国朝以来，始自台省，遂流郡邑耳。①

　　这说明厅壁记的主要内容是"叙官秩创置及迁授始末"，撰写目的是"著前政履历，而发将来健羡"，写作体式是"说事详雅，不为苟饰"。但封演特别指出，有唐以来，壁记之文出现了很多新的变化，逐渐由"不为苟饰"转向"褒美人材"，由"记事之本意"转向"抑扬阀阅"。他还援引韦述的《两京新记》，说明厅壁记由台省逐渐流向郡邑，进而成为一代流行文体。总之，厅壁记这种文体，孕育于先秦两汉，发生于魏晋六朝和隋朝，成熟于唐朝。作为一种官方记事的应用文体，其内容主要记录历任官员的姓名、经历、政迹，兼及官职的职掌与沿革，作为纪念并供后任官吏参考。

　　唐前的总集、别集中尚未编选独立的厅壁记文。宋代《文苑英华》首见"壁记"文体，按照官署机构的不同，载录中书、翰林、尚书省、御史台、寺监、府署（街附）、藩镇（观察附）、州郡、监军使（给纳使附）、使院、幕职、州上佐、州官、县令、县丞、簿尉、宴饯17种不同类别的厅壁之记，共计12卷90余篇38位作家。《全唐文》以"厅壁记"为名的文章则多达百余篇，有作家50余位，以唐玄宗时人孙逖的《吏部尚书壁记》为最早，其他所录作品多为安史之乱以后所作。

　　厅壁记的发展、成熟经历了一个漫长的过程。玄宗天宝十四载（755），李华所撰《御史大夫厅壁记》言："初厅壁列先政之名，记而不叙。公以为艰难之选，将俟后人，谓华尝备属僚，或知故实。"②这说明厅壁记文最初只有题名而少有叙述的记文。有些记文为了节省起见，直接省

① 〔唐〕封演：《封氏闻见记校注》卷五，赵贞信校注，41页，北京，中华书局，2005。
② 〔清〕董诰等：《全唐文》卷三一六，3203页，北京，中华书局，1983。

略职掌和沿革的记载，并说明这是"古之制记者，先诸德而后诸事"①（李华《御史中丞厅壁记》）的做法。但是，"武德以来，廨署鼎新者数，官曹易名者五，若姓不表年不纪，是废德也，将来何观？故谨而列之，俾我曹之春秋存乎座右"②（独孤及《吏部郎中厅壁记》）。这说明随着官署与官职的丰富发展，记录历任官员姓名，撰写记文记录职官的历史开始成为厅壁记的新传统。事实上，随着厅壁记写作风气的日益浓厚，记文本身以及记录职官历史反而发展成为厅壁记的主体。很多官员即使不刊刻题名，也会单独刊刻厅壁记文。现存的唐人文集与总集，又以收录作者的文章为目的，所以往往并不保存题名，导致题名大量亡佚，而仅存记文。只有少数记载官署运作的文献，依然保存着记文与题名兼有的原始面貌。

厅壁记依立记对象可分为两类：台省壁记与州县壁记。前者主要叙述官职的由来、演变、职权范围、职能、编制、品阶，历任官员姓名及政绩等，如李华《著作郎厅壁记》③，有些类似于简明的职官志。后者则重在记叙州县的地理历史沿革及官员的除任授代，包括地理位置、名称的演变、辖区的变化，以及风俗人情、风景形胜等，如李白《任城县令厅壁记》，有些类似于历代的地理志。其记叙结构大体为：首叙历史沿革，次叙在任者之才德政绩，末叙作记的缘由、目的及作者、时间。

厅壁记有很强的政治功利性、目的性，有很丰富的政治内容。其主要功能为记事、劝诫、褒颂。"著之屋壁，且以纪夫人之美"④（梁肃《郑县尉厅壁记》）；"铺张屋壁，设作存劝"⑤（顾况《湖州刺史厅壁记》）；"将以彰善识恶，而劝戒存"⑥（马总《郓州刺史厅壁记》）；"昭昭吏师，长在

---

① 〔清〕董诰等：《全唐文》卷三一六，3204 页，北京，中华书局，1983。
② 〔清〕董诰等：《全唐文》卷三八九，3950 页，北京，中华书局，1983。
③ 〔清〕董诰等：《全唐文》卷三一六，3204～3205 页，北京，中华书局，1983。
④ 〔清〕董诰等：《全唐文》卷五一九，5274 页，北京，中华书局，1983。
⑤ 〔清〕董诰等：《全唐文》卷五二九，5372 页，北京，中华书局，1983。
⑥ 〔清〕董诰等：《全唐文》卷四八一，4917 页，北京，中华书局，1983。

屋壁，后之贪虐放肆以生人为戏者，独不愧于心乎"①（吕温《道州刺史厅后记》），从这个意义上来说，厅壁记创作秉承了正王道、奖善惩恶的《春秋》之义，有比较自觉的史记意识。因此，早期的厅壁记创作多以记叙为主，夹杂议论，后来才渐渐发展为以议论为主。其行文则骈散间行，以散体为主，兼有骈句，辞尚体要，文主典雅。

唐人热衷于厅壁记的写作，许多作者都是盛中唐时代的知名文士，文学造诣深厚。他们都曾任郎官或宰臣，如权德舆、李华、元结、顾况、白居易、元稹、韩愈、柳宗元、杜牧等。唐人热衷厅壁记的原因大体有二。一是可以借此考察仕途的政治理念、制度与政治风气，从而预测未来的政治前景，正所谓"盖欲著前政履历，而发将来健羡焉"②。厅壁记刊刻记录历任官员前后官职变化的履历，后来履新者便可从这些迁除的信息中预测自己未来可能的仕途动向。二是唐代官员不能私立德政碑，又不能强迫别人为自己撰写遗爱碑颂，所以许多官员在写作厅壁记时，将自己列于题名的显著位置，借助记文详述自己的政绩与仕宦经历，借此达到自我宣扬的目的。官厅遂成为传播官吏声名的重要平台，而这些记载政绩、颂美个人的厅壁记也就成为自行设置的变相的善政碑。也正因为如此，厅壁记往往蜕化成为揄扬官员个人声望的工具，其文风也由质朴渐趋浮化："居其官而自记者则媚己，不居其官而代人记者则媚人"③（吕温《道州刺史厅后记》），逐渐成为"多措浮词，褒美人才，抑扬阀阅"④，献媚自耀的"苟饰"⑤之作，成为官吏们博取功名，进身士阶的工具。这自然就偏离了厅壁记本来的功能与目的，不过从另一个方面来说，厅壁记也渐渐脱离了单一性的政治功能文体，开始朝着政治与文学双重功能的文体发展，其文学性、审美性大大增强，逐渐成为唐代文学性散文的重要一支。

① 〔清〕董诰等：《全唐文》卷六二八，6339页，北京，中华书局，1983。
② 〔唐〕封演：《封氏闻见记校注》卷五，赵贞信校注，41页，北京，中华书局，2005。
③ 〔清〕董诰等：《全唐文》卷六二八，6339页，北京，中华书局，1983。
④ 〔唐〕封演：《封氏闻见记校注》卷五，赵贞信校注，41页，北京，中华书局，2005。
⑤ 〔唐〕封演：《封氏闻见记校注》卷五，赵贞信校注，41页，北京，中华书局，2005。

二、盛唐厅壁记

盛唐厅壁记重在叙述官职的历史沿革，所在州县的辖区、风俗，历任者的才德政绩。此时厅壁记基本以颂美为主，文辞典雅，层次清楚，是典型的庙堂文字、盛世之文。盛唐厅壁记确立了厅壁记写作的文体规范，其中孙逖、李华是代表作家。孙逖的《吏部尚书壁记》《鸿胪少卿壁记》开辟了厅壁记这一新兴文体的先河。在《吏部尚书壁记》中，孙逖说：

> 吏部尚书，在周为太宰之职，其建设徒属，敷陈事典，则周官备之矣。秦灭古法，始置尚书；汉增其制，创立选部，故灵帝以梁鹄为选部尚书是矣。魏改选部尚书为吏部尚书，自晋宋至于北齐皆因之。宇文朝依周官置大冢宰卿一人，盖其任也。隋革周制，复曰吏部尚书。皇朝龙朔二年改为司列太常伯，咸亨元年复为吏部，光宅元年改为天官尚书，神龙元年又为吏部尚书。综九流之要，为六官之长，位尊任重，实在于兹。自武德已来，多以宰相兼领，一彼一此，更为出入，才难不其然乎？①

上起唐虞三代，下至本朝本代，文章对吏部尚书这一职官做了全面系统的说明。在唐代的厅壁记中，此文对职官沿革的记叙最为详尽、典范，可以说是一篇独立的"吏部尚书职官志"。在文章末尾，孙逖说："践此位者，四十八人，嘉名已著于国史，故事宜存于台阁。系以日月，自得春秋之义；记其代迁，更是公卿之表。以备官学，列为壁记焉。"这也明确了厅壁记的基本功能。现对照《唐仆尚丞郎表》②的记载，则文中所谓"践此位者，四十八人"均可一一对应。③ 这篇文章首创厅壁记体例之功，有

---

① 〔清〕董诰等：《全唐文》卷三一二，3169 页，北京，中华书局，1983。

② 严耕望：《唐仆尚丞郎表》，489～508 页，北京，中华书局，1986。

③ 高祖武德元年(618)至玄宗开元二十二年(734)，共有四十三人曾任吏部尚书之职(其中高士廉、卢承庆两次任职，宋璟三次任职)。

以文证史、补史之阙之用，奠定了厅壁记的文体学基础，但其文学价值并不高。

　　李华是第一个大量创作厅壁记的作家，《全唐书》中共收录其厅壁记12篇，创作跨度较大，从天宝七载（748）之《著作郎厅壁记》至大历元年（766）之《衢州刺史厅壁记》。数量与质量在盛唐诸人中首屈一指，大大推动了厅壁记的文体成熟。

　　作为唐代古文运动的先驱，李华的厅壁记"直质而少文"①（《御史大夫厅壁记》），符合壁记文体"辞尚体要"②之要求。李华善于处理史料，鉴识史实，以《中书政事堂记》为例：

　　　　政事堂者，自武德以来，常于门下省议事，即以议事之所，谓之政事堂。故长孙无忌起复授司空，房元（玄）龄起复授左仆射，魏徵授太子太师，皆知门下省事至高宗光宅元年，裴炎自侍中除中书令，执事宰相笔，乃迁政事堂于中书省。记曰：政事堂者，君不可以枉道于天。……此堂得以议之。臣不可悖道于君……此堂得以易之。兵不可以擅兴……此堂得以诛之。事不可以轻入重……此堂得以杀之……故伊尹放太甲之不嗣，周公逐管蔡之不义，霍光废昌邑之乱，梁公正庐陵之位。自君弱臣强之后，宰相主生杀之柄，天子掩九重之耳，燮理化为权衡，论思变成机务，倾身祸败，不可胜数。列国有传，青史有名，可以为终身之诫。无罪记云。③

文章首释"政事堂"之义，再叙政事堂的历史沿革。与之前传统的厅壁记有所不同，这篇厅壁记没有考究官名的由来，也没有记叙历代制度之沿革，而是以武德为始，直叙其要，更有资于借鉴价值。门下省政事堂本是唐代三省首长（宰相）集体议事之所，"永淳二年七月，中书令裴炎以中

---

① 〔清〕董浩等：《全唐文》卷三一六，3203 页，北京，中华书局，1983。
② 〔汉〕孔安国：《尚书正义》，〔唐〕孔颖达正义，754 页，上海，上海古籍出版社，2007。
③ 〔清〕董浩等：《全唐文》卷三一六，3202～3203 页，北京，中华书局，1983。

书执政事笔，遂移政事堂于中书省。开元十一年，中书令张说改政事堂为中书门下"①。从此，以中书令为首的政事堂从宰相议事之所转变为宰相裁决政务之所。以中书令为首的宰相，也完成了由"掌军国之政令"到"佐天子而执大政"的角色转变。②

　　文章接着阐述政事堂所议之事与君臣所宜严守之规范。作者并未全面论述政事堂的功能，而是将重点放在政事堂的职责与权限上。例如，议无道之君，易乱逆之臣，诛擅权之臣，杀弄权渎职之臣，等等。李华以政事堂宰臣以身行道，不避杀身灭族之祸，敢于行使职权、拨乱反正等事例，说明宰臣之职不仅要践履孔孟以来的"以道事君"，更要以臣立君。这样的论断对在任、继任者都是一记重重的棒喝，可谓胆识惊人，掷地有声。

　　李华还打破厅壁记"记而不叙"的惯例，文末笔锋一转，揭示自古奸相弄权终至祸败的教训："自君弱臣强之后，宰相主生杀之柄，天子掩九重之耳，爕理化为权衡，论思变成机务，倾身祸败，不可胜数。"与孙逖的单一性叙述不同，李华反思政事堂与宰臣的权力，指出政事堂大权在握，运用得当，可制衡君权之专擅，但如果"君弱臣强"，那么政事堂就会以下犯上，成为国家的弊病。全文析理深微，逻辑严密，条分缕析，令人信服。加以层层对比，步步反复，多用排比句式，遂有排山倒海之势。清圣祖曾御批此文："直起直收，义存鉴戒。文有刚果之气，如风雨骤至，集于笔端。"③其笔调"峻洁严健，足称名笔"④，行文言简意赅，于简约中寓深刻，"文势如峰峦层出，如波浪叠涌，读之快心畅意，不觉其烦，此正举业者所当取以为法也"⑤。一束一转中，李华之文尽显顿挫

　　①　〔后晋〕刘昫等：《旧唐书》卷四十三《职官三》，1842 页，北京，中华书局，1975。

　　②　〔唐〕李林甫等：《唐六典》，陈仲夫点校，273 页，北京，中华书局，1992。

　　③　〔清〕康熙：《圣祖仁皇帝御制文集三集》卷三十五，《文津阁四库丛书》别集类第 434 册，34 页，北京，商务印书馆。

　　④　〔元〕刘埙：《隐居通议》卷十三，140 页，北京，中华书局，1985。

　　⑤　〔明〕归有光：《文章指南》之《文势层叠则》，《四库全书存目丛书》别集三一五，湖北省图书馆藏清光绪二年(1876)刻本。

回旋之美。

《中书政事堂记》乃中央官署之厅壁记,《河南府参军厅壁记》则是州县官府机构的厅壁记。

> 文与武,邦之大司,参以弥纶而果于折中,军以厉禁而阙其暴蔑。弥纶之谓文,厉禁之谓武,居一称而兼二义,参军有焉。汉车骑将军张温行司空,专征关右,始征幽州刺史陶谦参军事,由是上将之府,以为常仪。魏骠骑将军石苞镇扬州,晋文王命孙楚参苞军事,宾主降礼,始于孙石……京兆韦昱,门高器全。其文也,若英敷华;其武也,长剑淬锷。朗玉调律,鸷禽乘秋,服楚傅之训诫,传汉相之经术……故搜录官族,第其迁授,俾将来俊茂,有所观焉。时天宝九载九月十三日记。①

"参军"本为丞相之"参谋军务"者,晋以后地位渐低,成为诸王、将军的幕僚。隋唐以后,参军渐成地方官员,唐代诸卫及王府、外府州均设有司录及录事参军。此记先释参军二字之义,以见其文武兼备之特色。再列举历任此职者的事迹,追溯参军之源起与发展,以明其佐政之责。还特别以韦昱为例,美其文武兼备,宜乎功名两全。最后,愿此文俾将来俊茂之士有所观览。全文布局精巧,文辞华美,结构严整。

《河南府参军厅壁记》与《京兆府员外参军厅壁记》均为天宝年间李华受两京府僚委托所作。可见此时撰写题名、记文的风气已扩及两府基层。在《京兆府员外参军厅壁记》中,李华叙述此职沿革,逐一表彰前任官员的"勋德":"因之故事,则钟繇李允魏舒王遵,事炳于前代。韦仆射李大夫陆少保杜尚书,功宣于盛朝,叔父侍郎发迹于河南,黄门顾公渐羽于京兆,骥子蹑乘黄之卓,鹓雏入威凤之巢,荣縻九霄,纵游千里,其可必也。"②李华的《著作郎厅壁记》也着意强调历代著作郎皆由名臣担任的传统。

---

① 〔清〕董诰等:《全唐文》卷三一六,3209 页,北京,中华书局,1983。
② 〔清〕董诰等:《全唐文》卷三一六,3208 页,北京,中华书局,1983。

　　魏则王沈以侍中兼之，卫凯以尚书带之，至于有晋，若史材之美，陈寿自佐郎迁，元舅之尊，庾亮以中书领，宋则徐爰何承天，齐则沈约裴子野，梁则陆云公姚察，陈则顾野王张正见……皆一朝名选也……然以其能综群言，且居百乘，出典下国，转为郎官，经纬斯文，昭宣有政，或上迁秘书少监，或擢拜中书舍人，固不易其任也。①

　　与《中书政事堂记》相比，李华的大多数厅壁记对官制沿革的描述还是比较完备的，有"职官志"的功能。例如，《杭州刺史厅壁记》："唐虞之代，四岳十二牧，分掌诸侯，宗周有方伯连帅之职。秦有监郡，汉魏以还，初曰部刺史，后曰州牧。近代罢州牧，复为郡太守。太守刺史，无恒其称，职同九卿。"②文中列举了多位曾任此职的"当时名公"，以显此官职之荣光。例如，颂扬卢幼平"公体仁而清，直方简亮，文以辅德，武以静人。澄旷有清江之姿，巍峨有秋山之状"，人物形象鲜明而生动。但文末所云"未逾三月，降者迁忠义，归者喜生育，旌次让利，辕门无声，人咸曰休哉！以卿佐之才，遵王泽，敷德政，吾见其为公为侯，福履宜之，未见其极也"③，则有谀辞过誉之感。此记成文于唐代宗永泰元年（765），李华因安史之乱陷贼居伪官，"自伤践危乱，不能完节，又不能安亲，欲终养而母亡，遂屏居江南"④，心境、思想发生了很大变化，这在厅壁记当中也有所体现。

　　李华是厅壁记的先行者，也是推动这一文体发展的重要作家。他对于厅壁记写作模式的确立有奠基之功。从他开始，形成了以记叙为主，兼以议论、描写，首叙历史沿革，次叙在任者才德政绩，末叙作记缘由、寄托为政期望等一套厅壁记写作模式，厅壁记也由历史记录为主的史记文体转向历史记录、政治揄扬、文学描写相结合的文学文体。

①　〔清〕董诰等：《全唐文》卷三一六，3205页，北京，中华书局，1983。
②　〔清〕董诰等：《全唐文》卷三一六，3205页，北京，中华书局，1983。
③　〔清〕董诰等：《全唐文》卷三一六，3206页，北京，中华书局，1983。
④　〔宋〕欧阳修、宋祁：《新唐书》卷二百三，5776页，北京，中华书局，1975。

相较于孙逖、李华厅壁记的"职官志"之用，高适的《陈留郡上源新驿记》、李白的《任城县令厅壁记》可谓有"地理志"之功。《陈留郡上源新驿记》述写的是唐代驿馆的制度建设，但对于馆驿的地理环境、历史遗迹、人情风俗多有涉及。

> 《周官》：行夫掌邦国传遽之事，施于政者，盖有章焉。皇唐之兴，盛于古制。自京师四极，经启十道，道列以亭，亭实以驷。而亭惟三十里，驷有上中下。丰屋美食，供亿是为，人迹所穷，帝命流洽。用之远者，莫若于斯矣。伊陈留雄称山东，声英海内，昌大嚣庶；有梁魏之遗迹，风烟两河之眇，襟带九州之半。洎皇华韶传，夷使骏奔，出关而驰，南向北户，山川水陆之役，兆于是矣。故上源所置，与其难哉！居里之冲，濒河之阳，地形湫隘，馆次卑狭，巽在堤下，面于剧旁，走庭以隔，建步终坎，车靡方驾，骑无并鞭，其都闭有如此者！①

《任城县令厅壁记》则详细描述了任城的起源、代迁、地势、风土民情和乡籍户口，时间从古至今，范围由地理至民俗，井然有序。

> 风姓之后，国为任城，盖古之秦县也。在《禹贡》则南徐之分，当周成迁东鲁之邦。自伯禽到于顺公，三十二代。遭楚荡灭，因属楚焉。炎汉之後，更为郡县。隋开皇三年，废高平郡，移任城于旧居。邑乃屡迁，井则不改。鲁境七百里，郡有十一县，任城其冲要。东盘琅琊，西控钜野，北走厥国，南驰互乡。青帝太昊之遗墟，白衣尚书之旧里。土俗古远，风流清高，贤良间生，掩映天下。地博厚，川疏明。汉则名王分茅，魏则天人列土。所以代变豪侈，家传

---

① 〔清〕董诰等：《全唐文》卷三五七，3629 页，北京，中华书局，1983。

文章。君子以才雄自高，小人则鄙朴难治。①

李白在记中运用铺陈、排偶、比喻、夸张等多种艺术手法，如"况其城池爽垲，邑屋丰润。香阁倚日，凌丹霄而欲飞；石桥横波，惊彩虹而不去"。其中，记时记事的句法，如"一之岁肃而教之，二之岁惠而安之，三之岁富而乐之"并为后世记文作者所袭用。此记虽然仍旧遵循传统厅壁记文的写作模式，主题以颂美为主，但文章骈散兼行，多用骈句，又能依文气与达意之需选用明白晓畅的散句，全篇整饬精练，音节铿锵流转，文字精美生动，流丽畅达，为传统的厅壁记注入一股清新自然的风气，表现出清雄奔放的浪漫风格。

三、中唐厅壁记

中唐厅壁记承继盛唐壁记的传统但又有新变，厅壁记的写作由以叙事为主转变为以议论为主，甚至有些作品通篇都是议论。元结是这一转变的先锋。他的《道州刺史厅壁记》不但开自作厅壁记之先河，而且变厅壁记之颂美传统为讥刺主题，显示了厅壁记写作由歌功颂德转向重德规谏的发展趋势。马总的《郓州刺史厅壁记》则强化厅壁记的文体定位，吕温的《道州刺史厅后记》针对元结的《道州刺史厅壁记》而作，在厅壁记写作上亦开一新例。

《道州刺史厅壁记》彰善指恶，在词严义正的论辩之外，直抒胸臆，添入一己之情怀，使厅壁记得兼史论与政论之体，由以记叙为主之实用性文体，提升为以议论为主体的文学性文体：

　　天下太平，方千里之内，生植齿类，刺史能存亡休戚之。天下兵兴，方千里之内，能保黎庶，能攘患难，在刺史耳。凡刺史若无

① 〔唐〕李白：《李白集校注》卷二十八，瞿蜕园、朱金城校注，1595～1599页，上海，上海古籍出版社，1980。

文武才略，若不清廉肃下，若不明惠公直，则一州生类，皆受其害。於戏！自至此州，见井邑邱墟，生人几尽。试问其故，不觉涕下。前辈刺史，或有贪猥昏弱，不分是非，但以衣服饮食为事。数年之间，苍生蒙以私欲，侵夺兼之，公家驱迫，非奸恶强富，殆无存者。①

此记作于元结接任道州刺史时，文章开篇就说无论天下"太平"抑或"兵兴"，刺史都与一州黎庶的命运休戚相关，从而打破了厅壁记的传统写作模式，变记叙历官、歌功颂德为深刻揭露社会现实。文章尖锐批评今日之所以民不聊生，极目所见"井邑邱墟，生人几尽"，病根就在于"前辈刺史"的种种恶行："或有贪猥惽弱，不分是非，但以衣服饮食为事。数年之间，苍生蒙以私欲侵夺，兼之公家驱迫，非奸恶强富，殆无存者"，而"前后刺史，能恤养贫弱，专守法令，有徐公履道、李公廙而已"。元结以此表达了对贪官污吏强烈的愤怒和对无辜百姓的同情，反映出中唐后期官场的黑暗现实。文末云"故为此记，与刺史作戒"以彰文旨，"既彰善而不党，亦指恶而不诬，直举胸臆，用为鉴戒，昭昭吏师，长在屋壁"②（吕温《道州刺史厅后记》）。

《道州刺史厅壁记》不"媚人"，亦不"媚己"，语言犀利，爱憎分明，一反厅壁记传统的圆融谨严风格，通篇都是对贪官污吏的无情揭露与批判，不见常有之"夸学名数，或务工为文"（吕温《道州刺史厅后记》），近似于一篇"刺史戒"。元结此记行文间流露出真挚强烈的感情，历来为人所称道。对厅壁记这种制式官场文体而言，元结的《道州刺史厅壁记》可谓一大改革，对唐代厅壁记的文体演变有着极大的影响。

吕温的《道州刺史厅后记》是一篇有感于前道州刺史元结之《前记》而作的《后记》。

---

① 〔清〕董诰等：《全唐文》卷三八二，3875 页，北京，中华书局，1983。
② 〔清〕董诰等：《全唐文》卷六二八，6339 页，北京，中华书局，1983。

往刺史有许子良者，辄移元次山记于北墉下而以其文代之，后亦有时号君子之清者莅此，孰视焉而莫之改，岂是非之际如是其难乎？予也鲁，安知其他，则命圬而书之，俾复其旧，且为后记，以广次山之志云。①

吕温至道州任上后，发现元结的《道州刺史厅壁记》被前任刺史许子良移走，而以许文代之。吕温认为元结记中所说的"彰善而不党，指恶而不诬。直举胸臆，用为鉴戒。昭昭吏师，长在屋壁，彼贪虐放肆以生人为戏者，独不愧于心乎"，对于刺史所应具备的素养，对于刺史职责的重要性，均有极高明的见地，遂决定恢复这篇刺史厅壁记。从写作动机而言，吕温此记在唐代厅壁记中是绝无仅有的一种体式，其主要目的不是记述职官迁转历程或者称颂为官之德，而是重在表达对元结《前记》的推崇之情，以及"广次山之志"的决心。从一定意义上来说，吕温的《后记》乃是元结《前记》的续篇，算是厅壁记的一种变格。

作为唐代散文大家，韩愈的厅壁记作品不算多。但是，其《蓝田县丞厅壁记》在表现手法、立意与构思上多有创新，为别出心裁，独辟蹊径之作。

文书行，吏抱成案诣丞，卷其前，钳以左手，右手摘纸尾，雁鹜行以进，平立睨丞曰："当署！"丞涉笔占位署，惟谨，目吏，问"可不可"，吏曰"得"，则退，不敢略省，漫不知何事。官虽尊，力势反出主簿、尉下。谚数慢，必曰"丞"，至以相訾謷。丞之设，岂端使然哉！……始至，喟曰："官无卑，顾材不足塞职。"既噤不得施用，又喟曰："丞哉，丞哉！余不负丞，而丞负余。"则尽枿去牙角，一蹴故迹，破崖岸而为之。②

---

① 〔清〕董诰等：《全唐文》卷六二八，6339 页，北京，中华书局，1983。

② 〔唐〕韩愈：《韩昌黎文集校注》卷二，马其昶校注，马茂元整理，89～91 页，上海，上海古籍出版社，1986。

　　韩愈先简述县丞之职本是县令之副手，高于县尉与主簿之职，但因主官大权独揽，县丞只得投闲置散，无所事事。作者以大量笔墨细致入微地刻画了县丞无权过问公事，处处受县吏排挤和蔑视的窘态。韩愈长于纪传，精于人物形象之塑造。他运用对话描写的手法，速写出精彩而典型的人物。其中，县丞与小吏间的对话极为传神精彩，将县丞之怯懦、小吏之轻侮活现于纸上。文中崔斯立发出沉重的感叹："官无卑，顾材不足塞职。""丞哉，丞哉！余不负丞，而丞负余。"这也侧写出崔斯立由负才使气至棱角尽磨，"破崖岸而为之"的心态转换。文末描述崔斯立每天只得"对树二松，日哦其间"，虚遣岁月，而"有问者，辄对曰'余方有公事，子姑去'"，不着一语，却已写尽崔斯立虽在官却不得有为，最终不问一事的处境，令人读之不禁扼腕叹息。

　　此文写于唐宪宗元和十年（815），当时虽然号称"元和中兴"，但军阀割据、宦官擅权依然存在，社会危机四伏，正是任用贤能、改革图强之时。韩愈"愤当世之丞不得尽其职，故借壁记以点缀之，而词气多瀺灂奇诡"①。文章完全颠覆了厅壁记固有的模式，既没有对县丞官职沿革的陈述，也没有介绍蓝田县的风俗人情，更没有历数前任官员履历，而是对当时的用人制度做了鞭辟入里的揭露与嘲讽。崔斯立才高而不见用，封建官僚体系的专横压制与埋没人才可见一斑。文章以白描手法、人物言行竭力展示富有特征性的细节，虽不加评判，却掩不住满纸的不平之气与沉痛之情："此文钝以诙诡出之，当从傲睨一切中玩其神味。"②文章以诙谐之笔，极意摹写，寓讽刺之意，处处都是机锋，完全是小说家的笔墨。明人唐顺之评此文："此但说斯立不得尽职，更不说起记壁之意，亦变体也。"③在唐代厅壁记从主记叙向主议论转变的过程中，这篇文章具有突出的代表性，这也是厅壁记由史记之文向文学之文转变的一个重要标志。

　　①　〔明〕茅坤：《唐宋八大家文钞》卷八，98页，上海，上海古籍出版社，1993。

　　②　迟文浚等：《唐宋八大家散文广选·新注·集评》韩愈卷，144页，沈阳，辽宁人民出版社，1999。

　　③　〔明〕茅坤：《唐宋八大家文钞》卷八，98页，上海，上海古籍出版社，1993。

　　《徐泗豪三州节度掌书记厅石记》①写于唐德宗贞元年间，韩愈其时为张建封幕府。该文对书记之职记叙颇详，成为研究唐代文学与幕府关系的重要史料。韩愈在文中从"书记之任至重，非有才不足以居之；而书记之才与否，又视其帅何如"②的角度，实写许孟容、杜兼与李博三位掌书记乃"闳辨通敏兼人之才"，"后之人苟未知南阳公之文章，吾请观于三君子"，虚写"南阳公文章称天下"③，虚实兼济，既有称颂之意又不涉阿谀之嫌。本来厅壁记这种官式应用文体，很难自由抒发情感，但韩愈能从中求变，写来仍是有声有色，不落常套："蔚乎其相章，炳乎其相辉；志同而气合，鱼川泳而鸟云飞也。""推之用人取友，莫不皆然。"这也是韩愈对厅壁记写作的一种突破。

　　柳宗元的厅壁记成就不如山水游记，但也很有特色。宋人邵伯温云："韩退之之文，自经中来；柳子厚之文，自史中来。"④他的厅壁记注重史实，考辨详尽。例如，《监祭使壁记》⑤详尽记叙了监祭使一职的沿革演进、职责和祭祀活动的复杂操作程序。柳宗元反对天命论，认为天人不相预，此文的主旨便是"圣人之于祭祀，非必神之也，盖亦附之教焉"，强调祭祀对于社会有教化之功，而"事于天地，示有尊也，不肃则无以教敬；事于宗庙，示广孝也，不肃则无以教爱；事于有功烈者，示报德也，不肃则无以劝善"。这才是祭祀的本质和意义。

　　文章最后一段说："旧以监察御史之长居是职，贞元十九年十二月，御史多缺，予班在三人之下，进而领焉。"这三人乃是监察御史崔蕆、韩愈与侍御史李方叔。德宗贞元十九年（803），这三人都因触怒权贵而横遭贬谪。监察御史本是纠察百官、巩固皇权的官职，但中唐以来皇权遭到

---

　　① 〔唐〕韩愈：《韩昌黎文集校注》卷二，马其昶校注，马茂元整理，84～86页，上海，上海古籍出版社，1986。

　　② 〔清〕张伯行：《唐宋八大家文钞》卷二，27页，北京，中华书局，2010。

　　③ 〔唐〕韩愈：《韩昌黎文集校注》卷二，马其昶校注，马茂元整理，85页，上海，上海古籍出版社，1986。

　　④ 〔宋〕邵博：《邵氏闻见后录》卷十四，111页，北京，中华书局，1983。

　　⑤ 〔唐〕柳宗元：《柳河东集》卷二十六，432～434页，上海，上海人民出版社，1972。

削弱，御史的地位也随之下降。如果将这三人的被贬与文末所云"御史多缺"联系在一起，也许可以更深入地了解柳宗元写作此文的潜在目的。

《四门助教厅壁记》①的写法与《监察使壁记》相似。文章引述一系列史实追溯"四门助教"制度之沿革，设置及职能之变化，又列举"贺秘书由是为博士，归散骑由是为左拾遗"以证四门助教之职"必以名实者居于其位"。全文多考辨制度、历史，敷陈宏规典册，不著一字议论。柳宗元之所以写此文，是因为太学的地位低落，士人对其评价不高，文章之士也甚鄙薄之。柳立、武儒衡、欧阳詹三人以文士出身而求为学官，柳宗元认为难能可贵。所以四门助教署创制题名时，柳宗元便只刊刻三人姓名，并作此文标举三人之异行，广大其名声。

柳宗元是散文大家，其人"少聪警绝众，尤精西汉诗骚，下笔构思，与古为侔。精裁密致，璨若珠贝。当时流辈咸推之"②。其文"雄深雅健，似司马子长，崔、蔡不足多也"③，"一时皆慕与之交"④（韩愈《柳子厚墓志铭》），所以邀请他撰写官署之记者甚多。例如，《武功县丞厅壁记》即为武功县丞陈南仲之"族子存持地图以来谒余为记"⑤。洪迈比较此记与韩愈的《蓝田县丞厅壁记》："韩退之作《蓝田县丞厅壁记》，柳子厚作《武功县丞厅壁记》，二县皆京兆属城，在唐为畿甸，事体正同，而韩文雄拔超峻，光前绝后，以柳视之，殆犹碔砆之与美玉也。"⑥武功、蓝田两县皆属京兆尹，且两文皆写县丞，因此"事体正同"。但韩愈与崔斯立本为旧识，因此《蓝田县丞厅壁记》写来"纯用戏谑，而怜才共命之意，沉痛自在言外"，目的是为崔氏抱打不平，期望执政者能够重用贤士。这样的文章是厅壁记的变体。《武功县丞厅壁记》乃柳宗元受人委托而作，固然不

---

　　① 〔唐〕柳宗元：《柳河东集》卷二十六，434～436 页，上海，上海人民出版社，1972。

　　② 〔后晋〕刘昫等：《旧唐书》卷一百六十《柳宗元传》，4213 页，北京，中华书局，1975。

　　③ 〔宋〕欧阳修、宋祁：《新唐书》卷一百六十八《柳宗元传》，5142 页，北京，中华书局，1975。

　　④ 〔唐〕韩愈：《韩昌黎文集校注》卷七，马其昶校注，马茂元整理，511 页，上海，上海人民出版社，1972。

　　⑤ 〔唐〕柳宗元：《柳河东集》卷二十六，437 页，上海，上海古籍出版社，2008。

　　⑥ 〔宋〕洪迈：《容斋随笔》，673 页，上海，上海古籍出版社，1978。

如韩愈之文雄拔超峻，但也庄雅可咏，算是厅壁记的正体。正如陈善所评："扶导圣教，划除异端，自其所长。若其祖述坟典，宪章骚雅，上传三古，下笼百氏，横行阔视于缀述之场者，子厚一人而已矣。"①

白居易的厅壁记多有讥讽，文学色彩比较浓厚。《许昌县令新厅壁记》②是他受叔父、许昌县令白季轸委托所作。文章突破了叙写官员任职和提升情况的成规，先说许昌地理位置的重要和战争之后人民生活的困苦，接着说叔父到此地之后"约己以清白，纳人以简直，立事以强毅"，终于"官由是而立，政由是而举，民由是而乂"。文末写许昌县官厅本无前任县令的题名，"前贤姓字，湮泯无闻"，白季轸于是将自己列为题名之始，置于最醒目的位置。由此也可看出白居易写作此文，意在揄扬白氏。他的《江州司马厅记》作于被贬江州之后，此时作者的思想已由兼济天下转向独善己身。这篇记文不同流俗，在嬉笑怒骂中寄托了失意孤寂之思。它首先叙述了司马一职的创制，清楚详实地叙写出官场之弊。

> 庶官以便宜制事，大摄小，重侵轻，郡守之职，总于诸侯帅，郡佐之职，移于部从事。故自五大都督府至于上、中、下郡，司马之事尽去，唯员与俸在。③

用语不多，却将事件交代得非常清楚，而"官不官，系乎时也。适不适，在乎人也"，则是以戏谑之笔书写自己"养志忘名、安于独善"的心境。接着，白文介绍了江州的风土人情，沿袭的还是厅壁记的陈规套路，只是说到自己这个司马之职时，不免言带揶揄自嘲之意。"刺史，守土臣，不可远观游；群吏，执事官，不敢自暇佚；惟司马，绰绰可以从容于山水诗酒间"，所有美景"司马尽有之矣"。文末写道：

---

① 〔宋〕陈善：《扪虱新话》，北京，中华书局，70 页，1985。

② 〔唐〕白居易：《白居易集笺校》卷四十三，朱金城笺校，2742～2743 页，上海，上海古籍出版社，1988。

③ 〔唐〕白居易：《白居易集笺校》卷四十三，朱金城笺校，2732 页，上海，上海古籍出版社，1988。

官足以庇身，食足以给家。州民康，非司马功；郡政坏，非司马罪。无言责，无事忧。噫！为国谋，则尸素之尤蠹者；为身谋，则禄仕之优稳者。予佐是郡，行四年矣！其心休休如一日二日，何哉？识时知命而已，又安知后之司马不有与吾同志者乎？因书所得，以告来者。

与韩愈一样，这种游戏人生的笔法颠覆了厅壁记的创作传统。将厅壁记这种本在揄扬政绩、记述职官传统的正统官场之文，转变成戏谑讥讽的小品文字。可见，同样一种文体，如果遭遇了不同的创作者，便会衍生出不同的文体命运与文体特色，这在客观上不断丰富和发展着厅壁记文体的内涵。白居易的厅壁记多为散体之作，亦有骈散兼行者，但无论骈散他都能做到用语平易，句意顺畅，行文自然。

如前所述，这一时期的厅壁记开始脱离原初文体的规定性，由记叙性文体逐渐转向议论性文体，文学性、审美性大大增强。但朝廷并没有因此忽略对厅壁记本体功能的自觉，这从一个角度显示了厅壁记在政治生活中承担的重要角色。例如，德宗贞元二年（786）诏敕曰："置所要律令格式，其中要节，仍准旧例，录在官厅壁。"①诏敕所强调的依然是厅壁记的主体功能，这个功能的主要目的不是为了炫耀辞藻，宣传个人，而是明确行政机关的职责、权利和义务，以便提高办公效率。马总的《郓州刺史厅壁记》在维护厅壁记传统文体功能方面是个典型。

夫州郡厅事之有壁记，虽非古制，而行之已久。其所记者，不唯备迁授，书名氏，将以彰善识恶，而劝戒存焉。其土风物宜，前政往绩，不俟咨者访叇，搜籍索图，一升斯堂，皆可辨喻，原兹邦域，其来远矣……其国初以来刺史名氏及迁改之次，既遭蔑弃，难以究详，访诸史官，异日备于东壁。②

---

① 〔宋〕王溥：《唐会要》卷三十九《定格令》，706 页，北京，中华书局，1955。
② 〔清〕董诰等：《全唐文》卷四八一，4917 页，北京，中华书局，1983。

这篇文章明确强调厅壁记不是纯文学作品，其主要功能不是抒发性情，而是"存文献"以"存劝诫"。马总强调，厅壁记乃是"访诸史官，异日备于东壁"的史家之作，其目的在于"前政往绩，不俟咨耆访耋，搜籍索图，一升斯堂，皆可辨喻"。

顾况的《宋州刺史厅壁记》与《湖州刺史厅壁记》在中唐厅壁记中也较有特色。其重点则在于记述宋州、湖州之沿革。《湖州刺史厅壁记》的主要内容是考地名，述风土。

> 江表大郡，吴兴为一。夏属扬州，秦属会稽，汉属吴郡，吴为吴兴郡。其野星纪，其数具区，其贡橘袖、纤缟茶纻，其英灵所诞，山泽所通，舟车所会，物土所产，雄于楚越，虽临淄之富不若也。其冠簪之盛，汉晋以来，敌天下三分之一。①

文中记录了湖州昌盛之景，洋洋洒洒，颇为大观，并记载历任治官的业绩和著名的历史事件。

> 其鸿名大德，在晋则顾府君秘、秘子众、陆玩、陆纳、谢安、谢万、王羲之、坦之、献之，在宋则谢庄、张永、褚彦回，在齐则王僧度，在梁则柳恽、张谡，在陈则吴明彻，在隋则李德林，国朝则周择从令闻也，颜鲁公忠烈也，袁给事高说正也，刘员外全白文翰也。②

与那些详述官职变革的厅壁记不同，顾况在文中主要记录了晋宋齐隋唐时湖州刺史的官员名单。这是烘托湖州刺史之职的一种方式。文末所述"其旧记吏部李侍郎纾撰。其图经竟陵陆鸿渐撰，使君命况总两家之说，倣落晋宋，迄于我唐，凡一百九十七人，及历代良二千石，仪形略也"，说明刺史李词刊刻题名时，参考旧记和图经的相关记载，刊刻了西晋建

---

① 〔清〕董诰等：《全唐文》卷五二九，5372 页，北京，中华书局，1983。
② 〔清〕董诰等：《全唐文》卷五二九，5372 页，北京，中华书局，1983。

州以来历任官员的名录，共计一百九十七人，打破了唐代刊刻题名以当司官员为主的惯例。他的《华亭县令延陵包公壁记》也很有特色。

> 君辟秀才，以文字自附，尝梦入冥府，浃时而苏。根于修短有开之兆，言地下之法，峻于人间，颇符干宝《搜神》之事。随难奉天，重围暗解，上抚其背，而春官亦以宾礼待之。及为华亭，有辟田增户均赋爱人之政。《语》曰："千室之邑，百乘之家，由也可使治其赋。"而君实有之。旧章壁记，记其官叙，野史之流也。平原之谷水昆山，鲈鱼莼菜，海错陆产，彼何人而不知？今记其异，庶有补于化耳。①

这篇记文没有叙述地理沿革与官职变迁，而是重点赞颂华亭县令包氏之政绩，以及其先世之官族与名望。虽有为之揄扬的嫌疑，但这种写法却是一种突破，合乎顾况尚奇、标新立异的文学创作风格。他的《嘉兴监记》则是自己多年从事盐铁专卖事务的工作记录，有以文证史之用。

四、晚唐厅壁记

晚唐政局混乱，战乱频仍，许多作者都借撰写厅壁记抨击弊政，抒发对社会政治的不满。

杜牧为文笔力峭健，气势雄浑，在骈体盛行的晚唐文坛上独树一帜，算是韩柳古文运动在晚唐的回响之声。《同州澄城县户工仓尉厅壁记》是杜牧宣宗大和元年（827）春游同州澄城县（今陕西澄城县）时所作。澄城县地理环境恶劣，时常因雨水不调而或旱或涝，物产不丰，民生贫乏，但令作者不解的是"岁入官赋，未尝期表鞭一人"②。文章就从这一现象入

---

① 〔清〕董诰等：《全唐文》卷五二九，5373 页，北京，中华书局，1983。
② 〔唐〕杜牧：《杜牧集系年校注》卷十，吴在庆校注，802 页，北京，中华书局，2008。

手，巧妙地引出当地父老的解说。

　　　　耆老咸曰："……非豪吏真工联纽相姻戚者，率率解去，是以县赋益逋。征民幸脱此苦者，盖以西有通洇巨壑，又牙交吞，小山峭径……民所以安活输赋者，殆由此，傥使征亦中其苦，则墟矣，尚安敢比之于他邑乎？"嗟乎！国家设法禁，百官持而行之，有尺寸害民者，率有尺寸之刑。今此咸堕地不起，反使民以山之洇壑自为防限，可不悲哉！使民恃险而不恃法，则划土者宜乎墙山堑河而自守矣，燕、赵之盗，复何可多怪乎？书其西壁，俟得言者览焉。①

　　原来京畿之地，交通便利，更容易受禁司、五坊小儿之徒轮番索刮敛取，因此民不聊生。澄城县因"通洇巨壑，又牙交吞"，盘剥巧取者不便前来，所以能免受其苦。作者先是慨叹法令不行，权豪势要扰害百姓，进而想到法令废弛与藩镇的割据其间的关系。作者认为法纪松弛，形同虚设，国家的命运便可堪忧虑；只有健全法制，才能保证国家的长治久安。如今百姓居然因自然地形之险要方能躲避苛捐杂税的盘剥，朝政之腐败可想而知。此文虽然冠之以"户工仓尉厅壁记"，但文章并不具有传统厅壁记的功能与作用。其行文简洁清峻，言约意丰，是一篇非常有力量的抨击弊政之文，与元结的《道州刺史厅壁记》有异曲同工之妙。

　　孙樵的《书褒城驿壁》②对厅壁记文亦多有开拓。他以"书"名"记"文，记中不讲典章制度，不讲职事沿革，而是详尽描述了一个驿站的兴盛与衰败，借以揭露贪官污吏鱼肉百姓的罪恶行径，抨击"当愁醉醲，当饥饱鲜，囊帛椟金，笑与秩终"③的州县长官，揭露他们不思图治、浑噩度日、中饱私囊的嘴脸。在作者笔下，褒城驿已经成为晚唐腐败政治的缩影。文章由小见大，由远及近，继承了史家直书、实录的传统，突破了

　　①　〔唐〕杜牧：《杜牧集系年校注》卷十，吴在庆校注，802 页，北京，中华书局，2008。
　　②　〔清〕董诰等：《全唐文》卷七九五，8335～8336 页，北京，中华书局，1983。
　　③　〔清〕董诰等：《全唐文》卷七九五，8336 页，北京，中华书局，1983。

一般厅壁记的格套。所以该文虽曰厅壁记文，但与韩愈的《蓝田县丞厅壁记》一样，实为指斥时弊、暴露黑暗的讥讽之作。

沈亚之的厅壁记多反映民风土俗，揭露中唐战乱流离的黑暗现实。《寿州团练副使厅壁记》记载了寿州团练副使韦武的事迹。

> 守闻之益恐，遂弃其城亡归。是日霍丘焚。行未及郡，会日暮，使吏驰告副使以归状，令得夜开壁。吏至，壁卒捍关不得入，呼骂其卒。副使立城上曰："某得命于诏，城书受即昼复之。今守独入而卒露，无为也。如驱与俱来，宁不知盗居其闲，得夜则祸成矣。或幸止于邮。"平明辟关，介士陈兵夹道，验其号以入，卒无敢越伍而趋。①

沈亚之将主人公韦武置于蔡州叛乱的特殊历史境遇中，讲述蔡州叛乱，寿春太守令狐通弃城投奔韦武一事。作者通过小吏对壁卒的谩骂，让读者想见令狐通本人的傲慢自负，而由壁卒严守军令拒不开城，可以看出韦武治军之严。文章通过对韦武的语言描写，更为具体地反映出他体恤士卒、决策审慎和做事严谨的性格特征。沈亚之文章最用力的地方便在于人物传记。这段叙述文字极为精简，不仅交代清楚了事件的来龙去脉，而且生动地刻画出了不同人的个性特征。此记通过决池引流以安民心、夜拒乱兵坚守城门两件事，塑造了韦武忠于职守、睿智沉稳的人物形象。显然，这一时期的厅壁记已经由叙事议论转向了记叙描写人物，尤重人物形象的塑造，这在盛中唐厅壁记文中颇为少见。

沈亚之还有《河中府参军厅记》一文，叙述模式虽然比较传统，但是主旨明确，逻辑性强，语言非常精练。其《杭州场壁记》则记录杭州一院场官营盐铁的情形："顾杭州虽一场耳，然则南派巨流，走闽禺瓯越之宝货，而盐鱼大贾，所来交会，每岁官入三十六万千计。"②由此，我们可

---

① 〔清〕董诰等：《全唐文》卷七三六，7602～7603 页，北京，中华书局，1983。
② 〔清〕董诰等：《全唐文》卷七三六，7604 页，北京，中华书局，1983。

以窥见晚唐江南财政收入对唐王朝的重要性，也让我们了解到当时杭州行商的强大力量。其他如《栎阳兵法尉厅记》《栎阳县丞小厅壁记》等文，都是比较传统的厅壁记，开篇道明主旨，接着讲述职务沿革与职位的变迁，文末加进作者的议论，语言精练，层次分明。沈亚之是晚唐最着力创作厅壁记的散文家，这些文章从另一个角度为我们展现了晚唐社会的生活场景。

宋代文官政治与宋代笔记小说中的文士形象

北京师范大学　张智华

宋代文官政治比较完善和稳定，以积极意义为主，但也有一些弊端。受此影响，宋代笔记小说出现了大量的文士形象，有为民请命者，有正直精干者，有文武双全者，有能文而不能武者，有庸俗无能者，有卑鄙自私者。这些形象表现出文士的复杂性与多面性，反映了宋代的时代特征，在我国古代小说发展史上具有一定的作用，给人们以有益的启示。

一

宋代以前，我国虽有一些文官治国的传统，但经常受到武人和贵族门阀的干扰，文官政治只是到了宋代才比较完善和稳定。马端临《文献通考》卷六十三《职官考一七》载："宋太祖开基，革五季之患，召诸镇会于京师，赐第以留之。分命朝臣出守列郡，号'权知军州事'。军谓兵，州谓民政焉。其后文武官参为知州军事。"根据宋敏求《春明退朝录》卷下记载，建隆三年(962)文武升朝官班簿记 224 员，其中文班 154 人，可见文官占大多数。比较而言，宋代文官政治比汉唐明清更加完善。① 宋代广开科举，通过科举考试进入文官集团的名额数倍于唐代。选拔文官的科

---

① 参见金净：《文官政治与宋代文化高峰》，《国际宋代文化研讨会论文集》，北京大学古文献研究所、四川大学古籍整理研究所编，成都，四川大学出版社，1991。

举考试重在论策，要求文士对经学、历史、政治、经济、军事、文学等都有较广泛的涉猎。文官政治对宋代社会产生了全面深刻的影响。司马光在《贡院乞逐路取人状》中说："国家用人之法，非进士及第者不得美官。"由此可见宋代铨选官员的一般原则。张端义《贵耳集》卷下载："满朝朱紫贵，尽是读书人。"其中有些文士，经进士、制科中选者，由朝廷重臣力荐者，因召对等机遇受到特殊赏识者，往往升进迅速。有年未三十知制诰者，如晏殊、夏竦等；有年未四十执政者，如寇准、富弼等。在宋代社会中，文士的地位是相当高的。

　　宋代文官政治在某些方面合理而有效地制约着皇权，君主在一定程度上"与士大夫治天下"。宋代文官对皇权的制约是有制度做保障的："自太祖勒不杀士大夫之誓，以诏子孙，终宋之世，文臣无欧刀之辟。"①对宋朝有偏见的顾炎武，也承认"不杀大臣及言事官"，是宋朝"过于前人""汉唐之所不及"之处。历代相沿的谏官制度在宋代日益完善。宋仁宗时建立了左右司谏、正言、谏议大夫及其办事机构谏院，形成了系统的谏议体制。宋代著名的宰辅大臣，如范仲淹、韩琦、富弼、欧阳修、司马光、范纯仁、胡铨、周必大等，都当过谏官。饱受儒家民本思想熏陶的文士集团，特别是其中大量出身于下层的寒士，对民间疾苦有着深刻的了解。他们的确具有"先天下之忧而忧，后天下之乐而乐"的精神。包拯、欧阳修、王安石、苏轼、胡寅、陆游、范成大、杨万里等人，都是正直刚毅、为民立言之士。包拯的故事在当时和后代广为流传，其成为为民请命的文士的典型，是与这个大背景密切相关的。

　　宋代笔记小说中涌现出大量的为民请命的文士形象。例如，司马光《涑水纪闻》卷二载："兖王宫翊善姚坦好直谏。王尝作假山，所费甚广。既成，召宫属置酒共观之。众皆褒叹其美，坦独俯首不视。王强使视之，坦曰：'但见血山耳，安得假山？'王惊问其故，坦曰：'坦在田舍时，见州县督税，上下相驱峻急，里胥临门，捕人父子兄弟，送县鞭笞，血流满身，愁苦不聊生。此假山皆民租赋所为，非血山而何？'是时太宗亦为

---

① 〔清〕王夫之：《宋论》卷一，6页，北京，中华书局，1964。

假山，亟命毁之。"姚坦能够从百姓的利益考虑，不怕得罪当权者，敢于也善于进谏，一番话说得入情入理、义正词严，令人难以辩驳。由此，一个尽忠尽职、直言敢谏的士人形象展现在了人们面前。姚坦身上闪耀着为民请命者的光彩。司马光《涑水记闻》卷十"包拯知庐州"载："包希仁知庐州，庐州即乡里也，亲旧多乘势扰官府。有从舅犯法，希仁挞之，自是亲旧皆屏息。""为人刚严，不可干以私，京师为之语曰：'关节不到，有阎罗包老。'吏民畏服，远近称之。""拯为长吏，僚佐有所关白，喜面折辱人，然其所言若中于理，亦幡然从之。刚而不愎，此人所难也。"这些记载描绘出正直无私、刚毅精明的包公形象，吏民对他心服口服。这样的清官也是后世包青天形象的原形。沈括《梦溪笔谈》卷十一，记范仲淹兴利赈荒之事。江浙一带遭到严重干旱，范仲淹开仓救济灾民，但光靠国库还不能解决困难，还需要动员社会的力量，让富裕的人自动拿出钱粮来救济灾民。于是，他鼓励民间赛龙船，推动佛寺大兴土木。这样做是为了让富户和佛寺雇佣灾民，使灾民可以用劳力换粮食。负责监察江浙一带的监司，认为范仲淹只知游乐享受，便向皇帝告状。范仲淹写奏章进行辩解，皇帝更加欣赏范仲淹的才干，并给予嘉奖。范仲淹救灾措施十分得力，百姓们没有外出逃荒。沈括的记叙塑造出为民着想、精明能干的范仲淹形象。洪迈《夷坚乙志》卷四"张文规"，记载张文规为人正直，为官清廉，为民请命，善于判案，因而受到人们的广泛称赞。作家采用幻想的方式，表达对为民请命者的肯定与支持。

宋代笔记小说也描绘出一些正直精干的文士形象。这些文士能够大展宏图，充分发挥各方面的才能。例如，司马光《涑水纪闻》载，钱若水善于断狱，向敏中长于判案，胡顺之能够巧惩恶吏。彭乘《墨客挥犀》称，石介正直精干，蒋堂知人善任，县令办事干练，青年进士很有操守。郭彖《睽车志》，描绘出正直廉明的教官李知己形象。洪迈《夷坚支丁》卷七"郭节士"，描写薛季益乐做好事，因而政绩卓著，仕途顺畅。《夷坚支景》卷六"董参政"，记叙董体仁胸怀宽广，为了国家和百姓的利益，不计前怨，提拔曾经讽刺过他的彭子从。《夷坚支景》卷十"向仲堪"，讲述洪州通判向仲堪善于审理各种案件，尤其善于辨别冤案。起初，他的顶头上司梁扬祖认为他无事生非，他冷静地分析情况，说："人命至重，安得不见而询之？"梁扬祖顿时醒悟，让他继续审问案犯，案犯果然无罪。如向仲堪这样忠于职守、精明能干的文官，在宋代有一定的数量，反映了良好的文官作风。

二

宋代文官政治让许多文士成为中央和地方军政长官。例如，李焘《续资治通鉴长编》卷六："时方镇阙守帅，稍命文臣权知。"徐松《宋会要辑稿》"判知州府军监"条："太祖始削外权，牧伯之阙止令文官权知莅。"宋代文官政治造就一批文武双全之士，这在笔记小说中有一定的表现。例如，司马光《涑水记闻》卷六"寇准在澶渊"、陈师道《后山谈丛》"澶渊之战"，记叙寇准在国家危急关头，沉着冷静，胸藏千军万马，用正确的战略战术成功地击退了敌人。文武双全、雄才大略、指挥若定的寇准形象，也就这样栩栩如生地展示在人们面前。司马光《涑水记闻》卷七、刘斧《青琐高议》后集卷二皆记张齐贤事。张齐贤是个穷秀才，性格豪放，心胸开阔，善于与群盗周旋，并劝群盗以后不要滥杀无辜，不要侵害老弱和妇女。他成功说服了强盗，百姓对这样的文武双全之士非常尊敬，甚至连强盗对他也很佩服。刘斧《青琐高议》前集卷一"张公治郓追猛虎"，描写了为民着想、善治猛虎的张公形象。刘斧《青琐高议》后集卷二"汤阴县"，记叙小秀才张乖崖有胆有识，机智勇敢地斗败强盗，烧毁黑店。他后来为官清廉而精干，对付盗匪严厉而果断，盗匪们都很怕他。洪迈《夷坚丁志》卷十一"霍将军"，讲述霍秀才文武双全，为了保卫家乡，他率领几个秀才与一群强盗进行殊死搏斗。他身手矫健，擅长角斗、散打，而且善于布阵。他们终于战胜了这伙强盗，保护了乡民。《夷坚三志辛》卷九"桃源凶盗"，说文士俞子清、范子由善于分析案情。他们通过明察暗访、跟踪调查，与匪徒斗智斗勇，逐步抓到凶盗。但遇到大赦，他们又机智地援引有关法律和案例，严惩了这些凶徒。《夷坚丁志》卷十九"陕西刘生"，描写靖康之变、中原沦陷后，忠义之士陕西刘生，用文韬武略为国出力。

　　文武双全之士善于惩罚披着宗教外衣、装神弄鬼之徒，他们具有较高的文化修养和政治素质，能够辨别真假，假和尚、假道士、巫婆神汉等纷纷成为他们的手下败将。例如，上官融《友会谈丛》"假佛现形"，描写地痞流氓利用神佛蛊惑百姓，诈骗钱财，为非作歹，文官王嗣中有勇有谋，率领随从来到灵应庙调查情况，让假佛原形毕露，严惩了这伙恶棍，百姓们拍手称快。上官融《友会谈丛》"朱生驱鬼"，讲朱生胆量与勇气超群，孤身一人与众鬼搏斗，大声喊道："你们这些赃官，生前为了享乐，搜刮民脂民膏，徇私枉法，丧尽天良！死后你们又盗居人家居室，打扰世上的人们，反过来还污蔑我是强盗。你们才是真正的祸国殃民的强盗！"洪迈《夷坚志补》卷二"陈愈治巫"，讲书生陈愈豪侠好义，因巫婆神汉作怪，他姐姐全家患了传染病，家中死去多人。陈愈与巫婆神汉斗智斗勇，用绳子把他们捆起来，命令他们写下骗人的经过，让姐姐全家脱灾免难，并使全村人逐步摆脱了厄运。

　　宋代文官政治也有其弱点。宋自开国太祖"杯酒释兵权"以来，即偏重文官而轻视武官。文武双全者较少，能文而不能武者较多。文官之间常常是扯不完的皮、吵不完的架，朋党之争、帮派之争非常激烈。苏轼在《策别课百官二》说："今之患正在于任文太过。"诚然。有些文士虽然忠心耿耿，文才有余，但武功不行。这是宋代国力弱的一个表现，尤其在抗御外侮方面显得软弱无能。

　　能文而不能武的文士在宋代笔记小说中大量出现。例如，刘斧《青琐高议》前集卷十"曹太守传"，记曹觐科举高中，为官多年，廉洁奉公，受到百姓的夸赞。蛮邦首领侬智高乘天下久太平、二广无武备，暗中招兵买马，突然大举进攻。地方上缺乏准备，无强兵强将抵挡，官员拼命逃窜。贼兵如入无人之境，烧杀掳掠，官民遭殃。康州刺史曹觐面对这危险的局势也束手无策，虽然到处散发招兵广告，并且许以重奖，但无人前来应招。他孤身守城，痛斥贼兵，壮烈殉国。他忠义可嘉，但武功虚弱，令人扼腕叹息。再如，司马光《涑水记闻》卷十三"赵师道"，记文官赵师道在蛮邦首领侬智高贼兵即将围攻上来之时，对僚属说："贼锋甚盛，吾州众寡不敌，必不能拒贼。然吾与兵马监押为国家守城，贼至死之，职也。诸君先贼未至，宜与家属避之山中。"他与兵马监押守城拒贼，掩护其他人撤退，其先人后己、自我牺牲的精神很可贵，但城中武备之差让人为之叹惋。又如洪迈《夷坚支庚》卷三"兴化官人"，记某文士能文而不能武，斗不过地痞恶棍，以致全家遭殃。

南宋末年，文士的能文而不能武暴露得更为充分。顾炎武说："靖康之变，志士投袂，起而勤王，临难不屈，所在有之。及宋之亡，忠节相望。"①这在笔记小说中也表现得非常突出。例如，《夷坚乙志》卷七"何丞相"，讲何文缜在太学时请孙黯算命。孙黯预言他将来考中状元、当丞相，但会奉使北国而不返。文官政治使何文缜有机会平步青云，但也使国力削弱，在金人入侵时，何文缜之类因无能为力而沦为俘虏。

三

宋代文官政治也有其弊病。宋代的依资迁官，在使铨选制度化方面发挥了一定的作用。但往往又使有才能者不得充分发挥，庸懦之辈例获升迁。而且被拟任人常常学非所用，用非所长，既造成人才浪费又贻误职事，这是宋代治事效率差的原因之一。更重要的是，一切循资造成了宋代士大夫不求奋励事功，但务墨守成规以保无过的精神状态，助长了支配宋代三百年的保守政风。② 杨万里《选法下》称："今吏部亦有所谓'铨量'者矣：揖之使书，以观其能书与否也，召医而视之，以探其有疾与否也；赞之使拜，以试其视听之明暗、筋力之老壮也。曰'铨量'者如是而已矣，而贤不肖、智愚何别焉！"宋代常调官员升进滞缓是普遍现象，出现了许多冗官。科举和文官政治使举子们相信书中自有黄金屋、书中自有颜如玉，也培养出一些庸俗无能的文士。这些人只知读书，缺少社会锻炼，缺乏工作经验，有的刚上任不久便施策失败甚至死去，谈不上

---

① 〔清〕顾炎武：《日知录集释》卷十三，黄汝成集释，298页，上海，上海古籍出版社，2014。

② 邓小南：《宋代文官选任制度诸层面》，117～118页，石家庄，河北教育出版社，1993。

对社会做出什么贡献。

宋代笔记小说描绘了大量庸俗无能的文士形象。一些书生做美梦考取进士，后来果然好梦成真。其中相当多的文士，在好梦成真之后，贪图享受，碌碌无为。例如，彭乘《墨客挥犀》"迂儒剃眉"，载彭渊材非常崇拜贤人，看到狄仁杰与范仲淹画像后，便在相貌上模仿他们，以至于找了一个善刮猪毛的屠户给他刮脸修眉，把眉毛剃成狄仁杰的眉毛。他不知学习贤人精髓，只知在皮毛上下功夫，的确迂腐。洪迈《夷坚支乙》卷二"杨证知命"，讲杨证走科举和文官之路虽然走通了，但很疲惫，任官几个月后便死去了。洪迈《夷坚支乙》卷三"刘若虚"，叙刘若虚虽然通过文官政治做了官，但为人迂腐，结果未上任便死去。

宋代笔记小说还描写了一些书呆子形象。例如，洪迈《夷坚支甲卷六》"吴渗二龙"，说书生吴渗做美梦升官发财，但美梦没有成真，结果他穿上官服跳井自杀。《夷坚支丁》卷四"黄状元"，讲士人黄瀛善于写文章，宣和间在太学名气比较大，经常梦见人称自己为黄状元。他自视甚高，然而为人迂腐。《夷坚支癸》卷七"陈秀才游学"，讲陈秀才只知读死书，此外什么也不会干，如同泥塑木雕，是个十足的废物。显然，洪迈在吴敬梓作《儒林外史》之前，就塑造了一批书呆子形象。

宋代笔记小说也描绘出一些卑鄙自私的文士形象。例如，刘斧《青琐高议》后集卷四"陈叔文推兰英堕水"，讲穷儒陈叔文考中科举后，坑蒙拐骗，负义缺德，最后罪有应得，天理昭彰。陈叔文是个极端自私自利的文士形象。他与《金玉奴棒打薄情郎》中的薄情郎是一丘之貉。洪迈《夷坚支景》卷九"姚宋佐"，讲述文士之间展开的激烈斗争。他们利用侍妾作为工具，不过侍妾想毒死其夫结果都毒死了姚宋佐。《夷坚乙志卷四》"赵士藻"，讲赵士藻钻营得官，因受贿而使家资丰富。他娶妻买妾，十分奢华，体现出文士庸俗自私、复杂龌龊的一面。《夷坚支戊》卷八"黄戴二士"，讲黄裳、戴松皆是平庸的文士，品格较低。《夷坚支庚》卷一"林子安赴举"，描绘出两个贪图私利、知法犯法的文士形象。户部官员魏彦成为林子安赴举写了一封荐书，饶州试官便胆大妄为，把试卷泄露给林子安，希望他金榜题名。《夷坚支景》卷五"临安吏高生"，描写清官朱则与贪官高生之间斗争，塑造出一个贪婪狡猾、凶狠卑鄙的文士形象。《夷坚丁志》卷五"三士问相"，讲黄崇极端自私，为了独吞父亲的财产，把弟弟掷桶中溺杀，简直与《儒林外史》中严监生、严贡生是一路货色。

四

宋代笔记小说中的这些文士形象，与刘义庆《世说新语》、唐人小说等出现的文士形象相比，具有鲜明的时代特征。

首先，宋代笔记小说中的文士形象在数量上超过《世说新语》、唐人小说中的文士形象。[①] 文士在宋代社会中是一个主体，在一些重要方面占主导地位。司马光《涑水记闻》、魏泰《东轩笔录》、文莹《湘山野录》、廉布《清尊录》、沈括《梦溪笔谈》、彭乘《墨客挥犀》、刘斧《青琐高议》、范公偁《过庭录》、上官融《友会谈丛》、陈师道《后山谈丛》、罗大经《鹤林玉露》、王明清《投辖录》、瘦竹翁《谈薮》、洪迈《夷坚志》、郭彖《睽车志》等作，描绘了大量的文士形象。

其次，宋代笔记小说中的这些文士形象具有新的内涵，使我国古代小说史上的文士形象显得更为丰富多彩。《世说新语》多表现文士的魏晋风度，唐人小说或表现文士的风流韵事，或表现文士的清高隐逸。宋代笔记小说表现文士或为民请命，或正直精干，或文武双全，或能文而不能武，或庸俗无能，或卑鄙自私，让人感到耳目　新。《世说新语》、唐人小说中的文士形象多用其生活中的小事来描写，更多的是文人逸事。宋代笔记小说中的文士形象大多是用其一生中的重大事件或主要事情来塑造的，其中有些带有人物列传的特点。《世说新语》、唐人笔记小说多表现文士的个人修养，不乏表现自我，张扬个性，主体性非常明显。宋代笔记小说中的文士形象，尤其是为民请命者、正直精干者、文武双全

---

① 参见周勋初：《唐人笔记小说考索》，南京，江苏古籍出版社，1996；侯忠义：《中国文言小说史稿》，北京，北京大学出版社，1990；吴志达：《中国文言小说史》，济南，齐鲁书社，1994；苗壮：《笔记小说史》，杭州，浙江古籍出版社，1998；程毅中：《宋元小说研究》，南京，江苏古籍出版社，1998。

者，多把一生中最闪光的部分贡献给国家和乡民，社会性更为突出。

　　再次，宋代笔记小说中的文士形象虚构成分有所增加。《世说新语》、唐人笔记小说与宋代笔记小说中的文士形象均是有虚有实的，但虚实比例有所不同。大致说来，《世说新语》、唐人笔记小说中的文士形象实际描绘占七分，虚构占三分。宋代笔记小说中的文士形象实际描写与虚构各占一半，有些虚构的成分占七分或更多，艺术创造的意图更为明显。例如，吴淑《江淮异人录》"洪州书生"，记书生见义勇为，帮助卖鞋男孩，惩罚恶棍张三赖。这个书生来无影去无踪，夜里把张三赖的头割下，用一瓶药水涂擦，头颅立即化成了水。再如，龚明之《中吴纪闻》，描写范仲淹在阴司做官，聪明正直，办事认真，效率很高。阴司对他非常尊敬，推举他做阎罗王，司生杀之权。这两篇小说具有一定的荒诞性，由此可见，虚构已经成为这两篇小说的主要成分。

　　最后，《世说新语》、唐人笔记小说描绘文士形象往往是三言两语、片断式的，篇幅很短，多为微型小说。宋代笔记小说描绘文士形象则具有比较完整的故事情节，篇幅有所增加，多为短篇小说。而且《世说新语》、唐人笔记小说描绘文士形象多用描写与叙述手法，宋代笔记小说塑造文士形象除使用描写与叙述手法外，也更多地使用夸张、幻想等手法。

胡适的词学思想与《词选》

——中华书局版《词选》导言

清华大学　刘石

一、文学革命背景下对词体的体认

作为"五四"新文化运动的领袖人物，胡适提倡和从事国学研究更多是从民族文化进程的角度着眼。在新文化运动伊始便出现的"整理国故"思潮中，胡适提出为分辨"国粹""国渣"而整理国故："若要知道什么是国粹，什么是国渣，先须要用评判的态度，科学的精神，去做一番整理国故的工夫。"①20 世纪 20 年代新文化阵营"整理国故"的基本原则，也正是胡适文章开宗明义提出的响亮口号："研究问题，输入学理，整理国故，再造文明。"

胡适治学范围甚广，文学不过其一面而已，词的研究又不过是这一面中的一个部分。作为新文学运动"首举义旗之急先锋"②，胡适对词的关注同样不在词学本身，而是基于文学革命的立场，是为文学革命这个大目标服务的。其对词体特性的一系列体认，无不与此息息相关。

"五四"新文学革命是中国现代文学史的起点，但它在初期表现出来的似乎是一场文体革新运动。在胡适的意识里，新文学几乎就等同于白

---

① 胡适：《新思潮的意义》，《新青年》第 7 卷第 1 号，1919。

② 陈独秀：《文学革命论》，《新青年》第 2 卷第 6 号，1917。

话文学。早在 1916 年年初，胡适就"彻底想过"："一部中国文学史只是一部文字形式（工具）新陈代谢的历史，只是'活文学'随时起来替代了'死文学'的历史。文学的生命全靠能用一个时代的活的工具来表现一个时代的情感与思想。工具僵化了，必须另换新的，活的，这就是'文学革命'。"①基于这种认识，他不遗余力地鼓吹白话，一说："古人已造古人之文学，今人当造今人之文学……今日之文学，当以白话文学为正宗。"②再说："自从《三百篇》到于今，中国的文学凡是有一些价值有一些儿生命的，都是白话的，或是近于白话的。其余的都是没有生气的古董，都是博物院中的陈列品！"③

　　词在胡适看来，正是古代的白话文学，即所谓"愚纵观古今文学变迁之趋势，以为白话之文学种子已伏于唐人之小诗短词。及宋而语录体大盛，诗词亦多有用白话者……宋词用白话者更不可胜计"（《历史的文学观念论》）。他还开出过一张"模范的白话文学"的名单让人去"多读"，与《水浒传》、《西游记》、元人戏曲、明清传奇等赫然并列的，是"唐宋的白话诗词"（《建设的文学革命论》）。历代都有白话，唐宋词就是唐宋时期的"白话文学"，这种观点能为眼前进行的白话文运动提供历史合法性的支持。他所以对词推崇有加，个人的偏好当然是不可忽视的原因，但若论其更重要的动机和目的，则在于此。

　　胡适将白话称作"活文字"，将白话文学称作"活文学"。文言则为"死文字"，文言文学也就是"死文学"。胡适青年时期留学美国所作日记名《藏晖室劄记》④，1916 年 5 月 18 日"记活文学之样本数则"，其中举及七位词家的七首词。活文学，也就是近语言之自然的文学。而所谓语言之自然，主要是就句式的自由变化而言。胡适在 1917 年 11 月 20 日的一封信中说：

---

① 　胡适：《逼上梁山》，《东方杂志》第 31 卷第 1 期，1934。
② 　胡适：《历史的文学观念论》，《新青年》第 3 卷第 3 号，1917。
③ 　胡适：《建设的文学革命论》，《新青年》第 4 卷第 4 号，1918。
④ 　《藏晖室劄记》，1939 年上海亚东图书馆印行，商务印书馆 1948 年出版时改题为《胡适留学日记》。

　　五言七言之诗，不合语言之自然，故变而为词。词旧名长短句。其长处正在长短互用，稍近语言之自然耳，即如稼轩词："落日楼头，断鸿声里，江南游子。把吴钩看了，栏干拍遍，无人会，登临意。"此决非五言七言之诗所能及也。故词与诗之别，并不在一可歌而一不可歌，乃在一近言语之自然而一不近言语之自然也。①

这是他的一贯看法，曾反复加以表述。《藏晖室劄记》1915 年 6 月 6 日说："陈同甫，天下奇士，其文为有宋一代作手。吾读其《龙川集》，仅得数诗，无一佳者，其词则无一首不佳。此岂以诗之不自由而词之自由欤？"他在 1927 年出版的《国语文学史》第 3 编第 4 章中说，词"长短不齐的体裁和说话的自然口气接近多了"②。

　　因为词是白话文学，是活文学，近语言之自然，所以胡适称诗变而为词乃一大革命。《藏晖室劄记》1916 年 4 月 5 日记：

　　　　文学革命，在吾国史上非创见也，即以韵文而论，三百篇变而为骚，一大革命也。又变为五言、七言、古诗，二大革命也。赋之变为无韵之骈文，三大革命也。古诗之变为律诗，四大革命也。诗之变为词，五大革命也。词之变为曲，为剧本，六大革命也。何独于吾所持文学革命论而疑之？

　　他在两年后的《答钱玄同书》中更专门提出："由诗变而为词，乃是中国韵文史上一大革命。"

　　胡适将词体的出现视作文学史进化的一环，而且是特殊的一环。特殊性就在于，词相对于其他文体不是一般的文体变革，恰恰是一种白话文的变革。《藏晖室劄记》中最早涉及词的时间是 1915 年 6 月 6 日，就在这一天的日记中，胡适提出了一个重大的命题："词乃诗之进化"。这一

---

　　① 胡适：《答钱玄同书》，《新青年》第 4 卷第 1 号，1918。
　　② 胡适：《胡适全集》第 11 卷，159 页，合肥，安徽教育出版社，2003。

命题所可能具有的内涵，即当在上述诸方面。

　　胡适对词体的诸种体认，从学术角度讲是不大经得起推敲的。例如，他将"文言"与"白话"分别冠以"死""活"二字，然而两千年间使用的文字和文体代有变化，何曾有一种一成不变的所谓"古文"和"白话"？古文和白话不过是一组随时变化的相对概念，两千年中使用的各种语言和文体在"生前"何尝不是龙腾虎跃、生机勃勃，何尝没有创造出辉煌的文学实绩？他既不曾科学区分文言和白话，又以文言和白话论死活，将"白话"视作一切文体的最高评判标准，这就很难令人信服了。

　　又如说词近语言之自然。众所周知的是，词是声律形式上较诗要求更严的文体。宋人李清照《论词》就说："诗文分平侧，而歌词分五音，又分五声，又分六律，又分清浊轻重。"①清人万树《词律·发凡》也说："平仄固有定律矣，然平止一途，仄兼上、去、入三种，不可遇仄而以三声概填。盖一调之中，可概者十之六七，不可概者十之三四。须斟酌而后下字，方得无疵。"②博学多能如胡适者，对此岂有不知道的道理？但他是这样辩解的："词之重要，在于其为中国韵文添无数近于言语自然之诗体。此为治文学史者所最不可忽之点。不会填词者，必以为词之字字句句皆有定律，其束缚自由必甚。其实大不然。词之好处，在于调多体多，可以自由选择。工词者，相题而择调，并无不自由也。"（《答钱玄同书》）这显然没有说服力。钱玄同在答书中反驳他："先生谓'工词者相题而择调，并无不自由'，然则工律诗者所作律诗，又何尝不自然？"

　　但如果我们了解了胡适提倡词学的文学革命背景和托古改制的动机，这一切也就不难理解了。

二、《词选》的选编及其体现的词学观

　　《词选》的选编始于 1923 年，断断续续进行了三年多，至 1927 年始

---

　　① 〔宋〕胡仔：《苕溪渔隐丛话后集》卷三十三，廖德明校点，254 页，北京，人民文学出版社，1962。

　　② 〔清〕万树：《词律》，15 页，上海，上海古籍出版社，1984。

由商务印书馆出版。它和几乎同时出版的两部文学史著作《国语文学史》《白话文学史》一样，都是胡适为白话运动张目的重要举措①，所以其选编工作是缓慢和认真的。在编选过程中，1924 年 10 月，胡适将为《词选》写的长序中有关词的起源的内容抽出，致信王国维，甚欲送其"正其谬误"②。文章以《词的起原》为题，先刊于 1924 年 12 月出版的《清华学报》第 1 卷第 2 期，后附于 1927 年出版的《词选》之尾，又收入亚东图书馆 1930 年出版的《胡适文存》第 3 集第 8 卷。同样，1926 年 9 月写成的《词选自序》，除刊于 1927 年 7 月出版的《词选》卷首，先亦刊载于当年 1 月的《小说月报》第 18 卷第 1 号，后又收入《胡适文存》第 3 集第 8 卷。他为《词选》所收词人所写的小传，有些也先行送交刊物发表。例如，《朱敦儒小传》即刊登于 1926 年 8 月《语丝》第 91 期。1928 年《词选》再版时，他对全书字句做了少量修改。这种修改工作几十年后仍在继续，1959 年，台湾商务印书馆将其在该书初版上加以校改的本子影印行世。1961 年，胡适还对他晚年的秘书胡颂平提及此书，"他认为这本收的三百五十首的词，还须删去几十首，最后留下三百首，更能代表他对词的历史的见解"③。

　　《词选》凡六编，选录唐、五代、两宋 39 家词人 351 首词作。④ 上引胡颂平文说，《词选》是胡适从能够背得出来的词中选出的，这话当然无可怀疑。但若论决定其《词选》选目的根本因素，自然还是其如上所述的

---

　　① 按《国语文学史》是胡适 1921 至 1922 年在教育部所办两届国语讲习所和在南开大学讲课时的讲义，1927 年由黎锦熙交由北京文化学社印行，经增删修改，成《白话文学史》，翌年由新月书店出版。黎锦熙在为《国语文学史》所作的"代序"中称，胡适所以编这部书，是因为"这是'文学革命'之历史的根据，或者也含有一点儿'托古改制'的意味"。胡适自己在《白话文学史》"引子"中开篇就说："我要大家知道白话文学不是这三四年来几个人凭空捏造出来的；我要大家知道白话文学是有历史的，是有很长又很光荣的历史的。"《白话文学史》止于中唐，未涉及词的内容。《国语文学史》中第 2 编第 5 章、第 3 编第 4、5 章是对晚唐至南宋白话词的专论，所持观点和所涉词作与《词选》多可互参。

　　② 胡适：《胡适致王国维书信十三封》之十二，《文献》第 15 辑，1983。此信末署 10 月 9 日，整理者系于 1925 年，耿云志《胡适年谱》（四川人民出版社，1989）从之，似误，当为 1924 年作。

　　③ 胡颂平：《适之先生的博士学位及其他》，台湾《传记文学》第 2 卷第 3 期，1963。

　　④ 后胡适删去吴文英《醉桃源》一首，参见 1970 年台湾商务印书馆影印胡适自校本。

词学思想和编纂动机。正是这种思想和动机，使得《词选》呈现出与其他同类选本颇不相同的风貌。例如，《词选》所选无名氏二首（《菩萨蛮》《撷芳词》），后唐李存勖《一叶落》一首，为各家选本所罕有。存词 40 余首的宋词人向镐亦鲜见提及，本书却选其词 7 首之多。究其原因，当是"他的词明白流畅，多有纯粹白话的词"（《向镐小传》）。从各选本必选的词人来看，本书所选数量和作品亦面目独具。例如，"花间派"代表词人温庭筠、韦庄，《花间集》分别收词 66、48 首。宋人黄昇亦称温庭筠"宜为《花间集》之冠"（《唐宋诸贤绝妙词选》卷一），故其书所收温词亦多于韦（分别为 10 首和 7 首）。然而温词以温馥雕绘为特征，韦词则明秀疏淡，清人周济《介存斋论词杂著》谓："飞卿，严妆也。端己，淡妆也。"适合胡适口味的必是韦庄而非温庭筠，故《词选》收温词 7 首，而韦词达 10 首。不仅于此，所收温词，亦多为其集中的别调，即卸却脂粉、较为清朗流宕如《忆江南》（梳洗罢）、《更漏子》（玉炉香）之类①，《菩萨蛮》（小山重叠金明灭）、（水精帘里颇黎枕）等素受推崇的名篇，则一概摒弃。刘过入选多达 7 首，为同规模选本所远不及，这也当归于刘词的"直写感情，直抒胸臆"（《刘过小传》）。尤其是朱敦儒，选其词作多达 30 首，几占全书的十分之一，远迈苏轼，仅次于辛弃疾，以至于胡云翼在次年（1928）出版的《抒情词选》序中批评胡适《词选》是"唯白话是崇主义，专门赏识朱敦儒一派的词"②。南宋大家姜夔收词 9 首，被称作"前无古人，后无来者；自立新意，真为绝唱"（张炎《词源》卷下）的《暗香》《疏影》，也因被视作"只

---

①　后一首上片浓丽而下片疏淡，清人谢章铤准确地指出："胡元任（仔）谓庭筠工于造语，极为奇丽，然如《菩萨蛮》（按此为《更漏子》之误）云：'梧桐树，三更雨，不道离情正苦。一叶叶，一声声，空阶滴到明。'语弥淡，情弥苦，非奇丽为佳者矣。"（《赌棋山庄词话》卷八）

②　按《抒情词选》罕见，国家图书馆入藏，未暇目验，此据胡云翼所编《词选》（亚细亚书局，缺出版年，当为 1933 年）的"序"中所引。有趣的是，胡云翼这里只是认为编纂词选"不应有入主出奴的心理，不应因偏爱而抹煞其他的一切"（《词选·序》），他对朱敦儒作为白话词人及优秀白话词人的见解却与胡适并无不同。他先在《词学 ABC》第 6 章中说："南宋的白话词人，最伟大的要算朱敦儒、辛弃疾、陆游、刘过、刘克庄几位。"（世界书局，1930）后在《中国词史略》第 4 章中更说："《樵歌》的好处，简言之，就是白话的好处……在宋人中一方面能用纯粹的白话来写词，同时词的风调又高的，怕只有朱敦儒和辛弃疾两人吧。辛弃疾不免用典使事，有时还要掉掉书袋，朱敦儒则专写纯粹的白话词。"（上海书店出版社，1933）

是用了几个梅花的古典，毫无新意可取"(《姜夔小传》)，"我们读了，和不曾读一样，竟不知道他说了些什么"(《国语文学史》第 3 编第 5 章)而落选。至于吴文英《莺啼序》(残寒正欺病酒)、王沂孙《齐天乐·蝉》、张炎《解连环·孤雁》之类为传统词学家赞不绝口的名篇，同样不可能在入选之列。苏轼这位甚得胡适推崇的词人入选 20 篇，其中却有隐括陶渊明《归去来兮辞》而成的《哨遍》(为米折腰)，更有既伪且劣的《无愁可解》(光景百年)。后者是苏轼的朋友陈慥所作，明见于《山谷题跋》卷九，胡适未及详考，本不足怪，但在有限的篇目中选入这首通篇直发议论、缺乏诗意的词作，不能说不是受他只重"白话""俚语"的主观意识的牵引，也就是他在《国语文学史》第 3 编第 4 章中说的："他(苏轼)还有一首《无愁可解》，更是完全白话的。"当然，如果说反映出作者对"不必儿女离别，不必莺衾雁字，凡是情感，凡是思想，都可以做诗，就都可以做词"(《苏轼小传》)的立场，及对这类词作的偏好，那当然也是不错的。

由上述可知，《词选》选词，缺陷和优点并存：缺乏异质之美是其缺陷，风格鲜明则是其优点。其鲜明的风格，即表现在所收绝大多数是选编者所认为的"很好的白话小词"①，突出地展现了唐、五代、两宋词作中浅易清新、自然晓畅、质朴自然、突破传统婉约词樊篱一类词作的美，其中自不乏脍炙人口的名篇。所选词作小令、中调居多，读来朗朗上口。胡适能够背诵，实也并不足奇。

对于词之一体，胡适可谓情有独钟。其 1923 年在《东方杂志》上为青年学生开《一个最低限度的国学书目》，就包括了毛晋《宋六十家词》、王鹏运《四印斋所刻宋元人词》和朱祖谋《彊村所刻词》。他提倡白话词，也编纂白话《词选》，这对他的新诗创作是有明显影响的。他 1928 年 3 月 8 日致李拔可信说："近年因选词之故，手写口诵，受影响不少，故作白话诗，多作词调。"②这也就是陈炳堃所说的："胡适于《尝试集》以后的诗，

---

① "很好的白话词"为《国语文学史》第 3 编第 4 章、第 5 章评价欧阳修、刘过的话，其中提及的一些词作，《词选》亦收入。
② 胡适：《胡适文集：文论》，221 页，北京，人民文学出版社，1998。

散见于各种杂志，论其音节意境，受旧词的影响更深。"①1977 年，胡适的忘年交、著名学者周策纵也撰文指出：

> 他早期新诗的试作，往往脱不了浅显绝句、歌行、小令、苏、辛所用的中调，以至打油诗等的气氛……较好的一面是文字流利，清浅而时露智慧。最好的几首往往有逸趣或韵致。一部分佳作能在浅显平常的语言里表达言外一些悠远的意味。这是继承了中国过去小诗小词一些较优秀的传统。②

胡适也为我们留下了不少词作，其特色同样是用白话乃至口语人词，不避浅易乃至谐俗，其风格与《词选》选词的潜脉暗承，一望可知。③

《词选》不是一部理论著作，只是一部词作的选本。选本虽然重在提供作品的读本，但它在历史上就是体现选家学术观点的一种重要著述形式，何况有些选本中还掺杂了注，还有序或跋，更能直接表达编选者的思想。胡适这部《词选》便是如此，并且他也是有意这样做的。《词选·序》说："我深信，凡是文学的选本都应该表现选家个人的见解……我这三百多首的五代宋词，就代表我个人的见解。我是一个有历史癖的人，所以我的《词选》就代表我对于词的历史的见解。"何况《词选》书前有序，书后附录《词的起原》一文，词人名下有小传，小传中多作评析。胡适的词学见解既通过入选作品体现出来，也直接表现于序和词人小传中。

如上所说，《词选》是白话文运动中的产品，故其与《国语文学史》和《白话文学史》一样，推崇白话的基本价值取向很明显。视词体为白话文学，这或许是《词选》中体现得最基本的词学观点。除此之外，另有两点值得特别提出。

---

①　陈炳堃：《最近三十年中国文学史》，263 页，上海，太平洋书店，1930。

②　唐德刚：《胡适杂忆》，272～273 页，北京，华文出版社，1990。

③　施议对的《胡适词点评》（中华书局，2006）中所收胡适词甚多，可以参看。

一是推崇自然，反对模仿。作于 1926 年的《词选·序》提出"词史三期说"：

> 第一时期：自晚唐到元初（850—1250），为词的自然演变时期。第二时期：自元到明清之际（1250—1650），为曲子时期。第三时期：自清初到今日（1620—1900），为模仿填词的时期。第一个时期是词的"本身"的历史。第二个时期是词的"替身"的历史，也可说是他"投胎再世"的历史。第三个时期是词的"鬼"的历史。①

"本身"就是自然生长和演变时期，"替身"是指词作衰微而代之以曲子的时期，"鬼"是指入清以来模仿填词的时期。胡适下文又专门谈及清词，一面承认"陈其年、朱彝尊以后，二百多年之中很出了不少的词人"，"他们很有用全力做词的人，他们也有许多很好的词，这是不可完全抹杀的"；一面却指出"清朝的文学，除了小说之外，都是朝着'复古'的方面走的"，"三百年的清词，终逃不出模仿宋词的境地。所以这个时代可说是词的鬼影的时代"。②

这一对于词史走向的粗线条勾勒，鲜明地体现出胡适推崇自然和反对模仿的词学观。这是胡适的一贯思想。他在 1917 年发表的新文学革命的檄文《文学改良刍议》（《新青年》第 2 卷第 5 号）中提出文学改良八事，"不摹仿古人"即为其一，具体解释时也举到了词体的例子，所谓"文学者，随时代而变迁者也。一时代有一时代之文学……唐五代及宋初之小令，此词之一时代也；苏柳辛姜之词，又一时代也"云云。

二是推崇诗化，反对格律化。五代、北宋和南宋词都被胡适算成词自然演变的"本身"时期，所以这部《词选》也就专选这一时期的作品。但就这一时期内部再做划分，高下区别就出来了。

胡适认为，这一时期又可分作歌者的词、诗人的词、词匠的词三个

---

① 胡适：《词选》序，刘石导读，2 页，北京，中华书局，2007。
② 胡适：《词选》序，刘石导读，3 页，北京，中华书局，2007。

段落："苏东坡以前，是教坊乐工与娼家妓女歌唱的词；东坡到稼轩、后村，是诗人的词；白石以后，直到宋末元初，是词匠的词。"胡适将唐、五代时期词作用于乐工娼女的合乐歌唱看成词作发生初期的自然现象，说其"内容都很简单，不是相思，便是离别，不是绮语，便是醉歌"，虽有不满在内，尚无特别的贬抑。但他所大力褒扬的是苏东坡及其后对词体的革新，这种革新在他看来主要表现在几个方面：一是扩大词的题材，二是突破音律的束缚，三是展示词人的个性和丰富词的风格。这实际上就是推崇词的诗化，或者说诗词合流。《词选·序》说：

> 到了十一世纪的晚年，苏东坡一班人以绝顶的天才，采用这新起的词体，来作他们的"新诗"。从此以后，词便大变了。东坡作词，并不希望拿给十五六岁的女郎在红氍毹上袅袅婷婷地去歌唱。他只是用一种新的诗体来作他的"新体诗"。词体到了他手里，可以咏古，可以悼亡，可以谈禅，可以说理，可以发议论。同时的王荆公也这样做……到了朱希真与辛稼轩，词的应用的范围，越推越广大，词人的个性的风格越发表现出来。无论什么题目，无论何种内容，都可以入词。悲壮，苍凉，哀艳，闲逸，放浪，颓废，讥弹，忠爱，游戏，诙谐……这种种风格都呈现在各人的词里。这一段落的词是"诗人的词"。这些作者都是有天才的诗人；他们不管能歌不能歌，也不管协律不协律；他们只是用词体作新诗。①

与"诗人的词"相对的是"词匠的词"。"诗人的词"是词的诗化，"词匠的词"是词的格律化。胡适在竭力倡扬前者的同时往往贬抑后者：

> 姜白石是个音乐家，他要向音律上去做工夫。从此以后，词便转到音律的专门技术上去。史梅溪、吴梦窗、张叔夏都是精于音律的人；他们都走到这条路上去。他们不惜牺牲词的内容，来牵就音

---

① 胡适：《词选》序，刘石导读，5页，北京，中华书局，2007。

律上的和谐……这种人不是词人，不是诗人，只可叫做"词匠"。①

词到了宋末，已成了末运。吴文英、王沂孙一派的咏物词、古典词，成了正宗。词家所讲究的只是如何能刻画事物，如何能使用古典，如何能调协音律。这一类的词和后世的试帖诗同一路数，于是词的生气完了，词要受当时新起的"曲子"的淘汰了。②

这最后一段所体现的，也就是胡适在《词选·序》中提出的一个著名公式，即一切文体出自民间终于文人的文体演变规律。

文学史上有一个逃不了的公式。文学的新方式都是出于民间的。久而久之，文人学士受了民间文学的影响，采用这种新体裁来做他们的文艺作品。文人的参加自有他的好处：浅薄的内容变丰富了，幼稚的技术变高明了，平凡的意境变高超了。但文人把这种新体裁学到手之后，劣等的文人便来模仿；模仿的结果，往往学得了形式上的技术，而丢掉了创作的精神。天才堕落而为匠手，创作堕落而为机械。生气剥丧完了，只剩下一点小技巧，一堆烂书袋，一套烂调子！于是这种文学方式的命运便完结了，文学的生命又须另向民间去寻新方向发展了。四言诗如此，楚辞如此，乐府如此。词的历史也是如此。③

三、《词选》的影响

《词选》的影响甚为深远。

1927 年，《词选》由商务印书馆分学生本（"新学制高级中学国语科用"）和普通本出版后深受欢迎，旋于 1928 年再版，1930 年第三版，

---

① 胡适：《词选》序，刘石导读，6～7 页，北京，中华书局，2007。
② 胡适：《词选》序，刘石导读，324～325 页，北京，中华书局，2007。
③ 胡适：《词选》序，刘石导读，6 页，北京，中华书局，2007。

1947 年版又列入"新中学文库"。1958 年，台湾读者书店以《白话词选》为名印行此书。1959 年，台湾商务印书馆又影印出版了胡适的自校改本（1970、1972 年再版）。1986 年，台湾远流出版事业股份有限公司出版的《胡适作品集》第 30 册亦将该书更以《胡适选注的词选》之名收入。1995 年，东方出版社出版此书，名《胡适选唐宋词三百首》。① 1999 年，河北人民出版社又将此书出版，名《词选》。

《词选》深远影响的更主要的表现和更重要的意义，是其所体现的诸种词学思想观念，如重白话，轻文言；重北宋，轻晚宋以后；重苏辛，轻吴张；重情感、意境，反格律、用典；肯定"以诗为词"，反对诗词分畛；以及推重白话"始民间终文人"的文体演变公式，等等，在当时及后世乃至今日，得到长久而广泛的回应。难以缕述，仅举三例。

比如，"清词模仿宋词说"。胡云翼："我们读清人词，虽表现了一部分的成绩，产生了几个伟大的词人，但大多数的清词家，不是模拟南宋，便是模拟北宋，有的拟五代，也有的拟晚唐。总之，无论他们怎样跳来跳去，总不曾跳出古人的圈套。清人的词，因此便堕落了，走上古典主义的死路去了。"②

比如，"民间文人演变论"。1934 年 2 月 20 日，鲁迅在致姚克的一封信中提出的观点，与胡适的几乎如出一辙："歌、诗、词、曲，我以为原是民间物，文人取为己有，越做越难懂。弄得变成僵石，他们就又去取一样，又来慢慢的绞死它。"在作于同年 11 月的一文中，鲁迅同样说："士大夫是常要夺取民间的东西的，将竹枝词改成文言，将'小家碧玉'作为姨太太，但一沾着他们的手，这东西也就跟着他们灭亡。"③郑振铎说："当民间发生了一种新的文体时，学士大夫们其初是完全忽视的，是鄙夷不屑一读的。但渐渐的，有勇气的文人学士们采取这种新鲜的新文体作

---

①　印行古人著作而更改其名，不论是从对作者的尊重来说，还是从整理文献的规范来说，都不够妥当。

②　胡云翼：《中国词史略》，215 页，上海，上海书店出版社，1933。

③　鲁迅：《略论梅兰芳及其他（上）》，《花边文学》，163 页，北京，人民文学出版社，1980。

为自己的创作的型式了，渐渐的这种的新文体得到了大多数的文人学士们的支持了，渐渐的这种的新文体升格而成为王家贵族的东西了。至此，它们渐渐的远离了民间，而成为正统的文学的一体了。"①

比如，"词为新诗之一体论"。《词选》出版后数十年中占上风的是沿胡适"诗化"论道路走得更远的"诗词合流"的观点，哪怕在大批胡适的年代也莫不如此。夏承焘的《评李清照的"词论"——词史札丛之一》称："他（苏轼——引者）打破诗词的界限，一举而为词拓境千里！而当时纷纷落后保守的文士，却强调'尊体'之说，拿'教坊雷大使'的教舞作比喻，讥笑他'虽极天下之工，要非本色'（见陈师道《后山诗话》）。这种落后保守的势力在当时相当大，李清照的词论就是这种势力影响之下的产物……在李清照那个时代，词的发展趋势已进入激变的阶段，要和诗合流的阶段，不合流将没有词的出路。"②

龙榆生在 1933 年所撰《论贺方回词质胡适之先生》中说："自胡适之先生《词选》出，而中等学校学生，始稍稍注意于词；学校中之教授词学者，亦几全奉此为圭臬；其权威之大，殆驾任何《词选》而上之。"③是否真的达到"驾任何《词选》而上之"的程度姑且不论，在现代词学史上，这确实是一部具有强烈"个人的见解"的特色鲜明的名家名选。作为一种普及读物，作为词学史文献，胡适的《词选》都有着非同一般的价值。

---

① 郑振铎：《中国俗文学史》，2 页，北京，商务印书馆，2005。

② 该书的选词及体现的词学见解当然并非一概得到认同。上文曾举出胡云翼对《词选》选词的意见，又如关于"以诗为词"和"词别是一家"的评价问题，从苏东坡以后就有两种针锋相对的观点，胡适之后仍然如此。龙榆生在同一篇文章中也对胡适所选姜夔、史达祖、吴文英等人"率取其习见之调，或较浅白近滑易者，集中得意诸阕，反被遗弃"提出批评，更对其划五代、北宋词为"歌者的词""诗人的词""词匠的词"三段提出质疑，比如李后主、冯延巳的词就绝非"歌者的词"所能范围；而东坡、山谷、少游等人之词，何尝不给歌者去唱？至于其中一些史实的出入，及当时限于条件未能解决的问题，更是在所难免。例如，前文举及的无名氏二词，从编排次序可知胡适认其为唐词，其实后一首是北宋人词，胡适殆沿《全唐诗》之误。朱敦儒，胡适谓其"生死年岁不可考"，又说"大概他活到九十多岁"，而实生于 1081 年，卒于 1159 年。诸如此类尚多，无须逐一列举了。

③ 龙榆生：《龙榆生词学论文集》，304 页，上海，上海古籍出版社，1997。

胡适《词选》的编选矛盾及苏辛地位的确立

北京师范大学　李小龙

胡适是中国学术史上的一位巨人，他在我国学术文化领域里，有着广泛而独特的建树。近年来，学界对他的研究逐步全面和深入，但是他的词学思想似乎还没有引起足够的注意。事实上，我们应该看到，胡适的学术领域虽然很广阔，但是，他却有一个万变不离其宗的核心，即以改造中国文化传统从而使中国走上近代化为核心的文学革命。而他的词学思想，正是其中的一个组成部分。深入梳理他的词学思想，可以使我们更全面地理解这位学术巨人。

一、胡适《词选》入选作者与词作的偏颇

在胡适的著作中，论及词的并不少，但大都很零散，不成系统。然而有一部书值得我们注意，那就是他的《词选》。胡适很重视这本书，从他的自序中我们知道此书费了他三年多的时间，而且他还打算"再搁一两年"，等"见解更老到一点，方才出版"。同样是在这个自序中，胡适说："我深信，凡是文学的选本都应该表现选家个人的见解。"①那么我们也相信，这本书代表了胡适的词学观点。

不过，这本书的命运却非常奇怪。1927年，它刚出版时应该是极为

---

① 胡适：《胡适学术文集：中国文学史》，467～468页，北京，中华书局，1998。

风行的。龙榆生说："自胡适之先生《词选》出，而中等学校学生，始稍稍注意于词；学校中之教授词学者，亦几全奉此书为圭臬；其权威之大，殆驾任何词选而上之。"①由此可以看出，比它早三年出版且影响极大的朱祖谋《宋词三百首》也当不得不闻声而避席。可是，自新中国成立至今，它的出版却颇为寥落。一直到 1995 年，《词选》才由东方出版社再版（四年后，河北人民出版社再版）。总体来说，这些版本印量都不多。相关研究则似更为寥落，此文初稿写于 2003 年，当时仅见到谢桃坊《宋词辨》中有《评胡适的词学观点与方法》②一文，还有郝世峰、安易为此书的河北人民版所写的前言。虽其论述颇为精当，但这显然还不够。后者与其未能重视此书所包含的胡适词学思想有关，而前者则不能不说与此书的另一意义抹杀了它作为《词选》的意义有关。现在整理旧稿，学界的研究又有一些进展。2007 年，中华书局又出版了刘石先生导读的新本，刘石先生在书前有题为《胡适的词学思想与〈词选〉》的导读，相当细致。此外的论文则是就《词选》来探讨胡适的词学观③，而非对《词选》本身进行研究。

胡适《词选》共选唐宋词人 39 家，351 首。其中唐、五代 17 人，56 首；两宋 22 人，295 首。唐、宋之比例倒也适中，唐人以韦庄、冯延巳、李煜、温庭筠为主，篇目之分配也合理。但宋人的篇目分配却让人大为惊讶。当然，选何人以及选多少正体现了选家的个人风格和艺术趣味，他们所选篇目当然绝不会雷同。然而，作品的艺术性虽无法确切地定量排序，但其艺术性的高低却人致可以定性掌握。如果是以艺术性为绳墨、以真实反映词史面貌为旨归的话，其选目定然不会相差太远。而且，若略其细目，只观大略的话，其趋势应该是一致的。

王兆鹏曾对宋代词人的历史地位做了一个定量分析，以存词数量、版本数量、词论家品评次数、词学家研究次数、历代词选入选篇数、当

① 龙榆生：《龙榆生词学论文集》，304 页，上海，上海古籍出版社，1997。
② 谢桃坊：《宋词辨》，116～127 页，上海，上海古籍出版社，1999。
③ 参见朱惠国：《胡适词史观探论》，《广州大学学报（社会科学版）》，2004(11)；符继成：《重评胡适的唐宋词分期"三段论"》，《文学遗产》，2010(3)。

代词选入选篇数六项数据为标准来估量宋代词人的地位。① 虽然这些数据都会不同程度地受一些偶然因素的影响，但是，近千年的传播和研究历史会平衡和弥补这一点，广泛的数据来源也使得最终的结果较为客观。而且王兆鹏也并非用以上几项参照的具体数据来对比，而是用名次作为依据，这就大大避免了偶然因素的影响而体现出大体可信的趋势。下面我们列表把这两种排名对比一下。我们就拿胡适所选的前10名共11人（晏殊与黄庭坚同选11首，并列第十）与王氏的前11人来对比。

表1　胡适《词选》(左)与王兆鹏排名(右)中前列词人对比

综合排名	词人（入选数量）	综合排名	词人
1	辛弃疾（46）	1	辛弃疾
2	朱敦儒（30）	2	苏轼
3	陆游（21）	2	周邦彦
4	苏轼（20）	2	姜夔
5	秦观（19）	5	秦观
5	周邦彦（19）	6	柳永
7	刘克庄（16）	7	欧阳修
8	张先（13）	8	吴文英
9	张炎（12）	9	李清照
10	晏殊（11）	10	晏几道
10	黄庭坚（11）	11	贺铸

对宋词稍有了解的人都会对这个表感到惊讶。综合排名（实际上从某种程度上也可看作词人的真实地位）的11名中，竟赫然有7位不在胡适的前11名中，这7位分别是位列第二的姜夔以及第六以后的柳永、欧阳修、吴文英、李清照、晏几道和贺铸。其中，贺铸完全没有作品被选入他的选本。② 而历史上一些有名的选本对王氏排名中的这11人大多都选

① 王兆鹏：《唐宋词史论》，81～104页，北京，人民文学出版社，2000。
② 早在1933年，龙榆生就为此写了《论贺方回词质胡适之先生》一文，对此提出了质疑。参见龙榆生：《龙榆生词学论文集》，304～315页，上海，上海古籍出版社，1997。

入了 8 到 10 人，最低也要选 6 人（详见表 2、表 3）。而且，综合排位仅列第二十三位的朱敦儒（这恰好意味着胡适仅选 22 人的《词选》本当没有他的位置）①却以 30 首的入选率仅次于辛弃疾而位居第二，陆游也从大致可信的第十三位升至第三位。除此之外，历史上只有《词综》入选过其两首词的向镐（《词综》巨大的篇幅减弱了这一入选的参考意义），胡适却一下子选了他 7 首，高过了刘过、史达祖、王沂孙、吴文英而与李清照并列。从这些简略的列举中我们可以看出，以"词选"的标准来衡量，这部书的确是相当偏颇的。

其偏颇不仅表现在入选词人及其入选篇幅上，而且也同样表现在入选的具体篇目上。谭新红《唐宋词名篇的定量分析》综合了 43 种古今词选的入选数量，对三百首唐宋名作进行了排序。王兆鹏又以历代词评家的品评次数加以修正，排出了唐宋词史上最有影响力和生命力的 40 首名篇。② 令人惊讶的是，胡适只选了 13 首，另外 27 首被弃之不顾。其中，李白、林逋、范仲淹、宋祁、贺铸、陈与义六人本来就被拒之门外，其他作者未入选的篇目更令人不能理解。此 40 首中有辛氏 3 首，而此书未选其排名最靠前（第十）的《摸鱼儿·更能消几番风雨》和《永遇乐·千古江山》（第二十九），苏轼未选其《水龙吟·似花还似非花》（第九）和《贺新郎·乳燕飞华屋》（第二十三），姜夔的《疏影》（第四）、《暗香》（第六）、《齐天乐》（第十一）、《扬州慢》（第二十一）悉数未选，甚至柳永的《八声甘州》、欧阳修的《蝶恋花·庭院深深深几许》、张先的《天仙子·水调数声》、李清照的《醉花阴》、晏几道的《鹧鸪天》亦未获青睐。综合排名的前 11 位词人均有词作入此名单，而胡适的 11 名得宠者中，竟有 6 人（包括排名第二、三的朱敦儒和陆游）无一词入选。我们再用三种流传最广的选本：朱祖谋《宋词三百首》、龙榆生《唐宋名家词选》和胡云翼《宋词选》为参照来比较一下，这 40 首名作之中有 36 首为宋词，朱祖谋选了 31 首，

---

① 在王兆鹏的统计中，上文第六名之柳永、此处第二十三的朱敦儒各列为第五、第二十二。这是因为他在三个第二名后本该接第五却误接了第四，所以他的排名在第四以下均当下调一位。

② 王兆鹏：《唐宋词史论》，109～112 页，北京，人民文学出版社，2000。

　　龙榆生选了 34 首，胡云翼选了 32 首，相比之下，胡适只选了 11 首。

　　从以上两点可以看出，胡适的《词选》作为一部"词选"，显然是不合格的。这也正是出版界遗忘它的根本原因。

二、胡适《词选》偏颇的原因是其对白话文学的矛盾态度

　　那么，胡适选词为什么会有这么大的偏差呢，正是在对这个问题的寻绎中，我们才会发现胡适词学思想中非同一般的主轴：文学革命。胡适一生的学术研究与文学革命有着千丝万缕的联系，词学正是其中之一。为了宣扬和深化文学革命，为了证明白话文学自古以来就是中国传统文学的正宗，胡适在其讲义《国语文学史》的基础上发愿要撰写一部《白话文学史》。这个极多创见的宏大计划与他许多别的计划一样都未能完成，只写了三分之一，止笔于白居易。但我们应当看到，其后他写了许多有关词、曲，特别是明清小说的研究文字，也正是在为他的后半部书做准备。而词在他的"白话文学史"的视野中，有着至关重要的地位。

　　在《论小说及白话韵文——答钱玄同》一文中，胡适说："由诗变而为词，乃是中国韵文史上一大革命。五言七言之诗，不合语言之自然，故变而为词"，"词之重要，在于其为中国韵文添无数近于言语自然之诗体"①。在《中国文学史》中，他亦指出："白话韵文的进化到了长短句的小词，方才可说是寻着了他的正路。后来的宋词、元曲、一直到现在的白话诗，都只是这一个趋势。"②基于这种认识，他自己也尝试着作词。胡适的日记中就留有被他称为"第一首白话词"的《虞美人·戏赠朱经农》。更加意味深长的是他的《沁园春·誓诗》。这首词是他在那个伟大时代的转折点上，带着冲决一切罗网的豪情与当仁不让而为天下师的激动写下的。胡适在写此词时是郑重的，曾认真地改了十稿。现在，从他的日记里，我们还能看到其中的五次改稿。细细比较这五次的改

---

　　① 胡适：《胡适诗话》，182 页，成都，四川文艺出版社，1991。

　　② 胡适：《胡适学术文集：中国文学史》，61 页，北京，中华书局，1998。

稿是很有意义的。在初稿中，他带着得风气之先的豪迈写道："为大中华，造新文学，此业吾曹欲让谁？诗材料，有簇新世界，供我驱驰。"这狂放的句子表现了他对文学革命的信心与期望。在第三次改稿中，他说："文章要有神思，到琢句雕辞意已卑。定不师秦七，不师黄九，但求似我，何效人为？"此间对新文学的要求已很鲜明，而其用"秦七、黄九"则似乎有以"词的革新"来代替"文学的革新"的嫌疑了。从后来的改稿可以看到，胡适对他无意中以词代替文学有了特意的纠正。在第四稿中，此处被改为"更文不师韩，诗休学杜"，在第五稿中又改为"要不师汉魏，不师唐宋"。①

　　此后，在《词的起源》和《词选·自序》两文中，他更进一步系统地论述了自己的词学观点。总而言之，他认为"词起于民间，流传于娼女歌伶之口，后来才渐渐被文人学士采用"。由此，他提出了那个著名的"文学史上有一个逃不了的公式"："文学的新方式都是出于民间的。久而久之，文人学士受了民间文学的影响，采用这种新体裁来做他们的文艺作品。文人的参加自有他的好处：浅薄的内容变丰富了，幼稚的技术变高明了，平凡的意境变高超了。但文人把这种新体裁学到手之后，劣等的文人便来模仿；模仿的结果，往往学得了形式上的技术，而丢掉了创作的精神。天才堕落而为匠手，创作堕落而为机械。生气剥丧完了，只剩下一点小技巧，一堆烂书袋，一套烂调子！于是这种文学方式的命运便完结了，文学的生命又须另向民间去寻新的方向发展了。四言诗如此，楚辞如此，乐府如此。词的历史也是如此。"②基于此，他认为，词的历史可分为三个时期：一为晚唐至元初，二为元至清，三为清以后。而第一个为词的"本身"的历史，第二为词的"替身"的历史，第三为词的"鬼"的历史。他的《词选》只选唐宋之词，其原因就在于此。同时，他把唐宋词也分为三个段落：一是歌者的词，二是诗人的词，三是词匠的词，这三段大致以东坡和稼轩为界。

---

　　①　胡适：《胡适诗话》，79～86页，成都，四川文艺出版社，1991。
　　②　胡适：《胡适学术文集：中国文学史》，471页，北京，中华书局，1998。

　　上文提到他选词的偏颇，有一部分可以从这里找到原因。比如向镐，胡适在给他写的小传中说："他的词明白流畅，多有纯粹白话的词。"①其实，早在十年前他就注意向镐了，在 1916 年所写的《谈活文学》中便已将其《如梦令》作为"活文学之样本"记下了。②（当时他似乎对向镐尚不熟悉，因为他在向镐的名字后注其字为"子諲"，其实向镐字丰之，而向子諲字伯恭，二人不但风马牛不相及，而且后者存词 176 首，位列宋代词人第二十七位③，是一个有名的词人。）现在，这个名不见经传的向镐不但走入了他的《词选》，而且被选了 7 首。再如朱敦儒，胡适在《朱敦儒小传》中说："词中之有《樵歌》，很像诗中之有《击壤集》。"④看来，他选朱词30 首也正是冲这一点去的。可见胡适的入选标准正是以平民的、白话的文学为取舍的。所以，我们看到"幽邃而绵密"（冯煦语）的吴文英只被选了两首，"书卷其辅"（况周颐语）的贺铸根本就未入选，而被称为"清空骚雅之宗"的姜夔虽被选了 9 首，但其脍炙人口的 4 首名词均未入选。其他人也基本选其近于白话、清畅易晓的词，特别侧重于选小令，而甚少选长调。

　　不但在选词上，就在此书的编排体例上，胡适也因文学革命思想的影响而草创甚多，功在椎轮。⑤ 例如，他在排列上，打破了古书的连排方式，用新诗的体式分行排列；加上了标点符号；词人小传和注释都用了白话等。这些也都是他"白话标准"的延伸。⑥

　　然而，他的这个标准却没有也无法贯彻下去。其问题当然在于新文学运动。这并非一个简单的文学运动，而是在某种程度上需要矫枉过正

---

　　① 　胡适：《词选》，161 页，石家庄，河北人民出版社，1999。

　　② 　胡适：《胡适学术文集：中国文学史》，399 页，北京，中华书局，1998。

　　③ 　此据王兆鹏之统计（参见王兆鹏：《唐宋词史论》，105～106 页，北京，人民文学出版社，2000），但其将向子諲误为 192 首，据《全宋词》改之。

　　④ 　胡适：《胡适学术文集：中国文学史》，467 页，北京，中华书局，1998。

　　⑤ 　1954 年 8 月 19 日，张东苏知龙榆生欲修订其《唐宋名家词选》，曾写信建议："每一人似可仿胡适之例增加公历纪元之生卒年月。"由此亦可见其一斑。参见张晖：《龙榆生先生年谱》，176 页，上海，学林出版社，2001。

　　⑥ 　相关研究可参见聂安福：《胡适的词学研究与新诗运动》，《长江学术》，2007(2)；刘兴晖：《从胡适〈词选〉看民初词体革新的新诗化倾向》，《中南大学学报(社会科学版)》，2012(3)。

的政治和文化运动。所以，胡适当时无法认真地去分析"是否白话文的艺术性就高"这样一个命题，他似乎陷入了一个悖论。胡适在评论时多次重申自己的标准："他(韦庄)的词长于写情，技术朴素，多用白话，一扫温庭筠一派的纤丽浮文的习气。在词史上他要算一个开山大师。"又说："柳永词所以能这样流行，全因为他最能用俗语做词。后来选词的人，如周济、冯煦之流，单选他的文言词，实在埋没了他的特别长处。"①另一方面又不得不说柳永、秦观等人风格甚低，常有恶劣的气味。② 这个矛盾的典型表现是，其《词选》一方面尽力选白话词，另一方面在入选数量上，欧、柳、晏、黄几人却远远不及辛、朱、陆、苏、刘。

　　当然，这里还有一个问题，那就是白话小令词的俗艳，也就是胡适所说的"恶劣气味"。其实，古代诗歌在处于民间形态时，大多是艳情的，也正如胡适所言："他们用的是平民的材料，是小儿女的情感，是小百姓的语言。这是第二长处。"③但胡适似乎不能忍受这一点，他多次批评某词"恶劣"即在于此。可在论欧阳修时，后人疑其艳词为伪作，他又说："其实北宋不是一个道学的时代，作艳词并不犯禁，正人君子并不以此为讳。"④还说："秦观有些词，在现在人的眼里，颇觉太淫亵了。但我们不要忘记了时代的区别。秦观的时代，道学还不曾成立，社会还不曾受道学的影响，故这一类的文学并不算得'得罪名教'。"⑤这实在是一个矛盾。而这个矛盾恰可以从他对于柳永和周邦彦的不同态度上找到解释。在胡适看来，柳永是俗艳词的典型代表，而周邦彦词"音调谐美，情旨浓厚，风趣细腻，为北宋一大家"，虽承认其也"多写儿女之情"，但又说其"风格高，远非柳词所能比"⑥。其实，我们把此二人写艳情的词拿来对比一下就能知道，他们最大的区别仅在于周用词比较清雅罢了。他所选周氏

---

① 胡适：《胡适学术文集：中国文学史》，12、95 页，北京，中华书局，1998。
② 胡适：《词选》，81、111 页，石家庄，河北人民出版社，1999。
③ 胡适：《中国文学史》，100 页，北京，中华书局，1998。
④ 胡适：《词选》，59 页，石家庄，河北人民出版社，1999。
⑤ 胡适：《中国文学史》，99 页，北京，中华书局，1998。
⑥ 胡适：《词选》，138 页，石家庄，河北人民出版社，1999。

的《蝶恋花·鱼尾霞生》《蝶恋花·月皎惊乌》《蓦山溪·楼前疏柳》《万里春·千红万翠》《迎春乐·人人花艳》《红窗迥·几日来真个醉》其实与柳永之词相类，周济说"清真词多从耆卿夺胎，思力沉挚往往出蓝"(《宋四家词选》)，的确是一针见血之论。胡适毕竟受传统的影响太大了，对于士大夫的"清雅"还是更欣赏的。他很喜欢苏轼，并高度评价了苏轼对词的解放。其实，从诗歌发展史上看，苏轼对词的解放实际上是使词尽力地靠近诗，依靠诗的正统审美惯性来提升词的地位，也就是雅化了词。而这也就进一步远离了平民，远离了白话文学。

其实，我们看胡适为新文学准备的号令《沁园春·誓诗》，就会知道他的尴尬和徘徊。因为，这首要"为大中华，造新文学"的词却几乎完全合于词律。而且，从其几次的改稿中也可见，他越改越往古典上走了。(不过，后来收入《尝试集》的还是初稿)。

三、胡适《词选》的意义

通过以上的分析，我们知道了胡适的选择有偏颇以及导致这种偏颇的原因，但是这并不能抹杀这部《词选》在词选史上的地位。

下边我们列两张表，把胡适选本放到"词选"的发展历史中去观照，就会得出一些有价值的判断。两个表分别代表胡适之前及之后几种著名词选选录两宋词人的情况。第一行是编者，而每列则是一个选本选词数量的前十名，名后附其选词数量。其编者所对应之选本如下：朱彝尊《词综》；张惠言《词选》；周济《宋四家词选》；陈廷焯《词则》；冯煦《宋六十一家词选》；梁令娴《艺蘅馆词选》；朱祖谋《宋词三百首》；龙榆生《唐宋名家词选》；俞平伯《唐宋词选释》；胡云翼《宋词选》；文学研究所编《唐宋词选》；唐圭璋《全宋词简编》；上海辞书出版社《唐宋词鉴赏辞典》；刘乃昌、失德才《宋词选》。

表 2 胡适《词选》之前的选本选词状况

朱彝尊①	张惠言	周济	陈廷焯	冯煦	梁令娴	朱祖谋
吴文英 57	秦观 10	周邦彦 26	辛弃疾 47	吴文英 130	吴文英 35	吴文英 25
周密 57	张先 7	辛弃疾 24	王沂孙 43	晏几道 76	辛弃疾 27	周邦彦 22
张炎 49	辛弃疾 6	吴文英 20	晏几道 38	周邦彦 64	周邦彦 24	姜夔 17
辛弃疾 43	朱敦儒 5	王沂孙 20	吴文英 36	苏轼 51	姜夔 21	晏几道 15
周邦彦 37	苏轼 4	姜夔 11	张炎 33	史达祖 49	秦观 18	柳永 13
张先 36	周邦彦 4	柳永 10	姜夔 29	陆游 35	周密 18	辛弃疾 13
王沂孙 35	王沂孙 4	晏几道 10	秦观 28	周紫芝 35	张炎 18	贺铸 12
史达祖 26	李清照 4	秦观 10	周邦彦 28	辛弃疾 33	王沂孙 18	苏轼 10
晏几道 25	姜夔 3	欧阳修 9	贺铸 26	姜夔 33	欧阳修 11	晏殊 10
贺铸 25	陈克 2	张炎 8	苏轼 25	欧阳修 32	李清照 10	欧阳修 9

表 3 胡适《词选》之后的选本选词状况

龙榆生②	俞平伯	胡云翼	文研所	唐圭璋	辞典	刘乃昌等
辛弃疾 44	苏轼 19	辛弃疾 40	辛弃疾 29	苏轼 113	苏轼 85	辛弃疾 60
苏轼 42	辛弃疾 17	苏轼 23	苏轼 15	辛弃疾 94	辛弃疾 80	苏轼 50
周邦彦 31	李清照 13	贺铸 18	李清照 13	欧阳修 72	周邦彦 49	欧阳修 35
晏几道 31	周邦彦 9	刘克庄 12	秦观 9	周邦彦 53	晏几道 37	柳永 34
贺铸 29	姜夔 9	陆游 11	周邦彦 9	贺铸 51	贺铸 37	周邦彦 33
欧阳修 27	秦观 8	李清照 11	刘克庄 9	柳永 46	姜夔 35	姜夔 29
柳永 25	吴文英 7	周邦彦 10	陆游 7	张元幹 44	吴文英 35	晏殊 25
姜夔 23	欧阳修 6	姜夔 10	欧阳修 6	晏几道 43	柳永 33	晏几道 24
秦观 19	晏几道 4	朱敦儒 9	张元幹 6	朱敦儒 38	秦观 31	贺铸 23
晏殊 17	贺铸 4	张孝祥 8	陈人杰 6	秦观 37	李清照 31	吴文英 23

① 朱彝尊本来极推崇姜夔,但据其《词综发凡》云当时姜词"仅存二十余阕",故其选姜词 23 首,绝对数量虽不多,但相对而言,已近于全部选入了。

② 龙氏之选大约成于 1931 年,1934 年重新整理并交开明书店出版。其自序云"予意诗词之有选本,务须从全部作品,抉择其最高足以代表其人者,未宜辄以私意,妄为轩轾其间",联系上年之《论贺方回词质胡适之先生》,此当有校正胡适之意。龙榆生词学承朱祖谋,而朱氏一生服膺吴文英,且此又是"尽窥先生手订名家词集,朱墨烂然,一集中圈识至三五遍者,因为录出"者(参见张晖:《龙榆生先生年谱》,57 页,上海,学林出版社,2001),故初选吴最多,38 首;苏、辛为龙氏所爱,分列二、三。但 20 世纪 60 年代修订时,龙氏把苏、辛各增 14 首,吴文英却降到 10 首(参见张晖:《龙榆生先生年谱》,180 页,上海,学林出版社,2001)。

从表 2、表 3 我们可以清楚地看到，胡适以前的选本，多以周邦彦、吴文英、姜夔等人为主（其中，陈廷焯选辛弃疾最多，但可以看出，周、姜、吴等人所代表的格律词派仍占压倒性优势）；直到胡适，辛弃疾、苏轼等人才被提到周、姜之前，胡适之后的选本无一例外地由苏、辛二人稳居榜首。① 这样做是否合于词史实际我们姑且不论，但胡适的《词选》对后世的影响却是巨大而深刻的，当代几乎所有词选都以苏、辛为正宗就证明了这一点。

至此，我们还需进一步追问，为什么胡适逆流而行，把苏、辛一派提到周、姜一派之前？这个问题比较微妙。朱惠国《论胡适对苏辛词的偏爱》虽然在文末探讨了胡适对苏辛词偏爱的影响和意义②，但倡导清新向上的词风、冲击传统词学、改变词学研究格局等均是从词史角度出发的，并未考虑到在《词选》历史上的转折。其文的逻辑起点是胡适对苏辛词的偏爱，并指出了三个原因，即"性格因素和审美情趣是产生这种现象的部分原因，而建设新文化理论的需要以及对词基本功能的理解是造成这种现象的根本原因"，但这仍不能圆满地解释胡适《词选》的特异。事实上，胡适对苏、辛词偏爱的原因就出现在上一节的论述中，即苏、辛的词风与创作恰好在某种程度上抵消了胡适在编纂《词选》时推崇白话与注重文学性之间的矛盾。因为苏、辛之词，无论前者如何诗化，后者如何掉书袋，其章法是简洁的，意脉是清晰的，这符合胡适对白话文学的要求，而周、姜、吴的词显然要曲折隐僻得多。另一方面，词在宋代是文学与音乐的结合，以周、姜、吴为代表的格律词派强调词的音乐属性，在当时虽获大名，但对音乐性的强调必然会在文学性方面有所付偿，而苏、辛的创作则相反，他们更重视词的文学性。这样一来，苏、辛的作品就成为提倡白话文学的胡适眼中最适合代表词体成就的词人。从这个意义上来说，胡适《词选》中编选思想的矛盾虽然影响了这部《词选》作为词体

---

① 即就 20 世纪两宋词人研究成果而论，苏轼 1257 项，李清照 921 项，辛弃疾 893 项，分列前三位；而姜、周、吴三人仅各 275、227、106 项（引自王兆鹏、刘尊明：《本世纪词学研究的基本格局》，《百年学科沉思录：二十世纪中国古代文学研究回顾与前瞻》，314 页，北京，人民文学出版社，1998），由此亦可见一斑。

② 朱惠国：《论胡适对苏辛词的偏爱》，《中国韵文学刊》，2005(1)。

选本的有效性，但却开创了一个以苏、辛为宗的新时代。

当然，我们承认，当代苏、辛正统地位的形成有着更加复杂深刻的原因。宏观上有社会和时代大气候的转移对文学认识的巨大影响；微观上更有词体本身发展历史的牢笼——它由一种音乐为主的艺术形式发展为以语言为主的文学形式，继而又向着纯粹的文学形式演进，这对大体上以强调词的音乐性为主的一派词人无疑是不利的，而且由于语音的发展变迁，这种不利在中国的文化传统中将会逐步加强。但我们亦不应当否认胡适的《词选》正出现在这个嬗变的转捩点上，有得风气之先的敏锐和推源开流的大功。

辽代散文述略

中国社会科学院　谭家健

辽建国之初，不重文事。《辽史·文学传》说："辽起松漠，太祖(耶律阿保机)以兵经略方内，礼文之事固所未遑。及太宗入汴，取晋图书、礼器而北，然后制度渐以修举。至景、圣间，则科目聿兴，士有由下僚擢升侍从，骎骎崇儒之美。"可见前期文章较为稀疏，后期较为兴盛。阎凤梧主编《全辽金文》[①]，其中辽文810篇，作家210人。《全辽金文》依内容大致可分三类。

第一类是有关外交、内政、军国大事者的文章，如诏诰、敕制、书状、誓告、国书、表章、书疏、议对、牒文等。作者为帝后、贵戚、臣僚之属，性质为实用性公文，大多为散体，少数为骈体(另文专论)，其中有些是三言五语的批示或口谕，算不上完整的文章。

外交文书中致高丽国王者习用骈体，致北宋多用散体。臣僚作品以平实无华为尚，帝王作品前期可能有文臣代作；后期皇帝能文，多数可能是亲笔。

辽太祖有诏书六则，其中《谕皇后皇太子大元帅及二宰相诸部头等诏》值得注意：

> 上天降监，惠及烝民。圣主明王，万载一遇。朕既上承天命，

---

① 阎凤梧：《全辽金文》，太原，山西古籍出版社，2002。

下统群生，每有征行，皆奉天意。是以机谋在己，取舍如神。国令既行，人情大附，舛讹归正，遐迩无怨。可谓大含溟海，安纳泰山矣！自我国之经营，为群方之父母。宪章斯在，胤嗣何忧？升降有期，去来在我。良筹圣会，自有契于天人；众国群王，岂可化其凡骨？三年之后，岁在丙戌。时值初秋，必有归处。然未终两事，岂负亲诚？日月非遥，戒严是速。①

此诏作于天赞三年（924），太祖将西征吐浑、党项、阻卜等部，皇后、太子、大臣事先不知，闻诏皆惊惧，可见其军事行动是保密的。命令太子监国，大元帅随行。一年后即凯旋回师。太祖能说汉语，识汉文，这篇诏书可能是他口授后由汉臣记录修饰而成。自称奉天意，附人情，统群生，为民父母，这些都是中华传统的帝王观念，可见其接受汉文化已深，故能熟练地运用。

辽圣宗有两篇诏书比较重要。

其一，《复宋誓书》（作于统和二十二年），主旨是坚持辽宋和平友好盟约的关系，有云：

以风土之宜，助军旅之费，每岁以绢二十万匹、银一十万两，更不差使臣专往北朝，只令三司差人搬运至雄州交割。沿边州军，各守疆界；两地人户，不得交侵。或有盗贼逋逃，彼此无令停匿。至于陇亩稼穑，南北勿纵骚扰。所有两朝城池，并可依旧存守，淘壕完葺，一切如常。即不得创筑城隍，开掘河道。誓书之外，各无所求。必务协同，庶存悠久。自此保安黎庶，谨守封陲。质于天地神祇，告于宗庙社稷，子孙共守，传之无穷。有渝此盟，不克享国。昭昭天鉴，当共殛之。②

---

① 阎凤梧：《全辽金文》，7 页，太原，山西古籍出版社，2002。
② 阎凤梧：《全辽金文》，197～198 页，太原，山西古籍出版社，2002。

此文作于"澶渊之盟"后，宋虽胜却赔款求和，辽虽败却获利良多，辽方很满意。此文题为"誓书"，相当于盟约。宋交割绢银之后，彼此相安无事。态度平等，口气温和，可以看成"和平条约"，与此前辽与后晋、北汉之国书态度不同，与后来金宋交往之国书口气相比更是判然有别，其文献价值甚高。

其二，圣宗《平法诏》（作于太平六年）。全文如下：

> 朕以国家有契丹、汉人，故以南、北二院分治之，盖欲去贪枉、除烦扰也。若贵贱异法，则怨必生。夫小民犯罪，必不能动有司以达于朝，惟内族、外戚多恃恩行贿，以图苟免，如是则法废矣。自今贵戚以事被告，不以事之大小，并令所在官司按问，具申北、南院复问得实以闻。其不按辄申及受请托为奏言者，以本犯人罪罪之。①

辽代官制分为北面、南面两大系统。北面官治理契丹人，南面官治理汉人，实际上契丹人有特权。圣宗此诏否认"贵贱异法"，贵戚犯事一律交北南两院处理，不得恃恩苟免。这等于确认法律面前不分民族、贵贱，一律平等，是有利于社会和谐的积极举措。

辽代后妃中堪称才女者为道宗后萧观音（1040—1075），她曾作《回心院》词十首，企望皇帝恩宠。奸臣耶律乙辛为了谋害萧后及太子，令人仿作淫词《十香词》，买通官婢，诬告萧后与伶人赵某私通，以二词为证。道宗信以为真，逼萧后自尽，并废太子。萧后的散文有《谏猎疏》：

> 妾闻穆王远驾，周德用衰；太康佚豫，夏社几屋。此游佃之往戒，帝王之龟鉴也。顷见驾幸秋山，不闲六御，特以单骑从禽，深入不测，此虽威神所届，万灵自为拥护。傥有绝群之兽，果如东方所言，则沟中之豕，必败简子之驾矣。妾虽愚暗，窃为社稷忧之。

---

① 阎凤梧：《全辽金文》，207 页，太原，山西古籍出版社，2002。

惟陛下尊老氏驰骋之戒，用汉文吉行之旨，不以其言为牝鸡之晨而纳之。①

此文劝道宗不要单骑出猎，以免野兽突犯而遭不测。文章不长，用典很多，周穆王、夏太康、赵简子、汉文帝以及《老子》《周易》之言，都很贴切，只是把司马相如的《谏猎书》当作东方朔之言，是偶误。散句为主，间用骈句，简奏明快，颇具文采。

萧观音死后不久，耶律乙辛阴谋败露，道宗后悔，赐谥懿德皇后。之后，萧后之孙天祚帝即位，彻底平反。翰林学士王鼎（？—1106）作《焚椒录》一书，为之洗冤。其中有一篇《懿德皇后论》，带有总结性质，全文如下：

嗟嗟！自古国家之祸，未尝不起于纤纤也。鼎观懿德之变，固皆成于乙辛；然其始也，由于伶官得入宫帐；其次则叛家之婢，使得近左右，此祸之所由生也。第乙辛凶惨无匹，固无论。而孝杰以儒业起家，必明于大义者。使如惟信直言，毅然诤之，后必不死。后不死，则太子可保无恙，而上亦何惭于少恩骨肉哉！乃亦昧心同声，自保禄位。卒使母后、储君与诸老成，一旦皆死于非辜。此史册所书未有之祸也。二人者，可谓罪通于天者乎。然懿德所以取祸者有三，曰：好音乐与能诗、善书耳。假令不作《回心院》，则《十香词》安得诬出后手乎？至于《怀古》一诗，则天实为之，而月食飞练，先命之矣。②

王鼎指出，制造冤案的祸首固然是野心家耶律乙辛，但内宫制度确实有漏洞。宰相张孝杰也有责任，如果他据理力争，后不致死，太子可保，道宗也不会受骨肉少恩之讥。皇后本人也失检，不该写《回心院》，

---

① 阎凤梧：《全辽金文》，497 页，太原，山西古籍出版社，2002。
② 阎凤梧：《全辽金文》，505 页，太原，山西古籍出版社，2002。

尤其不该写《怀古诗》。该诗第一句"宫中只数赵家妆"，本意为讽刺赵飞燕专宠，却被曲解为思念伶官赵惟一。耶律乙辛伪作《十香词》，是由《回心院》引申出来而为道宗误信的。这样分析很有深度，但对张孝杰认识不足。据《辽史》记，张孝杰对耶律乙辛诬皇后、潜太子、杀老臣，皆"同力相济"。指望张孝杰"毅然净之"，怎么可能。说张孝杰"昧心同声"，批评太轻了。

辽代的政论文不多。耶律昭、耶律常哥有佳作，皆骈体，已另论。散体政论，当以萧韩家奴的《答制问》最为全面、周到。萧韩家奴是道宗时人，曾翻译《通历》《贞观政要》《五代史》，参与修国史，有文集二十卷，已佚。这篇政论文作于金熙宗四年，回答皇帝"制问"。"制问"原题是："徭役不加于旧，征伐亦不常有，年谷既登，帑廪既实，而民重困，岂为吏者慢，为民者惰欤？今之徭役，何者最重？何者尤苦？何所蠲省则为便益？补役之法何可以复？盗贼之害何可以止？"

针对"制问"，萧韩家奴做出四点回答。一是今最重之徭役在西戍，主张"徙西戍稍近，则往来不劳，民无深患"。举太祖西征不置戍兵为史证，并指出国家大敌惟在南方（即北宋）。主张恩结西方诸部，归其地。"内徙戍兵，以增堡障；外明约束，以正疆界。每部各置酋长，岁修职贡，叛则讨之，服则抚之，诸部既安，必不生衅。"二是回答何所蠲免为便，"当知民困之由，而窒其隙。节盘游，简驿传，薄赋敛，戒奢侈，期以数年，则困者可苏，贫者可富矣"。三是关于复补役之法。补役就是对边防士卒实行补充轮换制。"民者国之本，兵者国之卫。兵不调则旷军役，调之则损国本。""欲为长久之便，莫如使远戍疲兵还于故乡，薄其徭役，使人人给足，则补役之道可以复故也。"四是回答何以止盗。他认为，民因困穷，乃为盗贼。"愿陛下轻徭省役，使民务农，衣食既足，安习教化，而重犯法，则民趋礼义，刑罚罕用矣。"并引用唐太宗的话作为史鉴。此文是辽代政论文章中最长的一篇，析理透辟，简劲刚健，颇有说服力。[1]

---

　① 阎凤梧：《全辽金文》，218～220页，太原，山西古籍出版社，2002。

第二类是与佛教有关的文章。包括寺庙、塔院、经幢、舍利匣和碑记等。辽代统治者崇尚佛教，寺庙发展迅速，今存碑刻甚多，在《全辽文》中约占百分之三十。骈句为主者另文介绍，本节主要评论其散句为主者。

寺庙碑文的结构大致是，开头一段宣讲佛法无边、佛光普照及教义，接着叙述某高僧至某地，发现该处山川秀美、幽静，适合建造寺庙，乃立志化缘、募捐。经过多年甚至几代师徒的努力，寺庙终于建成。其间有的得到地方官员支持，有的由当地百姓集资，也有少数贵戚大臣舍宅为寺。文章往往列出一系列资助名军，最后以一篇四言铭文赞颂作结。各处寺碑重点或有不同，多数较全面地概述发展经过，有的侧重地理位置、外部环境，有的致力于寺院建筑和佛殿雕饰，有的突出主持高僧的不懈努力。下面略举其文学性较强者为例。例如，志延《景州陈公山观鸡寺碑铭》(作于大安九年)。

景州，即今河北遵化市。志延(？—1108)，高阳涞县(今河北涞水)人，善书法，通大小乘。此碑序文分三大段，前面谈佛教起源于天竺，东汉来中土、辽代大发展。"城山胜处，列刹相望。"中段专门综述："观鸡寺者，离垢远尘之兰若也。按《幽州风土记》：'蓟城东三百里陈公山有观鸡寺。'而土俗传说，曾观山峰有金鸡之瑞，因以名焉。载考创修，不详何代。地方沃爽，路概虚通。北依遵化城，实前古养马之监；南临永济院，乃我朝煮盐之场。九峪十峰，萦回左右；甘泉仙洞，潴列东西。而况宝塔灵应之山，镇其形腔；龟灵佑国之寺，翼乃标奇。信绝世福田，幽岩之殊致矣。寺场边外，绕以石垣，固崩圮也。佛立当前，藏诸贝牒，备阅讲也。严其正殿，所以拟瞻依也。敞厥后堂，所以延讲侣也。启辟典库，藩利息而资费也。治葺庄园，事播植而供亿也。仍择乾位，别置净居，虚白其堂，用栖僧众。"这一段文字讲述寺庙的地理位置，外部环境，内部各种建筑物的用途，清清楚楚。后面段介绍寺庙主持僧人，"道德相高，淄俗共仰"，"计术有取，威惠胥均"，积库钱仅五千缗，广庄土逮三千亩，增山林余百数顷，树果木七千余株。总计房舍一百七十间，聚僧徒百余众。一唱百合，咸守成规，谋画指令，井井有条。作者与主持长志道交有素，故以综述见托云。①

三大段语句，前后多散句，中段多骈语，总体上属于散文。其中关于寺院经济的记述颇详，具有珍贵的经济史料价值。

再如，佚名氏《洪福寺碑》（作于咸雍六年），开头几行赞美佛性、佛相、佛理、佛教，然后以主要篇幅描写佛碑、佛殿、佛堂以及各种神像和有关器物。

今则结集众力，敬竖双碑。邀般输之奇匠，采昆岳之幽石。一锤之工爰运处，金宿摇空；八条之虬乃俄成，霜鳞矗起。亭巍一寻。面优数尺。一则披美于众善，一则头叙于多功。苟述其文，略陈斯说。前有尊胜陀罗尼幢一所，宝茎上耸，高凌碧汉之心；莲座下磻，永镇黄金之地。次有佛殿一座，莫不簷虬吐雾，脊兽呀烟。瓦列鸳颉，梁横栋愬。内四壁分绘容严粹，中一坛分望像端幽。三十二相，相相皆严；八十种好，好好俱妙。又于东西厢有洞廊二座，内塑罗汉各五十余尊，可谓容严特妙，亘古同生。个个被结趺之座，尊尊该超地之因。于中位则建菩萨堂一区，三间四架，彩辉华而霞灿，势仿佛而凤翔。望容好□具白相全。西壁上卧如惨戚，东厢中须岳巍峨。次西北有大杂宝经藏一坐，莫不彤楹巍立，蜕栋高横。金铃咽中天之吹，睛幡映岛外之霞。似到溟沧，蜃吐之楼台炭炭；如临岱岳，云成之宫阙重重。内函则龛经六百帙，外费则楮价一千缗。赤轴霞栏，黄卷金融。载传者灭七返之罪，礼看者免无间之狱。又以次则讲堂一坐，内置须弥座，上宣金口言。日日讲经，四海之潮声雄震；灯灯演法，六时之花雨霏空。谓厨堂则气楼迤逦，炼鼎恢弘。烹乳酪之珍馐，造醍醐之上味。时修盛馔，日给群僧。一合上寺并下内大僧，数余百人。②

---

①　阎凤梧：《全辽金文》，514～155 页，太原，山西古籍出版社，2002。

②　陈述：《全辽文》卷八，195～196 页，北京，中华书局，1982。

　　这篇碑文是全辽文中描写寺内各种建筑及内部情状最具体详细的一篇。有大量偶句，又夹杂不成对的单句。虽有夸张，却不失实。说东西二廊罗汉各五十余尊，也就是一百零八尊。文前有"大辽国涿州归义县丞相乡林庄都维那李夏等"十九字，文末有"大施主"李可久、邑人王志白、宋献、支祐、宋寿、王斌名字及官衔，皆称"维那"，即寺庙监察官，是佛教信徒的虚衔，实为该寺庙赞助人。归义县内，该碑犹存。此文在佛寺建筑史上有文献价值。

　　又如，《重修范阳白带山云居寺碑》（作于应历十五年），作者王正，时任盐铁判官、朝议郎右补阙。

　　　　东北方之美者，有若燕山；燕山之殊胜者，有若云居寺。寺之东一里有高峰，峰之上千余步有九室。室之内有经四百二十万言。梵文泉兴，岩穴鳞次。嘉木荫翳于万壑，磴道曲盘于半空。拟西方密藏之山，则鹫峰龙窟；镇东汉秘文之宅，则天禄石渠。本自静琬高僧始厥谋，历道暹造智菀诸公成其事。原夫静琬之来也，以人物有否泰，佛教有废兴，传如来心、成众生性者，莫大于经；勒灵篇、傲来劫者，莫坚于石，石经之义远矣哉！藏千万法，垂五百年。曾拔宅而此经存，海飞尘而此经在。粼粼白石，宁惧始皇之焚；岌岌碧岩，不畏会昌之毁。致此云居之寺，多以石经为名。佛宇经厨，僧坊钟阁。材惟杞梓，砌则琳珉。古桧星罗，流水环绕。墱提相望，门阀洞开，其中琢玉泥金，后素作绘。般尔之心匠，僧凯之笔精，皎皎然，煌煌然，逞巧计工，焉知几万；度材揆室，何啻数千。故太行之山，兹寺为中。若以东西五台为眉目，孤亭六聘为手足，弘业盘山为股肱，则佛法大体，念兹在兹矣。①

　　以下再写云居寺庆祝佛诞日盛况："是时也，香车宝马，藻野缛川，灵木神草，绝赫芊绵。从平地至于绝顶，杂沓驾肩；自天子达于庶人，

　　　① 　阎凤梧：《全辽金文》，52～53页，太原，山西古籍出版社，2002。

归依福田。维摩互设于香积，焉将通戒于米山。画丹□者，熙熙怡怡，谓□阁于斯；俯清流者，意夺神骏，谓殑伽无碍。醵施者，不以食会而由法会；巡礼者，不为食来而由法来。观其感于心，外于身。所燃指续灯者，所炼顶代香者，所堕岩捨命者，所积火焚躯者，道俗之间，岁有数辈。"①这样残身捨命以礼佛，唐代曾出现过，韩愈曾经上表反对，在辽代又出现而且更盛了。

文章的下半段，写作者的老朋友、寺主谦讽和尚主持事务的功劳：增建库堂、厨房、佛殿、暖厅、讲堂、碑楼、经廊各若干间等。最后大加赞美。这一段半数以上的文字为散句。全文层次有序，描述具体生动，史料价值和文学成就都很高。

范阳白带山云居寺，现属北京市房山区，云居寺及其石经乃国家重点保护文物单位。所藏石经，由隋僧静琬发起始刻，从 605 年至 631 年完成经块 146 块，后来由其弟子道邈、智苑等继续其事。经隋、唐、辽、金、元、明六朝，共刻佛经 1122 部，3572 卷，石经版 14278 块，深藏于地下石经洞（又称雷音洞），到王正作此文时，云居寺已形成五大院落、六进殿宇，后世还有拓展。可惜，地面建筑于 1942 年被日本侵略者炸毁，石经深埋地下，幸得保存。近三十年来，云居寺修葺一新，成为礼佛、参观、旅游的胜地。

南抃《上方感化寺碑》（作于乾统七年），这篇文章记录了该寺寺产被人侵夺争讼多年的经过。上方感化寺位于河北蓟州盘山，始建于北魏，中唐以后发展、扩大，"法堂佛宇敞乎下，禅窦经龛出乎上"，僧属多达三百，"创始以来，占籍斯广，野有良田百余顷，园有甘栗万余株"。到辽代太康初年，"邻者侵竞，割据岩壑，斗净坚固。适在此时，徒积讼源，久不能决"。另一处庄田在三河县北乡，辟土二十顷，间艺麦千亩，是上腴之地。大安中，燕地遭括天荒使者驰至，"谓执契不明，遂围以官封，旷为牧地。吞我林麓既如彼，废我田壤又如此"。寺僧法云、法道，"相与诣阙陈诉，历官辨论。一旦得直其诬，两者复为（寺庙）所有"。寺

---

① 阎凤梧：《全辽金文》，53 页，太原，山西古籍出版社，2002。

僧乃请南抃记其始末。① 南抃在辽天祚帝时官少府少监，知秘书监，曾入史馆，是朝廷重要文官，《全辽文》录其文三篇。

辽文中有大量塔记，塔是高僧的坟茔，有的塔记相当于高僧传，有详有略，散语为主，间有骈句。所谓舍利，是某些高僧火化后出现的结晶体，僧徒往往赋予神奇意义，而专匣藏之，这种文章多有神话色彩。所谓经幢，形如小塔，四面刻写佛经，乃子女为亲属刻写，以资纪念，经幢文多简短。还有厅壁记，唐代多见，韩愈集中不乏名篇。在辽文中有一篇《柳溪玄心寺洙公壁记》，作者杨丘文，作于乾统三年，记一位佛儒兼修的高僧，实属罕见。其中写道：

> 佛之徒曰洙公者，吾友人也，字焕之，姓高氏，世籍燕，为名家。生而被诗画礼乐之教，固充饫耳目矣。然性介洁，自卬，倜然有绝俗高蹈之志。一日，嗜浮图所谓禅者之说，乃属其徒遁林谷，以为瓶盂之游，日灼月渍，不数岁，尽得其术。乃卜居丰阳玄心寺，研探六艺子史之学，撷其微妙，随所意得，作为文辞，而缀辑之。积十数岁，不舍铅素，浸然声闻，流于京师。其党闻之，忿其委彼而适我，绳绳而来，扣诸门而诘之曰：'子其服吾徒之佛，隶吾徒之业有日矣。然不能专气彻虑，泰然泊乎玄妙之间，而反愤悱笃思乎儒学，一何累哉！矧吾之为道，其视天地万物蔑如也，又奚以其文为？'公妥然不顾，第以赞仰而为事也。今年春，仆以乘传，距邻宋回走易水，枉道下柳溪，即公候起居。既见，握手道旧，出新文若干以示仆。仆固骇其锻揉之锐，未已。又语仆以其党诘之之状。仆应之曰：夫道之在心，不言则不谕，故形之言而后达之也。言不及远，又不能人人乎教之，故载之文而遍天下，历后世而无不至也。然文之于道，为力莫甚焉，固可得而闻焉。②

---

① 阎凤梧：《全辽金文》，604 页，太原，山西古籍出版社，2002。

② 阎凤梧：《全辽金文》，590～591 页，太原，山西古籍出版社，2002。

洙公先学禅，后又研讨文艺子史，发为文辞，声闻流于京师，受到佛家之徒指责。洙公继续钻研，杨丘文给予大力支持，其认为道不言则不明，言无文则不远，文于道有助焉。接下去，举证孔子、孟子之道，列之编籍，乃能之远，然后扬子云发其奥，而演其德，可见文固无累于道也。他又举佛教徒之秀杰者，皆有篇藻以翼其尤而布之世也。不亦谓之文乎？杨丘文主要从"文不累道而助道"着眼，说明洙公学习诗书文艺，是于道有益的。他这种观点与北宋二程"作文害道"是对立的。可是他并没有辩驳佛家之徒何以能兼习儒家之道，所以从说理来看，其论证还不够有力。从北宋时期儒佛关系来看，北宋不少儒学大师，如周敦颐、苏轼、黄庭坚等，亦喜读佛经，与佛徒为友。北宋僧人多擅诗文，没有人指责。只有辽，佛盛于儒，才引起异议。杨丘文的文体像北宋散文，很少用骈使典，流利畅达，比同一时期宣扬佛教的文章好懂得多。文中提到他曾以公事到过宋，可见他是辽官员，对北宋思想文化情况有所接触和了解。

第三类是其他杂记和墓志铭，其中不乏有特色的散文作品。例如，王鉴《三河县重修文宣王庙记》，作于乾统七年。此文前半段赞美三河县令刘公的德政：亲率丁夫，修桥路数十处，简化办事程序，以免官吏扰民，整治河道，而不妨农事等。下半段专门写他如何修缮孔子庙。基于孔子的崇高地位，他"商略于诸吾道，聚谋兹事，移位修建。度所用经费，计钱三十万。艰其给出，公先输已俸。后疏有道心者，及诸科前名等，扣得消使之数。遂卜日命工，度木构材。击时必葺□□，亲临防未尽处，及示宣圣的容，《三礼图》为准。……垂拱向明，位以当宁。左右具侍立，前列十哲，壁图七十二贤。正殿前厦三间，若干榀子，门四扇，东廊房两间，户牖六事，门屋一座，束墙砌全。梁有牌，牌有颂，明公亲笔。供具台床四条，祭器等备用。……特建土地堂，圣贤一门九事。门屋一坐，院西广至城闉，两庙墙共七十堵。……可以固士民祈福之所，莫不阐扬儒教，辅助国风，新众目之观瞻，增一邑之壮丽"①。

---

① 阎凤梧：《全辽金文》，611～613 页，太原，山西古籍出版社，2002。

关于如何建筑文宣王庙的描述朴实，不像前列某些佛寺碑记之夸张形容，富丽堂皇。全文少用骈语，多用散句。作者王鉴，辽天祚帝时人，文中有"顷辱佐刘公"，可见他当时是三河县尉或县丞。三河县今属河北廊坊市，紧邻北京东郊。

再如，王鼎的《固安县固城村谢家庄石桥记》，作于大安五年。河北省固安县固城村，即今京广铁路固城火车站，川流湫下，人马涉还，险阻为患。邑人拟建石桥，事主为张闫氏，"自为女、为妇、为母以来，孝敬慈柔"，"不待言说而知其美德"，丈夫死后，与二女婿同住，"感之悦之，俱同和顺，故其兴利若一心焉"。前后铸办洪钟一口，起佛殿三间，叠成道路十里。由于石桥工程艰难浩大，相继十霜，才集资百两。"有涿州西七里小马村成济闻之，惠然来助。自时缘感，特异往初，老少相呼，远近毕至。……得人为助，不日告成。"①

此文所说修建石桥事，由谢家庄村民张闫氏首倡，邻县小马村成济相助，众人合力而成，没有官府拨款，实为难能可贵。作者署名王鼎。《石桥记》题写其官衔为："翰林学士中散大夫行中书舍人充史馆修撰上骑都尉太原县开国侯。"《全辽史》编者陈述认为是状元王鼎，此外另有进士王鼎，即《焚椒录》作者，以及受戒居士王鼎，三人均有文章入选《全辽文》，同姓名而不是同一个人。

又如，马仲规《义冢幢记》，作于寿昌五年。作者是道宗时人，此记署为"朝散大夫、将作少监、知析津府昌平县事、云骑尉"，辽之昌平县今属北京市昌平区。其文有云：

"大安甲戌岁天灾流行，淫雨作阴，野有饿莩，交相枕藉。时有义士收其义骸，仅三千数，于县之东南郊，同瘗于一穴。洎改元今号，己卯春二月，厌其卑湿，掘地及泉，出其掩骼，暴露荒甸，积聚如陵，议徙爽垲而改藏焉。余忝宰是邑，骇目痛心，不任感怆。噫！何埋没于积年，忽遭逢于一旦。因念营室之遭曹褒，石崖之遘

<hr/>

①　阎凤梧：《全辽金文》，367～368 页，太原，山西古籍出版社，2002。

王果，不无□也。"时西京大华严寺提点诠悟大德法称示化，游方挂锡，于北禅院开来菩萨成坛，闻白前乘，遂发大悲，与院主运颐领诸徒众，就诣其所，依教凭缘，运心拯济，作法已竟。……运有委骨，置在坛内垂悯护持，招彼幽魂，来入会中……迁葬于粟山之圮，目曰义冢，旁附金地，上建实幢，……庶皆生于提婆，更期不朽。①

　　此义冢由县令与僧人合力所建，是一项普济惠民的慈善事业。中国古代关于义冢的记载颇多。文中"营室之遭曹褒"，典出《后汉书》，曹褒任射声校尉，营室有百余停棺，乃无后而不得掩埋者，褒乃买空地悉葬之。"石崖之遘王果"，典出《太平广记》，唐推州刺史王果，见岩有悬棺骸骨，乃殓骨瘗埋。南朝谢惠连有《祭古骨文》（冢中有尸骨二十具），徐渭有《义冢记》。东南亚新加坡、马来西亚、泰国皆有义山，为同乡人无后者，无地可葬者而设，相当于公墓。

　　《全辽文》所收墓志铭有八十多篇。与塔记不同的是，墓主多系贵族而非僧侣。墓志铭的结构经常是：先述祖宗三代官爵，次述墓主履历，从出仕至致世，各种职务的表现，用三言五语褒扬称颂，然后是配偶及子婿官爵，最后是四言韵语的铭文。官职越高墓志越长，散句占大多数，形容描写偶用骈句，多官场套话，看不到多少具体事实和人物个性。不如唐宋墓志铭之形象突出，个性鲜明，情节具体。但是，少数文章不乏颇为精彩的片段。如李万的《韩橁墓志铭》，墓主官职很高，经历丰富，曾"奉使沙州（今甘肃敦煌），册主帅曹恭顺为燉煌王，路岐万里，砂碛百程；地乏长河，野无丰草。过可敦之界，深入达拓，□囊告空，糇粮不继。诏赐食羊三百，援兵百人，都护行李，直度大荒。指日望星，栉风沐雨。邮亭杳绝，萧条但听于鸡鸣；关塞莫分，溕宁知于狼望。旧疢忽作，以马为舆，适及岩泉，立传王命。在腹之瘕，倏然破堕，公亦仆地，至夕乃甦"②。出使沙州，行程万里，所经皆大沙漠，粮食不继，中途又

---

①　阎凤梧：《全辽金文》，565～566 页，太原，山西古籍出版社，2002。

②　阎凤梧：《全辽金文》，165 页，太原，山西古籍出版社，2002。

几次生病，幸得生还，实属不易。

赵学严《聊律仁先墓志铭》。耶律仁先是近亲贵戚，曾任中书门下平章事，封宋王。墓志中最惊险的是"平叛"一段。辽兴宗之叔父聊律宗元及其子涅里骨暗中谋逆，大臣姚景行密告耶律仁先说，此父子内怀逆节，示意他注意并禀报兴宗。未几，副部署耶律良奏报宗元父子反状。兴宗召耶律仁先问是否有此事，耶律仁先如实汇报。耶律宗元侦知事泄，其子率军数骑袭击御账。耶律仁先急呼侍从蒙舍拔楦木以禦之，又得弓失，射中涅里骨，耶律仁先斩其首。又率侍从与耶律宗元合战，大败之，宗元遁，缢死林中。事后，兴宗说："平定内乱，宋王忠力第一。"帝嘉叹久之。① 此文情节紧张急促，刻画生动，颇具传奇性。

陈觉的《秦晋国妃墓志铭》，记述的是一位文武双全的贵族公主。墓志铭前半段历述其祖父母、父亲皆贵戚，母亲是景宗之女、圣宗之妹，丈夫封秦王、晋王，作者认为其生平行实，不暇形于翰墨，仅志其异于寻常者。"妃幼而聪警，明晤若神，博览经史，聚书数千卷，能于文词。其歌赋诗咏，落笔则传诵朝野，脍炙人口。性不好音律，不修容饰，颇习骑射，尝在猎围。料其能中则发，发即应弦而倒。雅善飞白，尤工丹青，所居屏扇，多其笔也。轻财重义，延纳群彦。士之寒素者赈给之，士之才俊者升荐之，故内外显僚，多出其门。座客常满，日无虚席。每商榷古今，谈论兴亡，坐者耸听。又好品藻人物，月旦雌黄，鉴别臧否，言亦屡中。治家严肃，僮仆侧目。僻嗜书传，晚节尤甚。""今主上以其知国家之大体，诏赴行在，常备询问，顾遇益厚。"②文章用四五百字描写一位公主的优秀品德和卓越才能，在辽史中罕见。语言平实简练，不用典故和藻饰，是散文佳作。作者陈觉，道宗时任翰林学士、谏议大夫、知制诰。另有《显密圆通成佛心要集序》，主题是调和佛教显宗、密宗二宗之矛盾，那是一篇优秀的哲理散文。

辽代纯文学性的抒情述志之文很少。耶律孟简的《放怀诗序》是其中

---

① 阎凤梧：《全辽金文》，402 页，太原，山西古籍出版社，2002。

② 阎凤梧：《全辽金文》，388～389 页，太原，山西古籍出版社，2002。

之一，只有 73 字："禽兽有音乐之声，蝼蚁有动静之形。在物犹然，况于人乎？然贤达哀乐，不在穷通祸福之间。《易》曰：'乐天知命故不忧。'是以颜渊箪瓢自得，此知命而乐者也。予虽流放，以道自安，又何疑耶！"①耶律孟简少能诗，长善属文，遭耶律乙辛排挤，被流放，后来复职，任高州观察使，修学校，招生徒，迁昭德节变使，此诗作于流放中。

其二是萧意辛的《辞绝婚对》。萧氏意辛是道宗之妹，其夫耶律奴是国舅，因得罪奸臣耶律乙辛，被诬，流放乌古都。道宗皇帝命她离婚，她不服从，上书请求与丈夫同去流放地。帝从之。其辞曰："陛下以妾葭莩之亲，使免流窜，实天地之恩。然夫妇之义，生死以之。妾自笄年从奴，一旦临难，屯而乖离。背纲常之道，于禽兽何异！幸陛下哀怜，与奴俱行，妾即死无恨。"②此文仅 64 字，出自公主之手，表现出忠于爱情，不畏艰辛，不弃不离，难能可贵的精神。

一腔幽愤 不泯童心

——辛弃疾《清平乐》词欣赏

首都师范大学　黎烈南

清平乐

检校山园，书所见

连云松竹，万事从今足。拄杖东家分社肉，白酒床头初熟。　　西风梨枣山园。儿童偷把长竿。莫遣旁人惊去，老夫静处闲看。

词人之佳作，往往于写作期间，字句从肺腑中流出，不加修饰，而深情存焉。辛弃疾这首乡间小词，句句如话家常，其实在文字后面，一腔幽愤，跃然纸上。这是熟读辛弃疾的全部作品和他的一生之经历，可以有所领悟的。

首先注意小序中"检校"二字。"检校"，既是审查核实之意，也是古代官名（如杜甫为检校工部员外郎）。辛弃疾用这样的词语来写他巡视自家山园，尽管可能出于无意，却小题大做般地道出了一种检阅军队的味道，打下了其戎马生涯、为官多方的生活印记，透露了其平生矢志不渝的恢宏志向，值得玩味。

且来看小词的开端。"连云松竹，万事从今足。"这两句不过是说，作者自己栽种了成片的松竹，那松竹耸入云霄，使得作者深感满意，以致到了万事皆足的程度。怎么理解作者这一感受呢？与松竹为伴，过一种与世无争隐士般的生活，享受天人合一的审美乐趣，大概就是此意了。不错，这是古人常用来表达情感的路数，辛弃疾也不例外，然而除此之外，在作者心中，还有其他情趣内涵吗？

辛弃疾极其喜爱松竹。甚至可以这样说，在他心目中，松和竹都是人，是有灵性、有情感的人。辛弃疾把它们亲切地称为朋友："一松一竹真朋友，山鸟山花好弟兄。"(《鹧鸪天》)其实，岂止是朋友，他还把松树作为他心爱的、一直率领过的士兵来看待。在遭受打击后谪居山中的词人曾经"检校"过他的松树士兵们："老合投闲，天教多事，检校长身十万松。"(《沁园春》"叠嶂西驰")即使在退居山林时，辛弃疾也竟将那松竹想象成高大的士兵，一丝不苟地核查、检阅着。收复故土，辛弃疾一时一刻也未曾忘怀啊！如前所述，本词小序中"检校"二字，正是他那"沙场秋点兵""了却君王天下事"(《破阵子》)之志向的不经意流露。在古人作品中，像辛弃疾这样以检阅部队之态对待松竹的还真是罕见。

这就是辛弃疾的独特个性。他面对众多松竹，得到了一种检阅军队般的满足，这便是"连云松竹，万事从今足"中所具有的稼轩式的满足感受的重要内涵。但正如辛弃疾自己所说，他是"天教多事"者，面对松竹，偏偏将它们想象为战斗的兵士，和自己火热的军旅生涯联系起来；而现实却无情地告诉他，与他相处的，不是真的士兵，仅仅是松竹而已。于是，辛弃疾就在想象的满足中，感受着一种报国无路、面对惨淡人生的痛苦。因而，从表面上看，似乎是纯粹的知足常乐语，其实一腔愤懑注满其间。

"拄杖东家分社肉，白酒床头初熟。"接下来写人，写风俗，将"万事从今足"之情绪，进一步补足。已经上了年纪"拄杖"的辛弃疾，从村东头掌管祭祀的人家(东家，指东邻)处分到一份社肉，而此刻，自家新酿的白酒恰从糟床上榨出。辛弃疾可以和乡民同祭祀，同欢乐，饮美酒，岂有不满足之理？更何况他与"东家"、乡邻，已经建立了深厚的交谊。辛弃疾词中出现的"殷勤野老苦相邀"，"认是翁来却过桥"(《鹧鸪天》"石壁虚云积渐高")，"被野老相扶入东园，枇杷熟"(《满江红》"几个轻鸥")的景象，表明他与这样朴实、善良的乡人住在一起，分享祭祀社神之肉，很是惬意，感情上是满足的；然而另一方面，与乡村里的"东家"长期相处，又使他感到悲哀。他曾经这样唱道："却将万字平戎策，换得东家种树书。"(《鹧鸪天》"壮岁旌旗拥万夫")永与"东家"为邻，将自己所著兵略之书换为"种树书"，也就意味着与戎马生涯、抗金事业永远告别。这种壮志难酬的悲哀，如此自然而又如此深邃地隐藏在和邻居共分社肉、共饮美酒的寻常叙述中，实为辛弃疾词之重要特色，此乃词家之能事，亦稼轩之所以为稼轩也。

"西风梨枣山园。"就在辛弃疾满腔愤懑无从平息，穿行于梨枣山园时，蓦然间，发现有儿童蹑手蹑脚，手举长竿，偷偷在扑打山园中的果实——"儿童偷把长竿"。这一突发的小事件，颇有戏剧性。它对读者窥视词人的内心世界，起着至关重要的作用。且看检校山园的辛弃疾怎样对待这些"不劳而获"的顽童吧！

在本词的结尾，辛弃疾将中国诗词史上罕见的情趣、境界展现在读者面前："莫遣旁人惊去，老夫静处闲看。"这使人不由得联想起杜甫之"堂前扑枣任西邻，无食无儿一妇人。不为困穷宁有此，只缘恐惧转须亲"（《又呈吴郎》）。穷人能吃上一顿枣子，实非易事。辛弃疾面对偷打其山园梨枣的孩子们，怜爱之情，涌上心头。他兴趣盎然地观看他们怎样用稚嫩的小手打下梨和枣，满载而归；同时又焦虑地环顾四周，心想，此刻可千万不要有行人经过，否则，这些顽童会被惊散的——那时，他与一场令人愉悦的人间绝美戏剧就失之交臂了！

观察乃至欣赏顽童的一举一动，希望他们大饱口福，这是辛弃疾此刻情感的重要方面。同时，我们也不要忘记，在潜意识中，辛弃疾其实是以感激之情来看待顽童的这次"光临"的，正是因为他们这次光临自己的山园，辛弃疾那永难平静的忧患心绪才得到了暂时的休息，这是他"检校山园"时将世间烦恼皆抛于脑后的短暂然而最惬意的宝贵瞬间。在"检校"松竹时，辛弃疾如面对士兵，他心底那"沙场秋点兵"之壮志难酬的悲情止不住地涌动；与"东家"一起饮酒聚会时，他那"却将万字平戎策，换得东家种树书"的绝大遗憾也难以止息；而在看到无忧无虑、调皮的孩童时，他的童心被蓦然唤起。他微笑着，观看着，希望他们多打些梨、枣，更希望这一击打梨枣的行动持续时间更长一些。因为，他因壮志未酬而悲哀，只有在此刻才能一时完全忘怀。我们都知道稼轩那些关乎儿童的词句："笑背行人归去，门前稚子啼声"（《清平乐》"柳边飞鞚"）；"最喜小儿无赖，溪头卧剥莲蓬"（《清平乐》"茅檐低小"）。在这种时刻，词人总是被人间最纯美、最质朴的情景所感动，他自己的童心已被唤醒，完全进入忘我的境界，所有其他思虑都放下了。词人将顽童打梨和枣的那一瞬间，放在全篇结尾处，正是在不自觉中，透露出了他情感体验之最纯净、最忘我之时，透露出他深藏着的极重、极厚的悲壮情怀，因而也就留下了余音不绝的韵味，这也就是他在小序中所说"书所见"种种情事中极深重、极纯净的心灵世界。

（原载于《古典文学知识》2013 年第 4 期）

抗礼南宋的金代书法

故宫博物院　张志和

　　1115 年，生活在我国东北部的女真族完颜部落在杰出首领完颜阿骨打的领导下，建立金国。其后，势力不断扩张，至 1125 年灭辽，并不断向南挺进，将赵宋王朝逼到淮河以南，占据了北起蒙古，南至淮河以北的广大地区。至 1234 年金国灭亡。金国存在 120 年，形成与南宋分庭抗礼的局面。为巩固其统治地位，金国采取开放的态度，广揽人才，大量任用辽、宋旧官和汉族士人，让他们参与行政及军务。这一政略方针，不仅使金国国力不断增强，还快速将这个游牧民族融合到汉文化中来。金贞元元年（1153），完颜亮南迁中都（今之北京），河北遂成为畿辅重地，此后继续南扩。尤其是以东京开封为中心的中原地区，原本是北宋时期的政治、经济、文化中心区域，被金占领以后，虽然中原地区的大部分官宦士子随着宋朝廷南迁，但中原的文化底蕴仍在，这为金在文化艺术方面汲取中原文化提供了极大便利，北宋时期的书法大家也对金人产生了重要影响。所以，清人赵翼《廿一史札记》专辟一节，讲到"金代文物远胜辽元"。其实，金国文化不仅"胜于辽元"，实则可与南宋分庭抗礼。今人胡川志甚至认为，在宋金对峙时期，出现过"苏学胜于北"的状况。①所谓"苏学"，即苏轼的学问和艺术，他的书法名列宋"四家"之首，对金国书法的影响是超过了南宋的，金国文化之盛况可见一斑。就金国书法

---

① 胡传志：《"苏学盛于北"的历史考察》，《文学遗产》，1998(5)。

而言，吾师启功先生的《论书绝句》有诗云：

>　黄华米法盛波澜，任赵椽毫仰大观。
>　太白诗仙题尾富，中州书势过临安。

先生认为，金代书法虽因循北宋文脉，但能青出于蓝，总体上是超过了南宋的书法艺术水平的。

需要说明的是，金与辽一样，也造有自己的文字，即女真文字。其造字方法一如契丹文，以汉字的偏旁部首标记女真语音，没有象形会意的特征，所以女真文字与书法无关，且随着金国的灭亡，这种文字也随即消失。金代的书法，主要是汉字书法艺术。

金朝国祚仅 120 年，然金代诸帝，虽出身伧野，却崇尚文艺。例如，金熙宗尊重儒术，好辞赋，喜翰墨，宛然汉家儒生；金世宗在位二十九年，效法北魏文帝，革除女真陋习，推行汉家礼乐诗书，史称"小尧舜"；金章宗聪慧好学，善属文，乐书画，致使明昌、承安年间，在金国上下形成文苑茂郁、书画兴盛的小高潮；至宣宗、哀宗两朝，虽则政治衰败之势已露，然崇文好古之风不减。贞祐迁都汴京，强敌压境，国已将亡，却文运不衰，艺坛人才济济，书画名家云集，如落日余晖，光焰灿然。纵观金代书坛，可谓帝王好尚，朝野风从，远接唐朝，近承北宋，自显一代风华。

元好问对金代百余年间的书法家，有一个点名式的概括："百年以来以书名者，多不愧古人。宇文太学叔通，王礼部无竞，蔡丞相伯坚父子，吴深州彦高，高待制子文，耳目于接见，行辈相后先为一时。任南麓、赵黄山、赵礼部、庞都运才卿、史集贤季宏、王都句清卿、许司谏道真为一时。"(《元好问文集》卷四十《跋国朝名公书》)此可作为我们了解金代书法的基本线索，然金代书法家，实际上并不限于这些。从时段上看，金朝 120 年间的书法，大体可以分为三个阶段：第一个阶段是由辽宋入金的书法家，如蔡松年、蔡珪等；第二个阶段是终生活动于金代的书法家，如党怀英、王庭筠等；第三个阶段是金代晚期，如由金入元的赵秉文、庞铸等。

一

虞仲文（1069—1123）是由辽入金的书法家。仲文，字质夫，武州（今山西神池）人。他是初唐书法大家虞世南的后代。辽时进士入仕，以贤能著称。辽亡前夕的保大二年（1122），他出任参知政事，同中书门下平章事。同年底即降金，官枢密使、侍中、秦国公。不久被叛将张觉所杀。年五十五，谥文正。《金史》卷七十五载其"七岁知作诗，十岁能属文"。擅书画，《绘事备考》记载其画作有《燕然勒铭图》《疏勒拜泉图》《追骑玩鞭图》等。书法则远追晋唐，人称其有远祖世南之风，擅长碑版楷书，其书法端丽劲健，宽博疏朗，颇为不俗。今北京市房山文管所尚存其于辽天庆七年（1117）所书之《孟初墓志》。《孟初墓志》出土于北京房山区阎村镇，正方形青石，楷书 35 行，行 36 字，共存 1124 字。其时为金天辅元年，为虞仲文尚未降金时所作。他的另一件楷书墓志作品《宁鉴墓志》作于辽乾统十年（1110），拓片现存国家图书馆。然降金之后是否有书作，今已不得而知。不过书法艺术之发展，不必截然以朝代更替设限而论之，如虞仲文，因在辽代书法中未曾述及，故置于此，略加补叙，以见金代书法艺术与前代之接续关系而已矣。

吴激（？—1142）是金初的又一位书法书画名家。激，字彦高，号东山，福建欧宁（今福建建瓯）人，北宋末宰相吴栻之子，书法大家米芾之婿。工诗能文，书画得妇翁笔意。靖康二年（1127），以宋廷使节出使金国，因其名高而被留，随后降金，为翰林待制，出知深州，到官三日而卒，金厚赐优恤以周其家。所著《东山乐府》和《东山集》均已不存，元好问《中州集》卷三，刘迎诗《题吴彦高诗集后》云："片云踪迹任飘然，南北东西共一天。万里山川悲故国，十年风雪老穷边。名高冀北无全马，诗到西江别是禅。颇忆米家诗画否？梦魂应逐过江船。"由此似可想见吴激入金后之复杂感情。其才名故实洪迈《容斋随笔》卷十三、元刘祁《归潜志》卷八等有记载。其书法造诣在金初与宇文虚中、高士谈、蔡松年、蔡珪父子等列，被元好问称之为金国早期"不愧古人"的书法名家之一，惜其书作今已稀见矣。

宇文虚中（1079—1146），字叔通，号龙溪，成都广都人。北宋大观三年（1109）进士，在北宋官至资政殿大学士、河北河东路宣谕使。建炎二年应诏为祈请使，出使金国奉迎二帝，被拘困于云中，守节不屈。至金天会十三年（1135）始受金官爵，为翰林学士承旨，迁礼部尚书。然宇文虚中身在金，心在宋。《中州集》中说："皇统初，上京诸虏谋奉叔通为帅，夺兵仗南奔，事觉系诏狱。"但所幸没有证据。宇文虚中恃才轻肆，讥讪女真达官贵人，故招嫉恨。文真达官贵人必欲杀之而后快。据《金史》卷七十九本传记载："虚中常撰宫殿榜署，本皆嘉美之名，恶虚中者摘其字以为谤讪朝廷，由是媒孽以成其罪矣。六年（1146）二月，唐括酬翰家奴杜天佛留告虚中谋反，诏有司鞫治无状，乃罗织虚中家图书为反具。虚中曰：'死自吾分，至于图籍，南来士大夫家家有之，高士谈图书尤多于我家，岂亦反耶？'有司承顺风旨，并杀士谈，至今怨之。"宇文虚中与高士谈是两位投降金国的书法家，因此而同时就戮，可谓奇冤。宇文虚中有诗词五十余首，收入《中州集》。其书法在当时亦有高名，金初一些名碑巨碣及高文典册多出自其手。史载宇文虚中因书《太祖睿德神功碑》而进阶金紫光禄大夫，可见其楷书名冠一时，惜此碑今亦不得见。《钦定佩文斋书画谱》卷三十六"书家传"载，《金太祖武元皇帝平辽碑》在南城奉宜门外，是宇文虚中所书，此碑是否还在，已不得而知。宇文虚中的书迹今所得见者唯河北新城所藏之《石立爱墓志铭》一石。

蔡松年（1107—1159），字伯坚，号玩世酒狂，因晚年在镇阳建别业萧闲堂，所以号萧闲老人。生于余杭（今浙江余杭），长于汴京（今河南开封），北宋亡，入金徙居真定（今河北正定县）。金天会三年，随其父蔡靖降金。官授行台尚书令史，迁太子中允、真定府判官。后累官至尚书右丞，开府仪同三司，封郜国公。金正隆四年卒，谥文简。松年的父亲蔡靖于北宋末年出守燕山，降金后为翰林学士。故松年富学养，有文采，有《蔡松年集》《明秀集》行世。《金史》卷一百二十五有传。然本传中未言其善书，唯《中州集》卷一"蔡丞相松年"小传，言其一家三代，"皆有书名，其笔法如一手"。另外，《遗山先生文集》卷四十《跋国朝名公书》中论："百年以来以书名者"，提到了"蔡丞相伯坚父子……行辈相先后为一时"。今日本大阪市立美术馆藏《苏轼书李太白仙诗卷》末尾有蔡松年跋六行五十八字及其子蔡珪跋四行四十六字。蔡松年的书法全仿苏体，于温润肥厚中寓灵动飞扬之势。蔡松年才情横溢，非斤斤规模者所能比拟。所以，吾师启功先生云："若苏书太白仙诗卷后诸跋，备有蔡松年、蔡珪诸家之迹，皆一代文献，不徒笔法之美，而江左书风，张即之之外，俱未有能迨者矣。"

蔡珪（？—1174），字正甫，承其家学，与其弟璋（字特甫）俱中进士第。蔡珪学问渊博，善属文，据《中州集》卷一记载，他曾被誉为"国朝文宗"，其书法风格一如乃父，宗法苏东坡，而更温文尔雅，意思安闲。据清卞永誉《式古堂书画汇考》卷十记载，《跋》所作时间均在金正隆四年（1159）闰六月。除蔡珪作《跋》之外，尚有施宜生（1090—1163）等人作《跋》。施宜生，字明望，号三住老人，福建建州人。北宋政和进士，宣和末年出为颍州（今河南漯河市）教官。后从范汝军抗金，兵败被执，后入金，官至翰林学士，有《三住老人集》行世，书法规模苏轼，姿媚爽劲，不亚于蔡氏父子。苏体书法在金代之盛行，如《式古堂书画汇考》卷十二云："《苏文忠公书李太白诗》：此东坡书李太白诗，金相蔡松年跋之详矣。……松年而下，用笔皆稍似苏者。当时，程学行于南，苏学行于北，金之尊苏与孔子并，故习其余风，皆有类耳。"由此可见，金国学习苏轼书法实远甚于南宋，有造诣者又不特蔡氏父子数人而已矣。

王竞（1101—1164）也是金代前期一位不可忽略的书法家。竞字无竞，河南安阳人。北宋末登科，如仕为屯留主簿。入金后官至礼部尚书、翰林学士承旨知制诰兼修国史。元好问《中州集》卷八《王礼部竞》载其"善作大字，字或广长丈余，而结密如小楷。京都宫殿题榜皆其笔。赵礼部以为古今第一手，唯党（怀英）篆差可配耳"。《金史》卷一百二十五《王竞传》亦云其"博学而能文，善草、隶书，工大字，两都宫殿榜题皆竞所书，士林推为第一云"。南宋张棣的《金房图经·经邑》对王竞所作榜书更有详细记载：

都城之门十二，每一面分三门，一正两偏焉。……其门十二，各有标名：东曰宣耀、曰施仁、曰阳春；西曰灏华、曰丽泽、曰新义；南曰丰宜、曰景风、曰端礼；北曰通元、曰会城、曰崇智。内城门曰左掖、右掖，宣阳又在外焉。外门即墨书粉地，内则金书朱地。皆故礼部尚书王竞书。

一座京城，所有榜书匾额皆由王竞所书，可见其名声。不仅燕京如此，据《遗山集》卷三十四《王武竞题名记》记载，千里之外的汴梁，其"宫殿题榜，如'大安'、'大庆'、'应天'、'承天'等，皆其笔也"。他的榜书大字何以能写得如此高妙？稍晚于王竞的大书法家赵秉文曾将其中奥妙揭示出来："字作小楷，自当为古今第一。"即把榜书大字当作小字来写。《遗山集》卷三十四中提到，"天机所到，非能学也"。所谓"天机"，即指王竞之天赋有过人之处。据《艺风堂金石文字目》卷十四《叙书》载，涞水城内大寺的《易州涞水大明寺碑》碑额由王竞所篆。今所得见者，尚有河南沁阳金天会十五年(1137)所刻之《王无竞等题名刻石》、北京门头沟戒台寺金天德四年(1152)立石的《传戒大师遗行碑》篆额、河南修武县所存今大定二年(1162)刊石的《普恩院牒》等。

任询(1133—1204)是金代前期最具声望的天才书法家。询，字君谟，号南麓先生，又号龙岩，祖籍易州(今河北易县)，生于虔州(今江西赣州)。他随父亲任贵在江浙一带度过了他的童年，青年时代才回到北方。海陵王正隆二年(1157)中进士，为官无政绩可言，反而因"课殿"(政绩考核居末位)被降职。他大概是一个无心问政的才子，六十四岁便离开了官场，在滦州(今河北滦县)定居。任询一生经历金熙宗、海陵王、金世宗、金章宗四朝，据《金史·任询传》记载，其书法在大定年间被称为"当时第一"。元好问《中州集》卷二《任询小传》中有更为详细的评介，谓其"为人慷慨多大节，书为当时第一，画亦入妙品，评者谓画高于书，书高于诗，诗高于文"。并援引任询所作《戊申春晚》诗句"水边团月翻歌扇，风里垂杨学舞腰"和《南郊小隐》诗句"林边鸟语月微下，竹里花飞春又深"佐证其诗才之高。任询在当时很有才名，甚至被誉为唐代之韩、柳与宋代之苏、黄。据《中州集》卷二记载，当时人称道："韩柳今何在，苏黄世已无。皇天开老眼，特地降君谟。"在此评价之上，还有更高的赞誉，《金文最》卷四十九载佚名《任君谟表海亭诗跋》云："南麓老人天下奇才也。世人止以能书见称，谓当为本朝第一。然诚云确论，而尚不知先生所能者多矣，又岂止笔札而已哉？（阙）国以忠贞，临政以清白。至于骑射、骁勇、音律、琴瑟、丹青，艺巧，靡所不（阙）翰墨皆所以大过人者，非天下之奇才，其孰能与于此？"可见当时士林对任询评价之高。

任询于书法，擅写楷书、行楷及行草。其楷书作品中近年新出土的《吕徵墓表》最为可观。此石 1991 年出土于北京丰台区凉水河南岸的石榴庄，现存于北京辽金城垣博物馆。据《墓表》可知，立石于金大定七年（1167）六月十一日。此石为四方形石柱，下有正方形基座，上部则为重檐盝顶，通高 2.05 米，柱身四面镌刻任询所书楷书，《墓表》亦由任询所撰。任询的楷书主要取法颜真卿和柳公权，磅礴有气势，而稍嫌驽钝。他的另一楷书作品《大天宫寺碑记》，书写晚于《吕徵墓表》五年，原碑已不知所在，国家图书馆有拓本，风格似柳公权，清叶昌炽《语石》称此作"突兀奇伟，壁立千仞，亦颇似柳诚悬。……金源一代琳琅，拔其尤矣"。可见，在楷书方面，他主要就是学习唐代颜、柳一路的风格，但实际上创新并不多。

任询有行草书杜甫诗《古柏行》，现存于西安碑林，末署"庚辰岁九月三日书杜老诗，龙岩"，镌刻年代不详。明代始有著录，清人陆增祥的《八琼室金石补正》中有详细著录，然亦未说明作者为谁，因书写风格接近颜真卿，后来有人认为这是颜真卿书。考其所书时间"庚辰"，虽六十年一有，而金海陵王正隆五年（1160）是其一，又，题署中的"龙岩"，乃任询之"号"，故知此作当为任询无疑。启功先生在《论书绝句》中于此有定论。此作最可注意者是，在当时追慕苏、米书风的氛围中，任询则只从唐代取法，自成一种面目。从这幅作品中可以看出，任询主要学习颜鲁公行书，书法俊俏有加，虽见风神豪迈，未免稍嫌做作。以年龄计算，当时的任询尚不足三十岁，所书不完全成熟，亦在情理之中。

任询有行楷书《跋郭熙山水图卷》，此作现藏何处，尚不可知，杨仁恺先生的《国宝浮沉录》中有介绍。《跋郭熙山水图卷》写得疏密有致，章法自然茂密，用笔粗细、字形大小多有变化，是一幅极耐品味的佳作，黄庭坚、米芾之结体与笔意明显可见。这也足以说明，他所写杜甫诗《古柏行》并不是有意回避宋代书法或者是尚未来得及学习宋代名家之作而显出那种风格来。

据各种史料记载，任询还有不少作品。叶昌炽所载之《壮义王完颜公碑》和《奉国上将军郭建碑》、《类编长安志》卷五所载之《香严禅寺碑》等皆是任询所书，未曾寓目，只在想象中了。

二

金代中期，因为金章宗完颜璟文化艺术的倡导和好尚，所以涌现出几位卓有成就的书法家，书法艺曾出现了一个小高潮。完颜璟（1168—1208），女真名麻答葛，金显宗之子，十岁时受封为郡王，十八岁时拜尚书右丞相，二十一岁即帝位。在位二十年，宇内小康，他对汉文化有着浓厚的兴趣，修礼乐，正刑法，定官制，选贤才，且崇尚儒雅，故一时名士辈出，典章文物灿然。完颜璟嗜好书画，于内府置书画局及画师，收藏、品鉴历代书画。其书法专师宋徽宗瘦金书，存世墨迹《顾恺之女史箴图题跋》（现藏于美国波士顿博物馆）与宋徽宗赵佶如出一辙，几可乱真。今日所流传的古代书画名作卷轴，凡曾经藏入金明昌内府者，大多都有金章宗题签，其字体皆似宋徽宗，如辽宁博物馆所藏宣和画院所摹之《虢国夫人游春图》、美国波士顿博物馆所藏之《捣练图》，前隔水题签和题跋，字体皆为瘦金书，而骑缝前后均押有明昌内府印玺，应为章宗书无疑。由于金章宗模仿宋徽宗赵佶瘦金书不求变化，所以后人对此二人书体几乎难以分辨，实际上，金章宗所书多似宋徽宗早年书，且仔细审度，多有不得体处。金章宗的书法虽处在低级模仿阶段，但帝王好尚，臣子风从，所起的作用却不可小觑。

王庭筠（1156—1202）是较早受到章宗垂顾的书法家。庭筠，字子端，河东人，号黄华山主，20岁（1176）中进士第，大定二十年，因脏罪去官，卜居章德，读书黄花山寺，因以自号。章宗爱其才，于明昌三年，召为应奉翰林文字，命于秘书郎张汝方品第内府所收法书名画，遂分入品者为550卷，两年后迁为翰林修撰。承安元年（1196）因赵秉文上书事受牵连，又遭贬斥，再复官职，仍为翰林修撰。卒后金章宗有"玉堂东观，无复斯人"之叹。王庭筠学问富湛，诗书画皆有造诣，有《丛辩》十卷，文集四十卷。其书法主要效法米芾，与赵沨、赵秉文俱为一时名家。其书法墨迹传世者有《幽竹枯槎图题尾》《风雪杉松图跋尾》以及米芾《研山铭》题跋等。这些俱是行书，学米芾而自得娴雅洒脱之致。

石刻楷书《涿州重修汉昭烈帝庙碑》杂有唐张从申、柳公权风骨，而稍以米芾笔意运之，遒劲疏朗，多有可观。碑文亦是王庭筠所撰，其中名句评昭烈帝刘备"当阳之役，不以身而以民，永安之命，不以家而以贤"，颇为时人所称道。《博州州学记》等，俱是行楷，亦是米芾笔意，据《潜研堂金石文跋尾》记载，人评其"结束殊有力，真可与米颠《芜湖县学记》抗衡"。行草《黄华老人诗刻》亦学米芾端雅过之，而不失雄放恣肆之精神。总体上说，王庭筠天资聪颖而宦途多舛，其书法大体上是在步米芾后尘，少有开拓创新。虽于当时有名，若从书法史之角度看，则显得湮没不彰了。

党怀英（1134—1211）是金代中期成就卓著的书法家之一。怀英，字世杰，号竹溪。陕西冯翊人，随父迁居泰安奉符。党怀英少年时曾师从硕儒刘瞻，与辛弃疾为同窗，未及第时，乐游于山水之间，不以世务萦怀，箪瓢屡空，晏如也。大定十年中进士后，虽也做了一段时间地方官，但因为学问高，很快就被调到朝廷任职应奉翰林文字、翰林待制，并兼修国史，他还任职国子监祭酒、翰林学士等职，参与《辽史》的修撰等。可见在章宗朝，他的学问才情受到充分的重视，也得以充分发挥。党怀英诗、词、文、书法均造诣很高，被金人推为一代文脉正宗。当时重臣赵秉文为党怀英作《墓志》，称赞他："文似欧阳公，不为尖新奇险之语；诗似陶、谢，奄有魏晋；篆籀入神，李阳冰之后一人而已。"

党怀英有《竹溪先生文集》行世。就其书法而言，他是当时一位篆书、隶书、楷书均造诣很高的书法家。

党怀英的篆书，在当时是一道风景，赵秉文说他的篆书乃李阳冰之后一人，可见其造诣很高。他一生撰文、书丹、篆额的刻石作品多达数十种。他的刻碑之作，其碑额大多都由他所篆，如他在大定年间所书的《博州庙学记》《中岳庙碑》《大金德胜陀颂碑》，明昌年间所书的《石立爱神道碑》《智照和尚开堂疏》《智照塔铭》等。他的这些篆书碑额，因篆字皆有标题性质，故而多写得笔画粗劲，字形端庄，结体匀称而极有规矩。尤其是《时公神道碑铭》所撰"大金故崇进荣国公忠厚时公神道碑铭"，笔画匀停，结体端严，疏密得度，与前代大家李斯、李阳冰所撰真可比肩并立而无愧色。其所书"大金故金紫光禄大夫乌古论公墓志铭"十六字，因写于一方形墓志的志盖上，故笔画较细劲而瘦硬通神，别具风采。

党怀英另有一种篆体，见于其《孔子碑》。此碑字形仍是小篆，而笔法则是所谓的蝌蚪文，古时所称籀书盖亦是此类，一画之中，起笔圆而重，收笔细匀。笔法变化，充满灵气，令人赏心悦目。此亦可见，他在古篆上所下的功夫之深，实非一般书家所能及。

党氏的隶书碑刻有《智照和尚开堂疏》《智照塔铭》《十方灵岩寺碑》等，所作皆清整安雅、俊秀而有飞动之感，颇具汉代隶书之风神，不似唐代隶书那样，用笔结体或掺杂楷书意思。这大概与他所学注重"取法乎上"有极大关系。赵秉文《闲闲老人滏水文集》卷十一《中大夫承旨文献党公神道碑》云："尝谓唐人韩（择木）、蔡（有邻）不同字学，八分自篆籀中来，故公书上轨钟（繇）蔡（邕），其下不论也。小楷如虞（世南）、褚（遂良），亦当为中朝第一。书法以鲁公为正，柳诚悬以下不论也。"并感叹道："古人名一艺，而公独兼之，可谓全矣。"虽然有如此之高的评价，他的书法成为时人规模学习的典范，但诸体全能不等于并皆佳妙。就其造诣而言，他的楷书不如隶书，隶书又不如篆书。至于行草，则非其所长了。所以赵秉文《闲闲老人滏水文集》卷二十《竹溪黄山书跋》评其书云："竹溪先生篆第一、八分次之、正书又次之，皆当为本朝第一。"此可谓直言。

赵沨是金代中期又一位杰出的书法家。沨，字文儒，号黄山，生卒年不详。山东东平人，大定二十二年进士，官至礼部郎中。为人性格冲和平淡，颇好道术，尤工书法，《金史》有传。楷书学颜真卿和苏东坡，行草融汇多家，自成一格。有《黄山集》行世，书法碑刻甚多，今之存世者有楷书明昌六年刊石之《时立爱神道碑》（现存国家图书馆）、《灵岩寺田园记》等。赵秉文《闲闲老人滏水文集》卷二十《竹溪黄山书跋》云："黄山先生擘窠大字，体兼颜苏，书画雄秀，当在石曼卿上。草书如行云流水，当在苏才翁、黄鲁直伯仲间。"苏才翁，即苏舜元，北宋前期名臣苏舜钦之兄，黄鲁直乃黄庭坚，二人皆北宋时期以草书知名天下者，赵秉文评赵沨草书与二人不相上下，可见其造诣很高，惜其作品未能见之。元人郝经《陵川集》卷十一有《黄山草圣歌》赞其草书云：

> 一丛蔡党辟文源，复有黄山黄华相后先。
> 黄山古雅犹老成，迫蔡埒党难重轻。
> 为避时名便把黄华放一头，声价亦自雄周京。
> 澹薄脩然无宦情，玉阶寡鹤误一鸣。
> 书法更比诗文精，正笔自瞻变真卿。
> 擘窠大字严重极，方停真行行草至颠草，独步一代真英豪。
> 昨尝酒中观此本，清风飒飒吹我醒。
> 卷轴甚大总是学《易》诗，如如纵笔自在绾墨绳。
> 正是庄生悟道书，网破梦觉蝴蝶惊。
> 丝纶不收鱼不食，湛彻尽见江底星。
> 铅华洗尽出玉骨，无意偶与闲云行。
> 中间态度自关锁，剪裁不断还相萦。
> 往往笔不尽，点缀藏遒劲。
> 初疑不附著，字字相倚角。
> 二王没后无草书，颠张醉素空模糊。
> 只除洛阳杨疯子，识得黄山赵蹇驴。

这首诗虽不免浮华夸饰，却也给我们一些关于赵沨草书的想象。时人以党怀英篆书乃李阳冰后一人而已，而以赵沨配之，据元好问的《中州集》记载，时人曰"党、赵"。其为时人所推崇，以至于此。

三

赵秉文(1159—1232)是金代中后期最有成就的书法家。秉文，字周臣，号闲闲老人，祖籍河南安阳，秉文一支迁居河北磁州滏阳，故而《金史》称其为磁州人。赵秉文天资聪颖，史称其"读书若夙习"。大定二十五年进士，历仕五朝，官至礼部尚书、同修国史、知集贤院事。执文柄四十年间，诗文书画享誉至隆。于儒释道三家学问无所不究，据《遗山先生文集》卷十七《赵公墓志铭》载，所著有《易丛说》十卷、《中庸说》一卷、《扬子发微》一卷、《太玄笺赞》六卷、《文中子类说》一卷、《南华略释》一卷、《列子补注》一卷、删节《论语》、《孟子解》各十一卷。所著诗文《滏水集》前后三十卷、《资暇录》十五卷。其不仅著述丰富，于诗歌创作方面也成就不菲。史传载其"七言长诗笔势纵横，不拘一律；律诗壮丽、小诗精绝，多以近体为之。至无言古诗，则沉郁顿挫似阮嗣宗(东晋诗人阮籍)，简淡似陶渊明"。赵秉文书法方面，早年学习王庭筠，后转学李白和苏东坡，晚年转益多师，融会贯通，形成自己独特的面目。《书史会要》又称其"书法效钟王，草尤遒劲，世竞宝之"。在当时人艳羡其"寿考、康宁、爵位，士大夫罕及焉"。赵秉文能够如此，除天资之外，与他的性情及其一生勤勉好学极有关系。刘祁《归潜志》专门介绍说，赵秉文"性疏旷，无机凿，治民镇静不生事，在朝循循无异言。家居未尝有声色之娱，夫人卒，不再娶。断荤肉，粗衣粝食不恤也。酷好学，至老不衰。后两目颇昏，犹孜孜执卷钞录，上至六经解，外至浮屠、庄老、医学丹诀，无不究心"。

赵秉文的书法成就，主要在楷书、行书和草书三体。说他的楷书效法钟、王，大体是说他所学的是书法的正宗。钟、王只有小楷传世，而赵秉文的楷书又不仅是小楷，他的大楷书《圭峰法语碑》(大安二年十月刻石，碑在山西平定大宁寺)显然带有唐代楷书尤其是颜体某些特点，但又不专门模仿哪一家，写得肥壮茂密，不失法度。其所书《刘从益惠政碑》(正大四年八月刻石，碑在河南叶县)碑额大字及行书碑文，又与《圭峰法语碑》书体大不相同，显然有蔡京行书之痕迹。从大安二年(1210)到正大四年(1227)，前后不同，正是他所学不同，且不断学习的体现。

赵秉文的行书初学王庭筠，而王庭筠的行书，则是从学习米芾而来，所以，以赵秉文的身份和时代，他实际上不能不受米芾的影响，甚至专攻过米芾的书法，其所书《追和坡仙赤壁词韵》《赵琳昭陵六骏图跋》等，就带有明显的米芾书法的影子，又有自己的变化。尤其是所题《赵琳昭陵六骏图跋》的后半段，行中带草，写得悠游自在，又信笔出奇，落纸成趣，寓变化与自然之中，观之令人赏心悦目，不能不使人为书法艺术有如此出神入化的妙处而感叹。

赵秉文的书法名重当时，人多求之，骚扰不断，赵秉文不堪其苦。他任礼部尚书时，还时常有人请他画扇面，他曾在厅壁上写了一行大字："当职系三品官，为人画扇面失体，请诸人知。"告老还乡后，又在宅门上书写："老汉不写字。"然而，他闲居无客时，未尝不抄书。相识的老友来强为之请，他也推辞不了。不过，若是他讨厌的、无趣的人来，即使恳求他也绝不会写。当时朝中有一个名叫雷希颜的重臣得其所书最多。雷希颜，凡有所求，赵秉文未尝拒绝。大概是他对雷希颜颇有忌惮，而雷希颜也特别善于求字。有时雷希颜邀请赵秉文一起宴饮，饮毕，就拿出些古人字画让他观赏，又拿出他家上好的砚台、精纸和名墨摆在几案上，或再饮上一两杯美酒，待赵秉文有了书兴，忍不住挥笔落纸，顷刻间数幅字已经写出来了。雷希颜在一旁观看，不时赞叹，凡一笔一画，必称赞道："此是颜平原笔法，此是米元章结体。"哄得赵秉文高高兴兴，忘了倦怠，写个不停。雷希颜喜好书画，但自己写得很难看，赵秉文就当众取笑他："希颜堂堂如此，而写如此字！"于是众人大乐，雷希颜也不以为意。

赵秉文是个颇有谐趣的书法家，当时留下不少趣事。有一次，几位同好雅集，雷希颜亦在，赵秉文的女婿张倩求他作书，书毕，他在纸后又写了一段跋文："年月日，微雨中为张倩书，雷希颜欲以恕先（即郭忠恕，北宋初洛阳人，工篆籀——笔者）篆相易。"就是说，雷希颜要拿郭忠恕的篆书来换他这一幅墨迹未干的作品，没有这个事啊。所以雷希颜愕然了。赵秉文信笔一摇，又写了下一句："刘京叔不可，乃止。"这位刘京叔当时也在场，但并未发言。他的这一段跋语使众人大笑不止。由此想到米芾，据《米芾书法全集·法帖九》记载："芾近收顾虎头《金粟坐石存神像》，李伯时见欲倾囊易也。"信否？

　　还叙赵秉文应付求字之事。当时馆阁中有个翰林叫王武叔，本应出馆外任，未能去成，以至于清贫到无米下锅。正值五月麦熟，他准备出京求朋友们接济。可是出去求人，总得有个见面的礼物吧。王武叔拿来数十把素纨扇，请赵秉文给他写字，赵秉文拒绝了他。王武叔这个人一向好饮酒，不检点，但他有他的招数。他抱着扇子出了赵秉文家门，就开始大声喊叫："赵秉文！赵秉文……"遇上这么个撒泼求字的，赵秉文惹不起，只好给他写了。然而又不乐意，每一扇只书古诗一联，且每一联中都含个"麦"字，如"黄花入麦稀""麦天晨气润""麦陇风来饼饵香"等，盖有嘲讽王武叔以扇求麦之意。然而，王叔武竟也因其所书多有收获。这事儿一时传为笑谈。

　　又一日，赵秉文在礼部，僚属中有位叫白文举的，约了一帮朋友请他去丹阳观宴饮。赵秉文答应了，先对诸人说："我这次可以去，但不写字。谁要求字，是我儿。"白文举说："先生年德俱高，我等本来就是儿辈啊。"闹得他推脱不开，只好又写了。这些趣事都写在刘祁的《归潜志》里，刘祁就是上面赵秉文所提到的"刘京叔"，他与赵秉文同朝为官，亲眼所见，皆非虚语。而此类事古今皆然，书法艺术的魅力于斯可见一斑。

　　金代后期，因为国势日衰，人心涣散，文人学士能够有精力专注于书法艺术者已经不多了，卓有成就者更是罕见。像赵秉文这样的大家，享有高寿，到金亡国前一年才去世，从金代中期一直活跃到金末，足以使金代后期书法显得不那么清冷了。除此之外，值得述说的书法家也还不少，如郑绍庭和李倜。明昌七年立石的《岱岳诸司记碑》（碑在陕西淳化），碑文就是由郑绍庭用隶书书写，碑额则由李倜所篆。此二人虽然史料记载不多，但就此碑书法而言，水平确实不低。值得一提的是李倜，据启功先生考证，传为唐代陆柬之所写的行书《文赋》实际上是李倜所书。李倜大约是个跨代的书法家，他一直活到元代，行书《文赋》中略有赵孟頫笔意，所以说，非唐人所书是有可能的。赵孟頫也是个跨代的人物，李倜是否学习过赵孟頫的书法不得而知。而在这里，我们看到的是李倜的篆书，所以，无论如何，李倜应是当时一个有些影响的书法家。

庞铸也是金代中后期一位有造诣的诗人和书法名家。铸，字才卿，号默庵，辽东人，明昌五年（1194）中进士，因他的姐姐嫁给了赵王永功为妃，所以他官至京兆路转运使。《金史》载其"博学能文，工诗，造语奇健不凡。"庞铸精于鉴赏，书法亦颇有造诣。《遗山集》卷四十《跋国朝名公书》云："百年以来，以书名者多不愧古人。……任南麓、赵黄山、赵礼部、庞都运才卿、史集贤季宏、王都勾清卿、许司谏道真为一时。"这是元好问所列举的金代无愧于古人的书法名家，仅七人，庞铸名在其中。惜其墨迹不存，今所得见者，乃 1980 年出土于北京丰台区米粮屯的《鲁国大长公主墓志并盖》，这是庞铸于大安元年（1209）所书。此墓志正文楷书 1088 字，志盖篆书 18 字"大金故鲁国大长公主墓志铭"，皆有庞铸书丹。可见，其楷书师法唐人，不主故常而自成一格，严整中不乏雍容气度；篆书概是学李阳冰而稍嫌纤弱，然亦不失规矩。可惜的是，其他作品未能寓目，不过管中窥豹，略见一斑，未免有盲人摸象之诮。

元好问在《遗山集》中提到的书法名家"史集贤季宏、王都勾清卿、许司谏道真"等，皆以书法知名当时，却少有作品传世。

金代 120 年间，书法家有姓名可考者不下 200 人，诗歌绘画成就斐然。究其原因，盖因女真族出自东北，入主中原后，接触到汉地文化艺术，既金代诸帝亦无不欣欣然接受之，帝王好尚，蔚成风气，知识艺苑繁茂，名家辈出。即使释氏中之高僧大德，亦多擅诗书者，如东平与化禅院主持释惠才（1118—1186），专学黄庭坚行书，今有《山居吟诗石刻》书法传世（藏于山东长清灵岩寺，拓本存于中国国家图书馆），观其所书，结体内敛而端劲。释性英有楷书《中京龙门山乾元禅寺杲公禅师塔铭》[兴定二年（1218）刻石，石在洛阳乾元寺]，风格极似柳公权，结体长方，骨力不凡，爽爽有神。此人不仅能书，诗亦佳妙。赵秉文赞之曰："书如东晋风流，诗有晚唐风骨。"其书法如此者为数不少。启功先生赞金代书法胜于南宋，不仅在于这 120 年间，能书者人数众多，且在于有大成就者亦不少，如先生点到的任询、王庭筠、赵沨、赵秉文等皆是。究其原因，金代书家们能以仰视的心情对待前代书法而潜心研习，不似两宋书家那样，要么师心自用，要么卑唐尚晋，以至于虽有几位大名家，也只能写行书，而于楷书及篆隶多不在行。金代书家则不同，善于写篆书者有之，隶书、楷书乃至行草都不乏高手，且多有创新。然而这一时代的书法，受正统观念的影响，向来却很少受到重视，加上兵火战乱，墨迹文献毁损惨重，导致一代皇皇书艺湮没不彰。这是值得我们重新审视的。

《贯云石及其散曲》补叙

中华书局　　柴剑虹

按：此文系我读研究生时习作，因遵启功先生之嘱，尝试以文白夹杂之语撰写，完稿后仅呈启功先生批阅，未敢发表，藏拙至今。时光倏忽，三五十年的光阴亦是弹指挥间，聂石樵老师于1963年至1964年间为我们中文系1961级学生，1979年为我们9位研究生讲授明清文学的情景均历历在目，成为亲切忆念。兹逢母校文学院举办"庆祝聂石樵先生九十寿辰学术研讨会"，遂不揣浅陋呈此习作，敬请聂师批正。学生柴剑虹于乙未中秋。

元月十七日，余携拙稿《贯云石及其散曲》至启功先生家求教。先生阅后，云：酸斋乃元之大书家，吾处即藏有贯氏手书"中舟"真迹。先生又寻出陈垣老校长所著之《元西域人华化考》二册（一九三五年陈寅恪序），命读之。余归来即先阅其涉及贯氏部分，就中辑录前未见之资料若干则，并遵师之嘱，不揣浅陋，试为文言作此补叙。

一、贯云石为"浊世佳公子"

《华化考·卷三·佛老篇》之一"西域人之佛老"叙小云石海涯家世，首引赵翼《廿二史劄记》卷三十谓"元初诸将多掠人为私产，而莫甚于阿里海涯"之材料数则，后云："此阿里海涯即小云石海涯之祖父。今非欲暴小小云石海涯祖父之恶，然非此无以证小云石海涯为浊世佳公子。其家世如此，其思想遂不禁别有所感觉也。”

余于拙稿中言贯氏少时乃"时代之宠儿，元统治政策之既得利益者"。而折节读书后则不蹈故常，不满时政。其承袭达鲁花赤不数年，即让爵与弟，后学儒于姚燧；为翰林侍读学士时又上书条陈六事，指摘时弊，与其祖所为乃相径庭，确可称"浊世佳公子"也。然细究其所陈事（拙稿已引），系痛感时弊害政而欲救之，乃苦口之良药，非谋逆之谤语，欲炼石以补天，非扬澜以覆舟，故仁宗"览而嘉叹"。是云石绝非元世逆子贰臣，而实为欲以儒学治世之孝子忠臣。其进《直解孝经》一卷，即向仁宗表忠之举，真寓苦心哉！援庵校长云贯氏"其思想遂不禁别有所感觉"，乃赞其出淤泥而不染，处浊世而自清，难能可贵。若以现代时髦词冠之，即"有识之士"也。

二、贯云石之学佛

《华化考·佛学篇》言："因《元史》本传采自欧阳玄《贯公神道碑》而删节其词，故小云石海涯学佛之精神亦被刊落。今欲证明小云石海涯之学佛，当舍《元史》本传而用《贯公神道碑》。"遂举碑中贯氏与欧阳玄凄别及与释中峰论道二事证之，曰："云石之学佛，无可为讳。""云石盖有得于禅者也。"

别欧阳事，拙稿已引，以论酸斋内心之矛盾。与中峰论道事，现补论之。余以为此节中颇可留意者有三十二字。一为"剧谈大道，箭锋相当"八言。中峰者，名明本，乃元世高僧，贯与之谈禅则辄不轻易苟同，能"剧谈"而"相当"，既足见其此时犹存少时"不蹈袭故常"之锋芒，又显其学佛之深彻，与一般信佛子弟盲从释典不同。余去岁曾至广济寺拜访巨赞法师，法师言读佛典之诀窍云："不疑则不悟，小疑则小悟，大疑则大悟。"以此观之，贯氏可称大悟也。二为"为学日博，为文日邃"八言。佛学虽宣宗教信仰，其中亦有众多学问。历代高僧皆学识渊博精深，绝非"荒诞""唯心"数语即可概全。贯氏学佛学识日增，后期文风亦稍变，此亦不可不察也。三为"其论世务，精覈平实"八言，足见以贯氏之身世品格，学佛亦不能超脱尘世，况释氏佛学本与世事关联甚切，其问世前印度流行婆罗门教，维护种姓制度，释氏乃力主平等，以苦、集、灭、道四谛论世间之苦痛。贯氏论世精覈平实，然与世接日疏，实有满腔苦衷也。四为"道味日浓，世味日淡"八言。余以为当指至治三年八月南坡兵变后之小云石而言，此乃贯氏绝望心境之体现。其时贯氏必苦痛难言，于人世已无眷恋，一心唯求涅槃，遂于次年五月逝世。贯公死因于籍无载，然《神道碑》言其日过午尚拥被坚卧，以昼为夜，去而违之，不翅解带云云，可见贯公之辞世庶几近乎圆寂也。

三、贯云石之诗文

《华化考》卷四之一、三、四节论及贯氏诗文之风格。其论诗，首引琳琅秘室本《鹤年集序》："贯公、萨公之诗如长吉。"次引顾嗣立《元诗选·萨都剌小传》："有元之兴，西北子弟，皆为横经。涵养既深，异才并出，云石海涯、马伯庸以绮丽清新之派振起于前，而天锡继之，清而不佻，丽而不缛，真能于袁、赵、虞、杨之外别开生面者也。"①朱海波著《中国文学史纲》，将元散曲截然析为豪放、清丽二派，将贯氏归入豪放派，且断言："清丽一变豪放之作风，摈弃俚言俳语，专以媚妩妖娇为胜。"未免失之偏颇矣。《华化考》论贯氏文，则引邓文原《贯公文集序》（《巴西集》上）与程钜大《酸斋诗文跋》（《雪楼集》二五），中有数语颇可留意。一曰姚燧"于当世文章士，少许可，然每称贯公妙龄，才气英迈，宜居代言之选"。邓氏与贯氏同为姚文公门下，语当可信，知贯确因文才过人而深得姚氏器重。二曰贯氏"词章驰骋上下，如天骥摆脱絷羁，一踔千里，而王良、造父，为之愕眙却顾，吁，亦奇矣！"此说与涵虚子称贯曲"如天马脱羁"相符，足见贯氏文、曲风格之一致。邓氏又叙贯云石"尝为万夫长，韬略固其素娴，词章变化，岂亦有得于此乎！"此述文武相得益

① 〔清〕顾嗣立：《元诗选·初集》"戊集"，1185～1186页，北京，中华书局，1987。

彰也。其又云贯文出奇能胜，"此天下伟男子所为，非拘牵常格之士所知也"。余以为古今众多为文者，往往或低吟于亭台楼阁，漫歌于小园窄径，或埋首于数卷经书，拘泥于一师所授，谨守绳尺以自程，则诗文常常平庸无奇。贯氏一生不拘常格，其学儒、读释，著诗、作文，制曲、写字，均不泥古拘格，故能别开生面，自成一家。所谓奇才，奇在此矣。三曰"公生长富贵，不为燕酣绮靡是尚，而与布衣韦带角其技，以自为乐，此诚世所不能者"。此语道出贯氏平素喜与布衣交往之品格，"角技"即含有切磋技艺之义。李开先《词谑·词套》之三载贯氏虎跑泉吟诗之传说即为一例。可见贯氏深入民间，故其曲方能得益于里巷歌谣不少。贯氏之文，今仅存《阳春白雪·序》一篇，余皆亡佚，惜哉！

四、贯云石之书法

贯氏亦为有元别具一格之书家。《华化考·美术篇》引元末《书史会要》所论："贯云石，北庭人，官至翰林侍读学士，豪爽有风概，富文学，工翰墨，其名章俊语，流于毫端者，怪怪奇奇，若不凝滞于物，即其书而知其胸中所养矣。"此中道出书法与思想、性格及学识之关联。又引陈基夷《白斋外集》跋贯氏书《归去来辞》云："酸斋公如冥鸿逸骥，不受赠缴羁靮，而其蝉蜕秽浊，逍遥放浪，而与造物者游，近世盖未有能及之者。其自谓平日不写古今人诗，而独慕陶靖节之为人，书其《归去来辞》，观者殆不可以寻常笔墨蹊径求之也。"此益证其于陶潜之品格倾慕之至，辞官亦受陶潜归隐之影响，书《归去来辞》实以抒其愤世嫉俗之胸臆，真非寻常笔墨也。又传贯氏另有墨迹"中州"者，似另蕴深意。《华化考》卷八"结论"之二引家铉翁《题中州诗集后》云："世之治也，三光五岳之气，钟而为一代人物。其生乎中原，奋乎齐鲁汴洛之间者，固中州人物也；亦有生于四方，奋于遐外，而道学文章，为世所崇，功化德业，被于海内，虽谓之中州人物可也。……故壤地有南北，而人物无南北，道统文脉无南北，虽在万里外，皆中州也。"此说颇有理。贯氏虽系维吾尔族人，汉学修养甚高，又弃民族偏见，亦杰出之"中州人物"也。

五、贯云石之评价

人才难得。有元一代，丝路畅通，西域异才辈出，仅《华化考》所及，已有百三十二人。贯氏实为其中之佼佼者。与贯同时之人，如姚、欧、邓、程辈皆交口称誉。其诗、文、书，已引论如前。其曲，则诚如老校长所云："元人文学之特色，尤在词曲，而西域人之以曲名者，亦不乏人，贯云石其最著也。""云石之曲，不独在西域人中有声，即在汉人中亦可称绝唱也。"故拙稿以为推贯氏为元代第一流之文艺家亦不为过。然则为何近代论者多轻之，以致其发端海盐腔之功绩几与淹没？拙稿以为一则为民族偏见所蔽，一则为传统绳墨所拘。今恭读《华化考》，方知老校长五十余载前于此已有精当之例证，如言元代"儒学、文学，均盛极一时，而论世者轻之，则以元享国不及百年，明人蔽于战胜余威，辄视如无物，加以种族之见，横亘胸中，有时杂以嘲戏……"其举明、清两代学者相较，以为"清人去元较远，同以异族入主，间有一二学者，平心静气求之，则王士禛、赵翼两家之言可参考也"。其又析"九儒十丐"之说，举《池北偶谈》卷七所论等，皆能服人。因本文篇幅所限，恕不详引。

（1980 年 1 月 21 日）

【附记】启功师曾问及"海涯"（今译作"哈雅"）之义，余查《汉维辞典》等工具书，知其为维吾尔语"生命""生存"之意，亦可引申为"生者"，故元时维吾尔人往往取名为某某海涯者也。

读天启刻本《曹子建集》王世贞评点管见

国家图书馆　张廷银

近读明天启元年刻本《曹子建集》中王世贞的评点，粗有几点理解，聊为献芹之见，就教于方家。

一、天启刻本《曹子建集》概说

明天启刻本《曹子建集》十卷附音释，为天启元年(1621)凌性德刻朱墨套印本。其中，文中圈点、眉批及每篇文末之总评为朱印，正文及其他文字则为墨印。关于该本之内容及文字情况，蔡敏敏的《现存明本诸曹植集概考》①中有介绍，可以参看。书中在眉批及文末位置引录了吕向、刘辰翁、李攀龙、李梦阳、王世贞、杨慎、何大复等数家对于曹植诗文之评点文字，其中在引述王世贞时多称"王世贞"，个别则称"王元美"。所录王世贞之评语，多来自其所著《艺苑卮言》。郑利华认为《艺苑卮言》始撰于嘉靖三十六年(1557)，嘉靖三十七年(1558)《艺苑卮言》初稿六卷撰成②，郦波则认为《艺苑卮言》六卷到嘉靖四十四(1565)年始脱稿③，由此可以肯定，凌性德刻印时，评点所据绝非郭云鹏本中所有。进一步也

---

①　蔡敏敏：《现存明本诸曹植集概考》，《兰州学刊》，2009(1)。

②　郑利华：《王世贞研究》所附《王世贞生平活动简表》，230～231页，上海，学林出版社，2002。

③　郦波：《王世贞文学研究》附《王世贞简谱》，259页，北京，中华书局，2011。

可以肯定：所有被印在《曹子建集》上的这些评点文字，均是从别处迻录，而非一般意义上的点评。各家在著录时均称"明李梦阳、王世贞等评"，并不十分具体，若在前面加上"迻录""抄录"等则更为清楚。

　　天启套印本《曹子建集》较为多见，据《中国古籍善本书目》可知，目前国内有国家图书馆、北京师范大学图书馆、中国社科院文学所、故宫博物院图书馆、中国历史博物馆、公安部群众出版社、上海图书馆、华东师范大学图书馆、上海辞书出版社图书馆、天津师范大学图书馆、辽宁省图书馆、吉林大学图书馆、南京图书馆、杭州大学图书馆、湖南省图书馆、广西图书馆、四川省图书馆、四川师范大学图书馆 18 家收藏，而国家图书馆和南京图书馆除此之外，还分别收藏了周星诒校并跋（以下简称周星诒校本）、丁丙跋天启《曹子建集》。蔡敏敏的《现存明本诸曹植集概考》在介绍明刻诸本《曹子建集》收藏地时，注明天启刻本《曹子建集》上海图书馆有藏，这应该是其所参阅之本，而于版本研究来说，若只介绍参阅之本而不及其余各本，则似有未尽善。因为全面说明版本现存状况，不仅是为了告知其他人该书之可能获取途径，同时也是版本对比过程及结果的反映。《中国古籍善本书目》还著录有明嘉靖四年（1525）王准刻本、万历二十年（1592）李桢刻本和依隐亭刻本《陈思王集》，这些亦为蔡文所遗漏。乔芳的硕士论文《曹植集及〈曹集诠评〉研究》①对曹集的著录与梳理亦有颠乱、不全之处。

　　此外，《中国古籍善本书目》还著录，南京图书馆今藏一部天启刻本《曹子建集》，上有丁丙跋语，曰："曹子建集十卷，明朱墨套印本。是集前有吴郡徐伯虬序、北郡李梦阳序、菰城施陈宾序、总评、凡例、外纪、本传。每卷前列目录，书眉、篇尾列各家评语，圈点，套印朱色。"钤有"四库著录""八千卷楼藏书印"，可知为丁丙八千卷楼原藏。丁丙所编的《善本书室藏书志》中亦有著录，称之为"明朱墨印本"②，并录有丁丙跋

---

①　乔芳：《曹植集及〈曹集诠评〉研究》，西北大学硕士学位论文，2008。

②　〔清〕丁丙：《善本书室藏书志》（三），1094 页，台北，广文书局，1988。

语。但丁丙从孙丁仁编《八千卷楼书目》则著录为"明天启徐伯虬刊本"①，大概是看到该本上徐伯虬的序中有"刊布以传焉"等字，因有此说。而依照传统的著录方式，亦属不确。

可见古籍版本之考订与著录是一个看似简单实则复杂的工作，非经全面细致地观览与考辨，是很难说清楚的。

二、周星诒校跋《曹子建集》之解读

国家图书馆所藏有周星诒校并跋之《曹子建集》，四册，首册书衣墨题："小绿天藏辛亥所收/曹子建集十卷（附音释）四册/癸巳翁周星诒校本。"钤"龚一发印""小绿天藏书""茂苑香生蒋凤藻秦汉十印斋祕箧图书"。书中有多处周星诒墨笔校改。卷十末周星诒墨笔抄补了《述行赋》，题后并注："出古文苑。"《述行赋》之后，墨笔录有"嘉靖戊子岁次十二月书林龚氏居岭堂重刊"字样。再下又有墨题："癸酉仲冬日，借仪顾堂藏本校，廿五日记。星诒。"则周星诒所参校的应是陆心源仪顾堂所藏嘉靖戊子七年（1528）龚氏居岭堂之重刻本。"书林"为福建建阳古名，龚氏居岭堂当为建阳一刻书铺。据有关资料，官至云南镇南州知州的龚一发（1715—1773），祖籍今福建福清，其祖上世代多著述、刻书、藏书之人②，居岭堂或许即是龚氏中某人之书坊。可是这个本子，无论是蔡敏敏的《现存明本诸曹植集概考》，还是《中国古籍善本书目》均未有著录。

周星诒校本《曹子建集》"凡例"后墨题："嘉靖重刻正德本脱误甚多，且为李氏倒乱次序，不如此本尚存旧本原次，然其佳处可改正此本者凡数十字，披沙拣金，往往见宝。此旧刊之所以可贵也。其本为徐氏汗竹斋旧藏，有兴公印记，知在当时亦重之矣。卷首有正德时田氏序，另纸写粘于左。癸巳翁星诒记。"由周星诒跋语可知，其所参校之本曾为徐兴

---

① 林夕：《中国著名藏书家书目汇刊》近代卷，第 8 册，煮雨山房辑，141 页，北京，商务印书馆，2005。

② 《龚氏家族文学综述》，http：//www.gwyoo.com/lunwen/jiaoyue/wxlw/201205/525662.html，2017-04-25。

所藏，后归陆心源。查徐兴公《徐氏家藏书目》，有"《曹植集》十卷"，但未注版本①，不知该本是否即周星诒所说之本。《皕宋楼藏书志》卷六十七著录《陈思王集》十卷，明刊本，徐兴公旧藏。并称周氏跋曰："癸酉子月廿五日，借仪顾夫子藏本校所蓄天启本讫。此本间有脱讹，且为李氏重编，不及天启本尚仍旧本次序，然据以补正彼本者，凡数十字。披沙拣金，往往得宝，旧刊之所以可贵也。星诒并记。"②周星诒的这条跋语在现藏国家图书馆的抄本《皕宋楼藏书题跋辑录》③中也有收录。严绍璗《日藏汉籍善本书录》称，日本静嘉堂文库现藏有两册《陈思王集》十卷，明李廷相编，嘉靖年间刊本。明确肯定此本"原系徐兴公、陆心源十万卷楼等旧藏"④。严绍璗先生还说该书中有周星诒手识文，并全文余以过录，只不过"周星诒"三字从"并记"移到了"借仪顾夫子"前，不知何故，但说明周星诒的识文在现藏于静嘉堂文库的《陈思王集》中是存在的。将此跋语与国家图书馆所藏《曹子建集》中周星诒跋语相比较，意思完全吻合，看来周星诒在借用陆心源藏《陈思王集》校勘己藏《曹子建集》之后，大概又应书主之请，在其《陈思王集》上题写跋语，说明原委。周星诒据以参校之本的情况明了了：该本题名是《陈思王集》，而非《曹子建集》。周星诒所录"嘉靖戊子岁次十二月书林龚氏居岭堂重刊"，亦当为原书所有之书牌。但仍令人不解的是，既然有这么确切的书牌，为什么陆心源、严绍璗甚至包括周星诒都没有十分明确地称其为嘉靖七年（戊子）刻本呢？严绍璗《日藏汉籍善本书录》著录此书除现藏静嘉堂文库二册外，日本内阁文库亦藏有四册，并判断杨守敬《日本访书志》卷十四著录明刊本《陈思王集》残本四册即今内阁文库本。目前，关于此本的介

---

① 林夕：《中国著名藏书家书目汇刊》明清卷，第 11 册，煮雨山房辑，292 页，北京，商务印书馆，2005。

② 中华书局编辑部：《宋元明清书目题跋丛刊》8，清代卷，第 2 册，753 页，北京，中华书局，2006。

③ 国家图书馆：《国家图书馆藏古籍题跋丛刊》第 19 册，409 页，北京，北京图书馆出版社，2002。原书为郑振铎所藏，今有"长乐郑振铎西谛藏书"，又有"沈均斋收藏印"，感峰楼抄藏。

④ 严绍璗：《日藏汉籍善本书录》下册，1396 页，北京，中华书局，2007。

绍仅见于此，难怪世人已鲜有所闻了。若果这样，则此本亦为流落东瀛之孤本汉籍了。

"第三批国家珍贵古籍名录"公布，吉林省图书馆藏有天启元年套印本《曹子建集》，上有徐兴公跋。《吉林省图书馆珍本图录》刊布了该跋图片，其文曰：

> 《魏曹子建集》附补遗六卷，明天启间乌程闵齐伋所刻朱墨本。前有龙图阁大学士施宸宾印章，间有王世贞、钟伯敬、陈仁锡诸名公评点。版纸俱善。因用重赏购来，真可宝也。戊辰春三月侯官徐兴公记。（下有"晋安徐兴公家藏书"印记）

马泰来《〈曹子建集〉徐兴公题记辨伪》一文通过跋文手迹、印章痕迹以及跋文中所涉及的人事，辨明此徐兴公跋语及其印章全是书贾作伪。[①]如果作伪属实，那么大概是因为徐兴公藏本《陈思王集》国内已难得见，作伪者遂肆意而为。

不过，马泰来说天启套印本是凌性德刻本而非闵氏[②]，则稍显武断，因为精于版本研究的孙毓修也认为此书为"闵刻"。孙毓修《小绿天孙氏鉴藏善本书目》著录"《曹子建集》"[③]，下有手写数字"4"，应为"四册"之意，但却注明"闵刻，有校"。"闵"当指闵齐伋，但据天启元年施宸宾序文中"社友成之兄实董成已（按，成之乃凌性德之字）"，则实际上是凌性德所刻。可见，孙毓修小绿天所藏这部《曹子建集》，后来确实转到了周星诒手中。

周星诒的《传忠堂书目》《书钞阁行箧书目》分别著录"《曹子建集》十

---

① 马泰来：《〈曹子建集〉徐兴公题记辨伪》，《文献》，2014(1)。

② 《东北地区古籍线装书联合目录》集部别集类著录吉林省图书馆藏有天启元年凌性德刻套印本《曹子建集》十卷，2462 页，沈阳，辽海出版社，2003。

③ 林夕：《中国著名藏书家书目汇刊》近代卷，第 27 册，煮雨山房辑，441 页，北京，商务印书馆，2005。

卷，四册。魏曹植撰，明嘉靖刊本"①，"《曹子建集》四本，明刻本"②，也许这就是他所校跋之本。

周星诒藏书后归蒋凤藻"秦汉十印斋"，其《秦汉十印斋书目》卷四记载："《曹子建集》十卷，魏曹植撰，明嘉靖刻本。"③

一部古籍所承载的内容是文化，其聚散流传过程也是文化。缪荃孙曾云："书去而目存。"书籍流失了甚或消亡了，可据书目了解其产生与流传踪迹，如果进一步利用相关的藏书题跋，则能够更加具体地了解流传过程中涉及的人及事，甚至判断一部书之真与伪。由《曹子建集》之周星诒跋语以及伪题徐兴公跋语，就可以看到这一情形。

三、天启本所录王世贞评语及其与《艺苑卮言》之对照

《古典文学研究资料汇编：三曹资料汇编》④（以下简称《三曹资料汇编》）中，有关王世贞评论曹植诗文的资料，多条注明辑录自《艺苑卮言》。将万历十七年樵云书舍刻本《新刻增补艺苑卮言》十六卷与天启本所见王世贞评点对照，会发现天启本所见王世贞评点，基本都可在《艺苑卮言》中找到，但有六条却不见于《艺苑卮言》，按照天启本出现顺序，分别是：

王元美曰：明月列宿，正与终夜相应。（《公宴》眉批）

王元美曰：董卓迁献帝于西京，洛阳被烧，故多野田萧条之感，末则因送别并念故居也。（《送应氏》眉批）

王元美曰：壮怀激烈语亦壮。（《虾鳝篇》"抚剑而雷音，猛气纵

① 林夕：《中国著名藏书家书目汇刊》近代卷，第9册，煮雨山房辑，151页，北京，商务印书馆，2005。

② 林夕：《中国著名藏书家书目汇刊》近代卷，第9册，煮雨山房辑，339页，北京，商务印书馆，2005。

③ 林夕：《中国著名藏书家书目汇刊》近代卷，第10册，煮雨山房辑，61页，北京，商务印书馆，2005。

④ 河北师范学院中文系古典文学教研组：《古典文学研究资料汇编：三曹资料汇编》，北京，中华书局，1980。

横浮"眉批）

王元美曰：体不经见。（《当事君行》眉批）

王元美曰：千古同病。（《陈审举表》"患为之者不知，知之者不得为也"眉批）

王元美曰：语语肝肠。（《陈审举表》"愿得策马执鞭，首当尘露，撮风后之奇，接孙、吴之要，追慕卜商，起予左右，效命先驱，毕命轮毂，虽无大益，冀有小补，然天高听远，情不上通，徒独望青云而拊心，仰高天而叹息耳"眉批）

笔者未遍阅王世贞的作品，不知以上六条出自何处。现据《三曹资料汇编》，对其他各家的评论予以比较。

刘履《选诗补注》评《送应氏》曰："今考其前篇，既伤洛阳被焚，荆棘荒秽，则清时之难得可知。复言游子久不归，念我平生居，则嘉会之不常又可知矣。故于此叹人生之脆促，愿得常相欢洽，而今亲友远游北方，则其情念当何如哉。于其行也，所亲之人莫不出饯，而我之所具岂独薄于众人？奈何离别伤怀，而宾饮不能尽觞也。然我于尔情爱既至，期望甚深，今乃使之不谐所志而有远离之苦，岂不愧于中乎？故特愿为比翼之鸟，相辅高飞，以副吾之所望焉。"①

关于《公宴诗》，范晞文《对床夜语》曰："子建《公宴》诗云：……读之犹想见其景也。"②吴淇《六朝选诗定论》曰："首二句递过昼宴，从夜游写起。其写法类文帝《芙蓉池作》。先'明月'二句，是仰写，次'秋兰'四句，俯写，末'神飚'二句，平写。但其佳处，止是练得几个响字。其实较之《芙蓉池作》，风调远不及也。"③宝香山人《三家诗》曰："此在邺宫与兄丕

----

① 河北师范学院中文系古典文学教研组：《古典文学研究资料汇编：三曹资料汇编》，124页，北京，中华书局，1980。

② 河北师范学院中文系古典文学教研组：《古典文学研究资料汇编：三曹资料汇编》，117页，北京，中华书局，1980。

③ 河北师范学院中文系古典文学教研组：《古典文学研究资料汇编：三曹资料汇编》，155页，北京，中华书局，1980。

宴饮，武帝在，故称丕为公子。起处真是雅颂衣钵。'终宴不知疲'句，从浑璞中露出刻骨镂心处。"①陈祚明《采菽堂古诗选》云："建安正格，以秀逸为长。"②潘德舆《养一斋诗话》云："公宴诗以子建为首，无卑乞状也。如王仲宣、刘公干，皆弱而无气也。"③

　　关于《送应氏》，胡应麟《诗薮》评曰："《送应氏》、《赠王粲》等篇，全法苏、李，辞藻气骨有余，而清和婉顺不足，然东西京后，惟斯人得其具体。"④吴淇《六朝选诗定论》评曰："观子建此诗，首章只代念他家乡荒残之苦，以具其当归省为不可留。此章只就临别一刻，杯酒依依，不忍分袂光景，以见平日之倾倒，而其人之足重可知矣。"⑤宝香山人《三家诗》云："（步登北邙坂）少陵《无家别》从此作来。（清时难屡得）岂嫌中馈薄而不尽觞乎？别酒从无此宛转，妙甚。"⑥沈德潜《古诗选》评曰："时董卓迁献帝于西京，洛阳被烧，故诗中云然。"⑦陈祚明《采菽堂古诗选》曰："（步登北邙坂）苍凉萧索之景，自然写出。（清时难屡得）此时用意宛转，曲曲入情，以人命之不当，惜别离之难遣，临歧凄楚，行者又非壮游，相爱虽深，愧难援手，留连片晷，但怨不欢，因作强辞自解，妄意会日之长。"⑧张玉谷《古诗赏析》曰："二诗自来注家俱以为一时送别之诗，是

　　①　河北师范学院中文系古典文学教研组：《古典文学研究资料汇编：三曹资料汇编》，160页，北京，中华书局，1980。
　　②　河北师范学院中文系古典文学教研组：《古典文学研究资料汇编：三曹资料汇编》，193页，北京，中华书局，1980。
　　③　河北师范学院中文系古典文学教研组：《古典文学研究资料汇编：三曹资料汇编》，219页，北京，中华书局，1980。
　　④　河北师范学院中文系古典文学教研组：《古典文学研究资料汇编：三曹资料汇编》，134页，北京，中华书局，1980。
　　⑤　河北师范学院中文系古典文学教研组：《古典文学研究资料汇编：三曹资料汇编》，157页，北京，中华书局，1980。
　　⑥　河北师范学院中文系古典文学教研组：《古典文学研究资料汇编：三曹资料汇编》，161页，北京，中华书局，1980。
　　⑦　河北师范学院中文系古典文学教研组：《古典文学研究资料汇编：三曹资料汇编》，184页，北京，中华书局，1980。
　　⑧　河北师范学院中文系古典文学教研组：《古典文学研究资料汇编：三曹资料汇编》，194～195页，北京，中华书局，1980。

为题所误，而于地志未之考也。详诗，明是两诗两地所作，特以题同，集中撮归一处耳。……（步登北邙坂）此在北邙送应归家之诗。……（清时难屡得）此在河阳送应之朔方之诗。"①方东树《昭昧詹言》曰："（步登北邙坂）先写本乡离乱之惨，苍凉悲壮，与武帝《苦寒行》、仲宣《七哀》同其极至。明远、杜公，皆尝拟之。前半先述所见，末二句乃逗将远适之意，章法伸缩之妙，又以结束上文，换笔顿挫。'平常居'托应自言所见。"②何焯《义门读书记》云："何等兴象。"③

　　关于《虾鳝篇》，胡应麟曰："太冲《咏史》所自出也。"④陈祚明《采菽堂古诗选》曰："子建自以宗臣，每怀忧国伤人，不识是时宗藩，奉身寡过、禄爵而已。起语浩然，抒此壮慨。"⑤方东树《昭昧詹言》曰："此诗笔杖警句，后惟韩公常拟之。"⑥

　　关于《当事君行》，王尧衢《古唐诗合解》评曰："曹子建《当事君行》，上六言，下五言，共八句。此格特创。"⑦陈祚明《采菽堂古诗选》曰："不知谁有憎恶而作此语。语甚老。"⑧朱乾《乐府正义》曰："言人情爱憎，党同伐异，但逐虚名。事君之道，惟自尽其心，宁拙诚为修。"⑨

----

　　①　河北师范学院中文系古典文学教研组：《古典文学研究资料汇编：三曹资料汇编》，207 页，北京，中华书局，1980。

　　②　河北师范学院中文系古典文学教研组：《古典文学研究资料汇编：三曹资料汇编》，216 页，北京，中华书局，1980。

　　③　河北师范学院中文系古典文学教研组：《古典文学研究资料汇编：三曹资料汇编》，279 页，北京，中华书局，1980。

　　④　河北师范学院中文系古典文学教研组：《古典文学研究资料汇编：三曹资料汇编》，136 页，北京，中华书局，1980。

　　⑤　河北师范学院中文系古典文学教研组：《古典文学研究资料汇编：三曹资料汇编》，186 页，北京，中华书局，1980。

　　⑥　河北师范学院中文系古典文学教研组：《古典文学研究资料汇编：三曹资料汇编》，213 页，北京，中华书局，1980。

　　⑦　河北师范学院中文系古典文学教研组：《古典文学研究资料汇编：三曹资料汇编》，174 页，北京，中华书局，1980。

　　⑧　河北师范学院中文系古典文学教研组：《古典文学研究资料汇编：三曹资料汇编》，192 页，北京，中华书局，1980。

　　⑨　河北师范学院中文系古典文学教研组：《古典文学研究资料汇编：三曹资料汇编》，200 页，北京，中华书局，1980。

　　由以上列举及对比看，王世贞对于曹植诗文的点评，与时人及后人的理解基本一致，或者反过来也可以说，后人在很大程度上受了王世贞的影响。

　　此外，天启本中《潜志赋》王世贞评点"工出意表，意寓法外，曹氏父子尚且难之，况他人乎"，见于《四部稿》说部《艺苑卮言二》及《新刻增补艺苑卮言》卷之二①，仅有个别文字稍异。但原文由评说司马相如《长门赋》之真伪而起，并未明确提及曹植《潜志赋》，不知天启本如何将此语移为王世贞对《潜志赋》之评语。看来，关于天启本对各家评点的处理情况，也是值得进一步深究的。

---

　　①　此信息由上海交通大学徐建平先生告知。

结一庐本《张说之文集》辑刻研究

北京大学　朱玉麒

张说(667—731，字说之，封燕国公)是初盛唐之际重要的政治家与文学家。由于其完备的宋刊三十卷文集本在元明以来如绝迹人间①，流传于世的明刻二十五卷本又残缺与错失过甚，所以《张说之文集》成为清代以来学者不断校勘、增补、辑佚的重要对象。继清代中期的官府行为之后②，张说集的另一次整理工作是在 20 世纪初的清代末年完成的，这就是结一庐朱氏剩余丛书(一作"结一庐丛书"，下文即以之为简称)《张说之文集》二十五卷、补遗五卷本(以下简称结一庐本，见图 1)。

一、结一庐丛书的校辑与刊刻者

结一庐是清代藏书家朱学勤的藏书室名。学勤字修伯，号复庐，浙江仁和(今杭州)人，有《结一庐书目》四卷传世，叶德辉称其为"咸丰时，

---

① 张说文集宋刻本的传承情况，参见朱玉麒：《宋蜀刻本〈张说之文集〉流传考》，《文献》，2002(2)；朱玉麒：《宋刻张说集残抄本流传考》，李浩：《唐代文学研究》第十六辑，桂林，广西师范大学出版社，2016。

② 清代官府的张说文集辑佚、流传情况，参见朱玉麒：《〈张燕公集〉的阁本与殿本》，《中国典籍与文化》编辑部：《中国典籍与文化论丛》第七辑，78～92 页，北京，北京大学出版社，2005；朱玉麒：《张说作品在〈全唐诗〉〈全唐文〉系统中的辑佚研究》，包伟民、刘后滨：《唐宋历史评论》第一辑，171～185 页，北京，社会科学文献出版社，2015。

东南士大夫藏书有名者三人"之一①。学勤去世后，其藏书由二子朱澂（？—1890，字子清）、朱潜（？—1910，字子涵）继承。据缪荃孙（1844—1919）《朱修伯大理结一庐文集序》叙述其与朱氏兄弟交游云："迨荃孙丙子（光绪二年，1876）通籍，已不及聆先生（朱学勤）謦欬，子清亦改官江南。又与次君子涵订交。子涵为言，佳本悉载往江南，所余无几。"②

结一庐剩余丛书的编辑、刊印，缪荃孙的《朱修伯大理结一庐文集序》中也有记载："子涵亦由直隶改官江南。一日持汲古抄本《金石录》，张燕公、刘宾客、司空表圣三唐人文集明抄本，中多夹签，皆先生（朱学勤）手校欲梓者。经理刻成，以继先志。而燕公集缺五卷，刘宾客缺外集。荃孙为假别本补足传之，艺苑颇重其书。"③可知传入朱潜名下的四种旧本，是委托缪荃孙在朱学勤曾经校勘的基础上，续成了其事。正因这些藏书是朱澂运往江南的结一庐佳本之余，所以有"剩余丛书"之名。

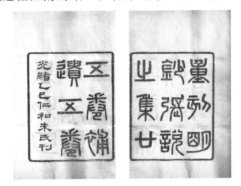

图1 结一庐朱氏剩余丛书刻本《张说之文集》书影

"朱氏结一庐剩余丛书"辑刻有《金石录》《张说之文集》《刘宾客文集》《司空表圣文集》四种书籍，卷首目录页注有刊印年代云："甲辰刻，乙巳工竣，丙午印行。"每一种书后，都有缪荃孙的校跋，详细介绍校勘原委，

① 〔清〕叶德辉：《结一庐书目序》，郑伟章：《文献家通考（清—现代）》中册"朱学勤"条，941页，北京，中华书局，1999。

② 缪荃孙：《艺风堂文续集》卷五，《缪荃孙全集·诗文》一，359页，南京，凤凰出版社，2014。

③ 缪荃孙：《艺风堂文续集》卷五，《缪荃孙全集·诗文》一，359页，南京，凤凰出版社，2014。

可见书由缪氏亲任校勘无疑。

　　缪荃孙是清末编书、刻书而嘉惠士林的一代文献大家，结一庐本丛书是其代人编刻的丛书之一。其敬业的编校、刻板过程，在日记中频有记录。以《张说之文集》而言，相关记录如下：

　　　　光绪甲辰(1904)六月十一日："借仲饴旧抄《燕公集》。"(292 页)①

　　　　十五日："二楞交来二百元、《张燕公集》二册。"(293 页)

　　　　十六日："交李贻和百元，归《燕公集》项下。"(293 页)

　　　　十八日："又改《燕公集》跋、《金石录》跋。"(293 页)

　　　　二十三日："寄吴仲怿《张燕公文集》跋。"(294 页)

　　　　八月十三日："定《张说之集》目。"(301 页)

　　　　廿八日："校《燕公集》卷二、三。"(303 页)

　　　　九月七日："校《张说之集》十一、二。"(304 页)

　　　　十八日："校《张说之集》三卷。"(305 页)

　　　　二十三日："校《张说之集》卷一。"(306 页)

　　　　二十六日："校《张说之集》二卷。"(307 页)

　　　　二十七日："校《张说之集》二卷。"(307 页)

　　　　十月五日："覆勘《张说之集》交李贻和。"(308 页)

　　　　十七日："校《张说之集》三卷。"(310 页)

　　　　二十一日："勘定《张燕公文集补遗》。"(310—311 页)

　　　　二十九日："覆勘《燕公集补遗》。"(312 页)

　　　　十一月三日："校《说之集》十九、二十两集。……校《说之集补遗》二卷。"(312 页)

　　　　六日："校《说之集》。"(313 页)

　　　　七日："校《张说之集》廿一到廿五。"(313 页)

　　　　十二日："校《说之集补遗》。"(313 页)

---

　　①　缪荃孙：《缪荃孙全集·日记》二，南京，凤凰出版社，2014。以下各段记录均从此本，段后括注页码。

十三日：“校《说之集补遗》。”(313 页)

乙巳年(1905)一月二日：“校《说之集》二、三、四，三卷。”(322 页)

三日：“招李贻和来，还朱款六十元，《张集》价清。”(322 页)

四月十九日：“发吴仲饴信，寄《张说之集》样本。”(337 页)

二十七日：“交《张说之集》明抄本两册与朱子涵。”(338 页)

六月十一日：“寄《张燕公集》廿五卷，交惠卿。”(344 页)

十二日：“与丁德洲、李贻和结《金石录》、《张说之集》帐。”(344 页)

丙午年(1906)三月二十四日：“交刻书帐目，结一庐四种书、旧钞《刘宾客集》还朱子涵。”(387 页)

四月二十日：“朱子涵送百元来印书，即交李贻和。”(391 页)

从以上记载可以了解：光绪三十年甲辰、三十一年乙巳岁，缪荃孙在担任江宁高等学堂总监督期间，主持了“结一庐四种书”的编校刊刻工作。日记中的“仲饴”“仲怿”即吴重熹(1838—1918)，他曾藏有《张说之文集》二十五卷。① 因此缪荃孙以朱学勤的《张说之文集》二十卷本为底本从事校勘时，就借了吴重熹的本子补足了缺失的后五卷。日记中的“李贻和”，是南京著名的刻工，缪荃孙的许多书籍，都出自他的书铺，杨洪升统计：“《艺风藏书记》、《艺风藏书续记》、《艺风读书志》、《常州词录》、《藕香零拾》、《尧圃藏书题识》等均出于李贻和之手，由江楚编译局出资为缪荃孙刻的《续碑传集》，缪荃孙为胡聘之所刻《山右石刻丛编》，为吴重熹所刻《山左人词》，为沈曾植所刻《至元嘉禾志》、《澂水志》，为张钧衡所刻的《适园丛书》中的《千顷堂书目》等均出于李贻和手。”②因此，缪荃孙不仅为结一庐丛书做了大量的补辑、校勘工作，还负责了刻字、印刷的全部工序，直到光绪三十二年丙午岁是书印成。可见其对这一丛书的重视是自始至终的。

① 参见朱玉麒《宋刻张说集残抄本流传考》相关论述。

② 杨洪升：《缪荃孙研究》，354 页，上海，上海古籍出版社，2008。

　　当然，缪荃孙只是替藏书家的同道代为执行了这一刻书工作，丛书背后真正的支持者，就是在《张说之文集》的引首页上显示的"光绪乙巳仁和朱氏刊"，以及二十五卷后的校跋中提及的出示底本的"仁和朱子涵观察"。又据缪氏《云自在龛随笔》卷三："《张说之集》，伍氏龙池草堂本，刻自嘉靖间。四库从《大典》钞补五卷。朱子涵刻之。"①则朱子涵为刊刻者自无疑问，故傅增湘（1872—1949）《影宋本张说之文集跋》径称"昔缪艺风前辈为朱子涵校刊此集"②，其在当时，对于这一刻书过程是非常清楚的，而朱子涵为何人，亦不必专事介绍。

　　但后世数种有影响的书目记载却有发生讹误者。例如，孙殿起《贩书偶记》卷一八朱学勤"《结一庐遗文》二卷"条下，注曰："学勤辑有《结一庐丛书》。"③《续修四库全书提要》所记《结一庐丛书》辑者同。《中国丛书综录·总目》则作"朱澂辑"④。今考朱学勤卒于光绪八年正月初十，生前并未刊刻任何丛书，将结一庐丛书归其名下显然是错误的。其长子朱澂亦号结一庐主人，但同样在结一庐丛书刊刻之前的光绪十六年去世，所以丛书也不能归诸朱澂名下。刊刻者应如缪荃孙所记，为朱学勤次子、朱澂之弟朱潜，特以其名为父、兄所掩，遂使后人竟不能确解子涵为谁何，而以结一庐剩余丛书误归其父兄。

　　但探寻其刊刻的原委，似乎朱学勤在世时便已有动议。这是我们前引缪荃孙《朱修伯大理结一庐文集序》所云："（子涵）一日持汲古阁抄本《金石录》，张燕公、刘宾客、司空表圣三唐人文集明抄本，中多夹签，皆先生（朱学勤）手校欲梓者。"可见结一庐丛书本是在朱氏两代人的努力下，最终通过缪荃孙的精心校勘而完成的。

---

　　① 缪荃孙：《缪荃孙全集·笔记》，36页，南京，凤凰出版社，2013。其言"四库从《大典》钞补五卷"，误，参见朱玉麒《〈张燕公集〉的阁本与殿本》所作辨析。

　　② 傅增湘：《影宋本张说之文集跋》，《藏园群书题记》卷十一，576页，上海，上海古籍出版社，1989。

　　③ 孙殿起：《贩书偶记》，495页，北京，中华书局，1959。

　　④ 上海图书馆：《中国丛书综录》，237页，上海，上海古籍出版社，1986。

二、结一庐本《张说之文集》的版刻特点与底本来源

结一庐本《张说之文集》共五册，黑口，左右双阑，半页十一行，每行二十一字，每页右下方阑外均刻有"结一庐朱氏剩余丛书"字样。卷首引页篆书题"重刻明钞张说之文集廿五卷补遗五卷"并隶书小字"光绪乙巳仁和朱氏刊"。又一页 A 面印"明绵纸钞本二十卷"一行并摹刻知圣道斋本彭元瑞跋语二则，及"南昌彭氏""知圣道斋藏书""遇者善读"三印；B 面印"明竹纸钞本二十五卷"一行，并有伍德后记，记下复摹刻"甲戌进士""拂水山樵"二印，这是吴重熹旧藏明钞《张说之文集》二十五卷本的首页。因此这一页实际上是对所用两种底本书影式的介绍。紧接的内容为张九龄撰张说墓志，然后便是二十五卷文集本文。与以往文集不同的是没有总目，但每卷均有卷前目与正文相连。二十五卷末，又有伍德后记，并接缪荃孙《〈张说之文集〉跋》。其后复有补遗五卷。

结一庐本《张说之文集》的底本来历，缪荃孙《〈张说之文集〉跋》交代得很清楚，其云：

> 仁和朱子涵观察出示所藏彭文勤公本，钞极旧，惜止廿卷，再据吴仲怿侍郎明钞本互补以成全璧。今前廿卷用彭本；后五卷用吴本，聊存旧式，而退诸书拾补者另编五卷，似可复卅卷之旧。

由上可知该书实际使用了三个底本：前二十卷用朱学勤得自彭元瑞散出的知圣道斋影宋钞本[1]；后五卷则由缪荃孙借吴重熹藏影明钞本补足（见图 2）；补遗五卷的内容，则从聚珍版《张燕公集》辑出[2]。

---

[1] 知圣道斋本《张说之集》的研究，参见朱玉麒《宋刻张说集残抄本流传考》相关论述。

[2] 聚珍版《张燕公集》的版本情况，参见朱玉麒《〈张燕公集〉的阁本与殿本》相关论述。

图 2　结一庐本《张说之文集》前二十五卷书影

三、结一庐本《张说之文集》的增补及流传

结一庐本《张说之文集》因为有了良好的底本和精细的校勘，所以确如缪氏所云："艺苑颇重其书。"概括缪氏的增补特色，主要是影宋本的使用，避免了明刻本在前二十卷出现脱讹、错页等种种弊端；聚珍版的使用，又使后五卷的散佚得到部分弥补（见图 3）；而尽量卷存原貌的校勘方法，则避免了"卷非原次，又删去当时批答及同作，亦未尽善"的聚珍版缺陷。

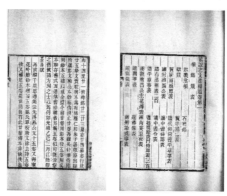

图 3　结一庐本《张说之文集》补遗五卷及缪荃孙题跋书影

但该书的增补也有偶然的失误。第一，增补篇数重出及误收。《石桥铭（玉梁）》一文，已见卷二（题作《奉和石桥铭应制》），补遗卷一又复增

补；《故太子少傅苏公碑铭》已见卷一四，补遗卷四又以《太子少傅苏君神
道碑铭》为题补入；无名氏的《谢赐药表（臣某）》收入补遗卷一，则是沿袭
了聚珍版的错误。

第二，增删他人作品不合其例。收入他人唱和、批答、合作，是《张
说之文集》宋刻便有的特色。以诗为例，前十卷的诗集部分，除卷五、卷
十外，均附有他人唱和。但这种附录，也有一定的原则，如在前四卷的
宫廷唱和作品中，以玄宗为中心，则仅收入玄宗与张说两人的作品（如卷
二《喜雪》）；以张说首倡或以之为中心，则尽数收入他人唱和（如卷四《扈
从南出雀鼠谷》《将赴朔方军应制》）。按照这样的原则，自然也有遗漏，
笔者曾据《文苑英华》等进行过补遗，这些内容已收入整理后的《张说之文
集》中，今为醒目起见，将增补的他人之作附表 1 于下：

表 1　结一庐本《张说之文集》增补他人之作

卷数	原 作	增补他人作品	增补来源
1	张说《江上愁心赋寄赵子》，岳州作	赵冬曦《谢燕公江上愁心赋》	《文苑英华》卷 91
1	张说《奉和登骊山瞩眺》	唐中宗《登骊山高顶寓目》	《文苑英华》卷 170
4	唐玄宗《送张说集贤上学士》	徐坚《赋得虚字》	《文苑英华》卷 168
4	同上	褚琇《赋得风字》	同上
4	张说《恩赐乐游园宴》	苏颋《同前》	《文苑英华》卷 175
5	张说《恩制赐食于丽正书院宴林字》	唐玄宗《批答》《答赞》	《大唐新语》卷 8
14	张说《故太子少傅苏公碑铭》	卢藏用序	《文苑英华》卷 883

结一庐本的补遗忽视了这种内在规定性，如在卷三唐玄宗《早登太行
山中言志》与张说的奉和诗下加入了苗晋卿的一首同题奉和作，显然就有
违体例。因为如果按照这样的增补，那么，不仅这同一题下还可以补入
张嘉贞、张九龄、苏颋三篇（据《文苑英华》卷一七一），而且如卷一《奉和

春日幸望春宫》、卷三《奉和途经华岳应制》等诗，均可补入数量相当可观的他人唱和作品，这无疑是增补者偶然翻检唐诗所得，而缺乏具有统一体例的增补规范。相反，对原来附入的作品，反倒未能一概保留，如卷二五《故吏部侍郎元公碑铭》，宋本即有崔湜撰序，在该本中却被增补者删除。

第三，对作品的判断亦有讹误者，如卷二二《凤阁尹舍人父墓志铭》《子曲阿令志铭》两篇。整理者将后者以附录的格式处理，当作曲阿令为其父所撰铭文，合二为一，显然也坐实了明刻以来的标题含混处；补遗卷一《起义堂颂》、卷四《邠王府长史阴府君碑铭》，序分别为唐玄宗、张均所撰，增补据聚珍版收入而未经判别，误作张说。

第四，一些诗题据聚珍版径改，如卷一《应制登骊山写眺》作《幸白鹿观应制》，卷三《幸凤泉汤》作《幸凤汤泉》，《宿直温泉宫羽林献诗》作《直宿温泉宫羽林献诗》。前一篇虽然改变后更合当时应制唱和内容，但径改而不出注，有违其连卷次亦保存原版的宗旨。后两篇的颠倒实际上是聚珍版的错误，整理者的这种沿袭，显然也令人怀疑其遵循底本的程度。

此外，未能使用嘉庆十九年（1814）即已编就的《全唐文》增补更多的散佚作品，也不能不算是一种遗憾。①

结一庐剩余丛书的版刻后来为吴兴藏书家刘承干（1881—1963）所得，于民国七年（1918）以"嘉业堂丛书"的名义再次重印传世。其间有少许的改动，一是删除了作为书影的彭元瑞跋和吴重熹旧藏明钞本的首页伍德后记与钤印，以及张九龄所作张说墓志；二是将缪荃孙《〈张说之文集〉跋》由第二十五卷后移置于全书最后的补遗卷五之后。其余均仍为其旧。1963年，上海古籍书店有重印本，似又恢复了原来的顺序；20世纪80年代，北京和台北又分别影印了结一庐剩余丛书本和衍生的嘉业堂丛书本。②

---

① 除了聚珍版《张燕公集》中增补的文章，《全唐文》又多补出了二十篇作品。参见朱玉麒：《张说作品在〈全唐诗〉〈全唐文〉系统中的辑佚研究》相关论述。

② 《张说之文集》二十五卷、补遗五卷，1982年北京文物出版社影印《嘉业堂丛书》本；1989年台北新文丰公司影印《结一庐剩余丛书本》。参见朱玉麒：《张说诗文重出误收考》，《文教资料》，2000（3）。

清代戏曲《离骚影》作者考[①]

北京师范大学　　杜桂萍

　　清中期戏曲作品《离骚影》共一卷八出，现存清中叶正气楼刻本。剧写屈原死后被上帝封为水神，巡视湖湘，发现下界有一女子投江而死。系因遭遇盗贼而不屈，自尽于三闾祠前，并书血诗于襟以明志。武陵乡绅感其节义，为之树碑立传；当地山神受屈原之命，助其成冢。后事迹载入县志，并感动天庭。作者自署"楚客"，友人任鉴《题辞》称其为"大庾钝夫"。最早记载该剧的当代曲籍，乃1989年出版的《中国古典戏曲序跋汇编》。该书按人系目，在"钝夫"名下释曰："姓、名、生卒年未详，自署楚客。江西大庾人。"[②]八年后，同年问世的三部重要曲著，除《中国曲学大辞典》未予涉及外，《明清传奇综录》和《古本戏曲剧目提要》分别介绍："钝夫，姓名未详，号楚客。大庾（今属江西）人。生平未详。所撰传奇《离骚影》，今存……未见著录"[③]；"《离骚影》，楚客撰。作者姓名、生平事迹不详。未见著录"[④]。当代学者中对清人戏曲家考证较有建树的邓长风先生，或云作者为"钝夫"，或云作者为"楚客（钝夫）"，亦无定论。该剧虽为刻本，传世极稀。现主要以其卷首之序跋题词等资料为线索，对该剧作者姓名、生平及《离骚影》相关问题给予考证。

① 基金项目：国家社会科学基金一般项目"明清戏曲宗元研究"项目编号11BZW061。

② 蔡毅：《中国古典戏曲序跋汇编》，1880页，济南，齐鲁书社，1989。
③ 郭英德：《明清传奇综录》下册，1172页，石家庄，河北教育出版社，1997。
④ 李修生等：《古本戏曲剧目提要》，753页，北京，文化艺术出版社，1997。

一、作者"大庾钝夫"即杨宗岱

《离骚影》刻本前后分别有任鉴、王澍、龙轩、赵孝英所撰序跋题辞，另有十五人题诗，以及所附《烈女无名氏传》与传说的烈女原诗之和作十首。对于作者是谁，有关文字或似乎不详其人，或欲言又止。例如，"洛神空榻十三行，氏署无名翠墨香"（朱鹤年）；"人间院本无名氏，胜似江东玉管传"（杨泳）；"巴渝解劝使君歌，小拍红牙唤奈何。忏尽绮言还度曲，宰官身现说维摩"（周大澍）；"乃独来橡笔，览乘据皋比。哦诗传骚影，志逆意得之……此后千载下，先生果伊谁"（张世法）。唯卷首"荆溪"任鉴之《题辞》尚有值得深究的线索："癸丑夏，大庾钝夫先生掌教朗江，演其事，作《离骚影》杂剧示余，显微阐幽，功莫巨焉。"癸丑为乾隆五十八年（1793）；荆溪和大庾均为旧县名，前者民国元年并入江苏宜兴县（今为市），后者位于江西省西南端，居章江西源，庾岭北麓，1957 年改名为大余；掌教朗江，指在朗江书院任山长。根据任鉴的这段话，可判断"钝夫"为《离骚影》作者无疑。翻检有关常用工具书，清代文人至少有八位字号"钝夫"者①，却无一人籍贯江西，"大庾钝夫"的踪迹更是无从查寻。但荆溪任鉴的任职地点以及朗江书院的地域所在，均与湖南常德府治所在地武陵有关：

> 任鉴，字道徽，师墅次子。国子监生，以四库馆誊录期满，捐授大理寺评事，循资授湖南常德府通判……乾隆甲寅，苗匪滋事。抚军姜晟督兵过之，以鉴为能，令随营办事，既而调署永绥同知。②
> 朗江书院，在湖南常德。清乾隆十年（1745）知府董思恭改城西育婴废馆建，工未竣而去。十五年知府雷畅与武陵知县李际隆捐资

---

① 杨廷福、杨同甫：《清人室名别称字号索引》增补本，515、844 页，上海，上海古籍出版社，2001。

② 《续纂宜荆县志》卷七之三《治绩》，道光二十年（1840）刻本。

改建……士绅捐银 8750 两发典生息，年收银 1050 两供经费。①

前则史料所谓"乾隆甲寅"，乃乾隆五十九年（1794），足证任鉴为《离骚影》题词时官湖南常德府通判。后则数据提供的"历任山长"十三人"皆湖南名进士"的信息，不免令人沮丧，但据有关方志编写的这一词条对"武陵"知县参与建院的记载，却透露了朗江书院地址当在常德府治所在地武陵县（即今常德市）。翻检《常德府志》和《武陵县志》，果然有朗江书院的确切记载："在府学后，前抵火星池庙隅，后抵丹桂坊街，左抵横街，右抵詹姓砖墙。"②这就进一步证明了书院位于武陵县城内而非常德府下属之其他各县。此外，在与常德和武陵有关的诗文中，发现两条重要资料：一是名为《朗江晴游灵枢宫循府河驿路入忠义祠小憩》的七律诗，作者"杨宗岱，大庾人"③，似乎与郎江书院有关；另一是题为《烈女无名氏传》的文章，格外引人注目，因该文与《离骚影》卷首所附《烈女无名氏传》不仅篇名相同，文字亦无大异（仅缺"而不管人吊否""金曰诺"及结尾"论曰"一段），其重要性不言而喻。尤其是，县志中的《烈女无名氏传》明署作者为"杨宗岱大庾"④。据此，可初步将《离骚影》作者"大庾钝夫"与大庾杨宗岱联系到一起。

那么，这位撰写了剧本主角某烈女传记的姓杨名宗岱的大庾人士，是否就是字号钝夫的《离骚影》作者呢？尚不能最后确定。因为还存在着钝夫先生执教朗江书院时，从家乡聘请助手，并将其所撰传记敷衍为剧的可能。但是，至少可以尝试翻检《大庾县志》了。

作为江西偏陬小县的大庾，历代文化名人较少，以至清修方志，于人物传只设"乡贤"和"列女"两类。在前类中，杨宗岱传赫然在目：

---

① 季啸风：《中国书院辞典》，217 页，杭州，浙江教育出版社，1996。
② 《武陵县志》卷二二《学校志·书院》，同治二年（1863）刻本。
③ 《常德文征》卷七"七言律"，《常德府志》附录，嘉庆十八年（1813）刻本。
④ 《武陵县志》卷四七《艺文志》，同治二年（1863）刻本。

> 杨宗岱，原名生鲁，垣孙。幼敦朴，有祖风，能继承家学。比
> 长，博极群书，为邑里所推服。乾隆己卯举于乡，癸未成进士，授
> 四川井研知县。①

此传没有交代传主字号及其他履历，尽管原名"生鲁"②以及"敦朴"之性，让人不免产生关于其名与字（号）"钝夫"之间意义关系的联想，但仍不能决然认定钝夫就是杨宗岱。好在此传提供了一条新线索，即其曾任四川资州井研（今属乐山市辖）知县。果然，在《井研县志》中，豁然呈现着这样的记载："杨宗岱，字钝夫"③；"公讳宗岱，号钝夫"④；"丁酉冬大庾杨宗岱钝夫氏笔"⑤。尽管存在着"钝夫"究竟是字是号的记载出入，但《离骚影》作者乃江西大庾县之杨宗岱，足以成为定论。至于"楚客"，或是一临时之称谓，即做客于楚地之人也。

绾结以上思路，由任鉴云云发现常德方志著录大庾杨宗岱至为重要，由此方在其本邑方志中找到曾任井研知县的线索；一旦明此，"大庾钝夫"与杨宗岱的等号即很容易划出。至于《武陵县志》之署名《烈女无名氏传》，虽为锦上添花的佐证，然缺之亦无妨正确结论的得出。

二、杨宗岱生平概况

确定"大庾钝夫"姓杨名宗岱，一些有关杨宗岱、杨钝夫的记载即可陆续入眼，为我所用。以下综合各类文献，简要描述戏曲作家杨宗岱的生平事迹。

---

① 《大庾县志》卷十二《乡贤》，咸丰元年（1851）刻本。

② 按：鲁，即迟钝。鲁、钝经常连用。《礼记·檀弓下》"容居，鲁人也"，郑玄注曰："鲁，鲁钝也。"

③ 《井研县志》卷五《国朝知县·宦绩》，嘉庆元年（1796）刻本。

④ 〔清〕雷翀霄：《邑侯杨钝夫寿序》，《井研县志》卷十《艺文·中》，嘉庆元年（1796）刻本。

⑤ 〔清〕杨宗岱：《振衣堂跋》，《井研县志》卷十《艺文·下》。

　　杨宗岱，原名生鲁，字号钝夫，江西南安府大庾县（今赣州市辖大余县）人，"体瘦神清，美须眉，双目炯炯，望之俨然"①。祖垣，字紫南，号少微，康熙五十九年（1720）举人，乾隆初年任本县道源书院山长两年，"勤训迪，严考校，课艺初集，皆出手订"；"食贫不干，舌耕所得，承欢甘旨之余，购书满室，是故根柢盘深者"②；父树敏，"学贯古今"，号亦圃先生，"公其长君也"③，以子宗岱贵"赠文林郎"④，卒于乾隆四十三年（1778）；母朱氏，该年七十六岁尚在世⑤，故应生于康熙四十二年（1703），其父之年当仿佛。

　　杨宗岱生卒不详。其官员履历云乾隆三十八年（1773）四十三岁⑥，即生于雍正九年（1731）。此年其母二十九岁。如履历生年确实，则二十九岁为举人，三十三岁中进士，此乃春风得意之事，可惜时人有关文字并未涉及。按照清代科举和仕宦履历自述生年往往较实年为小的实际情形，如同为戏曲家的杨潮观乾隆二十九年（1764）五十五岁⑦，其该年谒选履历竟先后有五十二、五十一岁两种呈文；桂馥嘉庆元年（1796）已六十一岁，履历却少写了十岁⑧。所以也存在杨宗岱生于较雍正九年更早时间的可能。

　　乾隆十三年（1748）前，杨宗岱依然名生鲁，尚未取得生员资格。时

　　①　〔清〕雷翀霄：《邑侯杨钝夫寿序》，《井研县志》卷十《艺文·中》，嘉庆元年（1796）刻本。

　　②　〔清〕游绍安：《杨孝廉小记》《重建道源书院记》，《四库全书存目丛书》，影印《涵有堂稿文集》稿本。按：《南安府大庾县志》卷十三《乡贤》杨垣传据"小记"编写，乾隆十三年（1748）刻本。

　　③　〔清〕雷翀霄：《邑侯杨钝夫寿序》，《井研县志》卷十《艺文·中》，嘉庆元年（1796）刻本。

　　④　《大庾县志》卷十一《选举·赠荫》，咸丰元年（1851）刻本。

　　⑤　〔清〕雷翀霄：《寄祝邑侯杨公太母朱孺人七十六寿》，《井研县志》卷十《艺文·中》，嘉庆元年（1796）刻本。

　　⑥　秦国经：《清代官员履历档案全编》第 20 册，323 页，上海，华东师范大学出版社，1997。

　　⑦　赵山林：《杨潮观年谱》，《中国古典戏剧论稿》，284 页，合肥，安徽文艺出版社，1998。

　　⑧　秦国经：《清代官员履历档案全编》第 19 册，66、74 页，第 23 册，308 页，上海，华东师范大学出版社，1997。

任南安知府的游绍安为大庾知县余光璧"修志呈稿"所撰杨垣小传云:"孙生鲁,余首录童子军。"①《大庾县志》乾隆十三年成书,可见之前仅为童生。游知府于乾隆十四年致仕②,生鲁撰《送郡伯游公心水致仕》五古诗③,此为杨宗岱现存时间可考的最早创作。

杨宗岱为乾隆二十四年(1759)己卯举人,时已易今名④;乾隆二十八年癸未科中进士,试后返家⑤。此后数年间,一直往来于家乡与广东之间:"忆子少年时,才名早惊众。金门虽得上,犹未免饥冻。"⑥可见当时之境况。他的交往关系尚不十分清晰,有学者云:"明清仕途中人,最重乡、会试的师生和同年之谊。"⑦杨宗岱当亦如此。下举二人,乃与之有师生之谊者。

一为翁方纲(1733—1818)。字正三,号覃溪,直隶大兴(今北京)人。乾隆十七年(1752)进士,曾以编修任己卯科江西乡试副主考,以中允任癸未科会试同考官,乃杨宗岱乡、会试之恩师;乾隆二十九年至三十五年以翰林侍读学士任广东学政⑧,宗岱似于此际入其幕⑨。乾隆三十二年(1767)翁方纲著《粤东金石志》,宗岱"诺为作序"⑩;岁暮,其在南雄主

---

① 〔清〕游绍安:《杨孝廉小记》,《四库全书存目丛书》,影印《涵有堂稿文集》稿本。

② 《南安府志》卷七《秩官·郡秩》,乾隆三十三年(1768)刻本。

③ 《大庾县续志》卷二《艺文》,咸丰元年(1851)刻本。

④ 《大庾县续志》卷一《乡举》,咸丰元年(1851)刻本。

⑤ 〔清〕翁方纲:《潮州试院检旧稿得癸未送杨钝夫南归诗……》,《复初斋集外诗》卷三,民国六年(1917)嘉业堂刻本。

⑥ 〔清〕翁方纲:《钝夫将归大庾分韵志别送字》,《复初斋集外诗》卷四。

⑦ 陆林:《文学史研究进入"过程"的创获与艰难》,《知非集:元明清文学与文献论稿》,459页,合肥,黄山书社,2006。

⑧ 〔清〕法式善:《清秘述闻》,《清秘述闻三种》,200、372、474页,北京,中华书局,1982。

⑨ 按:仅乾隆三十年翁方纲便撰《钝夫用苏文忠合江楼韵赠雨三……》(作于惠州)、《潮州试院检旧稿得癸未送杨钝夫南归诗……》、《韶州试院同钝夫读苏诗补注》等诗,《复初斋集外诗》卷三。当是翁氏以学政身份为各府巡回主持考试时,宗岱随行而作。

⑩ 〔清〕翁方纲:《仲冬送杨琴研养屙归大庾兼寄令兄钝夫二首》之二末注,《复初斋诗集》卷四,道光二十六年(1846)刻本。按:乾隆三十六年刻本《粤东金石志》无杨序,仅有翁氏自序。

持考试，宗岱自家乡来访，两人为彻夜之谈："容易寒窗成一宿，不辞坐待月勾斜。"①次年（1768）秋，宗岱去广东惠州惠阳书院（在府治西湖永福寺右，后名丰湖书院）任山长，应该与身为学政的老师的推荐有关②，十月中旬翁方纲即视察惠州，与宗岱作诗游览③。书院山长对人选颇有要求，待遇亦不薄：

> 掌院老师，须择两榜品学兼优者，听绅士公议，禀本府出名聘请。每年送束修三百两、火食银八十两，聘金、赘见及三节，每次送银四两，共支银四百两。④

杨宗岱为进士出身，其祖杨垣又经理过道源书院，学识水平和管理经验应不缺乏。此次掌教惠州时间长短不详，至乾隆三十五年（1770）似已家居。⑤此年冬，翁方纲结束了八年之久的广东学政职任，在返回京师路经门生家乡时，曾赋诗珍重告别："洪澜千万里，伫汝俟汝至。"⑥期盼不久的将来再见于京城。果然，次年春杨宗岱再次入京谒选，惜无收获。

另一为德保（1719—1789）。字仲容，号定圃，满洲正白旗人。乾隆二年（1737）进士，癸未科以礼部侍郎任会试副主考，乾隆三十年又以吏部侍郎任江西乡试主考⑦。宗岱"受知于少宰大中丞长白德定圃先生"，其缘当在此时。后来，"德公抚粤，延公佐埋。久之，以两亲春秋高，辞

---

① 〔清〕翁方纲：《岁暮南雄试竣钝夫自大庾来访》，《复初斋诗集》卷四。

② 〔清〕翁方纲：《送杨钝夫掌教惠州书院得"日"字》，《复初斋诗集》卷五。

③ 〔清〕翁方纲：《十月十五日游惠州西湖》之二，《复初斋集外诗》卷六。按：诗末注曰："惠阳书院，同钝夫分韵得'居'字。"

④ 《惠州府志》卷十《经政·书院》，光绪七年（1881）刻本。按：这一标准，大约相当于中等知县的年俸加养廉银的半数。

⑤ 〔清〕翁方纲：《岁暮南雄试竣钝夫自大庾过访……》，《复初斋集外诗》卷七。按：下年按试惠州时，已无与宗岱交往诗。

⑥ 〔清〕翁方纲：《过大庾留别钝夫借昔用黄诗韵二首》，《复初斋诗集》卷九。

⑦ 〔清〕法式善：《清秘述闻》，《清秘述闻三种》，217、219页，北京，中华书局，1982。

之。荐掌南雄郡学：雄距大庾密迩，嘉公孝也"①。德保出任广东巡抚的时间是乾隆三十四年至四十年（1769—1775）。②郡学即府学，为官设府级学校，长官为教授、训导，负责本府生员学习事宜。宗岱为进士，所荐当是南雄府学教授。南雄府位于广东北部，与江西南安府接壤，嘉庆十一年（1806）后降府为直隶州，治所保昌县（今南雄市）与大庾县以岭为界，分居南北。有关方志于乾隆三十一年至四十年之间缺署此职人名③，故宗岱任职的具体时间暂无从查考，或者在三十七年（1772）前后。其与南雄府之关系，今仅能从所作七言古诗《张文献公遗像吴道子画》中略得端倪，其"寒日荒祠荐野蕨"④句，应是瞻仰张九龄祠时所作。唐代张九龄谥文献，韶州始兴（今广东省韶关市始兴县清化石头塘村）人。该县时为南雄府所辖两县之一，另一为保昌县。

乾隆三十八年（1773）春，杨宗岱至京铨选，寓居惠州会馆。翁方纲有诗欢迎弟子的到来：

> 信誓盟言未肯寒，洞天裁报碧琅玕。夜来四百峰头梦，犹作丰湖讲院看。⑤

这首诗既呼应了两年前辞别大庾时的师生约定，又回忆了宗岱在惠州书院时的经历。十月，杨宗岱掣得广西柳州府来宾县知县缺，"未赴，值川督请员，公挑入蜀，初摄绵竹令"⑥，改赴四川。年末起行，途中有恙，次年春方到任。翁方纲书信手卷云：

---

① 〔清〕雷翀霄：《邑侯杨钝夫寿序》，《井研县志》卷十《艺文·中》，嘉庆元年（1796）刻本。

② 钱实甫：《清代职官年表》第 2 册，1620～1626 页，北京，中华书局，1980。

③ 《南雄直隶州志》卷四《职官·教授》，道光四年（1824）刻本。

④ 《大庾县续志》卷二《艺文》，咸丰元年（1851）刻本。

⑤ 〔清〕翁方纲：《钝夫谒选来京僦居惠州馆题其壁二首》之二，《复初斋诗集》卷十。按：诗末有注云："惠州西湖，一名丰湖，钝夫尝主湖上书院。"

⑥ 〔清〕雷翀霄：《邑侯杨钝夫寿序》，《井研县志》卷十《艺文·中》，嘉庆元年（1796）刻本。

> 自去年送别后，无日不心关行色。正月杪，忽见姜姓长随说年
> 兄于途中有恙，辄怦怦不自安……今年四月，始接到川后之手字，
> 知现署绵竹，一切放心矣！

由信中说到"谢蕴山三月到扬州府任"①一句，知写于乾隆三十九年
(1774)。

据方志载，绵竹知县"乾隆三十九年署，杨宗岱(邑令)；乾隆三十九
年任，柴蓁(邑令)"②。可知此次任职时间不长，便改事他务："大吏知
其贤，檄公综核报销局事。"③乾隆四十年(1775)十月，在县西郊主持修
葺诸葛亮墓地，撰《重修诸葛墓记》④；次年八月，与进士同年陈燮(时任
川东兵备道)、吴省钦(时任四川学政)等游成都武侯祠⑤。乾隆四十二年
"丁酉秋九月"，资州井研"缺员且多事，大吏奏公补授"知县。⑥ 在蜀五
年，杨宗岱终于获得了中进士十四年以来的第一个"简缺"小县实授。尽
管时人"多以邑小而贫，不足以酬功，为公惜"，可他却"清介勤敏"，对
有关亲民理政的诸多活动投入了极大热情：

> 清介勤敏，新设养济院，创建龙神祠，厘正关帝庙田地界址。
> 莅任一载，百废俱兴。尤工诗文。以忧去，邑人思之。⑦

---

① 谢启昆(1737—1802)，字蕴山，乾隆二十五年进士，江西南康人，与杨宗岱同府。
乾隆三十九年任扬州知府。

② 《直隶绵州志》卷三四《职官志·绵竹县》，嘉庆十八年(1813)刻本。按：嘉庆十八年
《绵竹县志》卷二五《职官》云其乾隆"三十八年实授"绵竹知县，不确。

③ 〔清〕雷翀霄：《邑侯杨钝夫寿序》，《井研县志》卷十《艺文·中》，嘉庆元年(1796)
刻本。

④ 《绵竹县志》卷三七《艺文》，道光二十九年(1849)刻本。

⑤ 〔清〕吴省钦：《陈和轩招同杨钝夫……集城南武侯祠精舍》，《白华诗钞·里区集
四》，清刻本。

⑥ 〔清〕雷翀霄：《邑侯杨钝夫寿序》，《井研县志》卷十《艺文·中》，嘉庆元年(1796)刻
本。参见《井研县志》卷五《国朝知县·国朝知县》；《资州直隶州志》卷十一《官师志·井研
县》，嘉庆二十年(1815)刻本。

⑦ 《井研县志》卷五《国朝知县·宦绩》，嘉庆元年(1796)刻本。

　　　授四川井研知县。廉敏有声，凡民间利弊，兴革俱宜。民德之，
为立祠以祭。①

　　邑人对他的回报，则是离任后的"立祠以祭"。乾隆四十三年（1778）十二
月，乃宗岱父树敏的寿辰，"群欲跻彼公堂奉觞上寿，而庾岭传来云靷仙
去"，即因丁忧而回籍。在井研任上，撰《振衣堂跋》（四十二年冬）、《武
庙旧额田产碑记》（次年正月）、《修建井镬山龙神祠碑记》《建立义冢记》等
文，有《千佛岩》《县斋》《偶出》《香光阁千佛山樵别墅》《千佛寺避暑晓行过
香光阁池莲盛开命折数朵携至佛屋》《福泉寺》《书舫》《餐霞洞》《镇江寺》等
诗作②，此县志云其"尤工诗文"之谓也。诗题所涉"千佛山樵"，乃当地
乡绅雷翀霄（1729—1793）之号。雷翀霄，字雷峰，乾隆三十一年进士，
以编修归乡。与宗岱为友，所撰《寄祝邑侯杨公太母朱夫人七十六寿》《邑
侯杨钝夫寿序》，为研究杨氏此前生平提供了重要文献。
　　乾隆五十年（1785）春，宗岱已至京③，或为丁忧后谋求新职。同年
秋赴湖南，翁方纲将友人画苏轼诗意图送之："与君结得庾岭缘，赠君携
往湖南去。"④五十三年正月初七，宗岱为浙江嘉善友人浦铣所编《历代赋
话》撰序。该书卷首有四序："戊申五月，随园老人袁枚序""乾隆强圉协
洽元月九日，仁和孙士毅序""乾隆戊申人日，大庾世弟杨宗岱序"和"乾
隆阏逢涒滩辜月朔，浦铣柳愚序"。分别写于乾隆五十三年五月、五十二
年元月、五十三年元月和二十九年十一月。有学者考证袁枚为浦铣写序
的缘由时云："乾隆四十六年（1781），曾应楚南某中丞（当为孙士毅）之
聘，主讲粤西秀峰书院。五十三年返归故里。同年至金陵赴袁枚之约，

---

①　《大庾县志》卷十二《乡贤》，咸丰元年（1851）刻本。
②　《井研县志》卷十《艺文》，嘉庆元年（1796）刻本。
③　〔清〕翁方纲：《钝夫置酒送镇堂之济南席上次镇堂和蕴斋二诗韵》，《复初斋诗集》卷
三十。按：诗乃此年正月撰。
④　〔清〕翁方纲：《徐潭族子为予画坡书蔡诗天际乌云含雨重楼前红日照山明二句诗意
并绘坡公像于其上钝夫见而爱之遂辄以奉赠时钝夫将之湖南因赋诗题于轴以为饯》，《复初斋
诗集》卷三十。按：同卷另有《钝夫来话别同观天际乌云帖题于徐潭画轴之侧五迭前韵》，从
两诗内容看，没有丝毫送其赴任的意思。

携带已完成十余年的《历代赋话》求教，袁枚为之作序。"①限于报纸载文的格式，作者没有交代数据出处。乾隆四十六年广西巡抚有两人，十二月前为仁和姚成烈，后为娄县朱椿。此时仁和孙士毅尚在京任太常寺少卿，次年任山东布政使，乾隆四十八年（1783）任广西巡抚，次年正月调任广东，五十一年至五十四年任两广总督。楚南，指湖南南部永州、郴州，亦泛指湖南，此数人尤其是孙士毅籍贯与任职地皆与之无关。如从浦铣五十三年前后经历寻找线索，为其作序时的杨宗岱当时或亦在两广一带（孙序撰于广州）。

　　乾隆五十八年（1793）夏，杨宗岱已至湖南常德府武陵县朗江书院任山长。此际，他与外界通问甚少，以至同年谢启昆在忆及恩师翁方纲"江西门下士，师许与言诗者"时，曾不无感伤地说："钝夫穷困，不知所之。"②该年，杨宗岱有感于当地烈妇事迹，已撰著戏曲《离骚影》，常德府通判任鉴的题词也完成于此时。次年八月，翁方纲为谢启昆诗集撰序，言及"钝夫以老病远客数千里外"③，可见宗岱仍在湖南，师生音问已稀。乾隆六十年岁末钝夫至京，嘉庆元年（1796）正月初四日，蒙邀参加在宁寿宫皇极殿举行的千叟宴。④ 本日，已退位的乾隆帝由嘉庆帝陪侍，参席者三千余人。据上年十月二十六日圣谕："此次应自七十岁以上准其入宴。"⑤据此，宗岱至迟也为雍正四年（1726）生人。所撰《千叟宴恭纪十首》也是迄今所知关于其最后行迹的创作。宗岱自中年即体弱多病，乾隆三十四年（1769）在广东时曾因病久不作诗⑥，三十八年赴川又"途中有恙"（翁方纲书信手卷），在井研任上，"善病，日常进粥，然鸡鸣即起而

　　①　王英志：《袁枚集外序三篇考释》（一），《光明日报》，2008-5-1。
　　②　〔清〕谢启昆：《七月六日夜梦同覃溪师登岱……》，《树经堂诗初集》卷八，嘉庆刻本。
　　③　〔清〕翁方纲：《谢蕴山诗序》，《复初斋外集·文》卷一。
　　④　〔清〕杨宗岱：《千叟宴恭纪十首》，《大庾县续志》卷二《艺文》，咸丰元年（1851）刻本。按：此诗前另有所作《月正九日皇帝御极恭纪四韵》，嘉庆登基为正月元旦，故"九"必为"元"字形近而讹。
　　⑤　《清实录》第 27 册，930 页，北京，中华书局，1986。
　　⑥　〔清〕翁方纲：《钝夫久不作诗阳山舟中值其病起讽诗数夕却讯》，《复初斋诗集》卷六。

不惜身如此"①。如享年七十余，亦算是高寿了。

　　杨宗岱当时以诗闻名，所著除戏曲《离骚影》外，尚未见专集传世，唯若干零星诗文存于有关方志中。② 翁方纲曾对临川乐钧（1766—1814）评说当代江西诗坛著名诗人，有"杨郎已老吴子少"之句，并注曰："大庾杨钝夫、东乡吴兰雪，予皆尝以莲洋目之。"③以杨宗岱和吴嵩梁（1766—1834）与清初名家吴雯（1644—1704）并称，评价不可谓不高。

三、《离骚影》相关问题献疑

（一）刊刻地点

　　《离骚影》序跋四人，题诗十五人，《和烈女诗原韵》八人，汰去重复，计有二十四人参与题写活动。其中多位与湖南尤其是常德有关，如题跋的四位：王澍跋于"柳叶湖舟次"（湖址在常德古城东北），龙轩即为武陵人，赵孝英为常德龙阳县人，任鉴为常德通判。再如题诗者，周大澍为当时的常德府学训导，文自奎是武陵县学教谕④。此外，"鹤泉张世法"（与宗岱为进士同年）、"荔堂朱怡典"乃湘潭人，"蘅皋孙起楠"为新化人（诗列"湘中七子"），"铁山陈子承"（广东揭阳人）为湖南衡州通判。由此观之，此剧似乎刊刻于常德武陵。尤其是龙轩《跋》所谓"因与同好亟谋锓板，以广其传"云云，更有助于得出这样的推论。但是，各家著录"正气楼刻本"之所谓"正气楼"，并不见于武陵境内，而是坐落于与之甚远的江西大庾县：

　　① 〔清〕雷翀霄：《邑侯杨钝夫寿序》，《井研县志》卷十《艺文·中》，嘉庆元年（1796）刻本。

　　② 咸丰《大庾县续志》卷二《艺文》收录其诗歌二十四题；民国《大庾县志》卷十《艺文》收其《东干居址图记》，卷十一收《魁星赞》两文。《复初斋集外诗》卷三附录其"同作"《雨中游峡山寺和苏文忠韵》）。

　　③ 〔清〕翁方纲：《题乐莲裳莲隐图》，《复初斋诗集》卷四五。按：诗作于乾隆五十八年（1793）。

　　④ 《武陵县志》卷二九《职官志·文职》，同治二年（1863）刻本。

正气楼，在东山直觉寺下。明太守张东海弼为宋刘蒙川瀓建，久废。乾隆十一年，今知府游绍安携县令倡俸捐建。①

无独有偶，杨宗岱的诗歌中不仅有《东山草堂》《东山感旧》等，还有《正气楼怀古》：

小住筼筜谷，山空翠欲浮。碧窗开面面，黄叶落悠悠。石冷泉千尺，风吹月一楼。羁栖留铁汉，司户笑崖州。②

正气楼下的蒙川馆、振衣堂等建筑，杨宗岱亦曾有诗文咏跋。如是，《离骚影》的刊刻地点更可能是在作者的家乡大庾。

(二)刊刻时间

《离骚影》序跋，有明确时间信息的落款是"王澍书后，时癸丑长至"和"乾隆癸丑黄钟月，武陵龙轩跋"，且龙轩还详细交代了修墓、编剧、演出、刊刻的时间顺序：

予自垂髫，习闻郡西郭烈妇古墓，传信传疑，讫无定论。驯至白首，始获睹其诗而倡修其墓。工竣，其事、其诗已有播之乐府、被诸管弦者……因与同好巫谋锓板，以广其传……若事之显晦颠末，详本传题词，兹不复赘。

故有学者认为"可能刻于乾隆五十八年"③，或具体指出"剧当作于是年夏，刻于是年秋"④。黄钟月非为秋季，乃农历十一月，已属霜寒凛冽的仲冬。长至有两说，一即夏至，该年是五月十四日；一为冬至，该年是

---

① 《大庾县志》卷六《建置》，咸丰元年(1851)刻本。
② 〔清〕杨宗岱：《正气楼怀古》，《大庾县续志》卷二《艺文》，咸丰元年(1851)刻本。
③ 李修生等：《古本戏曲剧目提要》，753页，北京，文化艺术出版社，1997。
④ 郭英德：《明清传奇综录》，1173页，石家庄，河北教育出版社，1997。

十一月十九日。此处必指后者，因为王澍之跋"时癸丑长至"之后，尚有"水仙将开，载酒探梅"云云，剧本当已于此前完稿。只是刊刻时间不仅不是秋季，且未必在此年内，甚至可能并非刻于乾隆年间。以下说明理由。

其一，在剧本卷首《和烈女诗原韵》的作者中有"虚谷李如筠"。此人乃宗岱同乡，乾隆五十二年（1787）进士，五十八年在京为翰林编修，五十九年甲寅恩科乡试，被选任为湖南主考官。① 清代各省乡试主考官由进士出身、侍郎以下京堂各官担任，公布名单和领取考题的时间因各省距离远近不同而异，湖南是六月上旬，"出京照例由兵部颁发勘合驰驿，按站而行"，到省之日约在八月初一，"主考住皇华馆或行辕，监临封门"，"禁人出入，关防严密"，初六日入闱，九月初发榜，贡院大门始开放。② 如是，李如筠未出京之前不可能为该剧题诗，即便到长沙省垣后两人相会的时间，也只应在乾隆五十九年（1794）九月之后。在该年六月之前如想请其题词，必须专门派人至京。且不说是否有此必要，仅从该年八月翁方纲在京尚云"钝夫以老病远客数千里外，不狄时通唱酬"，便知无此可能。

其二，剧首题词者另有"野云朱鹤年"和"了缘赵九鼎"。朱鹤年（1764—1844），字野云，号野堂等，江苏泰州人。据阮元所撰其传，此人自幼居乡，工书画，至壮年，家贫无以养亲，遂北上入都，"名噪一时"，后老死京城，"葬永定门外石榴庄"③。"了缘赵九鼎"很可能就是朱鹤年的同乡画家赵九鼎，此人字兰痴，少与杨宗岱同时入都，结交为挚友，杨任职于井研时，曾随之入川，后居京师，乾隆五十五年（1790）献

① 〔清〕法式善：《清秘述闻》卷八，《清秘述闻三种》，298 页，北京，中华书局，1982。

② 商衍鎏：《清代科举考试述录及有关著作》，商志䵺校注，99～102 页，天津，百花文艺出版社，2004。

③ 〔清〕阮元：《野云山人传》，《碑传集补》卷五六，《清代碑传集全编》，1594 页，上海，上海古籍出版社，1987。

画册，钦取第一①，以工画兰竹"供奉内廷"②。朱、赵二人均以画谋生，在乾隆末年不应有甚或毕生都未必有湖南之行，与宗岱见面或接触剧本的地点只能是在名宦显爵云集的京城，时间则应在他赴京参加千叟宴之乾隆六十年末至嘉庆元年初之间。

联系剧本之署"正气楼"刻本，笔者推测具体刊刻时间当在宗岱赴宴返乡后，嘉庆初年的可能性最大。至于龙轩所云"亟谋锓板，以广其传"乃始议之语；"事之显晦颠末，详本传题词"，之后又时有续作题诗。否则，就难以解释为何"武陵龙轩"刻板而署大庾"正气楼"，亦难以理解在乾隆五十八年(1793)四月至十一月间，远在京师的李如筠等如何能为该剧题词了。

(三)剧本体式及构思

关于该剧体式，时人之序跋题词即已莫衷一是。例如，赵孝英跋云："履霜之操、《柏舟》之音，写入传奇如《离骚影》者。"任鉴题辞云："大庾钝夫先生……作《离骚影》杂剧示余。"加之剧本共八出，借用梁廷枏评仲振履《双鸳祠》之语："通体八出，杂剧则太多，传奇又太少。"③这些很容易造成归体的尴尬。故今人蔡毅、郭英德先生视为传奇，李修生等先生视为杂剧，邓长风先生也主张应"入杂剧"，只是认为该剧"题辞或跋语中已明言其为杂剧"④，略嫌草率。有关传奇出数下限和杂剧折数上限之分界，尚有讨论的空间。然就剧作者本心而论测，或许更倾向于杂剧。请看其卷首自撰题词：

生死皆乘化，寓形宇内如逆旅，有何牵挂？难得五更鼾睡美，邻寺晓钟轻打。利诱名牵何时罢，把傀虫儿簸弄煞。叹替人做就衣

---

① 《重修兴化县志》卷八《文苑附录》，咸丰二年(1852)刻本。

② 〔清〕彭蕴璨：《历代画史汇传》卷四八，道光刻本。

③ 中国戏曲研究院：《中国古典戏曲论著集成》第八集，266页，北京，中国戏剧出版社，1959。

④ 邓长风：《明清戏曲家考略续编》，310页，上海，上海古籍出版社，1997。

裳嫁，行自念，吾衰也。何须不应呼牛马。花落花开春料理，黄鹂惯骂。三万六千傀儡场，遮莫疑真疑假。楚人谣处，我歌且烈，传奇怀沙。后赋似蜉蝣，在匪风之下。慷以慨，知音者。

末注："右调【贺新凉】，次清容居士韵。"所谓清容居士"韵"，实指蒋士铨所撰【贺新凉】《自题一片石传奇》词作：

蝶是庄生化，绝冠缨、仰天而笑，闲愁休挂。大抵人生行乐耳，檀板何妨轻打。穷与达、漫漫长夜。呆女痴儿欢笑煞，叹何堪、已老秋娘嫁。须富贵，何时也？十年骑瘦连钱马。经几多、浮云变态，悲歌嫚骂。南郭东方游戏惯，粉墨谁真谁假？吊华屋、荒丘聊且。不见古人何足恨？只文词伎俩斯其下。我本是，伤心者。①

杨宗岱明确将自己剧作的题词写为"次韵"乡贤蒋士铨之剧作题词，不仅昭示其对江西前贤、当代剧作大家蒋士铨在戏曲艺术上的景仰，也透露出这部剧作文体上存在着对《一片石》的有意借鉴——而后者恰为杂剧。

至于创作构思，郭英德先生已指出《离骚影》"作意盖与清蒋士铨《一片石》、《第二碑》杂剧略同"②，即歌颂女子在动乱之际殉节，方式都是投水自尽；死后均是为文人发现遗迹，树碑表彰。但在具体创作方面，有两点体现出杨宗岱经历与思想的特殊性。其一，该剧情节始终穿插着屈原这一历史人物。此盖因作品创作于武陵，该地乃当地人眼中屈原的第二故乡，至明代尚存"屈原巷、招屈亭，盖尝侨寓于此"③。以之为剧中人物，无疑会强化该剧主题及其在当地的艺术感染力。其二，对节义女性的赞扬不仅是乾隆年间戏曲创作的显要主题，杨宗岱本人也十分关注。他写过《王烈妇诗》，歌颂一位"青春二十一"的少妇在"夫死儿夭折"

---

① 〔清〕蒋士铨：《忠雅堂集校笺》，邵海清校，李梦生笺，1809 页，上海，上海古籍出版社，1993。

② 郭英德：《明清传奇综录》，1173 页，石家庄，河北教育出版社，1997。

③ 《常德府志》卷十七《人品志·寓贤》，嘉靖十四年(1535)刻本。

之后绝食而死：

> 恢恢两目瞑，凛凛万古节。吁嗟乎孺人，须眉愧巾帼。此意一较然，天地为动色。轻生薄风云，趣死贪饥渴。裙钗枵腹魂，岂有夷齐激。拟代绝命辞，大书表墓碣。……①

这位"烈妇"因为"妄死有余辜，罪在夫嗣绝"的自尽之举，竟被作者以万古节、天地色、风云气等词汇极力颂扬，读之真令人有不寒而栗之感，不禁联想到《儒林外史》中腐儒王玉辉鼓励女儿自杀殉夫，说是"青史上留名的事"（第四十八回）。只是同一时代的吴敬梓与杨宗岱对待类似事件时态度上的天壤之别，又提醒后人在评价类似人文现象时实不可一概而论。结尾"湘江风雨多，泪染丛篁血"两句，进一步证明此诗作于湖南，再次为后人理解《离骚影》杂剧创作的社会和思想背景，提供了特殊的文献佐证。

（原载于《文学遗产》2010 年第 5 期）

---

① 〔清〕杨宗岱：《王烈妇诗》，《大庾县续志》卷二《艺文》，咸丰元年（1851）刻本。

论清代词学中的"自批评"

福建师范大学　　欧明俊

　　此处用狭义文学"批评"概念，"批评"是指对具体作家作品的评论。一般论文学"批评"，多指"他批评"，批评者是"专业评论家"，而不是作者本人。"自批评"是对自己和己作的批评，与"专业评论家"以他人作品为对象的"他批评"以及两人或两人以上的相互或交互批评的"互批评"，构成三维关系。学界长期以来通行的基本上是单维度的批评，即重视"他批评"，轻视甚至忽视"自批评""互批评"。"自批评"应是整个古代文论研究的重要议题，极有学术价值，可开拓古代文论研究的新领域，完善体系。视角更新，必然带来学术创新。兹事体大，一篇小文不可能完全解决问题，兹专论清代词学中的"自批评"，以当引玉之砖。清代是词学史的"集大成"时代，"自批评"是清代词学的重要组成部分，可惜长期以来基本上被学界忽视。将词学批评史仅仅理解为"专业词论家"对词人词作的批评史，是对词人的不尊重，也是对词学史"原生态"的轻视。

一

　　"自批评"最早出现于诗、文理论中。词学史上现存最早的"自批评"，是中唐刘禹锡《忆江南》词原题："和乐天春词，依《忆江南》曲拍为句。"①

---

　　① 〔唐〕刘禹锡：《刘禹锡集》第 34 卷，495 页，北京，中华书局，1990。

说明己作是依曲拍填词，可见词体"原生态"。宋代词人有不少"自批评"，晏几道《〈小山词〉自序》是词学史上较早的自成体系的"自批评"，概括交代了词作的创作背景、动机、感情基调、功用等。唐宋时，词人因观念上多卑视词体，词学批评不发达，词人"自批评"意识不强，故此方面材料相对较少，元、明两代也有一些"自批评"。

清代词学批评的"自觉"远胜过宋、元、明各代，不同时期的"自批评"皆有自己的特色。清初词学基本上承晚明云间词派绪余，崇尚香艳绮丽。龚鼎孳早年专学花间、柳永艳词，词作结集《绮忏》，自言忏悔，但仍欣赏绮语，表现出矛盾心态，可见清初盛行花间、柳词风气。纳兰性德自少即酷爱花间词，《与梁药亭书》自述："仆少知操觚，即爱《花间》致语。以其言情入微，且音调铿锵，自然协律。"①纳兰词正如花间词声情并茂。清初，多数词人观念上仍卑视词体，故多"悔少作"，董以宁《蓉渡词话》云："仆与程邨少时，笔墨颇滥，小词俱数千首。仆尤好作空中语，所刻《琴言》六卷，意欲焚之。"②这种"自谦式批评"发自内心，不仅仅是客套。

阳羡词派领袖陈维崧生于明末，少值家门鼎盛，词亦受云间词派影响，学花间，多"旖旎语"，入清后，颠沛流离，词作"穷而后工"。《王西樵〈炊闻卮语〉序》中，陈维崧自谦自己为糊口而背井离乡，只是"愁"，还谈不上"穷"，故词未"工"，而友人王士禄（西樵山人）遭受人生困厄（王氏曾于康熙二年因事入狱），"所遇最穷"，所以"为词愈工"。③词人过于自谦，其实，他的词是老而愈工。又《贺新郎》（一事然否乎）云："一卷《乌丝》饶寄托，怪时人、只道填词手。说诗者，固哉叟。"④感叹时人没有真正了解自己词作寄托遥深，别有怀抱，仅看到《乌丝》词集风情旖旎的表面。词学界通行观点，清代张惠言论词始倡"寄托"，开启了常州词派。

① 〔清〕纳兰性德：《通志堂集》第13卷，532页，上海，上海古籍出版社，1979。
② 朱崇才：《词话丛编续编》（一），96页，北京，人民文学出版社，2010。
③ 〔清〕陈维崧：《陈迦陵诗文词全集·陈迦陵文集》第2卷，《四部丛刊初编》本。
④ 〔清〕陈维崧等：《清八大名家词集》，钱钟联选编，陈铭校点，354页，长沙，岳麓书社，1992。

实际上，陈维崧早已明确自称词作"饶寄托"。因观念上不重视词人"自批评"，清代词学观念演进史上这一"消息"便自然被忽视了。

　　浙西词派词尊南宋姜夔、张炎，意欲以姜、张醇雅救明以来尚《草堂》者浮艳浅俗之弊。朱彝尊自述词学宗尚，《水调歌头·送钮玉樵宰项城》云："吾最爱姜史，君亦厌辛刘。"①又晚年作《解佩令·自题词集》云："不师秦七，不师黄九，倚新声、玉田差近。"②词人如实表达的词学渊源，正是浙西词派的理论旗帜。约康熙十三年(1674)，朱彝尊作《陈纬云〈红盐词〉序》云："予糊口四方，多与筝人酒徒相狎，情见乎词。后之览者，且以为快意之作，而熟知短衣尘垢，栖栖北风雨雪之间，其羁愁潦倒，未有甚于今日者邪?"③自述词作特色，认为词体最宜于表现"羁愁潦倒"之情。朱氏身处新朝羁縻环境，心境悲凉，故发此论。《解佩令·自题词集》又云："十年磨剑，五陵结客，把平生、涕泪都飘尽。老去填词，一半是、空中传恨。"④这是其年轻时恢复之志和晚年心境的独白，可见词人词风的变化。钱裴仲《雨华盦词话》云："余谈古人词，唯心折于张、姜两家而已……本朝词家，我推樊榭。佳叶虽不多，而清高精炼，自是能手。"⑤可知其词归依雅正而为浙派嫡传。"吴中词派"特别重视音律，"自批评"多强调合律，谢章铤《赌棋山庄词话·续编》卷五称戈载"所自负者，以为吾词能辨四声，能分宫调"⑥。曹楙坚《〈昙云阁词钞〉自序》云："近取万氏《词律》，与吾友戈氏顺卿所著《词韵》稍事审定，存者十之二三而已。"⑦

---

　　①　〔清〕陈维崧等：《清八大名家词集》，钱钟联选编，陈铭校点，435页，长沙，岳麓书社，1992。

　　②　〔清〕陈维崧等：《清八大名家词集》，钱钟联选编，陈铭校点，438～439页，长沙，岳麓书社，1992。

　　③　〔清〕朱彝尊：《曝书亭集》第40卷，《四部丛刊初编》本。

　　④　〔清〕陈维崧等：《清八大名家词集》，钱钟联选编，陈铭校点，438页，长沙，岳麓书社，1992。

　　⑤　唐圭璋：《词话丛编》第4册，3011、3014页，北京，中华书局，1986。

　　⑥　唐圭璋：《词话丛编》第4册，3558页，北京，中华书局，1986。

　　⑦　〔清〕曹楙坚：《昙云阁词钞》卷首，清道光二十三年(1843)刻本。

　　浙西词派过分迷信姜、张，流于琐屑馂订、空疏薄滑，缺乏真情实感。这样，张惠言开启的常州词派便应运而生。常州词派以儒家诗教"温柔敦厚"论词，重"意内而言外"，推尊词体，故作词态度严肃，谭献《〈箧中词〉序》云："至于填词，仆少学焉，得本辄寻其所师，好其所未言，二十余年而后写定。"①谭氏对作词的虔诚态度是前人少有的。学派内部注重师承，嘉庆九年(1804)，周济始从张惠言外甥董士锡(字晋卿)学词，嘉庆十七年(1812)作《〈词辨〉自序》云："晋卿虽师二张，所作实出其上。予遂受法晋卿，已而造诣日以异，论说亦互相短长。"②可见词学师承及词人间相互影响。陈廷焯自评《蝶恋花》(采采芙蓉秋已暮)："天下后世，读我词者，皆当兴起无穷哀怨，且养无限忠厚也。"③又云："余曾作《菩萨蛮》云……起二语嫌着力，余皆悲郁而和厚，有风人之遗意。"④词人十分自信，又能客观指出己作不足。忠厚和平、哀怨悲郁，皆为常州词派的论词宗旨，词人"自批评"正是其整体词学观的体现。

　　近代战乱频仍，民众多灾多难。词人用词体表现离乱苦难，用艺术语言，将残酷的现实生活化为美丽的忧伤，谱成哀婉的感伤曲，用血泪凝成风雅。这一时代特征，"自批评"中有明显体现，蒋春霖《淡黄柳》(寒枝病叶)词序云："扬州兵后，平山诸园林皆成榛莽，为赋数词，以寄哀怨。诒园索稿，作此谢之，悲从中来，更不能已。"⑤自述词作哀怨悲伤主题。光绪二十四年(1898)秋，郑文焯作《过秦楼》，词序云："遭世乱离，游情匪昔，感时属景，不自知其词之凄异也。"⑥指出己作的感情基

　　①　唐圭璋：《词话丛编》第 4 册，3988 页，北京，中华书局，1986。
　　②　唐圭璋：《词话丛编》第 2 册，1637 页，北京，中华书局，1986。
　　③　〔清〕陈廷焯：《白雨斋词话足本校注》，屈兴国校注，504 页，济南，齐鲁书社，1983。
　　④　〔清〕陈廷焯：《白雨斋词话足本校注》，屈兴国校注，770 页，济南，齐鲁书社，1983。
　　⑤　周梦庄：《水云楼词疏证》第 2 卷，71 页，台北，黎明文化事业股份有限公司，1989。
　　⑥　陈乃乾：《樵风乐府》，《清名家词》第 10 卷，33 页，上海，上海书店出版社，1982。

调和风格。①

上述可见，清代词学史演进的各个阶段皆有不少"自批评"，"自批评"变化轨迹明显可寻，流派特征十分突出，亦有个性色彩，独具理论价值，构成清代词学的重要组成部分，非常值得重视。

二

清代词学"自批评"的著述方式多为序跋、书札、词序等，词话中有不少"自批评"，亦散见于笔记、诗话等文字中。"论词诗"中极少"自批评"，"论词词"中有一些"自批评"。与"他批评"相较，"自批评"较为零散，缺乏系统性。

"自批评"涉及清代词学各个方面。评论词人自己，如自述个性，学词经历，词学渊源，词学观念，作词态度、动机与目的、过程，等等。项廷纪《〈忆云词乙稿〉自序》云："余性疏慢，不能过自刻绳，但取文从字顺而止。"②对自己的个性有清楚的认识。王国维说："予于词，五代喜李后主、冯正中，而不喜花间。"③欣赏至情至性、以"血书"的李煜词，当然不喜多"代言"而缺少作者个人真实情感的花间词。不少"自批评"如实记述学词历程、词学渊源，况周颐《〈餐樱词〉自序》云："余自壬申、癸酉间即学填词，所作多性灵语，有今日万不能道者，而尖艳之讥，在所不免。己丑薄游京师，与半塘共晨夕。半塘于词凤尚体格，于余词多所规诫，又以所刻宋元人词，属为斠雠，余自是得阅词学门径。所谓重、拙、大，所谓自然从追琢中出，积心领而神会之，而体格为之一变。半塘亟奖藉之，而其它无责焉。"④将自己学词经历、审美趣味、词风变化交待

---

① 参见欧明俊：《清词中的离乱书写》，《北京大学学报（哲学社会科学版）》，2016（3）。

② 陈乃乾：《忆云词》卷首，《清名家词》第 8 卷，1 页，上海，上海书店出版社，1982。

③ 王国维：《人间词话·附录》，唐圭璋：《词话丛编》第 5 册，4274 页，北京，中华书局，1986。

④ 〔清〕况周颐：《蕙风词话 广蕙风词话》，孙克强辑考，443 页，郑州，中州古籍出版社，2003。

得清清楚楚。词人"自批评"说明作词动机与目的，或别有寄托，项廷纪《〈忆云词丁稿〉自序》云："患难以来，人事有不可言者……读书之暇，惟仿花间小令自遣而已。"①或表达有意创新、自立门户之意，郑燮《刘柳村册子》坦陈："板桥貌寝，既不见重于时，又为忌者所阻，不得入试。愈愤怒，愈迫窘，愈敛厉，愈微细。遂作《渔父》一首，倍其调为双叠，亦自立门户之意也。"②这些"自批评"皆是词人的自我表态、自我画像，多本真可信。

"自批评"更多的是自评词作，评主题、风格、语言、技法、声韵、格律等。李佳《左庵词话》卷下载，刘炳照自题《秋窗填词图》云："一寸词肠，七分是血，三分是泪。"③点明词作主题。此类"自批评"甚多，例子不胜枚举。词人自评己作风格，董以宁《蓉渡词话》自评："仆隽永不如阮亭，澹远不如金粟，精绮不如程邨，但神韵偶到，时或相似耳。"④有的自评己作语言特点和艺术技巧，项廷纪《〈忆云词丁稿〉自序》云："当沈顿无憀之极，仅托之绮罗芗泽，以洩其思，盖辞婉而情伤矣。"⑤况周颐自评《竹马子·赋看竹》"刻画博徒心理，无微不至矣"⑥。清代词创作多"学者化"，严谨认真，讲究音律，故"自批评"多论声韵、格律或强调己作"协律"，陈元鼎《〈鸳鸯宜福馆吹月词〉自序》云："余少嗜倚声，偶有一二曲流播歌筵酒座之间，遂为词家所赏，谓能免于仇山村'言顺律舛，律协言谬'之讥。"⑦当然，亦有词人任性随意，不重音律，叶申芗《天籁轩词谱·凡例》末云："素不谙音律而酷好填词，自束发受书，即窃相摹拟。"⑧

上述可见，"自批评"为我们研究清代词人思想及创作变化，分析词

---

① 陈乃乾：《忆云词》卷首，《清名家词》第 8 卷，2 页，上海，上海书店出版社，1982。

② 〔清〕郑燮：《郑板桥集》，189 页，上海，上海古籍出版社，1979。

③ 唐圭璋：《词话丛编》第 4 册，3146 页，北京，中华书局，1986。

④ 朱崇才：《词话丛编续编》（一），96 页，北京，人民文学出版社，2010。

⑤ 陈乃乾：《忆云词》卷首，《清名家词》第 8 卷，2 页，上海，上海书店，1982。

⑥ 〔清〕况周颐：《蕙风词话 广蕙风词话》，孙克强辑考，491 页，郑州，中州古籍出版社，2003。

⑦ 〔清〕陈元鼎：《鸳鸯宜福馆吹月词》卷首，清同治元年（1862）刻本。

⑧ 〔清〕叶申芗：《天籁轩词谱》卷首，道光十四年（1834）《天籁轩五种》本。

作特色，评定其词史地位等，皆提供了第一手材料，既有理论价值，又有文献价值，确实不该轻视。

　　清词人"自批评"具有多方面的特色和价值，可做不同角度的分析评价。有些"自批评"只是单纯记叙性的陈述，客观指出词作特点，不做价值判断，是谓"客观性批评"。如风俗词，多为纪事，是"实录"，不大计较文字工拙、艺术高下。朱祖谋《瑞鹤仙》(车尘萝薜碍)序云："漫书此解，或亦他日考坊巷者之一助焉。"①词人有保存文献的意识，文廷式《贺新郎》(天末春将老)序云："词虽不工，姑录存之，以志鸿爪。"②清词人"自批评"更多的是"主观性批评"。词人性格气质各异，根据个人好恶、审美偏嗜对己作进行价值高低评判。有些词人颇自信，喜自赏自夸，是谓"自赞式批评"，王国维《人间词话》卷下未刊手稿云："词家多以景寓情。其专作情语而绝妙者，如牛峤……此等词古今曾不多见。余《乙稿》中颇于此方面有开拓之功。"③对于过于夸大自己词作成就的行为，我们要谨慎看待。词人有时自拟古人，有意识与前人相比，余怀《浣溪沙·五十进酒词》四首并序自评"歌罢陶然径醉，绝似辛幼安唱千古江山时也"④。这类"自批评"点出词作渊源，但有借古人抬高自己之嫌。词人亦多"自谦式批评"，沈谦《填词杂说》云："余少时和唐宋词三百阕，独不敢次'寻寻觅觅'一篇，恐为妇人所笑。"⑤坦率承认自己的不足之处，虽自谦，却是实话。许多词人过分自我贬抑，可理解为场面话，"言不由衷"，此类"自批评"最为常见。谦虚，是传统美德，不张扬，不自夸，是许多人的习惯思维。这种"自批评"实际上是一种"礼仪式"言说，并非真实观点的自然表达，言者、闻者皆未必当真。因此，我们要透过表象看本质，

　　①　〔清〕陈维崧等：《清八大名家词集》，钱钟联选编，陈铭校点，906 页，长沙，岳麓书社，1992。

　　②　〔清〕陈维崧等：《清八大名家词集》，钱钟联选编，陈铭校点，806 页，长沙，岳麓书社，1992。

　　③　王国维：《人间词话》，黄霖等导读，20 页，上海，上海古籍出版社，1998。

　　④　南京大学中国语言文学系全清词编纂研究室：《全清词·顺康卷》第 2 册，1234 页，北京，中华书局，2002。

　　⑤　唐圭璋：《词话丛编》第 1 册，633 页，北京，中华书局，1986。

不能停留于字面理解，应警惕"唯文本"迷信。无论是自赞还是自谦，皆带有明显的主观感情色彩，有时"情"与"理"合，是合理的评价，但更多的时候，是过褒或过贬，皆不合学理，我们需保留式理性接受。

三

　　清词人"自批评"并不总是如"自赞"或"自谦"那样简单分明，实际情形丰富而多彩，从中可见词人复杂变化的思想、心态和审美观念。词人常作"反省式自批评"，特别是中晚年后修正甚至否定自己早年的词体观。周济《介存斋论词杂著》自述："吾十年来服膺白石，而以稼轩为外道，由今思之，可谓瞽人扪籥也。"[1]反思长期以来重白石词而轻稼轩词之偏颇。陈廷焯早期作词受浙西词派影响，袭姜、张之貌，光绪二年(1876)年 21 岁时结识庄棫，词学遂转向常州词派，说自己"自丙子年，与希祖先生遇后，旧作一概付丙，所存不过己卯后数十阕，大旨归于忠厚，不敢有背《风》、《骚》之旨。过此以往，精益求精，思欲鼓吹蒿庵，共成茗柯复古之志"[2]。此段话是后人认识陈氏词学转向的最可靠依据。"反省式自批评"多严肃冷静，学理性较强。

　　词人在一生中不同的年龄阶段，随着身份地位、人生际遇、学识、审美趣味的变化，其"自批评"也会改变。有些"自批评"，通过对早期词作的否定，试图遮盖一些不利于自己声誉者，为自己辩解，自我开脱。词史上普遍存在"悔少作"现象，可称"后悔式自批评"，清代词人中不乏"悔少作"者。嘉庆八年，郭麐《〈灵芬馆词〉自序》后悔"少喜为侧艳之辞"，表示"序而存之，自此以往，息心学道，以治幽忧之疾，其无作可也"[3]。后又作《〈忏余绮语〉自序》，"自恨结习之难除，悔过之不勇也"[4]，再次

---

①　唐圭璋：《词话丛编》第 2 册，1634 页，北京，中华书局，1986。
②　〔清〕陈廷焯：《白雨斋词话足本校注》，屈兴国校注，496 页，济南，齐鲁书社，1983。
③　施蛰存：《词籍序跋萃编》，569 页，北京，中国社会科学出版社，1994。
④　施蛰存：《词籍序跋萃编》，571 页，北京，中国社会科学出版社，1994。

"悔少作"。"悔少作"内容不同，有的后悔"少作"不成熟，有的后悔早年词风淫靡绮艳，陈廷焯《白雨斋词话》卷五坦承："余初为词，亦不免淫冶叫嚣之失。"①"悔少作"是实际显现的"自批评"，表明作者当时的观点，同时还隐含着意思相反的"自批评"，即后悔、否定，说明曾经喜爱过、肯定过，只是这种"肯定式批评"，没有用文字形式表达出来。② 与其他文体相比，清词人"悔少作"出现频率较高。"悔少作"受到多种因素的影响，主要受词为"小道""末技"的传统观念的束缚，卑视词体。词人文学观、审美观随着年龄、身份的变化而改变，作为"社会文化"人，成名后的词人看重道德功名与公众形象，因此对早年艳词或浅薄之作采取轻视甚至否定的态度。

还有一些特殊形式的"自批评"。词人词集命名，不少隐含"自批评"，或自赞，或自谦，更多的是指出特色，突出主旨，如戈载《翠薇雅词》、郭麐《忏余绮语》、况周颐《存悔词》。有些词人将自己的词作修改删削，定稿结集，态度严肃，要求甚高，朱和羲《〈万竹楼词〉自叙》云："凡阅十几寒暑，得词三百余首，自为删汰，编成三卷，名曰《洞庭渔唱》。"③不少词人在词选中选入己作，附骥名人，表面自谦，实为自我欣赏，自我推销，亦是一种"自赞式批评"。南宋黄昇《中兴以来绝妙词选》卷十选录己词三十八首，是词人附骥名人始作俑者。清词人承明人习气，更多此举，邹祗谟与王士祯同辑《倚声初集》二十卷，大量录入己作，王士祯更是几乎罄其所有。一般论文学批评，仅看"显性"批评，上述几种"隐性"的"非理论形态"的"自批评"，独具理论价值，却一直被忽视，应给予必要的重视。

"自批评"与"他批评"有复杂的"关系"。有时，"自批评"是对自己词作的首次批评，是"元批评"。有时则相反，是对"他批评"的"回应"，是"衍生批评"，但换一角度看，也是词人对自己词作的首次批评，亦是一

---

① 唐圭璋：《词话丛编》第 4 册，3907～3908 页，北京，中华书局，1986。

② 参见欧明俊：《论词学史上的"元批评"》，徐中玉、郭豫适：《古代文学理论研究》第 29 辑，229～230 页，上海，华东师范大学出版社，2009。

③ 〔清〕朱和羲：《万竹楼词》卷首，清同治五年(1866)刻本。

种"元批评"。纯粹的"自批评"有"直接自批评",还有"间接自批评"。词人转述他人对自己词作的称赏喜爱,是间接的自我赞许,郑燮《刘柳村册子》云:"拙集诗词二种,都人士皆曰:'诗不如词。'扬州人亦曰:'词好于诗。'即我亦不敢辩也。"①"他批评"者没有正式"出场",词人引述证明自己的观点。引用他人之言时,多引用正面褒扬肯定的批评,极少引用讥贬否定的批评,势必"遮蔽"一些客观评价。"当世批评"中,不少讥贬否定式批评都没有记录下来,"遮蔽"了词学史部分真相。词人对"他批评"的"回应式批评",可称"反批评"。有被对方说服,认可"他批评"者,如蒋敦复《芬陀利室词话》卷二提及时人对自己的批评:"此君才气,非我辈所能企及,独倚声一门外汉耳。"词人虚心接受,"缘此绝不填词者十余年"②。不接受"他批评",是为"反驳式自批评",徐釚《词苑丛谈》卷五云:"阮亭尝戏谓彭十是艳情当家。骏孙辄怫然不受。"③"批评"不是批评家的"专利",作者并非只是被动的批评对象,他有权利为自己辩护,应充分尊重词人自己的观点。有些词人对他人的批评,多自我辩解,甚至狡辩,属于非理性的情绪化表达,我们需慎重看待。"自批评"与"他批评"观点一致或不一致,是由"自批评"者和"他批评"者的关系决定的。有时两者一致,陈廷焯《白雨斋词话》卷六云:"丙戌之秋,余曾赋《丑奴儿慢》一篇,极郁极厚,有感而发也。"自负己作已达到最高境界。其外甥包荣翰评云:"有感而发,极郁极厚,白石、碧山,合而为一。"④因血缘因素,难免有主观感情倾向,"他批评"者自然认同"自批评"者的自我赞誉,并进一步发挥。词人喜引用他人对自己的赞赏,自己表面上不做评论,实际上是借他言而自赞,况周颐《水龙吟》(声声只在街南)词序云:"己丑

---

① 〔清〕郑燮:《郑板桥集》,188 页,上海,上海古籍出版社,1979。

② 唐圭璋:《词话丛编》第 4 册,3654 页,北京,中华书局,1986。

③ 〔清〕徐釚:《词苑丛谈校笺》,王百里校笺,268 页,北京,人民文学出版社,1988。

④ 〔清〕陈廷焯:《白雨斋词话足本校注》,屈兴国校注,506 页,济南,齐鲁书社,1983。

秋夜，赋角声《苏武慢》一阕，为半唐所击赏。"①因学缘、业缘因素或属于同一流派，同一"圈子"，交往密切，观念相近，故多赞美对方。词人引述"他批评"，即代表"自批评"，两者似二实一。有时，赞美式"他批评"只是客套话，词人引述只是"一厢情愿"，与"他批评"者并没有形成互动的"学术对话"关系。因此，这种借他人以自重的"自赞式批评"的局限性是明显的。"自批评"与"他批评"观点有时不一致，陈廷焯《白雨斋词话》卷六自评："余旧作艳词，大半付丙，然如《菩萨蛮》十二章……虽属艳词，似尚不背于右。"②包荣翰评云："丽而有则，雅而不纤，合端己、正中为一手。"③作者自谦，论者偏爱。词人"自批评"，他人或认同或批评，角度不同，故评价各异。历史"当事人"的"自批评"和他人的评价往往差异很大甚至完全相反，我们要充分"体认"，将两者结合起来综合评价。

词学思想是历代词人和词学家的共同创造，许多思想是"层累"地造就的。应充分肯定词人"自批评"的原创价值，同时也应肯定所有针对"自批评"的"他批评"的价值。他人和后人沿袭或修正词人的"自批评"，就词人的"自批评"不断争鸣，推动了批评对象的传播。一部词学史，一定程度上是"自批评"不断产生，"他批评"不断"反应"的历史。

四

"自批评"记录了词人思想变化及创作的真实细节。谭献《〈复堂词录〉序》云："献十有五而学诗，二十二旅病会稽，乃始为词，未尝深观之

---

① 〔清〕况周颐：《蕙风词话·蕙风词笺注》，俞润生笺注，665页，成都，巴蜀书社，2006。

② 〔清〕陈廷焯：《白雨斋词话足本校注》，屈兴国校注，526页，济南，齐鲁书社，1983。

③ 〔清〕陈廷焯：《白雨斋词话足本校注》，屈兴国校注，524页，济南，齐鲁书社，1983。

也……三十而后，审其流别，乃复得先正绪言以相启发。"①讲究源流正变，清代词学师承脉络由此可见一斑。②郑文焯与张孟劬书中云："余治经小学，及墨家言二十余年……研经余日，未尝废文，独于词学，深鄙夷之。故本朝诸名家，悉未到眼一字。为词实自丙戌岁始，入手即爱白石骚雅，勤学十年，乃悟清真之高妙。进求《花间》，据宋刻制令曲，往往似张舍人，其哀艳不数小晏风流也。若夫学文英之秾，患在无气，学龙洲之放，又患在无笔，二者洵后学所厚诫，未可率拟也。复堂谓余'善学清真'，吾斯未信。"③郑氏自述实为微型的词人个体词史。

由"自批评"可见清代词史及词学史"原生态"。余怀《浣溪沙·五十进酒词》四首并序云："作《浣溪沙》词，命红袖歌之。歌一阕，聊进一杯。歌罢陶然径醉。"④自我陶醉，神情毕现。陈维崧《念奴娇》(空江采石)序云："顾梁汾雨泊蛟桥，填词见寄，得'软绣迷香'二语，狂喜跳踉，失脚堕水。书来语我以故，不觉捧腹，词以调之，亦用朱希真韵。"⑤词人毫不掩饰得意之情。我们仿佛走进词人生活，走进历史"现场"。

有些词人结合具体词作"自批评"，提炼出具有理论深度和普遍意义的词学范畴。谢章铤《赌棋山庄词话续编》卷三引江顺诒《〈愿为明镜室词稿〉自序》云："余性刚而词贵柔，余性直而词贵曲，余性拙而词贵巧，余性脱略而词贵缜密，余性质实而词贵清空，余性浅率而词贵蕴蓄，学词冀以移我性也。"⑥作者自陈个性气质与词作风格的关系，强调作词可移情。这类"自批评"富于理论色彩，学理性强，对清代词学理论建设有独特贡献，有不可替代的价值，可惜学界重视不够。

---

① 唐圭璋：《词话丛编》第 4 册，3987 页，北京，中华书局，1986。

② 参见欧明俊：《近代词学师承论》，《上海大学学报(社会科学版)》，2007(5)。

③ 唐圭璋：《词话丛编》第 5 册，4331 页，北京，中华书局，1986。

④ 南京大学中国语言文学系全清词编纂研究室：《全清词·顺康卷》第 2 册，1234 页，北京，中华书局，2002。

⑤ 〔清〕陈维崧等：《清八大名家词集》，钱钟联选编，陈铭校点，233 页，长沙，岳麓书社，1992。

⑥ 唐圭璋：《词话丛编》第 4 册，3532 页，北京，中华书局，1986。

影响"自批评"的因素是多方面的。"自批评"因人而异，如年龄因素影响词人"自批评"即非常明显。年轻气盛时，词人难免自傲自负，陈廷焯《白雨斋词话》即多处自夸己作，如卷六评《买陂塘》（最愁人）一阕云："呜咽缠绵，几不知是血是泪，盖天地商声也。"①随着年龄的增长、地位的变化，词人也会自我反省，自我修正，光绪十七年，陈廷焯《〈白雨斋词话〉自序》云："暇日寄意之作，附录一二，非敢抗美昔贤，存以自镜而已。"②态度明显谦逊许多。"自批评"因时因地而异，"公开自批评"多发表于公共场合，因此，多场面话、门面语，自谦成分较多；"私下自批评"多亲友间交流谈心时自然流露，真实可靠，当然，亦有场面话。词人的身份、立场、态度与审美观念，言说对象的不同，具体的情境，等等，皆是"自批评"的影响因子。

"自批评"多是一时一地对具体词作而发，有特定的情境，只表明作者一时的观点，切勿轻易普泛化理解，过度阐释。有时只是一时即兴之言，尤其是"礼仪式"自谦，我们不能随便当真，盲目轻信，应持谨慎态度。有的甚至与实际完全相反，真实观点恰恰在字面背后。姚斯《走向接受美学》说："第一个读者的理解将在一代又一代的接受之链上被充实和丰富，一部作品的历史意义就是在这过程中得以确定，它的审美价值也是在这过程中得以证实。"③"第一个读者"，就是第一个批评者，他的观点即"元批评"。词学"自批评"，词人是作者，同时也是读者，是第一读者，是评论者，且许多时候是最合格的评论者，绝不应该将词人与评论者分离甚至对立起来。"自批评"多是首次开创性的"元批评"，是词学"命名"，具原创价值，享有发明"专利"，应充分肯定"发明"者之功。有些具体的"自批评"被后人征引，重复接受，当作"元典"使用。不少"自批评"

---

　　①　〔清〕陈廷焯：《白雨斋词话足本校注》，屈兴国校注，503页，济南，齐鲁书社，1983。

　　②　〔清〕陈廷焯：《白雨斋词话足本校注》卷首，屈兴国校注，2页，济南，齐鲁书社，1983。

　　③　[联邦德国]H.R.姚斯、[美]R.C.霍拉勃：《接受美学与接受理论》，周宁等译，滕守尧审校，25页，沈阳，辽宁人民出版社，1987。

当时在"圈子"内有一定影响，具"时效"价值，但因肤浅片面，粗陋平庸，缺乏深度，后世影响有限，有的甚至只是"昙花一现"。"自批评"的价值评定，既要重其原创价值，又要看其实际影响，有些影响虽不大，但具有理论上的"潜价值"，仍值得我们用心发现"挖掘"。"自批评"推动和扩大词人词作影响，推动词人转向和创作风尚，甚至改变词史演进轨迹，改变词学史走向，影响广泛深远，对词学史做出独特贡献，应充分重视其创新价值，系统梳理，给予其合理的历史定位。

应从正负两方面评价"自批评"。从正面看，清代词学"自批评"多创作背景介绍，是最原始的词学史料，极具文献价值和理论价值，后人据此得以走进历史"现场"，认清词史及词学史"原生态"。作者的创作甘苦，如鱼饮水，冷暖自知，特别是背景、主题介绍，词人的自述往往最本真可靠。俞樾《洞仙歌》词序云："余素不善倚声，而次女绣孙颇好之，因亦时有所作，积久遂多，但于律未谐，謷牙不免，是所愧耳。"①词人有自知之明，直白指出己作的不足之处，态度诚恳。后人的理解阐释，往往主观发挥，多"误读"和"附加"成分，有的虽具"片面的深刻"，但远离历史真实，给人"终隔一层"之感，有的甚至"肢解"作者，"曲解"原作。不少"自批评"严肃、理性、客观，是对自己的"定评"，可作为评价依据，王国维《人间词话》卷下未刊手稿云："余填词不喜作长调，尤不喜用人韵，偶尔游戏，作《水龙吟》咏杨花，用质夫、东坡倡和韵，作《齐天乐》咏蟋蟀，用白石韵，皆有与晋代兴之意。余之所长殊不在是，世之君子宁以他词称我。"②如实认真陈述词学观念和词作特色，这种"自批评"最具学理性。"自批评"价值及影响虽有大小高低之分，但因是词人"夫子自道"，是"原创"，我们皆应重视。

从负面看，清代词学"自批评"也有天生的不足之处，数量上无法与"他批评"相比，极少有系统的专文，更无自成体系的专著。除少数词人，如陈廷焯、况周颐、王国维，多数词人"自批评"意识不强，给词学史留

---

① 〔清〕俞樾：《春在堂词录》卷二，清光绪九年（1883）重定《春在堂全书》本。
② 王国维：《人间词话》，18 页，黄霖等导读，上海，上海古籍出版社，1998。

下很多空白，难以弥补。质量上，"自批评"不如"他批评"有较完整的体系和理论深度，影响自然相对较小。"自批评"多偏重背景、主题介绍，艺术上多点到为止，没有展开论证，不够深入；多针对单篇词作而发，往往仅论述某一方面，过于简略，不够全面。受到主、客观条件的限制，不少"自批评"未尽合理，又多一时感悟，主观色彩强，学理性总体上不如"他批评"。词人自己评论自己，很难做到客观公正，评价多不到位，不少观点准确度、可信度反而不如"他批评"。对"自批评"的理解、评价，不可完全"唯文本"，作者说出的未必是真实的，我们应保持足够的警惕。"自批评"往往两极思维，二元对立，过分自赞或自谦，极端化评价。优点与缺点常相伴而生，"自批评"的得与失，经验与教训，皆应认真总结。

　　"自批评"是整个清代词学的重要组成部分，与"他批评"各占清代词学"半壁江山"，只是"自批评"领域较窄，比重较小。我们应在清代词学整体中考察"自批评"，同时应重视其"个性"特色，切忌孤立评价。不少"他批评"是在"自批评"基础上展开的，是"衍生批评"，我们不自觉的错误是轻视甚至忽视"自批评"，而拔高"他批评"的价值，有的因不知有"自批评"存在，有的是观念上的问题。对历史"当事人"的自我评价，我们应具"了解之同情"，充分"体认"，给予起码的尊重。自批评"缺席"的词学史，是残缺、片面的词学史，有必要做学理上的深刻反思。

［原载于《北京大学学报（哲学社会科学版）》2013 年第 4 期］

清代天津水西庄考论[①]

天津财经大学　叶修成

清代天津有座历史名园——水西庄。著名诗人袁枚将之与扬州马曰
琯的"小玲珑山馆"、杭州赵昱的"小山堂"、吴焯的"瓶花斋",誉为当时
四大书史收藏之家、文人雅集之所。[②] 水西庄历代主人广揽天下文人墨
客,遍交朝廷内外要员,宴游酬唱,诗文赠答,成就了文坛一桩风雅盛
事,因此而彪炳史册。

一、水西庄主人及其著述

水西庄,由津门大盐商查日乾父子创建。其鼎盛时期则在第一、第
二代主人操持期间。查氏家族渊深的文化素养和高超的诗情才艺,是水
西庄文事活动兴盛的重要人文因素。现将水西庄主人的生平履历和创作
著述分别简介如下。

查日乾(1667—1741),字天行,号惕人,又号慕园,著有《春秋臆
说》《史腴》等。[③] 生有三子:查为仁、查为义、查礼。

查为仁(1694—1749),又名成甦,字心谷,号莲塘,又号莲坡、花

① 基金项目:天津市文化艺术科学研究规划项目"天津水西庄查氏家族文化研究",项
目批准号 E08062。

② 〔清〕袁枚:《随园诗话》第3卷,50页,扬州,江苏广陵古籍刻印社,1998。

③ 查禄百、查禄昌等:《宛平查氏支谱》第1卷,10页,1941年铅印本。

海翁、花影庵主人、澹宜居士，庠生，康熙五十年（1711）辛卯科解元，一生未仕，著有三十二种，付梓者《蔗塘未定稿》《绝妙好词笺》等。①

查为义（1700—1763），字履方，号集堂，又号砥斋，太学生，历官安徽太平府通判、江南淮南仪所监制通判，署淮北盐运分司，工画兰竹，兼写意花卉，著有《集堂诗草》等。②

查礼（1715—1782），原名为礼，又名学礼，字恂叔，号俭堂，又号铁桥、鲁存、榕巢、茶垞、藕汀、红螺山人、九峰老人、澹安居士，太学生，历官户部陕西司主事、广西庆远府理苗同知、太平府知府、四川宁远府知府、川北道、松茂道、四川按察使、布政使、兵部侍郎兼都察院右副都御史、湖南巡抚等，《清史稿》卷三百三十二有传。工画墨梅，著有《铜鼓书堂遗稿》《沽上题襟集》《经案茶铛集》《嘉祐石经考》《唐人行次考》《皇朝摹印可传录》《味古庐箴铭文小集》《桂海随笔》《味古庐印谱》《铜鼓书堂藏印目》等。③

水西庄文脉，前后承续了一百多年。查氏后裔中较为知名者，尚有查善长（1729—1798）、查善和（1733—1800）、查淳（1734—1822）、查诚（1752—1811）、查彬（1762—1821）、查梧（1773—1824）、查林（1782—1832）、查讷勤（1773—1817）、查恩绥（1839—1906）等人，他们均有著述流传后世。

二、水西庄的兴建与衰落

水西庄位于天津城西五里南运河畔，始建于康熙末年④，雍正年间

①　查禄百、查禄昌等：《宛平查氏支谱》第 1 卷，16 页，1941 年铅印本。

②　查禄百、查禄昌等：《宛平查氏支谱》第 1 卷，57 页，1941 年铅印本。

③　查禄百、查禄昌等：《宛平查氏支谱》第 1 卷，120 页，1941 年铅印本。

④　"花影庵"有二：一在西曹，康熙五十三年（1714）春，查日乾、查为仁系狱时所建（见查为仁《旧雨兼新雨初集》）；一在水西庄内，但不知建于何年。查为仁于康熙五十九年（1720）三月蒙恩矜释出狱。其《蔗塘未定稿·是梦集》有诗《花影庵盆梅初放》一首，系作于康熙六十一年（1722）冬。据此诗题可知，水西庄之花影庵于 1722 年冬即已建成，换言之，水西庄最晚亦于此年即已肇建，因此，民国《天津芥园水西庄记》所谓水西庄"经始于雍正元年"的说法不正确。

陆续建成。有关庄园的地理方位、构建背景、建筑形态和景物特色，查
为仁曾有载录。

> 天津城西五里，有地一区，广可百亩，三面环抱大河，南距孔
> 道半里许，其间榆槐柽柳，望之蔚郁。暇侍家大人过此，乐其水树
> 之胜，因购为小园。垒石为山，疏土为池，斧白木以为屋，周遭缭
> 以短垣，因地布置，不加丹垩，有堂有亭，有楼有台，有桥有舟。
> 其间姹花袅竹，延荣接姿，历春绵冬，颇宜觞咏。营筑既成，以在
> 卫河之西也，名曰"水西庄"。①

　　水西庄内的主要景点，据汪沆《津门杂事诗》注云："中有揽翠轩、枕溪
廊、数帆台、候月舫、绣野簃、碧海浮螺亭、藕香榭、花影庵、课晴问雨
诸胜。"②水西庄面临卫水，背枕郊野，植花莳竹，风景秀丽，《(乾隆)天津
县志》即称其"水木清华，为津门园亭之冠"③。清代赞美水西庄风物的诗古
文词颇多。雍正十一年(1733)九月，文渊阁大学士陈元龙乞休归里，过访
水西庄，并为之撰写《水西庄记》。此文记述了查日乾辟地构园的经过，并
描绘了水西庄的旖旎风光，"亭台映发，池沼萦抱，竹木荫芘于檐阿，花卉
缤纷于阶砌，其高可以眺，其卑可以憩也。津门之胜，于是乎毕揽于几席
矣"④。水西庄内曲水池沼、垂柳修竹，体现出了浓厚的江南园林特色，
不仅拥有大面积的水域，而且栽种了许多南方植物。北方园林水西庄所
特有的江南风韵，正是吸引大批江浙士人来此游赏的重要自然因素。
　　乾隆年间，水西庄又经多次扩建。乾隆十二年(1747)十月，查礼于

　　① 〔清〕查为仁：《抱瓮集》，《蔗塘未定稿》，11 页，乾隆八年(1743 年)写刻本。
　　② 〔清〕汪沆：《津门杂事诗》，15 页，乾隆四年(1739)写刻本。
　　③ 〔清〕吴廷华、汪沆：《天津县志》卷七，来新夏、郭凤岐：《天津通志》(中)，78 页，
天津，南开大学出版社，2001。
　　④ 〔清〕吴廷华、汪沆：《天津县志》卷七，来新夏、郭凤岐：《天津通志》(中)，78 页，
天津，南开大学出版社，2001。

水西庄旁营建近圃①，内有野色亭、梦余室、沽上校书房等景点②。同年十一月③，查为仁扩建的小水西庄落成，查为仁绘图并题诗。时值查为仁生辰④，其率妻儿刘氏、查善长、查调凤、查容端、查绮文等人在庄内举行诗会。其后，儿媳严月瑶、侍女宋贞娘等人亦和诗。⑤ 乾隆二十二年（1757）秋，查为义在"近圃之右，得地数亩"，另建介园⑥，后更名为"芥园"。⑦

乾隆十三年（1748）二月，高宗出巡东鲁，路经天津，驻跸水西庄。⑧乾隆十六年（1751）春，水西庄改建为行宫。⑨ 其后，咸丰三年（1853）、同治十二年（1873），水西庄两度水浸，楼阁废圮，台榭倾颓；光绪二十六年（1900），兵警入驻，草木荒落。⑩ 于今，水西庄园林荡然无存，早已成为天津历史的陈迹，正如金庸先生2001年夏来访时所题诗云："天津水西庄，天下传遗风。前辈繁华事，后人想象中。"

三、水西庄兴盛的时代背景

水西庄建成之后，雍正年间，造访的宾客并不多，因而，水西庄显

---

① 〔清〕查礼：《铜鼓书堂遗稿》第7卷，《续修四库全书》，1431册，52～54页，上海，上海古籍出版社，2002。

② 陈克、岳宏：《水西余韵》，91页，天津，天津古籍出版社，2008。

③ 据宋贞娘诗题"时乾隆丁卯长至月"，可知小水西庄建成于乾隆十二年（1747）十一月。

④ 据查容端诗句"园成正值悬弧庆"，可知此日正值查为仁的生辰，即十一月初七日。

⑤ 〔清〕梅成栋：《津门诗钞》第8卷、第20卷，253、616～619页，天津，天津古籍出版社，1987。

⑥ 〔清〕查礼：《铜鼓书堂遗稿》第14卷，《续修四库全书》第1431册，103页，上海，上海古籍出版社，2002。

⑦ 高凌雯：《天津县新志》第24卷，来新夏、郭凤岐：《天津通志》（中），1012页，天津，南开大学出版社，2001。

⑧ 高凌雯：《天津县新志》卷首，来新夏、郭凤岐：《天津通志》（中），497页，天津，南开大学出版社，2001；〔清〕查礼：《铜鼓书堂遗稿》第31卷，《续修四库全书》第1431册，225页，上海，上海古籍出版社，2002。

⑨ 陈克、岳宏：《水西余韵》，185页，天津，天津古籍出版社，2008。

⑩ 王世新：《天津市红桥区志》，163页，天津，天津古籍出版社，2001。

得颇为寂寥。其文事活动的兴盛实源于乾隆元年(1736)的博学鸿词科考。

　　为了笼络在野士人，使他们歌咏盛世、粉饰太平，乾隆帝谕令京内大臣及各省督抚荐举各地名流雅士在京城举行博学鸿词科考。这次考试发生在乾隆丙辰年，故称之为丙辰词科。当时被保荐者达 260 余人①，而参加考试者有 170 余人②。应征的士子多为当时文坛的精英。查礼亦曾应考③，虽未中式，但却有幸结识了这批士子。应征士子中，有数十人与水西庄查氏诗文往来赠答，另有十多人曾先后造访过水西庄，参与雅集吟咏，如沈德潜、厉鹗、杭世骏、袁枚、周长发、朱稻孙、汪沆、万光泰、符曾、李锴、查祥、王霖、张凤孙、周大枢、申甫、许佩璜、傅玉露、汪祚、金文淳等。水西庄文事活动一时臻于鼎盛，与扬州马曰琯的"小玲珑山馆"，南北遥相呼应，在士林中影响极大。彼时，水西庄由查为仁主盟。时人江春(字颖长，号鹤亭，歙县人)将查为仁与马曰琯并称为"南马北查"④。

　　其后，随着厉鹗的到来，水西庄文事活动达至顶峰。厉鹗先后三次入京，皆因有事，未曾过访水西庄⑤，但与查为仁一直保持着书信往来、诗文赠答⑥。期间，并为查礼所辑《沽上题襟集》、查为仁所著《蔗塘未定稿》分别作序⑦。乾隆十三年(1748)，厉鹗以孝廉铨选县令进京。他取道大运河，六月末到达天津，馆于查氏古春小茨。厉鹗在此与宾朋们雅集酬唱、游览风景、鉴赏书画、观看戏剧，并与查为仁篝灯茗碗，商榷笺注《绝妙好词》，且为之作序。宴游觞咏数月后，八月初，厉鹗未入京就

　　①　〔清〕杭世骏：《词科掌录举目》，周骏富：《清代传记丛刊·学林类》，9 页，台北，明文书局，1986。

　　②　王澈：《乾隆元年荐举博学鸿词史料(下)》，《历史档案》，1990(4)。

　　③　赵尔巽等：《清史稿》第 332 卷，10962 页，北京，中华书局，1977。

　　④　〔清〕李斗：《扬州画舫录》第 12 卷，274 页，北京，中华书局，1960。

　　⑤　〔清〕厉鹗：《沽上题襟集序》，〔清〕查礼：《沽上题襟集》卷首，乾隆六年(1741)写刻本。

　　⑥　〔清〕查礼：《沽上题襟集》卷三，乾隆六年(1741)写刻本。

　　⑦　〔清〕查礼：《沽上题襟集》，乾隆六年(1741)写刻本；〔清〕查为仁：《蔗塘未定稿》，乾隆八年(1743)写刻本。

选，即离开了天津，返归浙江。①

乾隆十四年（1749）六月，查为仁去世。② 查礼亦于同年四月底离开天津，赴任粤西。③ 彼时，水西庄由查为义操持。而查为义风期清远，素淡人生，且诗学才艺均逊于查为仁和查礼，再加上博学鸿词的应征士子此时也陆续进入仕途，或纷纷返归故乡，水西庄的文事活动于是也就逐渐走向了衰落。

四、水西庄的宾朋好友

雍乾年间，与水西庄查氏交往的宾朋好友，前后多达两百位。其中，多年寄寓天津，并经常参与水西庄雅集酬唱的在野诗人及下层小吏，除本文所提名者之外，重要参与者还有：徐兰（字芬若，号芝仙，虞山人）；查奕楠（字贡木，号松晴，海宁人）；查羲（字如冈，一字尧卿，号选佛，海宁人）；余尚炳（字犀若，号月樵，绍兴人）；余峥（字元平，号高妙，山阴人）；余懋檀（字荆帆，号枫溪，诸暨人）；朱岷（字仑仲，一字导江，武进人）；赵贤（字端人，号浅山，钱塘人）；葛正笏（字揩书，号信天，昆山人）；恽源浚（字哲长，号铁箫，阳湖人）；田同之（字在田，德州人）；赵虹（字饮谷，嘉定人）；高镔（字季冶，辽阳人）；高秉（字青畴，号泽公，辽阳人）；高蔼（字五云，号宗山，新城人）；吴可驯（字骥调，仁和人）；潘世仁（字廷简，仁和人）；陆宗蔡（号染香，吴县人）等。

这些多年参与水西庄文事活动的宾朋好友，构成了一支较为稳定的诗人群体，所作诗歌也体现出了一定的共同特征，形成了水西庄独特的诗歌艺术风格。主题多般叙写常态生活，吟咏风物景致，抒发宾主友情，疏离社会政治；语言则素朴自然、平淡和雅，摒绝华丽浮艳。

---

① 陆谦祉：《清厉樊榭先生鹗年谱》，72～75 页，台北，台湾商务印书馆，1981；〔清〕厉鹗：《樊榭山房续集》第 7 卷，175～176 页，北京，中华书局，1936 年《四部备要》本。

② 查禄百、查禄昌等纂：《宛平查氏支谱》第 1 卷，16 页，1941 年铅印本。

③ 〔清〕查礼：《铜鼓书堂遗稿》第 9 卷，《续修四库全书》第 1431 册，66 页，上海，上海古籍出版社，2002。

　　为了广邀声誉，提高名望，水西庄主人还结交了朝廷内外的众多要员兼及诗人。这些要员虽然多数未曾到访水西庄，但他们与查氏之间的简牍往来、诗文赠答，也极大地助推了水西庄文事活动的繁荣与发展。这些要员兼及诗人中，知名者主要有以下诸人（以生年为序）。

　　陈元龙（1652—1736），字广陵，号乾斋，海宁人，官至文渊阁大学士兼礼部尚书。康熙三十五年（1696）十月初三日，查日乾生母刘氏七十寿辰，为之作诗贺寿。① 雍正十一年（1733）九月，乞休归里，过访水西庄，为之赋诗四首，并撰写《水西庄记》一文。② 乾隆元年（1736）六月初八日，查日乾七十寿辰，为之撰写《慕园府君七十寿序》。③

　　陈仪（1670—1742），字子翔，号一吾，文安人，官至侍读学士。康熙四十九年（1710）十月初三日，查日乾为生母刘氏补办八十寿诞庆典，为之作诗贺寿。④ 康熙五十二年（1713），为查日乾生母刘氏遗照题诗⑤，并撰写《祭刘太君文》⑥。康熙五十五年（1716）九月初九日，查为仁作诗《赏菊》两首，为之和诗。⑦ 乾隆元年（1736）六月初八日，查日乾七十寿辰，为之作诗贺寿⑧，并撰写《慕园府君七十寿序》⑨。乾隆六年（1741）五月十二日，查日乾卒，为之撰写《祭查慕园文》。⑩

　　赵国麟（1673—1750），字仁圃，号拙庵，泰安人，官至文渊阁大学士兼礼部尚书。雍正十三年（1735）三月十二日，与查日乾相逢于虎丘，

---

　　① 查禄百、查禄昌等：《宛平查氏支谱》第 8 卷，10 页，1941 年铅印本。

　　② 〔清〕吴廷华、汪沆：《天津县志》第 7 卷、第 23 卷；来新夏、郭凤岐：《天津通志》（中），78、240 页，天津，南开大学出版社，2001。

　　③ 查禄百、查禄昌等：《宛平查氏支谱》第 5 卷，6～7 页，1941 年铅印本。

　　④ 查禄百、查禄昌等：《宛平查氏支谱》第 8 卷，12～13 页，1941 年铅印本。

　　⑤ 查禄百、查禄昌等：《宛平查氏支谱》第 8 卷，5～6 页，1941 年铅印本。

　　⑥ 查禄百、查禄昌等：《宛平查氏支谱》第 4 卷，6 页，1941 年铅印本。

　　⑦ 〔清〕查为仁：《赏菊倡和诗》，《蔗塘未定稿》，3 页，乾隆八年（1743）写刻本。

　　⑧ 查禄百、查禄昌等：《宛平查氏支谱》第 8 卷，22 页，1941 年铅印本。

　　⑨ 查禄百、查禄昌等：《宛平查氏支谱》第 5 卷，57 页，1941 年铅印本。

　　⑩ 〔清〕陈仪：《陈学士文集》第 13 卷，《丛书集成初编》第 2498 册，261～262 页，上海，商务印书馆，1936。

为之赋诗一首。① 乾隆五年(1740)九月二十二日，为查日乾所辑《查氏七烈编》作序。②

陈世倌(1680—1758)，字秉之，号莲宇，海宁人，官至文渊阁大学士。乾隆元年(1736)六月初八日，查日乾七十寿辰，为之撰写《慕园府君七十寿序》。③ 乾隆十九年(1754)甲戌科会试，查为仁之子查善长考取进士，为正主考官。

钱陈群(1686—1774)，字主敬，号香树，嘉兴人，官至刑部侍郎。雍正三年(1725)秋，乞假南归，过访水西庄，作诗赠别，查为仁次韵送之。④

张鹏翀(1688—1745)，字天飞，一作天扉，号南华山人，嘉定人，官至詹事府詹事。乾隆五年(1740)三月，查礼为其《使滇集》题诗。⑤ 乾隆六年(1741)二月十六日，为查礼所辑《沽上题襟集》作序。⑥ 同年四月，查为仁为其《西山纪游图》题诗。⑦ 乾隆九年(1744)，查礼进京，至接叶亭造访张鹏翀。⑧

张照(1691—1745)，字得天，号泾南，娄县人，官至刑部尚书。乾隆元年(1736)九月，为查为仁《花影庵集》作序。⑨ 乾隆六年(1741)二月，为查为仁《游盘杂诗》题诗。⑩

商盘(1701—1767)，字苍雨，号宝意，会稽人，官至云南元江府知府。雍正十三年(1735)秋，假满入都，过访水西庄，查为仁出歌者演剧，

---

①　查禄百、查禄昌等：《宛平查氏支谱》第8卷，35页，1941年铅印本。

②　〔清〕查日乾：《查氏七烈编》卷首，乾隆五年(1740)宛平查氏刻本。

③　查禄百、查禄昌等：《宛平查氏支谱》第5卷，12～13页，1941年铅印本。

④　〔清〕查为仁：《抱瓮集》，《蔗塘未定稿》，6页，乾隆八年(1743)写刻本。

⑤　〔清〕查礼：《铜鼓书堂遗稿》第3卷，《续修四库全书》第1431册，27页，上海，上海古籍出版社，2002。

⑥　〔清〕张鹏翀：《沽上题襟集序》，〔清〕查礼：《沽上题襟集》卷首，乾隆六年(1741)写刻本。

⑦　〔清〕查为仁：《山游集》，《蔗塘未定稿》，20页，乾隆八年(1743)写刻本。

⑧　〔清〕查礼：《铜鼓书堂遗稿》第29卷，《续修四库全书》第1431册，217页，上海，上海古籍出版社，2002。

⑨　〔清〕查为仁：《花影庵集》卷首，《蔗塘未定稿》，乾隆八年(1743)写刻本。

⑩　〔清〕查为仁：《山游集》，《蔗塘未定稿》，8页，乾隆八年(1743)写刻本。

商盘吹紫箫和之，并赋诗多首。①

秦蕙田（1702—1764），字树峰，号味经，无锡人，官至刑部尚书。乾隆二十七年（1762），为查日乾侧室王氏撰写《王太君传略》。②

英廉（1707—1783），冯氏，字计六，号梦堂，汉军镶黄旗人，官至东阁大学士。乾隆十一年（1746）至乾隆十三年（1748）秋，任天津河防同知。期间，多次参与水西庄宴游觞咏。③

钱载（1708—1793），字坤一，号箨石，秀水人，官至礼部侍郎。乾隆四十八年（1783），为查礼撰写《俭堂府君小传》。④

曹秀先（1708—1784），字恒所，号地山，新建人，官至礼部尚书。乾隆四十九年（1784）六月，查礼及其妻合葬于三河县马昌营，为之撰写《俭堂府君墓志》。⑤

刘墉（1719—1804），字崇如，号石庵，诸城人，官至体仁阁大学士。乾隆四十八年（1783）癸卯科顺天府乡试，查为义之孙查彬中举，为正主考官。嘉庆六年（1801）十一月，为查彬之母项氏撰写《项太孺人六十寿序》。⑥

纪昀（1724—1805），字晓岚，献县人，官至协办大学士。乾隆十九年（1754）甲戌科会试，与查为仁之子查善长同科进士。乾隆四十九年（1784）甲辰科会试，查为义之孙查彬考取进士，为副主考官。乾隆六十年（1795）三月，查为义与其妻杜氏、继配王氏合葬于三河县留水渠，为之撰写《江南淮南仪所监掣通判集堂查公墓志铭》。⑦

在所有到访者之中，地位最尊贵的，还要数乾隆帝。乾隆帝出巡，

---

① 〔清〕查为仁：《莲坡诗话》卷中，《蔗塘未定稿》，9～10页，乾隆八年（1743）写刻本。
② 查禄百、查禄昌等：《宛平查氏支谱》第2卷，22～24页，1941年铅印本。
③ 〔清〕英廉：《梦堂诗稿》第8卷，《四库未收书辑刊》第9辑，第26册，422～426页，北京，北京出版社，2000。
④ 查禄百、查禄昌等：《宛平查氏支谱》第2卷，33～36页，1941年铅印本。
⑤ 查禄百、查禄昌等：《宛平查氏支谱》第3卷，11页，1941年铅印本。
⑥ 查禄百、查禄昌等：《宛平查氏支谱》第5卷，21～22页，1941年铅印本。
⑦ 〔清〕纪昀：《纪文达公遗集》第16卷，《续修四库全书》第1435册，472～473页，上海，上海古籍出版社，2002。

曾于十三年、三十五年、三十六年、三十八年、四十一年先后五次驻跸水西庄，并为之赋诗三首，后勒碑立于芥园御碑亭内。①

康熙二十二年（1683），查日乾奉母始来天津自谋生计②，在城内筑有于斯堂。其时可称之为"于斯堂时代"。期间，查氏所交往的名流，主要有以下几位（以生年为序）。

姜宸英（1628—1699），字西溟，号湛园，慈溪人，官至翰林院编修。康熙三十五年（1696）十月初三日，查日乾生母刘氏七十寿辰，为之作诗贺寿。③ 康熙三十七年（1698年）二月十五日，为查氏撰写《七烈传》。④

吴雯（1644—1704），字天章，号莲洋，蒲州人。康熙三十五年（1696年）十月初三日，查日乾生母刘氏七十寿辰，为之作诗贺寿⑤，并为查氏作《七烈哀辞》一文⑥。

查嗣韩（1645—1700），字荆州，号皋亭，海宁人，官至翰林院编修。康熙三十五年（1696）十月，为查日乾生母刘氏撰《刘太君七十寿序》⑦。康熙三十六年（1697）十月，为查日乾作《容斋跋》⑧。

查慎行（1650—1727），初名嗣琏，字夏重，号查田，后改名慎行，字悔余，号他山，又号初白，海宁人，官至翰林院编修。康熙四十九年（1710）十月初三日，查日乾为生母刘氏补办八十寿诞庆典，为之作诗贺寿。⑨ 康熙五十九年（1720）十一月二十四日，为查为仁《无题诗》作序⑩，并传授查为仁作诗之法："诗之厚，在意不在辞；诗之雄，在气不在直；

---

① 高凌雯：《天津县新志》卷首、第24卷，来新夏、郭凤岐：《天津通志》（中），497～498、1012页，天津，南开大学出版社，2001。

② 〔清〕陶良玉：《慕园府君六十寿序》，查禄百、查禄昌等：《宛平查氏支谱》第5卷，5页，1941年铅印本。

③ 查禄百、查禄昌等：《宛平查氏支谱》第8卷，9页，1941年铅印本。

④ 查禄百、查禄昌等：《宛平查氏支谱》第2卷，2～3页，1941年铅印本。

⑤ 查禄百、查禄昌等：《宛平查氏支谱》第8卷，10页，1941年铅印本。

⑥ 〔清〕查日乾：《查氏七烈编》第1卷，12页，乾隆五年（1740）宛平查氏刻本。

⑦ 查禄百、查禄昌等：《宛平查氏支谱》第5卷，1～2页，1941年铅印本。

⑧ 查禄百、查禄昌等：《宛平查氏支谱》第7卷，5页，1941年铅印本。

⑨ 查禄百、查禄昌等：《宛平查氏支谱》第8卷，16页，1941年铅印本。

⑩ 〔清〕查为仁：《无题诗》卷首，《蔗塘未定稿》，乾隆八年（1743）写刻本。

诗之灵，在空不在巧；诗之淡，在脱不在易，须辨毫发于疑似之间，余可类推。"①

查昇(1650—1707)，字仲韦，号声山，海宁人，官至詹事府少詹事。康熙三十九年(1700)秋日，为查日乾生母刘氏小照题诗。②

查嗣瑮(1653—1734)，字德尹，号查浦，海宁人，官至侍讲。康熙三十五年(1696)秋，为查日乾生母刘氏小照题诗。③ 康熙三十七年(1698)十月初一日，为查日乾作诗《赠别天行弟》。④ 康熙庚辰辛巳之间，来游天津，寓居查氏于斯堂，前后几及两载，与张氏遂闲堂宾主诗酒唱和。⑤ 康熙五十二年(1713)，为查日乾生母刘氏遗照题诗。⑥

汤右曾(1656—1722)，字西厓，仁和人，官至吏部侍郎。康熙四十九年(1710)十月初三日，查日乾为生母刘氏补办八十寿诞庆典，为之作诗贺寿。⑦

赵执信(1662—1744)，字伸符，号秋谷，益都人，官至右春坊右赞善。康熙六十一年(1722)十月，赵执信为查为仁之妻金至元《芸书阁剩稿》作序。⑧

陈鹏年(1663—1723)，字沧洲，湘潭人，官至河道总督。康熙五十八年(1719)九月，为查为仁《花影庵集》作序⑨，并为查为仁之妻金至元撰写《金孺人小传》⑩。

---

① 〔清〕查为仁：《莲坡诗话》卷上，《蔗塘未定稿》，12 页，乾隆八年(1743)写刻本。

② 陈克、岳宏：《水西余韵》，40 页，天津，天津古籍出版社，2008。

③ 陈克、岳宏：《水西余韵》，40 页，天津，天津古籍出版社，2008。

④ 查禄百、查禄昌等：《宛平查氏支谱》，第 8 卷，30 页，1941 年铅印本。

⑤ 〔清〕查为仁：《莲坡诗话》卷上，《蔗塘未定稿》，14 页，乾隆八年(1743)写刻本。

⑥ 查禄百、查禄昌等：《宛平查氏支谱》第 8 卷，6 页，1941 年铅印本。

⑦ 查禄百、查禄昌等：《宛平查氏支谱》第 8 卷，15 页，1941 年铅印本。

⑧ 〔清〕金至元：《芸书阁剩稿》卷首，〔清〕查为仁：《蔗塘未定稿》，乾隆八年(1743)写刻本。

⑨ 〔清〕查为仁：《花影庵集》卷首，《蔗塘未定稿》，乾隆八年(1743)写刻本。

⑩ 〔清〕金至元：《芸书阁剩稿》卷首，〔清〕查为仁：《蔗塘未定稿》，乾隆八年(1743)写刻本。

五、水西庄的历史文化意义

水西庄，作为一代历史名园，在中国文化史上曾经产生了非常深远的影响，具有十分重要的历史文化意义。其意义主要体现在以下三个方面。

(一)延揽失志文士，抚慰失意心灵

水西庄查氏崇尚气谊，喜好结纳。大江南北才人，凡过津门者，一刺之投，无不延款，尤其对仕途失志的文人雅士，更是百般优待。

乾隆元年博学鸿词科考，应试者 170 余人，仅录取了 15 人。① 其余应征未选之士，或羁留京师，继续等待机会；或重返山林，仍然诗酒自娱；或游走江湖，另寻仕进之阶。其中，就有十多人曾先后造访水西庄，来此寻找失意心灵的慰藉，宾朋好友的温情。

汪沆，博学鸿词科考落选之后，当年即来天津，寓居于查氏香雨楼。② 文酒诗乐之余，他仍然时常眷念仕途，渴望科名，正如他客居津门所作诗云：“威凤自应栖阆苑，枯槎无路觅河源。至今剩有觚稜梦，终恋君王一饭恩。”③自从来天津后，他积极参与水西庄雅集酬唱，宴游觞咏，同时受聘纂修天津府县志乘，失意的心灵在此得到了一定程度的纾解。直至乾隆八年(1743)，汪沆赴闽中，入将军幕府，从此离开了水西庄。④

杭世骏，乾隆八年二月以言事获罪被罢，愤懑抑郁之下，立马来到天津，以寻求心结的慰解。查为义宴请同人集会南溪园，赋诗劝勉，抚

---

　　① 王澈：《乾隆元年荐举博学鸿词史料(下)》，《历史档案》，1990(4)。

　　② 〔清〕查礼：《津门杂事诗序》，〔清〕汪沆：《津门杂事诗》卷首，乾隆四年(1739)写刻本。

　　③ 〔清〕杭世骏：《词科余话》卷三，周骏富：《清代传记丛刊·学林类》，899 页，台北，明文书局，1986。

　　④ 〔清〕查礼：《铜鼓书堂遗稿》第 5 卷，《续修四库全书》第 1431 册，36 页，上海，上海古籍出版社，2002。

慰他失职后的创痛；查为仁陪他游览杨柳青、水西庄，消解他心中的郁闷。杭世骏也作诗云："羁愁慰藉仗群公。""一夕清欢笑语通。"宾主诗酒流连，调适了心绪。数日之后，杭世骏即返回京城。初夏时，杭世骏南归浙江，再度过访水西庄，与同人诉说衷肠，依依惜别。① 查礼等人在水西庄内置酒饯别，作诗送行。②

吴廷华，福建兴化府同知罢免之后，乾隆二年（1737），即来天津，时常参与水西庄诗歌酬唱活动，并与汪沆共同纂修天津府县志乘。③ 乾隆三年底，受方苞之邀，进京入值三礼馆，任纂修官。④

查为仁收养培育孤儿，赒恤潦倒文人，款接名流雅士，因而，水西庄一时成为失志与在野文人的心灵栖息地和生活庇护所，彼时在南北士林中影响巨大。许佩璜（字渭符，江都人）过访水西庄时，赠以查为仁诗云："庇人孙北海，置邮郑南阳。"⑤即以东汉孙嵩庇护赵岐免受迫害，西汉郑庄结交天下名士的典故，来称誉查为仁广揽宾客、荫庇士人的事迹。

（二）结交高官大吏，转换商人身份

在官本位的传统社会里，商人的社会地位较为卑微。水西庄查氏虽因经营盐业而家资雄厚，但家族中早期并无仕宦人员，所以其社会地位并不高贵。实地到访水西庄的宾朋，亦多为失意或罢免的官员、失志或在野的文人、遁入空门的佛道人士，时任官员者则不多见。由此可知，当时官商之间交往的分界甚为严明。因此，水西庄查氏急欲通过仕途来转变其盐商身份和提升社会地位。查日乾极力鼓励三个儿子通过科举考

① 〔清〕杭世骏：《道古堂诗集》第 11 卷，《续修四库全书》第 1427 册，83～84 页，上海，上海古籍出版社，2002。
② 〔清〕查礼：《铜鼓书堂遗稿》第 5 卷，《续修四库全书》第 1431 册，37 页，上海，上海古籍出版社，2002。
③ 〔清〕吴廷华：《天津府志后序》，〔清〕吴廷华、汪沆：《天津府志》，来新夏、郭凤岐：《天津通志》（上），589 页，天津，南开大学出版社，1999。
④ 〔清〕杭世骏：《词科余话》卷七，周骏富：《清代传记丛刊·学林类》，1104～1105 页，台北，明文书局，1986。
⑤ 〔清〕梅成栋：《津门诗钞》第 29 卷，天津，天津古籍出版社，949 页，1987。

试或捐银纳赀而进入仕途，甚至冒着被处以极刑的危险，约请曾经中举的邵坡代作文章，制造了查为仁乡试科考舞弊案。① 同时，水西庄查氏广交朝廷内外的高官大吏，希望能够得到仕途上的援引。例如，雍正九年(1731)，查日乾携查礼进京拜见陈元龙②，陈元龙时任文渊阁大学士兼礼部尚书。乾隆七年(1742)，查为仁携查善长入都过访杭世骏③，杭世骏时任翰林院编修。水西庄查氏先后结交的其他高级官员，尚有徐用锡、朱轼、蒋溏、陈宏谋、陈时夏、赵殿最、金德瑛、梁诗正、任兰枝、陈大受、杨汝毂、汪由敦、赵大鲸等。

其后，查氏后裔成进士者有三人：查善长、查彬、查讷勤。中举人者有九人：查诚、查鹤(1770—1797)、查毅勤(1811—1891)、查咸勤(1791—1863)、查以新(1838—1873)、查丙章(1831—1881)、查恩绥(1839—1906)、查双绥(1864—1928)、查尔崇(1862—1930)。其他进入仕途者，还有：查为义，官至江南淮南仪所监掣通判；查礼，官至湖南巡抚；查淳，官至大理寺少卿；查枢(1761—1807)，官至云南永善县知县；查林，官至云南晋宁州知州。

水西庄查氏家族由盐商巨贾向官宦之家的华丽转身，也为我们深入研究清代的科举制度、商人身份转变以及天津盐商文化等重要课题提供了一个经典学术案例。

(三)繁荣文学艺术创作，促进地域文化发展

水西庄建成之后，查氏即以此作为平台，广揽天下文人雅士。乾隆初期，到访并参与水西庄文事活动者，即有两百来位。吴廷华描述了当时文人在此雅集的盛况："四方闻人过沽上者，争识之。斗韵征歌，日常

---

① 《清实录》第 6 册，507 页，北京，中华书局，1985。
② 〔清〕查礼：《修复灵渠记》，《续修四库全书》，第 1431 册，206～207 页，上海，上海古籍出版社，2002。
③ 〔清〕杭世骏：《道古堂诗集》第 10 卷，《续修四库全书》第 1427 册，79 页，上海，上海古籍出版社，2002。

满座，北海风雅，及亭馆、声乐、宾客之盛，咸推水西庄。"①查氏与宾客在水西庄或吟诗填词，或著书立说，或作画题辞，或研讨经史，或鉴赏金石，或观演戏剧，各类文化活动极为兴盛，影响遍及大江南北。乾隆五年(1740)冬，查礼将刘文煊、吴廷华、查为仁、汪沆、陈皋、万光泰、胡睿烈及其本人"在津酬唱之作，每年简择数章，各成一卷"②，辑录为《沽上题襟集》八卷，并请厉鹗作序。扬州"小玲珑山馆"诗人群体，在厉鹗倡率之下，成立邗江吟社，举办诗会吟咏，效仿水西庄故事，也将宾主酬唱诗作结集为《韩江雅集》。其后，汪沆则将"韩江之雅集"与"沽上之题襟"联袂并称。③ 由此，当查为仁和马曰琯去世之后，杭世骏不禁扼腕叹息："查莲坡殁而北无坛坫，马嶰谷殁而南息风骚!"④杭氏为诡谲时世中的士林失去了两位重要的组织者和庇护者而深感锥心之痛!

天津，地接北京，向来为军事重镇，发挥着拱卫京师的功能，由此，民俗尚武力，文风不昌盛，故被称为"椎鲁不文"之地。⑤ 然而，当水西庄文事活动兴盛之时，天津的诗人⑥，周焯(字月东)、胡捷(字象三)、胡睿烈(字文锡)、查曦(字汉客)、赵松(字泰瞻)等人积极参与集会，宴游觞咏，切磋诗艺。水西庄宾朋的诗词酬唱、书画创作，极大地激发和培育了天津文人的诗情才艺，也有力地促进了天津地方文学与艺术的发展，他们共同开创了天津历史文化前所未有的繁盛局面。水西庄宾主所创作的诗词书画、所刊刻的图书古籍、所收藏的金石鼎彝，也都成为天津丰厚的历史文化遗产中的一部分。

---

① 〔清〕吴廷华：《莲坡府君小传》，查禄百、查禄昌等：《宛平查氏支谱》第2卷，26页，1941年铅印本。

② 〔清〕查礼：《沽上题襟集后序》，《沽上题襟集》，乾隆六年(1741)写刻本。

③ 〔清〕汪沆：《樊榭山房文集序》，〔清〕厉鹗：《樊榭山房文集》卷首，209页，北京，中华书局，1936年《四部备要》本。

④ 〔清〕杭世骏：《吾尽吾意斋诗序》，《续修四库全书》第1426册，308页，上海，上海古籍出版社，2002。

⑤ 〔清〕王又朴：《诗礼堂古文序》，《诗礼堂古文》卷首，乾隆十九年(1754)刻本。

⑥ 天津人多为外地移民，凡移居者第二代以下，本文即视为天津人。

六、结　语

天津查氏在南运河畔构筑水西庄，广揽四方名流雅士，宴游觞咏，诗文赠答。查为仁主盟期间，水西庄的文事活动臻于鼎盛，与江浙诗社遥相呼应，南北交流，在当时士林中影响巨大，为此，中国文化史应该给予它一席之位，而不应让它成为遗忘的历史。

[原载于《天津师范大学学报（社会科学版）》2015 年第 4 期]

"名定则实辨"

——论"文评专书"的内涵与外延①

北京师范大学　郭英德

一、引言

在中国古代的文学研究文献中，有一类论诗评文的图书，内容丰富而体制完备，《四库全书总目》统称之为"诗文评"。其中就"诗评"而论，无疑以"诗话"为大宗，但也涵容诗品、诗式、诗格、诗论、诗评、诗说之类的图书；就"文评"而论，则以"文话"为名的图书数量极少，习见的是标名为文论、文评、文说、文式、文法之类的图书。清初张潮(1650—约1709)说："古有诗话而无文话，即有之，亦不过散见于各篇之中，未有汇为一卷者。"②因此，当王水照主编《历代文话》时，虽仿照"诗话""词话"，而取名为"文话"，但在具体论述时，却认识到有些著作"实已不为说部性文话所限"，而含混地概称该书所收著作为"文章学的研究、评论

①　基金项目：2014 年度国家社科基金重大项目"中国古代散文研究文献集成"，项目批准号 14ZDB066；"中央高校基本科研业务费专项资金资助"项目"中国古代文评专书全编"，项目批准号 SKZZY2014072。

②　〔清〕张潮：《伯子论文题辞》，王水照：《历代文话》第 4 册，3593 页，上海，复旦大学出版社，2007。

资料”，或随意简称为“文评资料”“文论著作”“文评著作”等。①

　　确定社会对象的名称，无疑是人们认识社会和改造社会的前提和基础。所以孔子说：“名不正，则言不顺；言不顺，则事不成。”②荀子说：“名定而实辨，道行而志通。”③与此同理，确定研究对象的名称，也是学术研究的前提和基础。从“名实相副”的角度着眼，我们认为与其将“文章学的研究、评论资料”称为“文话”，不如遵循《四库全书总目》之例，加以规范，称为“文评专书”。而我们要做的，首先就是“正名”，即科学地确定“文评专书”的内涵与外延。

　　在逻辑学上，“内涵”指一个概念所反映的事物的本质属性的总和，“外延”指一个概念所确指的对象范围。我们认为，“文评专书”作为一个组合概念，其内涵和外延的确定，应包括“文评”和“专书”两个概念所反映的事物的本质属性的整体组合。当然，这两个概念本身都是“弹性”概念，由此造成“文评专书”概念的模糊性、灵活性、随机性，使“文评专书”概念具有“不确定性”（uncertainty）的特征。④ 因此我们能够做的，只能是大致确定带有“不确定性”特征的“文评专书”概念，在内涵及其外延的“边界”上，以此作为开展中国古代散文研究、文献学术研究的起点和基点。

二、集部“诗文评”类的衍生流变

　　在中国古代，评诗论文的图书大多归属于集部“诗文评”类。因此追溯文评专书的来龙去脉，不能不先从目录学中集部“诗文评”类的衍生流

---

　　① 王水照：《历代文话序》，《历代文话》第 1 册，1～4 页，上海，复旦大学出版社，2007。

　　② 杨伯峻：《论语译注》，134 页，北京，中华书局，1980。

　　③ 〔清〕王先谦：《荀子集解》，沈啸寰、王星贤点校，414 页，北京，中华书局，1988。

　　④ 不只是知识社会中充满着不确定性，数学和自然科学的发展已经揭示出，客观世界也普遍存在着不确定性，不确定性比确定性更为基本。关于“不确定性”的研究论著及相关观点的讨论，详见李坚：《不确定性问题初探》，中国社会科学院研究生院博士学位论文，2006。

变过程说起。①

　　西晋时，秘书监荀勖(？—289)奉命，以魏秘书郎郑默(213—280)的《中经》为蓝本，编纂《中经新簿》，"分为四部，总括群书"②，其中"丁部"实启后世之集部。南朝梁阮孝绪(479—536)《七录》集录图书，有鉴于"顷世文词，总谓之集"，遂设"文集录"，下含楚辞部、别集部、总集部、杂文部四类图书。③ 唐初编纂《隋书·经籍志》，以《七录》为本，并将杂文部与总集部合为"总集"类。如挚虞(250—300)《文章流别志论》、李充(生卒年不详)《翰林论》、刘勰(约 465—约 532)《文心雕龙》、钟嵘(约 468—约 518)《诗品》(一名《诗评》)之类评诗论文的图书，皆著录于"以纪类分文章"的总集类④，并未独立成类。

　　至唐开元年间(713—741)编定《崇文目开元四库书目》，首次在"集部"总集类中附录评诗论文的图书，以"文史"作为类名，特加小字注明。⑤ 时隔二百多年，北宋真宗朝(998—1022)官修《三朝国史艺文志》，明确地在集部中独列"文史"一类，指出："晋李充始著《翰林论》，梁刘勰又著《文心雕龙》，言文章体制。又钟嵘为《诗评》，其后述略例者多矣。至于扬榷史法，著为类例者，亦各名家焉。前代志录，散在杂家或总集，然皆所未安，惟吴兢《西斋》有'文史'之别，今取其名而条次之。"⑥仁宗

---

　　① 本节论述，参见张伯伟：《中国古代文学批评方法研究》，453～455 页，北京，中华书局，2002；彭玉平：《诗文评的体性》，3～9 页，北京，北京大学出版社，2012。本文多有补充、订正，恕不一一注明。

　　② 〔唐〕魏徵等：《隋书》卷 32《经籍志》，906 页，北京，中华书局，1973。

　　③ 〔唐〕释道宣：《广弘明集》第 3 卷，《四部丛刊初编》影印明汪道昆刻本。

　　④ 〔唐〕唐玄宗：《大唐六典》第 10 卷，李林甫注，明刻本。《旧唐书·经籍志序》称总集类"以纪文章事类"，与《隋书》同。〔后晋〕刘昫：《旧唐书》第 46 卷，1974 页，北京，中华书局，1975。

　　⑤ 〔宋〕王应麟：《玉海》卷 52《艺文·书目》，《景印文渊阁四库全书》第 944 册，405 页，台北，台湾商务印书馆，1986。同时代的史学家吴兢(约 670—749)编纂私家藏书目录《吴氏西斋书目》，当亦用此例。参见杜泽逊：《谈吴兢的〈西斋书目〉》，《上海高校图书情报学(季刊)》，1994(2)；张三夕、苏小露：《吴兢〈西斋书目〉考》，《燕赵学术》，2013(1)。

　　⑥ 〔元〕马端临：《文献通考》卷 248"经籍考七十五"引，1953 页，北京，中华书局，1986。《三朝国史艺文志》，已佚。

庆历元年(1041)，王尧臣(1003—1058)等奉敕编成《崇文总目》，据《三朝国史艺文志》之例，将谈诗、论文、评史的 25 部图书独列为"文史"一类，与别集、总集并立。① 嘉祐五年(1060)，欧阳修(1007—1072)等编纂《新唐书·艺文志》，也将"文史类"一目，附列于"丁部集录·总集类"之末，著录诗文评与史评图书，与其他总集相区别。②《崇文总目》著录"文史"类的体例，成为后世目录学著作的圭臬。③

北宋末郑樵(1104—1162)撰《通志》，其《艺文略》将古今公私书目分为十二类，第十二类为"文类"，大致分为"别集"与"非别集"两家，"非别集"中有"文史""诗评"的子目，与"楚辞""总集"等并列。④ 其中"文史"目下，著录图书 23 部，包括《翰林论》《文心雕龙》《文格》《史例》等，皆为通评"诗文"或专评"文"的图书；"诗评"目下，著录图书 44 部，包括钟嵘《诗评》、王昌龄《诗格》以及多种诗话，皆为专评"诗"的图书。目录书中以"诗评"立目，始见于此。⑤ 而以"文说"取代"文史"，则首见于南宋淳祐九年(1249)赵希弁(生卒年未详)编《郡斋读书后志》。该书卷 2"集部·文说类"，著录白居易(772—846)《金针诗格》、梅尧臣(1002—1060)《续金针诗格》、王钦臣(约 1034—约 1101)《杜诗刊误》、黄大舆(生卒年未详)《韩柳文章谱》、释惠洪(1071—1128)《天厨禁脔》五种。⑥

---

① 〔宋〕王尧臣：《崇文总目辑释》五卷《附录》一卷，〔清〕钱东垣等辑释，〔清〕钱侗补遗，《续修四库全书》第 916 册，790 页，上海，上海古籍出版社，2002。

② 〔宋〕欧阳修、宋祁：《新唐书》卷 60《艺文志》，1625～1626 页，北京，中华书局，1975。

③ 〔宋〕尤袤(1127—1202)《遂初堂书目》、〔宋〕陈骙(1128—1203)《中兴馆阁书目》、〔宋〕陈振孙(1183—?)《直斋书录解题》、〔宋〕李心传(1166—1243)等《中兴四朝艺文志》、〔元〕马端临(1254—1323)《文献通考·经籍考》以及《宋史·艺文志》、《明史·艺文志》、〔清〕钱大昕(1728—1804)《补元史艺文志》等公私目录，均沿《崇文总目》之例，在集部中独列"文史"一类，著录评诗论文的图书。

④ 〔宋〕郑樵：《通志》第 70 卷，828 页，北京，中华书局，1987。

⑤ 南宋类书编纂，亦取此法。如庆元元年(1195)进士潘自牧编《记纂渊海》"著述部"下，分"评文"与"评诗"两类；庆元二年(1196)进士章如愚编《山堂考索》卷 21、卷 22"文章门"下，设"评文类"与"评诗类"。可知时至南宋，人们已习用"评文""评诗"之说。

⑥ 〔宋〕赵希弁：《郡斋读书后志》，《景印文渊阁四库全书》第 674 册，430～431 页，台北，台湾商务印书馆，1986。

在中国古代图书目录"集部"中，易"文史"之名为"诗文评"，始见于焦竑(1540—1620)编纂的《国史经籍志》。该书初刻于万历三十年(1602)，卷5"集类"分为制诏、表奏、赋颂、别集、总集、诗文评六类。"诗文评"类中，自"李充翰林论三卷""任昉文章缘起一卷"，至"僧神郁四六格一卷""杨囷道四六余话二卷"，多为文评图书；自"颜竣诗例录三卷""钟嵘诗品三卷"，至"王元美艺苑卮言八卷""又艺苑卮言附录四卷""名贤诗评二十卷"，多为诗评图书①。稍后祁承爜(1563—1628)编纂《澹生堂藏书目》，该书"集部"分为"诏制、章疏、辞赋、总集、余集、别集、诗文评凡七类"，而"诗文评之目为文式、为文评、为诗法、为诗评、为诗话计五则"②。清康熙间钱曾(1629—1701)编纂《读书敏求记》，卷四集部下分"诗集"(实为别集)、"总集"、"诗文评"、"词集"四目。其中"诗文评"著录图书，先文评，后诗话。③ 可见时至晚明清初，集部中的"诗文评"类目已为众多目录学家所采用，并已约略区别诗评图书与文评图书。清乾隆间编纂的《四库全书》，即沿此例，顺理成章地采用"诗文评"作为类名。

综上所述，在中国古代图书目录"集部"中，评诗论文的图书在总体上经历了初唐以前附属总集—盛唐(8世纪)以后独列"文史"类—晚明清初(17世纪)以后独列"诗文评"类的历史变迁过程。诗文评类图书命名的独立与确立，标示出中国古代诗文评观念的逐渐成型与成熟。

三、"文评"的内涵与外延

从中国古代图书分类中集部"诗文评"类的衍生流变过程，我们可以

---

① 该书正文中，"诗文评"下有小字注"附"，则仍系附录于总集之末。〔明〕焦竑：《国史经籍志》，《四库全书存目丛书·史部》第277册，513~514页，济南，齐鲁书社，1996。

② 〔明〕祁承爜：《澹生堂藏书目》，《续修四库全书》第919册，699页，上海，上海古籍出版社，2002。该书"诗文评类"目录，见709~711页。

③ 〔清〕钱曾：《读书敏求记》，《四库全书存目丛书·史部》第277册，631页，济南，齐鲁书社，1996。值得注意的是，编纂于《读书敏求记》之前的《钱遵王述古堂藏书目录》卷七"文集"类，著录《文心雕龙》《文章缘起》《文则》；另单列"诗话"类，著录《诗品》《诗式》《六一诗话》等。《四库全书存目丛书·史部》第277册，705、717~718页，济南，齐鲁书社，1996。

得出以下四点重要的启示：

第一，"文史"或"诗文评"概念，是随着集部图书的独立和"诗文评"类图书的渐增而逐渐生成的。章学诚（1738—1801）论"文史"类独立列目的缘由，说："唐宋以后，纪闻随笔，门类实繁，诗话文评，牵连杂记，是则诸子之中，所以别立文史专门也。"①《四库全书总目·凡例》说："文章流别，历代增新。古来有是一家，即应立是一类。"②《四库全书总目》"诗文评"类小序说："文章莫盛于两汉，浑浑灏灏，文成法立，无格律之可拘。建安、黄初，体裁渐备，故论文之说出焉。"③其实，"文史"类或"诗文评"类图书在集部中独立，不仅因为其体裁渐备和数量激增，更因为其地位变迁，标示着学术日新月异的发展。正如朱自清（1898—1948）所说的："著录表示有地位，自成一类表示有独立的地位，这反映着各类文学本身如何发展，并如何获得一般的承认。"④

第二，在中国古代图书分类体系中，"文史"或"诗文评"的概念大致有一个确定的指称范围，亦即有其相对确定的内涵与外延。对此，《四库全书总目》"诗文评"类小序做了颇为清晰的概括：

> 文章莫盛于两汉，浑浑灏灏，文成法立，无格律之可拘。建安、黄初，体裁渐备，故论文之说出焉，《典论》其首也。其勒为一书传于今者，则断自刘勰、钟嵘。勰究文体之源流，而评其工拙；嵘第作者之甲乙，而溯厥师承，为例各殊。至皎然《诗式》，备陈法律；孟棨《本事诗》，旁采故实；刘攽《中山诗话》、欧阳修《六一诗话》，又体兼说部。后所论著，不出此五例中矣。⑤

---

① 〔清〕章学诚：《校雠通义通解》卷 4 引《和州志艺文书辑略》，王重民通释，150 页，上海，上海古籍出版社，1987。

② 〔清〕永瑢等：《四库全书总目》卷首，18 页，北京，中华书局，1965。

③ 〔清〕永瑢等：《四库全书总目》第 195 卷，1779 页，北京，中华书局，1965。

④ 朱自清：《诗言志辨·序》，《朱自清古典文学论文集》，188 页，上海，上海古籍出版社，2009。

⑤ 〔清〕永瑢等：《四库全书总目》第 195 卷，1779 页，北京，中华书局，1965。

简言之，《四库全书总目》所谓"体裁渐备，故论文之说出焉"，指的是"文史"或"诗文评"概念的内涵；而"后所论著，不出此五例中矣"，指的是"文史"或"诗文评"概念的外延。

在中国传统文化语境中，"文"的概念即使仅仅指称修辞敷采的文字写作，也还有广义与狭义之分。广义的"文"，概指一切修辞敷采的文字写作，也可称为"文章"或"文辞"①；狭义的"文"，则与"诗"并称或对称，指一切"非诗"的修辞敷采的文字写作②。《四库全书总目》所谓"论文之说"之"文"，取其广义，兼容诗文。而我们所说的"文评专书"之"文"，则取其狭义，即以"诗—文"并称或对称为语境，指一切"非诗"的修辞敷采的文字写作。就其文体类型而言，以古文为主，涵容骈文、时文与赋。③

"文史"或"诗文评"概念的内涵是"论文之说"，这是古人的共识。例如，北宋末许顗(生卒年未详)详释诗话的内涵，说："诗话者，辨句法，备古今，记盛德，录异事，正讹误也。"④南宋《中兴国史艺文志》认定："文史者，讥评文人之得失也。"⑤章学诚《文史通义·诗话》也说，如《诗

---

①　如南朝梁萧统《文选》、刘勰《文心雕龙》之类。参见郭英德：《中国古代文体学论稿》，50－52页，北京，北京大学出版社，2005。

②　诗、文分体，始自唐宋以降。刘师培云："隋唐以上，诗集、文集之体未分。""唐宋以降，诗集、文集，判为两途。"(刘师培：《论文杂记》，113～114页，北京，人民文学出版社，1959)参见郭绍虞：《试论"古文运动"——兼谈从文笔之分到诗文之分的关键》，《照隅室古典文学论集》下编，上海，上海古籍出版社，1983。宋人对诗文之别，已有相当明确的意识，参见慈波：《文话发展史略》，10～11页，复旦大学博士学位论文，2007。明人尤擅为"诗文辨体"，参见郭英德等：《中国古典文学研究史》，462～464页，北京，中华书局，1995。

③　广义的散文观念，不仅包括古文、骈文、时文和赋，还包括经、史、子、集各部之文。参见郭英德：《论〈中国古代散文研究文献集成〉的编纂宗旨》，《文艺研究》，2015(8)。

④　〔宋〕许顗：《彦周诗话》，〔清〕何文焕：《历代诗话》，378页，北京，中华书局，2004。

⑤　〔元〕马端临：《文献通考》卷248"经籍考七十五"引，1953页，北京，中华书局，1986。南宋《中兴国史艺文志》，已佚。此语一说出自陈骙《中兴馆阁书目》，惜未能查知出处。

品》与《文心雕龙》是"考文论艺，渊源流别"①。

"评"，三国魏时张揖（生卒年未详）《广雅·释诂》释为"议也"②，北宋《广韵·庚韵》释为"评量"③，《文心雕龙》释为"平理"④。或意为"品题"，如《后汉·许劭传》云："劭好核论乡党人物，每月更其品题，故汝南俗有'月旦评'焉。"⑤《南史·钟嵘传》云："嵘品古今诗为评，言其优劣。"⑥所以钟嵘《诗品》也称为《诗评》。

因此，"文评"概念的内涵，指的是针对一切"非诗"的修辞敷采的文字写作（包括古文、骈文、时文、赋等）的评议、评论、评说、评述、品评。

就其外延而言，章学诚依据诗话的内容，分为"论诗而及事"与"论诗而及辞"两大类。⑦《四库全书总目》则以"论文之说"的知识内容为依据，将"诗文评"类图书细分为五种类型："究文体之源流，而评其工拙"，即评论文体的图书，如刘勰《文心雕龙》；"第作者之甲乙，而溯厥师承"，即品评作家的图书，如钟嵘《诗品》；"备陈法律"，即研求文法的图书，如皎然（生卒年未详）《诗式》；"旁采故实"，即记载本事的图书，如孟棨《本事诗》；"体兼说部"，即随感杂录的图书，如刘攽（1023—1089）《中山诗话》、欧阳修《六一诗话》。这五种类型大致确定了"诗文评"类图书的对象范围。

第三，从历史渊源来看，"文史"类或"诗文评"类图书是从"总集"类图书中逐渐分离、独立出来的，因此与"总集"类图书始终保持着"剪不

---

① 〔清〕章学诚：《文史通义校注》卷5《诗话》，叶瑛校注，560页，北京，中华书局，1985。

② 〔清〕王念孙：《广雅疏证》卷3下《释诂》，107页，北京，中华书局，1983。

③ 〔宋〕陈彭年、〔宋〕丘雍：《宋本广韵》，165页，北京，中国书店，1982。

④ 〔南朝梁〕刘勰：《文心雕龙》，282页，南京，江苏教育出版社，2006。

⑤ 〔宋〕范晔：《后汉书·许邵传》第68卷，2235页，北京，中华书局，1965。

⑥ 〔唐〕李延寿：《南史·钟嵘传》第62卷，1189页，北京，中华书局，2005。

⑦ 〔清〕章学诚：《文史通义校注》卷5《诗话》，叶瑛校注，559页，北京，中华书局，1985。

断，理还乱"的千丝万缕的联系。① 正是有见于此，清康熙间吴琇
(1651—?)说："予夺可否，次第高下，诗于是乎有选；平章风雅，推敲
字句，诗于是乎有话。话者，诗选之功臣也。"②

历代诗文总集，尤其是独出慧眼的诗文选本，对作家、作品的选与
不选、多选与少选，以及对作家、作品的编纂体例等，都无不体现出选
家的独特眼光和独特观念，在某种意义上亦堪称"论文之说"。因此明末
谭元春(1586—1637)说："故知选书者，非后人选古人书，而后人自著书
之道也。"③而历代诗文总集中的注释类图书和评点类图书，在遴选、编
纂诗文作品的基础上，再加以注释与评点，更体现出鲜明的"论文之说"
的特征。如元初方回(1227—1305)编《瀛奎律髓》49卷，专录唐宋五七言
律诗，自序云："所选，诗格也；所注，诗话也。学者求之，髓由是可得
也。"④尤其是评点类图书，就其内容而言，既有"删汰繁芜，使莠稗咸
除，菁华毕出"的特征，也有"文章之衡鉴"的特征⑤，因此古人也时或将
之归属为"文史"类或"诗文评"类图书。如吕祖谦(1137—1181)《古文关键》
20卷，是最早的诗文总集评点文献，《宋史·艺文志》就著录于"文史类"。⑥

---

① 如宋晁公武《郡斋读书志》卷3下，将唐孟棨《本事诗》《续本事诗》列入"集部·总集
类"(《景印文渊阁四库全书》第674册，298页，台北，台湾商务印书馆，1986)。元马端临
《文献通考·经籍考》，也将《本事诗》列入总集类。明杨士奇《文渊阁书目》卷2"文集"类，与
《文选》等诗文总集、文总集、文别集一起，著录《文心雕龙》等文评著作(《景印文渊阁四库全
书》第675册，157页，台北，台湾商务印书馆，1986)。明钱溥《秘阁书目》，亦将《文心雕
龙》等文评著作，与《昭明(文选)》《文章正宗》等并著录于"文集"类(《四库全书存目丛书·史
部》第277册"史部·目录类"，济南，齐鲁书社，1996)。明黄虞稷《千顷堂书目》卷31"总集
类·文"，著录宋陈骙《文则》、宋吴开《优古堂诗话》、宋魏庆之《诗人玉屑》、宋李涂《文章精
义》、元陈绎曾《文说》等(《景印文渊阁四库全书》第676册，741～742页，台北，台湾商务印
书馆，1986)。
② 〔清〕吴琇：《龙性堂诗话序》，郭绍虞：《清诗话续编》第2册，931页，上海，上海
古籍出版社，1983。
③ 〔明〕谭元春：《新刻谭友夏合集·古文澜编序》第8卷，明崇祯六年(1633)刻本。参
见杨松年：《中国文学评论史编写问题论析——晚明至盛清诗论之考察》，台北，文史哲
出版社，1988。
④ 〔元〕方回：《瀛奎律髓》卷首，清康熙间刻本。
⑤ 〔清〕永瑢等：《四库全书总目》卷186"总集类"小序，1685页，北京，中华书局，1965。
⑥ 〔元〕脱脱等：《宋史·艺文志》第209卷，5411页，北京，中华书局。

有鉴于此，祝尚书认为，"文章学论著"可分为评点类、专著类两种类型。评点类包括古文评点和时文评点，古代目录书一般多归于总集类，但却是文章学研究的重要资源。① 王水照主编《历代文话》，也将"有评有点之文章选集"作为"后世文论著作"的四种类型之一。②

但是，从概念的内涵来看，独立于诗文文本之外的"论文之说"，与依附于诗文文本的评点之文，其本质属性显然是迥然有异的：前者旨在"论文"，后者旨在"选文"；前者是"论体""说体"，后者是"选体"；前者是"因论生文"，后者是"因文生论"。清人王之绩（生卒年不祥）撰写文评著作《铁立文起》，明确指出："是编论文，非选文也，故名作如林，皆所弗录。"③刘兴樾（？—1844）《石楼诗话序》也说："诗话不同乎选诗。"④因此《四库全书总目》概举"论文之说"之"五例"时，并未包括诗文总集评点图书。而《历代文话》辑录部分古文总集评点文献对每一篇文章的评语，"依《词话丛编》例，统以'某书评文'为书名（如《崇古文诀评文》、《唐宋八大家文钞评文》等）"⑤，不免越出"论文之说"的内涵，造成"文话"体例的紊乱，实不可取。

至于南宋计有功（生卒年不详）编纂《唐诗纪事》，辑录唐人诗作及相关本事，并记述诗人生平履历，将纪事与辑存作品结合起来，开创了一种新的编纂体制，兼具总集类图书和诗文评类图书的特征。这种编纂体制源于孟棨《本事诗》，属"旁采故实"之外，所以《四库全书》将《唐诗纪事》收入"诗文评类"。除此之外，陈鸿墀（1758—?）《全唐文纪事》一书⑥，虽然《历代文话》未加收录，但却完全可以而且应该纳入"文评"类图书之中。

---

① 祝尚书：《略论文章学研究的资源开发》，《文学遗产》，2007(2)。并见祝尚书：《论宋元时期的文章学》，《四川大学学报(哲学社会科学版)》，2006(2)。

② 王水照：《历代文话序》，《历代文话》第1册，2～3页，上海，复旦大学出版社，2007。

③ 〔清〕王之绩：《铁立文起·凡例》，王水照：《历代文话》第4册，3624页，上海，复旦大学出版社，2007。

④ 〔清〕孙煦：《石楼诗话》卷首，清道光十七年(1837)刻巾箱本。

⑤ 王水照：《历代文话序》，《历代文话》第1册，1页，上海，复旦大学出版社，2007。

⑥ 〔清〕陈鸿墀：《全唐文纪事》，北京，中华书局，1959；上海，上海古籍出版社，1987。

第四，在中国古代，"文史"类或"诗文评"类图书，虽然归属于"集部"，但却往往未能严守"集部"之畛域。章学诚指出："唐人诗话，初本论诗。自孟棨《本事诗》出（亦本《诗小序》），乃使人知国史叙诗之意，而好事者踵而广之，则诗话而通于史部之传记矣；间或诠释名物，则诗话而通于经部之小学矣（《尔雅》训诂类也）；或泛述闻见，则诗话而通于子部之杂家矣。（此二条，宋人以后较多。）"①原本归属于集部的诗话，因其内容庞杂，兼收并蓄，难免通于史部之传记、经部之小学和子部之杂家。《四库全书总目》在概述"诗文评"图书之"五例"时，也特地揭明"刘攽《中山诗话》、欧阳修《六一诗话》，又体兼说部"②。

从中国古代图书的实际归属来看，尽管专门研究狭义之"文"的图书多归属于集部"文史"类或"诗文评"类，但同时也有一些图书曾经归属于子部乃至经部、史部。例如，晁公武（1105—1180）《郡斋读书志》卷3下，将欧阳修《欧公诗话》、司马光（1019—1086）《续诗话》、苏轼（1037—1101）《东坡诗话》等，纳入"子部·小说类"。③ 其后赵希弁编纂《郡斋读书志·附志》，将任昉（460—508）《文章缘起》纳入"子部·类书类"。④ 晁瑮（1507—1560）《晁氏宝文堂书目》"子杂"类，著录《文断》《古文法则》《文式》《金石例》《文章瓯冶》《汝南诗话》《宋诸家诗话》等诗文评图书。⑤

因此，我们不能因为一部图书在古人的图书分类中归属于子部或史部，就无视或否定其作为"诗文评"类图书的价值。仅以子部图书为例。南宋陈善（公元1147年前后在世）《扪虱新话》15卷，杂考经史诗文，兼

① 〔清〕章学诚：《文史通义校注》卷5《诗话》，叶瑛校注，559页，北京，中华书局，1985。
② 〔清〕永瑢等：《四库全书总目》第186卷，1779页，北京，中华书局，1965。
③ 〔宋〕晁公武：《郡斋读书志》，《景印文渊阁四库全书》第674册，234～235页，台北，台湾商务印书馆，1986。
④ 〔宋〕赵希弁：《郡斋读书志·附志》，《景印文渊阁四库全书》第674册，327页，台北，台湾商务印书馆，1986。
⑤ 〔明〕晁瑮：《晁氏宝文堂书目》，《四库全书存目丛书·史部》第277册，125、126、131、133页，济南，齐鲁书社，1996。当然，也有将史部图书纳入集部的做法，如南宋陈振孙《直斋书录解题》卷22集部"文史类"，著录刘知幾《史通》、柳璨《史通析微》、刘餗《史例》。参见《景印文渊阁四库全书》第674册，899～904页，台北，台湾商务印书馆，1986。

录杂事，《四库全书》置于"子部·杂家类"，《历代文话》明确认为不应收录。① 但是，该书自有其不可忽视的文学研究价值，就其知识内容而言，理应纳入论诗评文的"诗文评"类图书。② 又如叶棻（1162 年前后在世）编纂《圣宋名贤四六丛珠》100 卷③，类编与四六相关的典故、偶句等，在四部分类中属于"子部·类书类"，《历代文话》因此未予收录。但是此书虽非"文话"，却包含着对骈文文体与文法的深刻认识和思考。尤其是该书卷 74 至卷 84，为各体文（主要为奏状、内简、劄子等）之体式汇辑，每种体式之下，皆直接详列首尾格式或起始结尾段落，详尽明晰，可供撰写时直接套用。④ 因此，该书无疑是专门研究狭义之"文"的图书，理应纳入"文评专书"。

　　从另一方面来看，由于先是集部中"文史"类图书独列一类，而后"诗文评"图书合成一类，因此，就"文评"类图书而言，固然大体上可以与"诗评"类图书相区别，但是更多的情况，却是一部图书兼容"文"与"史"，或兼容"诗评"与"文评"。兼容"文"与"史"的图书，如刘知幾（661—721）《史通》、章学诚《文史通义》（《续修四库全书》均列入"史部"）；兼容"诗评"与"文评"的图书，如刘勰《文心雕龙》，王应麟（1223—1296）《词学指南》（所谓"词学"包括骈文、散文、韵文），王世贞（1526—1590）《艺苑卮言》等⑤。甚至有兼容诗、文、书、画等的图书，如邹炳泰（1741—1820）《午风堂丛谈》8 卷、刘熙载（1813—1881）《艺概》6 卷（包括《文概》《诗概》《赋概》《词曲概》《书概》《经义概》）等。我们认为，这些图书也应纳入"文评专书"的对象范围。

　　由此可见，就研究狭义之"文"而编写的图书，虽然以集部为主，但

---

① 王水照：《历代文话序》，《历代文话》第 1 册，1 页，上海，复旦大学出版社，2007。
② 参见陈名琛：《陈善与其〈扪虱新话〉研究》，福建师范大学硕士学位论文，2008。
③ 〔宋〕叶棻：《圣宋名贤四六丛珠》，《续修四库全书》第 1213～1214 册，影印上海图书馆藏明嘉靖十一年（1532）王宠、王阳钞本。
④ 参见施懿超：《宋代类书类四六文叙录》，《古籍整理研究学刊》，2007（3）。
⑤ 历史上有一些图书冠以"诗话"之名，却不乏论文之说，如南宋陈师道《后山诗话》就兼论古文与骈文，杨万里《诚斋诗话》论文多于论诗。质之以实，我们认为，这些图书也可视为"文评专书"。

也包括子部乃至经部、史部文献。因此，为了更为全面而准确地涵容中国古代"论文之说"的对象范围，我们主张选择较为宽泛的"文评"概念，而不用"文话"概念。采用"文评"概念，我们也就不必执着于辨析文式、文格、文法、文例之类的图书，是否可称为"文话"①，因为它们无疑都属于"文评"图书。

四、文评"专书"的内涵与外延

"文评"之意既明，次说文评"专书"。

"专书"，指就某一专题而编写的图书。所谓"文评专书"，指就论评狭义之"文"而编写的图书。

有关"专书"的概念，有两个值得讨论的问题：第一，为什么称文评"专书"而不称文评"文献"或文评"专著"？第二，如何界定"专书"之"书"？

首先，称文评"专书"而不称文评"文献"，是因为"文献"概念过于宽泛。"文献"一词，即使仅限于"古典文献"的意思，也有着颇为宽泛的对象范围，既包括文字文本，也包括图像文本；既可指装订成册的纸质图书，也可指以甲骨、金石、竹帛等载体保存的文本资料。② 而文评"专书"，则仅指就研究狭义之"文"而编写的、以文字书写的纸质图书。

至于称文评"专书"而不称文评"专著"，则因为"专著"的概念过于狭窄。所谓"专著"，指就某方面加以研究论述的专门著作。因此，如果不是"著作"，则不宜称为"专著"。以编撰方式为标准，中国古代文献可分为著作、编述、抄纂三种类型。著作，是前无所承，独出心裁，创造发明的论著，古人亦称"作""著""造"或"撰"；编述，是凭借旧有的文献典

---

① 明祁承爍编纂《澹生堂藏书目》，已注意到"文式"与"文评"，"诗式""诗评"与"诗话"之间的区分，尤其是后者，在图书著录中分辨得更为清晰。但是同时，他又将这五类统命名为"诗文评"（《续修四库全书》第919册，709～711页，上海，上海古籍出版社，1996）。参见蔡德龙：《文话的辨体与溯源》，《文学评论丛刊》，2010(2)。

② 参见郭英德、于雪棠：《中国古典文献学的理论与方法》，3～4页，北京，北京师范大学出版社，2008。

籍，用新创的体例，重新加以剪裁、编次、整理、熔铸的图书，古人亦称"述"；抄纂，是将原有的纷杂的文献材料，加以分门别类地抄录、编集的资料集，古人亦称"纂""辑"或"论纂"。① 中国古代文评图书，以狭义之"文"为对象，其批评类型包括理论技法探讨（如刘勰《文心雕龙》、陈骙《文则》之类），漫谈随感杂评（如楼昉《过庭录》、朱熹《朱子语类》之类），资料杂录汇编（如王正德《余师录》、张镃《仕学规范·作文》、叶元垲《睿吾楼文话》之类），显然涵容著作、编述、抄纂三种编撰方式，如合称为"专著""著作""论著"之类，难免名不副实。

其次，如何界定"专书"之"书"，这是一个看似简单却颇费斟酌的问题。

清乾隆间编纂《四库全书》，概以完整的图书作为收录对象。因此《四库全书总目》"诗文评"类小序中明确说明，其著录对象为"已勒为一书"者。章学诚《文史通义·诗话》也说："《诗品》之于论诗，视《文心雕龙》之于论文，皆专门名家，勒为成书之初祖也。"②据此，是否"勒为一书"或"勒为成书"，也就是说，是否成为一部完整的图书，也应是"文评专书"收录对象的重要标准。

值得注意的是，如果细加考察，中国古代"诗文评"类图书"勒为一书"或"勒为成书"，实际上有两种不同的成书方式。以下即以"文评"图书为例，稍加说明。

第一种成书方式是，一部图书在问世之始，原本就是单行文献，即以个别的形式单册抄写或印行的文献。

细分之，单行文献在后世流传过程中有以下两种情况。

一是后世一直以单行文献的形式流传，或以整部图书的面貌收入丛书之中。例如，刘勰《文心雕龙》、陈骙《文则》、王文禄（1503—1583后）《文脉》、朱荃宰（？—1643）《文通》、王之绩《铁立文起》、孙梅（？—约

---

① 参见郭英德、于雪棠：《中国古典文献学的理论与方法》，24～25页，北京，北京师范大学出版社，2008。

② 〔清〕章学诚：《文史通义校注》卷5，叶瑛校注，559页，北京，中华书局，1985。

1790)《四六丛话》之类，皆是如此。

二是单行文献在后世流传过程中，或者不再单行而仅收入作者的其他图书之中，或者既单行也收入作者其他图书之中。前者如王若虚（1174—1243）《文辨》四卷，收入《滹南遗老集》卷 34 至卷 37。① 又如，李绂（1673—1750）《穆堂别稿》50 卷②，卷 44 为《论文》《文禁》，卷首有李绂《刻秋山论文序说》，可知《秋山论文》原为单行图书，后收入《别稿》之中。后者如顾炎武（1613—1682）《救文格论》一卷，原单行于世，《四库全书总目》云：“考毛先舒《潠书》，有与炎武札，称'承示《救文格论》，《考古》《日知》二录'云云，则炎武原有此书，别行于世。”③后编入《日知录》卷 20④，而吴震方（生卒年未详）辑《说铃·前集》，仍收入该书⑤。

第二种成书方式是，后人为前人重新编撰图书，即后人从前人编撰的一部图书中，就某一专题，抽选或辑录出一卷或多卷、一篇或多篇原本相对独立的文本，单册抄写或印行成书。

这种成书方式即“裁篇别出”，就其图书编撰称为“别裁本”，就其目录著录称为“别裁法”。章学诚《校雠通义》卷 1《别裁第四》概括“别裁”之法，说：“盖古人著书，有采取成说，袭用故事者……其所采之书，别有本旨，或历时已久，不知所出，又或所著之篇，于全书之内，自为一类者，并得裁其篇章，补苴部次，别出门类，以辨著述源流。至其全书，篇次具存，无所更易，隶于本类，亦自两不相妨。”⑥“别裁”之法，不仅有助于学者因类求书，而且有助于学者溯明源流，因此既是目录著录之法则，也可以作为图书编撰之法则。章学诚指出：“裁篇别出之法……充类而求，则欲明学术源委，而使会通于大道，舍是莫由焉。”“学贵专家，

---

① 〔金〕王若虚：《滹南遗老集》，《四部丛刊初编》，上海，商务印书馆，1919。

② 〔清〕李绂：《穆堂先生别稿》，《四库禁毁书丛刊补编》第 86～87 册，影印清乾隆十二年（1747）奉国堂刻本。

③ 〔清〕永瑢等：《四库全书总目》第 126 卷，1090 页，北京，中华书局，1965。

④ 〔清〕顾炎武：《日知录集释》，黄汝成集释，栾保群、吕宗力校点，上海，上海古籍出版社，2006。

⑤ 〔清〕吴震方：《说铃·前集》，清康熙四十一年（1702）刻本。

⑥ 〔清〕章学诚：《文史通义校注》附录，叶瑛校注，972 页，北京，中华书局，1985。

旨存体要。显著专篇，标明义类者，专门之要，学所必究。"①

"裁篇别出"的成书方式，在古代图书编纂史上呈现出以下四种情况：

第一，从一位作者的一部图书中，析出一卷或多卷专门论评狭义之"文"的文字，编纂成书，并加以命名，单独行世。例如，清康熙间张潮编纂《昭代丛书》时，将魏际瑞(1620—1677)《魏伯子文集》卷4《杂著·与弟子论文》，析出为《伯子论文》一卷②。卷首张潮《伯子论文题辞》云："三魏之集，合为一部，购者不易，读者亦难，余因特取此卷以行于世。"③而裁篇别出之后，即可视为"专书"。张潮《日录论文题辞》云："然叔子之论文，初非如伯子之专有其书也。"④又如王构(1245—1310)《修辞鉴衡》二卷，现存影元抄本、元至顺四年(1333)集庆路儒学刻本等。民国初年周钟游辑《文学津梁》丛书，析出卷2论文部分，为一卷本，题《修词鉴衡》。⑤

第二，古代一些总集类图书，其全书卷首或各卷卷首，往往辑录或撰写专门论文评艺的文字，以提纲挈领，后人则抽选这些卷首文字，编纂成书，并加以命名，单独行世。辑录一书卷首文字为书之例，如吴讷(1372—1457)编纂《文章辨体》，采录明初以前诗文，分体编辑，卷首有《文章辨体序》《诸儒总论作文法》《文章辨体凡例》《文章辨体总目》《文章辨体(序题)目录》《文章辨体外集序题目录》等篇章。⑥程敏政(1446—1499)《皇明文衡》卷56"杂著"，选录《文章辨体》部分诸体序题文字，总题为《文章辨体序题》⑦，是总集已编录其文。唐顺之(1507—1560)《荆川稗

① 〔清〕章学诚：《校雠通义》卷2《焦竑误校汉志第十二》，《文史通义校注》附录，叶瑛校注，1012页，北京，中华书局，1985。

② 〔清〕张潮：《昭代丛书甲集》第五帙"酒"，清康熙三十六年(1697)刻本。

③ 王水照：《历代文话》第4册，3593页，上海，复旦大学出版社，2007。

④ 王水照：《历代文话》第4册，3609页，上海，复旦大学出版社，2007。

⑤ 周钟游：《文学津梁》，上海，有正书局，1916。《历代文话》据此收录，改题《修辞鉴衡评文》，命名不当，应作《修辞鉴衡·论文》。《文学津梁》一书，从梁章钜《退庵随笔》卷19析出《退庵论文》一卷，析出刘熙载《艺概》卷1《文概》，均同此例。

⑥ 〔明〕吴讷：《文章辨体》，《四库全书存目丛书·集部》第291册，影印明天顺八年(1464)刘孜等刻本。

⑦ 〔明〕程敏政：《皇明文衡》第56卷，《四部丛刊初编》影印无锡孙氏小绿天藏明刻本。

编》卷75"文艺四·文",亦选录《文章辨体》部分诸体序题文字,总题为《文章辨体序题》①,是类书已编录其文。程鉴(1687—1767)据以编为《文章辨体式》一书,单行于世。② 清阙名辑《诗学丛书》,辑录该书部分诗体序题,题为《文章辨体二十四论》。③ 辑录一书卷首及各卷卷首文字为书之例,如徐师曾(1517—1580)编纂《文体明辨》④,卷首有《文章纲领》一卷,各卷卷首所列诸体目录均有序题文字。日本宽文元年(1661)刻野间静轩(1608—1676)《文体明辨粹抄》二卷,辑录该书卷首文字及各卷卷首诸体序题⑤。

　　第三,从一位作者的一部图书中,析出一篇或多篇专门论评狭义之"文"的文字,编纂成书,沿用原篇名或重新命名,单独行世。沿用原篇名为书名之例,如清初曹溶(1613—1685)辑《学海类编》,从《宋学士文集》卷55《芝园后集》卷5中⑥,录出宋濂《文原》一卷,收入"集余三·文词"中。⑦ 再如,杨复吉(1747—1820)辑《昭代丛书戊集续编》⑧,从杨绳

---

① 〔明〕唐顺之:《荆川稗编》第75卷,《景印文渊阁四库全书》第954册,644~653页,台北,台湾商务印书馆,1986。

② 传世有清乾隆二十一年(1756)刻本《重刊文章辨体式》,未见,参见"古籍图书网"ht-tp://www.gujibook.com/gujide_20397/。于北山以明嘉靖三十四年(1555)刻本《文章辨体》为底本,选录、校点卷首文字,命名为《文章辨体序说》(北京,人民文学出版社,1962)。《历代文话》据此录入。但此书以《文章辨体序题》为名更为妥当,参见吴承学:《论序题——对中国古代一种文体批评形式定名与考察》,《文艺理论研究》,2012(6);吴承学:《读〈文体明辨序说〉二书献疑》,《古典文学知识》,2013(2)。

③ 清阙名辑《诗学丛书》,现存清抄本。

④ 〔明〕徐师曾:《文体明辨》,《四库全书存目丛书·集部》第310~312册,影印明万历元年(1573)序游榕铜活字印本。

⑤ 野间静轩,名成大,字子苞,号三竹、静轩、柳谷等,江户前期医家、儒者。《文体明辨粹抄》又有元禄七年(1694)博文堂重刻本、宽政六年(1794)京都风月庄重刻本等。参见吴承学《读〈文体明辨序说〉二书献疑》。罗根泽辑录校点本题《文体明辨序说》,与《文章辨体序说》合刊(北京,人民文学出版社,1962)。又,日本大乡穆编《文体明辨纂要》三卷,有明治十一年(1878)东京葵华书屋刻本。

⑥ 〔明〕宋濂:《宋学士文集》,《四部丛刊初编》影印明正德间刻本。

⑦ 〔清〕曹溶:《学海类编》,陶越增删,清道光十一年(1831)六安晁氏木活字排印本。唐顺之《荆川稗编》卷76,亦录宋濂《文原》,参见唐顺之:《荆川稗编》,665~668页,上海,上海古籍出版社,1991。

⑧ 〔清〕杨复吉:《昭代丛书戊集续编》,清道光十三年(1833)刻本。

武（清康熙五十二年进士）《古柏轩文集》中，析出《论文四则》一卷，收入丛书。重新命名之例，如明华淑（1589—1643）辑《闲情小品》①，将王世贞《艺苑卮言》卷 8 中九条裁篇别出②，命名为《文章九命》③。曹溶辑《学海类编》，从王世贞《艺苑卮言》卷 5 中，析出一条论文文字，命名为《文评》，收入"集余三·文词"中。

　　第四，从一位作者的一部图书中，辑录专门论评狭义之"文"的条目或篇章，编纂成书，并加以命名，单独行世。例如，张潮辑《昭代丛书》，从魏禧（1624—1680）《魏叔子日录》之《里言》《杂说》中，摘抄论文之语，辑成《日录论文》一卷，别出单行。④ 张潮《日录论文题辞》云："然叔子之论文，初非如伯子之专有其书也。余爱其论之透辟而精当，因从《里言》及《杂录》中摘出抄之，以时自省览。其散见于长篇大幅间者，要不与焉。非仅欲以免割裂之嫌，亦以吾人苟能于此帙中实有所得，固已不胜其益矣。"⑤又如，朱仕琇（1715—1780）撰《梅崖文集》三十卷，《外集》八卷，福建建阳人徐经（1752—？）将书中"所以教人为文之法"四十九则，并附录唐宋大家论文二十二则，编为《朱梅崖文谱》一卷，收入徐经《雅歌堂全集外集》卷 12。⑥

　　当然，古人原已辑录成书的图书，例如，果辑录内容不完备、体例不妥当，今人可以原书为本，重新加以辑录，编定成书。例如，洪迈（1123—1202）《容斋随笔》，包括《随笔》《续笔》《三笔》《四笔》《五笔》，凡

---

① 〔明〕华淑：《闲情小品》，明万历四十五年（1617）刻本。

② 〔明〕王世贞：《艺苑卮言》，明万历五年（1577）经世堂刻本《弇州山人四部稿》第 144～151 卷。

③ 此书后又收入宛委山堂《说郛续》卷 32，清顺治三年（1646）刻本。日本元文二年（1737）文林堂跋刻本《文章九命》，即据《说郛续》本重刻。

④ 〔清〕张潮：《昭代丛书甲集》第五帙"酒"，清康熙三十六年（1697）刻本。〔清〕魏禧：《魏叔子日录》，〔清〕林时益：《宁都三魏全集》二编，《四库禁毁书丛刊·集部》第 5 册，北京，北京出版社，1997。

⑤ 〔清〕张潮：《目录论文题辞》，王水照编：《历代文话》第 4 册，3609 页，上海，复旦大学出版社，2007。

⑥ 〔清〕徐经：《雅歌堂全集》，《清代诗文集汇编》第 433 册，上海，上海古籍出版社，2010。

74 卷。曹溶辑《学海类编》，从该书中辑录论述四六的条目，命名为《容斋四六丛谈》，收入"集余三·文词"中，《历代文话》据此收录。但在《容斋随笔》中还有数量众多的"论文之说"条目，如卷 1 比较《史记》《汉书》相关内容的文字差异论述"文繁简有当"，卷 6 以《左传》记载秦、晋之争为例总结该书"左氏于文反复低昂，无所不究其至"的特点等。① 这些论述虽然分别针对史部、经部散文文献，但其重点都在于讨论文字的笔法、章法，是散文研究的重要资料，应该加以辑录。因此，我们认为有必要重新辑录《容斋文谈》一书。

至于历代文人别集或总集中，收录大量有关论文家、辨文体、评文本、谈文法的序跋、论说、书信、传状、碑志等单篇零札，大抵皆如张潮所谓"散见于长篇大幅间者"，不必摘编成书，"以免割裂之嫌"②。这些篇章虽属"文评"，但非"专书"，因此无论篇幅长短、数量多寡，都不应该裁篇别出，另立专名，阑入"文评专书"之中。③

五、结语

综上所述，"文评专书"作为一个组合概念，其内涵和外延的确定，应包括"文评"和"专书"两个概念所反映的事物本质属性的整体组合。

所谓"文评"，其概念的内涵，指的是对一切"非诗"的修辞敷采的文字写作（包括古文、骈文、时文、赋等）的论评；其概念的外延，包括评论文体、品评作家、研求文法、记载本事和随感杂录的图书，这些图书

---

① 〔宋〕洪迈：《容斋随笔》，7、79 页，上海，上海古籍出版社，1978。

② 〔清〕张潮：《日录论文题辞》，王水照：《历代文话》第 4 册，3609 页，上海，复旦大学出版社，2007。

③ 如吴文治主编《明诗话全编》(1997)、《宋诗话全编》(1998)、《辽金元诗话全编》(2006)，邓子勉编《宋金元词话全编》(2008)等，收录大量别集中的序跋、论说、书信等文章，甚至连书目、方志、书画题跋等都囊括其中，这种无限度地"扩张"，紊乱"诗话""词话"体例的做法，实不可取。当然，历代别集或总集中这些论文谈艺的序跋、书信、论说、传状、碑志等单篇零札，的确是名符其实的"文评文献"，甚至历代经部、史部、子部文献亦有大量"论文之说"的资料，凡此均可另行辑录，以禅学界采用。

虽然以集部为主，但也包括子部乃至经部、史部文献。

　　所谓"文评专书"，同"诗评""词评""曲评"等专书相对称，指就论评狭义之"文"而编写的图书。如果这些图书问世之始原本就是单行文献，无论后世是以单行文献的形式流传，还是以整部图书的面貌收入丛书之中或收入作者的其他图书之中，均可纳入"文评专书"的对象范围。而后人从前人编撰的一部图书中，就论评狭义之"文"而抽选或辑录出一卷或多卷、一篇或多篇原本相对独立的文本，裁篇别出，编纂成书，以单行文献流传或收入丛书之中流传，也应纳入"文评专书"的对象范围。

　　　　　　　　〔原载于《北京师范大学学报（社会科学版）》2016 年第 5 期〕

韩国与中国古典小说

韩国国立昌原大学　〔韩〕李知翰

一、引语

所谓"汉字"之东传，对没有自己文字的古代韩国来说是具有重要意义的革命性变化。① 正因如此，韩中两国有了共同文字，而"汉字"使得古代韩国加入所谓的"汉字文化圈"。在整个古代文化交流过程中，相对来说，中国比韩国发达。由此可知，韩国自然而然地接受了汉字为代表的汉文化（中国文化）。不过，这并不意味着文化交流是单向的，相反，文化交流是双向互动的。② 换句话说，文化交流之本质就是双向互动的，古代韩中文化交流也不例外。③

在韩半岛最早使用的文字就是汉字。根据史书所载，大约公元6—7

---

① 对"汉字"之东传有两种看法：一是公元前2世纪；一是公元6～7世纪。尚未定论，不过在韩国，一般的看法是后者。此时期古代韩国的百济"汉字"传到古代日本。

② 古代韩国文化不时地也传播到古代中国并对中国产生一定的影响。例如，韩国19世纪文人金进沫所著《碧芦集》中有清代康熙朝文人梅花在泛读韩国小说《九云梦》的基础上增补改编十卷命名为《九云楼》的记载等。参见〔韩〕丁奎福：《韩中文学交流之本然双向互动关系》，《延边大学学报（哲学社会科学版）》，1995(1)。

③ 一些中国学者有如下看法："中韩可谓一家，两国自古是兄弟之邦，声气相通，患难与共，所以，全部韩国史也可以说是中国史的一部分。"参见李乃扬：《韩国通史》，1页，台北，中华文化出版事业委员会，1957。

世纪以来，长达一千多年汉字在韩半岛是唯一通行的文字。不过，现在
于韩国通行的"国家共同文字"是"韩字"。它是于1443年，即朝鲜王朝第
四代世宗大王的主持下创制，而在1446年以"训民正音"为名正式颁行
的。① 从其名可知，其创制主要是为了让不识字而受苦的老百姓易学文
字(训民)②，次要是作为学习汉文的辅助手段(正音)③。由此可知，古代
韩国有了汉字和韩字这两种"文学的第一因素"④。因此，古代韩国利用
汉字创作了自己的文学(包括汉字和"吏读、乡札、口诀：借字标记法"创
作的文学)，而在创制"韩字"后，利用韩、汉字创作了"国文学(包括韩、
汉字创作的文学)"⑤。

　　如上所述，由于"地理因素(邻邦)"和"语言因素(汉字)"，古代韩国
与中国有着密切的交流关系，因此当时在中国盛行的中国古典小说在古
代韩国广泛流传是可测的现象。⑥ 早在公元284年，中国古代小说《山海
经》已传入古代韩国。此后，文言小说，如《搜神记》⑦《世说新语》《太平

---

　　①　世宗大王令成三问、郑麟趾等官僚学者创制韩字，并设"正音厅"，编印书籍，加以
推广韩字。而创制韩字之后，出现了大量的"韩解"，即所谓的"谚解"本。当时的士大夫将韩
字称为谚文，因此也称为"谚解"。此类书籍现在也被称为谚解，但没有过去那样的褒贬之
意了。

　　②　이런 까닭으로 어리석은 백성이 이르고자 하는 바가 있어도, 마침내 제 뜻을 실어 펴지 못
하는 사람이 많으니라. 내가 이를 불쌍히 여겨 새로 스물 여덟자를 만드니, 사람 들로 하 여금 쉽게
익혀 매일 씀에 편안하게 하고자 할따름이다：故愚民有所欲言，而终不得伸其情者多矣，予
为此悯然新制二十八字，欲使人人易习便于日用耳。

　　③　나랏말씀이 중국과 달라 문자와 서로 통하지 아니하므로：国之语音异乎中国，与文字
不相流通。

　　④　"文学的第一个要素是语言。"参见[苏联]高尔基：《和青年作家谈话》，《论写作》，3
页，北京，人民文学出版社，1955。

　　⑤　张哲俊：《东亚比较文学导论》，2页，北京，北京大学出版社，2004。

　　⑥　从韩国的三国时代起，中国文学对韩国文学产生了明显的影响。参见[韩]丁奎福：
《韩国文学与中国文学》，9页，首尔，国学资料院，2001。

　　⑦　在中国，《搜神记》失传，宋哲宗派使臣到高丽求得。参见[韩]丁奎福：《韩国文学
与中国文学》，22页，首尔，国学资料院，2001。为了研究中国古典话本小说的蓝本，不得不
着眼于古代韩国刻印的《删补文苑楂橘》。参见[韩]吴淳邦：《韩日学者研究中国小说的一些
优势》，《中国小说论丛》，2001(14)。由此可知，自古以来韩中文化交流是双向互动的。

广记》等，以及白话通俗小说，如《三国演义》①《水浒传》《西游记》《红楼梦》，乃至性爱小说《金瓶梅》等，各种类型的小说相继传播，可谓蔚为壮观。② 由此可知，古代韩国的小说，无论是"国文小说"还是"汉文小说"，其发生和发展都与中国古典小说的传入及影响有着密切的关系——中国古典小说及其译本启发和影响了古代韩国作家的创作。这就是韩国"古小说"形成与发展的外在因素之一。因此要探究古代韩国小说的传统与特点，首先要了解其与中国古典小说的关系。正因如此，本文着眼于上述古代韩中古典小说的交流，试着探究古代韩中小说。

二、"小说"概念的演迁

"小说"这一用语并非韩国语词汇系统里的固有词汇，可以说它来源于中国和日本。这是因为在以中国为中心的东亚汉字文化圈内，"小说"这个词在用法上有"古今"和"东西"之不同的问题。即"小说"这一概念在漫长的历史阶段里有其自身复杂的嬗变过程，不能一言以蔽之。然而19世纪末，近代化过程中的日本采用"小说"这一词来标志"西洋小说和现代小说"。此后在东亚汉字文化圈内"小说"这一词在概念上除出现了东西之差的现象以外，还出现了古人理解的"小说"和今人理解的"小说"之间不尽相同的"同名异实"现象。③

在古代韩国，"小说"概念经历了与古代中国小说大同小异的演变过程。由于篇幅上的限制，在此只看一下韩国的情况，以供参考和比较。

在韩国，"小说"这个词在文献上最早出现于高丽时代李奎报（1168—1241）的《白云小说》，此书因以李奎报的诗话、诗评为主干的集子而取名为"小说"。由此可知，高丽中后期所谓的小说，基本上属于"喻理""阐

---

① 在日本最受欢迎的中国古典小说是《水浒传》，而在越南最受欢迎的中国古典小说是《西游记》。参见［韩］赵东一：《韩国文学通史》，119 页，首尔，2005。
② ［韩］闵宽东：《中国古典小说在韩国之传播》，1 页，上海，学林出版社，1998。
③ 韩国中国小说学会：《中国小说史的理解》，14 页，首尔，学古房，2007。

明"的"文化小说"范畴。①

　　到了朝鲜中期②，"小说"这个词指的是具有审美价值的"文学小说"，不过尚未脱离"文化小说"的范畴。例如，柳梦寅（1559—1623）的《於于野谈》里提到，传入朝鲜的明代小说有 80 多种。由此可知，朝鲜中期"小说"概念的外延很广而且模糊不清，包括章回小说、传奇、杂记、寓言、笑话等，可以说是森罗万象。

　　到了朝鲜末期，"小说"的概念就非常成熟了。例如，《梦游野谈》作者李遇骏（1801—1867）的"小说"概念与今天的"小说"概念几乎相同。③

　　19 世纪中期以来，随着近代化（西洋化）西方文化大量流入，韩国小说界也与中国和日本等其他东亚国家一样，有了革命性的极大变化。1907 年出版了李人植（1862—1916）的《血之泪》，这就是韩国"新小说"的开山之作。④ 此后，随着社会和读者思想的迈进，"新小说"的内容和写法已无法满足时代和社会的要求。正因如此，1917 年出现了完全采用西方小说体裁的"现代小说"——《无情》。⑤

　　总而言之，韩国和中国，在"小说"概念上经历了大同小异的演变过程，即在"小说"概念上除出现了东西之差现象以外，还出现了古今之差的"同名异实"现象。

---

　　① 在此所指的"文化小说"是附庸于史传的尺寸短书，本质在于实录，而它的概念非常广泛。与此相对的是"文学小说"，它的概念比较明确。"文学小说"是供人阅读以及消遣的故事。

　　② 本文中出现的"朝鲜"是 1392—1910 年在韩半岛的王朝。

　　③ 李遇骏在《梦游野谈（下）》里谈过小说的创作过程，即"作者乃架虚凿空，层思迭意，又作一奇语"。由此可知，他认同小说是作者想象力的成果。参见［韩］李遇骏：《梦游野谈（下）》，536～537 页，首尔，宝库社，2007；金宽雄：《韩国古小说史稿》，9～12 页，延吉，延边大学出版社，1998。

　　④ 梁启超对韩国"新小说"的形成起到了作用。参见［韩］丁奎福：《韩中文学交流之本然双向互动关系：〈九云梦〉与〈九云记〉之比较》，《延边大学学报（哲学社会科学版）》，1995（1）。

　　⑤ 1917 年 1 月开始李光洙（1892—1950）在《每日申报》上连载的《无情》是韩国最初的现代小说。

三、韩国古小说形成与发展的内、外在因素

自 20 世纪以来，韩国学术界在"古小说"的用语问题上有激烈的争论，因此显得十分混乱，诸如"古代小说""李朝小说""李朝时代小说""朝鲜王朝小说""朝鲜朝小说""朝鲜小说""古典小说""旧小说"等，各有各的用法。

1988 年在"韩国古小说研究会"主持召开的学术会上，金光淳发表题为《关于古小说名称的统一问题》的论文，主张统一使用"古小说"这一用语。此后，许多辞书、学术著作上使用"古小说"这一用语成为大势。[①]笔者认同金光淳的意见，因此在本论文中也采用"古小说"这一用语，对1907 年以前的韩国小说进行研究。

关于韩国古小说的时代区分，韩国学术界至今没有定论。不过，最有影响力的是韩国的韩文学者(国文学者)丁奎福的区分，他以金台俊和朴晟义的时代区分为主，添加自己的意见，将韩国古小说的发展区分为如下几个时期：

①胎动期(高丽时代)；②形成期(朝鲜初期)；③成长期(朝鲜中期：壬、丙乱—仁祖)；④开花期(朝鲜中期：显宗—景宗)；⑤结实期(初)(朝鲜后期：英、正祖)；⑥结实期(后)(朝鲜后期：纯组—朝鲜末)；⑦衰退期(开化期)。[②]

如上所述，韩国学术界认为，"韩国文学史上占代说话的发达和 10 世纪传奇文学的繁荣以及 12、14 世纪传体文学和杂录的高度发展，都为韩国古小说的产生提供了丰厚的养分。[③] 吸收如此的养分，15 世纪朝

---

①　金宽雄：《韩国古小说史稿》，13 页，延吉，延边大学出版社，1998。

②　韩国古典小说编纂委员会：《韩国古典小说论》，32～35 页，首尔，새문社，1990。

③　"假传体"出现于高丽时代，继续到朝鲜时代。它是从"说话"(在韩国指的是类似于神话的叙述体文章；folk tale)演变成"小说"的中间阶段。韩国学术界认为，古代韩国第一批小说作品是朝鲜的《金鳌新话》。参见[韩]최운식외：《说话·古小说教育论》，483 页，首尔，民俗院，2002。

鲜就出现了《金鳌新话》，而这标志着小说这种文学形式的正式确立"①。由此可知，韩国的文学史在论述古小说是如何产生的时候，必定要先论述稗说文学，这主要是为了否定韩国古代小说的产生只受了中国小说影响的说法；其次是为了主张古代小说是民族文学发展到一定阶段时，自然而然产生的说法。与此相反，诸多中国学者都认为，韩国古小说在其产生和发展的过程中，主要是受到了中国文学的巨大影响，而不认同"内在发展论"②。韦旭升认为汉文与国文（韩文）小说在体制上都受到了中国小说的影响。③

　　到了 16 世纪中叶，用韩文写小说形成了"汉文小说"与"韩文小说"④并立的局面，此是与白话和文言之分的中国古典小说不同的，韩国古小说固有的现象。不过，许多国文（韩文）小说的布局、形式、结构、故事情节的叙述方式、人物的出场与结局的描写等仍然类似于中国古典小说。由此可知，除了所用的语言不同之外，国文（韩文）小说中的叙述方式与汉文小说是基本相同的。⑤ 因而诸多中国学者不认同其内在发展的规律和成果。⑥ 对于此点，笔者与诸多韩国学者是不认同的。除了中国古典小说的影响，同时也要考虑和认同的是如上所述的韩国古小说产生与发

---

① ［韩］张孝铉：《韩国古典小说史研究》，656 页，首尔，高丽大学出版社，2002；［韩］金起东：《李朝前期小说的研究》，《韩国文学研究》，首尔，1976(1)。

② 崔雄权、金一：《韩国小说在中国的传播与研究》，《东疆学刊》，1999(4)。

③ 韦旭升：《韦旭升文集：朝鲜学——韩国学研究》第 3 卷，59 页，北京，中央编译出版社，2000。

④ 朝鲜时期被称为"谚稗""古谈册"等，现改称为"国文小说"或"韩文小说"。

⑤ 例如，朝鲜文人创作的最早的长篇小说是金万重的《谢氏南征记》和《九云梦》。这两篇小说都有韩、汉文两种版本。因此它们可以看作韩文小说或汉文小说，对此尚无定论。至于其结局、情节进展和人物描写方法等方面，两种文本都是相同的。因此，这里所说的中国小说体制对韩国小说的影响，是适用于汉文与国文两者的。参见韦旭升：《朝鲜文学史》，289～290 页，北京，北京大学出版社，1986。

⑥ ［韩］闵宽东：《中国古典小说在韩国之传播》，16 页，上海，学林出版社，1998。八九十年代有过如下现象：凡是以汉字写成的韩国古小说，不问青红皂白一概把它们看作中国的小说作品。例如，朱眉叔曾在其论文中把韩国古小说《南征记》看作中国小说。又如，萧相恺也曾把韩国古小说《红白花传》误认为中国小说。参见［韩］丁奎福：《韩中文学交流之本然双向互动关系》，《延边大学学报（哲学社会科学版）》，1995(1)。

展的内在因素。那是因为我们既要直视同一文化圈内部发生的文学转变的同一性，也要注意观察其内部发生的具体文学现象之同和异，这样才能了解两者之间近亲性的真实面貌。从这个角度来看韩中小说的影响关系如下。

中国古典小说广泛传播于古代韩国，从这个事实中我们本该可以推测出"中国古典小说在许多方面启发和影响韩国的古小说"，不过其结果与我们的推测不同。例如，几乎同时出现的韩国国文长篇小说与明清人情小说之间存在着类似和不同的面貌，那是因为韩中两国之间的文化土壤不同。从而可知，韩国国文长篇小说的形成是基于古代韩国的社会和经济环境的变化和发展前代文学传统的结果。[1] 换句话说，韩国国文长篇小说是以文学方式来形象化的当时韩国社会的价值观，即它有着与中国不同的韩国民族独立的包括文学在内的文化传统。

通过以上考察我们确定了韩国古小说形成与发展的内、外在因素。为了具体了解韩国古小说形成与发展的外在因素，下面接着考察一下中国古典小说传入韩国和其翻译的影响。[2]

首先要谈的是短篇小说的传入。最早传入韩国的中国小说是《山海经》。公元 284 年左右，《山海经》即传入了百济。此后，高丽（918—1392）前期《太平广记》传入韩国，并为文人读者广泛阅读。[3]

随着宋元话本小说的发展和明清章回小说的出现，朝鲜（1392—1910）输入中国小说的趋势更为广泛而全面。正因如此，15、16 世纪中

---

① ［韩］전성운：《17 世纪长篇国文小说与明末清初人情小说的相关性》，《中国小说论丛》，2003(17)。

② 张孝铉认为，中国古典小说和其翻译本对韩国古小说的影响比其推测还小。例如，《剪灯新话》与《金鳌新话》、《水浒传》与《洪吉童传》、《三国演义》与"军谈小说"之间是素材和主题方面的关系，因此这些韩国古小说并不是所谓的模仿，而是明显的创作领域。参见［韩］张孝铉：《韩国古典小说比较研究的现况与展望》，《古典文学研究》，2001(20)。

③ 《太平广记》流传到韩国的时间尚未确定，最早的记录见于高丽毅宗八年（1154）黄文通为尹誧撰写的墓志铭。

国小说已在韩国传播的记载随处可见。①《剪灯新话》与《剪灯余话》是最早传播到朝鲜的明代小说。在《龙飞御天歌》的批注里就有《剪灯余话》，可知这两种小说于1421—1443年以前已流传到朝鲜。而其影响是"汉文短篇小说"的出现，即《剪灯新话》给朝鲜文人金时习提供了《金鳌新话》创作的动因（motive），而《金鳌新话》就是韩国古小说中"汉文短篇小说"的开山之作。②

其次，要探讨的是长篇小说的传入。通过"韩国文学史"我们可知，壬乱（1592—1598）之前韩国古小说几乎没有出世，即使有也是汉文短篇作品，没有长篇小说。不过，壬乱之后这种情况有了变化。到了壬乱之后的17世纪初，明代"四大奇书"都已经流传到朝鲜，已达到了金万重所说的"妇孺皆能诵说"③的程度。著名的官僚文人许筠也受此影响，亲自动笔写出了最初的韩文长篇小说《洪吉童传》。④ 由此可知，中国古代小说之传播，启发和影响了古代韩国作家的创作。

除了上述中国小说传入的影响以外，我们还要考虑和探讨的是，翻译以及韩国古小说的独特之处"翻版小说"。

与19世纪末于中国出现的极少而不起影响的西洋小说之中文本翻译小说不同⑤，在古代韩国存在着介于翻译和独立创作之间的"翻版小说

---

① 　中国古典小说在韩国的翻译，出版及研究情况，参见［韩］闵宽东：《中国古典小说在韩国之传播》，404～432页，上海，学林出版社，1998年。

② 　［韩］刘铎一：《15、16世纪中国小说的韩国传入与收容》，《语文教育论集》，1988（10）。韩国学术界一般认为《金鳌新话》之前的叙述文学是"说话"，而不是小说。韩国的"说话"概念基本等同于日本的"说话"概念，主要是神话、故事、传说之类的作品。

③ 　"今所谓《三国志演义》者，出于元人罗贯中，壬辰后盛行于我东，妇孺皆能诵说。"参见［韩］金万重：《西浦漫笔》。

④ 　"许筠作《洪吉童传》以拟水浒。"参见李植：《泽堂杂着》。1997年发现了1511年被禁的汉文本《薛公瓒传》的国文本，因此最近国文学界将它看作韩文长篇小说的开山之作，不过尚未定论。

⑤ 　例如，《谈瀛小录》（即斯威夫特的《格里佛游记》第一部分）、《一睡七十年》（即欧文的《瑞普·凡·温克尔》）、《海国妙喻》（即《伊索寓言》）等。这些数量少得可怜的外国小说译作，不可能对中国作者形成冲击波，更不曾激起中国作家学习西方小说叙事技巧的热情。参见陈平原：《中国小说叙事模式的转变》，6页，上海，上海人民出版社，1988。

（翻案小说、翻译体小说）"①。翻版小说，是以某一小说为根据，加以不同程度地改写，或删削浓缩，或改变情节、人物及故事结局，甚至仅以小说故事为素材重新结构创作。例如，19世纪，一些《三国演义》韩文坊刻本（坊刊本）②，是拔萃于《三国演义》有趣部分而刊行的。这些坊刻本是添加韩国人的审美观而再创作出来的"翻版小说"。《三国演义》有许多"翻版小说"：《黄夫人传》《诸葛亮传》《赵子龙实记》《赤壁大战》《华容道实记》等。这些作品完全脱离史实和原本，是类似于《三国演义》而不是《三国演义》的另一个故事，如《赵子龙实记》跟《三国演义》完全不一致。还有《黄夫人传》的故事，是《三国演义》中没有的内容。从而可知，《三国演义》流入朝鲜以后，迎合朝鲜民众的情绪，经过不断改变，便产生了朝鲜独有的韩文写成的多种版本的"翻版小说"。③

总而言之，通过以上考察，我们可以发现韩国古小说的形成与发展是内在因素——"韩国悠久的说话文学传统"和外在因素——"中国古典小说的强大影响"互相渗透、共同影响的结果。

四、韩中小说体制上的共同点

韩国古小说形成与发展的外在因素——"中国古典小说的强大影响"，主要表现在小说形式上，两者在形式上"大同小异"。④

借助于韩中小说学者们的既存研究，如下概括了韩国古小说与中国

---

① 在朝鲜翻译中国古典小说的时候，只顾读者的兴趣，一般采用的是"意译"。参见〔韩〕赵东一：《韩国文学通史》，117页，首尔，2005。

② 在中国坊刻本是指，唐代至清代各地书坊刻印的书本。编刻图书并经营书业的书坊，唐代已经出现，至两宋而更盛。

③ 〔韩〕崔溶澈、金芝鲜：《中国小说在朝鲜的传播与接受》，《华中师范大学学报（人文社会科学版）》，2007(1)。

④ 其实韩国古小说，诸多作品在其主题、写法上都受了中国小说的影响，而且也有用汉字写成的，也有以中国为背景的。可是这些小说的内容（主流思想）与中国古典小说不同。在此要注意的是，虽然它们描写的是古代中国，但这只是为了避免文字狱，或迎合当时读者审美习惯而不得不采用的韩国古小说叙述体制表面上的、形式上的技巧而已。如此反映的是古代韩国社会的思想意识和社会现象，表现的是古代韩国人民独有的情绪和意志。

古典小说之形式上的主要共同点。

其一，韵散相间的小说文体。[①] 其实由于语言和文体的亲疏，对韩国文人作家来说，与中国的白话小说相比，文言小说就是他们刻意模仿的样板。不过，无论是白话还是文言小说，它们都具有以"引诗入小说"的方式为代表的韵散相间的小说文体。正因如此，"韵散相间的小说文体"自然成了古代韩国文人作家积极去效法的文体。[②] 在韩国古小说史上"引诗入小说"的形式是从新罗末高丽初的传奇小说《崔致远》开始的。一般认为，此篇中之所以出现"引诗入小说"的文体特征，是因为它刻意模仿唐代传奇小说《游仙窟》的文体。而随着岁月形成的"审美习惯"，与中国古典小说一样，"韵散相间的小说文体"就成了韩国古小说的基本文体。

其二，说话人的套语。如上所述，韩国与中国的国情不同，即韩国古小说形成和发展的过程当中没有说话人和话本小说的作用，也没有由说话人当叙述者叙述小说而形成的"审美习惯"。因此韩国古小说无须说话人的套语。就这样，韩国古小说中之所以出现"说话人的套语"的文体特征，是因为它刻意模仿中国古代小说文体，随着岁月自然而然地成了"审美习惯"。就这样，韩国古小说与中国古典小说一样，"说话人的套语"就成了其基本文体。

正因如此，韩国古小说与中国古代小说一样，套语多位于小说开头之处，开头从"话说"写起。[③] 例如，《谢氏南征记》的开头："话说大明嘉靖年间，金陵顺天府有一名士，姓刘名贤，乃开国功臣诚意伯刘基之孙也

---

① 中国韵散相间的文体是从印度佛教文化传来的："印度的文学有一种特别体裁：散文记述之后，往往用韵文，重说一遍。这韵文的部分叫作偈（Buddist hymn）。……弹词里的科白与唱文夹杂并用，便是从这种印度文学形式传来的。"参见［韩］丁奎福：《韩国文学与中国文学》，32 页，首尔，国学资料院，2001。

② 黄浿江认为这就是"中国式汉文小说"的文体特征。与此相反，也有"韩国式汉文小说"。它虽用汉语中的文言写成，可是许多部分冲破了传统文言的规范，甚至使用了当时现实生活中的日常口语。朴趾源就是写此文体的佼佼者。参见［韩］黄浿江：《朝鲜小说研究》，58～59页，首尔，檀大出版社，1986。

③ 一般韩国古小说在开头部分与《三国演义》一样，只使用一次"话说"。参见［韩］丁奎福：《韩国文学与中国文学》，217～218 页，首尔，国学资料院，2001。

(화셜 대명 가정년간에 금릉 순천부 따에 일위 명사 있으니, 성은 류요 명은
현이니 본래 개국공신 성의백 류기의 손이라)"。① 此外，小说情节发生转
变或叙述另一段情节时，常常要用"却说""先说""且说""再说"等说书人
的套语。例如，韩文本《九云梦》中叙述另一段情节时用的发端辞（接续
词）："각셜(却说). 이때 승상이 당에 오르자 좌우가 다 놀랐다."②

其三，小说题目的类型化。几乎所有的韩国古小说题目，都以"记"
"传""录"等字命名。③ 此现象与中国小说的"史传传统"一样，是"史传"
对小说产生影响的结果——小说的"补史观念"。古代韩国的汉文小说还
是国文小说，题目大都有"传""记""录"字，如《洪吉童传》《谢氏南征记》
《壬辰录》等。此现象除了与"史传传统"有关以外，还与韩国古小说深受
唐代(618—907)"传奇"的影响有关：高丽时期(918—1392)流行"假传体"
小说④；韩国古小说当中汉文短篇小说的开山之作《金鳌新话》就是传奇
集，而其中的传奇题目大都有"传""记""录"字，如《李生窥墙传》《万福
寺摴蒲记》《龙宫赴宴录》等。韩国古小说中之所以出现"小说题目的类型
化"的文体特征，是因为朝鲜与中国明清两代一样崇尚程朱理学而以它为
官方哲学。因此，"小说题目的类型化"也自然而然地成了韩国古小说的
"审美习惯"。

五、韩中小说之口头文学的痕迹

由于文言表现功能的限制，文言小说在中国文学中很难真正发展。

---

① ［韩］金万重：《谢氏南征记》。

② "却说"在完版本(木版坊刻本：韩文)《九云梦》中只使用了 6 次，而在李家源的家藏
写本(韩文)《九云梦》里没有使用过。参见［韩］金万重：《九云梦》，李家源译注，延世大学校
出版部，1970 年。

③ 韩文本古小说的题目中"传"是内容比较低俗的短篇，而"录"是内容比较高雅的长
篇。参见［韩］赵东一：《韩国文学通史》，91～123 页，首尔，2005。

④ 林椿的《曲醇传》等，高丽朝出现了"假传体小说"。金台俊在《朝鲜小说史》里最初使
用了这个名称。所谓假传体小说的名称就是源于史传的假传。唐代韩愈的《毛颖传》就是假
传。高丽《三国史记》列传中的"花王说话""龟兔说话"，是韩国最初的假传体小说。参见张哲
俊：《东亚比较文学导论》，289～290 页，北京，北京大学出版社，2004。

中国古典小说的主流实际上是由宋元话本发展起来的章回小说。中国长篇小说在体制上有如下几个特点：一是章回体；二是格式较固定，与人物传记类似，头尾分明，因果清楚，以交代主人公的出身、年龄等开头，以主人公最后结局为结尾；三是写景及写人物心理非常简练（有时甚至以诗去描景绘情）。① 这些特点在韩国汉文小说和国文小说中都成了定型。②

明清章回小说为了迎合当时读者的"审美习惯"故意保留了口头文学的特点。明清小说的作者把讲故事的权利交给了说书人，从而使得中国传统章回小说，把以听众或拟想听众为接受对象的说书人叙述③，作为一种小说叙述模式的典型，保留了如"说书人套语""诗起诗结"以及"回末尾语"之类的口头文学的特点。

如上所述，明清小说的章回体制是宋元说话艺术的痕迹。不过，与明清章回小说不同，宋元说话艺术并不是主要或直接影响韩国古小说，为何章回体制成了定型？④ 例如，《九云梦》共 4 册，分 48 回，韩文本大约 20 万字以上⑤；《谢氏南征记》汉译本把韩文本的 7 回改为 12 回，并且清楚地分章，又用五言对偶句或七言对偶句标出了每章的题目。这些例

---

① 韦旭升：《韦旭升文集：朝鲜学—韩国学研究》，59 页，北京，中央编译出版社，2000。

② 例如，朝鲜文人金万重创作的《谢氏南征记》和《九云梦》。这两篇小说都有"韩文本"和"汉译本"，而在分章回、结局、情节进展和人物描写等方式上，这两种版本都没有差异。

③ 中国传统章回小说的作者虽然实际上已远离了说书场，却又自觉地遵循说话艺术的规律，以说书人的口吻"讲说"故事。因此，读者虽然事实上是在阅读小说，却又好像面对着一个无所不知的"说书人"，不得不装作一个虔诚的"听众"或"拟想听众"以及"看官"。参见宁宗一：《中国小说学通论》，445 页，合肥，安徽教育出版社，1995。

④ 古代韩国说唱业的出现与兴盛跟平民阶层有很大的关系，但大部分的平民阶层不识字，因而以听的方式来欣赏小说。在这种情况下，到了 18 世纪朝鲜才出现职业性的类似于宋元"说话人"的口演者。朝鲜时期口演者分为"讲谈师""讲唱师（盘骚里艺人'广大'：판소리꾼 중의 광대）"及"讲读师（传奇叟）"。口演者在听众面前朗读或背诵小说，听众通过听的方式欣赏小说作品。当时听"说话（이야기）"的对象，从宫廷到平民阶层都有，其中女性听者比较多。参见[韩]张孝铉：《韩国古典小说史研究》，12～15 页，首尔，高丽大学出版社，2002。

⑤ 《九云梦》才是韩国古小说史上的第一部长篇小说。韩国长篇小说是指"以 200 字稿纸计算，1000 张以上的小说"。参见《韩国民族文化百科辞典》第 19 卷，304 页，首尔，韩国精神文化研究院，1997。

子可以证明，不同于明清小说，没有受说书艺术直接影响的韩国古小说，
也与中国长篇小说一样是具有章回体制的章回体小说。这应该怎么说明
呢？一言蔽之，这与中国古典小说一样是接受外来优势文化的结果。

　　一般来说，中国小说除了受以佛教为代表的印度文学的部分影响以
外，直到19、20世纪之交几乎没有受到其他文学的影响。① 19、20世纪
之交，中国古典小说发生未曾有的极大变化。正如韩国古小说在体制上
受到中国古典小说的影响一样，西洋小说的传入和其翻译对中国小说产
生了深刻的影响。19、20世纪之交西洋小说的表面特征很快为中国作家
所模仿。其标志之一就是章回体制的一系列口头文学说书人痕迹逐步
减少。

　　不管翻译家如何着意改篡，西洋小说的基本面貌还是很快被中国小
说作者所模仿。没有楔子，没有对偶的回目，没有"有诗为证"，也没有
"欲知后事如何，且听下回分解"之类的套语，这一系列与中国古典小说
相比，西洋小说不具有的体制上的特征很快为中国作家所模仿。"有诗为
证"迅速消失（如刘鹗《老残游记》、吴趼人《二十年目睹之怪现状》等）；楔
子大都融入故事本文中或干脆取消（如吴趼人《上海游骖录》、佚名《苦社
会》等）；长篇文言小说没有对偶回目不再不奇怪（如周作人《孤儿记》、林
纾《剑腥录》等）；长篇白话小说也开始出现取消对偶回目的势头（如彭俞
《闺中剑》、中国凉血人《拒约奇谈》等）；最顽固的"欲知后事如何，且听
下回分解"，此时也出现了某些松动，起码状者的《扫迷帚》与杞忧子的
《苦学生》就没有这种套语。②

　　总之，与如上所述类似的情况也发生于古代韩国，即韩国长篇小说
（主要是国文长篇小说）是17世纪开始，在韩国文化的土壤上，添加外来
文化（明四大奇书）的影响而形成和发展的。就这样，韩国的长篇小说在
体制上受到了明清章回小说的影响，而这种现象是文化交流史上最为普

---

① 佛教故事的翻案对于中国小说的形成和发展起到了重要作用。参见张哲俊：《东亚
比较文学导论》，336页，北京，北京大学出版社，2004。

② 陈平原：《中国小说叙事模式的转变》，70～71页，上海，上海人民出版社，1988。

遍的文化转变之一。

为了解决口头文学的痕迹为何成了韩国古小说的定型这个问题，还要考虑的是中国小说的翻译工作和其中产生的翻译体（翻案）小说的文体。

创制训民正音之后，出现了大量的"韩解"。中国文学、汉文学的韩语翻译，一般称为"谚解"①。朝鲜时期翻译较多的书籍是语言类书（如《四声通考》等）以及儒家（如四书五经等）和佛家（如《金刚经》等）的经典。有趣的是朝鲜建国初就采取了抑佛政策，然而佛经的翻译本却较多，此与佛教界的布教活动有关。② 据《朝鲜王朝实录》记录，对汉文典籍的"韩译"始于 15 世纪中叶的佛经翻译。

自朝鲜（1392—1910）宣朝（1552—1608）之后，诗歌衰退，散文作品成了文坛的主流。与这种文学史的转变相应，朝鲜后半期主要翻译了中国古典小说。明清通俗小说的白话小说与文言小说不同，不懂白话的人很难看懂，因而朝鲜就出现了翻译明清俗文学的潮流。③ 翻译中国古典小说的工作是从中宗 38 年（1543）翻译《列女传》开始的。此后，翻译明清小说。④ 在英正年间（1724—1776；1776—1800）翻译和翻案中国小说的现象最为盛行。⑤

如上所述，中国通俗白话小说传入朝鲜以后，翻译现象甚为盛行。

---

① 此名称与汉文和韩字的定位有关。朝鲜时期汉语被称为"华语"，韩国语被称为"谚语"；汉字被称为"真文"，韩文被称为"谚文"。不过，"谚解本"不是意译（省略、缩略），而是指完译和直译，不同于坊刻本的翻案。

② 为了挽救日益衰微的朝鲜佛教界，一些僧侣把"韩字"当作布教的手段来利用。普雨大师（1515—1565）把妇女当作读者写成的韩・汉文小说《王郎反魂传》，就是佛经韩译中派生出来的小说。

③ 17 世纪开始，女性读者多了起来，同时韩文长篇小说、韩文翻译本也逐渐增多。士大夫仍然否定小说，不过在妇女的教育上小说还是有用的，所以为了妇女教育，士大夫往往创作或翻译小说。参见［韩］崔溶澈、［韩］金芝鲜：《中国小说在朝鲜的传播与接受》，《华中师范大学学报（人文社会科学版）》，2007（1）。

④ 到底在朝鲜进入近代社会以前，输入朝鲜的中国小说有多少译成韩文，有多少仍以汉文的形式流传，尚无定论。关于此方面的研究，著名的韩国学者是闵宽东。据他研究，"流入到古代韩国的中国古典小说，大约有 280 余种，而其中翻译成韩文的大约有 50 余种"。参见［韩］闵宽东：《中国古典小说在韩国之传播》，《小说论丛》，2001（14）。

⑤ ［韩］申基亨：《韩国小说发达史》，266 页，首尔，彰文社，1960。

此与 18—19 世纪盛行的"贳册房"及"坊刻本"的出现，有着密切的关系。
这是因为，包括宫女在内的上层妇女及平民阶层加入小说读者的行列形
成"新读者群"，而他们的汉文阅读水平不如"既有读者群（士大夫文人）"。
此外，士大夫文人只能看懂文言体小说，他们要看白话体小说也需要翻
译。从而可知，白话体小说（明清章回小说）的传入和流行，更促使了"韩
译"小说的出现。由此可知，"韩译"小说扩大了小说的读者群。而为了满
足他们的阅读需求，18 世纪朝鲜的首都汉阳（现在的首尔）就出现了与中
国不同的流通结构①，即流通小说的专门商行"贳册房（租书业）"②。以它
的出现我们可以推测朝鲜时期小说读者层扩大和小说商品化的现象以及
其理由。此外，通过许多记载我们可以推测出当时贳册的风气相当盛行
的情况③，而贳册的主类大部分是"抄写"的中国小说的翻译，或改作的
韩文小说（翻案小说）。

　　笔抄流通小说的方式在朝鲜初期已出现，在小说流通方式上一直占
主流地位。④ 到了 17 世纪，韩文小说盛行于世，如《九云梦》《彰善感义
录》等韩文小说，在民间竞相转抄。此外专供宫廷读者阅读的"乐善斋小

---

　　① 古代韩国（贳册房）、日本（贷本屋）、英国（circulating library）都有有关贳册的资料。
与此相反，中国除了元代的"货郎"、清初的"书船"以及清末的"永隆斋（本斋出货四大奇书、
古词、野史……）"以外，几乎没有清末以前的有关贳册的资料。那可能是"表意文字的特
性"，导致了古代中国贳册的不发达。参见［日］大谷森繁，《朝鲜后期贳册再论》，《贳册古小
说研究》延世国学丛书，34～35 页，首尔，延世大学校出版社，2003。
　　② 由法国东洋学者 Maurice Courant（1865—1935）的《韩国书誌：Bibliographie
Coréenne》可知，除了汉阳以外，其他城市没有"贳册房"（从［韩］刘铎一，《古小说的流通结
构》，《东亚细亚论文集》，首尔，1991 年第 1 号，8 页再引用）。
　　③ 当时的著名人士对妇女在贳册房租小说的情况表示忧虑："近世闺合之竞，以为能
记事者惟稗说，是崇日加月增，千百其种。侩家以是净写，凡有借览，辄收其直以为利。妇
女无见识，或卖钗钏，或求债铜，争相贳来，以消永日"（参见蔡济恭：《女四书·序》）；"谚
翻传奇，不可耽看，废置家务，怠弃女红，至于与钱而贳之，沈惑不已，倾家产者有之"（李
德懋：《士小节》卷之八，《妇仪》，272 页，铭文堂，1985。从［韩］최운식：《韩国古小说研
究》，首尔，启明文化社，1995 年，37 页再引用）。
　　④ 据禹快济的统计，现存的古小说一共有 1276 种。其中版刻本有 87 种，活字本有
327 种，抄本有 862 种。从而可知，朝鲜时期小说流通方式的主流是抄本。参见［韩］禹快济：
《古小说名称，总量及研究倾向的统计分析》，《仁川语文学》，1989（5）。

说"也大多是笔抄的。还有经营贳册房的老板也经常亲自笔抄，或雇人笔抄小说。笔抄译本中《三国演义》最受欢迎，它的译本以及取材于它而写成的作品，有数十本之多。① 由此可知，当时韩国读者在选取中国古代小说上的倾向性。② 那是因为，演义类小说以历史题材为主可使读者博学，尤其毛本《三国演义》不仅强调忠义观念，还教授蜀汉正统论的史观，所以传播初期在妇女阶层中也广泛地流传。③ 但其中的故事跟妇女读者的日常生活有距离，因此难以吸引女性读者群。由此可知，17 世纪随着女性读者逐渐增加，对"人情小说"之一的"才子佳人小说"的关注越来越大。而《好逑传》《玉娇梨》等才子佳人小说，既可让女性学习规范，又可引起女性的兴趣，所以女性比较欣赏这些读物。④ 此时，《好逑传》已有翻译本，广泛地流通了。这说明《好逑传》的内容得到了朝鲜读者的认同。⑤ 此外，有些中国学者发现，《苏贤圣录》与《玉娇梨》的开头部分很相似，以及《九云梦》与《空空幻》⑥大致的结构很类似，便以此来说明才子佳人小说对韩国古小说的影响很大。对此张孝铉等韩国学者的看法与中国学者不一致（已在"韩国古小说形成与发展的内、外在因素"里谈过）。

---

① 《三国演义》最初流入韩国的版本是"嘉靖壬午本"，而大约于 1522 年至 1569 年传入朝鲜。参见［韩］刘铎一：《15、16 世纪中国小说的韩国传入与收容》，《语文教育论集》，1988（10）。

② 《三国演义》的坊刻本中最受欢迎的部分就是"三顾茅庐"和"赤壁大战"。朝鲜后期读者的嗜好偏重于紧迫感丰富的战斗故事、英雄的投机、义气及其豪放气概。当初收入演义是由于关心历史，但到了 19 世纪，读者的嗜好转变了，他们欣赏的是豪放的、进取的故事本身。参见［韩］崔溶澈、［韩］金芝鲜，《中国小说在朝鲜的传播与接受》，《华中师范大学学报（人文社会科学版）》，2007（1）。

③ "今所谓《三国志演义》者，出于元人罗贯中，壬辰后盛行于我东，妇孺皆能诵说。"参见［韩］金万重：《西浦漫笔》。

④ 除了上述之外，传到朝鲜的中国才子佳人类小说大致有 15 种。参见［韩］李慧淳：《好逑传研究》，《韩国文化研究院论丛》，1977（30）

⑤ 日本也接受了《好逑传》《玉娇梨》，但由于强调名教的内容不符合日本人的娱乐观点，所以这些小说在日本没那么盛行。参见［韩］郑炳说：《17 世纪东亚小说之爱情》，《冠岳语文研究》，2004（29）。

⑥ 清道光年间著名情爱小说，主要情节是丑陋男子因艳羡风情而产生"不安分"的性幻想。由此可知，压抑中的性幻想就是当时的遭禁原因。

　　通过如上考察我们可以知道，韩文普及以前小说读者（消费者、享受者）大部分是士大夫文人，但韩文普及以后小说读者大半都是女性。从此可知，妇女读者群的不断增多成了促进 17 世纪小说发展的真正动力。正因如此，妇女读者群在韩国古小说的发展史上就成了不可忽略的因素。此点与同一个文化圈里的中国和日本也不同，即在日本小说的读者是男性，中国是男性的比率更高，而在古代韩国小说的主要读者是妇女。①由此可知，朝鲜时期为了满足小说的主要消费者——妇女读者的需求，对不少中国小说进行了韩译。朝鲜时期明清白话小说韩译本有"宫廷译本（乐善斋本）"与"民间译本"两种，而它们的主要读者都是妇女。②宫廷译本中有不少是全译本（如 120 回《红楼梦》全译本等）。与此相比，民间译本当中全译本几乎没有。它们大多出自略懂白话文的文人之手，所以文字比较粗糙，而大多是译者随意删略或敷衍的缩译、节译或改写。正因如此，大多数民间译本可看为"翻案（翻版）小说"。现存的朝鲜时期翻译与改作本（翻案）小说大约有 50 余种，可见当时读者的喜爱，而它们大部分是于 17—19 世纪翻译或翻案的。③以上是对中国古典小说韩译本流通形态之一"抄本"的考察。接着要谈的是"刊本"④。

　　中国小说的韩译本除如上"抄本"以外，还有一批"刊本"。大约 18、19 世纪之交出现了当时朝鲜特有的"坊刻本"小说。⑤在坊刻本小说的概

---

　　①　［韩］赵东一：《韩国文学通史》，197 页，首尔，2005。

　　②　中国小说被译成韩文的，有相当一部分藏于"乐善斋"（现韩国精神文化研究院旧王室藏书阁）中。这些译本是 19 世纪末李钟泰（1850—？）主持翻译的。这些书是提供给王妃、宫女们的读物。

　　③　具体书目和各书的简介参见［韩］闵宽东：《中国古典小说在韩国之传播》，403～412 页，上海，学林出版社，1998。

　　④　由于读者层的经济和文化水平有差异，朝鲜时期的抄本小说比坊刻本小说于印刷的品质和内容上更为有优势。类似于清代有些文人小说于一段时间内只在小圈子里以抄本的形式流通，如《红楼梦》《儒林外史》《歧路灯》等作品。参见 Robert Hegel：《明清时期小说的利基市场》，洪尚勋译，《中国小说研究会报》，2008(74)。

　　⑤　［韩］闵宽东：《中国古典小说在韩国之传播》，328 页，上海，学林出版社，1998。在中国，坊刻本是指从唐代至清代各地书坊刻印的书本。

念上中国与韩国有所不同。中国明清时期的大部分长篇小说、传奇、戏曲等通俗文学都赖坊刻本传到今天，如程伟元萃文书屋刊行的《红楼梦》。不过，类似于韩国坊刻本小说的古代中国小说版本是指 1800 年以后刊行的"廉价的小册子（chapbook）"。它们是以比较粗糙和单纯的木板印刷术来刊行的。此类小说的出现与乾隆年间（1736—1795）扩大读者层有关，而韩国坊刻本小说的发展也经历了同样的过程。①

　　如上所述，古代韩国坊刻本小说是指民间的个人以赢利为目的，用木版印刷术刊行的小说，它与抄写的贳册小说共存。② 现存的古代韩国坊刻本小说共有 179 种，按照刊行的地方可将它分为"完版本（全罗道全州、罗州、泰仁）""京版本（首尔）"和"安城版本（京畿道安城）"三种版本。现存最古老的坊刻本小说是 1725 年刊行的汉文本《九云梦》（完版本）。此后 1848 年刊行的韩文坊刻本小说《三说记》（京版本）是现存最古老的韩文本小说。

　　坊刻本小说的主流是"韩文本（创作小说或汉文本小说的韩文翻译）"和"韩译本（中国小说的缩略翻译或翻案小说，而主流是后者）"。那是因为，它的出现与 19 世纪市民阶层的成长有关，即它是为了迎合市民阶层的娱乐消费需求而诞生的。而流通方式上坊刻本小说与以"租书"为主的贳册小说不同，它是以销售为主的。此外，坊刻本小说与以妇女为主要客户的贳册小说不同，它们的主要顾客是"识字的男性平民读者群"③。从而可知，坊刻本小说是在经济发达和市民阶层成长导致的"识字的男性

---

① Robert Hegel：《明清时期小说的利基市场》，洪尚勋译，《中国小说研究会报》，2008（74）。

② 坊刻本小说流行的 19 世纪也有贳册小说的固定顾客——有识、有闲的妇女。参见[日]大谷森繁：《朝鲜后期贳册再论》，《贳册古小说研究》延世国学丛书，34、32 页，首尔，延世大学校出版社，2003。

③ 坊刻本小说大多为单篇，那是考虑读者的阅读能力及销售政策的结果。参见[日]大谷森繁：《朝鲜后期贳册再论》，《贳册古小说研究》延世国学丛书，34、31 页，首尔，延世大学校出版社，2003。

平民读者群"日益扩大的环境中应运而生的。①

下面我们要接着谈的是，韩文小说(包括汉译和翻案)"文体"的特征。

朝鲜时期的韩文小说大量使用汉字词，很少使用韩语中的固有词，便成了类似于直译汉文小说的翻译文体。"这种直译汉文的文体充斥小说领域的原因在于自训民正音创制以来风靡一世的汉文典籍的韩译事业。当时的小说家们在这种翻译文体的影响下，无选择地使用了这种类似于直译汉文的翻译文的文体。在整个朝鲜时期，几乎没有用纯正的韩文写成的文章，所以小说家们也只能阅读汉文典籍的书以及直译汉文的翻译文的文体。从而可知，朝鲜时期的韩文小说文体也是在翻译中国小说的过程中逐渐形成的，所以立足于直译的翻译文体自然地成了韩文小说的文体。"②此类似于西洋小说的传入和其翻译对中国小说文体产生的影响。19、20世纪之交西洋小说的表面特征很快为中国作家所模仿。其标志之一就是章回体制的一系列口头文学说书人的痕迹逐步减少。

总而言之，中国古典小说以及其译本影响了古代韩国作家的创作(包括翻版小说在内)。因而不同于中国，没有受说书艺术直接影响的韩国古小说(韩文、汉文)也与中国传统小说一样保留了章回体制，即一系列口头文学说书人的痕迹。不过19世纪中期以来，西方小说大量流入，韩国古小说也有了革命性的变化——口头文学痕迹消失。1907年出版了李人植(1862—1916)的《血之泪》，此就是韩国"新小说"的开山之作，而"新小说"这一用语和"古小说"是对立的概念。可惜的是，虽说有了进步，但"新小说"还没有完全摆脱"古小说"的痕迹。此后1917年，才出现了完全采用西方小说体裁的"现代小说"——《无情》。至此，与中国现代小说一

---

① 坊刻本小说出现以后也成了贳册房里的贳册之一，并且逐渐成了主流。这意味着利用贳册房的顾客发生了变化，即从有钱有闲的妇女，转变为识字的男性平民读者。参见최운식외：《说话·古小说教育论》，511页，民俗院，2002。现存韩国坊刻本小说分为"京版本(汉城)"、"完版本(全州)"及"安城版本(京畿)"，共60余种。它与寺刹版、官版、家版的书籍相比，其雕版技术较为拙劣。参见金宽雄：《韩国古小说史稿》，135～136页，延吉，延边大学出版社，1998。

② 金宽雄：《韩国古小说史稿》，63～64页，延吉，延边大学出版社，1998。

样残存于韩国"新小说"中的章回小说的口头文学的痕迹，消失了。

六、结语

　　具有韩中语言优势的韩国中国古典小说研究者，既想研究又要研究的是古代韩中小说的关系。笔者也一样，这就是于北京师范大学研究中国古典小说开始一直怀在笔者胸中的而还没开始做的作业。本文就是长期以来还没动手研究的作业的起步。

　　由于"地理因素（邻邦）"和"语言因素（汉字）"，古代韩国与中国有着密切的交流关系，小说也不例外。若要探究古代韩国小说的传统与其特点，首先要了解其与中国古典小说的关系。正因如此，本文着眼于古代韩中古典小说的交流，试探性地考察了古代韩中小说。

　　韩国古小说，无论是"国文小说"还是"汉文小说"，其产生和发展都与中国古典小说的传入及其影响有着密切的关系。这种现象类似于印度文化对中国古典小说的影响。这就是韩国古小说形成与发展的外在因素之一。不过，与此同时要注意的是，韩国古小说是民族文学发展到一定阶段时自然而然地产生的，即它是以文学方式形象化的当时韩国社会的价值观，这就是韩国古小说产生与发展的内在因素。① 韩国古小说的产生与发展是内在因素和外在因素互相渗透、共同作用的结果。对此，韩中研究者既有共同的认识，也有不同或相反的认识，尚无定论。

　　通过考察可知，中国古典小说与其翻译和翻案小说的强大影响导致了没有受宋元说书艺术直接影响的韩国古小说（韩文、汉文）出现了章回体制，使得它们保留了一系列口头文学说书人的痕迹。不过 19 世纪中期以来，西方小说大量流入，韩国古小说也有了革命性的变化。于 1917 年出现了"现代小说"——《无情》。其标志着与中国现代小说一样，残存于

---

　　① 韩国国文学界，五六十年代的研究方向是中国小说的影响关系，即"受容论"，而在 70 年代开始强调韩国古小说的独自性，即"内在发展论"。参见［韩］李腾渊：《以中国小说研究家来看的韩中小说比较研究上的交流问题》，《中国小说论丛》，2006(23)。

韩国"新小说"中的章回小说的口头文学痕迹褪色与消失。

以上是笔者动手做作业的第一步。下一步是更为具体地考察尚未解决的问题。问题如下：

与同一个文化圈里的韩国和日本不同，在中国"赁册业"不发达，原因是什么？除了文字上的限制（表意文字）以外，还有什么原因？例如，读者层之不同或是小说性质之不同。韩国的读者层当中女性的比率比中国更高，因此可称韩国古小说是女性小说，而中国是男性小说。

韩中"妇女读者群的作用"。不同于中国，韩国古小说的主要读者是妇女，从而可推测有许多无名氏的妇女作者。若是这样，导致其结果的主要原因是什么？除了语言（简而易学的"韩字"）以外，还有什么原因？在小说的流通方式上韩国与中国不同，"抄本"是主要的流通方式。除了印刷费用等经济上的原因，还有什么原因？朝鲜的书侩是买卖书籍的中间人，他们是小说流通者之一。唐代《尚书故实》里有书侩的记录，明清时期的书侩对小说的作用是什么？

中国的《九云楼》可说是韩国《九云梦》的翻案小说，翻案小说于中国不发达的原因是什么？

中国的"说话人"与韩国的"传奇叟"等口头文学者之间的比较。他们对小说的作用上有什么差异？

中国的"话本小说"与韩国的"板索里（说唱脚本体）小说"比较有什么异同？

大团圆的叙事模式之差异。此点上韩国古小说比中国古典小说更为严格的理由是什么？

小说评点上的韩中之差异是什么？

……

以上是剩下来的作业，由于篇幅有限，不得不推到下次研究。欲知后事如何，且听下回分解。

新加坡潘受词与王梅窗词的接受

［新加坡］林启兴

一

被《当代诗坛点将录》称誉为"胸蟠千卷，身行万里，是大诗人，是奇男子"的潘受（1911—1999），一生写了 1177 首古体诗，而词也填了 50 首。其词题材颇为丰富，可分如下。

(一)咏史词

《满江红》写于 1949 年。有小序云：

> 新加坡东海岸勿洛，为一九四二年日占领军大屠杀华人之一处，今成歌台舞榭，呼卢喝雉之场所，月夜过此茗坐，感赋。

词云：

> 东虏南窥，闻曾此、狂屠吾族。千义士，血添波浪，海翻红哭。何处鹃来凭吊骨，当时鱼避横飞肉。渐夜深、渔鬼火交明，悲风作。
>
> 尘劫换，笙歌续，沿废垒，驰香毂。满月台花榭，酒春人玉。拂镜翩翩狐步舞，绕梁隐隐乌栖曲。侭坐间、呼喝助寒潮，喧么六。

（二）写病情的词

《好事近》写于 1943 年。有小序云：

> 伏枕经旬，医称是恶性疟疾，赋此驱之。

词云：

> 占取一房山，车马无喧之境。伴我朝朝暮暮，有江声云影。
> 秋来何处不伤神，秋意况凄冷。恶病浑如恶梦，倩秋风吹醒。

词句"恶病浑如恶梦"，真是一针见血。但用词牌《好事近》颇有反讽之意。

（三）写爱情的词

《纪梦》四阕，写于 1948 年。寄调《如梦令》，今举二阕：

> 其一
> 人立碧纱窗畔，风动鬓云舒卷。低首出帷来，哽咽欲言声断。相见，相见，态度比前疏远。
> 其二
> 脉脉眼儿春溜，薄薄唇儿红透，淡淡两眉儿，细细腰儿纤手。依旧，依旧，看看样儿消瘦。

第一首的"相见，相见，态度比前疏远"，语言寻常，感情却深刻，引起人们的共鸣。

（四）写友情的词

写友情的词有《庆春泽·陶令三杯》，写于 1964 年，是奉和李西浪 65

自寿之作）；《奉和张伯驹先生与孤桐丈人壬子冬杨柳枝词赠答之作 6 阕》（写于 1972 年）；《金缕曲·吾但看云尔》（乃答谢饶宗颐教授写赠看云图及看云赋，写于 1972 年）；《水调歌头·恍惚鹧鸪谱》（写于 1970 年，小序云："慧贞自怡保寄示玉楼吹笛图索句，适余是夜将飞英京未暇应命。归始题此报之。"）；《水龙吟·鸡鸣风雨神州》（写于 1972 年，"次韵圣陶先生庐山之作，即以奉赠"）等。这些词作，并非普通的酬酢之作，应视为"诗向会人吟"之作。

潘老词的艺术特色，如《青玉案》（集宋人句 2 阕）。我们知道，集句诗难为，潘老有为。而集句词更是难上加难，但对潘老来说，竟是易如反掌也。

1961 年，潘老填 4 首《菩萨蛮》回文。小序云：

　　　　二三毕业同学见过，话及南园生活，犹有余味，相与拊掌，因谱所谈，成此四阕。

今录于下：

其一
晓窗山闹枝啼鸟，鸟啼枝闹山窗晓。云白莽氤氲，氤氲莽白云。院边湖外馆，馆外湖边院。松径一声钟，钟声一径松。

注：南园晓望，一片云海。

其二
怒龙盘斗迎飞虎，虎飞迎斗盘龙怒。毬掷远篮投，投篮远掷毬。海天歌慷慨，慨慷歌天海。书我读何如，如何读我书。

注：课余则歌声满园，篮球为同学间最普遍爱好之运动。

其三

肺肝倾共弦韦佩，佩韦弦共倾肝肺。茶座月亭花，花亭月座茶。
栏凭双影淡，淡影双凭栏。颦笑梦魂春，春魂梦笑颦。

注：男女同学由友谊进而结百年之好者，时有所闻，亦佳话也。

其四

瘦思相望相违久，久违相望相思瘦。烟树绿阴连，连阴绿树烟。
列名齐毕业，业毕齐名列。旗鼓并驱驰，驰驱并鼓旗。

注：绿阴，谓入南园大门之夹路相思树也。

虽然有人认为回文诗词，只属文字游戏之作，但是若非掣鲸手，谁敢下海？不信，请你也来玩玩看！

二

王梅窗（1914—2006），字又真，原籍福州。1951 年到中正中学分校执教，至 1973 年退休，为从中国南来的我国古诗词名家。其门人弟子在 2006 年 11 月为她出版了《王梅窗词集》。吾生也晚，遗憾不能成为其学生，更不要说向她当面请益了。

根据笔者的略为统计，梅窗先生在词集中，最喜用的词牌是《浪淘沙》与《蝶恋花》。起初我计算的时候，以为《浪淘沙》共有 17 首，为全词集填用率最高者，而《蝶恋花》只有 16 首，再仔细查算一下，却大吃一惊，原来《一萝金》也是《蝶恋花》的同谱异名，因此，算出《浪淘沙》和《蝶恋花》都是 17 首。由此可知，古词家喜欢用同谱异名之法，这种方法常为人津津乐道。例如，词中的《深院月》即《捣练子》，《愁依兰令》即《春光好》，《庭院深深》即《临江仙》，《望梅花》又名《梅花令》，《疏影》即《解佩环》，而词牌《过歇涧》恐是《过涧歇》之误。如此看来，解词人对词牌的异名则非留心不可！

今以两首词来和大家分享梅窗词的艺术特色。

蝶恋花

　　春意深深深几许，红遍山桃，绿遍垂杨树。离恨深深深几许，随潮日夕来还去。　　记得当年闲院宇，记得西窗，记得叮咛语。庭院深深深几许，漫天烟雨春何处？

这首词上片写景：红遍山桃，绿遍垂杨树。告诉我们"春意深深深几许"。接着直接写主题"离恨"。离恨有多深呢？即"随潮日夕来还去"的永无休止。

下片写追忆，一连用了以"记得"带头的三句排句。从院宇到西窗再到叮咛语，历历在目，声声在耳。结语云："庭院深深深几许，漫天烟雨春何处？"上片两句有答案，而下片最后的问句却没有答案。词人以"漫天烟雨"来象征困苦，以"春何处"来象征"幸福"在哪里。

浪淘沙

　　秋柳做腰身，秋菊精神。秋云剪鬓不成春，宝镜故瞒憔悴影，遍掩轻尘。　　蜜意假耶真？暮楚朝秦。冤家何处问前因？剩有钗头双白燕，差免抛人。

这首词写的是一个美人秋扇被弃的苦闷。上片开头两句"秋柳做腰身，秋菊精神"既是写景，又是写人兼写情。我们看到了一位有柳腰身段、秋菊般高尚的美人，连宝镜都同情她，为她蒙了轻尘，以免她看到自己的憔悴身影。

下片开始产生疑问："蜜意假耶真？暮楚朝秦。"下片几句话翻译成白话文即"你说的是真的吗？你这个朝秦暮楚、经常劈腿的负心汉！你这冤家现在在哪里？说没有抛弃我，鬼才相信！也只有我头上的一双白燕钗（请注意，是成双成对的燕钗），没有抛弃我才是真的！"

除了设问，梅窗先生也喜用顶针格：

①"隔窗和雨枕边听，听到雨收筝不动。"(《浪淘沙·夜雨恰三更》)

②"何用斐郎求玉杵，杵臼都灰。"(《浪淘沙·罗幕悄然开》)

③"残风晓月真似梦，梦也萧条。"(《浪淘沙·江海一帆飘》)

④"寻醉，醉了还非计。"(《玉连环影·寻醉》)

用复字：

"未了春寒，不道春就将暮。春无据。"(《点绛唇·晓色溶溶》)

用复词：

"枉将红紫艳东风，哪知却被东风误。"(《踏莎行·桃花》)

用排句：

"记得当年闲院宇，记得西窗，记得叮咛语。"(《蝶恋花·春意深深深几许》)

还用险韵，如"又"字险韵：

"谱就新词谁唱又，箫声和月纱窗透。"(《蝶恋花·乍雨乍晴春偆偆》)

再者，梅窗词中多警句：

①"聪明人最肺肝痴。"(《浪淘沙·风雨证心期》)

②"酒能赊，愁未抒，莫负情多，自是多情苦。"(《苏幕遮·缀红灯》)

③"离愁欲付与黄花，黄花更比人凄苦。"(《踏莎行·碧槛横风》)

④《八拍蛮·纨扇》云："便对月偷摹作扇，百般依样欠团圆。"

在梅窗词中，我们也不难发现几个抒情的关键字。

其　，瘦。

①"雪里吹香情影瘦。"(《蝶恋花》)

②"鬓影钗花人独瘦。"(《定风波·怀旧》)

③"照影偏怜人独瘦。"(《深院静》)

④"柳自吹棉春自瘦。"(《浪淘沙·清明》)

其二，醉。

①"寻醉，醉了还非计。"(《玉连环·影》)

②"薄醉最贪眠，溜却鸳钗，压得钗儿扁。"(《醉花阴》)

其三，泪。

①"蜡烛尊前，负汝千行泪。"(《玉连环·影》)

②"望海立江桥，挥泪添潮。"（《浪淘沙》）

③"相思积泪成秋水。"（《蝶恋花》）

④"泪眼看天天已远。"（《蝶恋花》）

⑤"鹦鹉窗前和泪听。"（《玉楼春》）

其四，愁。

①"春光九十和愁伴。"（《踏莎行》）

②"何用鹃啼催节候，眉山依样愁相就。"（《蝶恋花》）

③"一角红楼，人是和愁住。"（《苏幕遮》）

④"泪眼难枯，离愁永驻。"（《踏莎行》）

⑤"离愁欲付与黄花，黄花更比人凄苦。"（《踏莎行》）

⑥"拼酒欲忘愁，还被愁寻着。"（《误佳期》）

⑦"春愁如海生桑。"（《浪淘沙》）

⑧"乱愁窗外山千叠。"（《踏莎行》）

⑨"全不晓人愁，那个禽儿，抵死窗前唤。"（《醉花阴》）

⑩"新愁旧恨叠。"（《过涧歇》）

⑪"欲遣闲愁无去处，且聚眉弯。"（《浪淘沙》）

⑫"水复山重天样远，复水重山，那及离愁半。"（《蝶恋花》）

梅窗词中，更有两句用两个典故者，如《浪淘沙·风雨证心期》：

"探春怎奈牧之迟。"（用牧之典）

"剩与春蚕同况味，宛转青丝。"（用李义山典）

这两句是阐释词人的"情况"与"境况"。

更有在词中发表议论者，如：

"未必文章须廊庙，市井岂无风雅。"（《金缕曲》）

此句与"元宵佳节，融和天气，次第岂无风雨？"（李清照《永遇乐·元宵》）做一比较，可知梅窗得易安士法乳多矣。

今试译王梅窗《鹧鸪天·莫把闲愁说与伊》：

就别跟她提起相思了

相思就挂在她双眉上

　　　　邮差都不晓得怎样传来他送的耳饰与短信
　　　　她就像被锁在四面包围着冷风的翠帐里
　　　　重新磨墨，仔细调配色彩
　　　　她随意画了一幅南国花枝
　　　　这一枝花儿将清香洒在酒杯里
　　　　美丽的花朵与美酒霎时变成了
　　　　令人称美的神仙伴侣

　　主题：一个相思的美女借酒、借画消愁，将自己与美酒结伴成为神仙伴侣。

　　附录《鹧鸪天》：

　　　　莫把闲愁说与伊，闲愁差许两眉知。玉珰函札迷青鸟，金锁风高冷翠帷。　　重研墨，细调脂，浸枯彩笔画南枝。孤山是罗浮侣，分取清香伴玉卮。

　　诚如王梅窗千金王琮所言，梅窗词可概括成"真、善、美"三字。

文学史研究的学理性问题

清华大学　谢思炜

一

文学史研究作为一门学科①，基本上依照两种方式来划分其研究内容。一种是历史时代的，可以是断代的或某时期的，与历史学中的断代史或时段研究大体对应；也可以依照文学史中某种习惯说法，如唐诗的所谓初盛中晚，便未必有一个历史学的公认的对应标准。在历史时代下，作家的、流派的、群体的等更小单位或具体现象研究均可纳入。另一种是文学类型或文体的，如诗歌史、散文史、小说史、戏剧史等。这基本上是文学的一种通用分类方式，只不过被运用到具体的文学史中，根据中国古代文体的特点可以做相应调整，如中国特有的辞赋，小说至少要分为文言和白话两类，早期的小说概念与西方的肯定不同，史传文学是否应单列一类。其中最麻烦的是散文一类，它几乎包括了诗以外的一切杂文体，使得所谓"文学"的概念变得漫无边际。或许有一天我们真的要问：研究居延汉简或者敦煌账簿是否也可算是文学论题？除了这两种划分方式，还可以列出其他一些文学研究的范畴，如题材、语言、风格等。

---

① 这里所谓"文学史研究"是指文学史领域的一切研究，与"历史研究"的概念大体对应，不是指专门着眼于文学史发展演变的研究，更不是指专门的文学史。

它们可以是跨时代的，也可以是跨文体的，但很难再在上述两种划分方式之外形成独立的次学科体系：它们要么被置于具体时代或具体文体之内，要么在跨越时代或文体时总含有一种时代或文体之间相互比较的意味。

根据上述划分，文学史研究已形成众多的研究领域，各有自己的研究题目和研究方式，而尤为夺目的是形成了一些所谓"学"，如"选学""杜诗学""红学"等。为了提高研究的地位和层次，这种"学"还在不断推出，如"诗经学""楚辞学""唐诗学""金（瓶梅）学"之类。但这些"学"大多仅仅是根据所选具体研究对象而定，因它们在当时社会或后来发展中影响大、习者如云而成为所谓"学"，很难说有多少学理根据。如果仅仅划定一个研究对象或在众多并列现象中选择一例，而不考虑所划对象在内涵上或逻辑上的特殊性和独立性，就可以形成一门学科或一种"学"，那么"学"岂不太多太滥了吗？"学"这个字眼，即便用在"先秦文学学""唐代文学学""历代散文学""中国小说学"之上，也显得太过夸张，还不如用平实的"研究"一词。其实古人所谓"选学""杜诗学"，也就是研习之意，不过是表示如鹜之趋的热闹程度。与作为一种学派或学说的儒学、道学、理学、心学等并非同一概念，与具有一定学科体系和理性研究目标及技术手段的语言文字学（小学）、校勘学、版本目录学、金石学等也不一样。与近代从西方输入的文艺学、社会学、经济学、政治学、考古学、心理学等，在学科内涵、学理基础、逻辑体系上当然更不是一回事。古人没有"研究"一词，比较接近"论"一词，在文艺方面除曹丕用过，后人就不大用了（李清照有"词论"，也显示出她与众不同）。要么用较轻的、有点漫不经心的品、议、评、话之类，要么就只好用耸人视听的"学"了。现代人再如此用，到底是想在学派学说的意义上、古人实用之学的意义上还是现代学科体系的意义上来攀缘比附呢？看来都不是（也做不到），不过是夸张凑趣罢了。

其实，仅仅根据具体对象不同便众"学"纷呈，这种现象只是一个标志，不仅说明迄今为止文学史研究在科目设定上有一定的任意性，也反映出这个学科在学理上的一些深层问题。例如，甚至在与这个学科关系最近或可称为它的上级学科的历史学中都很难见到这种凑趣现象，谁听说过"秦始皇学""武则天学""太平天国学"，尽管它们都是热门历史话题。历史学的分科除了依据历史时代而形成断代史、王朝史外，就是根据历史本身的复杂层面而划分出政治史、经济史、制度史、文化史等（文学史即在此意义上成为历史学的一个分支）。此外还有根据历史研究的不同层次和不同技术手段而出现的历史哲学、史料学、比较史学、历史计量学等。这些学科都有其确定而相对独立的内涵，有其特定的问题域，甚至有其相对稳定的研究方法、理论模型或技术手段。换句话说，已形成一套学术范式（当然，范式本身也不断面临质疑挑战并发生变化）。近代史学的学术范式是从西方输入的，与中国传统史学不同。但经过一个世纪的努力，且不论意识形态争论的影响，中国的历史学可以说已经完成了从旧到新的学术转换。而作为其分支之一的文学史研究，情况却远不尽如人意，与历史学其他分支相比差距尤其明显。当然，重要原因还在于文学史研究在学科属性上既属于历史学也属于文学。哲学（也包括文艺学中有严谨学理的理论）有逻辑管着，历史学有事实管着，文学研究与两者都沾边，但又都有距离，此外尚有解释、鉴赏乃至体验的一大块空地，文学阅读和批评在本质上仍是一种"主体间的交流"。主观因素的强烈渗透，甚至影响到对事实性的文学史料的处理。因而，文学史研究在其学科形式和学术范式方面不如历史学那样规范，学理性相对较弱，也属情有可原。

二

学理性弱的表现之一是分界不清。中国传统是所谓文史不分，现在的人文学者似乎很欣赏这一点，常挂在嘴上，而且还加上个哲。其实古代的文史不分（当时还无所谓哲），是学术尚处在混沌阶段的表现。现代学术发展早已改变了这种情况，否则就谈不上任何像样的学术体系了。在现代，当然可以要求学者具有历史、文学、哲学等多方面的学养，但学术本身却必须有确定的分界。分界明确，说明学科的内容和所处理的问题十分明确。如同逻辑内涵与外延的关系，外延越宽泛，则内涵越模糊。所谓边缘学科或跨学科研究，也是以明确的分界为前提的。事实上，当代的历史学者和哲学工作者都很清楚他们学科的分界，对学科内部的次学科或学科分层也十分清楚。这说明这些学科是充分现代化、逻辑化的。但与其他各个人文学科相比，唯有文学（包括文学史学）的边界至今仍十分模糊。这种模糊可以从文学研究者的直接感受中得到证实。谁也说不清文学研究的边界在哪儿，只能笼统地讲一讲研究者的素养：需要文献学方面的基础，需要熟悉文学史料，需要具备文学鉴赏和感悟能力，需要理论修养和哲学深度。乃至文学研究者的藏书也最为驳杂，搞不清到底哪些书是他们不必买的。这正是文学教授们最喜谈文史哲不分的原因。比较而言，在历史学各分支中，只有传统成分居多的史料学方法被文学史研究基本接受，但范围也大大缩小。最令人遗憾的是，历史、哲学的许多重要问题并没有延伸到文学史中来或并不引起重视。从事文学史研究的人都有这样的体会或困惑：他们在确定研究方向时往往只能做某种人为的限定，甲偏重于文献，乙偏重于史料，丙偏重于赏析，丁偏重于理论。这样画地为牢或将它们重叠起来，构不成任何真正意义上的学科体系。现在许多学者所讲的学科建设，较之以前有所进步的仅仅是在分段基础上的一种较全面的研究设计。在与文学有关的文献、语言、史料、文本、思想等研究中，确实涉及文学对象本身的多个层面，但这些研究又都分别延伸到或交叉于其他学科。这种全面铺开的研究，在理想情况下不过是不同层面、不同研究领域的一种多学科综合，并不能完全解决学科的内在特性以及其各个次学科的相互关系问题。

当然，文学研究中分界不清并不是因为研究者的资质有所欠缺，而是与文学以及文学研究本身的特殊性质有关。因为文学无论从内容还是从功用上来看，本身便缺少一个明晰的界限。"什么是文学"这个问题，就几乎无法给出一个人人都满意的答案。文学要涉及生活的各个方面，文学研究自然也要涉及各个方面的问题。因而，文学研究中"××与文学"之类的论题，比其他任何学科都多得多。文学的社会功能也极为复杂，由于它以语言为工具，所以它几乎具有与语言一样的亲和力，从街谈巷议、厕所涂鸦、公文便条、书信报刊、政治谣言、演讲广告，到最玄奥、最抽象的思想理论、宗教预言，都可能具有某种文学性。与语言不同的是，文学本身又是一种具体的"话语"，一种社会意识形态，因而不能对它进行一种纯工具的或纯形式、纯结构的处理。文学的这种多样性和复杂性，使它在所有意识形态和所有人文学科中独树一帜，与其他各个学科具有多边的、交叉的关系。即便单纯就形式而言，到底什么算文学也很难说清。经常被人重复的一个错误看法是，只有中国文学是所谓"泛文学""杂文学"，与西方诗歌、小说、戏剧、散文四分类文学相区别。事实上，历史上各民族文学都曾呈现为这样的杂文学，被当作文学文献的实际上是其他宗教的、思想的、史学的、实用的各类文献。如伊格尔顿所指出的："十七世纪的英国文学……也延伸到弗朗西斯·培根的论文，约翰·多恩的布道文章，班扬的宗教自传。"①这种情况如今又在重演，文学摆脱了四分类的限制，与各类视听交流手段相结合，衍生出多样的亚文学种类。而对主张将文学视同于其他各类文本、对其进行文化解读的"后学"批评家来说，封闭的纯文学早已不复存在。当然，问题不在于研究对象的广泛，历史学的研究领域无论如何远远大于文学；而在于研究对象的内涵和外延难以确定。只要文学史研究的对象仍属于文学，在确定其学科体系及其内部分支和分层时就会遇到一些历史学的其他学科中所不曾遇到的特殊问题。

三

如果说分界不清还是由文学学科的特殊性所造成的，带有某种先天性质，那么另一个与学科现状关系更为密切、更为致命的问题就是问题不清。当然这个问题也不仅存在于文学史研究中，现在学界为人诟病的一个普遍性问题是缺乏问题意识，"没有问题"。经济学、哲学、政治学

---

　　① ［英］特里·伊格尔顿：《当代西方文学理论》，王逢振译，14 页，北京，中国社会科学出版社，1988。

研究缺乏问题是很可怕的，说明它们不仅在学理上出了问题，而且丧失了现实功能。但这些学科目前的"没有问题"，在一定程度上是在消解了过去的许多假问题（如"姓社姓资"、属唯物属唯心）之后暂时出现的问题真空阶段。真问题不是没有，而是一时尚未清楚意识到或被有意遮盖，总会清楚提出来的。与之相比，文学史研究中的"没有问题"恐怕由来更久、更为普遍而根深蒂固（当然，学科性质所限，后果不会那么严重）。烦琐考证、饾饤之学之所以一直为人诟病，就是因为它没有问题，为考证而考证，淹没于无聊细节之中。但与之相反，过去又搞了很多假问题，如"现实主义与反现实主义"之类，甚至拿文学史课题当政治隐喻的工具。由于这两种偏向及其惯性力量的消极影响，学者似乎对文学史研究中问题的有无、意义的大小已感麻木，在一个领域内几十年如一日地做下去。在写论文和审阅论文时经常听到的一句话是："换一个角度。"好像在学术中也可以移步换形，多绕几步，换一种说法，改几个词儿，问题就变了，学术也就更新了。这明显表现出一种缺乏真正的问题意识、难以发现真问题的无奈。当然，这不是说那么多论文专著都没有自己的问题，而是说研究者的目光往往局限于局部的、具体的乃至琐细的问题，而不考虑问题本身的意义，特别是几乎不考虑文学史研究是否还有一些根本性问题，如果有的话这些问题是什么？也许是由于消解了许多假问题，这个真问题近些年也几乎完全被搁置了。但历史学却不允许搁置这个问题。如果说历史哲学是对历史根本问题的思考，那么历史学哲学就是对历史学的这个根本问题的思考。对历史学的各个具体问题的探讨，都要受到这个根本问题的影响。很难想象，文学史研究不追问同样的根本问题，在各个具体问题上会有实质性的进展。

历史学的根本问题是什么？各家的说法可能有所不同，用一个通俗的说法，也是一般人从经验中能够感受到的，这个问题就是：我们是怎么来的（怎么走到这一步的）？人类是怎么来的，资本主义是怎么来的，民族国家是怎么来的，现代世界经济体系是怎么来的，中国在近代的落后是怎么来的，对这些问题的说明，就构成了历史学。对"怎么来的"问题的不同观察和解释，便构成了不同的历史观和历史学派：是天意的，还是目的论的？是文化决定的，还是社会经济决定的？是线性的，还是周期的？或者其他。历史学如果失去这个根本问题，就缺少了现实意义，也不会引起人们的兴趣。各项具体的历史研究工作可以不接触或回避这个问题，但研究的方向和结论不能不受这些基本观点的影响。文学史研究将怎样回应历史研究的这个根本问题，也必将影响到这个学科的基本方向以及所有具体问题的探讨。

如果有一种类似于历史学哲学的文学史哲学的话，它当然应该从文艺学和历史学两方面获取思想资源，但历史学在其中显然更为重要。因为文学史研究的历史学性质更为突出，而文艺学和文学理论其实恰恰需要从文学史研究中提炼问题和观点。那么对应于上述历史学的根本问题，文学史研究能否从以上通俗说法中类推出"我们的文学是怎么来的"，将其作为自己的根本问题呢？这样一种简单类推，从人们的直观感受来看似很难成立。"我们现在的文学"都包括什么？是指每天都可看到的言情、武侠小说和影视剧以及各种戏说、歪批的历史剧，还是指另外那些"严肃"、写实乃至先锋文学？无论哪种文学，除了文体类型上的某种延续痕迹以及题材上的某种借用篡改外，它们与历史上的文学还有多少联系？文学史研究对于说明它们是"怎么来的"能有多少帮助？这种简单类推难以成立，不仅在于文学史只是历史的一个部分，在历史学之外并没有它自己独立的发生学问题，还在于文学在所有历史活动中的特殊性。像"今天的经济秩序是怎么来的""今天的政治制度是怎么来的"等问题，都是历史学真正关注的问题。甚至对哲学史、思想史而言，"今天的哲学是怎么来的"也是一个极为重要的问题。但文学却不同。因为文学属于意识形态中与社会具体生活内容关系最紧密的部分，它具有超时代的普遍审美意义，可以具有永久的魅力，但其产生却只属于一个特定的历史时代。时代消失了，属于它的文学也就终结了，而且不会重演。它并不像自然科学或思想史那样，每一步发展都以前人的思想或发现为基石。按照文本主义的观点，文本间存在着一种普遍联系，新文本总是从无数旧文本中产生。但这种文本再生毕竟是一种主观能动的创造过程，可以采用正仿、反仿、戏拟、篡改、杂凑等形式，并可超越时空，与历史的线性演进性质完全不同。尽管文学创作离不开对前人的学习，但文学史并不构成一个逐渐发展或进化的序列，更何况文学史还屡屡经历"五四运动"这样的重大断裂。对历史研究来说，要了解中国现代化的问题，就要了解中国近代历史；而要了解中国近代历史，就要了解中国前近代的历史。依此类推，可以追溯到远古时代。"一切历史都是当代史"，哪怕是远古夏、商、周三代的考察，依照这种原则也可以这么说。但在文学史研究中，这种追溯的意义却要打很多折扣。这也就是说，文学史研究缺少一种直接的现实意义，无论对社会现实活动来说，还是对现实文学创作来说，都是如此。

　　这里，有必要再提一下"宏观"研究和"微观"研究的问题。"宏观"与"微观"曾被作为文学史研究中的一种分层方法（或者加上"中观"）。如果含混言之，这种分层当然也可成立。它就像摄影通过调整焦距而有远、近取景的不同，其实是一种整体观照与局部考察的关系。然而这两者是互为前提的：整体观照自然不能脱离局部考察，任何局部考察也必须从某种整体观点出发。也就是说，对历史学任何层面的考察都需要将宏观与微观结合起来，因而也就没有必要将它们本身当作一种学科分层或在某一分层、学科分支中区分所谓"宏观"与"微观"。这种分层方法的主要问题，在于它包含了一种学理上的不恰当比附。在历史学中也有人提倡"宏观"研究，如黄仁宇使用的"大历史"（macro-history）概念，是套用"宏观经济学"（macro-economics）而来，指的是一种综合性的历史研究或对历史趋势的总的观察。① 还有人提倡一种"整体主义"的"宏观世界历史"（macrohistory of the world）研究，则是希望摆脱欧洲或某一民族中心的历史观，研究整个世界经济的历史变化。② 文学史的所谓"宏观"研究，却不能与上述意义的历史学"宏观"研究等同。简单地将两者等同，势必导致研究导向或目标上的迷误。"大历史"是指对历史的一种纵向的、超

---

　　① 参见［美］黄仁宇：《中国大历史》中文版自序，北京，生活·读书·新知三联书店，1997。

　　② 参见［德］贡德·弗兰克：《白银资本：重视经济全球化中的东方》，刘北成译，67、307～347 页，北京，中央编译出版社，2000。

时段(长时段)的总体趋势的综合把握。根据上面所说的历史学的根本问题,历史学如果没有这种综合,可以说就失去了生命。但对文学史研究来说,却没有理由一定要探讨这种所谓"总体趋势"。受历史决定论影响,文学史研究过去曾将"文学发展规律"的总结作为自己的任务,从而导致"现实主义与反现实主义的斗争""现实主义与浪漫主义两条线索"之类"规律"的臆造。至今也还有人依照某种"历史逻辑"来构想"文学史运动的内在机制"。此外套用弗莱所谓"四阶段循环"之类的假说也颇有诱惑力。其实,在对历史事件乃至大的历史变化的因果解释中,除一般规律外,初始条件的重要性尤其不可忽略,因而历史描述更宜采用与初始条件密切相关的"趋向"一词,而不是所谓一般"规律"。① 然而在文学史中,甚至连这种"趋向"也具有更严格的时段限制。像黄仁宇所说的那种"大历史"或长时段"趋势",并没有一种相应的文学伴随物。因为文学是产生并从属于具体历史时代的,并且往往是不可复现的。② 因而一旦超越某一具体历史时期,文学发展"趋向"便成为一个没有意义的问题。例如,能说从古希腊悲剧到法国古典主义戏剧之间存在什么"趋向"吗?就连俄国批判现实主义与后来苏联的"社会主义现实主义"之间,尽管时代相接,也没有什么"趋向"可言。因为在这些不同历史时代,除了文学体裁多少有些类同外,文学发生的初始条件完全不同。这一点也就回答了"为什么在文学史研究中不能简单地将'怎么来的'当作根本问题"这个问题。至于"整体主义"的(即跨民族的、世界范围的)"宏观",尽管从歌德开始就已有一种"世界文学"的理想,比较文学研究对于文学史研究也确实有重要意义,但恐怕很难有足够证据说明中国(或任一民族)文学的历史取决于它在世界文学格局中的地位,在它与其他民族文学之间存在着一种类似于世界经济的互动的、制约的关系。事实上,也从未有人尝试过这种意

---

① [英]卡尔·波普尔:《历史主义贫困论》,何林、赵平译,92~114 页,北京,中国社会科学出版社,1998。

② 在文学史上也曾出现与其他艺术形式类似的仿古或复古运动,这种有意识的"可逆"行为恰恰从另一方面说明文学与不可逆的历史活动的不同,说明在文学中并不存在一种普遍的发展或进化规律,甚至也不存在像历史本身那样一旦形成便越走越远的"趋向"。

义上的"宏观"文学史研究。总之，文学史的宏观研究固然必要，但它的任务并不是说明文学史的某种"规律"，它对文学史"趋向"的说明也只会限于更具体的历史时段中和某些更单纯的方面。①

四

那么，文学史研究的意义究竟何在？什么是它应追究的根本问题？尽管上文已批评了将文学史与历史"趋向"简单等同的做法，但这并不是说文学史的根本问题与历史学无关。文学史研究尤其需要认真思考历史学的一些根本性问题，从这些问题及相关争论中汲取教益，并将这些问题恰当地延伸到文学史研究领域中来。这是从学理上确定文学史研究的历史学品性的最有效途径。

20 世纪以来，历史学中的最重要争论是围绕着与历史决定论有关的"发展规律"问题而展开的。如果我们承认文学史上某种文学现象的产生是由某种东西决定的，那么它到底是由什么决定的？是由文学史或历史本身的"发展规律"所决定的，还是其他？文学史本身到底有没有某种"普遍的发展（演化）规律"？诚如波普尔所说："历史学的特征与其说是对规律或概括化的兴趣，还不如说是对实际的、单一的或特定的事件的兴趣。""理论科学的主要兴趣在于发现并检验普遍的规律，而历史科学则把各种各样的普遍规律看作是当然的，其主要的兴趣就在于发现并检验单一的陈述。"②但即便如此，为了回答"我们是怎么来的"这个问题，历史学仍需对历史总体趋势做综合性考察。文学史研究的任务也确实不在于证实"文学是语言的艺术""在蒸汽机发明之前文学中不可能描写到蒸汽机"之类的规律，也不能再重复古人那种"时运交移，质文代变""文变染

---

① 文学史"宏观"研究也可能有另一种意义，即探讨中国文学在整体上的某种文化特性，但这又将进入另一个模糊不清、引起无数争议的问题领域：要么陷入有关文化特性（文化比较）的许多大而无当的归纳概括，要么变成民俗博览式的真正"微观"的堆积。

② ［英］卡尔·波普尔：《历史主义贫困论》，何林、赵平译，126 页，北京，中国社会科学出版社，1998。

乎世情，兴废系乎时序"的笼统概括，而是要检验与每一具体文学现象有关的陈述。它所做的大量因果解释工作，也仅仅与单一事件有关，而非与规则性有关，属于"三个或三个以上有因果联系的具体事件的任何系列，并非按照任何单一自然规律进行"中最为复杂的情况。但同样，每一具体文学史现象总还有一个与其他社会事物普遍关联的问题，有一个是否被某种条件决定以及在什么意义上被决定的问题。

文学史研究中的"规律"问题，又特别与文学史现象本身的二重性有关，即它们作为历史事件的唯一性与作为文学现象的普遍性和共性。文学事件除了一般历史事件的独特性外，还要考虑到上文已说过的它作为特定历史环境产物的独特性和不可重复性，即它不以它之前的文学事件为必然前提，也不由它一定导致另一文学事件。一部杰作有可能忽然拔地而起，在它之后又可能是一片空白，其间有很多偶然性因素在起作用。然而，它们作为文学现象又具有文学的普遍性，具有审美的普遍意义，乃至涉及与此相关的其他普遍性问题。文学研究往往强调"法度""文理""程式""规律"等，正是由这种普遍性意识所促成的。如何从众多文学史现象中对这种普遍性进行适当的概括和总结，是文学史研究给文艺学理论提供的课题。与此相关，文学史本身也具有一种二重性：尽管文学事件是独特的，而且不具有一般历史事件的前后相续性，但一个民族、一种文化的文学本身又确实构成一种具有强烈继承性的传统。这个传统与"文化传统"一样，会因某种条件而凝固、强化、自我衍生乃至不可随意更动。因而这种传统往往被看成一种决定力量，文学具体事件往往需要由传统来说明，不论它们是自觉回复传统，还是公开向传统挑战。如何看待传统与个别的关系，文学历史事件的独特性与普遍性的关系，文学史上主观创造与客观决定的关系？这些便构成了文学史研究特有的问题。

我们承认文学史研究的任务主要是对单一的或独特的历史事件的描述，并对某些"趋势"做适当的总结，而不是发现，更不能臆造某种"发展规律"，同样，我们的研究也不能仅限于这种独特性及其所有细节，无视文学的某些普遍性问题，将研究的目的仅仅规定为描述"历史事实"，"还原"历史过程，恢复历史的"原生态"。这将又陷入一种理论盲点。这样一种目标同样是不可能实现的，原因并不在于时代久远或历史间距所造成的特殊困难，而在于任何人对历史事实的描述或采集都是有选择的，都是从某种观点出发的。那种无所不包的"原生态"历史，是写不出来的。这种想法恰恰来自波普尔所指出的一种错误信念，即以为历史学所关心的"具体的个体"可以等同于"一个事物全部性质或方面的总和"意义上的"具体整体"。① 同样，由于导致文学历史事件的初始条件极为复杂，在文学中个人创造性和主导性往往具有决定意义(说一个人能改写历史或许有争议，但一个人确实能改写文学史)，因而文学史充满了比历史更多的偶然性，如果我们对文学历史事件的解释、排列显得过于清晰有序，似乎经过某种整体有意的设计，全部符合某种观点或模式，那就应担心这种解释是否有意忽略了某些因素，而突出了另外一些因素，将无序、偶然的事件全部有序化了。

　　文学的普遍性主要表现在两方面：一个是文学的形式条件方面，另一个是与文学有关的人性方面。例如，在文学形式方面，文学以语言为媒介，因而某一民族语言的特点，在很大程度上便决定了这个民族各种文学形式的共同特点。又如，在文学形式的演变中，存在着形式主义文论所说的那种"陌生化"过程，被置于前景的与作为背景的文学因素经常发生转换。此外，某种文体，某种写作技艺或方法，都可能有一个逐渐成熟完善的发展过程，体现出某种规律。文学在其形式层面上，呈现出较多的自律特点，因而也就有可能对文学形式史进行独立的研究。然而，文学形式只在极有限的意义上才是自律的，某些文学形式，如诗歌在中国文学史上长期占据主导，其实是由外在社会条件所决定的。某些诗歌形式，如词，又因某种特殊社会条件而兴起。某些文体，如唐传奇的兴盛和急剧衰落，便与外部社会条件的变化密切相关。至于某种文体在某一时期发生什么变化，如小说中话本、拟话本、历史演义、"四大奇书"等的出现，都取决于某些外部条件或偶然因素，根本不适于从小说艺术

---

　　① ［英］卡尔·波普尔：《历史主义贫困论》，何林、赵平译，72 页，北京，中国社会科学出版社，1998。

自身的"发展"来解释。同样,文学作为一种"话语",也很难从某种语言的语法或修辞特点中获得充分解释。从借鉴写作经验的角度,我们可以讨论某种文体的写作技巧、"诗法",总结某些规律,但文学即便在其形式方面,也不存在类似于"现实主义与浪漫主义"那样的普遍的"创作规律"或"发展规律"。

"口之于味,有同嗜焉。"孟子早就懂得用人性的共通来解释相互理解和文学接受的可能。审美的普遍性,艺术欣赏跨越历史、种族的可能性,都建立于人性相通的基础上。因而,所有文学现象也都可以从人性的角度发现某种普遍性,总结出某种"规律",诸如男女相悦、弃恶从善、生命悲哀之类。然而,如果根据这一点就试图将文学史归结为一种"人性史",或将人性作为对所有文学现象的最后解释,甚至以此为基础构造出一种文学发展的"规律",文学和历史问题便被过于简化了。文学或其他艺术因诉诸人的感情或心理,而更接近人性的自然状态,这是文学比历史、哲学、政治等更喜谈人性的原因。但一旦进入历史,人性问题绝非那样简单。首先,是人性的复杂性。除了向善与进步,一切历史现象,包括恶行,同样可以用人性来解释。所谓"本性"、性善性恶问题,在伦理学上是无解的。如果用这样的"人性"来解释文学,那么无论何种现象都可得到解释,无论何种观点也都可成立,结果什么也没有得到解释。这就好像对无论何种现象,都用"力"来解释一样。其次,是人性的具体性。姑且不谈"人性"与"阶级性"对立与否,不可否认,人性随种族文化、社会历史阶段的不同而有很大变化。事实上,这种不同确实是审美普遍性的一个限定条件。因而,对文学的"人性"解释也必须加上社会、历史、种族等其他维度的限制。总之,从"人性"出发,我们可以解释文学的复杂性和文学接受的普遍性,但对说明某种文学是如何产生的、是否有某种"规律"却几乎没有什么帮助。

20世纪的几次文化讨论,使"传统"问题愈显突出。"传统与现代化",好像是一个极为迫切的现实问题,任何人想要在现实中有所作为都必须对传统表示一下态度。但这却掩盖了一个事实:尽管这种讨论受到斯宾格勒、汤因比这些历史学家的比较文明研究的影响,但文化形态意义上的"传统"并不是一个真正的历史学问题。这种传统主要存在于文化和心理层面上，而不在制度和历史层面上。文化形态论者所关注的是文化中"人无我有的民族性与古今一脉的超时代性"两大要素①，并由此导致一种文化决定论的立场，而这恰恰与真正的历史学态度相悖。历史学注重的是对具体的经济生产、制度变迁的实证研究，而不是那些先验空泛的"民族性"、文化特性命题。文学本属于文化中最具民族特点、最精致的部分，而且确实有明显的传统性（起码语言形式如此），所以讲传统似乎理所当然。然而需要警惕的是，恰恰是这一点使"传统决定论"或"文化决定论"在文学研究中最易被接受。这种决定论在文学史研究中的表现，一是无视传统本身的多样性、复杂性，如将中国与西方文学的差别简单归结为一个重表现，一个重再现；二是抹杀传统中曾有的断裂和变易，如从某些超时代的"民族特性"出发，来解释各个时代的文学；三是将一些具体的思想意识形态问题抽空泛化为"传统"和"文化"问题，如儒、道、释三家确实代表了中国思想的主要部分，但人们往往把它们当成一些固定不变的思想原则，而不去考察它们与文学的具体历史关系。

　　尽管如上所述，文学史研究缺少一种直接的现实意义，但也不能说这种研究只以自身为目的。由于它兼具历史学与文艺学两种学科的属性，所以它的意义也应遵循这两个学科的基本原则。在历史学方面，从上面所说的历史学的根本问题出发，文学史研究只能提这样的问题：某一时代的文学是怎么来的？这就是有严格历史时代限制的文学发生学问题。在文艺学方面，除了文艺与社会历史的一般关系外，文学的发生则应服从于审美的无目的性原则。只有根据这一原则，才可以讨论文学形式史、文学的审美意义乃至文学的自娱性等问题。以上两方面工作，恰好对应于上文所说的文学史研究中以时代为序和以文体分类的两种基本方法。由于文学史研究说明了某一时代的文学是怎么来的，因此它也就有助于说明那一时代的历史，说明那一时代的一种重要精神活动，从而也就间

---

　　① 参见秦晖：《文化决定论的贫困》，《问题与主义》，291 页，长春，长春出版社，1999。

接有助于回答"我们是怎么来的"这一问题。同样，由于文学史研究说明
了历史上各个时代人们如何需要一种无目的、超功利的艺术审美活动，
因而证明了这种活动的普遍性，从而也就有助于人类现实中的艺术审美
能力的发展和自我完善。文学史研究的现实意义从这两方面得到证明。
这也就是它的根本问题和基本价值所在。

明代台阁文学中的快乐图景与抒情文化

北京师范大学　张德建

明代台阁文学研究近年来取得了一系列成果，人们对台阁文学观念、理论、风格、权力构成及其社会功用的研究使我们对台阁文学的认识超越了简单的描述，开始有比较深入的把握。但这些成果仍不能令人满意，总体上呈现为粗线条的分析，未能深入台阁文学的内部研究文本的外在形态与内在形态之间的关系。本文试图从台阁文学文本中的一个突出现象出发，通过对台阁文学中以快乐为中心的精神建构和作为修辞手法的抒情化表现之间关系的分析，希望能更深入地认识台阁文学。

一

杜维运说："忧患是与历史俱来的，历史掀起处，忧患即丛生。"[①]但生命是顽强的，人必须在丛生的忧患之中寻找快乐，不仅在物质上，而且在精神上支撑起生命的枝干。因此我们也可以说，快乐与生命同在，只要有生命的存在，就有对快乐的追求。潘恩《重刻洞庭集序》："然商举大略，不出忧乐二端。"[②]欢愉是生命的普遍存在，宋讷《一乐堂诗序》就

---

①　杜维运：《忧患与史学》，3页，台北，东大图书股份有限公司，1993。

②　〔明〕潘恩：《潘笠江先生集》卷八，明嘉靖至万历刻本。李应升《万贮山房近艺序》中亦曾云："文章之大母曰怒、曰喜，二者而已。"（〔明〕李应升：《落落斋遗集》卷十，丛书集成续编本）

指出："乐之在天下，未尝啬于人也。"①赵㧑谦也说："天地间有真可乐，人不知也。"②但"乐"秉天地自然之气，须自然得之，任何人工巧伪都无法得到，故人之于乐常不能知，不能得。由乐的普遍性和自然性，更进一步，人们将乐上升到本体地位。理学家讲孔颜乐处、"吾与点也"，都具有本体性质。心学也讲乐，且更强调自我体验，故王畿说："乐是心之本体，本是活泼，本是洒脱，本无挂碍系缚。"③"乐"不仅是一种生命存在和精神境界，更具有社会性和现实性，是所有社会和谐稳定的基础和发展目标。孟子基于王道理想提出"养生丧死无憾，王道之始也"，建立了儒家关于快乐和幸福的基本思想。关于"乐生"，董仲舒《春秋繁露》也有详尽论述：

> 道，王道也。王者，人之始也。王正则元气和顺，风雨时，景星见，黄龙下；王不正，则上变天，贼气并见。五帝三王之治天下，不敢有君民之心，什一而税。教以爱，使以忠，敬长老，亲亲而尊尊，不夺民时，使民不过岁三日，民家给人足，无怨望愤怒之患，强弱之难，无谗贼妒疾之人，民修德而美好，被发衔哺而游，不慕富贵，耻恶不犯，父不哭子，兄不哭弟，毒虫不螫，猛兽不搏，抵虫不触。故天为之下甘露，朱草生，醴泉出，风雨时，嘉禾兴，凤凰麒麟游于郊，囹圄空虚，画衣裳而民不犯，四夷传译而朝，民情至朴而不文，郊天祀地，秩山川，以时至封于泰山，禅于梁父，立明堂，宗祀先帝，以祖配天。天下诸侯各以其职来祭，贡土地所有，先以入宗庙，端冕盛服，而后见先，德恩之报，奉先之应也。④

实行王道，不夺民时，使民亲亲而尊尊，家给人足，自然能够上应

---

① 〔明〕宋讷：《西隐集》卷六，景印文渊阁四库全书。
② 〔明〕赵㧑谦：《赵考古文集》卷二《巨腹子传》，景印文渊阁四库全书。
③ 〔明〕王畿：《王龙溪语录》卷三《答南明汪子问》，景印文渊阁四库全书。
④ 〔汉〕董仲舒：《王道第六》，《春秋繁露》卷四，周桂钿译注，65 页，北京，中华书局，2011。

天意，元气和顺，奉祀以时，封禅泰山。由这种王道理想出发，后世中国文学，特别是代表官方立场的文学集团，设计出了一套盛世模式，即在思想一统的时代，政治和谐敦诚，民风朴实，社会和乐安宁，并且在严密等级秩序中，人人各安其位，各得其所。任何社会都要设计出社会的现实和未来图景，以满足人们的生活和情感需求。图景不等于现实，但可能通过文学描绘、抒写、渲染加强现场感，制造出快乐景象。这些图景往往是模糊的、虚幻的，现实与未来可能的图景设计合为一体，甚至逐渐成为人们心目中的现实。这样，快乐图景成为社会和谐的表征，从而在一定程度上起到和谐制造器的功用。

在台阁文学中，快乐无处不在，无往而不得。王达在《闲适轩记》中曾这样描述：

> 古之有道者，无往而不乐，贫亦乐，富亦乐，穷通亦乐，生死亦乐，凡其目之所系，躬之所接，情之所至，无不合之于心而得之于乐，然其所谓乐者非世俗之所谓乐也。盖其识见之深，志虑之洁，胸中廓然无一物为之滞，天之下，地之上，山川也，草木也，虫鱼也，琴瑟之与钟彝也，文章之与翰墨也，得一物皆足以寓意于其间，荣启期之带索，原宪之桑枢，北宫子衣短褐，而有狐貉之温，夫岂以外物可以挠其中哉！彼功名非不可也，富贵非不可也，顾身外物耳，世之人心得其所得而后乐，至于终身疲苶而终不可得，生有殊戚，死有余憾，处生天地之间而无一日之乐，诚可闵也，诚可哀也，所谓适人之适，而不自适其适也。①

快乐的反面不是"忧患"而是"世之人"对功名富贵的追求。在这样的背景下，愁思穷苦、忧思感愤之言自然没有表达的空间，有关穷而后工的论述明显少了，甚至受到明确的排斥。练子宁在《李彦澄诗序》中写道："文者，多愤世无聊而将以传诸其后者也。……虽然，古之公卿大夫于化

---

① 〔明〕王达：《翰林学士耐轩王先生天游杂稿》卷四，明正统胡濙刻本。

成俗美，无以发其至治之盛，则往往作为声诗，奏之朝廷，荐之郊庙，颂圣神之丕绩，扬礼乐之弘休，使圣君贤臣功德炳然照耀于千载之上。则文章者固可以少欤？又何必区区穷愁之余而侈文字之工也？"①柯潜在《春闱唱和诗序》中亦表示不屑以哀怨等负面情绪入诗："然诗者，心之声也，必其心无愧怍，则形于诗皆敦厚和平、悠扬广大之音，而传之于后，足以见君子群居有从容道谊之乐，为可慕也。否则，为委靡，为哀怨，甚而流于肆以哇，皆适为讥笑之资，虽传无益，而况未必传耶。"②快乐的力量是巨大的，凭借占据主流位置的话语权力，自然地剥夺了穷愁不平的情感表达。台阁文学时期，"穷而后工"的文学命题转化成"鸣国家之盛"，王直在《文敏集原序》中写道：

　　　　国朝既定海宇，万邦协和，地平天成，阴阳顺序，纯厚清淑之气钟美而为人，于是英伟豪杰之士相继而出，既以其学赞经纶，兴事功，而致雍熙之治矣。复发为文章，敷阐洪猷，藻饰治具，以鸣太平之盛。自洪武至永乐，盖文明极盛之时也。③

　　公卿大夫的鸣盛文学占据了文学话语，穷而后工论退至台后，几乎消失了。即使有所不平，也被轻易地解构，如刘球《听其自然说》所言："凡出于天而不可移于人者，皆所谓自然之分也，惟其分系于天，不系于人，故人有厌贫贱而不可以力去，慕富贵而不可以倖取，何莫非出于自然者为之哉！必俛焉听之于天，付之于自然而后可。"④这些主张既符合理学居敬持诚的理念，也合乎盛世社会的国家要求。激愤感慨的不平完全被打磨掉了，就忧乐二端而言，只剩下了快乐。而这正是台阁文学的基本特征，晚明沈懋孝《凤池鸿笔序》亦谈道："自与外间文体悬别……盖廊庙耆硕，自有大体，关诸世道，以辅上德，一切驰骤虚靡，纵横出入，

———————————

　①　〔明〕练子宁：《中丞集》卷上，景印文渊阁四库全书。
　②　〔明〕柯潜：《竹岩集》补遗，景印文渊阁四库全书。
　③　〔明〕杨荣：《文敏集》卷首，景印文渊阁四库全书。
　④　〔明〕刘球：《两溪文集》卷十七，景印文渊阁四库全书。

感慨不平之气无所用之矣。"①

二

快乐图景是整体的文化建构活动，首先，要解决"快乐的源头在哪里"或当代社会曾经常说的"幸福生活从哪里来"这个问题，以营造出感念皇恩的强烈情感和生命归属意识。颂圣是台阁文学快乐图景的核心，几乎随处可见，往往以抒情的方式出现在台阁文学中，如梁潜《瑞应麒麟赞有序》：

> 洪惟皇帝陛下功德盛大，仁恩宏畅，始于家邦，充溢乎八表。故薄海内外，九夷八蛮之远，无不向风顺化，盖自三代以降，中国之盛，未有过于今日者也。夫惟陛下盛德充积之极，故融而为醴泉，涣而为甘露，诸福之祥，无不毕至，其积盛不已，则又为麟之祥，产于数万里外，而后致之阙下，岂非上天以是昭彰陛下渐磨万国、柔远能迩之化哉！盖自周成康至于今，几二千年，麟之见才一二耳，而臣独得遭逢其时，以快睹乎旷世希有之瑞，其为欣幸可胜道哉！②

文章赞美成祖之功德，歌颂之词溢耳盈目，"三代以降""九夷八蛮之远""周成康至于今，几二千年"，几于无所不用其极。这种歌颂不只体现在朝廷应用文字中，更休现在应世文体之中。杨士奇《胡延平诗序》中有："洪惟我太祖高皇帝神圣文武，膺受天命有天下，当时魁伟豪杰贤智才望之士云附景从，各效其用，以建混一之功。暨天下大定，茂兴文治，广德教，征用儒术以复隆古帝王之世，天下之怀抱道德，蕴蓄器能，方闻博雅之士，欣幸遭遇，林林而至者盖比于《书》之'野无遗贤'，《大雅》'棫

① 〔明〕沈懋孝：《洛诵编》，《长水先生文钞》，明万历刻本。
② 〔明〕梁潜：《泊庵集》卷一，景印文渊阁四库全书。

朴'之咏也。"①这样的表述在杨士奇的文章中几乎比比皆是，对所历事的皇帝无不如此颂扬。例如，《送杨仲宜诗序》："皇上以文教治天下，特宠厚儒者，简文学之士置之翰林，任以稽古纂述之事，而隆其礼遇。"②再如《朴斋记》："文皇帝之心，孔子之心也，固欲天下皆纯质之俗，斯民皆诚笃之行，而况左右供奉之臣哉！"③《送礼部尚书兼大学士金公归省诗序》："洪熙初元，岁事肇新，春阳和布，万汇咸邑，天子御明堂，敷仁泽，覃被天下，载念臣工久勤职务，未遑于私，有诏：亲在者归省；否，亦归展桑梓。"④《罗氏旌义堂记》："洪惟皇上以至仁大圣，君临天下，夙夜孜孜，育民为心。天下之人祗承德意，与仁效义，如恐不及，盖洪范保极之庶民，天保为德之群黎也。"⑤

这种感念皇恩的感情表达甚至逐渐形成了两种固定的表述：一是"皆上之赐！"二是更有抒情色彩的反问句"果谁之赐欤？"杨士奇《东畊记》以深情的笔调描写了东畊子的隐逸生活：

> 客有过余谭东耕子之事者，曰：所居吴淞江之上，九峰三泖之墟，其为人质实，无声色之娱。惟勤稼事，岁东作既兴，每旦率子弟载耒耜畚锸往治播种，暮乃息。或日中躬任饷馌，有余暇而天日融霁，曳杖行塍间，察视所不及。迨夏耘，其勤亦如之。秋获，勤亦如之。计其岁中三时之日，率什六七在田，岁以为常。有爱之曰："盍少自逸耶？"曰："吾民耳，顾无他材能可以裨于时，又不自力以食，乃欲仰食乎人耶？而其积有余，遇公府徭赋令下，必先趋事，曰凡吾民得安乎田里，足乎衣食，无强凌众暴之虞而有仰事俯育之乐者，上之赐也。吾既无以报大德，又不尽力于此，何以为人乎？"⑥

① 〔明〕杨士奇：《东里集》文集卷四，景印文渊阁四库全书。
② 〔明〕杨士奇：《东里集》文集卷三，景印文渊阁四库全书。
③ 〔明〕杨士奇：《东里集》文集卷一，景印文渊阁四库全书。
④ 〔明〕杨士奇：《东里集》文集卷六，景印文渊阁四库全书。
⑤ 〔明〕杨士奇：《东里集》续集卷五，景印文渊阁四库全书。
⑥ 〔明〕杨士奇：《东里集》文集卷一，景印文渊阁四库全书。

杨荣《题北京八景卷后》也感念恩荣："有若予辈之菲薄，叨承国家眷遇之厚，乐其职于优游，得以咏歌帝都之胜于无穷者，皆上赐也。"①杨士奇多篇文章中都有这种表述，并且往往借所写对象之口说出来。其中，《重荣堂记》提到："自吾之幼而壮而老，于今八十年，朝廷清明，礼教修举，四境晏然，民远近咸安其业，无强凌众暴之虞，而有仰事俯蓄之乐，朝恬夕嬉，终岁泰然而恒适者，皇上天地之赐，岂可一日以昧报乎？民知体上心而思效义，此天理之良心有在矣。"②长期熏陶的结果是在他的笔下，老百姓也都这样表达情感。《送李永怀归东平序》里也说："既度济宁入东平之境，视其民皆充然，意气和悦，如无不足者……从臣见者皆惊喜，驻马就而问之，'此邦岁庶几有收乎？'曰：'然'。'州其有贤守乎？'曰：'然'。辄举手加额，言曰：'皆上之赐也'。"③

明初以来，"果谁之赐欤"这类表述就出现了，如宋濂《庚戌京畿乡闱纪录序》："濂惟天下弗靖者几二十年，干戈相寻，曾无宁日，今得以涵濡文化而囿于诗书礼乐之中者，果谁之赐欤？是知帝德广被，其大难名，不可以一言而尽也。"④方孝孺《溪上会饮诗序》："然则，获享此乐者，非谓天下晏安，兆民各顺其性，而吾因得休于此乎，斯果谁之赐乎？"⑤金幼孜《赠礼部蔚尚书致仕序》："公念生平遭遇，所以享富贵寿考于今日者，果谁之赐欤？"⑥反问句的使用无疑加强了情感表达的强度。

这样的颂圣文字往往出之以抒情笔调，刻意制造出圣恩滔滔，生活幸福快乐的景象。杨荣在《重游东郭草亭诗序》中描述的便是这样的景象：

> 洪惟圣天子在上，治道日隆，辅弼侍从之臣，仰俊德，承宏休，得以优游暇豫，登临玩赏，而岁复岁，诚可谓幸矣。意之所适，言

---

① 〔明〕杨荣：《文敏集》卷十五，景印文渊阁四库全书。
② 〔明〕杨士奇：《东里集》续集卷五，景印文渊阁四库全书。
③ 〔明〕杨士奇：《东里集》文集卷七，景印文渊阁四库全书。
④ 〔明〕宋濂：《銮坡集》卷六，《宋学士文集》，四部丛刊景正德本。
⑤ 〔明〕方孝孺：《逊志斋集》卷十三，四部丛刊景明本。
⑥ 〔明〕金幼孜：《金文靖集》卷七，景印文渊阁四库全书。

之不足而歌咏之，皆发乎性情之正，足以使后人识盛世之气象者，顾不在是与？昔王右军修禊事，风流潇洒，然当典午偏安之际；文潞公耆英会，志趣高迈，又多出于衣冠谢事之余。今与诸君子庆遇难而声气同，使东郭草亭不减兰宁洛社之胜，是又可嘉也。①

又如杨士奇的《太原清适记》一文：

> 然人之所以适在乎心而不在乎外，盖尝观于古之人焉，其富且贵矣，有居室舆马妻妾声色之奉，至足矣，然其心犹有所不适焉者，何也？岂非其时之不可以适乎，今幸遇圣人在上，惓惓夙夜，以安民为切务。纲纪清肃，德化覃敷，年谷丰登，烽警不作，使天下之人垂髫戴白，林林总总之众，皆得相得恬嬉于春风和气之中，而不置一毫忧戚于其心者，其可忘所自哉！②

上自台阁大臣，下自地方社会，整个社会都充盈着一派祥和平宁景象，或优游玩赏而得性情之正，或恬嬉自得而无一毫忧戚。这样的快乐图景塑造在台阁文学中几于随处可见，且多以强烈的抒情笔调写出。在浩荡皇恩面前，感恩图报，尽心尽忠，已经成为臣子的唯一选择，甚至连中国文人最普遍的隐逸梦想也都变成不该有想法，杨荣《送文选郎中孙斯玉归连江序》还使用比较强烈的语气强化这种意图：

> 斯玉遭际亨会，载沐殊恩以归，而春秋尚盛，既从容暇豫，无所累于心，则安养调摄，俾疾之康复不难矣。尚将式遄其来，以副当宁之望，披竭忠赤，庶几少尽裨报之万一，若曰履盛满之地，而存止足之戒，思脱屣世累引恬山林以为高，岂臣子委身之道哉！③

---

① 〔明〕杨荣：《文敏集》卷十一，景印文渊阁四库全书。
② 〔明〕杨士奇：《东里集》续集卷五，景印文渊阁四库全书。
③ 〔明〕杨荣：《文敏集》卷十二，景印文渊阁四库全书。

这里所传达的隐退山林之意，还只是履满知足，恬退自适，但也被严正地质问："岂臣子委身之道哉！"报答皇恩应该是一生一世永远而不可断绝的。

其次，是颂盛，歌颂天下统一、国家强盛、边境安宁、社会和谐，这也是快乐图景建构中必不可少的，这种总体态势的建构将为人们的国家认同提供强有力的支撑。金幼孜《凯旋诗十二首有序》曾写道：

> 臣闻帝王之有天下，莫不以讨不庭、安中国为务。故昔虞舜在位，有三苗之征，周宣中兴，有猃狁之逐，夫岂圣人之所得已哉，不过为生民造福，为国家开太平之业耳。洪惟我圣朝太祖高皇帝混一区宇，汛扫穹庐。太宗文皇帝复亲征强敌，肃清沙漠。恭惟皇上以神武之姿，绍承祖烈，夙夜孜孜，惟图安缉生民。[1]

文章歌颂了成祖亲征强敌，肃清沙漠的丰功伟绩，正是这样的功绩使得王朝得到长期的和平，国家强盛，人民过上了快乐生活。

明初以来，颂盛文字几乎比比皆是。例如，杨士奇《凝秀楼记》："盖天下平宁，王道得化泽充洽、泰和融液于两间，瑞物之蕃，固有不择地而出者矣。"[2]《送徐提点诗序》："士幸遭天下无事，圣明制作一新，时恭承一官，近日月之清光，足为至荣。"[3]李东阳的《倪文僖公集序》："我国朝扫除荒乱，奄有六合，光岳之气，全得于天。"[4]胡广的《钟启晦文集序》："国朝混一四海，车书会同，制作礼乐，兴声明文物之才教，尽革天下浮华之习，归于淳朴，风俗于变，大复古治。"[5]彭时所作《杨文定公诗集序》："惟我皇明混一区宇，右文兴治，超轶前代，至宣德正统间，

---

① 〔明〕金幼孜：《金文靖集》卷五，景印文渊阁四库全书。
② 〔明〕杨士奇：《东里集》文集卷一，景印文渊阁四库全书。
③ 〔明〕杨士奇：《东里集》文集卷六，景印文渊阁四库全书。
④ 〔明〕李东阳：《怀麓堂集》卷二十九，景印文渊阁四库全书。
⑤ 〔明〕胡广：《胡文穆公集》卷十二，清乾隆十六年(1751)胡张书等刻本。

治教休明，民物康阜，可谓熙洽之时矣。"①王直的《送吴参政还广西序》："国朝混一区宇，不鄙夷其民，皆设官以理之，故其声教文物一切不异于中州，于今盖五六十年矣。"②如此等等。在中国文化中，家国一体的观念深入人心，国家强盛既是人民幸福生活的有力保障，也是社会和政治目标。因此，在台阁文学中，颂盛便是再自然不过的事。但这种国家认同不断得到强化的同时，也造成了一种态势，即国家强盛是首要的，人民生活只能在其笼罩之下，人民生命、生活本身是依附性的，完全依存在强大国家之下。

再次，统治阶层是快乐图景的描绘者，也是快乐的实践者，充分体现了社会精英阶层的和谐，当然也包括他们的忧患和责任意识。有圣明皇帝，还要有人才汇聚，这样才能实现清明政治。在杨荣、王直等阁臣的文章中，人才和盛世政局呈现出相得相与的状态，如杨荣《省愆集序》："惟国家戡除暴乱，而开大一统文明之运，人才汇兴，大音复完。自洪武迄今，鸿儒硕彦，彬彬济济，相与咏歌太平之盛者，后先相望。"《重游东郭草亭诗序》中还将咏君盛德视作性情之正：

> 惟圣天子在上，治道日隆，辅弼侍从之臣，仰俊德，承宏休，得以优游暇豫，登临玩赏，而岁复岁，诚可谓幸矣。意之所适，言之不足而歌咏之，皆发乎性情之正，足以使后人识盛世之气象者，顾不在是与？③

再如，王直《文敏集原序》的表述："国朝既定海宇，万邦协和，地平天成，阴阳顺序，纯厚清淑之气钟美而为人，于是英伟豪杰之士相继而出，既以其学赞经纶，兴事功，而致雍熙之治矣。复发为文章，敷阐洪猷，藻饰治具，以鸣太平之盛。自洪武至永乐，盖文明极盛之时也。"这

---

① 〔明〕黄宗羲：《明文海》卷二百六十，景印文渊阁四库全书。
② 〔明〕王直：《抑庵文集》后集卷六，景印文渊阁四库全书。
③ 〔明〕杨荣：《文敏集》卷十一，景印文渊阁四库全书。

类歌功颂德的文章并不刻意强调大臣辅治佐助之功，而更多地突出台阁大臣的"咏歌太平之盛"，仿佛在开明盛世，大臣的唯一功能就剩下"以鸣太平之盛"了。

这些"英伟豪杰之士""鸿儒硕彦"，"布列馆阁，以黼黻治平"①，建构了一套盛世"快乐"体系，主要体现在三个方面：一是后乐精神，二是与民同乐，三是清乐自处。"后乐"是范仲淹在《岳阳楼记》中提出的，在明代台阁文学时期经杨士奇的倡导而得到广泛传扬。方孝孺《后乐堂记》指出后乐精神超越"人之常情"，身任国家之重，系于天下安危治乱，故不敢忘忧；天下太平而能乐于众人之后。② 尽管台阁文人在论述时充满遭逢盛世的自信，整体上气象雍容，但缺乏深厚博大的精神，渐流于口号化、空洞化。"与民同乐"是士大夫在处理公私两种物质享乐时的一种表述，就私的方面而言，是要给自我享乐寻找一个符合公众期待和儒家理念的理由，同时告诫自己将欲望与享乐控制在适度的范围内；就公的方面而言，这种共享宣言无疑将引起强烈认同，最低亦能起到不破坏民间社会共识的作用，对保持社会平宁具有重要作用。"清乐自处"则是官僚士大夫的自处之道，即在纷杂现实中寻求一条能够保持内心"湛然虚明"③，不为外物所动。在现实生活中，士大夫无艰辛劳动之苦，既能远离尘纷，放情适性，又不熏染"膏粱绮纨之习"④。士大夫的快乐图景有着多层结构，一方面强调后乐精神，既是自我阶层的期许和塑造，也获得广泛认同；一方面与同乐精神的言说一起使享有快乐成为流行话语，并为民众所接受；再一方面，也为群体设计出清雅脱俗、恬静自适的生活方式。⑤ 官僚士大夫在圣明体制下制造着快乐图景，也传播着这个图

---

① 〔明〕柯潜：《竹岩集》卷十一《跋罗御史玉堂翰墨卷》，清雍正十一年（1733）柯潮刻本。

② 〔明〕方孝孺：《逊志斋集》卷十七，景印文渊阁四库全书。

③ 〔明〕金幼孜：《金文靖集》卷七《静乐轩诗序》，景印文渊阁四库全书。

④ 〔明〕金幼孜：《金文靖集》卷七《静乐轩诗序》，景印文渊阁四库全书。

⑤ 相关论述可参见张德建：《明初文学中的乐境建构》，《中国文化研究》，116～125页，2013年冬之卷。

景，并在极大程度上是这个图景的拥有者和获益者。

最后，乡绅阶层在快乐图景建构中具有稳定和示范作用。乡绅不仅是士的重要组成部分，也是乡里社会的楷模和带头人，因而，这个阶层代表乡村社会的快乐与否，代表整个社会的稳定与否。在明代台阁文人看来，虽然所求之乐不同，但种种物质享受都可为人提供快乐，如金幼孜《乐善堂记》所说："人之所乐众矣，富贵者乐舆马服御之美，处闲旷者乐烟霞泉石之秀，居贾贩者乐珍宝奇玩货财之盛，是皆常人之同情，其所寓虽异，为乐一也。"①同时，不同物质享乐中包含着等级意味，即各个阶层都要各安其乐。这种模式与理学关系最为密切，理学讲求在实践中即在事物上穷理，从而体认"天理"，达到"安乎天理"的境界。这种思想在与政治相结合的过程中得到改造，并通过"天理"对社会人群追求生命快乐的行为加以限定。岳正《九日感怀诗序》提出了忧乐有"可已者"和"不可已"之别："嗟夫，世之人未尝无忧乐也，穷则戚戚于贫贱，达则衍衍于富贵，所以为忧乐者率以人也，可已者也，非忧乐之真也。乃若忧以天，乐必亦以天，致忧乐于不可已之，真如缉熙者几何人哉？"②主张忧乐要顺从天意，即强调要各安其位。在这里，就是要认可并服从现实统治秩序，统治者会对社会人群追求生命快乐的行为加以限定。在此基础上，以乡绅为主体的乡村社会才能是和谐的。王直《齐寿堂记》也将乡间处士的自在之乐建立在恪守规则的秩序感基础上：

> 处士惇尚儒术，谨而宽厚，其事亲至孝，处堂从兄弟如同产，抚子姪一，以仁遇宗族乡党，笃于义。至于臧获下人，待之各有恩。且乐推余财以振人之急。然所行皆出于诚意，诞谩苟伪之习未尝萌于中。尤乐恬旷，耻以尘俗自涸。凡二十三年不一至城市，而士大夫多喜从之游，士亦乐与为友。娱意山水之间，留连觞咏，至累日

---

①　〔明〕金幼孜：《金文靖集》卷八，景印文渊阁四库全书。
②　〔明〕岳正：《类博稿》卷四，景印文渊阁四库全书。

不厌，盖嚣然自得。①

以仁义之心待亲族，恩待下人，且推之于外，一切出于诚；自己则不求奢纵，唯以恬适闲旷自处，由是成为大夫与士皆乐与交的乡绅。这样一来，一个以宗族关系为中心的乡村和谐社会体系出现了。在这里，乡绅成为快乐的主体。

在这样的政治理念之下，地方社会呈现出一派快乐景象。再如，杨士奇所作《溪山清趣记》中将山林风光和稼穑场面融二为一的乐景：

> 双溪在庐陵城北一舍许，溪两源夹出，清泠澄彻，可鉴可湘，可漱可濯。浅可揭而涉，深而舟而游也。溪之上山，远近环绕，连青叠翠，云霞烟霭，朝霁夕阴，舒敛变化，不可殚状。又有平原沃壤，可稼可蔬，而林木邃葩卉映，照禽鸟之声，四时不一。盖轩中毕得之刘氏，始自安成来徙于此，世业儒术。逮子政甫，少孤，能自树立，持身饬行，至壮至老如一日。导其子弟皆勉于善，躬勤耕稼，寒暑旦暮之需皆有所出，公赋力役之征各有所任。平居闲暇，少长咸集轩中，讲论经史，辨析义利。或与故人宾客尊俎吟咏，消摇惇惇，若将终其身焉，岂非天民至乐者哉？②

这段优美的文字十分形象地传达了乡绅社会的快乐图景，在平静恬适的语调下，展现的是　派祥和景象。以儒家超越精神为中心，通过对仁义为善之乐的强调，推而极于家族、宗族和乡里，如黎淳《乐义堂记》："天下之乐无穷，惟主乎义者为真乐。"③在地方社会，将中国古代有关社会秩序的论述付诸实践，敦孝友，广为善行，待人宽厚，使父子、兄弟、宗族、乡间之间和睦相处，自然能得逍遥适趣之乐。在乡村的质

---

① 〔明〕王直：《抑庵文集》卷一，景印文渊阁四库全书。
② 〔明〕杨士奇：《东里集》续集卷四，景印文渊阁四库全书。
③ 〔明〕黎淳：《黎文僖公集》卷九，景印文渊阁四库全书。

朴生活中，一切都充满着快乐。王直《耕乐记》就以生动的笔调记述了劳动的快乐：

> 当春阳既畅，时雨间作，土膏发而泉脉动，则相与祈年于社，而受神之赐，合樽促坐，献酬交错，已足乐矣。于是举趾而耕，既种而莳之，粪溉有时，耘耔有节。当风日和煦之际，吾往观焉，郁者达，稚者秀，日异而月不同，诚若有相之者，其乐加焉。及大暑既至，大火西流，向之达者皆颖而实矣，秀者皆坚而好矣。然其黄者葢弥望而不可穷，于是刈以归，珠颗玉粒，充盈乎仓庾。乃为酒食以祀祖考，礼神明，而父母妻子臧获以下皆忻然自得，此其乐何如也！况四时之间，草木花卉，果蓏蔬茹，鸡豚鹅鸭，牛羊鱼鳖之类各得以遂其性，蕃滋肥腯，足以充吾欲而不待外求，其乐之极，虽千户侯不易也。①

这段文字是对乡绅生活最生动鲜活的描述，虽然它来自一个旁观者的转述，不能代表真正的乡村生活，但的确完美地表现了快乐图景设计下的乡村景象。

通过以上的分析，我们看到台阁文学世界中，快乐图景的描写和阐释是一个流行主题，是台阁文学的典型表现。快乐内容虽然丰富，但有一个一以贯之的图景体系。在这个体系中，皇帝是中心，是赐予社会快乐图景的源泉；士大夫治理下的盛世为所谓盛世之乐提供了基本保障；而士大夫阶层也在理论和行动上创造并实践着快乐图景，成为这个图景中的主体；乡绅阶层则代表了乡村社会，呈现出祥和自然的快乐景象。这一切共同构成了台阁文学笔下的完整快乐图景。

---

① 〔明〕王直：《抑庵文集》卷一，景印文渊阁四库全书。

三

快乐图景的呈现需要一种修辞方式，以便更好地被传达和塑造。从普遍意义上说，中国文化中充满了抒情精神，并被应用于各种文体、各种场景。在这里，我没有用"抒情传统"一词，而用"抒情文化"，意在指出"抒情传统"是一个美学概念，是作为一个抽象的理念长期存在于中国文学之中的。但"抒情文化"一词则指"抒情传统"在政治、经济、社会合力作用下的转换和变形，即由超越功利的审美转换为具有实用功利目的的修辞工具，成为社会文化的一部分。

明代台阁文学充斥着抒情文化，并以文学修辞的方式被表达了出来。抒情成为文化的时装秀，是在官方意识形态下组织的一场公开演出活动。在某种程度上，这是一场建立在共同思想和情感、心理背景下的演出活动，虽不能怀疑演出的严肃性和正当性，但又不可否认，这是一场意识形态下的建构活动，是主动和自觉的国家行为。也可以说，它是对历史和社会进行皇权与国家意识形态下的切割、编造，对不合其主旨的声音进行压抑和屏蔽，刻意营造出快乐的社会图景。经过长期的灌输，这种抒情文化甚至会成为一种集体潜意识，由于不断的重复、宣讲，在专制主义体制下制造出一种"国家记忆"，形成特定环境下的集体记忆——在特定的场景被自然地调动出来，参加下意识的大合唱。对台阁文学中抒情文化及其文学手段的研究，有助于我们了解雍容大雅、舒缓从容的外表下，官方意识形态如何塑造出台阁文学的风貌。

其一，作为一种特殊的抒情文化，台阁文学最突出的现象就是大量使用描写手法，形成平远、平沔式抒情结构。杨士奇《沙溪刘氏重修族谱序》写人物出场就采用了描写手法：

> 澄江南望，两舍外崇山叠嶂，绵延峻拔。出沙溪，稍沔迤平旷。溪源远而厚，四时不竭，故缘溪皆沃壤，无旱涝之虞，而耕稼常丰。

环溪而居非一姓，刘氏其望也。①

杨士奇另外一篇文章《玩易斋记》也使用了这种写法：

　　吾舅氏有贤子婿曰萧德黉，所居在邑东南一舍许，桃源之上，其地夷旷深迥，山远近环抱，争奇竞秀，牕户间可揽而得。两水夹出其所居，可以小舟浮游往来，又有园林竹树之胜，盖东南佳境也。②

　　杨士奇的文章常运用描写手法，但又绝不过多铺排，而是数句即止，不让描写占据太多空间，体现出刻意的节制。描写场景一般都是平远式的，在有限的空间内展开，绝不做过多铺写。
　　其二，台阁文学在表面的清雅平淡之中也暗含某种程度的紧张，如杨士奇《务勤堂记》：

　　追念三十年与存诚者三四辈，邂逅沙羡，相与读书讨论之余，恣其意于所适，或登大别而眺江汉，或扁舟浮游南浦赤壁之间，吊古人之陈迹；或凭高骋望洞庭云梦于落霞飞鸟之外，倚长铗而清啸，舒胸臆之浩然。顾其所自得，盖富贵贫贱忧患无一之累乎其心，其放且逸如此，而奚暇有所用志于勤哉！今幸遇圣明在位，吾与存诚皆见用于太平之世，固宜弃浮趋实以就功业。③

　　台阁文学时刻保持着一种紧张态势，总是试图控制各种欲望的诱惑，在理欲之间保持精神的平衡。行文也多为控制式的，不使个体自我的"自得"过度呈现。但在本文中，三十年前的"自得"仍隐含着作者的欣悦之情，造成一种不平衡，但并不构成冲突和矛盾。总体上，他们追求感情

①　〔明〕杨士奇：《东里集》文集卷七，景印文渊阁四库全书。
②　〔明〕杨士奇：《东里集》续集卷三，景印文渊阁四库全书。
③　〔明〕杨士奇：《东里集》文集卷一，景印文渊阁四库全书。

表达与文章结构之间的平正，总会将描述限制在冲突逐渐消弭的状态中。例如，李东阳《南巡图记》先写湖南为天下巨藩，再以铺排手法写楚地历史上的名人及故迹，转入侯公矩绘为图请记，最后归结到"岂徒动山岳而扬波涛也，若远游之文，登高之赋，皆公余事，乃求之游观玩乐之间，亦奚取乎兹图也哉！"①这样的表述在台阁散文中比比皆是，一般都是曲终奏雅式地将主旨引申到游观玩乐的反面，有意凸显官员的政事治理之责。这种凸显虽与前面的写景形成了反差，但却不至于流入冲突。文章整体上仍是一种平正和谐的结构，作者在对历史的回顾感慨和对作者身份的交代中已为后文做了铺垫，因而并不突兀。

其三，虚拟式写作。台阁作家的"应世之文"多为应人所求，往往通过好友知交辗转介绍而作。因而对所托之人之景之境并无接触观看，因此，大量的描写实际上是虚拟式的，以杨士奇《稼轩记》为例：

> 买田百余亩，于邑西半舍许作庐舍田间，躬率僮奴治耕，堰水为塘，备旱干。其用力勤，岁获常厚，鸡豚之畜日蕃，而塘兼鱼鳖菱芰之利，日用所需悉具。饱食无事，读书茅檐之下，声闻林外。天气晴煦，不之舍南之舍北，与老农相娱嬉。或数月一入城，就其素所知己，晤语少顷，掉臂遽去。其宴息之居数楹，质朴闿爽，题曰稼轩。轩之前，天柱、三顾诸峰苍然秀拔，而大江横其下，启北户而望，则武姥之山巉峭奇特，而吏胥一迹不及门。嘉客时至，野服出迓，相与坐轩中，必具酒，酒酣，击瓦缶歌古人田园之诗乐客。客或问平居所侣，指塘下白鸥及窗外修竹数千挺，曰何莫非吾侣也。终岁悠然忘世荣辱。②

整体来看，这段文字清雅可人，从劳作、娱嬉、晤友到轩前景致、嘉客时至、具酒缶歌再到与白鸥修竹为友，将一个乡绅的生活写得鲜活生动，

---

① 〔明〕李东阳：《怀麓堂集》卷三十一，景印文渊阁四库全书。
② 〔明〕杨士奇：《东里集》文集卷二，景印文渊阁四库全书。

有着很高的文字境界。但这样的描写往往并非实景，而是出于想象，因而作者需要调动组合能力。这种程式化描写表面上很美，但由于缺乏真实的感受，往往不足以给人身临其境的感觉。因而，描写之后常常继之以议论，如本文接着写道：

> 余曰：信可乐也，而非有潇洒离俗之资，亦恶足以语此乐，同伦其有离俗之姿者哉？夫高台广榭，嘉木森布，葩花之烂然，香气之芬馥，管弦歌舞，日相聚而欢宴淋漓，此豪侈者所尚，而世俗之所趋也。其固自恃以乐矣，然往往朝荣而夕悴，不能少待于斯须之顷。其视斯楼，虽四时寒暑凉燠之不齐，而皆有以乐焉者，又岂独清浊之相远哉？同伦殆有异乎众人之所尚者欤？抑君子之尚于物也，有不在耳目之娱，意趣之适，而在于其德者。夫竹中虚外直，刚而自遂，柔而不挠，有萧散静幽之意，无华丽奇诡之观。凌夏日以犹寒，傲严冬而愈劲，此其德为君子之所尚，而同伦之志亦必在于此欤？

景物本身的虚拟描写过于泛化，不足以将情义清晰地表达出来，必须通过议论才能将主旨呈现，虽然这是古文常见笔法，但在台阁文学中，两者之间总是有明显的人工沟联痕迹，给人一种规定式动作的感觉。

上文议论有两层对比，一是同伦之乐与世俗之乐对比，二是与超越耳目意趣之适的"德"的对比，这样才能将描写所不能直接传达的意味充分展示出来。由此我们可看出台阁文学抒情化表达的第四个特点，即大量对比手法的运用，进而达到表达的平衡、对称。

其四，大量对比手法的运用。杨士奇的大部分文章都使用对比手法，进而形成一正一反的双重结构模式，《竹林清隐后记》论仕与隐："君既仕，有民人社稷之寄，食有禄，出入有舆马台隶，而其所自处泊然，盖不异昔之在竹林时也。既历佐两县辄罢，罢辄复穷，归视其家，萧然操畚锸治园田，布衣蔬食。暇则取古人书诗涵泳其中，休休自足，视乡之宦达所得意，非有加乎是也。夫能不侈于达者，亦不戚于穷，世之人一得一失，忽而为虎，忽而为鼠，不能不动乎中者，要皆无所见。有所见或无所养，养之而久，久而定，定而安，则凡触于外者，举不足挠乎中也。"①其有意将"宦达所得意"与罢归后布衣蔬食的生活做对比，以显出养而定，定而安的精神境界。杨士奇在《思政堂记》中论为政与燕休时写道："治事之后堂，名思政者，求善其政也。"其为"退处燕休"之所，不仅为了"息劳而佚倦"，而且为了"专一其志，而将致夫无穷之道也"，紧接着便是以广德州户口众多，税务繁多，为治甚难转入对罗坤泰为政爱民如子，勤谨尽心的描写，从而形成两两对比展开的格局。② 他的《梅花图诗序》一文又论国家大臣职务重且殷与心存幽闲淡泊之适："今公为国家大臣，职务之重且殷，夙夜孳孳，图惟之不暇，而暇适其意于此乎？然古之名贤君子居高位，任重寄者，虽日单智毕虑于天下国家之务，而其心未尝不存夫幽闲淡泊之适。盖不以其身之富贵而或移也。矧夫物之出冰霜沍寒，万卉摧败之后，皎然孤芳，一尘之不滓，殆比德于贞洁独行之士，拔出乎流俗者，此其契于君子之心，宜乎玩适不能已焉。"③《送萧照磨序》则是出于"性情之正"与"不得其正"的对比："夫君子之刚以直乎内，盖本于道义之正，所谓浩然之气是也，而发于外者，固雍容不迫，无所乖戾而适乎大中，所谓性情之正也。士不务出此，而徒肆意以行之，传不云乎，'心有念懥贱恶，则不得其正。'夫以是感之，亦必有以是应之者矣。"④《送胡永齐诗序》以木之为材为喻，以雨露风日之涵濡煦育与牛羊斧斤之戕害为比："人之生幸遇太平无事之时，且家居薰陶造就之有资，而无饥寒勤苦之累，恶可以自弃乎？盖人之贵乎学也，有仁义忠信以养其心，刚健弘毅以立其志，齐庄中正以恒其德，恭让节俭以制其行，前言往行以充其智，礼乐文物以饰其躬，讲焉习焉不废于造次颠沛之顷，其久而益熟也，无所往而不达，无所用而不宜，故君子者必务乎此。彼有违道适情，凡可迷溺心志者，皆吾身之牛羊斧斤，君子者必务决去之，

---

① 〔明〕杨士奇：《东里集》文集卷二，景印文渊阁四库全书。
② 〔明〕杨士奇：《东里集》文集卷一，景印文渊阁四库全书。
③ 〔明〕杨士奇：《东里集》文集卷七，景印文渊阁四库全书。
④ 〔明〕杨士奇：《东里集》文集卷四，景印文渊阁四库全书。

不使一毫作于其心，害于其身。"①皆一正一反，对举展开。《颜乐堂记》论乐心与利民："夫颜之乐极其学之所至，心与道一，而于出处动静从容安适，无往百不得，斯其所为乐也，其可以易言乎？然颜之乐虽乐其在己者，其心盖未尝一日而忘利民也。孟子称禹稷颜子同道，道在是即心在是，得其心而后可以言其乐也。"②《朴斋记》称："其亦欲朝夕起处，体诸心，诚诸行，不使有一息之或间，一事之或戾，以仰副文皇帝之心而不忝乎纯，其有志乎哉。夫朴之为斋也，必忠信以为址，静贞以为宇，澹泊以为扃，简约以为牖，斥浮靡之玩，谢矫饰之游，黜智巧之务，执其诚，守其一，以任乎自然。如是而可矣。"③这又是以忠信、贞静、澹泊、简约与淫靡、矫饰来对比的。

李东阳《约斋记》阐释"约"之意，也是在对比中展开的："夫约，放之反也，君子者必检身，内必有所养，外必有所制，若规焉、矱焉，惟所在而莫敢或过，故贵则恐至于侈，富则恐至于骄，乐则恐至于纵，逸则恐至于惰。非惟富贵逸乐然也，虽贫且贱亦然。才太高则锐，必养之以晦，意太广则疏，必敛之以实，功太盛则危，必守之以谦。言则不躁，动则不迅，惟约之守，而不敢或肆。"④文章从正面展开，隐隐之中在以"约"和与之反面的"放"的对比中进行论述，但并不形成强烈对比，而是以对"约"之意的阐释为主，认为处世处身都要讲求约束限制，不使精神有所放纵。行文亦复如是，全文无起伏变化，平直展开。《南山草堂记》中又采取今古对比、双向展开的方式，先叙盱眙陈德修于南山下建南山草堂，再以古人之以南山名者，如汉四皓、晋陶渊明、唐卢藏用，引申出出处进退之论。文章结构平正，论述亦平稳，"盖仕之有止，犹行之必有归，寐之必有寤也，君子知仕之道则必知止之义，故虽融显向进之身，必预为敛退可据之地，示不为贪冒计也。"⑤

---

① 〔明〕杨士奇：《东里集》文集卷四，景印文渊阁四库全书。
② 〔明〕杨士奇：《东里集》文集卷二，景印文渊阁四库全书。
③ 〔明〕杨士奇：《东里集》文集卷一，景印文渊阁四库全书。
④ 〔明〕李东阳：《怀麓堂集》卷三十，景印文渊阁四库全书。
⑤ 〔明〕李东阳：《怀麓堂集》卷三十一，景印文渊阁四库全书。

其五，抒情笔法既凸显了国家强盛、社会和谐的一面，也存在着遮蔽、掩饰。为了达到这一目的，文章的抒情场景大多写得非常纯净，从杨士奇《静庵记》中可得一见：

> 先生为人淳谨，谦约淡泊，无他嗜好。所居密比阛阓，阛阓之人旦莫奔走，进逐取丰利，植厚赀以自雄者比比，先生独居无闻，日闭户焚香，取古圣贤之书，究而行之，曰此在我所当务者。其平生故人知友遭亨嘉之运，往往出攀龙附凤，都高位，亨厚禄，先生独守先人之田庐，茹淡饮洁，怡怡自足，不以为穷，曰此在我有命焉。其平居教其家之子弟，与告其所亲爱及乡人后生俊秀必在乎君子之道，曰天下之事物可以惑志而荡性，败行而危身者多也，君子者养其清明纯一之德，居之以敬，持之以诚，行之以简，防之以俭，然后能御乎外。外御者虽千驷万钟不动焉，虽箪食豆羹不感焉，而然后定乎内。内定者，无处而不中，无适而不利，夫是之谓君子之道。①

文章的整个描写语气都是舒缓的，以描写的方式列举了人物的几个品格意象：独居、焚香、读书、茹饮、教子，并且不逐丰利厚赀，不求高位厚禄，知命守道。这样的笔墨刻意回避了现实中的冲突和矛盾，从而呈现出一派祥和自然、淡雅平和的气象。这样一来，读者便沉浸在抒情诗般的笔调之中，不必去面对现实的困境，也就不必思考各种问题如何解决，只需要品味其中的美感。大量的写景文字也意在于此，杨士奇的游记文《翠筼楼记》中如是说：

> 属春景融霁，秋气澄彻，八窗洞辟，天气徐来，郁乎如青云，泛乎若苍雪。俯而观之，浩浩如翠涛摇荡于履舄之下；坐而听之，嘤嘤如金石和鸣于几席之外。至若凉月之夕，扬凤羽之蹁跹；冰雪

---

① 〔明〕杨士奇：《东里集》续集卷三，景印文渊阁四库全书。

之晨，挺琅玕而独秀，皆楼中佳趣也。①

就文体写作而言，这是常见的写法，如果不注意就会忽略掉其中的特殊意味。台阁文章有意塑造出和雅淡泊景象，当我们沉浸在对景物的玩赏之中时，要注意到这其实是一种描写的集体无意识，目的在于凸显盛世的祥和宁静。

在这些文章中，描写、虚拟、对比、遮饰等作为修辞方法被大量使用，但我们又不能简单地将其仅归之于一种普通的修辞手法。首先，我们看到，这些修辞手法的运用主要是为建构快乐图景服务的，进而形成了整体上的抒情氛围。通过这几种修辞手法的运用，作者的情感得以抒写，文章的快乐主旨也得以呈现。除了直接呈现，大量修辞手法的运用也强化了读者对快乐图景的感受。其次，这些手法直接促成了文章结构方式的形成。他们的文章在结构上往往是平正朴实的，结构层次比较简单，主体部分往往都是一正一反，对比展开，前引文章就多如此。这样的结构方式使得情感表达受到控制，没有狂欢式的放纵，也没有深沉厚重的深刻，更多是一种普通、平浅的情感，并以一种非常平静的方式被表达出来。最后，台阁作家在表达情感时，除了感念皇恩之外，一般情感的表达总是舒缓和节制的，尽管这些常见的文学修辞手法不断塑造产生着美感，但却不能激发出真正的感动。这种对情感的控制，文字表达的节制，造成了台阁文学平正质朴的特点。但不论是表现盛世，还是追求淡泊，台阁文学都不足以产生动人的力量。马之骏曾于《太史苍雪斋诗集序》中写道：

> 盖诗主风，握要于趣，竞胜于韵，使垂缨曳革，效蝉缓之音，乡栋珠题，求□□之致，夐不相入，理固宜然矣。繇是言之，诗之途与文异，阁馆之文之诗复与他途异，滙同宠异，寔难其人。②

———————————————

① 〔明〕杨士奇：《东里集》文集卷一，景印文渊阁四库全书。
② 〔明〕马之骏：《玄远堂全集》，明天启七年(1627)刻本。

正如马之骏所说，就台阁诗文所走的路径和文学审美要素的之间难以弥合的龃龉来看，要想写出好的作品实在为难。

四

文学创作过程是一种秩序创造，一般意义而言，需要把散漫、不精确的意思加以整理，以形成一个有意义的表达，达成秩序与思想情感的"探索与模塑过程"。但这只是创作的一般过程，更进一步，我们还应该追寻其背后"抽象的理则，甚或是一种关乎价值的信念"①。如何理解台阁文学中快乐图景与抒情文化背后的"抽象的理则"呢？本文认为可以从以下几个方面分析。

其一，理学要求人们追求消弭冲突，达到和谐的生命境界，这对台阁散文写作有着极大的影响。明初理学承元之遗绪，更多地主张超越性境界，而对感性欲望保持着警惕，刘璟《玩雪轩记》②指出为了保持君子之心，不为外物所诱，流于贪纵放逸，必须择其"清淡无情"之物作为鉴赏审美对象，既能得感遇萧放之致，又能使自我情感保持在清淡之境，从而得到君子品格。这样小心翼翼地面对自然，刻意控制自我情感，以达到清淡无情的精神境界，是理学流行后的产物。台阁文人信奉理学，杨荣《敬轩记》③阐释"敬"之义，有"整齐严肃"义，有"常惺惺"义，有"收敛"其心义，由修持敬义可以达到"心有所主而百体悉从令"的境界，与格物致知、正心诚意的自我修养过程是一致的。理学讲诚敬以收束身心，以期达到内外一致，"内必有所养，外必有所制"。这必然导致写作过程中心态的收缩，不断抑制外物的吸引。台阁作家毕竟是文人，他们不可能抛开外物，故在组织文章时忍不住仍然要用文学笔法来传达情意，但又不过度放纵，而是小心谨慎地加以控制。

---

① 蔡英俊：《抒情精神与抒情传统》，陈国球、王德威：《抒情之现代性——"抒情传统"论述与中国文学研究》，375、378 页，北京，生活·读书·新知三联书店，2014。

② 〔明〕刘璟：《易斋集》卷下，景印文渊阁四库全书。

③ 〔明〕杨荣：《文敏集》卷十，景印文渊阁四库全书。

　　其二，"和"的思想观念和政治理念。在政治的作用下，"和"的思想转化为稳定、和合、不争的政治风格。在这种风格中，文章会有意省略掉不和谐因素，或只提出抽象的对象加以批评，缺乏批判精神。杨士奇《听琴诗序》便将"和"的思想转化为个体自我的心态问题："乐之音皆可适也，而足以畅幽郁，去骄吝，颐性情于中和者，惟琴焉。古之君子于群居及其独处而适，盖未尝不在于琴也。民之生早作而暮息，其间挠挠焉，与事物酬酢，而又有不当于其意者，其能泰然无滑乎中，固已鲜矣。矧结缨垂组，操简持翰，夙兴而夜寐，有职事之烦者乎？则其闲暇相聚，资于琴以适焉者，人情之所宜，而君子之为也。"①即在繁杂的治理事务之中，如何保持颐和性情以达到中和、中庸，不能不说这是一种退化。再如杨士奇《敬同堂记》：

　　　　夫天至尊也，包含偏覆，而万物无不资之以生者，其德至大也。人之伦凡所尊莫加乎君与亲也，而我资之以生，资之以养，君亲之德实配天而益加切。夫其尊同其德同，则所以事之者亦同。故事君亲犹夫事天，事天犹夫事君亲，持其齐庄诚一之心，不二不息，表里始终一致也，是谓之敬同。而为臣为子一本于此，然后所存者正，所履者实，而忠孝之道立。②

　　在他的论述中，君、亲一体，故事君如事天，要保持"齐庄诚一之心，不二不息，表里始终如一"，绝对的忠诚之心是台阁大臣的理想政治品格。这种政治人格追求在现实政治中会造就谨慎敦朴的品格，造成谨言慎行的政治心态，反倒离现实很远，只是一味沉浸在盛世之中以自足自保。

　　中国古代政治中，历来都不缺乏对政治的批判，但在台阁政治心态下，政治批判被整体转化为政治批评，一种无具体对象的"现象"批评。

　　　　① 〔明〕杨士奇：《东里集》文集卷六，景印文渊阁四库全书。
　　　　② 〔明〕杨士奇：《东里集》续集卷三，景印文渊阁四库全书。

这里所说的政治批评的无对象化，仅提出一些无关痛痒的现象作为比较对象，不仅缺少深入批判，甚至对现象本身也不甚深入。代表作如杨士奇《送李永怀归东平序》：

> 永乐十九年冬，士奇侍储君自南京入朝，道出彭城以北，属岁饥，民男女老弱累累道傍，拾草实以食，而滕与邹尤甚。储君悯焉，不忍民之及于此也，遽命山东布政使暨郡县长吏，计口而赈贷之。侍从之臣亦皆动念矜恤，且窃憾其长吏不以豫闻也。①

对这样的灾荒与救灾之不力，杨士奇仅以"窃憾"一带而过，令人震惊。很多文章会对朝廷政治中的某些现象经常加以批评，如对官场对京官与外官，实职与教职区别对待等，但也仅仅涉及一般性的官场现象，屡屡对这些问题进行讨论显示出台阁文学批判性的不足。

君子小人之辨是中国古代政治的核心范畴，但在台阁文学中这个话题很少被提到，以杨士奇《敬义堂记》为例：

> 君子小人吉凶之分，天理人欲焉耳，君子之学必在于消人欲、存天理，而圣人示其要于学者，则必本诸其心。盖心者，一身之主而万事之本也，如其心放焉，或出或入，或存或亡，则人欲日长而天理日微，故学者常使其静专纯一而无动静始终之间，必务操存涵养，久而虚明湛然，而仁义礼智之具于吾心者，吾得以究而极之，而随事泛应，有以适乎当然之则，而无非天理之公矣。②

杨士奇将君子小人之辨转化成了天理人欲之别，消除了其在政治斗争中界限性质，而混同于内心修养问题。面对现实困境，他们更多采取回避态度，如杨溥晚年在《正统五年元旦朝贺喜雪》中称：

---

① 〔明〕杨士奇：《东里集》文集卷七，景印文渊阁四库全书。
② 〔明〕杨士奇：《东里集》续集卷三，景印文渊阁四库全书。

　　皇明大统属元良，瑞应时臻泰运昌。宇宙清华开献岁，乾坤和气协清阳。丰年有兆人情乐，边境无尘海宇康。文武衣冠齐拜舞，紫霞高捧万年觞。①

　　此时，朝政渐为王振所掌，积弊日多，而杨溥仍作此贺诗，既为官场旧习之沿袭，亦有自保之心态，更多则是刻意制造政治和谐。

　　其三，思想的匮乏和陈言套语式论证。思想完全被意识形态控制，没有自由思想的冲动。思想的陈旧和固守导致文章的平庸和乏味。

　　永乐初，《五经大全》《四书大全》《性理大全》的编纂标志着程朱理学的官方地位得到全面确立，并以此统一天下人的思想。李贤云："吾道正脉实由近世周、程、张、朱有以倡明之也，至我太宗文皇帝，乃始表章其言行（阙'于'字）天下。由是，天下士习一归于正。"②理学在完成了理学意识形态化建构之后不再需要学理论证，道德是高悬在上的准则，更重要的是在意识形态控制下进行实践活动。胡广《钟启晦文集序》：

　　　　当时士大夫渐靡于仁义之中，修辞立言，一铲相沿之弊，必底乎道德之奥，非徒言之而躬践之也。予少窃尝有意于斯文，恒与二三君子讲论其旨，私相庆幸，谓逢辰之复古也。独愧资质愚下，道德无闻。今以菲才承乏翰林，执笔操觚，文思猥陋，不足以黼黻皇猷，惟重素餐之羞，然夙夜自勉，非敢以矫其所不能，必约而求之于道而已。③

　　强调"非徒言之而躬践之"既是理学的一贯主张，也正与台阁政治密切相关，台阁文人没有对理学的精研，更多的是强调实践，胡广这段话可被视作代表。明初以来，只重政事、吏治，思想论述退居后位，并且

---

　　① 〔明〕杨溥：《杨文定公诗集》卷首，明抄本。
　　② 〔明〕焦竑：《通议大夫礼部左侍郎兼翰林院学士直内阁薛公瑄神道碑铭》，《献征录》，433页，上海，上海书店出版社，1987。
　　③ 〔明〕胡广：《胡文穆公集》卷十二，清乾隆十六年(1751)胡张书等刻本。

仰仗意识形态化的权力，在思想领域长期固守宋儒之言。由此，带来的是思想的僵化和匮乏。这一时期的文章少有对儒学深自有得之言，却也说得堂堂正正。杨荣的《余庆堂记》是典型代表：

> 余惟天人之理，流通无间，循理而行，则善积而致庆，悖理而行，则恶积而致殃，不啻如桴鼓影响之相应焉。然君子惟知循理而已，初不必其获庆于天，天之赐庆，不于其身，必于其子孙，若持左契而相符，此天之可必者也。①

天理流行于天地之间，但本文却将积善积恶与致庆致殃结合起来，带有天命论与因果论的庸俗色彩，很能昭显台阁文学思想的匮乏与平庸。例如，杨士奇《素行轩记》：

> 素行有道也，道充于己，而然后随吾身之所寓，为吾分之当然，无往而不达矣。致道在学，所以博夫义理之趣，备夫体用之全，涵养纯熟而道具于我矣。②

这样的话语在杨士奇的文章中比比皆是，最多也只能是理学话语的重复与强调，很难说有什么自得之言。有学者指出，杨士奇的记文"取义于经典，本诸经而载了言，是体道的最好载体。这种题材为后来的翰林作家所大量地模仿，把儒家哲学思想庸俗化，无甚新意，千篇一律，形成明代翰林馆阁文学中宣讲儒家道德与理学思想、创作数量最庞大的一类作品，而面目其实可憎"③。本人不赞同文中强烈鄙夷的态度，但认为它确实指出了台阁文学中的突出现象，即意识形态化后儒学思想的僵化，导致文章写作模式的固化和思想的陈旧、平庸。

---

① 〔明〕杨荣：《文敏集》卷九，景印文渊阁四库全书。
② 〔明〕杨士奇：《东里集》续集卷三，景印文渊阁四库全书。
③ 郑礼炬：《明代洪武至正德年间的翰林院与文学》，241 页，北京，中国社会科学出版社，2011。

　　思想的意识形态化导致人们在社会生活中也谨慎小心，这一时期普遍推崇的是谨重不苟、从容守正的人格风貌。人的情感也自然受到控制和压抑，不敢稍有放纵。即使在文章中表现出来的情感也多属于一般性的情感，多为亲朋、故旧、同僚之间的普通情感，皆平实质朴，不会有陡然一惊的感觉。在台阁文章中，大量的表述有着惊人的一致。不论是思维模式，还是结构、风格，甚至是前面分析过的修辞手法，它们都向我们展示了在思想一统的时代，文学是多么单调甚至平庸。

附　录

志于学　耦而耕
——聂石樵、邓魁英夫妇小记

《中国社会科学报》　孙妙凝

在北京师范大学的小红楼里，住着一对年已耄耋的夫妇——聂石樵和邓魁英。他们将居所命名为"耦耕居"，此语典出《论语》"长沮、桀溺耦而耕"，意为两人并肩耕耘。

在这间不大的居所里，聂石樵和邓魁英时而有切磋砥砺的其乐融融，时而也因为争执问题掀起小小的浪花。

沉潜经史　爱书成痴

1949 年，聂石樵和邓魁英作为新中国成立后的第一代大学生考入辅仁大学国文系。1952 年院系调整，辅仁大学与北京师范大学合并，聂石樵和邓魁英转入北京师范大学读大四。1953 年，他们毕业后一同留在了北京师范大学中文系做助教，又都被分在古代文学教研室。当时古代文学教研室的刘盼遂先生对聂石樵和邓魁英的影响最大，是他们感念一生的恩师。

聂石樵告诉记者，从刘盼遂先生那里受到的教益，不是在课堂上，而是在先生的家里。

刘先生每次都要把新搜罗到的好书拿给聂石樵看。刚毕业时，夫妇俩的工资很低，刘盼遂先生主动将自己的一部分基本书籍赠给他们，包括《二十四史》《十三经注疏》《说文解字》《资治通鉴》《全唐诗》等。这成为夫妇俩一生的珍藏。在以后的日子里，尽管生活拮据，他们仍坚持买书、藏书、读书、写书。

"刘先生告诉我们，治学有两个条件，一要生活安定，二要书多。想教书和做研究，不读书是行不通的。"聂石樵说。

辨章学术　以史证诗

刘盼遂推崇乾嘉学派以小学通经的取向，常常告诫聂石樵，读书要从正经、正史开始，经史是文学发展的源头。这种取向深深地影响了聂石樵的治学。

读书期间，聂石樵就沉潜于经史，留校工作后，他主要从事文学史的教学工作，在长期的教学实践和研究中，探索出一套富有特色的文学史编撰方法，先后撰写了《先秦两汉文学史》《魏晋南北朝文学史》《唐代文学史》等。

聂石樵著文学史的一个突出特色是重视文学史料的考辨。在征引宏富文献的同时，聂石樵对作品的时代背景、作家生平、作品真伪都详加考析，力图做到无征不信。在解读文学作品的过程中，聂石樵则主要采取"以史证诗"的方法，即将具体作品放到具体的历史条件下，引用大量史料来挖掘、揭示作品真实的内涵。"文学作品不能脱离社会，从历史的角度看问题，才能使论点落到实处。此外，也要注重文献考证。"聂石樵告诉记者。

切磋砥砺　携手共进

虽然都选择了古典文学研究作为平生志业，但聂石樵和邓魁英的兴趣却不尽相同。聂石樵爱杜甫的沉郁、李商隐的幽微；邓魁英则爱李白的飘逸、辛弃疾的豪放。就性情而言，他们一内敛、一外放；就治学特色而言，他们一守正、一通脱。在专业上，聂石樵擅长经史之学，邓魁英则对诗词的美感别有体悟，他们常常能够取长补短。比如，同样是研究杜甫，邓魁英往往凭借兴致选读，更重视对杜甫生平进行宏观研究，聂石樵则要一首一首弄明白、做注释。在"文化大革命"期间，他们克服了种种艰难困苦，共同完成了《杜甫选集》的注释、编选工作。

聂石樵与邓魁英合著有《古代小说戏曲论丛》《古代诗文论丛》《古代文学论丛》，这三部论文集收录了二人在不同时期所著的单篇论文，内容涵盖诗歌、戏曲等不同体裁的作品。"虽然我们的文章收在一本书中，但是文责自负，文风也不尽相同。我们的学生翻开书，不用问，就知道每篇的作者是谁，知我者有其人。"邓魁英笑着说。

聂石樵和邓魁英：楷模二月[①]

《中华读书报》　张棉棉

木铎金声，中文百年。大学乃大师之谓。然北京师范大学曾有四字校训：诚、敬、勤、朴。年过八旬和年临八旬的聂石樵和邓魁英老教授夫妇，反复说自己不是大师，而是普通教员。两位先生终生低调，不求闻达，身体力行着四字校训。

两位先生教书育人生涯，屈指算来，已六十六个春秋。

日前，访先生于其朴素书房。国学上庠，楷模携幼，窗外，早春二月矣。

淡泊人生　研炼文心

《中华读书报》：听说您不喜欢媒体打搅，因我是师大学生才同意对面交谈。

聂：我是一个普通的教师，不是名人、不是学者也不是专家。说实在的，我就是这么一个人，教了一辈子书。

《中华读书报》：您认为对您影响最大的是哪位老师？

聂石樵：刘盼遂先生。他对我最大的影响就是指导我要读正经、正史，儒家的经史。刘先生待我很好，我也很敬佩刘先生。举个例子，我

---

①　本文摘自《中华读书报》，2009 年 4 月 7 日。

从辅仁到师大，那会儿新中国刚成立，刘先生课不多，我常到他家向他请教问题，他就把他的一部分书送给我了，可能在他看来我是可造就的。都有些什么书呢？一部《二十四史》、一部《十三经注疏》、一部段玉裁《说文解字注》、一部《资治通鉴》、一部《全唐诗》等全部给了我。刘先生的作品现在都找不着了，都散了，所以很难见到。在他去世后，我没有专门的时间，只能用业余时间断断续续收集，还去北大的图书馆查找过他原来的集子。前后花了20余年整理出了他的作品集。百年校庆时，北京师范大学出版社出版了刘先生的作品集。最近，我问中华书局的一个编辑，能否再版，他回去商量后觉得工本太大。这不是一般的书，编辑要费很大的精力去查资料，所以出不了。这本书现在没有了。但那是真正的国学。

《中华读书报》：想必这也验证了您做这份工作的难度以及您所付出的努力更是一般人不可想象的。同时，这也表明您在学术传承上处在一个非常重要的位置。一方面，您的老师不少是新中国成立之前就已为众人所熟识的大家，如顾随、刘盼遂、谭丕谟、李长之、王汝弼、启功、黄药眠、钟敬文等；另一方面，您的学生很多在学术上有所建树。是您凭着自己的努力，作为学术带头人为北师大中文系申请到了古代文学博士点。

聂石樵：我是一个天赋笨拙的人，教了一辈子的书，并不理想，行有余力写文章，文章写得也不出色。但有一点，我以勤补拙，比别人勤快，春节初一我也得干活。作为一名教师，除了教书之外，我别无他能，只能做些伏案工作，以真诚职守自励，并无其他名利之想。除了刘盼遂先生，王汝弼先生对我的影响也很深。王先生师从钱玄同、高步瀛、黎锦熙诸先生，主要承袭高先生的学问和治学道路，继承的是经、传、子、史一类的学问，在学术领域长于对古书的笺释。高步瀛先生是治文学史的，授课非常严肃认真，每项内容都有讲义，如《唐宋文举要》《史记举要》等，采摘宏富，剖判入微，其中最有价值的是《文选李注义疏》。

《中华读书报》：从您和王汝弼先生共同创作的那本《玉谿生诗醇》的自序中，可以看出这本书主要的工作还是由您完成的，可是您在署名的时候，却将王先生的名字署于前。

聂石樵：王先生是我的老师，我对他的尊敬发自内心。李义山诗构思缜密，长于用典，工于练字，或用叠字虚词等，而王先生经过对原稿有关词语、典故深入细致的修润和加工，把诗歌"以芳草寄怨，藉云雨托恨"的内容表现得淋漓尽致。这也可以说是"把李义山诗注活了"吧！所以我才这样标注。

《中华读书报》：您在自选集的自序中提到您的学术经验，有一点是"专通"，您怎么理解这两个字？《〈聊斋志异〉思想内容简论》是否就用了这种研究方法？

聂石樵：我是搞文学史的，涉及"史"就必须要专通，不要把范围拘泥于某一历史阶段，要将研究对象置于整个文学史中去考察，因为只有"专通"，才能居高临下。例如，研究明清，要从五代开始研究，就能有一个宏观的认识，看出是如何发展的。我是按分体文学史来讲的，这是和别人不一样的地方，分体就是按文体来讲文学史（以文体为经，以作家作品为纬），而不是像过去那样，只是按作家作品来讲文学史。文学史就是要追溯源流，这样才能有一个线索将其串联起来，这就是"专通"。《〈聊斋志异〉思想内容简论》就采用了这种方法，此外，还需要书看得多，从材料入手，在广泛占有各种文献资料的基础上，再做研究，做到有据可考。这是我多年积累的经验，是我从1953年开始教学到现在研究出的方法。

薄禄作无穷之祟，"白专"结不解之仇

《中华读书报》：说到1953年开始讲文学史，启功先生曾云："近代、现代夫妇真正合作的例子倒确实不少，但像聂、邓二位，求学时同班、同好，工作时同校、同系、同教研室，又同在古典文学的教学和研究工作中相互砥砺、共同前进，这又岂是从前那些人所能企及的……"咱们能否把邓老师也请出来啊？

聂石樵：（笑）好的。

《中华读书报》：这些年，您二老合作的作品都有哪些？是什么时候创作的？

聂石樵：《杜甫选集》。序是她写的，里面的校注是我写的。那本书最早是上海古籍出版社出的，到现在为止，出了四万多册，后又再版。

邓魁英：我们的编选工作是从 20 世纪 60 年代初开始的。那时候图书馆封闭不能去。但好在我们两个搞一行，所以我们的书不矛盾，同时也比较全。当时怕损失书，有些书都放到柜子里，用床挡住了，像这个（指指后面整齐的一柜子的线装书），用时再拿出来。他（聂）喜欢杜甫，我也是，而杜甫的书又在外面，这方面可参考的比较多，比较集中，所以就选了这么一个题目。那时候没有教学任务了，我们白天就是天天和学生一起学习毛主席著作，晚上就开"地下工厂"。"文化大革命"期间住房缩减成三口人住一间房，只能摆下一个书桌。于是他（聂）经常早上四五点起来趴在床上写，把书桌让给我，这就是我们的"地下工厂"。

《中华读书报》：请谈谈您在师大和辅仁的经历。

聂石樵：我们是新中国成立后第一批上的大学。入学第一件事就是参加开国大典，辅仁是当时的国学基地，重视传统。

邓魁英：几代的老先生都是国学老师，一开学讲的都是文字学、音韵学，但是很快新的东西就进来了，所以我们是新旧交替着学习。新的（研究鲁迅的《人民文学》的编辑）陈涌先生给我们讲鲁迅，马少波先生给我们讲戏剧。当时正是戏剧改革时期，马少波先生就给我们讲河北梆子《蝴蝶杯》，讲曲调韵长。那时候我们能一边上课，一边看戏，现在做不到了。

聂石樵：当时是要教学改革，辅仁是重传统的，所以要请讲现代课程的老师，但很难请到。可后来到了师大以后，情况就不一样了。虽然师大的老先生也不少，像刘盼遂、陆宗达等，但师大尤其重视新东西，重理论，像马克思主义。我们是到了师大以后，才接触到了巴尔扎克，接触到了俄罗斯。那时，彭慧先生讲苏联文学史等。

《中华读书报》：邓先生，您和聂先生这么多年相濡以沫，可以谈谈你们的故事吗？

邓魁英：我觉得主要还是业务把我们联系在一起的。在辅仁的三年学习，两人的兴趣比较一致，很自然地都喜欢古代的东西。刚毕业时，其实留校的人不多，但我们都做了这样的选择。他被分到古典文学组，我和郭预衡先生在现代文选及习作组，我就很闹情绪，因为喜欢古典文学。第二年，正好古典文学组也需要人，就把我也转过来，因此两人就在一起了。我们的工作有些衔接，有些分工，他的兴趣主要在司马迁、杜甫。

《中华读书报》：聂先生的研究看来更为沉郁、顿挫。

邓魁英：对，他是这个特点，从他的性格也能看得出来。我比较喜欢豪放派，（笑）最喜欢的是李白、辛弃疾、陆游。你看他的书，放在什么地方，有条不紊，中午吃饭之前一定把书码好，每天该几点钟干什么就干什么，一成不变。而我的特点是兴趣不来，文思不至，我就写不下去，但到需要的时候，我可以一连开夜车，事情没干完东西就堆着，和他不一样。

《中华读书报》：这恰好也是二位可以互补的地方。

邓魁英：是的。他就说，他是我的私人秘书。我的文章、信件，我就信手放置，不知道放在哪里了，但他就规规矩矩都收起来，我要找什么，他都能给找出来。所以走在一起，除了共同爱好，还有一个原因，真的就是补我的不足。我这个人比较贪玩，溜冰、打排球、打篮球，我都喜欢，在辅仁（上学）时还是系队的。冬天溜冰，冰还没冻呢，我就盼着天快冷。他对我的玩儿很有意见，总拉着我去图书馆，相约着看书，我就很受不了（一直坐着），总想着能出去。我就觉得找这样一个人可能对我有所制约，对我有好处。

甘于寂寞，不因人热

聂石樵：在这儿，我还是想再说说我的观点。我就是一个老师，不要去宣传。我的成绩是教学任务压出来的，置之死地而后生。就是说派你去了，你必须干。当然很累，但也有收获。还有一点，是甘于寂寞，不因人热。

　　邓魁英：不追求时髦。

　　《中华读书报》：这好像也是二位在"文化大革命"刚结束挑研究生的一个要求，是吗？

　　邓魁英：刚开始那几批研究生确实不是为谋生路，不是要拿文凭，求资历，他们就是觉得自己在"文化大革命"期间被剥夺了学习时间，因而来补的。所以头几届研究生，现在发展得都不错，因为他们是不功利的。第一批研究生招了九个，去世了一个，现在还有八个。第一批招的时候，有他（聂）和郭先生，还有韩兆琦，他们是以"老中青三代搭配"的名义招的，然后到具体分工、写论文时，启功先生和我才又加进去。那批研究生里最年长的都已退休了。那时候学生少，我们指导得很细致也很累。论文逐字修改，资料也帮着查，起码三议稿而成。不像现在，就像"大波轰"。

　　《中华读书报》：那您看一个一流的世界级的大学需要具备哪些条件呢？

　　聂石樵：我的经验是这样的。一个人怎么才能有成就呢？首先要甘心寂寞，要坐得住。比如说我，年轻时还喜欢到处逛逛，后来年纪大了，他们让我参加会议，做理事，我根本不感兴趣。别人给我一个名誉会长，我觉得这和我没太大关系，都可以，反正我也不管事。因为参加会议前你得准备，不能不发言，回来后，得有一个礼拜才能安静下来工作，这得浪费多少时间啊！但我不是说不需要了解社会上的学术情况，因为不了解的话，怎么开展研究呢？第二，应该有自己基本的书。例如，刘先生给我的就是最基本的书，当然还很不够，要经常查图书馆的书。过去，每个礼拜我都去图书馆两三次。我觉得一个学校水平高低，从我们这行来说，一个看老师水平，一个看图书馆的藏书数量。这不是说藏了多少课本，而是指善本书、孤本书的数量。

　　邓魁英：他当过教研室主任，退休了我接着当。但我们两个当教研室主任是知道自己有这么个名号，但具体该安排什么，全都仰仗教研室副主任。

聂石樵：现在有些人喜欢到处跑，我觉得这个不好。另外就是领项目，我们也没有那么大的名气去领项目，可真让我领，我也不能领。我认为项目是大伙来搞的，不是你自己的。例如，有两个我的研究生出了本书，让我写个序言，书出来，我看到我的序言，还有点感觉，但一看那个内容，我就没有感觉了，因为不是我写的。但袁行霈先生编的文学史是例外，因为袁先生亲自到我家来了两趟，说我是老师辈的，我不好意思拒绝，才参加了。就是说，要自己写东西。

邓魁英：他对自己的这些要求，就是从刘盼遂先生那儿来的。刘先生说，学术上想有成就，有三个条件：一是抄书。我们过去多累啊，搞科研需要卡片和箱子，写卡片和写读书记录。这比现在电脑上粘贴复制费事许多，但抄一遍，其实印象就加深了。像《杜甫选集》，为修改都已经翻烂了，我喜欢的李太白集、辛稼轩词也都碎了。二是要生活稳定。所谓的稳定，就是不要东奔西跑，所以他的家门口有三个字"居之安"。即使在"文化大革命"期间，刘先生受迫害，他还要求自己"居之安"。总而言之，生活稳定既包括个人生活、婚姻的稳定，也包括心态上的稳定，不要动辄开会、到处旅游等。第三就是不要追求仕途，不以当系主任、所长之类做奋斗目标，这样才能沉下心来学习。

邓魁英：但刘先生那些东西，在我们那个时代已经不能死搬硬套了，何况今天？何况今后？所以每个阶段，都有不同的情况。

用志不分，乃凝于神

聂石樵：我现在退休了，没有别的想法，不想吃好的、穿好的，就想把我的那些书再整理、修改，再出版。那些书都是我情感的抒发，前言、内容，我都有感情，我愿意把我的思想都写出来，把我的精神意念、我所理解的都写出来，这是我最大的幸福，最大的精神寄托。其中，自有艰辛和乐趣。杜甫有云："千秋万世名，寂寞身后事。"身后之名，岂能弥补生前之寂寞？知我者其在图文鸟迹间乎！说实在的，我以前也有这个思想。现在中华书局要把我的《玉谿生诗醇》再版，我也是很高兴的。

邓魁英：现在出版的书，再好的出版社、再好的书，个把错字或漏校总会有的，但他就非常认真。现在他除了练书法，就是看自己过去的书，找问题，再校对，审读。我就笑他，你就读吧，读出来错字，就觉得很遗憾。我说不可能完美，但一万字中哪怕出现一两个错字，甚至一个字，他都觉得心里很别扭。他就是自己要求得严格，于是就在这个事情上又钻进去了。

《中华读书报》：杨绛说翻译中的误译，就像牛身上的虱子，永远都择不干净。

邓魁英：是啊，永远都择不干净。现在说要与时俱进，但我们就很难做到了，不过还是很关心学术的。例如，《文学遗产》每期都看，《文史知识》也看，《光明日报》学术版也看。最近，他看了《文学遗产》，说从上面看到一个变化，学术上那种浮夸、花里胡哨、空空洞洞的东西好像少了。现在提倡重视传统，也要求重视国学吧，所以开始重资料，强调适当的考据，是不是呢？（问聂）

聂石樵：是，但是我觉得有一个不足，就是没有评价，没有定论。

秋露如珠，秋月如珪，明月白露，光阴往来

《中华读书报》：其实每个时代总有一些"在上面"表演似的人，还有一些人是沉在下面做学问的。

邓魁英：在下面做学问的人，就要甘于寂寞，坐冷板凳，把希望寄托在未来，在当前流行的风潮里，你不会时髦。但历史会证明，有的东西是暂短的。

《中华读书报》：二老想过把走过的路写成一个回顾吗？能回忆起一些事情，也是一种珍贵的史料，起码对师大来说应该是这样的。

邓魁英：梳理不清啊。但他为编校史也出过力，还写过一些先生的传记。

聂石樵：（师大）百年校庆的时候，有一套评价北师大的名人、治学经验的书，叫《师范之光》。我写了其中三或四篇，最老的是杨树达先生，

但这不是我写的，是让我后来改写、加工的。杨先生是湖南人，当过师大（文学院）最早的系主任。后又写了高步瀛先生的传记，高先生也是这个时候的人，这最早由他另一个学生撰写，后让我润色。还有刘盼遂先生传，这个是我自己写的。另外就是王汝弼先生的传记。

邓魁英：他现在总的来说，就是写了解的老师的个人传记是可以的，零打碎敲地可以写。我们现在梳理不清的就是这个时代中每个阶段的变化和评价。

《中华读书报》：其实您二老就只是写出自己的经历，这些坎坷就很能给后人启迪了。

邓魁英：即便是写，也只能是表面的，是现在我们所知道的这些。拿中文系来说，比较老的是杨敏如先生，他已经 90 多岁了，但他是五几年才来的，真正的师大他是不了解的。郭预衡先生是一直和我们在一起的，我们 1949 年上大一，他教我们"国文"，郭先生是最老的。

聂石樵：他是 1920 年生人。

邓魁英：郭先生 1945 年从师大毕业，然后就基本上断档了，（中间）这些年就没有人了。1951 年杨占升先生毕业，那是我们的师兄，已经去世。1952 年是许玉、龚兆吉，许玉是钟敬文先生的助教，龚兆吉是黄药眠先生的助教，也已去世。1953 年就是我们了，然后就是李大魁，我们和李大魁先生是辅仁的。师大的，就是一个黄志显了。总之，留下来的现在就只有四个了，我们占了一半。

聂石樵：我们没有写校史，还有一个原因是：如果按自己的想法来写，有的可能会不公正。真正宏观、居高临下地去想、去写，很难做到。

【附注】高山仰止，景行行止。聂先生之为人、为学犹如光风霁月，足为我辈后人学子之楷模。今摘此文，略表对聂先生、邓先生及所有老一辈学人的尊敬、爱戴之情！

他一辈子干了三件事

——邓魁英眼中的聂石樵

《中国艺术报》 乔燕冰

"学术夫妻""神仙伴侣"，这是很多人对聂石樵、邓魁英这对文坛伉俪的亲切称呼。2015年10月17日，在北京师范大学召开的庆祝聂石樵先生九十寿辰学术研讨会上，众多已在文学界和教育界卓有建树的来自各地的弟子与这对年已耄耋的贤师夫妇共聚一堂，追忆时光，感怀师恩，虔敬祝福，并围绕会上发布的《聂石樵文集》，以及先生的学术成就展开深入研讨。而这其中，邓魁英一番风趣幽默的话语，引得现场笑声不断，掌声阵阵，更让人从中深切感受到他们在笃诚奉献中国文学与教育事业人生路上琴瑟和鸣奏响的朴素的精彩——

你们一定愿意听听我眼中的聂石樵。我首先澄清，我们不是从大学一年级就在一起，而是从二年级下学期开始一块去图书馆，不像有些人说得那么提前，我们还是很守规矩的。对聂石樵的了解，可能大家都相信我比你们知道得更详细，但是我说得没有你们好。因为是同学，有的女同学问，你和聂石樵的婚姻幸福吗？我说可以说幸福，也还有不幸福，因为我一直没有摆好我的位置，我脑子里始终觉得我们是同学，他始终叫我邓魁英，我始终叫他聂石樵，没用孩子她妈、孩子他爸这样的称呼，所以一直是同学。同学得互相帮助吧，但是，我总觉得他对我帮助不够。男主外女主内，因为我有这种传统思想，所以家里的事我都包了，对他没有做好培训，现在的结果是，他生活基本能自理。做早餐，我们俩各管各的，晚上叠被，换衣服这些他都会，这是值得表扬的，但不会的东西太多了。不说别的，烧开水，开开火以后人走了，火没亮，没着，我有时得跟着去。水开了，忘了，喷出来，经常有这样的事，因为他是书呆子。我觉得他一辈子只干了三件事。

第一件事是念书。他太会念书，太感兴趣了，不以为苦，反以为乐。念书时他总拉着我去念，但是我喜欢滑冰，我喜欢打球，他一拉我，我就不好意思了，所以我也挺感谢他的。他拉着我念书，这是好处。他一样是念书，我没法比，还有一样是教书。教书我有些不服气，他能教，我也能教，他嘴巴还没有我厉害，就算各有千秋吧。但是我觉得，还有一个是写书。他是挺爱写文章的，不像我，我比较懒，也比较忙，也贪玩，这是我的毛病。但他没有我这些毛病，他什么都不会，玩扑克只会抽王八，鳖七他回回被鳖。所以，念书、教书、写书，这就是他的一生。所以特别感谢《文学遗产》，感谢几代的同学，都是同学，都是小朋友，大胆地说"儿孙辈吧"，腾出宝贵时间，收集整理那么多他都忘了的文章，出了这套文集。他有一句话，说"真好"。前天晚上，一个小朋友把样书送来之后，拿到样书，他一晚上不断摸索。他说现在他脑子不行了，写不了了，觉得这是一桩实现了的心事。所以我特别要感谢所有帮助他出了这些书的人，让他思想减轻了一个负担。

我在这儿保证，尽我能力，同学嘛，要互相帮助，我将帮助他，安度晚年！

聂石樵先生与夫人邓魁英先生在辅仁大学是同学，1952年院系调整，辅仁大学合并到北京师范大学，1953年两位先生毕业后留校任教，长期从事文学史的教学与研究工作，为学界培养了一代代优秀的学者。

此次发布的《聂石樵文集》收录了聂先生几十年来的学术成就，包括《先秦两汉文学史》《魏晋南北朝文学史》《唐代文学史》《古代戏曲小说史略》《屈原论稿》《司马迁论稿》《古代小说戏曲论集》《楚辞新注》《杜甫选集》

《玉谿生诗醇》《宋代诗文选注》《古代诗文论集》，共 12 种，由中华书局出版。中华书局方面对此套文集的出版高度重视，北京师范大学文学院古代文学研究所的师生们也认真校对文稿、核对原文、甄别繁简字等，付出了长时间的艰苦努力。相信《聂石樵文集》的出版定会沾溉学林，启迪来者。

聂石樵：三寸笔，耦而耕

——中国之声系列报道《先生》第三篇

中央人民广播电台　张棉棉

　　导语：中国之声推出特别策划《先生》，今天播出第三篇：《聂石樵：三寸笔，耦而耕》。采制：央广记者张棉棉。

【片花】

　　先生，不仅是一种称谓，更蕴含着敬意与传承。可堪先生之名者，不仅在某一领域独树一帜，更有着温润深厚的德行、豁达包容的情怀，任风吹雨打，仍固守信念。在市场强势奔袭的时代，先生们还需耐得住寂寞、挡得住诱惑，为后生晚辈持起读书、做人的一盏灯。中国之声推出特别策划《先生》，向以德行滋养风气的大师致敬，为他们的成就与修为留痕。

　　聂石樵，山东蓬莱人。1949 年考入辅仁大学国文系。1952 年院系调整，辅仁大学与北京师范大学合并，他在北京师范大学中文系师从著名学者王国维亲传弟子刘盼遂，长期从事古代文学教学与研究，曾任中国诗经学会顾问、中国屈原学会副会长等职。研究范围囊括从先秦到晚清几乎全部中国古代文学史，且在每一个领域皆成就斐然，先后撰写了《先秦两汉魏晋南北朝文学史》《唐代文学史》等，著作达四五百万字，主张"以史证诗"，探索出一套重史料、重考证、富有特色的文学史编撰方法。

【正文】

聂石樵先生与夫人邓魁英，求学时同班，工作后同系。他们本给书房起斋名为"耦耕居"，"耦而耕"出自《论语·微子》篇，意为两人同时耕耘。但遗憾的是，一间狭小的屋子放不下两张书桌，所以"耦耕居"终究没有叫响，还是现在的斋名"三通居"更贴切，书房、客厅、餐厅通用。

小小的三通居里，除了老式沙发和桌子，其他的，都是书柜和书。在初夏阳光斑驳的光影下，各种版本的书册或明或暗。其中最崭新的，是中华书局 2015 年出版的 12 卷共 13 册《聂石樵文集》。聂先生没事就去摸摸，仿佛这些书不仅是散发着油墨味的纸张，更是那些弓着腰伏案的岁月。

聂石樵解释说："把我过去工作做一个总结，看了以后得一点安慰，我自个儿感觉我这一辈子没白过。这是我自己的定义。"

北京师范大学教授于丹是聂先生的弟子，集光环与争议于一身。二十年了，在她眼中，外面的世界翻天覆地，而恒定不变的却是先生家里的宁静与澹远。

于丹回忆，"我第一次踩上去那个油漆斑驳的老地板如今还是那个样子，我第一次看见先生那个老旧的玻璃的那个开门书橱里头，堆着满满的密密的书，现在只有在书橱外，在桌沿上堆起更多的书，但是家具没有换过，家里面跟植物，跟动物，跟书香，跟墨香，一切都是宁静、安稳、和谐、庄严的，你总会觉得有人在用心守着一份不变。"

夫人邓魁英女士这样评价聂石樵，他这一辈子只做了三件事：念书、教书、写书。成为辅仁大学同窗时，聂先生就是有名的规矩人、书呆子。

邓魁英笑言："他是就会念书，真能念书，我是取长补短，我是最贪玩，到冬天天冷了还没有结冰，我就想着去滑冰、打球、溜冰，他是只拉着我坐图书馆。"

至今不会烧水做饭，不会玩扑克牌，甚至年少时家乡就在海边上，都没能学会游泳。聂石樵爱书成痴，心无旁骛，无关岁月，更不惧干扰。哪怕在"文化大革命"期间，他都笔耕不辍，坚持完成了包括《杜甫选集》在内的多部作品。

"暗中叫'地下工厂'，并没有跟任何人说，这项工作只有我们两个人知道，早上去学毛选，然后跟上学生看大字报，帮着学生抄大字报，晚上的时候干。明明知道这是'地下工厂'，哪能随便泄密，他知道我知道。"邓魁英回忆道。

"不动感情的不能写，拿不准的更不能写。"聂石樵著文学史的突出特色，是重视文学史料的考辨。这既考验古文功底，又是个苦差事。多少个日日夜夜，他在书海中苦苦求索，力图做到无征不信。严谨已经成了他多年的习惯，尽管已是初夏，衬衫最上面的扣子仍然系得一丝不苟，一如当年在辅仁大学的深深庭院中等待邓魁英那样。踏踏实实做学问，聂石樵有三个看家秘诀："坐得住""多读书""不做官"。

聂石樵说："一个问题你得坐得住，不要到处去跑。有的老师讲，'我游遍了五大洲，怎么做学问？怎么看书？'对不对？我们这行要读书啊，对不对？还有一个要书多，书好比水，教师好比鱼，水多大，鱼就能游多宽。第三个就是淡泊名利，我就干我的事业，再有一个简单的做学问的过程，别去乱弄。"

不做官，也不计较。聂石樵当过最大的"官"，是学科教研室主任，但主要工作都是副主任担当。他是古代文学最早批准的博士生导师，除了培养自己的博士生外，还帮助启功先生带古文献学研究生。学生过常宝教授说，聂先生当时也是年逾古稀，默默地帮八十多岁的启功先生指导学生，且这忙一帮就是多年，被同事们戏谑称为师大"老雷锋"。

过常宝介绍："启先生他一直很忙，他有很多的社会兼职，同时他自己既是书画家，还是文物鉴定专家。所以启先生的博士生全部都是由聂先生或者是邓先生带出来的。"

如今，聂先生已经 90 岁高龄，书常翻，字却不太能看得清，耳朵背，却坚持不带助听器，仿佛刻意要与喧嚣的世界保持点儿距离。虽著作等身，但在新媒体上搜索聂石樵三个字，内容却少得可怜。在夫妇二人的心里，一生最重要的就是当年刘盼遂先生的话：做个读书人。

在邓魁英看来，"人多了以后必然就有一个攀比，当我们有点意见的时候，刘先生就跟他说：'石樵，咱们不是念书人嘛，咱们不是读书人嘛。'点破一句话，受益终身。他总想，我就是念书人呐"。

【记者手记】大师，本应高山仰止，更何况是聂石樵这样独自著书四五百万字的史学通才。没想到，在二十多平方米的三通居里见到的，是如此低调随和的瘦削老者。外表一丝不苟，目光炯炯有神，眼镜只有看书时才戴。夫人邓魁英说，他倔强得很，拒绝助听器，拒绝拐棍。我猜想，潜意识里这是聂先生舍不得流逝的一点点光阴，拒绝向岁月低头。身体原因所限，与聂先生对话已有些困难，但 90 岁高龄的他仍然坚持要亲自把著作从过人高的书架上翻出来，一板一眼地念给记者听。这股子劲儿，让记者仿佛看到在过去若干年里，聂先生用一摞一摞卡片整理文件、在四百字稿纸上一遍一遍誊改书稿的身影，明白了他是如何用手中的三寸笔，串联起这中华两千多年的历史碎片，笔墨过去，尽掩春秋。聂先生口口声声把自己定位为"教员"，几十年只接受过三次媒体采访。尽管开枝散叶、桃李无数，却一度找不到将毕生所得出书的门路。"板凳需坐十年冷，文章不写半句空。"粗茶淡饭可甘之如饴，步履维艰中仍率性而为，时代需要这样的先生。

图书在版编目(CIP)数据

庆祝聂石樵先生九十寿辰文集/郭英德,过常宝主编. —北京:北京师范大学出版社,2017.6
ISBN 978-7-303-22391-6

Ⅰ. ①庆…　Ⅱ. ①郭…　②过…　Ⅲ. ①聂石樵—纪念文集
Ⅳ. ①K825.46

中国版本图书馆 CIP 数据核字(2017)第 121242 号

营　销　中　心　电　话　　010-58805072　58807651
北师大出版社高等教育与学术著作分社　　http://xueda.bnup.com

出版发行:北京师范大学出版社　www.bnup.com
　　　　　北京市海淀区新街口外大街 19 号
　　　　　邮政编码:100875
印　　刷:鸿博昊天科技有限公司
经　　销:全国新华书店
开　　本:787 mm×1092 mm　1/16
印　　张:40.5
插　　页:3
字　　数:603 千字
版　　次:2017 年 6 月第 1 版
印　　次:2017 年 6 月第 1 次印刷
定　　价:148.00 元

策划编辑:周劲含　　　　责任编辑:齐　琳　杨磊磊
美术编辑:王齐云　　　　装帧设计:王齐云
责任校对:陈　民　　　　责任印制:马　洁